EUROPAVERLAG

Michele K. Troy

Die Albatross Connection

Drei Glücksritter und das »Dritte Reich«

Aus dem amerikanischen Englisch
von Herwig Engelmann

EUROPAVERLAG

Die amerikanische Originalausgabe ist 2017 unter dem Titel *Strange Bird – The Albatross Press And The Third Reich* bei Yale University Press, New Haven & London, erschienen.

MIX
Papier aus verantwortungsvollen Quellen
FSC® C014889

Umschlaggestaltung: Hauptmann & Kompanie Werbeagentur, Zürich
Lektorat: Rainer Wieland
Layout & Satz: Robert Gigler, München
Gesetzt aus der Swift
Druck & Bindung: Pustet, Regensburg
ISBN: 978-3-95890-380-7

www.europa-verlag.com

Für Virginia und Bart Troy

Tess, Isabella und Theodore Robinson

Ich habe mir das Paradies immer als
eine Art Bibliothek vorgestellt.

Jorge Luis Borges

Schließen Sie Ihre Bibliotheken ab, wenn Sie möchten,
aber es gibt kein Tor, kein Schloss, keinen Riegel,
den Sie auf die Freiheit meines Geistes setzen können.

Virginia Woolf
Ein Zimmer für sich allein

Inhalt

EINFÜHRUNG

Hinter verschlossenen Türen

Im Juni 1941 marschierte Willy Hoffman in deutschem Sonderauftrag durch Paris. Sein Weg führte ihn an eine wuchtige Doppeltür in der Rue Chanoinesse Nummer 12, einer der feinsten Adressen von Paris auf der Île de la Cité in der Seine. Als Hoffman die beiden Türflügel mit ihren üppigen Schnitzereien in Form von rechteckigen Schilden und Bogen antiker römischer Brustharnische aufstieß, betrat er eine andere Epoche, eine Zeit lange vor den Hakenkreuzfahnen über Paris. Hinter der Einfahrt, durch die ihrer Breite und Höhe nach ein Pferdegespann gepasst hätte, erwartete ihn ein mittelalterlicher Innenhof mit einem verzierten Steinbrunnen aus den frühesten Tagen der Stadt. An der gegenüberliegenden Seite des Hofs fand Hoffman, was er suchte: das verwaiste Büro der Albatross Press, eines weithin bekannten und angesehenen Verlags, der seit 1932 britische und amerikanische Taschenbücher in englischer Sprache auf dem europäischen Kontinent verkaufte.

Hoffman war kein Soldat, sondern Beamter. Als studierter Jurist arbeitete er in Paris auf Weisung des Reichskommissars für die Behandlung feindlichen Vermögens. Seit die Wehrmacht ein Jahr zuvor den Norden und Westen Frankreichs besetzt hatte, sandte der Reichskommissar in Berlin deutsche Prokuristen aus, um dafür zu sorgen, dass französische, jüdische und feindliche Unternehmen im Sinne des Deutschen Reichs arbeiteten. Hoffman gehörte zu einer ganzen Legion von »Verwaltern feindlichen Vermögens«. Doch als er vor Albatross' Toren stand, wusste er bereits, dass es sich bei diesem Unternehmen um einen Sonderfall handelte. Obwohl der Verlag Bücher in englischer Sprache herausgab, war er formell ein deutsches Unternehmen und als Albatross Verlag im deutschen Handelsregister eingetragen. Derselbe Albatross Verlag unterhielt seit den frühen Dreißigerjahren ein Büro in Paris, das als Vorposten näher an London und New York lag und sich somit besser eignete, um britische und amerikanische Autoren für die beliebte Albatross Modern Continental Library zu umwerben. Albatross' länderübergreifende Verbindungen erregten Argwohn unter den Bürokraten des NS-Staates, und das nicht ohne Grund. Vom Oberfinanzpräsidenten in Leipzig wusste Hoffman, dass der Albatross Verlag bis zum Ausbruch des Krieges Monat für Monat erkleckliche Summen aus Deutschland nach Paris überwiesen hatte. Ausgestattet mit dieser Information ging Hoffman an die Erfüllung seines eng umrissenen Auftrags: festzustellen, ob Albatross diese Gelder widerrechtlich aus Deutschland abgezogen hatte und ob sich das Deutsche Reich gegebenenfalls schadlos halten konnte.[1]

Wie Hoffman bald merkte, erforderte die Lösung dieser Aufgabe jede Menge Spürsinn und Schnüffelei. Er wusste, dass der Chef des französischen Albatross-Büros ein gewisser John Holroyd-Reece war. Davon abgesehen, halfen ihm die deutschen Nachrichtendienste kaum weiter. Der Leiter der Propaganda-Staffel in Paris beschränkte sich auf vage Andeutungen: »Eine in ihrem Anfang nicht genau übersehbare Rolle spielt im Hause Albatros ein gewisser Holroyd-Reece«, und diesem unterstünden etliche »Korrespondenzunternehmen«. Doch »der genaue Einfluß und die Verzahnung konnte noch nicht festgestellt werden«.[2] Auskünfte von anderer Stelle über Holroyd-Reece – deutsche Propagandastellen in Paris betitelten ihn mit »übel beleumdeter deutscher Emigrant« und Leiter »einer ausländischen Judenclique« – waren nicht eben sachdienlich. Holroyd-Reece selbst konnte Hoffman nicht fragen.[3] Er war vor dem Einmarsch der Wehrmacht aus Paris geflohen.[4]

Nicht nur Holroyd-Reece, sondern auch Albatross hüllte sich in Rätsel. Obwohl der Verlag seinen Sitz in Deutschland hatte, wurde er über eine Luxemburger Dachgesellschaft hauptsächlich mit britisch-jüdischem Geld finanziert. Einige Monate nach Ausbruch des Krieges im September 1939 hatte der Reichskommissar dieses Firmengeflecht überprüft und Albatross zum feindlichen Vermögen in Deutschland erklärt. Doch die unübersichtlichen Verbindungen mit dem Ausland und die vielen verschiedenen Ableger machten die Geschäfte des Verlags in Paris schwer nachvollziehbar.

Und so ging Hoffman nur einen Steinwurf von Notre-Dame entfernt an seiner neuen Wirkstätte auf der Seine-Insel daran, dieses Rätsel aufzuklären. Er wühlte sich in dem stillen Büro durch die Akten. Er befragte zwei ehemalige Angestellte von Albatross, die er ausfindig machen konnte: den deutschen Mitbegründer Max Christian Wegner und Sonia Hambourg, eine englische Albatross-Lektorin, die der Besatzung in Paris trotzte und, ohne dass Hoffman es ahnte, zur Hälfte jüdischer Abstammung war. Er vertiefte sich in die Feinheiten des französischen und deutschen Rechts. Er entflocht die zwischen dem Albatross Verlag und seinem französischen Pendant sowie zwischen Albatross und dem Deutschen Reich gespannten Finanzfäden. Wie ernst er seinen Auftrag nahm, geht aus seinem siebzehnseitigen Bericht an den Oberfinanzpräsidenten von Leipzig mit fast vierzig Seiten Anlagen eindrucksvoll hervor.[5]

Weitaus spannender als dieser Bericht ist jedoch die Geschichte, wie und warum Hoffman zu dieser Tür des Hauses Rue Chanoinesse 12 gelangte – wie es kam, dass einer wie er mitten in Paris einer deutschen Firma mit britischen und jüdischen Verbindungen nachging, die englische Bücher verkaufte und beschuldigt wurde, das Deutsche Reich über den Großteil der Dreißigerjahre um Devisen betrogen zu haben. Das Bedeutsame an Hoffman sind am Ende weniger die Ergebnisse seiner Nachforschungen als die Stellung, die er einnahm. Er war der vorerst letzte in einer langen Reihe von Verwaltungsbeamten des NS-Staates, die während der Dreißigerjahre und bis in den Krieg hinein Albatross' finanzielle und rechtliche Struktur durchleuchteten, um das Unternehmen deutschen Zwecken dienlich zu machen. Doch wie es scheint, stiftete jede amtliche Beschäftigung mit dem Albatross Verlag nur immer neue Verwirrung. Jahrelang verbarg sich Albatross, sichtbar für alle Welt. Nebelwerfen bewährte sich nicht nur als die beste Verteidigung gegen die Bürokratie des Nazistaates, sondern gewährte deutschen Lesern auch Zugang zu englischer und amerikanischer Literatur, als in Hitlerdeutschland die Reinigung des Volkstums von fremden Einflüssen längst im Gange war.

Sieht man vom Zweck der Zensur ab, so erschließt sich nicht unmittelbar, warum die nationalsozialistische Bürokratie überhaupt am Albatross Verlag interessiert war. Dieser Gedanke kam mir als erster beim Blättern in *The Albatross Book of Short Stories*, einem silbergrauen Band, den ich mir aus den Magazintürmen der französischen Nationalbibliothek in Paris hatte kommen lassen. Der Einband war angenehm schlicht gehalten: mehrere rechteckige Umrandungen, oben der Titel in Blockbuchstaben und nahe am unteren Rand die Konturen eines im Himmel schwebenden Vogels. Ich saß in dem monumentalen Lesesaal zwischen Betonwänden, deren Schroffheit nur durch die Eichentöne der Holztische und die persimonenfarbenen Teppiche abgemildert werden. Seit geraumer Zeit erforschte ich Ruf und Ansehen einiger mehr oder weniger bekannter englischer Autoren wie James Joyce, D. H. Lawrence, Virginia Woolf oder May Sinclair auf dem europäischen Kontinent. Ich wusste, dass zahlreiche Verlage in Kontinentaleuropa während der

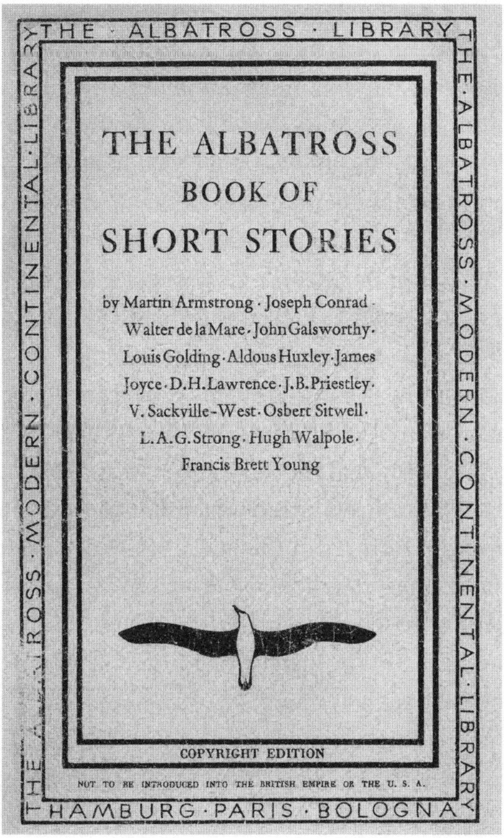

Umschlag von *The Albatross Book of Short Stories* (mit freundlicher Genehmigung der Collection von Alastair Jollans)

Zwanziger- und Dreißigerjahre eifrig Werke britischer und amerikanischer Autoren übersetzen ließen und diese bei den Lesern ausgesprochen gut ankamen. Und so erwartete ich von diesem Band, was ich oft zuvor gesehen hatte: Übersetzungen englischer Literatur ins Französische. Stattdessen empfing mich beim Öffnen ein Meer englischer Wörter. Aus den Verlagsangaben ging klar hervor, dass das Buch in Deutschland gedruckt war, noch dazu im Jahr 1935. Zwei Merkmale verrieten, dass es sich um eine Ausgabe für kontinentaleuropäische Leser handeln musste: die umlaufenden Worte »The Albatross Modern Continental Library« sowie am unteren Rand die Warnung: »Darf nicht in das British Empire oder die USA eingeführt werden«.

Wer auch nur ein wenig über die Geschichte dieser Zeit weiß, muss über die augenfälligen Widersprüche stolpern. Der Verlag Albatross begann im Mail 1932, seine Bücher in Deutschland zu drucken. Am 30. Januar 1933 kam Hitler an die Macht. Aus meiner Forschung wusste ich, dass nationalsozialistische Zensoren im Jahr 1935 bereits mehrere Bücher von Autoren verboten hatten, deren Namen auf diesem Einband prangten. Aldous Huxleys *Brave New World* war ganz sicher keine von Nazis bevorzugte Bettlektüre, ebenso wenig *Ulysses* von James Joyce. Der jüdische Schriftsteller Louis Golding durfte in den Dreißigern nicht ins Deutsche übersetzt werden, und sein gesamtes Werk fand sich schlussendlich auf Goebbels' »Liste des schädlichen und unerwünschten Schrifttums«. Wie ich später erfuhr, empfand man D. H. Lawrence' Roman *Lady Chatterley's Lover* im Dritten Reich als einen derart groben Verstoß gegen die guten Sitten, dass die Behörden ihn nicht nur auf Deutsch, sondern zur Sicherheit auch auf Englisch verboten.

Je mehr ich recherchierte, umso deutlicher wurde, dass der damalige Ruhm von Albatross nicht auf dem Handel mit gediegenen Klassikern beruhte, sondern auf dem Verlegen der heißesten und modernsten Literatur aus England und Amerika. Fast unmittelbar nachdem der Albatross Verlag in diesen Markt eingedrungen war, fielen seine Bücher auf. So schrieb der englische Romancier Wyndham Lewis 1934 nach einem Berlinaufenthalt: »Überall sah ich diese Albatross-Ausgaben«.[6] Stellen wir uns für einen Augenblick vor, wir wären wie Lewis in den Dreißigerjahren mit dem Zug durch Europa unterwegs: Mit einiger Wahrscheinlichkeit würden wir Touristen in Zugabteilen kauern oder an Bahnhofssäulen gelehnt durch die farbenfrohen, elegant gestalteten Bücher der Albatross Modern Continental Library blättern sehen. Mit ihren grell-gelbgrünen, zitronengelben, leuchtend orangen, eierschalenblauen, roten und magentaroten Umschlägen zur Kennzeichnung des jeweiligen Genres waren diese Bücher sehr gefällig verpackt. Selbst nach heutigen Maßstäben vermitteln die schnittigen Einbände eine avantgardistische Anmut.

In seinen besten Jahren, etwa von 1932 bis 1939, belieferte Albatross rund 6000 Buchhandlungen in großen Teilen Kontinentaleuropas mit Nachdrucken von fast 500 Titeln. Bücher von Albatross waren nicht nur weithin verfügbar, man konnte sie sich auch leisten. Für bescheidene 12 Francs, 9 Lire oder 1,80 Reichsmark erwarben Leser die allerneueste englische und amerikanische Literatur. Der Albatross Crime Club und die Reihe Albatross Giants versorgte sie mit Krimis und Biografien aus den USA und Großbritannien. Albatross gründete mit der Odyssey Press eine Tochtergesellschaft allein zu dem Zweck, die Romane *Ulysses* und *Lady Chatterley's Lover* zu verlegen – beide heiß begehrt, nicht zuletzt, weil sie unter anderem in England und Amerika verboten waren. Die Albatross Modern Continental Library bot ein Sortiment gutbürgerlicher Erzählliteratur ebenso wie das Allerneueste der literarischen Moderne, das man im Ausland gespannt erwartete, beispielsweise *The Rainbow* von D. H. Lawrence, *To the Lighthouse* von Virginia Woolf, *A Passage to India* von E. M. Forster oder *The Sun Also Rises* von Ernest Hemingway.

Dass Albatross solche Bücher in Hitlerdeutschland druckte, sie von hier aus im übrigen Europa vertrieb und auch im Land selbst verkaufte, widerspricht allem, was wir über die nationalsozialistische Unterdrückung ausländischer Kultur wissen oder zu wissen glauben.[7] In der allgemeinen Vorstellung sind Bücher in Deutschland unter Hitler eng mit Verboten und Vernichtungsaktionen verbunden: brennende Bücher im Mai 1933, als Studentenverbände Bücher »wider den deutschen Geist« in die Flammen warfen; Soldaten, die mit Zensurlisten in den Händen Buchhandlungen plünderten; Berge »unerwünschten Schrifttums«, die in Lagern vor sich hin rotteten; und am bedrückendsten von allem die Entfernung jüdischer oder politisch missliebiger Verleger und Autoren aus dem Literaturgeschehen, die nur eine Vorstufe zum Angriff auf Leib und Leben war. Solche Bilder haben sich eingebrannt, weil sie eine unleugbare Wahrheit der Geschichte veranschaulichen: dass das NS-Regime Gedankenfreiheit unterdrückte und Bücher zensierte oder vernichtete, die diese in Anspruch nahmen.

Unter diesen Umständen hätte Albatross auf vielen Ebenen den Zorn reichsdeutscher Behörden zu spüren bekommen müssen. Mit seinem Programm und seiner Gestaltung vermittelte der Verlag ein kosmopolitisches Denken und Fühlen in völligem Gegensatz zum völkischen Deutschtum. Quer über die Einbände stolzierte die Triade seiner Niederlassungen in Frankreich, Deutschland und Italien. Kurze Inhaltsangaben auf Englisch, Französisch, Deutsch und anfangs auch Italienisch fanden sich innen auf dem Vorsatzblatt – auch sie eine einladende Geste an eine neue weltoffene Leserschaft jenseits der englischsprachigen Reisenden, die sich unterwegs nach Lesestoff sehnten. Albatross nutzte ein brennendes Interesse am angloamerikanischen Geistesleben und an der englischen Sprache, das es auf dem europäischen Kontinent seit Ende des Ersten Weltkriegs gab, und sprach gezielt neue Leserkreise an: europäische Bildungsbürger mit einer anderen Muttersprache als dem Englischen, die dennoch Englisch lesen konnten. Diese Leser lud der Albatross Verlag mit seinen preiswerten Büchern ein, sich von den Übersetzungen zu lösen und direkt in die moderne Zauberwelt englischer und amerikanischer Bücher einzutauchen.

Eine solche offene Aufnahme in die Gefilde der englischen und amerikanischen Literatur hätte das Dritte Reich vielleicht weniger bedrohlich gefunden, wenn Bücher einfach nur Bücher gewesen wären. Wie der englische Verleger Geoffrey Faber dem Schatzkanzler seines Landes zu Recht einschärfte, waren aber »Bücher keine Ware wie jede andere. In seinen Büchern denkt ein Volk laut«.[8] In propagandistischer Hinsicht verbreiteten Bücher von Albatross inmitten der Kriegsvorbereitungen englische und amerikanische Wertvorstellungen über ganz Europa. Angesichts dessen mochte Albatross ein deutscher Verlag sein – für das nationalsozialistische Regime war er dennoch ein potenzieller Feind. Und so stuften etliche NS-Beamte Albatross unverhohlen als »berüchtigte ausländische Firma« ein. Seine britische Finanzierung und das Verlagsbüro in Paris entzogen Teile seines Geschäftsgebarens – so auch die Zusammenarbeit mit den bedeutenden Verlagen William Collins und Arnoldo Mondadori in Schottland und Italien – deutscher Aufsicht. Immer wieder verstrickten sich NS-Behörden in diesem Labyrinth von Beziehungen. Und eines störte sie besonders daran: Albatross stand, wie sie sich ausdrückten, »unter dem Einfluß jüdischer Kreise«. Nicht nur der wichtigste Geldgeber des Unternehmens war Jude, sondern auch zwei seiner drei Gründer.[9]

Eben darin tritt das merkwürdig widersprüchliche Verhältnis zwischen Albatross und dem Reich am deutlichsten zutage: Wie und warum konnte mitten im aggressiven völkischen Klima Deutschlands der Dreißigerjahre ein jüdisch dominierter, britisch finanzierter Verlag englischsprachige Literatur drucken und verkaufen? Dieses Rätsel steht im Zentrum meines Buchs. Es ließ nicht nur den deutschen Buchhandel staunen, sondern sogar den Präsidenten der Reichsschrifttumskammer selbst. Tatsache ist, dass Albatross noch Ende der Dreißigerjahre, als Deutschland fest im Würgegriff der Nazipropaganda steckte, ein Drittel seiner Bücher in ebendiesem Deutschland verkaufte. Sogar nach Kriegsbeginn konnten deutsche Leser beim Buchhändler ihres Vertrauens noch zu Albatross-Titeln greifen. 1941 teilte ein vom Berliner Reichskommissar im Leipziger Unternehmensteil eingesetzter Verwalter feindlichen Vermögens mit, der Absatz in Deutschland wie auch außerhalb sei im Steigen begriffen und die Nachfrage so groß, dass er »für die nächste Zukunft unbedingt gesichert ist«. Bei den Lesern auf dem Kontinent waren Bücher auf Englisch nach wie vor begehrt – so begehrt, dass auch das Auswärtige Amt neidvoll auf das Beispiel Albatross' blickte und sich wünschte, deutsche Bücher könnten eine ebensolche Anziehungskraft auf Europas Leser ausüben. Als die Militärregierung im besetzten Teil Frankreichs den logischen Schritt unternahm, das Verlagsbüro von Albatross als britisches Feindvermögen zu vereinnahmen, kam daher von übergeordneter Stelle in Berlin der Befehl zur Zurückhaltung: »Das Reich ist an dem Unternehmen interessiert«.[10]

Aus der Verflechtung solcher Anekdoten ergeben sich Ansätze zur Beantwortung der Frage, wie es kam, dass Vertreter des NS-Staates im entstehenden Markt für englischsprachige Bücher eher eine Chance als eine Gefahr sahen. Zwar spannte der Nationalsozialismus erklärtermaßen Kultur und Geistesleben für die Propaganda der Vormachtstellung des deutschen Volkes ein. Doch zugleich nährten seine Bürokraten trotz eifriger Verherrlichung alles Deutschen insgeheim den kontinentaleuropäischen Markt für englischsprachige Bücher. Das ging so weit, dass sie Albatross sogar anhielten, *noch mehr* englischsprachige Bücher zu verkaufen. Wir haben es hier nicht mit dem weitaus häufigeren Fall eines Regimes zu tun, das Literatur aus anderen Ländern verbietet, und auch nicht mit dem eines von Zensoren gegängelten deutschen Verlags. Denn der Albatross Verlag war deutsch und auch wieder nicht, einerseits integriert in den deutschen Buchhandel und mit seiner Druckerei und seinem Vertrieb darüber hinaus fester Bestandteil der deutschen Wirtschaft, andererseits ein vollkommener Fremdling im Dritten Reich. Am Ende machte diese Sonderstellung Albatross verdächtig, aber auch nützlich für bestimmte Kreise im NS-Staat. Umgekehrt nutzte Albatross seine prekäre Stellung zum eigenen Vorteil, profitierte immer wieder von deutschen Gesetzeslücken und spielte divergierende Machtinteressen zwischen den nationalsozialistischen Kultur- und Finanzbürokratien gegeneinander aus, um der angloamerikanischen Kultur unter dem gewalttätigsten Herrschaftsapparat des 20. Jahrhunderts eine Nische zu sichern.

So erzählt dieses Buch, was geschah, als ein entschieden weltbürgerlich ausgerichtetes, international aufgestelltes Verlagshaus der verheerendsten völkischen Kultur der Moderne ins Gehege kam. Auf einer Ebene geht es hier um Bücher – und darum, wie Bücher in Zeiten großer politischer Spannungen eine Wichtigkeit annahmen, die weit über sie selbst hinausging. Aber viel mehr noch ist dies ein Buch über die menschlichen Schicksale, die der Verlag in sein Kraftfeld zog, über sein Ringen darum, angloamerikanische Literatur in den kontinentalen Blick zu rücken, und somit auch über eine verschwundene Welt. Je länger ich forschte, umso mehr rätselte ich, wie Albatross innerhalb so kurzer Zeit zum größten Verlag und Vertrieb englischsprachiger Taschenbücher im Europa der Dreißigerjahre aufsteigen und dann beinahe spurlos verschwinden konnte.

Dass Albatross aus dem Rahmen nationalstaatlicher Bezüge fiel, anstatt sich in sie zu fügen, begründet womöglich auch, warum der Verlag keinen

Eingang in das kulturelle Gedächtnis der einzelnen Länder gefunden hat. Historiker haben die Manöver von Hitlers Armeen über Staatsgrenzen hinweg sehr genau erforscht, doch in der Geschichte des Verlagswesens und der Zensur enden selbst differenzierteste Darstellungen zumeist an Landesgrenzen. Was soll man in der Geschichtsschreibung auch anfangen mit einem Unternehmen, das im völkisch triumphierenden Deutschland englisch und deutsch zugleich – oder weder das eine noch das andere – war, während sich die beiden Mächte gegeneinander in Stellung brachten.[11] Indem wir nun die Geschichte von Albatross zutage fördern, gewinnen wir zugleich noch andere Bruchstücke angloamerikanischer, aber grenzüberschreitender Literatur- und Buchgeschichte zurück: wie die angloamerikanische Moderne in Europa Fuß fasste; wie aus hochwertigen Taschenbüchern für einen Massenmarkt Propagandawerkzeuge für die Alliierten und die Achsenmächte wurden; und wie Hitlers Regime mit der zunehmenden Popularität angloamerikanischer Kultur und Sprache auf dem europäischen Kontinent und im Deutschen Reich eine ebenso schwer zu fassende wie konkret internationale Bedrohung erwuchs, der es entgegentreten musste. Nur wenn wir den Ausstoß des Verlags im Lauf der Dreißigerjahre im Auge behalten, ergibt sich ein umfassendes und zusammenhängendes Bild englischsprachiger Bücher unterm Aufstieg des Faschismus. Und nur indem wir den Zug der Albatross-Bücher über Landesgrenzen hinweg verfolgen, gewinnen wir Einsicht in die Wanderbewegungen angloamerikanischer Kultur – ebenso wie der gegen sie gerichteten Nazipropaganda und -zensur – im Europa vor und während des Zweiten Weltkriegs.

Obwohl die Geschichte von Albatross einen weiten Bogen von der Literatur über die Kultur bis hin zu den bestimmenden politischen Ereignissen spannt, erinnern sich heute nur noch wenige, weit verstreute Menschen an den Verlag. Einige ältere Leser berichteten mir persönlich, dass sie selbst einst Bände von Albatross gekauft oder auf den Beistelltischen ihrer Eltern liegen gesehen haben. Ein französischer Buchhändler mittleren Alters erhob den Zeigefinger gegen mich und fragte mit herausforderndem Blick: »Das waren doch Kollaborateure, oder?« Waren sie Kollaborateure? Ich wusste es nicht mit Sicherheit. Jüngere Freunde in Europa erzählten mir, sie hätten ein paar zerfledderte Taschenbücher in leuchtenden Farben auf den Regalen ihrer Großeltern gefunden – Thornton Wilders *The Bridge of San Luis Rey* etwa (grün), oder auch Katherine Mansfields *The Garden Party* (magentarot) – und sich gefragt, wie diese bunten Gaben englischer Sprache zwischen die Bücher in ihrer Muttersprache gelangt waren.

Obwohl Albatross-Bücher einst durch die Hände vieler kontinentaleuropäischer Leser gingen, ist der Verlag den Annalen des nahezu Unsichtbaren anheimgefallen. Was zumindest Buch- und Verlagshistoriker noch im Blick haben, ist nicht Albatross' eigener Stellenwert im damaligen Geschehen, sondern seine Vorläuferrolle. 1934 nahm sich Allen Lane den Albatross zum Vorbild für seine Penguin Books und beschritt damit einen erfolgreichen Weg. Der Legende nach soll ein Mitarbeiter in Lanes Unternehmen eine Unterhaltung über die Frage, welches Tiersymbol als Reihensignet mit dem Albatross konkurrieren könne, mitgehört und über eine Zwischenwand hinweg: »Wie wär's mit einem Pinguin?« geträllert haben. Tags darauf schickte Lane seinen Illustrator zum Zeichnen in den Zoo, und der Rest ist, wie es heißt, Geschichte – die Geschichte von Penguin.[12] Selbst in der Literaturgeschichte ist Albatross wenig bekannt, obwohl der Verlag unzählige Lichtgestalten der Dreißigerjahre in sein Programm nahm und zeitweise das Haus erster Wahl für angloamerikanische Autoren war, die ihre Bekanntheit auf den europäischen Kontinent ausweiten wollten.

Wenig förderlich war dem Vermächtnis von Albatross, dass ihm etwas fehlt, das viele andere Verlage haben: ein laufend gepflegtes Archiv der eigenen Geschichte. Nur zwei Kisten mit Dokumenten haben die deutsche Besatzung Frankreichs überstanden. Der deutsche Sitz in Leipzig wurde bei den alliierten Bombenangriffen im Dezember 1943 vernichtet. Die Akten des NS-Reichswirtschaftsministeriums nahmen die Sowjets mit. Sie lagern bis heute in Moskau unter Verschluss. Da es auch nur wenig Sekundärliteratur über Albatross gibt, habe ich die Geschichte des Verlags aus der umfangreichen, verstreuten Korrespondenz mit englischen und amerikanischen Verlegern, Autoren und Agenten einerseits, nationalsozialistischen Behörden und Beamten andererseits zusammengesetzt.[13] Dieses Buch ist in weiten Teilen aus dem Archiv geboren – genauer gesagt, aus mehr als zwei Dutzend Archiven in den Vereinigten Staaten und Europa.

Diese Dokumente erzählen auch eine Geschichte der Menschen und ihrer Entscheidungen im Interesse des eigenen Überlebens oder Vorankommens. »Wie lebten, überlebten oder verschwanden Menschen unterm Dritten Reich?«, fragte Pierre Ayçoberry, ein ausgewiesener französischer Historiker des Nationalsozialismus, und er nannte diese Frage »ebenso grundlegend wie die ... warum alles so kam, wie es kam«. Dasselbe könnten wir uns über Albatross fragen. Wie der Verlag »überlebte«, erschließt sich uns nur, indem wir das Handeln oder auch Nichthandeln eines umfangreichen Ensembles von Beteiligten mit komplizierten Verbindungen untereinander erkunden: Autoren, Agenten, Geschäftspartner, Behördenvertreter. Deshalb ist mein Buch die Biografie eines Verlages und zugleich derjenigen Menschen, die mit ihren Entscheidungen seine Geschicke bestimmten.[14]

In dieser Geschichte eines höchst unwahrscheinlichen Überlebens sind das Überleben eines Verlags, seiner Protagonisten und des Marktes für englischsprachige Bücher im Ringen mit der nationalsozialistischen Aggression eng verwoben. Entscheidungen, die das Überleben von Albatross betrafen, hatten mitunter unmittelbare Auswirkungen auf die Rettung von Leib und Leben. (Die Tätigkeit eines von englischen Juden finanzierten Unternehmens mitten im Dritten Reich verlieh dem Ausdruck »Entscheidung über Leben und Tod« eine sehr unmittelbare Bedeutung.) Als Kulturinstitution schlug sich der schmächtige Albatross Verlag in einer weit höheren Gewichtsklasse, und sein Vorgehen war oft eher vom Kampfgeist seiner Gründer als von der leidenschaftslosen Mechanik der Volkswirtschaft bestimmt.

So musste allein schon die wagemutige Entscheidung, den angloamerikanischen Buchmarkt im Jahr 1931 – mitten in einer schweren Wirtschaftskrise und im Aufkommen des europäischen Faschismus – auf Kontinentaleuropa auszudehnen, wider aller Vernunft erscheinen. Die drei Hauptpersonen bei Albatross sahen das ganz anders. Alle drei hatten den Ersten Weltkrieg, die Geldentwertung und politischen Aufruhr überstanden. Alle drei hatten sich bereits einen Namen damit gemacht, Gelegenheiten dort aufzuspüren, wo andere sie am wenigsten vermuteten. Gerade als alle anderen Verlage sich wegduckten, hob der Albatross ab.

In W. G. Sebalds Roman *Austerlitz* verfolgt der Erzähler die Wege seiner verlorenen Kindheit in den Jahren nach dem Nationalsozialismus zurück und erschließt uns damit auf noch andere Weise, warum solche Erforschung Schicht um Schicht bedeutsam ist. Auf einer alten Festung sieht er rundherum nichts als den Schutt vergangener Kriegstage und verliert sich in Grübeleien: »Selbst jetzt, wo ich mich mühe, mich zu erinnern ... löst sich das Dunkel nicht auf, sondern verdichtet sich bei dem Gedanken, wie wenig wir festhalten können, was alles und wie viel ständig in Vergessenheit gerät, mit jedem ausgelöschten Leben, wie die Welt sich sozusagen von selber ausleert, indem die Geschichten, die an ungezählten Orten und Gegenständen haften, welche selbst keine Fähigkeit zur Erinnerung haben, von niemandem je gehört, aufgezeichnet oder weitererzählt werden ..«.[15] Die Bücher von Albatross gehören der Geschichte einer bestimmten Zeit und Weltgegend an. Diese Geschichte beginnt 1931 mit dem zupackenden Optimismus der Verlagsgründer. Sie verläuft mitten durch die harte Realität der Zensur und bürokratischen Hemmnisse und nationalsozialistischen Aggression gegen Juden. Sie endet in einer trostlosen Nachkriegswelt, als ein Markt für Albatross in den ungefähren Konturen der Vorkriegsjahre ebenso ausgelöscht war wie das Leben unendlich vieler, längst nicht an ihrem Lebensende angekommener Menschen. In diesem Sinn verweisen die Bücher von Albatross ungeachtet ihrer anmutigen Regenbogenfarben auf eine sehr viel düsterere und trümmerhaftere Geschichte, als ihr Erscheinen uns glauben machen könnte. Sie sind allesamt Gegenstände, wie Sebald sagt, »welche selbst keine Fähigkeit zur Erinnerung haben«. Hier, in diesem Buch, sind die Geschichten, die sie erzählen.

KAPITEL 1

Gegenspieler

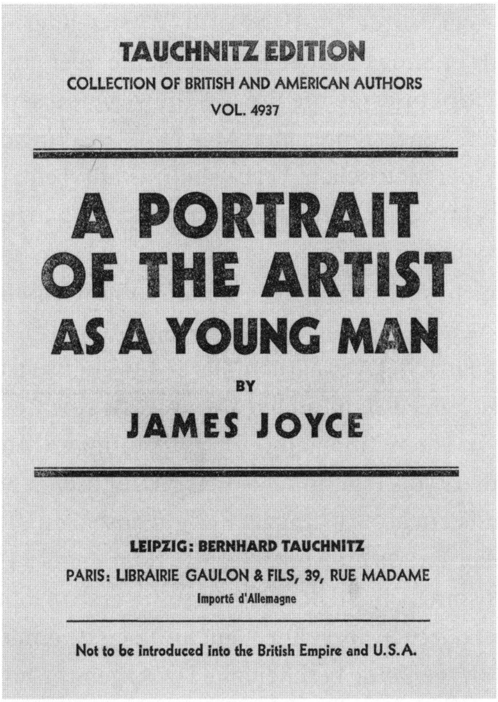
TAUCHNITZ EDITION

COLLECTION OF BRITISH AND AMERICAN AUTHORS

VOL. 4937

A PORTRAIT OF THE ARTIST AS A YOUNG MAN

BY

JAMES JOYCE

LEIPZIG: BERNHARD TAUCHNITZ

PARIS: LIBRAIRIE GAULON & FILS, 39, RUE MADAME

Importé d'Allemagne

Not to be introduced into the British Empire and U.S.A.

Als Beamte des Dritten Reichs Albatross und seine Bücher auszuforschen begannen, gehörte Literatur in englischer Sprache seit fast einem Jahrhundert zum deutschen Buchdruck und -handel. Erstaunlicherweise war mit Christian Bernhard Freiherr von Tauchnitz nicht etwa ein unternehmungslustiger britischer oder amerikanischer, sondern ein deutscher Verleger zuerst auf den Gedanken gekommen, englischsprachige Literatur in preiswerten Taschenbuchausgaben auf dem europäischen Festland anzubieten. Anfang der 1930er-Jahre kannten und verehrten Leser überall in Europa den Namen Bernhard Tauchnitz. Seit dieser Verlag 1841 eine Marktnische für englische Bücher aufgetan hatte, besetzte er sie unangefochten. Die markant elfenbeinfarbenen Bände der Tauchnitz Edition mit ihren Titeln in schwarzen, kantigen Blockbuchstaben waren der Inbegriff englischsprachiger Literatur auf dem europäischen Kontinent.

Umso hellhöriger wurde Dr. Hans Otto, Vorsitzender des Aufsichtsrats von Tauchnitz, als er Ende Oktober 1931 Gerüchte über eine Albatross Press vernahm. Die Nachricht erreichte ihn auf Umwegen in seinem Büro an der Dresdner Straße 5, einer repräsentativen Ecke am Eingang zum Graphischen Viertel in der deutschen Verlagshauptstadt Leipzig. Otto war im höchsten Maße beunruhigt. Mit Tauchnitz stand ein ganzes Kulturerbe auf dem Spiel. Dass sich nun anscheinend ein Neuling bereit machte, in diesen Markt einzudringen, verhieß nichts Gutes. Denn die Nische für solche Bücher auf dem Kontinent war nicht groß genug für zwei.[1]

Wie sich ein deutscher Verlag den Markt für englischsprachige Bücher auf dem europäischen Festland sichern konnte, ist eine Geschichte für sich. Sie führt zurück zu einem findigen Leipziger Kaufmann. Anfang der 1840er-Jahre erfuhr Freiherr von Tauchnitz vom Ärger englischer Schriftsteller und Verleger über Raubdrucker, die ungenehmigte Ausgaben ihrer Titel auf dem Kontinent verhökerten. Da ein völkerrechtlich bindendes Urheberrecht auf Jahrzehnte hinaus nicht in Sicht war – es sollte erst 1895 in Kraft treten –, konnten sie kaum dagegen vorgehen. Tauchnitz fasste einen klugen Plan. Er bot englischen Verlagen eine bescheidene Lizenzgebühr für den Nachdruck ihrer Werke in Leipzig an. Indem er seine Bücher in ganz Europa vertrieb, sorgte er in gewissem Maß dafür, dass die Rechte der Urheber gewahrt blieben. Englands Verleger packte und beunruhigte die Idee zugleich. Ohne Zweifel wünschten sie einen Schutz ihrer Rechte. Aber zugleich fürchteten sie, Einnahmen zu verlieren, falls Tauchnitz seine billigen Taschenbücher im britischen Empire zum Verkauf anbot, denn darunter musste zwangsläufig der Absatz teurer gebundener Ausgaben leiden. Sie ließen sich auf das Angebot des Freiherrn ein, stellten aber eine Bedingung: dass er seine Taschenbücher nur außerhalb Englands und seiner Kolonien verkaufte. Auf dieser Grundlage entstand 1841 die Tauchnitz Collection of British Authors und mit ihr ein Markt für die sogenannten »continental English editions«. Einige Zeit später nahm Tauchnitz auch amerikanische Bücher ins Programm und änderte den Namen der Reihe 1914 in Collection of British and American Authors.[2] Jedes einzelne Exemplar erinnerte an die vereinbarte Gebietsaufteilung mit den Worten »Not to be introduced into the British Empire and the U.S.A«. auf seinem Einband.

Mehr als neunzig Jahre lang verbreiteten sich die elfenbeinfarbenen Bändchen überall in Europa und trugen von Tauchnitz den hehren Ruf eines Schutzpatrons angloamerikanischer Autoren und Reisender ein. »Wenn du mich liebst, schick mir Lesestoff«, flehte D. H. Lawrence eine Freundin an, während er 1912 in Österreich unterwegs war. »Tauchnitz finde ich hier nicht mehr«. Der amerikanische Literaturnobelpreisträger Sinclair Lewis bezeugte einen Fall von Erlösung aus höchster seelischer Not. Er erinnerte sich an »hundert Hotels ... in denen mir die Möglichkeit, einen Tauchnitz zu kaufen und mich so nach Hause zurückzuversetzen, das Leben gerettet hat«.[3] Förmlichere Würdigungen zierten Bücher, die anlässlich des silbernen, goldenen und diamantenen Jubiläums von Tauchnitz Editions erschienen. Darin revanchierten sich Schriftsteller von Charles Dickens bis George Bernard Shaw mit Dankesbotschaften an den Verlag, der englischen Büchern jenseits des Ärmelkanals den Weg bereitet hatte.

So war Tauchnitz Editions 1931, als Hans Otto die Gerüchte über Albatross zu Ohren kamen, längst zu einem florierenden Segment des internationalen Buchhandels angewachsen. In diesem Jahr erschien bei Tauchnitz der fünftausendste Band, und die Zahl der seit den Anfängen insgesamt verkauften Bücher überstieg 40 Millionen. Sie ergaben, wie man es später veranschaulichte, einen Stapel, der von London nach New York reichte oder »achtzig Mal so hoch wie der Gipfel des Mount Everest« war. Und wie eine deutsche Zeitung schrieb, deutete nichts darauf hin, dass Tauchnitz' beherrschende Stellung gefährdet war: »Im kleinsten deutschen Kurort, im verlorensten italienischen Städtchen, im fernsten Dalmatien, auf den Kanarischen Inseln wie auf den Balearen: Wenn sonst alles fehlt, der neueste Tauchnitz ist vorhanden«. Da er »allgegenwärtig« war, wurde dem Tauchnitz Verlag sogar zugestanden, er habe die Verbreitung der englischen Sprache gefördert. Freiherr Bernhard von Tauchnitz konnte kaum geahnt haben, was aus seinem Leipziger Verlag einmal werden würde.[4]

Damalige Leser, denen Tauchnitz ein Begriff war, hätten Hans Ottos Sorgen vermutlich kaum nachvollziehen können. Der Sitz des Verlags in Leipzig nahm einen ganzen Häuserblock ein und war nicht weniger imposant als Tauchnitz' Ruhm im In- und Ausland. Das klassizistische Herrenhaus, in dem seine Direktion untergebracht war, verbreitete eine Aura gediegener Pracht, wie um deutlich zu machen, dass Herausforderer von vornherein auf verlorenem Posten standen. Tauchnitz hatte die Macht der Geschichte auf seiner Seite. Dieser deutsche Verlag hatte nicht nur den Markt für Kontinentalausgaben englischsprachiger Literatur wie aus dem Nichts geschaffen, sondern im Lauf der Jahrzehnte auch nicht weniger als 42 Konkurrenten aus dem Feld geschlagen.[5]

Und doch wirkte Hans Otto in diesem Oktober 1931 so gar nicht wie jemand, den die Tradition von Tauchnitz in sich ruhen ließ. In höchster Anspannung angesichts dieses ersten ernst zu nehmenden Angriffs auf das faktische Monopol Tauchnitz' seit vielen Jahren entsandte er einen Vertrauten nach London und einen weiteren nach Paris, um Erkundungen über Albatross einzuholen. Wie aus seiner recht unverbindlichen Wortwahl im anschließenden Bericht an den Aufsichtsrat von Tauchnitz hervorgeht, kehrten beide mit mehr Fragen als Antworten nach Leipzig zurück. »Wahrscheinlich unter der Firma ›The Albatross‹ wird am 1. Januar 1932 das neue Unternehmen starten, und zwar mit dem Sitz in Paris, wahrscheinlich auch mit einem besonderen Sitz in Deutschland, was aber noch nicht feststeht ... In London konnte mit Sicherheit nicht festgestellt werden, wer das Unternehmen finanziert, doch schweben hierüber die Erörterungen ... Im allgemeinen war insbesondere in Paris sehr wenig und fast gar nichts festzustellen, insbesondere auch nicht durch die Deutsche Botschaft, was damit zusammenhängen kann, dass das neue Unternehmen absichtlich seine Verhältnisse geheimhält«.[6]

Diese Umschreibungen bringen vor allem eins auf den Punkt: Bei Tauchnitz wusste man so gut wie nichts über den Gegenspieler. »Unsere Disposition ist allseitig die, daß wir die Windstille, die uns bis 1. Januar 1932 verbleibt, mit aller Intensität ausnutzen müssen, um voranzukommen«, erläuterte Otto seinen Vorstandskollegen. Einen von ihnen schickte er zu mächtigen Grossisten in die Schweiz, nach Italien, Wien und Prag, einen weiteren nach England, um dort Tauchnitz' Bande mit Autoren und Verlagen zu festigen. Er selbst sammelte von Leipzig aus geheime Informationen. Am 4. November beauftragte er Hamburger Anwälte, den wenigen Spuren nachzugehen und festzustellen, ob Albatross sich in das dortige Handelsregister eintragen hatte lassen. Danach war er um 40 Reichsmark ärmer, aber um nichts klüger, und konnte es auch nicht sein, da Albatross erst am 12. November 1931 in Hamburg registriert wurde.[7] Von den vielen Gerüchten aufgeschreckt, hatte Otto sich um eine Woche zu früh erkundigt. Albatross war vorerst eine umso größere Bedrohung für ihn, als der Verlag offiziell noch gar nicht existierte.

Dass Albatross Otto so sehr aus der Reserve lockte, lag nicht zuletzt daran, dass er sich seine Aufgabe zu Herzen nahm. Für Otto stand neben dem traditionsreichen Verlagshaus auch die Familienehre auf dem Spiel. Sein Bruder Curt Otto hatte Tauchnitz vom Beginn des Jahrhunderts bis zu seinem Tod 1929 souverän geführt. Unter seiner Obhut hatten die Leipziger ihren guten Ruf eines völkerverbindenden Hortes der Kultur gefestigt, und allein seinen klugen Schachzügen war es zu verdanken, dass der Verlag den Ersten Weltkrieg, in dem die Tauchnitz-Bände manchen im Land als eine fünfte Kolonne der Entente gegolten hatten, heil überstand.[8]

Doch nun, im Jahr 1931, standen Tauchnitz und Hans Otto vor ganz anderen Herausforderungen. Ausgehend von den Vereinigten Staaten zog die Große Depression den Rest der Welt in den Strudel des wirtschaftlichen Abgrunds. Otto hatte größte Mühe, die Zahlungsfähigkeit des Verlags zu erhalten. Britische und amerikanische Europareisende, Tauchnitz' Stammleserschaft, blieben weitgehend aus. Zudem steckte Deutschland als größter Absatzmarkt tief in seiner eigenen verheerenden Krise. Und nun begehrten auch noch englische Verlage gegen die Vormachtstellung der Leipziger auf dem Festland auf. Im Zuge einer Geschäftsreise nach London hatte Otto in den Vorstandszimmern und Clubs englischer Verleger die Ausläufer einer Welle der Empörung zu spüren bekommen – auch weil Ende der Zwanzigerjahre die Umsätze von Tauchnitz Editions noch einmal sprunghaft angestiegen waren. Otto musste sich fragen, wie lange die Engländer noch hinnehmen würden, dass ein deutscher Verlag auf dem Kontinent den Lohn ihrer Mühen einstrich.[9]

Rasches und energisches Handeln war also gefordert, zumal es da ein Detail gab, das Otto noch viel größere Sorgen bereitete als alles andere: Wenn die Gerüchte über Albatross stimmten, verfügte dieser neue Widersacher über eine Geheimwaffe, deren Schlagkraft Otto nur allzu gut kannte: Max Christian Wegner, von allen nur »Christian« genannt – eben jenen siebenunddreißigjährigen Verleger, den Otto selbst ein Jahr zuvor als Tauchnitz-Geschäftsführer geschasst hatte. Dieser Mann kannte Tauchnitz in- und auswendig, und kampflustig war er allemal.

Wegner war für Otto Angstgegner und Erzfeind in einem. Schon als Bruder im Bunde hatte er eine einschüchternde Figur abgegeben – eine ausgesprochen imposante Persönlichkeit, die jeden Raum forschen Schrittes betrat.[10] Wegner beeindruckte allseits durch blitzschnelles Denken und Willensstärke. Er hatte darauf gedrängt, den Tauchnitz Verlag zu entstauben. Als ehemalige Führungskraft kannte er dessen Stärken und Schwächen genau, von der Vertriebsstrategie über Absatzzahlen bis hin zu den Verbindlichkeiten des Unternehmens und den persönlichen Schrullen einzelner Angehöriger der von Tauchnitz. Nicht zuletzt war Wegner im Zorn aus dem Verlag geschieden.

Denn kaum ein Jahr nach seiner Ernennung zum Geschäftsführer hatte er einen Grundsatz verletzt, der für die Führungsriege bei Tauchnitz unumstößlich war: Er hatte den Roman *Cimarron* der amerikanischen Schriftstellerin Edna Ferber herausgebracht, noch bevor die britische und die amerikanische Erstausgabe mit dem üblichen sechsmonatigen Vorsprung auf den dortigen Märkten ihren Einstand gegeben hatten – und sogar, wie sich schließlich herausstellte, noch bevor Ferber überhaupt einen Vertrag unterschrieben hatte. Mehr noch: Um sein Vorgehen zu rechtfertigen, hatte er gegenüber dem Agenten und dem Verlag der Autorin später behauptet, dass »man im Tauchnitz-Verlag wiederholt oder regelmäßig publiziere, ehe der Vertrag vorliege«. Was hier zutage trat, ging weit über Uneinigkeit bei der Auslegung von Anstandsregeln hinaus. Und es war mehr als ein Kulturkampf zwischen der alten und der neuen Verlagswelt. Einhellig befand der Aufsichtsrat des Tauchnitz Verlags, dass Wegner nicht nur einen Vertrag verletzt, sondern den wichtigsten stillen Teilhaber am Unternehmen gekränkt hatte: dessen Tradition. Die Anklage des Freiherrn von Tauchnitz war deutlich genug: »Wenn man meinen Großvater und Vater und auch Deinen Bruder gekannt hat«, schrieb er Otto in höchster Erregung, »so weiß man, daß der ganze Verkehr mit den englischen Autoren auf Korrektheit und Vertrauen aufgebaut war«. Die bittere Ironie an diesem Lauf der Ereignisse erkannte Otto erst im Nachhinein: dass Christian Wegner den Verlagsleuten, die jetzt mit ihm am Aufbau eines direkten Tauchnitz-Konkurrenten arbeiteten, vielleicht nie begegnet wäre, hätte nicht er selbst Wegner zuvor nach England entsandt.[11]

Was Otto zu diesem Zeitpunkt nicht geahnt haben konnte: Albatross entstand ziemlich genau in dem Moment, als Tauchnitz Wegner auf die Straße setzte. Denn dieser ging sofort auf in seiner neuen alten Rolle eines »raschen, sicheren, zielbewußten« Kämpfers – wie ihn ein ehemaliger Kriegskamerad beschrieb. Als ältester von fünf Söhnen des Kieler Arztes Ernst Paul Wegner und seiner Frau Anna Adelheid Kippenberg brach Christian Wegner 1914, kurz vor seinem einundzwanzigsten Geburtstag, sein Studium ab und meldete sich freiwillig zum Kriegsdienst. Er lag zunächst als Infanterist in den Schützengräben, wurde verwundet und zum Leutnant der Reserve befördert. 1917 hatte er genug von der Artillerie und absolvierte eine Ausbildung zum Jagdflieger in Deutschlands erster, kaiserlicher Luftwaffe. Im August 1918 wurde er nach 105 Flügen in einer Halberstadt CL.IV – einem dieser heute noch bei Flugschauen beliebten Doppeldecker, in denen Pilot und Beobachter umtost vom peitschenden Wind und Dröhnen des Motors

Max Christian Wegner, aufgenommen 1933 in Paris (mit freundlicher Genehmigung von Dr. Matthias Wegner)

dicht hintereinander in einer winzigen Kanzel hocken – für sein »rücksichtsloses Herunterstoßen« über feindlichen Truppen mehrfach dekoriert: Eisernes Kreuz I. und II. Klasse, Hamburger Hanseatenkreuz, Ritterkreuz des Königlichen Hausordens von Hohenzollern mit Schwertern. Für diese letzte und höchste Auszeichnung hatte man ihn ausdrücklich wegen seiner Fähigkeit vorgeschlagen, im Gewühl der Schlacht genau kalkulierte Wagnisse einzugehen: Durch das »Beispiel seines rücksichtslosen Schneides« habe er sich als »vorbildlich und mitreißend« erwiesen.[12]

Kaum war der Krieg vorbei, stürzte sich Wegner mit all seiner Kühnheit in eine Verlegerkarriere. Unter den Geschwistern seiner Mutter war ein Bruder, Anton Kippenberg, der gemeinsam mit seiner Frau Katharina aus dem Insel Verlag das führende deutsche Verlagshaus für Belletristik gemacht hatte – in der Zeit, als der damals sechzehnjährige Neffe Christian begann, sich nach einem Beruf umzusehen. Wegner hatte das Johanneum, eines der besten Gymnasien Hamburgs, besucht und, obwohl seine Zensuren eher mäßig ausfielen, von frühester Jugend an eine Liebe für Literatur und Dichtung erkennen lassen. Zu Weihnachten 1909 schrieb sein Vater ein Gedicht für Anton Kippenberg mit dem Titel »Dem Bücheronkel – Mit einem Bild der jüngeren Söhne«, in dem jeder seiner fünf Söhne durch einen charakteristischen Wesenszug beschrieben war, so auch »Max Christian, der künftige Verleger«. In seinem Jahr an der Universität belegte dieser Literaturseminare bei den prominenten Professoren Albert Köster und Georg Witkowski, und während seiner Ausbildung für den Weltkrieg soll er in Feldsturmübungen seiner Truppe zwischen den Befehlen »Deckung!« und »Auf, auf, zum Angriff!« Debatten über Hugo von Hofmannsthal und Rainer Maria Rilke geführt haben.[13]

Somit stellte sich Hans Otto im September 1930, als er Wegner mitteilte, dass er ihn aus seinem Posten als Tauchnitz-Geschäftsführer entlassen wolle, einem sehr zielstrebigen Mann und dessen Lebenstraum in den Weg. Wegner hatte immerhin »ohne weiteres« zugegeben, dass der Fall *Cimarron* »auf seiner Seite juristisch, geschäftlich, verwaltungsmäßig und gesellschaftlich ganz falsch und unmöglich erledigt worden sei«. Zugleich beteuerte er, dass er »nach seiner festen Überzeugung in England den Fall nach allen Seiten mit ›größter Eleganz‹ erledigt habe und der Fall ... in England heute vergessen sei« – nämlich von Ferber und ihrem Agenten Curtis Brown, einem Schwergewicht in London. Doch Wegners Rechtfertigung überzeugte nicht, und eine Aussprache mit dem Aufsichtsrat von Tauchnitz endete desaströs. Wegner wollte und konnte danach nicht glauben, dass man »seine sonstigen Verdienste und Interessen, die er bisher dem Verlage zugeführt habe, einfach übergehen und ihn nunmehr auf die Straße setzen könne«. Eine Woche später teilte ihm Otto mit, dass er zum 30. Dezember entlassen sei, falls sich die Ungereimtheiten nicht »beseitigen« ließen. Unter argwöhnischer Beobachtung und mit eingeschränkten Befugnissen arbeitete Wegner weiter, während Otto nach London fuhr, um sich selbst einen Eindruck von dem Schaden zu machen, den Wegner dem Namen Tauchnitz zugefügt hatte.[14]

Otto bedauerte die verfahrene Situation zutiefst. Auch wenn seine Einschätzung der Lage vielleicht durch die übergroße Sorge getrübt war, dass Wegner den guten Ruf des Tauchnitz Verlags unwiederbringlich ruiniert haben könnte, so wusste er doch, »daß wir mit Herrn Wegner grundsätzlich eine ganz hervorragende Kraft gewonnen haben«. Er hob insbesondere Wegners feines Gespür für Autoren hervor, die im Kommen waren. Aus dessen aufbrausender Reaktion auf die Vorwürfe gewann er eine wesentliche Einsicht: Wegner hatte nicht vorsätzlich gegen die Interessen von Tauchnitz gehandelt, sondern »Herr W. [ist] ein Mensch, der in egozentrischer Einstellung dauernd befangen ist, der – im besten Sinne vielleicht – in allererster Linie an seine Person denkt«, sich aber auch »mit dem Verlage identifiziert«. Mit dieser Einschätzung lag Otto durchaus richtig. Wegner ging fraglos davon aus, dass etwas gut und richtig war, wenn es für ihn gut und richtig war – eine Selbstverliebtheit, die ihn sein ganzes Leben begleitete. Eine scheinbar beiläufige Familienanekdote verdeutlicht das: Als Wegners Schwiegermutter aus seiner dritten Ehe 1948 in Hamburg auf Besuch war, brachte sie einen großen Bimsstein mit. »Was für ein Stein«, staunte Wegner sinngemäß, denn im Nachkriegsdeutschland, wo es abgesehen von einer im besten Fall kargen Grundversorgung an so gut wie allem mangelte, war er den Anblick eines solchen Pflegeartikels nicht mehr gewohnt. Er nahm den Stein in die Hand, brach ihn entzwei und gab seiner Schwiegermutter die kleinere Hälfte zurück.[15] Spielarten dieses Verhaltens im Fall *Cimarron* waren Otto nicht entgangen. Solange Wegner bekam, was er wollte, setzte er voraus, dass andere sich mit den Konsequenzen abfinden würden. Doch diesmal stand Wegner am Ende mit der kleineren Hälfte da. Otto erkannte erst nach und nach, welch erbitterten Feind er sich dadurch geschaffen hatte.

In der Schule wie im Beruf befolgte Wegner Regeln nur dann, wenn sie ihm zupasskamen. Diese Gewohnheit trug ihm schon im Insel Verlag Ärger ein, den er nach einem »Krach« mit seiner Tante verließ, ebenso wie kurze Zeit später erneut bei Tauchnitz.[16] (Im Zweiten Weltkrieg endete er aufgrund dieser charakterlichen Scheuklappen beinahe vor einem Hinrichtungskommando der Wehrmacht.) Dessen ungeachtet hatte Wegner beim Insel Verlag sechzehn Jahre Berufserfahrung gesammelt und war zum Prokuristen aufgestiegen, bevor Tauchnitz ihn 1929 als Geschäftsführer anwarb. Und kaum war dort das Zerwürfnis endgültig besiegelt, suchte er sich den unwahrscheinlichsten aller möglichen Verbündeten, um seine Talente auszuspielen: Curtis Brown, den Agenten ebenjener Autorin, deren Buch Wegner ohne Erlaubnis gedruckt hatte. Wegner hatte Brown tatsächlich nicht verprellt, es war ihm sogar gelungen, seine Wertschätzung zu gewinnen. Brown half ihm obendrein bei der Suche nach Geschäftspartnern, mit denen er einen Konkurrenten zu Tauchnitz aus dem Boden stampfen konnte.[17] Zu Ottos großer Enttäuschung und Gram schlug sich Wegner fortan mit all seinen deutschen Verlagskenntnissen für einen anscheinend britischen Neuling in die Bresche. Ein Mann mit Ideen, Ehrgeiz und einem ausgeprägten Sinn fürs Praktische, ein Mann voll Tatendrang und Kühnheit trat ihm hier entgegen und rüstete sich für das Duell mit Waffen von ganz anderem Kaliber.

Einen ersten Vorgeschmack auf das, was ihn erwartete, erhielt Otto im Dezember 1931. Wochenlang tüftelte er da schon an einer Strategie gegen einen unsichtbaren Rivalen, nun las er es schwarz auf weiß im *Börsenblatt für den deutschen Buchhandel*: Auf einer ganzen Seite wurde darin die Gründung einer »Albatross Modern Continental Library« angekündigt. Otto prüfte die Anzeige akribisch. In der oberen Hälfte schwebte ein ansprechendes Arrangement aus Text und Bild. Der Name »THE ALBATROSS« erstreckte sich, einem Mantra ähnlich, in Blockbuchstaben über den Worten »Hamburg – Paris – Mailand«. Direkt darunter segelte ein echter Blickfang von einem Vogel. Besonders interessierte sich Otto für den Ankündigungstext unter dem Albatross-Signet: »Der ALBATROSS ist eine deutsche Verlagsgesellschaft, entstanden aus der Zusammenarbeit zweier befreundeter Verleger, eines Deutschen: Max Christian Wegner, und eines Engländers: John Holroyd-Reece. Sitz der Gesellschaft ist Hamburg, wo sich die Alleinauslieferung in den Händen der Firma *Oscar Enoch Verlag* befindet (mit Ausnahme von Italien, für das die Firma *A. Mondadori, Mailand*, die Auslieferung innehat)«.[18]

Die Anzeige entspann eine Erzählung vieler Nationen, die einmütig an der Gründung eines großartigen neuen Unternehmens arbeiteten. Seine beiden Standbeine hatte der Verlag in Deutschland und England. Wegner und Holroyd-Reece verbündeten sich über die Nordsee hinweg. Dazu kam noch Italien. Und auch Frankreich, denn den förmlichen Angaben konnte man entnehmen, dass sich das Verlagsbüro in der umtriebigen Intellektuellenhochburg des 14. Pariser Arrondissement befand. Am meisten verunsicherte Otto der forsche Aufruf an die deutsche Buchbranche. All die Grossohäuser und Buchhändler, unter denen Tauchnitz seit neunzig Jahren Hof hielt, lud Albatross ein, ihre Regale mit den »hervorragendsten Werke[n] der modernen englischen und amerikanischen Literatur in technisch vollendeter Form zu billigen Preisen« zu füllen. Otto kehrte noch einmal zurück zum ersten Satz: »Der ALBATROSS ist eine deutsche Verlagsgesellschaft ..«.[19] In welcher Hinsicht Albatross ein deutscher Verlag sein wollte, ging daraus nicht hervor. Und dann war da noch dieser rätselhafte Unbekannte, Wegners Kompagnon.

Knapp einen Monat zuvor hatte John Holroyd-Reece wie aus dem Nichts seinen Einstand in der Welt von Tauchnitz gegeben – wenn auch nur in Form eines Briefes, der den direkten Kontakt zwischen Tauchnitz und Albatross begründete. Darin gab sich der Engländer als ritterlicher Rivale, dem der Sinn nach einem sportlichen Turnier stand. »Meine Herren«, begann er,

> nach ehrwürdiger englischer Sitte macht ein Neuankömmling in der Verlagswelt seinen erfahreneren Kollegen die Aufwartung, und ich bedauere außerordentlich, dass in dem Augenblick, den ich dafür ansonsten gewählt hätte, nämlich am Tag vor der ersten öffentlichen Bekanntmachung von The Albatross, mich dringliche Privatangelegenheiten daran hindern, Ihnen die gebotene Höflichkeit zu erweisen.
>
> Ich beabsichtige dennoch, zum nächstmöglichen Zeitpunkt nach Leipzig zu reisen – etwa in zwei Wochen ... Angesichts der außergewöhnlichen Umstände, unter denen ich mich auf das Unternehmen Albatross eingelassen habe, wäre es mir eine besondere Freude,

allfällige Fragen zu beantworten, die Sie mir vielleicht zu stellen geneigt sind, Sie außerdem rundweg von den Grundsätzen freundschaftlicher Rivalität zu unterrichten, die ich hochzuhalten gedenke, und, falls Sie dies wünschen, auch Maßnahmen zu erörtern, die unser beider Interessen förderlich wären.

In der Hoffnung, dass Sie die von mir beabsichtigte Zuvorkommenheit in dem Geist aufnehmen, wie sie gemeint ist, und in der freudigen Erwartung des Vergnügens, persönliche Bekanntschaft mit Ihrer Geschäftsleitung zu machen,

verbleibe ich, meine Herren,
hochachtungsvoll,

Ihr
John Holroyd-Reece

Die schnörkelhafte Höflichkeit stieß bei der Führungsriege von Tauchnitz auf einige Skepsis – und schürte nur den Argwohn. Otto wusste, dass Albatross ein Büro in Frankreich unterhielt, konnte also davon ausgehen, dass Holroyd-Reece fließend Französisch sprach. Ein zweiter Brief enthielt die Bitte, Otto möge Holroyd-Reece an seine Adresse in Italien schreiben, woraus sich ergab, dass der Engländer auch dort Verbindungen besitzen musste. Ein dritter Brief, der die angekündigte Reise nach Leipzig erneut verschob, war in fehlerfreiem Deutsch verfasst. Holroyd-Reece übersandte ein deutschsprachiges Albatross-Verzeichnis und bemerkte mit einem Anstrich von Galanterie, er wolle »mindestens dafür Sorge tragen, dass Sie dasselbe von mir bekommen, vordem es in den Buchhandel gelangt«.[20]

Der Mann erschien am Ende doch leibhaftig, nachdem er Tauchnitz einen Monat lang im Ungewissen über den neuen Wettbewerber gelassen hatte. Otto und seine Kollegen Dr. Hauff und Keller konferierten drei Stunden lang mit ihm, und Holroyd-Reece machte mächtig Eindruck. »Wir haben Herrn H. R. als einen ganz ernst zu nehmenden Mann kennengelernt, der

John Holroyd-Reece in den 1920er-Jahren (mit freundlicher Genehmigung von Lady Elisabeth)

literarisch und buchhändlerisch ganz auf der Höhe ist, dazu Kosmopolit im wahrsten Sinne des Wortes«, berichtete Otto in einem pathetisch aufgeladenen, eindringlichen Ton. »Ich glaube ihm, daß er starke und maßgebende Beziehungen zu den für uns maßgebenden Londoner Kreisen hat. Um es kurz und anders auszudrücken: er wäre eigentlich der Mann, den wir hätten gebrauchen können«.[21]

Ottos Würdigung verwies auf eine Schwierigkeit, die ihn insbesondere seit Wegners geräuschvollem Abgang umtrieb: die fruchtlose Suche nach einem »leitenden Mann«, der den Verlag voranbringen konnte. Angesichts eines Buchmarktes, der sich zunehmend entlang nationalistischer Demarkationen abschottete, und britischer Verleger, die Tauchnitz Wildern auf ihrem eigenen Terrain vorwarfen, brauchte Otto einen Geschäftsführer vom Format seines Bruders, der Tauchnitz nach dem Ersten Weltkrieg wieder auf die Beine gebracht hatte. »Man muss die Engländer und ihre Einstellung gegen Deutschland kennen«, hatte er seinem Aufsichtsrat im Jahr zuvor eingeschärft. Der »leitende Mann« musste wissen, wie man die Briten für sich gewann, und das war eine Kunst, »die niemals gelernt sein kann«, erforderte sie doch »eine unerhörte Einstellung auf die englische Mentalität ..., feinstes diplomatisches und internationales Fingerspitzengefühl, internationalen Takt«.[22]

Nun war Holroyd-Reece tatsächlich und sogar noch weitaus mehr, als Otto fürchtete, ein Mann, der behände Staatsgrenzen und kulturelle Gräben überwand. »Wenn du in die Moschee gehst, zieh deine Schuhe aus«, schärfte er seiner Tochter in den Vierzigerjahren ein, und ebendiese Haltung hatte schon zwanzig Jahre zuvor in seiner erfolgreichen Arbeit als Übersetzer ihren Ausdruck gefunden. Holroyd-Reece wurde mit Lob überhäuft für die herausragende Übertragung einer eklektischen Vielfalt von Titeln ins Englische – darunter zukunftsweisende Werke des jüdischen deutschen Kunsthistorikers Julius Meier-Graefe, dessen Biografien von van Gogh, Degas und Cézanne diese Künstler als Protagonisten der Avantgarde des frühen 20. Jahrhunderts etablierten. Anfang der Zwanzigerjahre schrieb er als Pariser Korrespondent des *Christian Science Monitor* Artikel über alles Mögliche von tschechoslowakischer Keramik bis Kristallglas von Lalique. 1923 knüpfte er über Landesgrenzen hinweg Branchenverbindungen und verkaufte Bücher des britischen Verlegers Ernst Benn als Agent auf dem europäischen Festland. 1927 wurde er in Paris selbst zum Verleger, indem er das Haus Les Éditions Pégase (Pegasus Press) gründete, das sich auf prachtvolle Kunstbände spezialisierte.[23]

Im Zusammenhang mit Pégase wagte er sich an ein kühnes Verlagsprojekt, das ihm später als Modell für die international ausgerichtete Struktur von Albatross diente: Gemeinsam mit dem deutschen Verleger Kurt Wolff brachte er eine auf 200 Bände angelegte Pantheon-Reihe zur »Entwicklungsgeschichte der europäischen Kultur« heraus. Jeder Band sollte von einem Kenner seines Fachs geschrieben und in drei bis fünf Sprachen übersetzt werden. »Der Verlag will international im gehaltvollen Sinn sein«, so der Pantheon-Prospekt, und »ein trotz seiner verschiedenen Rassen und Völker gemeinsames europäisches Geschick mit all seinen Anziehungen und Gegensätzen« ausloten, »das seine tiefe und fruchtbare Spur im schöpferischen, künstlerischen Leben der jeweiligen Nationen hinterlassen hat«. Unternehmerisch war die Pantheon-Reihe nicht weniger international aufgestellt als programmatisch. Gestaltet wurden die meisten Bücher vom deutschen Schriftsetzer Hans Mardersteig und seiner Officina Bodini in Florenz. Den Vertrieb besorgten Wolff in Deutschland, Holroyd-Reece' Éditions Pégase in Frankreich und England, Harcourt Brace in den Vereinigten Staaten und Gili in Spanien.[24] In diesem Netz von Verbindungen, hoffte Holroyd-Reece, würde sich nun auch Tauchnitz verfangen.

So gesehen war das Kosmopolitische für Holroyd-Reece Lebensphilosophie und Geschäftsmodell in einem. Damit bei Hans Otto die Saat der Furcht aufging oder Agenten sich entschlossen, ihre Autoren bei Albatross unterzubringen, musste Holroyd-Reece wissen, was sein Publikum schätzte, und sich zumindest für den Augenblick mit dessen Wertvorstellungen identifizieren. Nicht zufällig hatte er sich den Ruf eines Meisters der geistreichen Konversation erarbeitet. Die Schriftstellerin Radclyffe Hall hielt ihn für »einen ziemlichen Glücksritter, aber auch jemanden, der mehr über die allermeisten Dinge weiß als irgendjemand sonst unter meinem Bekannten«. Der Agent Graham Watson nannte Holroyd-Reece »einen der charmantesten Plauderer, dem ich je zugehört habe«, und bewunderte, wie dieser auch andere in seinen Bann schlug. »Man erwähnte etwa beiläufig, dass man demnächst nach Rom fahre. Sofort redete er von einer Schneiderei in einer versteckten Gasse hinter der Spanischen Treppe, die sich auf die Herstellung von Seidenpyjamas spezialisiert habe. Um dort in den Genuss einer Vorzugsbehandlung zu kommen, müsse man nur seinen Namen nennen. In Venedig gab es gleich hinter der Accademia ein kleines Restaurant, in dem die Pilze wunderbar schmeckten (nur nicht mittwochs, wenn der Koch seinen freien Tag hatte). In New York musste man unbedingt zu Joe an der Eighth Avenue und 33. Straße gehen, denn der kannte ein Mädchen ... Und das Widerwärtige an seinen Empfehlungen war, dass sie immer stimmten«.[25]

Schon bald erkannte Hans Otto, dass nicht die alteingesessenen britischen Verlage die größte Bedrohung für Tauchnitz darstellten – oder zumindest noch nicht. Es war der Albatross, diese Kopfgeburt zweier Männer, die ganz bewusst mit den Verlagstraditionen von Leipzig und London brachen, von dem die eigentliche Gefahr ausging. Dass sich die beiden kämpferischen Außenseiter nun ausgerechnet auf eine im Ausland glänzend dastehende, tragende Säule des deutschen Verlagswesens wie Tauchnitz einschossen, erschien Otto als grimmige Wendung des Schicksals.

Wegner und Holroyd-Reece waren als Gespann einschüchternd genug. Und doch brauchten sie noch etwas, das Paris ihnen nicht bieten konnte: ein deutsches Standbein. Deutschland war der größte Markt für kontinentaleuropäische Ausgaben englischsprachiger Literatur. Ein Drittel des Absatzes entfiel allein auf diesen unverzichtbaren Markt. Um zu überleben, musste Albatross die Tauchnitz Editions auf deren eigenem Territorium schlagen. Da Wegner selbst viele langjährige Kontakte in Deutschland hatte, war er der richtige Mann für diese Aufgabe, doch ihm fehlte das Kapital. Außerdem untersagte ihm eine Klausel in seinem Arbeitsvertrag mit Tauchnitz, innerhalb von zwei Jahren nach seinem Abgang vom Verlag in München, Berlin oder Leipzig, also in den damaligen Zentren des deutschen Verlagswesens, ein Konkurrenzunternehmen aufzubauen.[26] Ohnehin war der Groll im Umfeld von Tauchnitz gegen ihn kein guter Ausgangspunkt, um in Deutschland eine führende Rolle zu spielen. Albatross musste hier möglichst unbelastet an den Start gehen.

Eine Lösung bot sich in der umtriebigen Hafenmetropole Hamburg und der Person des aufstrebenden Verlegers Kurt Enoch. Der sechsunddreißigjährige Enoch führte seit 1921 das Familienunternehmen Gebrüder Enoch Verlag und das dazugehörige Grossohaus Enoch, einen Pressevertrieb, in der Hamburger Innenstadt.[27] Ebendiese Kombination war für Wegner und Holroyd-Reece entscheidend. Denn sie suchten jemanden, der sie als Gründer und Geschäftsführer um eingehende Branchenkenntnisse ergänzte und

Kurt Enoch in den 1920er-Jahren (mit freundlicher Genehmigung von Charles Enoch)

nicht nur schlagkräftig Bücher in Deutschland verkaufen, sondern auch einen europaweiten Vertrieb aufbauen konnte.

Zudem eignete sich Hamburg als Standort, weil es nicht auf der Liste von Wegners verbotenen Städten stand und mit seiner mehr als 800 Jahre zurückreichenden Schifffahrts- und Handelstradition den Ruf eines Tors zur Welt genoss. In der Zeit, als Holroyd-Reece und Wegner Kurt Enoch eine Beteiligung an Albatross anboten, war Hamburg auch als »anglophile Stadt« bekannt – kein schlechter Anfang für ein Unternehmen, das englischsprachige Taschenbücher in jeden Winkel Europas schicken wollte. London und

Hamburg waren nur eine kurze Schiffsreise voneinander entfernt. Englische und deutsche Kaufleute aus beiden Städten tauschten seit Langem zunächst Güter, später auch Familienangehörige aus. Reiche Familien sandten ihre Kinder ins jeweilige andere Land, damit sie dort ihre Bildung vervollständigten.[28] Die beiden Albatross-Gründer waren auf Hamburg aus denselben Gründen angewiesen wie viele Kaufleute in den Jahrhunderten davor: weil hier Verbindungen zwischen vielen Ländern zusammenliefen, die den europaweiten Handel sehr viel einfacher machten.

Am Firmensitz seines Verlags und Vertriebs in der Schauenburgerstraße 14 befand sich Enoch im Zentrum des Geschehens und in unmittelbarer Nähe sehr verschiedener Welten. An einem Ende seiner Straße begann das Kontorhausviertel, am anderen gelangte er zur Börse und zum Rathaus. Ganz im Gegensatz zu letzterem – einem historistischen Prachtbau nach Art der Neorenaissance mit Mittelturm, reichem Figurenschmuck und ernst dreinblickenden hofseitigen Steinstatuen – war Enochs fünfstöckiges Warenhaus ein karger und moderner Bau mit glatter Fassade und großen Fenstern, die jede Menge Tageslicht einließen. Die belebten Cafés der Innenstadt erreichte er zu Fuß in fünf Minuten, den Hauptbahnhof und die Speicherstadt, die Hamburgs Weltruhm ausmachte, in zehn Minuten. Vom Herzen der norddeutschen Hauptstadt aus machte er sich bereit, beim Vertrieb der Albatross-Bücher auf dem europäischen Festland die Fäden zu ziehen.

Während Otto vermutete, Enochs Unternehmen diene nur als »Strohfirma« oder Briefkasten für Albatross in Deutschland, hatte dieser Wegner und Holroyd-Reece in Wirklichkeit eine Partnerschaft auf Augenhöhe anzubieten, die für beide Seiten funktionierte. Wie seine beiden Partner war auch Enoch ein Außenseiter in der Verlagsbranche und betrieb sein Geschäft in einer Stadt ohne große verlegerische Tradition. Wie Holroyd-Reece und Wegner wollte auch er neue Vertriebswege über Landesgrenzen erschließen. Nachdem er den Gebrüder Enoch Verlag 1921 von seinem Vater übernommen hatte, lieh er sich Geld vom Onkel seiner Frau, einem Londoner Bankier. »Da ich selber jung war«, erzählte er später, »wollte ich die jungen Schriftsteller verlegen, deren Werke den Geist der Nachkriegsgeneration, ihre neue Lebensweise, ihr Denken und Verständnis der Gesellschaft zum Ausdruck brachten oder widerspiegelten«. Enoch gewann Klaus Mann für seinen Verlag. Er übersetzte Werke von Maurice Bedel und Panait Istrati aus dem Französischen und von Edna Ferber und Margaret Kennedy aus dem Englischen. Er war bekannt für seine Detailversessenheit. In einem Ski-Lehrbuch von Hannes Schneider druckte er als einer der ersten Einzelbilder aus Filmsequenzen zur Veranschaulichung der Technik. Er beauftragte anerkannte Künstler mit der Gestaltung seiner Bücher und Einbände. Beispielsweise illustrierte Hans Reyersbach, der später unter dem Namen H. A. Rey als Autor der Kinderbücher *Curious George (Coco – Der neugierige Affe)* berühmt wurde, für Enoch den satirischen Gedichtband *Grotesken* von Christian Morgenstern.[29]

Auch charakterlich bildete Enoch eine vielversprechende Ergänzung zu den Albatross-Partnern. »Enoch mangelte es nicht an Selbstvertrauen«, attestierte ihm ein Branchenkollege später. Er besaß zudem jede Menge Abenteuerlust und Eigensinn. Was er selbst von seinen Kindheits- und Jugendjahren erzählt, rückt diese Wesenszüge in den Vordergrund und lässt vermuten, dass sie entscheidend für das waren, was er aus seinem Leben machte. Enoch kam 1895 als Kind liberaler Juden zur Welt. Seine Eltern erwarteten von ihrem Sohn Ehrgeiz und Strebsamkeit. So fragte der Vater den Jungen regelmäßig aus, welcher Stoff in der Schule gerade durchgenommen wurde, doch er bestärkte ihn auch darin, die Welt auf eigene Faust zu erkunden. Mit seinem Fahrrad machte sich Enoch in ganz Hamburg »eifrig auf die Suche nach allem, was die moderne Welt so zu bieten hatte«, darunter »die ersten flackernden Filme« und »die ersten Kristallradio-Empfänger«. Er spielte Tennis und Fußball auf Wettkampfniveau. Er wanderte tagelang mit Gleichaltrigen durch die Wälder und übernachtete in Scheunen und Feldern. Mit zwölf segelte er seine Jolle über die Alster. Von der Schule meist gelangweilt, begeisterte er sich für Bücher und vor allem für die Helden der Klassiker von James Fenimore Cooper, Robert Louis Stevenson, Jules Verne, Jack London und Mark Twain, die ihm als Vorbild für eigene Streiche dienen konnten – »ganz besonders«, wie er selbst sagte, »für *Tom Sawyer* und *Huckleberry Finn*«. Twains dreisten und gerissenen Protagonisten nacheifernd, jagte er ein Abenteuer ums andere. Mit seinem Bruder beobachtete er am Flugplatz stundenlang fasziniert Zeppeline, bis den beiden der verwegene Gedanke kam, ihr selbst gebasteltes Gleitflugzeug durch einen Sprung vom Dach ihres Hauses zu testen. Die Mutter entdeckte den Plan und verhinderte so ein Unglück.[30]

Genau wie seine beiden nassforschen Geschäftsfreunde arbeitete Enoch hart und gab nicht ohne Weiteres auf. Sein Studium an der Technischen Universität Berlin wurde unterbrochen, als man ihn mit neunzehn Jahren zum Kriegsdienst einzog. Sein erstes Jahr im Krieg verbrachte er großteils auf einem Beobachtungsposten in einem Schützengraben etwa hundert Meter vor der eigentlichen Front. Durch ein Periskop verfolgte er die Feindbewegungen und berichtete sie der Artillerie. Einen ganzen Winter lang dirigierte er das Kanonenfeuer aus einem eiskalten Bunker, den nur ein winziger Kanonenofen wärmte. Er war dem Tod so nahe, dass er noch Jahrzehnte später schrieb: »Nie vergesse ich das scharfe zischende Geräusch der an meinem Kopf vorbeiziehenden Gewehrkugeln«. Auch die Erinnerung an »zunehmendes Entsetzen und Ekel beim Anblick des Sterbens in allernächster Nähe« ließ ihn nie wieder los. Doch in all diesen Erinnerungen schwingt auch eine Waghalsigkeit mit, die ihn mit seinen Partnern verband: »Ob infolge unbewusster Verdrängung oder einer Art blinden Selbstvertrauens: Ich erinnere mich nicht, dass ich Angst um mein Leben gehabt hätte«.[31]

Im Dezember 1918 kehrte Enoch in ein vom Krieg ausgezehrtes Hamburg zurück. Rund 40.000 junge Soldaten aus der Stadt waren gefallen. Infolge britischer Seeblockaden herrschte in der Stadt Nahrungsmangel. Wahllose Gewalt und Gesetzlosigkeit griffen um sich, Verbrecherbanden machten die Straßen unsicher. Kommunistische Splittergruppen randalierten und plünderten Speicher auf der Suche nach Essbarem, die Rechten schrien nach Zucht und Ordnung. Inmitten dieses Chaos wollte Enoch im Leben vorankommen. Aus dem Krieg hatte er ein Eisernes Kreuz für Tapferkeit, ein unabgeschlossenes Studium und unstillbaren Erfolgshunger mitgebracht. Er studierte Wirtschaft an der Universität Hamburg. Die Verlobung mit Hertha Rehse Frischmann 1921 spornte ihn an, sein Doktorat der Wirtschaftswissenschaften abzuschließen und ins Verlagsgeschäft einzusteigen, das ihm eine »ideale Kombination von schöpferischen Möglichkeiten, gesellschaftlichem Nutzen und geistig anspruchsvoller Tätigkeit mit der Aussicht auf einen anständigen Lebensstandard« schien. Sein älterer Bruder hatte unterdessen ein Maschinenbaustudium mit Doktorat abgeschlossen und sich mit Herthas älterer Schwester verlobt.[32] So wurde Enoch 1921 nach der Doppelhochzeit und mit frischem Doktortitel zum eigentlichen Versorger seiner Familie.

Und sah sich als solcher schnell in den Strudel der Inflation hineingezogen. Bei den Mondpreisen für Rohmaterialien kostete es oft mehr, ein Buch herzustellen, als Enoch dafür im Handel verlangen konnte. Er musste sich umstellen. »Ich erinnere mich, dass ich jeden Abend nach Büroschluss und manchmal sogar tagsüber am Telefon alles tat, um für das angehäufte Bargeld neues Inventar oder Material anzuschaffen, und dass ich ziemlich oft mit dem Nachtzug nach Berlin oder Leipzig fuhr, um von Verlagen oder Grossisten so viele Bücher anzukaufen, wie ich nur finden konnte«. Das Wohlergehen seiner Eltern hing ebenso wie seine eigene wachsende Familie – die erste Tochter Ruth kam 1922 zur Welt, die zweite, Mirjam, im Jahr darauf – von seinem Erfolg ab. Und er war erfolgreich. So sehr, dass Wegner und Holroyd-Reece auf ihn aufmerksam wurden, als sie 1931 einen Partner für ihr Unternehmen suchten, und sich an ihn wandten.[33]

Aus Sicht von Tauchnitz war das Albatross-Trio derart gut aufgestellt, dass man es als existenzbedrohend erkannte. Offensichtlich hatten Wegner und Holroyd-Reece alle Trümpfe in der Hand. Warum es für sie dennoch unverzichtbar war, eine Niederlassung in Hamburg zu gründen, und warum umgekehrt Enoch sich auf die Zusammenarbeit mit ihnen einließ, erschließt sich erst, wenn man weiß, dass die drei vor einer möglicherweise unüberwindbaren Schwierigkeit standen: Der Zeitpunkt für die Gründung eines europaweit tätigen Verlags mit deutscher Niederlassung war alles andere als vielversprechend. Im Herbst 1931, gerade als der Albatross abhob, schlingerte die deutsche Wirtschaft so nahe am Abgrund, dass jeder ausländische Kapitalgeber, der hier sein Geld anlegen wollte, einen ausgeklügelten Plan brauchte, um es je wiederzusehen. Ende der Zwanzigerjahre bestritt der deutsche Staat seine Reparationsleistungen und Kreditrückzahlungen mittels ausländischer, insbesondere amerikanischer Kapitalzufuhr. Diese übergroße Abhängigkeit von amerikanischen Krediten hatte zur Folge, dass der US-Börsenkrach vom Oktober 1929 die deutsche Wirtschaft unmittelbar darauf zum Erliegen brachte. Amerikanische und andere Geldgeber zogen ihre Gelder ab. Unternehmen konnten ihre Angestellten nicht mehr bezahlen und keine Rohstoffe anschaffen. Industrieproduktion und Löhne sanken. Im Januar 1930 waren etwa 14 Prozent der deutschen Bevölkerung im »arbeitsfähigen Alter« – 3.218.000 Menschen – ohne Arbeit, und zählte man die Teilzeit- und Gelegenheitsbeschäftigten dazu, waren es mehr als viereinhalb Millionen.[34] Monat für Monat stürzte die deutsche Wirtschaft tiefer, und sie riss das freisinnige Klima der Weimarer Republik, das Hamburg zum idealen Zentrum englischsprachiger Bücher machte, mit in den Abgrund.

Die verheerende wirtschaftliche Lage bot Hitler und der NSDAP die Gelegenheit, auf die sie gewartet hatten. Im Dezember 1929 suchte der amerikanische Journalist Karl Wiegand – er hatte Hitler bereits 1922 als erster amerikanischer Korrespondent interviewt – erneut das Gespräch mit dem Führer der NSDAP, um sich einen Eindruck von dessen Reaktion auf die Krise zu verschaffen. Die deutsche Öffentlichkeit sei völlig verwirrt, erklärte Hitler laut Wiegands Artikel im *New York American*. Er klagte über die vielen Konkurse, die steigende Arbeitslosigkeit und die Unfähigkeit deutscher Politiker, der Lage Herr zu werden. Er versprach, Deutschland vor der wirtschaftlichen Versklavung durch fremde Mächte wie auch vor der drohenden Bolschewisierung, dem Absturz in Chaos und Demoralisierung zu retten. Mit diesem Programm erzielte seine Partei erstaunliche Gewinne bei den Reichstagswahlen im September 1930: Von 2,5 Prozent nur zwei Jahre zuvor steigerte sie sich auf 18,3 Prozent. Aus 12 Sitzen wurden 107.[35]

Während dieser politische Erdrutsch aus Hitlers Partei die zweitstärkste Kraft im Reichstag machte, ließ er ausländische Kapitalgeber Böses ahnen. Hitlers Wahlerfolg löste eine gewaltige Kapitalflucht aus, die ein Drittel der Währungsreserven der Reichsbank aufzehrte. Unterdessen waren die Reparationslasten Deutschlands aus dem Ersten Weltkrieg zu einem Gegenstand hitziger Auseinandersetzungen geworden, und deutsche Regierungsvertreter drängten auf einen teilweisen Schuldenerlass. Während sich die Verhandlungen in die Länge zogen, verlor Deutschland zusätzlich Hunderte Millionen Reichsmark an Devisen. Die größten Banken Berlins büßten allein in der ersten Jahreshälfte 1931 Auslandsguthaben in Höhe von 2,5 Milliarden Reichsmark ein, zugleich flossen weitere 2,7 Milliarden Reichsmark Anlagekapital aus Deutschland ab. Jahrzehnte später beschrieb Enoch die Folgen dieser Entwicklung für die deutsche Wirtschaft und Bevölkerung: »Der Kreditstrom, die Lebensader des wirtschaftlichen Wiederaufbaus in Deutschland, stockte. Rückzahlungen wurden fällig. Der Auslandshandel schrumpfte drastisch, und dies reduzierte die Industrieproduktion um fast die Hälfte. Als Folge gingen Tausende Unternehmen in Konkurs. Millionen Menschen standen vor verschlossenen Fabriktoren und waren von einem Moment auf den anderen ohne Arbeit ... Das deutsche Volk geriet in Panik und verzweifelte«.[36]

Diese wirtschaftlichen Rückschläge waren mehr, als Deutschland verkraften konnte. Im Juli 1931 brach die Währung des Landes zusammen. Unmittelbarer Auslöser waren die schwindenden Devisenreserven der Reichsbank. Deutschland schuldete eine Milliarde Reichsmark an Reparationen zuzüglich 1,2 Milliarden an Zinsen, doch dem standen Aktiva von nur 450 Millionen Reichsmark gegenüber. Um die Differenz auszugleichen, brachte die Reichsbank 1,7 Milliarden aus ihren Gold- und Devisenreserven auf, die damit nahezu erschöpft waren. Um weitere Kapitalabflüsse zu verhindern, erließ sie am 15. und 18. Juli Notverordnungen, mit denen die Reichsmark vom Goldstandard abgekoppelt wurde. Zwei Wochen später folgte ein Gesetz, auf dessen Grundlage die Reichsbank rigoros sämtliche Devisenauslagen prüfte und bestimmte, wer Auslandswährungen beanspruchen durfte und in welcher Höhe. Die neu gegründete Reichsstelle für Devisenbewirtschaftung sollte dafür sorgen, dass die Exporteinnahmen höher ausfielen als die Ausgaben für Einfuhren. Untergeordnete Devisenstellen überwachten Ein- und Ausgang von Devisen in den Ländern und übermittelten die Ergebnisse an die Zentrale. Mit den Kontrollen gelang es, den Abfluss ausländischen Kapitals weitgehend einzudämmen, wenn man von den enormen Zinstilgungen für die Auslandsschulden absah. Sie wirkten sich jedoch empfindlich auf Deutsche aus, die im Ausland arbeiteten oder studierten, ebenso wie auf die kleinen und großen Unternehmen, die das Rückgrat der deutschen Wirtschaft bildeten. Importunternehmen erhielten bis Jahresende nur 75 Prozent ihrer zuvor gewährten Devisen, was ihre Möglichkeiten einschränkte, im Ausland die für ihre Produktion unerlässlichen Rohstoffe und Fabrikate – darunter auch Leder, Seide und Papier – einzukaufen. Durchschnittsbürger konnten auf normalem Weg keine Reichsmark mehr gegen ausländische Währungen tauschen. Um an Devisen zu kommen, forderte die Reichsbank in ihrer Ratlosigkeit die Deutschen auf, eigene Reserven an ausländischem Geld in Reichsmark umzutauschen.[37]

Diese wirtschaftliche Zwangsjacke war es auch, die Christian Wegner in die Arme britischer anstatt deutscher Kapitalgeber getrieben hatte. Wegner fand in Deutschland keine Partner, die bereit waren, in seinen Feldzug gegen Tauchnitz zu investieren. Beinahe wäre sein Vorhaben sogar an der deutschen Krise gescheitert, noch bevor es begann. »Der Zusammenbruch in Deutschland hat bis auf weiteres auch den Plan von Albatross zertrümmert«, teilte der Agent Curtis Brown interessierten Autoren und Verlegern mit. Wegners Projekt kam erst wieder in Fahrt, als er über Curtis Brown mit Holroyd-Reece bekannt wurde und dieser wiederum seine Überredungskünste einsetzte, um den jüdischen Kupfermagnaten und Philanthropen Sir Edmund Davis dafür zu begeistern, der für seine Unterstützung der Künste bekannt war. Als Jude schätzte Davis womöglich den liberalen Geist eines Unternehmens, das moderne englische und amerikanische Literatur in einem vom Grollen des Chauvinismus und der Engstirnigkeit erfüllten Europa verbreiten wollte. »Edmund Davies [sic] zieht großartig mit«, schrieb Holroyd-Reece, als er dessen Zusage hatte, mit 5000 Pfund einzusteigen.[38] Hans Otto mochte Albatross noch so sehr aus der Heimat ferngehalten sehen: Deutschland empfing ausländische Investoren mit offenen Armen. Jedes Kapital war gutes Kapital und ausländisches besser als deutsches. Albatross sprengte die deutsche Bastion mit der Wucht des britischen Sterling.

Die Einladung, gemeinsame Sache mit Albatross zu machen, musste Enoch in mehrfacher Hinsicht gelegen kommen, denn sie entsprach seinem sehnsüchtigen Wunsch, Außergewöhnliches auf die Beine zu stellen. Für den Chef eines Familienunternehmens, das den Kapriolen der deutschen Krise ausgeliefert war, kam dieses Angebot genau zur rechten Zeit. Enochs Geschäfte litten wie der Rest der deutschen Wirtschaft, und sein Privatleben war schwierig, um es vorsichtig zu sagen. Seine Frau hatte sich die Tuberkulose zugezogen und hielt sich zur Kur in einem Schweizer Sanatorium auf. Die Töchter gingen dort in ein nahe gelegenes Internat, Enoch blieb allein in Hamburg. Seine Briefe aus den frühen Dreißigerjahren machen deutlich, dass er große Zweifel hatte, ob er auf Dauer das nötige Geld aufbringen konnte. Hamburg war vom Schwarzen Freitag besonders schwer getroffen. Seine Unternehmen hatten umfangreiche Kredite amerikanischer Banken aufgenommen, und als diese ihre Raten einforderten, mussten viele Firmen Konkurs anmelden. Der Außenhandel ging drastisch zurück, und die Arbeitslosigkeit in der Stadt erreichte fast 40 Prozent, was ihre Wohlfahrtsreserven überforderte. Enoch war klar, dass eine Kampfansage an Tauchnitz »ein waghalsiges Unternehmen« sein musste. Andererseits verschaffte er sich mit einer geringen Investition eine Schlüsselrolle in einem international aufgestellten Verlag mit guten Erfolgsaussichten. Enoch nahm das Angebot von Albatross an.[39]

Und so legte Wegner einen Grundstein der internationalen Albatross-Konstruktion, indem er am 12. November einen Verlag dieses Namens ins Hamburger Handelsregister eintragen ließ und ihn damit zu einem ordentlichen, voll geschäftsfähigen Unternehmen nach deutschem Recht machte. In Paris suchten Wegner und Holroyd-Reece die Autoren aus, unterschrieben Verträge und lektorierten ihre Buchreihe. In Hamburg kümmerte sich Enoch um Werbung und Vertrieb und hatte dadurch »Mitsprache bei sämtlichen betriebswirtschaftlichen und strategischen Entscheidungen«.[40] Um Verwaltungskosten zu sparen, wurde aus Enochs Büro zugleich die Niederlassung von Albatross in Deutschland, und Enoch führte dessen Geschäfte neben seinem Familienbetrieb. Mit dieser Vereinbarung erlangte Albatross den Zugang zu einem deutschen Verleger, der den heimischen Buchmarkt bedienen konnte. Umgekehrt sicherte Enoch sich dadurch gegen das Auf und Ab der deutschen Wirtschaft ab, weil er den Prognosen zufolge zwei Drittel seines Einkommens aus dem Absatz auf Auslandsmärkten beziehen würde.

Mit Albatross beschritt Enoch Neuland. Für den Verlag vertiefte er sich in die zeitraubende Aufgabe, ein Vertriebsnetz aufzubauen, das den gesamten Kontinent überspannte. Dies ermöglichte ihm unter anderem Reisen nach London und Paris. Wieder in Hamburg, setzte er sich nach getaner Arbeit abends in den Zug, der ihn in einer dreiviertelstündigen Fahrt aus dem hektischen Getriebe der Innenstadt an den Arbeitervierteln in Altona, den eleganten Jugendstilvillen in Ottensen und den Einfamilienhäusern der Vorstadt vorbei zu seinem Refugium auf den baumbestandenen Hügeln von Blankenese brachte. Von den großen Fenstern dieses Idylls aus genoss er den freien Blick auf die Elbe und den sich dahin schlängelnden Verkehr der Segler und Frachtschiffe. Mindestens aus dieser Perspektive muss ihm die Zukunft vielversprechend erschienen sein.

Doch Kurt Enoch war Jude. Während er seinen Vertrag mit Albatross besiegelte, kippte unter dem Eindruck der darniederliegenden Wirtschaft die politische Lage in Deutschland. Nach dem Triumph der NSDAP bei den Reichstagswahlen von 1930 stiegen deren Mitgliederzahlen in ganz Deutschland sprunghaft an. Die Parteibürokratie kam mit dem Ausstellen neuer Mitgliedsausweise kaum hinterher. Selbst im traditionell eher linken Hamburg gewannen die Nazis mit jeder weiteren Wahl an Terrain. Im September 1931 erhielten sie 26,2 Prozent der Stimmen, und 1932 hatten sie bereits 52 Sitze in der Bürgerschaft.[41] Zwar hatte Albatross nun ein Standbein in Deutschland, um den heimischen Erzrivalen zu übertrumpfen, doch der Boden darunter war trügerisch. Die getroffene Vereinbarung beruhte auf Annahmen, die schon bald gegenstandslos sein sollten.

KAPITEL 2

Der geheimnisvolle Engländer

Eine Landkarte der deutschen Verlagswelt erschien am 4. Dezember 1931, einen Tag nach der ersten Ankündigung von The Albatross im *Börsenblatt des deutschen Buchhandels,* und nichts daran ließ erkennen, wie sehr die Branche von der wirtschaftlichen Notlage erfasst wurde. Um den Buchabsatz in der wichtigen Vorweihnachtssaison anzukurbeln, hatte die linksliberale *Literarische Welt*, die deutsche Leser in Sachen Weltliteratur auf dem Laufenden hielt, für eine Sondernummer fünfzig deutsche Verleger um Geschenktipps gebeten. Albatross wurde im Heftinneren zwar erwähnt, schaffte es jedoch nicht auf die Umschlagillustration, denn dort fanden nur die bedeutenderen Verlage des Landes einen Platz.[1] Der Samuel Fischer Verlag etwa, bei dem die Werke Thomas Manns erschienen, nahm auf der Karte seine eigene Gebirgskette in der oberen rechten Ecke mit den »Zauberberg«-Gipfel ein. Der Insel Verlag, der unter vielen anderen Rainer Maria Rilke und Stefan Zweig verlegte und bei dem Wegner einst unter seinem Onkel Anton Kippenberg sein Handwerk gelernt hatte, steuerte seine Schiffe durch stille Wasser in der linken unteren Ecke – vielleicht, um sich von der Fron für deutsche Übersetzungen der Werke von D. H. Lawrence, Aldous Huxley und Virginia Woolf zu erholen. Selbst die Löwen von Tauchnitz in der Bildmitte hatten ihren Spaß beim Hüten der Tore dieses altehrwürdigen Traditionshauses: Sie warfen einander über die Londoner Tower Bridge ein Buch zu. Nur der kommunistische Malik Verlag in der linken oberen Ecke ließ düstere Zeiten erahnen: Hier wehrte sich ein Mann mit seinem winzigen Schirm vergeblich gegen Bomben aus Flugzeugen mit eingestochenen Hakenkreuzen.

Auch der Gebrüder Enoch Verlag hatte auf dem Titelblatt einen etwas versteckten Auftritt hinter der Hamburger Binnenalster. Albatross dagegen war noch kaum jemandem ein Begriff, und Hans Otto setzte seit seiner Begegnung mit Holroyd-Reece am 9. Dezember alles daran, dass das so blieb. Die »Leseland«-Karte der *Literarischen Welt* veranschaulichte ihm zugleich ungewollt ein Problem, das ihn seit einiger Zeit beschäftigte und das ihm der Besuch von Holroyd-Reece noch einmal in aller Schärfe vor Augen geführt hatte: Tauchnitz besetzte ein imaginäres England innerhalb Deutschlands. »Kürzeste, billigste Überfahrt über Ärmelkanal und Ozean gibt's immer noch beim altbewährten Fergen *Bernhard Tauchnitz*«, lautete sein Motto auf den Seiten dieser Ausgabe der *Literarischen Welt*. Damit ging eine Besonderheit einher, die sich womöglich mit einem Mal als Achillesferse erwies: Tauchnitz verfügte über keinerlei physische Repräsentanz in London. Es gab keine Tauchnitz-Niederlassung und schon gar keinen britischen Agenten, der in London für Tauchnitz seine Augen und Ohren offenhielt und seiner Nase nachging. Otto erkannte sehr klar, dass Albatross eine Lücke füllte, die Tauchnitz nicht besetzt hatte. Den kontinentaleuropäischen Markt von Leipzig aus zu bedienen, hatte lange Zeit gut funktioniert, doch diese Zeiten waren vorbei. Albatross, so fürchtete er, konnte »von Paris jeden Tag mit einem ›Katzen-Sprung‹ an der Quelle gegen uns arbeiten ... ohne dass wir hier überhaupt etwas merken oder es erst merken, wenn es zu spät ist«.[2]

Noch hoffte Otto, einen britischen Partner – Tauchnitz' eigenen Holroyd-Reece – zu finden, der die dürftigen finanziellen Reserven des Verlags aufstocken und diesen gegen Überraschungsangriffe rüsten konnte. Andererseits war ihm bewusst, dass der Markt für englischsprachige Literatur auf dem europäischen Festland eine schwierige Phase durchlief. Seit dem amerikanischen Börsenkrach verließen mit jedem Jahr mehr Amerikaner Europa in Richtung Heimat, weil ihre Erbschaften oder Ersparnisse aufgebraucht waren. »Der anhaltende Verfall des Dollars sorgt zunehmend für Ratlosigkeit«, schrieb der Pariser Agent William Bradley seinem Autor Sinclair Lewis, »und Frankreich entledigt sich eilends der hier ansässigen Amerikaner«. Auch viele Engländer wurden von den Wogen des Schwarzen Freitags erfasst und in Scharen zurück über den Ärmelkanal getrieben. Für Tauchnitz war diese Tourismus-Dürre verheerend, umso mehr angesichts der drohenden Konkurrenz durch Albatross. Aus Österreich und Italien meldeten Buchhändler in der Vorweihnachtszeit einhellig: »[E]s ist überhaupt kein Absatz an englischen Büchern, da Engländer und Amerikaner vollständig fehlen!«[3]

Otto sah nur einen möglichen Weg: die deutsche Traditionskarte ausspielen und hoffen, dass man deutsche Leser auf diese Weise am Überlaufen zu Albatross hindern konnte. Noch hatte er kein klares Bild vom Geschäftsmodell seiner Widersacher in Paris, bei dem das Denken entlang nationalstaatlicher Grenzen keine Rolle mehr spielte. Noch konnte er nicht ermessen, wie schlagkräftig es sein würde. In seiner Reaktion auf die bedrohliche Konkurrenz erwies Otto sich gleichermaßen als hellsichtiger Stratege, rachsüchtiger Spitzel und mal geringschätziger, mal ermutigender Unternehmenslenker. Nicht zuletzt fand sich unter den Spielarten seines Charakters ein verletzbarer, von Gefühlen beherrschter, in seinem Innersten von der

Furcht, Tauchnitz könnte unter seiner Führung zerbrechen, aufgewühlter Mann. Gerade darin war Otto vielen Deutschen der Dreißigerjahre nicht unähnlich, indem er angesichts des drohenden finanziellen Ruins nach jedem vermeintlich rettenden Strohhalm griff.

Otto kam zu dem Schluss, dass Tauchnitz von einer feindlichen Macht im Ausland überlistet worden war, und organisierte seine Verteidigung im patriotischen Geist. Er zog eine Parallele zwischen Tauchnitz und der deutschen Wirtschaft allgemein und schärfte den Mitgliedern seines Vorstands ein, wie sehr »mindestens im Augenblick ja der Engländer stark national für die Wirtschaft eingestellt ist und deshalb erst recht leicht dem neuen englischen Unternehmen den Vorzug vor dem deutschen Unternehmen geben wird, mag es noch so große Qualitäten haben«. Otto konnte kaum ahnen, dass die alteingesessenen britischen Verleger sich für Albatross nicht mehr begeisterten als für Tauchnitz in der Zeit davor, sowie sie einige Monate später Einzelheiten über die neue Buchreihe erfuhren. Schließlich hatte er mit ansehen müssen, »wie leicht die Autoren schwenken«, und daraus den Schluss gezogen, »daß wir starke *positive* Arbeit entgegensetzen müssen«.[4]

Einen ersten Angriffspunkt bot das Inserat von Albatross im *Börsenblatt* vom 3. Dezember. Otto legte Beschwerde beim Leipziger Bezirksgericht ein: Albatross habe sich in irreführender Weise als »eine deutsche Verlagsgesellschaft« bezeichnet. Am 10. Dezember, einen Tag nach dem Besuch von Holroyd-Reece in seinem Büro, wurde Ottos Klage stattgegeben. Mit einer eigenen, ganzseitigen Anzeige im *Börsenblatt* vertrat Tauchnitz offensiv seinen Anspruch: Die Firma Albatross sei keineswegs deutsch, da »insbesondere ihr Kapital und ihre Gesellschafter ausländisch seien, ihr Geschäftsführer und ihr Aufsichtsrat – letzterer ein englisch[er] Staatsangehöriger – in Paris wohnten, wo auch nur ein eigenes besonderes Geschäftslokal unterhalten wird, während der Geschäftsbetrieb und die Auslieferung in Deutschland durch eine dritte Verlagsfirma, den Oskar [sic] Enoch Verlag in Hamburg erfolgten«. Das Gericht untersagte dem Albatross Verlag, sich als deutsch auszugeben, widrigenfalls die Eigentümer mit einer Strafzahlung »in unbeschränkter Höhe« oder bis zu sechs Monaten Haft rechnen mussten.[5]

Albatross gab klein bei und kam unmittelbar nach Weihnachten 1931 der Forderung von Tauchnitz nach, eine Richtigstellung zu drucken. »Wir bedauern, dass die Fassung unserer Anzeige eine Deutung gefunden hat, die nicht unserer Sinngebung entsprach«, stand da zu lesen. »Wir können nur in aller Form und mit allem Nachdruck erklären, dass uns irgendeine Verschleierung von Tatsachen oder gar ein damit bezweckter unlauterer Wettbewerb völlig ferngelegen hat«. Um derartige »Missverständnisse« künftig zu vermeiden, offenbarte der Verlag seine nationale Zugehörigkeit. Albatross bekannte sich dazu, dass sein Kapital »in englischen Händen« liege, doch man sei formell in Deutschland registriert und »darüber hinaus arbeitet auch deutsches Kapital in dem Unternehmen«.[6] Otto nahm die Abbitte mit Genugtuung auf. Tauchnitz hatte Albatross zu einem Rückzug gezwungen, der in der Verlagsbranche einem Abgang in Bückhaltung gleichkam, und das Unternehmen beschämt, gerade als es sich zum Einstand in ein günstiges Licht setzen hatte wollen.

In einer Hinsicht unterschied Ottos Strategie sich nicht von der britischer Verleger: Auch sie forderten die Leser im Land auf, nur heimische Ware zu kaufen: »Buy British«. Doch Ottos Vorgehen gegen den Albatross Verlag spann darüber hinaus absichtlich oder unabsichtlich nationalkonservative Gedankenfäden weiter, die seit Ende des Ersten Weltkriegs das politische Geschehen in Deutschland durchwirkten. Mit der Weimarer Republik waren Veränderungen einhergegangen, die viele Menschen verbitterten. Die Generation der Kriegsverlierer empörte sich zutiefst über die Reparationen, die Deutschland von den Mächten der Entente aufgezwungen wurden. Zahlreiche konservative Deutsche suchten nach einem Schuldigen für die Kriegsverluste ihres Landes und erlagen der Suggestionskraft der »Dolchstoßlegende«, derzufolge die Juden als fünfte Kolonne im Inneren gegen einen Sieg Deutschlands gearbeitet hätten. Viele spürten auch, dass die moderne Welt und ihre rasante Verbreitung liberaler ausländischer Ideen den gewohnten Gang der Dinge durcheinanderbrachten; sie sehnten sich, um wieder Ordnung in ihr Weltbild zu bringen, nach einer Rückkehr zu völkischen, in der deutschen Tradition verankerten Wertvorstellungen. Während die NSDAP erst ab 1931 zur führenden Kraft der Rechten aufstieg, war das politische Geschehen schon in den Zwanzigerjahren von dem bestimmt, was ein Historiker »ein kompliziertes Amalgam aus politischen Parteien, organisierten wirtschaftlichen Interessen, patriotischen Verbänden, paramilitärischen Freikorps und jungen Salonkonservativen« genannt hat.[7]

Hans Ottos Stimmungsmache gegen Albatross und seine aus der Not geborene Gegenwehr waren weniger von einer bestimmten politischen Kraft geprägt als von allgemeinem tiefen Unbehagen und Schuldzuweisungen. Die wirtschaftliche Katastrophe des Jahres 1931 nährte unter den Rechten die Überzeugung, dass Deutschland durch seine Abhängigkeit von ausländischem Geld immer weiter geschwächt wurde und die Lösung in einer erneuerten, von ausländischem Einfluss gereinigten Volksgemeinschaft zu suchen sei. Wenn das Wiedererstarken der Nation von der Besinnung auf das Volkstum abhing, wurde damit zugleich der Antisemitismus zu einer Art kulturellem Code für den Ausdruck allgemeiner Empörung über Gewalten, die sich deutscher Einflussnahme entzogen. Beispielsweise verkörperte für den Alldeutschen Verband, der sämtliche ausländische Einflussnahme zurückdrängen und das Deutsche Reich radikal ausdehnen wollte, »der Jude – der heimatlose und entwurzelte, internationale und kosmopolitische Ahasver – alles, was im modernen Zeitalter Traditionen und Werte unterhöhlte«.[8]

Tauchnitz selbst war wie Albatross in seinem Ursprung ein wesentlich kosmopolitisches Unternehmen. Jetzt aber verteidigte Otto seinen Verlag ziemlich genau so wie die deutsche Rechte ihre Volksgemeinschaft, und er reduzierte damit ein facettenreiches Konkurrenzverhältnis auf die simpelste naheliegende Erklärung: Die jüdische ausländische Firma Albatross wolle den deutschen Tauchnitz rücklings meucheln. Otto gelangte zur Überzeugung, dass die besten Überlebenschancen für Tauchnitz darin bestanden, Albatross als deutschfeindlich zu verunglimpfen. Als zu Beginn des Jahres 1932 die Albatross-Inserate in kürzeren Abständen zu erscheinen begannen, appellierte Tauchnitz in einer eigenen Kampagne an die deutschen Leser, sich auf ihre nationale Tradition zu besinnen. »Wer Englisch liest, kauft Tauchnitz!«, lautete sein Schlachtruf in schnörkeliger Fraktur. Insbesondere dem deutschen Buchhandel hämmerte Otto die Legende vom Landesverrat ein. Er streute das Gerücht, der Albatross Verlag fuße hinter seiner fröhlichen, gewinnenden Werbefassade im Grunde auf Wegners Dolchstoß gegen Tauchnitz und sei bis ins Mark verdorben. Die ersten Reaktionen waren vielversprechend. »Alle sind mit Tauchnitz sehr zufrieden«, berichtete ihm ein Kollege. »In Frankfurt und München findet man die Wegnersche Handelsspionage für die Engländer jämmerlich«.[9]

Wahrscheinlich ermutigte Otto dieses anfänglich positive Echo, und so ging er daran, Wegners Glaubwürdigkeit weiter zu beschädigen. Ende Dezember dokumentierte er ausführlich dessen Missetaten und forderte den Vorsteher des Börsenvereins des deutschen Buchhandels auf, ihn aus dem Branchenverband auszuschließen. »Herr Wegner, der die Seele und die Initiative, mindestens für Deutschland, des neuen Konkurrenzunternehmens ist«, schrieb er, »nutzt also mit allem Bewußtsein und mit aller Absicht hier das Deutschtum und die Zugehörigkeit zum Deutschen Verlegerverein aus, um zum Nachteil eines deutschen Verlagsunternehmens einem von ihm angeregten und geleiteten ausländischen Verlagsunternehmen in Deutschland Eingang zu verschaffen«. Albatross nutze den deutschen Sitz des Enoch Verlags, »um damit unter Ausschaltung bzw. Verhüllung des ausländischen Charakters der Gesellschaft leichter den Eingang in den deutschen Markt zu finden«. Tatsächlich liege jedoch »die gesamte kaufmännische und geistige Leitung des Unternehmens (Verlagsleitung und Redaktion) ... in Paris«. Holroyd-Reece hatte ausdrücklich erklärt, Albatross sei ein englischer Verlag. Gedruckt wurden die Bücher in Mailand bei Arnoldo Mondadori, der zugleich als Vorsitzender des Aufsichtsrats von Albatross firmierte. Es sei vollkommen klar, schloss Otto in seinem Schreiben, dass »die finanzielle Ausbeutung des Unternehmens nicht etwa Deutschland zugute kommt, sondern über das steuerrechtliche Eldorado Luxemburgs hinaus Ausländern«. Letzten Endes musste er die Sache auf sich beruhen lassen. Der Börsenverband entschied, dass Tauchnitz zwar Wegner wegen unredlichen Geschäftsgebarens verklagen könne, gab aber zu bedenken, darauf zu achten, ob Tauchnitz nicht einfach nur darauf aus sei, den Ruf eines aufkommenden Konkurrenten zu ruinieren.[10]

Unter dem Eindruck dieser verhohlenen Anklage begann Otto, sich für die Person Holroyd-Reece' zu interessieren. Zum Anlass nahm er ein Gerücht, das ihm ein Tauchnitz-Aktionär zugetragen hatte: Demzufolge war Holroyd-Reece nicht eigentlich Engländer, sondern als Kind einer englischen Mutter in Dresden unter dem Namen Riess zur Welt gekommen. Otto beauftragte einen Münchner Anwalt, Licht ins Dunkel der Vergangenheit von Holroyd-Reece zu bringen. »Daß der Herr Jude ist, scheint für mich nach der persönlichen Bekanntschaft festzustehen«, schrieb er. Als er erfuhr, dass Holroyd-Reece' verstorbener Vater bekennender Protestant gewesen war, erklärte er, Riess sei doch »ein ausgesprochen jüdischer Name«, und ließ die Sache prüfen. »Auf jeden Fall sieht dieser Engländer schon anders aus, wenn man ihn in Zukunft nur noch kennt als Johann Hermann Riess, Sohn des Privatgelehrten Dr. Max Magnus Riess in München«.[11]

Auch in England versuchte Otto geltend zu machen, dass Holroyd-Reece nicht der Mann sei, für den er sich ausgab. Als das Londoner Innenministerium ihm aber bestätigte, dass Holroyd-Reece britischer Staatsbürger war, konstruierte er auch daraus noch einen Sachverhalt, der den Albatross Verlag diskreditierte. »Bei allem gehe ich von der Einstellung aus, daß es in deutschen Buchhändlerkreisen jedenfalls nicht für Herrn Johann Hermann Riess spricht und sprechen wird, daß er auf diese Weise seine deutsche Staatsangehörigkeit aufgegeben hat und nun in Deutschland um Geschäfte buhlt ...« Dagegen spekulierte Otto, »daß die vornehmen englischen Autoren einen derartigen Deutschen auch nicht mit besonderer Begeisterung als englischen Staatsangehörigen in die Arme schließen werden, als den er sich ihnen gegenüber ausgibt«. Holroyd-Reece' fluktuierende Staatszugehörigkeit, gab Otto zu verstehen, sei nur einer von mehreren Hinweisen auf sein Abweichen von gesellschaftlichen Gepflogenheiten und Sitten. Der Anwalt hatte auch herausgefunden, dass der erst fünfunddreißigjährige Holroyd-Reece mit einer dreiundfünfzigjährigen Witwe verheiratet war und ein verschwenderisches Leben in einem prunkvollen Haus mit Butler, Koch und Chauffeur führte.[12]

Otto klammerte sich an solche beiläufigen Details. Als der Albatross Verlag im März 1932 mit dem Verkauf seiner Bücher begann, warf er sich selbst vor, dass er aus dem »gewissen Dunkel«, das »über Holroyd-Reece geherrscht« habe, nicht mehr gemacht hatte. Einem Dr. Silex, der sich als Verbindungsmann für Tauchnitz in England anbot, beschrieb er Holroyd-Reece als »zweifellos sehr klugen, begabten und weltgewandten Menschen«, dem jedoch »das Zeugnis einer ›kosmopolitischen Oberflächlichkeit‹ erteilt« werde. Wenig später verbreitete er ein übles Gerücht: Da Wegner sich als Wirtschaftsspion erwiesen habe, handelte es sich bei Holroyd-Reece womöglich um einen tatsächlichen englischen Spion des Ersten Weltkriegs. Ottos deutscher Anwalt in London leitete einen entsprechenden Bericht einer verlässlichen Quelle aus Diplomatenkreisen weiter: »R. ist im Jahre 1916 in das Cavalry Cadet Corps eingetreten. Nach erhaltener Ausbildung wurde er nach Ägypten geschickt. Anfang 1917 war er wieder in England, und zwar in einem Militärhospital. Er war in Ägypten dekoriert worden. 1917 wurde er nach Ägypten zurückgeschickt, und zwar als Offizier im Intelligence Service, also im Nachrichten- und Geheimdienst. Die Naturalisierung erfolgte schon am 4. Februar 1919, da er Kriegsdienste in der englischen Armee geleistet habe«.[13]

Je tiefer Otto schürfte, umso geheimnisvoller erschien ihm dieser Holroyd-Reece. Tatsächlich stimmten etliche seiner Mutmaßungen über die Herkunft seines Widersachers: Holroyd-Reece war 1897 unter dem Namen Johann Hermann Rieß als Sohn einer englischen Mutter und eines deutschen Vaters in der Künstlerkommune Hellerau bei Dresden zur Welt gekommen. Sein Vater starb 1908, als Holroyd-Reece elf Jahre alt war. Zwei Jahre später schickte ihn seine Mutter nach England, damit er eine »ordentliche« Schulausbildung erhielt, und dort blieb er. 1919 wurde er britischer Staatsbürger, heiratete eine Engländerin und anglisierte seinen Namen. Unterdessen war er in Frankreich unter dem Namen Recci in Erscheinung getreten.[14] Und deutsche Behörden hatten ihn verschiedentlich unter seinem Geburtsnamen Rieß geführt, aber auch als Reiss, Rease, Riese, Riis, Reeze und sogar Rieze. Dieses Hin- und Herwechseln zwischen den Namen passte merkwürdig gut zu seinem Charakter. Er war schwer festzunageln. Selbst die knappsten Personenbeschreibungen kommen unweigerlich auf diesen Wesenszug zu sprechen.

Wie dieser deutsche Jugendliche sich selbst in John Holroyd-Reece verwandelte, ist bis heute kaum bekannt. Ein Biograf nannten ihn »zweifellos eine der schillerndsten Persönlichkeiten unter allen Verlegern des 20. Jahrhunderts«, und der Literaturagent Graham Watson stellte ihn als Protagonisten einer beinahe unerzählbaren Geschichte dar: »Ich frage mich, ob wenigstens jedes zehnte Geheimnis rund um diesen unzweifelhaft rätselhaften Mann gelüftet wurde«. Bruchstücke dieses Rätsels enthalten zum Glück zwei Akten in den British National Archives. Als Holroyd-Reece' Mutter den dreizehnjährigen Sohn nach England an das konservative Internat Repton schickte, bestimmte sie zugleich Percy Ingham, den Leiter der London School of Dalcroze Eurythmics, zu seinem exzentrischen Vormund. Holroyd-Reece bewarb sich danach am King' College, Universität Cambridge, doch der Erste Weltkrieg war bereits in vollem Gange und er selbst weder deutsch genug, um als Feind eingestuft, noch englisch genug, um von den Türhütern der Universität eingelassen zu werden. Laut seiner Akte wurde er abgewiesen »aufgrund von Ungereimtheiten rund um seine Staatsangehörigkeit«.[15]

Es sollte nicht das letzte Mal sein, dass Holroyd-Reece sich mit seinem Spagat zwischen den Kulturen um eine gewisse Zugehörigkeit brachte. Womöglich stürzte er sich in das Vorhaben, einen Engländer aus sich zu machen, um genau dem zu entrinnen. »Mit Blick auf eine Einbürgerung kann ich mir niemanden vorstellen, der ein größeres Anrecht darauf hätte, insoweit sich ein solcher Anspruch darauf gründet, in den persönlichen Vorlieben, im Denken und in dem, was einem lieb und teuer ist, durch und durch englisch zu sein«, bescheinigte ihm sein Internatslehrer in Repton. Der Direktor der Schule war der gleichen Ansicht: »Seine gefühlsmäßige und geistige Heimat liegt in England«. Da der Krieg aber auf allen Seiten die Prioritäten bestimmte, scheiterte Holroyd-Reece' Bewerbung zunächst an dieser Hürde. 1919 war er zweiundzwanzig Jahre alt und damit über das Alter hinaus, in dem er die Staatsbürgerschaft beanspruchen konnte, weil seine Mutter gebürtige Britin war. Der Vormund intervenierte zu seinen Gunsten: »Seine Denk- und Handlungsweise ist im Wesentlichen englisch, und ich bin überzeugt, dass es nicht nur ihm selbst gerecht, sondern auch im öffentlichen Interesse sein wird, ihm den Status eines britischen Staatsangehörigen zuzuerkennen«.[16]

Tatsächlich war Holroyd-Reece so sehr Engländer in seinem Betragen und seiner sprachlichen Gewandtheit, dass er im Ersten Weltkrieg auf Seite der Engländer kämpfte, obwohl er nach wie vor deutscher Staatsbürger war. Hans Otto hatte auch diesbezüglich recht. Aus den Akten geht hervor, dass Holroyd-Reece am 12. Dezember zur British Army ging, bis Januar 1918 an der Front und danach bis Februar 1919 als Offizier der Dorset Yeomanry diente. »Die Laufbahn dieses jungen Mannes gehört zu den außergewöhnlichsten, die dieser Krieg hervorgebracht hat«, lobte ein Beamter in den höchsten Tönen. »Er begann als Reptonier ... und bekam dort Hausarrest wegen nächtlichen Herumstreunens. Am Ende schaffte er es bis zum Kavallerieoffizier & war dabei doch die ganze Zeit über feindlicher Ausländer«. Nicht einmal seine Vorgesetzten beim Militär wussten um seine Herkunft. »Niemand in meinem Regiment ahnt etwas von meiner rechtlichen Stellung«, schrieb Holroyd-Reece einem Beamten, als er 1919 die britische Staatsangehörigkeit beantragte. »Und Sie würden mir einen außerordentlich großen Gefallen tun, wenn Sie meinen Oberst um die erforderliche Bescheinigung bitten könnten, ohne ihn darauf hinzuweisen, wozu sie benötigt wird«.[17]

Ebenso sorgsam hütete Holroyd-Reece eine andere Tatsache, die Otto zutage gefördert hatte: Sein Vater war Jude. Er selbst ähnelte der hellhäutigen, rundgesichtigen Mutter mehr als dem drahtigen Vater mit seinem dunklen Bart. In Jugendjahren unterschied er sich in nichts vom typischen molligen Schuljungen in Cordjacke, knielangen Hosen und wollener Schirmmütze, der im Schneidersitz über einem Buch auf der Wiese saß. Er wuchs heran zu einem eher untersetzten Engländer, der liebend gerne herzhaft aß und behaglich seine Pfeife oder Zigarre schmauchte.[18] Seine Erscheinung wie sein Name erlaubten es ihm, seine jüdische Abstammung herunterzuspielen, um in den antisemitischen höheren Kreisen der Londoner Gesellschaft keinen Argwohn zu wecken. Er konnte sie aber auch ausspielen, wie er es vielleicht gegenüber Sir Edmund Davis tat, um diesen als größten Kapitalgeber von Albatross und noch dazu als persönlichen Freund zu gewinnen.

Als gebürtiger Deutscher, der in Frankreich lebte und Geschäftsbeziehungen zu Italien pflegte, entwickelte Holroyd-Reece proteische Begabungen. Wie ein Chamäleon wechselte er sein Erscheinungsbild, wenn es seinen Zielen diente. Bei seinem Besuch in Leipzig im Dezember 1931 hätte er leicht seine deutsche Herkunft hervorkehren können. Stattdessen trat er dort überzeugend als Inbegriff des alteingesessenen Engländers auf, und Otto wurde erst Wochen später klar, dass seinem Widersacher die deutsche Sprache und Kultur ebenso vertraut waren wie ihm selbst.

Kaum hatte Otto im April 1932 erkannt, dass sein Gegenüber ihn an der Nase herumführte, nutzte er jedes ihm zur Verfügung stehende Mittel, um gegen den gerissenen Holroyd-Reece vorzugehen. Manche dieser Mittel waren sinnfällig, andere einfach nur fies und rassistisch. Dabei muss man Otto zugutehalten, dass seine Besorgnis viel eher eine wirtschaftliche als eine politische war und dass er zu seinen Attacken von Angst getrieben wurde. Bei Tauchnitz war in dieser Zeit die Kasse so knapp, dass die Mitglieder des Aufsichtsrates auf ihre Vergütungen verzichten mussten. Otto trieb seine Kampagne auf die Spitze, indem er bei der deutschen Botschaft in Paris um zweckdienliche Hinweise ersuchte, mit denen er sein »rein deutsches Unternehmen« gegen den Vormarsch von Albatross wappnen konnte. Holroyd-Reece sei vermutlich ein Spion, teilte er dem Botschaftspersonal mit, »denn ich könnte mir unmöglich denken, daß man im Regelfalle während des Krieges Deutsche in der Kriegsfront verwendet hat, zumal solche, die Englisch und Deutsch in der Sprache perfekt beherrschen«. Außerdem warnte Otto davor, dass Holroyd-Reece weiterhin »die verschiedensten Namen« führe und wahrscheinlich über deutsche Papiere verfüge, dass er häufig die Masken wechsle und sich nach Belieben als vollblütigen Engländer ausgebe, obwohl er aus Deutschland stamme – dass er in seiner Person genau wie das von ihm mit aufgebaute Unternehmen genau die Art von ausländischer, aalglatter Gefahr darstelle, die Deutschland in diesen Zeiten am wenigsten gebrauchen konnte.[19]

Alle diese Details ergänzte Otto zu einem Gesamtbild von Wegner und Holroyd-Reece als betrügerischem Gespann: Wegner hatte sein Heimatland verraten, Holroyd-Reece war nie etwas anderes gewesen als ein heimatloser

Geselle. Dennoch hatten Ottos Taktiken, den Ruf seiner Gegenspieler zu ruinieren, insgesamt wenig Erfolg. Zwar sprangen einige der Großen im deutschen Buchhandel Tauchnitz bei. Koehler und Volckmar, einer der wichtigsten Grossisten in Deutschland, übersandte Otto sogar seine Korrespondenz mit dem Albatross Verlag und verweigerte diesem einen Vertrag, solange die beiden Firmen ihre Differenzen nicht bereinigt hatten.[20] Aber am Ende gab es, wie der Börsenverein schon deutlich gemacht hatte, für Platzhirsche keine gesetzliche Handhabe gegen neue Wettbewerber. In Ottos Attacken während der Hochphase von Hitlers Griff nach der Macht äußerten sich eine deutsche Zerrissenheit und ein aufschäumender Antisemitismus, die seit Ende des 19. Jahrhunderts in der Gesellschaft immer weitere Kreise zogen. Sie nahmen im Kleinen schon die Entwicklung der folgenden Jahre vorweg, als die Nazis mit allen Mitteln Deutschland von ausländischen Einflüssen reinigen und seine einzig wahre Kultur zu höchstem Ruhm führen wollten.

Dass es Otto nicht gelingen wollte, Albatross Einhalt zu gebieten, war nicht allein Ausdruck einer verengten Sicht, sondern auch eines beschränkten Horizonts. Ausgerechnet das, was Otto als kapitale Unzulänglichkeit von Albatross darstellte, nämlich das fehlende Bekenntnis zu einer Nation, erkannten Wegner und Holroyd-Reece als den Kern ihres Erfolges. Ihren paneuropäischen Verlegerkrieg führten sie von einem Firmensitz aus, der einem militärischen Gefechtsstand nicht unähnlicher hätte sein können: einem bezaubernden zweistöckigen Stadthaus in der Rue Boulard mitten im literarischen und intellektuellen Getriebe des 14. Pariser Arrondissements unweit des Quartier Latin und der Sorbonne. Die Rue Boulard verläuft schräg durch das Straßenraster und gibt dem damaligen Viertel von Albatross seine Keilform. Sie führt direkt zum Friedhof Montparnasse und kreuzt die Rue Gassendi, eine damals wie heute belebte Straße voller Cafés und Läden. Das malerische, heute nur noch auf einer Fotografie erhaltene Haus wirkt wie ein seltsam heimeliges Nest für das hochmoderne Verlagskonglomerat, das Albatross werden wollte. Hier vertieften sich Holroyd-

Reece und Wegner in die Umsetzung ihrer Vision der vollkommenen Bibliothek und überließen Otto in Leipzig seinen Ränkespielen.

Paris war noch in anderer Hinsicht ein günstiger Standort für einen Verlag. Als beispielsweise der britische Verleger Jonathan Cape wegen allzu deutlicher lesbischer Anklänge in Radclyffe Halls Roman *The Well of Loneliness* vor Gericht gezerrt wurde, sandte er die Druckplatten im September 1928 an Holroyd-Reece in Paris. Innerhalb weniger Wochen druckte dieser eine erste Auflage und versuchte, sie am britischen Zoll vorbei ins Land zu schleusen. Als Holroyd-Reece den Roman *Death of a Hero* von Richard Aldington ins Programm nehmen wollte, scherte es ihn nicht im mindesten, dass er in England verboten war. »Naturgemäß kommt für mich die bereinigte Fassung nicht infrage«, schrieb er dem Autor. »Als Verleger auf dem europäischen Festland nutze ich gern den Vorteil, dass ich hier der englischen Prüderie nicht unterworfen bin«.[21]

Dieses Grundgefühl war es, dessentwegen Paris Verleger von überallher anzog und zu einem Treffpunkt für genau die Autoren wurde, die Albatross für seine Reihe zu gewinnen trachtete. Emigrierte Schriftsteller von Edith Wharton über Ernest Hemingway bis Ford Madox Ford hatten hier eine zweite Heimat gefunden. Kleine Exilverlage nisteten sich in den Gassen ein: Sylvia Beach gründete hier Shakespeare and Company, Robert McAlmon seine Contact Editions, Harry und Caresse Crosby die Black Sun Press, Laura Riding und Robert Graves die Seizin Press, Edward Titus die Black Manikin Press, Gertrude Stein und Alice B. Toklas die Plain Edition Press, Jack Kahane die Obelisk Press. Das rege Treiben signalisierte weithin, dass britische und amerikanische Literatur in Paris willkommen war.[22] Auch Holroyd-Reece war diesem Ruf gefolgt. Im Büro seiner Éditions Pégase brachte er nun auch Albatross unter. Damit buhlte eine weitere von vielen Gründungen in den Pariser Seitengassen um die Gunst der Leser englischer und amerikanischer Bücher.

In mindestens einer Hinsicht unterschied sich Albatross jedoch von allen genannten Verlagen: Albatross wollte Geld verdienen. Viel Geld. Albatross hatte sich das Ziel gesetzt, jährlich 48 Titel auf den Markt zu bringen und von jedem innerhalb von drei Jahren 11.000 Exemplare zu verkaufen. Im dritten Jahr nach der Gründung sollte der Absatz »voraussichtlich 528.000 Exemplare übersteigen«. Mitten in einer Wirtschaftskrise, die ganz Europa im Griff hatte, zeugte dieser Anspruch von bombastischem Ehrgeiz. Italienische Buchhändler hielten die Erfolgsaussichten für gering, »da sich die Leute nur widerstrebend auf Unbekanntes einlassen, zumal Tauchnitz in der ganzen Welt bekannt ist«.[23] Und wo sogar Tauchnitz tief in den Schulden steckte: Wie kam da ein Emporkömmling wie Albatross darauf, sich Hals über Kopf in denselben wütenden Sturm der Krise zu stürzen?

Aus Sicht von Albatross bestand der entscheidende, Erfolg versprechende Unterschied im kosmopolitischen Ansatz. Von Paris aus erkannten Holroyd-Reece und Wegner, was Tauchnitz im fernen Leipzig entgangen war: Dem Markt für englische Bücher auf dem Kontinent stand ein Umbruch bevor. Britische und amerikanische Reisende und Exilanten, denen das Geld ausgegangen war, würden nicht einfach so zurückkehren, wie sehr man sie auch anlocken mochte. Es war höchste Zeit, sich anderweitig nach Kundschaft umzusehen, und dieses Anderweitige war überall zugleich. Seit dem Ersten Weltkrieg war mit den britischen und amerikanischen Soldaten die angloamerikanische Kultur – in Form von Jazz, Filmen, Coca-Cola, Krimis und anderer übersetzter Literatur – in den europäischen Kontinent eingesickert, und damit ging ein zunehmendes Interesse an der englischen Sprache einher. Während Tauchnitz vor allem Engländer und Amerikaner auf Bildungsreise angesprochen hatte, wandte sich Albatross an fremdsprachige Leser, die am Kamin sitzend und vor dem Hintergrund irgendeiner anderen aus dem heimischen Radio tönenden Muttersprache Englisch lasen.[24] Mitten in der ungünstigsten Zeit zwischen der Großen Depression und der nationalsozialistischen Machtübernahme setzte Albatross auf eine ebenso einfache wie bestechende Idee: dass das Englische eine Barke war, mit dem kontinentaleuropäische Leser sich über Wasser halten und der Zukunft entgegentreiben konnten. Albatross war unzweifelhaft britisch, wollte aber ebenso deutsch, französisch und italienisch sein.

Ein Signal an die Leserschaft, auf die Albatross setzte, fand sich gleich beim Aufschlagen der Bücher: die grafisch aufbereitete Erläuterung des hauseigenen Farbleitsystems zur Kennzeichnung der jeweiligen Literaturgattung auf Englisch, Deutsch, Französisch und Italienisch, außerdem Inhaltsangaben in den ersten drei Sprachen. Wie Enoch anmerkte, gingen die drei Verleger davon aus, dass »der multinationale Charakter des neuen Unternehmens die Akzeptanz unserer Bücher im Ausland begünstigen würde«. Daher wollte man »Buchhändlern wie Lesern, die mit der englischen Sprache nicht allzu vertraut waren, bei Beratung und Auswahl helfen«. Detaillierter beschrieb Holroyd-Reece die internationale Vertriebsstrategie von Albatross in der Zeitschrift *Publishers Weekly* vom April 1932: »Der Markt für englische Bücher in Kontinentaleuropa ... beschränkt sich keineswegs auf englischsprachige Touristen«, erklärte er. »Er umfasst außerdem gebildete Leser in Frankreich, Deutschland und anderen Ländern. Nachdem wir vier Jahre lang Vertriebsinformationen aus verschiedenen Ländern gesammelt hatten, kam ich zu dem Schluss, dass die meisten englischen und amerikanischen Verlage sich bisher so verhalten haben, als existierte dieser Markt nicht«.[25]

Auf dem europäischen Festland, gab Holroyd-Reece zu verstehen, wachse das Interesse an der angloamerikanischen Kultur. Genau so war es. Eine Umfrage der British Publishers Association unter Buchhandlungen in Kontinentaleuropa ergab 1931 »die fast einhellige Einschätzung, dass die Verkäufe von englischsprachiger Literatur wie auch von Tauchnitz-Ausgaben steigen«. In den Zwanziger- und Dreißigerjahren erschienen insbesondere in Deutschland und Frankreich, den größten Absatzgebieten von Tauchnitz, zahlreiche Überblicksdarstellungen, Aufsatzsammlungen und Monografien zur angloamerikanischen Literatur. Der französische Geistliche Abel Chevalley nannte seinen Band *Le roman anglais de notre temps* (1927) einen »Reiseführer« durch die zeitgenössische britische Romanliteratur. Viele dieser Werke beschränkten sich in ihrer Reichweite auf die akademischen Elfenbeintürme. Doch einige dieser Akademiker – wie Bernhard Fehr, dessen Buch *Die englische Literatur des 19. und 20. Jahrhunderts* (1923) die Latte sehr hoch legte – verfassten auch Einführungen für Studenten und ein größeres literaturinteressiertes Publikum. In Frankreich ebneten beispielsweise das *Panorama de la littérature anglaise contemporaine* von René Lalou oder Paul Dottins *La littérature anglaise* ihren Lesern einen Weg zum Verständnis der angloamerikanischen Literatur. In Deutschland füllten Karl Arns' *Jüngstes England* und Ernst Vowinckels *Der englische Roman der Gegenwart* dieselbe Lücke. Aus naheliegenden Gründen ermutigte auch Tauchnitz deutsche Leser, sich an englische und amerikanische Bücher heranzuwagen, und erstellte einen eigenen deutschsprachigen Führer durch die unendlichen Weiten der Tauchnitz'schen Leselandschaft.[26]

Zunehmend besprachen kontinentaleuropäische Rezensenten englische und amerikanische Bücher in den Literaturbeilagen der großstädtischen Tageszeitungen, sodass Autoren, die in New York oder London gerade Furore machten, plötzlich auch in Paris und Berlin in aller Munde waren. In Deutschland versorgten Zeitschriften wie *Die Literatur* und *Die literarische Welt* – letztere mit einer Druckauflage von 20.000 Exemplaren im Jahr 1930 – ihre wissbegierigen Leser mit Nachrichten über fremdsprachige Literaturen. *Der Querschnitt, Der Bücherwurm* und *Die neue Rundschau* brachten regelmäßig Karikaturen und Artikel über englische und amerikanische Autoren. Der Historiker Anselm Schlösser hat herausgefunden, dass in der Zeit von 1895 bis 1934 mehr als 25 deutsche Zeitschriften und Zeitungen regelmäßig angloamerikanische Literatur besprachen und zeitweise bis zu 128 Publikationen sporadische Artikel zum Thema druckten. Die Zahl deutscher Übersetzungen angloamerikanischer Werke verdoppelte sich von 1920 bis 1930 nahezu. Anfangs verbreitete sich die Kenntnis angloamerikanischer Literatur hauptsächlich auf diesem Weg, doch Schlösser zufolge hatten auch die englischsprachigen Ausgaben direkten Anteil daran: »Eine Mittelstellung nehmen die Bände der Tauchnitz-Edition ein, die sicherlich in vielen Fällen das Bekanntwerden [dieser Literatur] in Deutschland wesentlich gefördert haben«.[27]

Aus vereinzelten Berichten über den französischen Buchmarkt ergibt sich ein ähnliches Bild. So übersetzten in den Zwanzigerjahren etliche Verlage zeitgenössische englische und amerikanische Literatur ins Französische: Plon, Albin Michel, Fayard, Hachette, die Librairie Stock und andere nahmen englische und amerikanische Autoren ins Programm. Der berühmte Buchladen Shakespeare and Company von Sylvia Beach war das Mekka englischsprachiger Bücher in Paris. Rund die Hälfte seiner Kunden waren

Franzosen. In ihrer Autobiografie schildert Beach, wie André Gide, »immer irgendein englisches Buch mit sich herumtrug« und eine Riege französischer Intellektueller »auf *Ulysses* zählte«, um ihr englisches Vokabular zu erweitern. (Notizbücher von Beach dokumentieren den Moment, als Albatross in den Markt von Tauchnitz einfiel, indem immer öfter ein »A« das »T« in der Spalte rechts ersetzt.) Auch die American Library in Paris, die während des Ersten Weltkriegs zunächst britische und amerikanische Soldaten mit Büchern versorgt hatte, spielte bei der Verbreitung englischer Literatur in Frankreich zunehmend eine Rolle.[28]

In *Publishers Weekly* offenbarte Holroyd-Reece die ganze Schönheit des paneuropäischen Albatross-Projekts. Britische Verleger hätten Tauchnitz den Kontinent überlassen, behauptete er, weil es zu teuer war, Bücher von England aus dort zu vertreiben. »In der Vergangenheit gab es nichts, das man im eigentlichen Sinn einen Austausch zwischen den verlegerischen Instanzen von Leipzig, New York und London nennen könnte«. Indem er gegen die alteingesessenen englischen Verlage und gegen Tauchnitz stichelte, beanspruchte er zugleich, dass Albatross ganz andere Wege beschreite. Sein Verlag nutze »eine zentralisierte und bewegliche Struktur«, die »eingehende Kenntnisse Kontinentaleuropas mit englischem Kapital und Verlagskontakten ebendort« vereine. Um effizient arbeiten zu können, verteile Albatross seine Tätigkeitsbereiche auf mehrere Standorte: Paris, wo man leicht mit den Autoren in Kontakt kam, als Sitz des Lektorats und der Programmgestaltung sowie Verona und Hamburg mit deren jeweiligen Standortvorteilen für Druck und Bindung beziehungsweise Vertrieb.[29]

Holroyd-Reece hatte auch die weiteren Partner von Albatross sorgfältig ausgewählt, um den Verkauf auf den einzelnen Märkten rasch in Gang zu bringen. Hachette, der damalige Beinahe-Monopolist im französischen Buchgroßhandel, führte Albatross-Bücher ebenso wie Messaggerie Italiane in Bologna. Je erfolgreicher Albatross wurde, desto höhere Provisionen gingen an diese Grossisten, die somit ein ureigenes Interesse daran hatten, günstige Bedingungen für die Aufnahme englischer und amerikanischer Bücher im eigenen Land zu schaffen. Holroyd-Reece bot auch nicht einfach einen Vertrag an, sondern nahm vielmehr seine Partner in die Pflicht. Beispielsweise musste Messaggerie Italiane, um sich im Rennen um den Vertrieb der Albatross-Bücher durchzusetzen, den Verkauf von mindestens 600 Exemplaren je Titel zusichern. In seinem Geschäftsplan hatte Holroyd-Reece versprochen, den ungehobenen Schatz Italiens zu erschließen, das zu dieser Zeit einen höheren Anteil übersetzter ausländischer Literatur publizierte als Frankreich oder Deutschland.[30] Inhaltsangaben in der Landessprache waren ein Mittel zum Erfolg, alle diese Taktiken zusammengenommen ein anderes.

Holroyd-Reece und Wegner beeilten sich zudem, die eigentlich moderne Gestalt des Verlagswesens – den Literaturagenten – für ihre ehrgeizigen internationalen Pläne einzuspannen. »[Ralph] Pinker hat dem Albatross außerordentlich gut getan«, sagte Holroyd-Reece, nachdem ihm dessen Agentur Katherine Mansfield, Aldous Huxley und andere zugeführt hatte. Curtis Browns Agenten drängten Autoren, ihre Verbindungen mit Tauchnitz zu lösen und stattdessen bei Albatross zu unterschreiben. »Die Abschlüsse der neuen Firma lassen bereits heute ausgezeichnete Verkäufe auf dem Kontinent erwarten«, schrieb das Büro von Brown im Juni 1931 dem Autor Joseph Hergersheimer, »und mir scheint, dass sie die Zahl herausragender englischer und amerikanischer Autoren, die auf diesem Weg in Kontinentaleuropa verkauft werden, deutlich steigern wird«[31] Es sprach sich bald herum, dass Albatross kühne Pläne hatte und sie energisch verfolgte.

Die schöne neue Verlagswelt erforderte Weitsicht, Geld, Erfahrung – und die Art von Wagemut, mit der sowohl Holroyd-Reece als auch Wegner über die Maßen ausgestattet waren. Die beiden ergaben trotz oder vielleicht gerade wegen ihrer Außenseiterrollen ein hervorragendes Gespann. Während Tauchnitz noch darum rang, seine Position auf dem europäischen Markt zu halten, und britische Verleger an Strategien tüftelten, ebendiesen Markt zu erobern, segelte Albatross zwischen allen nationalen Hoheitsansprüchen. Gekettet weder an eine Tradition noch an ein einzelnes Staatsgebiet, verschafften sich die Albatross-Gründer den Spielraum, um nicht nur den Markt für englischsprachige Bücher in Europa aufzurollen, sondern diesen Markt als solchen neu zu erfinden.

Rückblickend könnte man meinen, Albatross habe all die freisinnigeren Regungen aufgegriffen, die in einem von nationalistischen Denkmustern überwältigten Deutschland auf der Strecke bleiben mussten. Das lag in gewisser Hinsicht nahe. Ob vorsätzlich oder nicht: Das Programm von Albatross knüpfte nahtlos an die aufkommende britische Propagandatätigkeit dieser Zeit an. Und ob Holroyd-Reece nun im Ersten Weltkrieg als Geheimdienstoffizier gedient hatte, wie Ottos Informant aus Diplomatenkreisen behauptete, oder nicht: In jedem Fall war er mit seinem Albatross-Programm der britischen Regierung mindestens zwei Schritte voraus, wenn es um das Werben für die englische Kultur im Ausland ging. 1931 brauchte es dazu allerdings nicht viel. Die Briten waren jämmerlich abgeschlagen, was ihren Auftritt im Konzert nationaler Selbstdarstellungen anging. Bis zum Ersten Weltkrieg, solange die Sonne im britischen Kolonialreich niemals unterging, sah man kaum gute Gründe für die Mühen der Propaganda. Doch während England sich auf seinen Lorbeeren ausruhte, gingen die europäischen Widersacher mit Propagandainitiativen in Stellung. Deutschland hatte seit den 1880er-Jahren seinen Verein für das Deutschtum im Ausland, Frankreich seit 1883 die Alliance Française, Italien seit 1889 die Società Dante Alighieri. Das British Council als erstes eigentliches Äquivalent und Institution zur Förderung der englischen Sprache und Kultur im Ausland entstand erst im Dezember 1934.[32]

Ihre Abneigung gegenüber dem Grundgedanken der Propaganda – man betrachtete sie in England als ein schmutziges und vulgäres Geschäft des Prahlens, wie es nur verzweifelteren Nationen anstand – überwanden die Briten erst allmählich im Zuge des Ersten Weltkriegs, nämlich als das Foreign Office überzeugend darlegte, dass deutsche Propaganda das Ansehen der Briten in der Welt schwer beschädigte. Im Krieg reagierte England darauf mit der Gründung mehrerer Propagandaeinheiten: einem Press Bureau für die Nachrichtenzensur, dem Foreign Office News Department zum Aufbau von Kontakten zu Journalisten im Ausland und zur Verbreitung englischer Nachrichten dort, sowie dem War Propaganda Bureau, das englandfreundliche illustrierte Zeitschriften und Flugschriften produzierte und sie jenseits der Grenzen in Umlauf brachte. Doch alle diese Tätigkeiten wurden mit Kriegsende eingestellt, das Ministry of Information am letzten Tag des Jahres 1918 aufgelöst und seine wichtigsten Beobachtungstätigkeiten dem News Department im Außenministerium übertragen. In den Zwanzigerjahren spalteten britische Behörden die Propaganda in die drei Teilbereiche – politisch, kommerziell, kulturell – auf und stritten darüber, welchem der Vorzug zu geben sei. Das Außenministerium drängte seit April 1919 darauf, die Kulturpropaganda obenauf zu stellen, doch dagegen liefen die Finanzbeamten Sturm. Bis Ende der Zwanzigerjahre verweigerten sie Mittel zur Finanzierung von Kulturpropaganda mit der Begründung, diese liefere keine messbaren Ergebnisse. Infolgedessen gab es um 1930 in England zwar jede Menge Einrichtungen zur propagandistischen Flankierung des Außenhandels, aber kaum eine, die sich der Verbreitung britischen Kulturguts und der englischen Sprache im Ausland widmete. Clifford Norton, ein Beamter des Außenministeriums und in Kriegszeiten britischer Botschafter in der Schweiz, brachte es auf den Punkt: »Wir dürfen Ausländern von unseren Flugzeugen und unseren Bergarbeiterstreiks berichten, aber nicht von unseren Dichtern und Malern. Wir dürfen *bacon* [Speck] exportieren, aber nicht [Francis] Bacon«. 1930 erst konnte sich das Außenministerium durchsetzen – und hatte enorm viel Boden gutzumachen. 1934 gaben die Regierungen Frankreichs und Deutschlands umgerechnet jeweils mehr als eine Million Pfund für Kulturpropaganda aus, und Italien verwandte 0,3 Prozent seines gesamten Budgets darauf. Demgegenüber verfügte das British Council zum Zeitpunkt seiner Gründung im Januar 1935 nur über 5000 Pfund, um England »zur Geltung zu bringen«, bevor andere Staaten diese Aufgabe auf ihre Weise erledigten.[33]

Indem Holroyd-Reece die letzten Monate des Jahrs 1931 damit zubrachte, Tauchnitz auf seinem angestammten Territorium und mit dessen eigenen Mitteln zu schlagen, arbeitete er damit zugleich unbeabsichtigt dem British Council zu, noch bevor dieses überhaupt existierte. Überhaupt fällt auf, wie sehr sein Programm für Albatross bis ins Detail die künftige englische Propagandalinie vorwegnahm. Als der spätere Geheimdienstchef Sir Reginald Leeper 1934 die Grundlagen für Englands Kulturinstitut schuf, bestand er darauf, dass das Außenministerium zwar die Richtlinienkompetenz innehaben sollte, die eigentlichen Propagandainhalte aber »so weit wie möglich von privaten Körperschaften« erstellt und diese »zu Eigenständigkeit ermutigt« wurden. Für Leeper ging Qualität vor Quantität in einer Form, die an Holroyd-Reece' Herangehensweise erinnert. Er verankerte den Grundsatz, dass »Propaganda nur dann ihre eigenen Ziele nicht torpediert, wenn man verbreitet, was zu verbreiten die Mühe lohnt«. Einige der Ziele, die sich das British Council 1935 setzte, waren in derselben Sprache verfasst wie Holroyd-Reece' Werbeprosa für Albatross: »Leben und Geist der Völker Britanniens im Ausland bekannter zu machen«, »den wechselseitigen Austausch von Wissen und Ideen mit anderen Völkern zu fördern« sowie »Erlernen und Gebrauch der englischen Sprache zu unterstützen«.[34] So war Albatross auch eine Geburt der Stunde: ein privat finanzierter, gewinnorientierter Verlag, mit dem – beabsichtigt oder nicht – das Versprechen einherging, die Trommeln der Kultur für England zu rühren.

Im Sommer 1931 verband britische Propagandisten und Holroyd-Reece noch mindestens eine weitere Gemeinsamkeit: Sie waren pleite. Das Londoner Schatzamt hatte 1930 die bescheidene Summe von 2500 Pfund für Zwecke der Kulturpropaganda bewilligt, kassierte die Zusage jedoch im Zuge einer Budgetkrise vom August 1931 wieder ein. Im selben Monat hatte Wegner sich mit Holroyd-Reece in der Hoffnung zusammengetan, durch dessen Verbindungen im Ausland an Kapitalgeber heranzukommen. Arnoldo Mondadori bot seine Unterstützung für Holroyd-Reece' Unternehmungen Pégase, Pantheon und Albatross an, nur um sie ein paar Wochen später wieder zurückzuziehen. »Alles Bargeld auf den verschiedenen Bankkonten zusammengerechnet ... haben wir keine tausend Francs«, gestand Holroyd-Reece dem befreundeten Drucker und Typografen Hans Mardersteig im September. »Um bis zum heutigen Tag zu überleben – die Firma und wir selbst – musste ich mich privat verschulden ... Ich habe kein Geld, um Ende des Monats die Löhne auszuzahlen, wenn A. M. [Arnoldo Mondadori], der uns einen Vorschuss von 50.000 Lit. zugesagt hat, nicht telegrafisch die 20.000 Lit. sendet, um die ich gebeten habe«. Eingerechnet die Finanzierung von Sir Edmund Davis, die er im selben Brief bestätigte, zeichnete Holroyd-Reece ein grimmiges Bild der Lage. »Wenn A. M. uns hängen lässt, ... werde ich auch mit dem Albatross nicht weitermachen können, für den doch alles so wunderbar läuft (die Verträge der meisten unter den besten Autoren sind inzwischen unterschrieben)«. Holroyd-Reece sah nur eine Lösung: dass Mondadori »ein gewisses Risiko eingehen – oder selbst mit einem Mal viel verlieren und mich vernichten« müsse.[35]

Glücklicherweise war Holroyd-Reece ein begabter Propagandist. Im Französischen gibt es ein Verb, mit dem seine Tochter seine Art beschrieb, Menschen zu umgarnen: *embobiner*, wörtlich: »aufspulen«. Holroyd-Reece verbrachte einen großen Teil seines Erwachsenenlebens damit, Freunde und Geldgeber für dieses oder jenes Vorhaben um den Finger zu wickeln. Wie auch Hans Otto ließen sich viele von der Wucht seines Auftretens beeindrucken. Später standen sie da und rieben sich die Augen, während er seinem nächsten großartigen Einfall hinterherjagte. Wenn Holroyd-Reece im Herbst 1931 beinahe bankrott war, so lag das am ehesten daran, dass er mit mehr listenreichen Vorhaben jonglierte, als es seine Mittel und seine Zeit erlaubten. Auch Wegner und Enoch mussten bald erfahren, dass er sich verstolperte und sein Tempo nicht halten konnte, dass auch denen an seiner Seite die Puste ausging. Er reiste so viel, dass im Briefkopf seiner Korrespondenz zwei Adressen angeführt waren: die Rue Boulard in Paris und die Casa Beata in Rapallo. Zwischen beiden Anschriften schwebte der Satz »Bitte antworten Sie an«, den er durch einen Pfeil mit seinem jeweiligen Aufenthaltsort verband. Ständig unterwegs zwischen zwei Wohnsitzen, lebte er im Takt des ewigen Aufschubs und konnte meist ganz zu Recht behaupten, gerade einige Zeit außer Landes gewesen zu sein. Der französische Maler Marius Audin schäumte über eine verschleppte Zahlung: »Er versteckt sich hinter einer Nebelwand oberflächlicher Korrespondenz, unvorhergesehener Reisen, die durch seine unzähligen Verpflichtungen im Ausland bedingt seien, und Selbstbezichtigungen von der Art: ›Was bin ich doch für ein Scheusal. Aber ich meine es doch gar nicht so‹«. »Es gibt und gab niemals den Hauch einer Berechtigung für den Argwohn, dass hier auch nur im Entferntesten eine Absicht vorläge, irgendjemanden zu täuschen oder ihm Unannehmlichkeiten aufzubürden«, besann sich demgegenüber der Drucker Stanley Morrison, ein Geschäftspartner. »Mir scheint, Reece' Kopf ist so voll von Schwärmereien, dass ihm oft nicht klar ist, wie sehr die Ausführung seiner kühnen Pläne eine wohlhabende Welt unabdinglich voraussetzt«.[36]

Betrachtet man den Zustand der Weltwirtschaft und die Tatsache, dass er am Privatkonkurs nur knapp vorbeischrammte, so erscheinen Holroyd-Reece' zahlreiche Erfolge im November 1931 umso bewundernswerter. Englands Beamte saßen da wie lahme Enten und sahen untätig zu, wie ihre Budgets für die Kulturpropaganda gestrichen wurden. Holroyd-Reece aber gelang es, Arnoldo Mondadori bei der Stange zu halten. Innerhalb weniger Monate rang er Sir Edmund Davis und Mondadori rund 10.000 Pfund ab, um Albatross zu finanzieren. Die britische Regierung entschloss sich erst im Fiskaljahr 1936/37, dem British Council Mittel in dieser Größenordnung zukommen zu lassen.[37] Holroyd-Reece war ihr also fünf Jahre voraus, und das nicht nur in finanzieller Hinsicht. Auch politisch sorgte er in zwei wichtigen Staaten dafür, dass britische Interessen und Perspektiven einen Fuß in die Tür bekamen, während englische Propagandainstitutionen noch darum rangen, die eigene Regierung von der Notwendigkeit einer kulturellen Außenwirkung zu überzeugen. Im faschistischen Italien sorgte Holroyd-Reece dafür, dass Mondadori erhebliches Eigeninteresse am Erfolg von Albatross hatte, indem er ihm vertraglich den Druck der ersten 18 Bände zusicherte. Und in Deutschland, wo die Begeisterung für den Nationalsozialismus überschäumte, baute er Albatross in Hamburg ein zweites Nest. Indem er mit der nationalen Zugehörigkeit seines Verlags ein ähnliches Verwirrspiel trieb wie mit seiner eigenen, verschaffte er englischen Interessen eine günstige Position mitten in einem Gebiet schwerer politischer Verwerfungen, während Großbritannien selbst kaum in Erscheinung trat.

Mit Albatross gelang Holroyd-Reece einer seiner besten Taschenspielertricks überhaupt. Auf dem Papier wirkten all die Einzelheiten ermüdend, aber in der Praxis waren sie spektakulär erfolgreich. Deutsche Beamte warben in dieser Zeit beflissen um Investitionen aus dem Ausland und prüften die Verhältnisse von Albatross zu seinen Geldgebern jenseits der Grenzen nicht allzu genau. Das Gründungskapital für den Albatross Verlag in Hamburg betrug nur 21.000 Reichsmark – viel zu wenig für ein Unternehmen mit hochfliegenden Plänen und geschätzten Gründungskosten von 383.000 RM.

Um die Lücke zu schließen, gewährte Holroyd-Reece' französischer Verlag Editions Pégase dem Albatross Verlag am 15. November 1931 einen einmaligen Kredit in Höhe von 10.000 Pfund mit einer jährlichen Verzinsung von acht Prozent. Im Gegenzug »beauftragte« der Albatross Verlag Pégase für ein stattliches monatliches Honorar mit der »alleinigen Geschäftsführung« und Abwicklung sämtlicher Verträge, Tantiemenzahlungen und Lektoratsarbeiten an der Buchreihe. Hinter den drögen Details verbarg sich ein unternehmerischer Geniestreich. Die Konstruktion war genau auf die finanzwirtschaftlichen Unwägbarkeiten in Deutschland abgestimmt. Auf dem Papier wirkten Albatross und Pégase wie zwei verschiedene Unternehmen, und Wegner gehörte zu dem einen, Holroyd-Reece zum anderen.[38] Holroyd-Reece überzeugte so seine Kapitalgeber, dass ihr Geld nicht einfach in dem Fass ohne Boden verschwand, das aus der deutschen Wirtschaft geworden war. Mit den 6000 Reichsmark an »Honoraren«, die der Albatross Verlag an Pégase für die Führung der Geschäfte, die Tantiemen und Kreditzinsen überwies, floss Monat für Monat ungefähr der Gegenwert eines jährlichen deutschen Professorengehalts vom Albatross Verlag in Deutschland zurück an Pégase in Paris.

Holroyd-Reece' Unternehmensaufbau verbarg raffiniert die tatsächlichen Machtverhältnisse hinter Albatross. Von außen wirkte der Verlag wie ein deutsches Unternehmen. Doch wer hinter die Fassade sehen hätte können, hätte dahinter etwas ganz anderes vorgefunden: eine Verlags-Dachgesellschaft mit Sitz in Luxemburg, deren Kapital aus England stammte. Diese Gesellschaft war Eigentümerin der Albatross-Anteile und erhielt ihr Geld wiederum von zwei anderen Dachgesellschaften, die von Sir Edmund Davis finanziert wurden. Holroyd-Reece besaß 400 der 1080 Stammaktien der Luxemburger Firma sowie 200 Vorzugsaktien, womit er über die Stimmenmehrheit verfügte und als Direktor amtierte. Als Eigentümer von Pégase war er zugleich alleiniger Geschäftsführer des Albatross Verlags und Gläubiger des Pfund-Sterling-Kredits an diesen. Holroyd-Reece war überall und nirgendwo zugleich: allgegenwärtig in den Entscheidungsbefugnissen bei Albatross, unsichtbar auf den deutschen Formularen, anhand derer die Behörden später auf Spurensuche gingen.[39]

Ein etwas anderes Bild von Holroyd-Reece ergibt sich, wenn man die Statur des aggressiven Geschäftsmanns den vergilbten Fotos in einem Album aus seinen Kindheitstagen in der Künstlerkommune Hellerau bei Dresden gegenüberstellt. Auf einem dieser Fotos ist Holroyd-Reece vielleicht fünf oder sechs Jahre alt oder jedenfalls in einem Alter, in dem man Jungen damals noch in Kittel steckte. Er steht vorgebeugt über einem Schoner aus Holz, der immerhin zwei Masten mit Großsegel, Toppsegel und einem über seine ganze Länge gespannten Fock aufweist. Sachte hält er das Schiff an der Mastspitze, um seine Bewegung zu lenken. Das Problem, das er nicht sieht oder das ihn nicht kümmert: Sein Schiff kann so gut wie nirgendwohin fahren. Es schwimmt in einem Becken, das kaum doppelt so lang ist wie es selbst. Solcher Art waren die Zwickmühlen, die Holroyd-Reece in späteren Jahren den Spitznamen »The Lord High Romantick«, »großer Abenteuerbaron«, eintrugen. Seine Pläne waren oft viel zu großartig, um die wirkliche Welt zu befahren, wie er sich das vorstellte.[40] Während Deutschland der – gleichwohl nicht vorhersehbaren – nationalsozialistischen Machtübernahme entgegentrieb, hätte einstweilen niemand mit Bestimmtheit sagen können, ob Albatross einfach nur ein närrischer oder ein ausgesprochen genialer Plan war.

KAPITEL 3

Europa im Sturm erobern

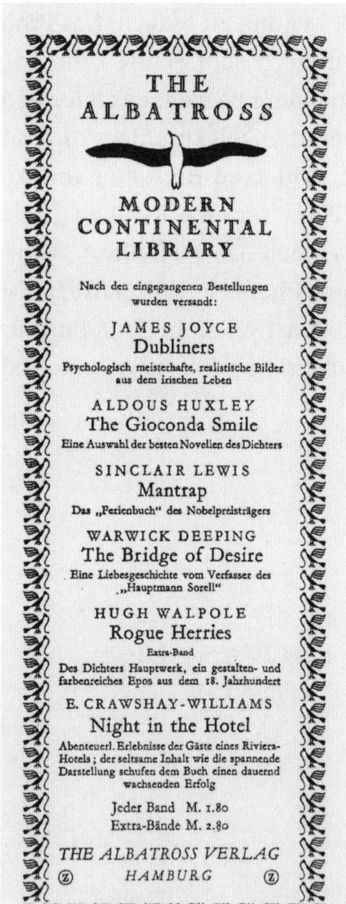

Am 15. Februar 1932 hob Albatross trotz schwerer wirtschaftlicher Turbulenzen in Europa voller Zuversicht ab. Ein halbseitiges Inserat im *Börsenblatt* kündigte dem Buchhandel der deutschsprachigen Welt die ersten sechs Bände der Albatross Modern Continental Library an – ein beeindruckendes Aufgebot, das eine große Bandbreite literarischer Vorlieben abdeckte: von James Joyce' »meisterhaft psychologischen« *Dubliners* über Kurzgeschichten des bekannten Gesellschaftssatirikers Aldous Huxley, leichtere Erzählwerke von Sinclair Lewis, dem Literaturnobelpreisträger des Jahres 1930, und Warwick Deepings *The Bridge of Desire*, dessen schwülromantischer Titel die weibliche Leserschaft ansprach, bis hin zu einem klassisch historischen Familienepos von Hugh Walpole und dem Reiseroman *Night in the Hotel* von Eliot Crawshay-Williams, der seinen Lesern »Abenteuer eines Hotelgastes an der Riviera« versprach.[1]

Obwohl eher überschaubar, war dieses Programm die Frucht aufreibender Arbeit im vorangegangenen Jahr: Mittel mussten bereitgestellt, Druckereien erprobt, eine Gestaltung für die Reihe gefunden, Titel ausgewählt und außerdem Autoren, Agenten und Verleger zum Wechsel von Tauchnitz zu Albatross bewegt werden. Der Jahresbeginn 1932 war für Albatross eine hektische Zeit gewesen. Man hatte Produktion und Vertrieb von Italien aus in Gang gebracht, die Büros in Hamburg und Paris mit Personal ausgestattet und die Verleumdungskampagne wegen angeblicher Vaterlandslosigkeit abgewehrt. Wegner und Enoch waren unzählige Male zwischen Hamburg und Paris hin- und hergereist. Holroyd-Reece hatte so oft die Grenzen zwischen England, Frankreich, Deutschland und Italien überschritten, dass seine Partner oft gar nicht wussten, wo er sich gerade aufhielt. Tauchnitz mochte eine neunzig Jahre alte Traditionsmarke sein – Albatross gelang es in weniger als einem Jahr, aus dem Nichts eine neue Marke zu schaffen. Nun kam für die drei Gründer alles darauf an, wie ihr grandioses Experiment angenommen wurde.

Insgesamt waren sie damit ein gewaltiges Risiko eingegangen. Nicht nur dominierte Tauchnitz strategisch den größten potenziellen Absatzmarkt von Albatross, sondern dieser befand sich noch dazu weitgehend in der Gewalt nationalkonservativer Strömungen. Zudem war das Angebot einer Bibliothek der modernen Literatur in verlegerischer Hinsicht nicht wirklich neu. Französische Verlage hatten im 19. Jahrhundert mit der *bibliothèque idéale* das Vorbild einer »kuratierten« Buchreihe geschaffen, bei der mit den einzelnen Werken zugleich der kultivierte Geschmack und die erlesene Bildung des Verlegers auf das Publikum abfärben sollte. In Deutschland waren die »kleinen gelben Hefte« der Universal-Bibliothek im Reclam Verlag und natürlich die Tauchnitz Edition selbst unmittelbare Vorläufer. Britische und amerikanische Verlage setzten bei ihren Reihen meist eher auf gebundene Ausgaben, um literarische Wagnisse in eine Aura der Gediegenheit zu hüllen, und weil die Gewinnspannen höher waren. Albatross musste einen Platz zwischen diesen Extremen finden: zugleich Tauchnitz aus dem Markt drängen und sich vor der Konkurrenz englischer Verlage hüten, die immer mehr Ehrgeiz zeigten, ihre gebundenen Erstausgaben auch auf dem Kontinent loszuwerden. Der besondere Anspruch – und die eigentliche Neuerung – von Albatross bestand darin, sich trotz preiswerter Taschenbücher und hoher Absatzziele als ein Verlagshaus von Rang und Namen durchzusetzen.[2]

Um den Kontinent – und auch den zunehmend von völkischen Leidenschaften beherrschten deutschen Buchmarkt – im Sturm zu nehmen, gab sich Albatross modern, wo Tauchnitz durch vornehme Zurückhaltung glänzte. Wie man seiner Selbstbeschreibung entnehmen konnte, wollte der Verlag »ein höheres Qualitätsniveau« erzielen und sich vom »sehr faden Erscheinungsbild« der Tauchnitz-Bände abheben. Wegner wusste genau, dass Tauchnitz zwar mehr als 5000 Titel herausgebracht, mit der zeitgenössischen Literatur aber nicht Schritt gehalten hatte. Die Tauchnitz-Bände »gingen damals nicht viel über Kipling und Hardy hinaus«, erinnerte sich Sylvia Beach. Und der deutsche Literaturkritiker Max Meyerfeld klagte 1923, Bücher von D. H. Lawrence seien kaum zu bekommen, obwohl sich der Ruhm des Autors rasch verbreitete. »Lange bemühte ich mich vergeblich, eines Buches von ihm habhaft zu werden«, erzählte er. »Erst im letzten Sommer hatte eine deutsche Dame die Freundlichkeit, mir seinen Roman *Sons and Lovers* zu leihen«. Bei Tauchnitz war dieser Roman, obwohl acht Jahre zuvor erschienen, noch nicht im Programm. Auch James Joyce' *Portrait of the Artist as a Young Man* war 1920 bei Tauchnitz in der Versenkung verschwunden, bis irgendjemand 1928 Curt Otto darauf aufmerksam machte. Erst unter Wegners Leitung erschien das Buch als Tauchnitz Volume 4937. Noch im Juli 1931 fällte der Lektor des Romanciers Richard Aldington ein vernichtendes Urteil über Tauchnitz – »Was ist diese Tauchnitz Library bloß für ein Totenacker« – und riet seinem Autor dringend davon ab, dort seine Rechte zu bestatten.[3]

Indem nun Albatross gezielt auf die Moderne setzte, wilderte der Verlag allerdings im Revier der mächtigen britischen Verlage. 1931 war der sicherste und direkteste Weg, an druckfrische englische Bücher zu kommen, eine Bestellung der teuren Ausgaben über spezielle Buchhandlungen aus England oder den Vereinigten Staaten. Wie Beach schreibt, kam diese Möglichkeit für die meisten Europäer nicht infrage. »Unsere Modernen bedeuteten – besonders wenn man Pfunde und Dollars in Francs übersetzen mußte – einen Luxus, den sich die Franzosen und die anderen Bewohner des linken Seineufers nicht leisten konnten«. Albatross schloss diese Lücke mit seinem Angebot an experimentierfreudige Leser mit wenig Geld. Zwar kosteten Albatross-Bände 1931 in Frankreich immer noch doppelt so viel wie die Sechs-Francs-Reihen der Platzhirsche Éditions de France, Baudinière, Stock und Albin Michel, doch sie waren bei Weitem die billigsten englischsprachigen Bücher auf dem Markt, bis 1935 die ersten Penguin-Titel erschienen. Präzise hielt Beach in ihrem Tagebuch fest, dass sie schon für den Gegenwert von einem Dutzend Orangen oder eines Haarschnitts zu haben waren. In Deutschland wurden Albatross-Bände für 1,80 Reichsmark verkauft – und kosteten damit nicht nur weniger als ein durchschnittliches deutsches Buch, sondern sogar nur die Hälfte oder ein Viertel dessen, was man für die deutsche Übersetzung bezahlte. So erschienen im Insel Verlag von Wegners Tante und Onkel in den frühen Dreißigerjahren Übersetzungen von Huxley, Woolf und Lawrence, die zwischen vier und acht Reichsmark kosteten. Den Preisvorteil stellte Albatross in der Weihnachtsausgabe der *Literarischen Welt* 1931 besonders heraus: »Viele Ihrer Freunde lesen gewiß gern englische Bücher«, hieß es in jovialem Ton. »Aber sie denken an den teuren Preis der englischen Original-Ausgaben und die große Schwierigkeit, sie zu beziehen und in Devisen zu bezahlen. Da will Ihnen die Albatross Modern Continental Library helfen, die Ihnen die wertvollsten Bücher des modernen englischen und amerikanischen Schrifttums zu wohlfeilem Preise in vorzüglicher Ausstattung vermittelt«.[4]

Und vorzüglich verpackt waren sie allerdings. Wenn Kleider Leute machen, wie übrigens auch der schnittige persönliche Auftritt der Albatross-Chefs zu sagen schien, so machten die farbenfrohen Einbände und Schutzumschläge ihre Taschenbücher zu einer Klasse für sich. Noch bei Tauchnitz hatte Wegner ein wichtiges verkaufsförderndes Gestaltungselement eingeführt: farbige Streifen zur Kennzeichnung der jeweiligen Literaturgattung auf dem Umschlag. Diesem Beispiel folgte der Setzer und Albatross-Gestalter Hans Mardersteig, indem er jeden Albatross-Band in einen charakteristisch leuchtenden, satten Farbton hüllte. Wer zu einem Bahnsteig eilte und sich unterwegs gern mit Mord und Totschlag verlustieren wollte, konnte im Vorbeigehen einen roten Band der Sparte »Abenteuer- oder Kriminalroman« mitnehmen. Wer sich nach Geschichten »von Reisen und fremden Völkern« sehnte, griff nach einem grünen Buch, Liebhaber von Kurzgeschichten oder Humoristischem dagegen eher nach Orange und Liebhaber von Biografien oder historischen Werken nach Violett. Blaue Einbände von Liebesgeschichten und gelbe rund um »psychologische Romane oder Essays« vervollständigten die Palette. Nicht muttersprachlichen Lesern mit mehr oder weniger guten Englischkenntnissen erleichterte das Farbschema die Auswahl. Außerdem »ergänzen sich die unterschiedlichen Farben ... zu einem hervorragenden Blickfang im Schaufenster«, wie Holroyd-Reece den Buchhändlern schrieb, und die Bücher verkauften sich dadurch wie von selbst. Auch Mardersteigs elegantes Albatross-Signet trug zu deren ansprechendem Äußeren bei.[5] Holroyd-Reece achtete von Anfang an peinlich genau auf das Erscheinungsbild seiner Bücher und rechnete damit, dass Albatross auch der Gestaltung wegen Leser von Tauchnitz abwerben würde. Er selbst liebte schöne Dinge, und ganz besonders liebte er schöne Dinge zum Anfassen. Seine Mutter hatte einst den Tee in antiken chinesischen Tassen serviert. In späteren Jahren sammelte er selbst erlesene Tapisserien und filigrane Keramiken. Er trug maßgeschneiderte Seidenhemden und Maßschuhe aus Italien. Er bestellte wuchtige Bände mit Abbildungen von Sammlungen anderer Sammler: Möbel, Nippes, Bücher.[6] Auch die Prunkbände der Éditions Pégase waren Ausdruck seines verfeinerten haptischen Empfindens: Ledereinbände, die weich in der Hand lagen, starkes, elfenbeinfarbenes Papier, eine Druckqualität, wie sie einer königlichen Majestät gebührte.

An seinem Ideal der Verwöhnung durch schöne Dinge hielt Holroyd-Reece auch fest, als er sich dem Taschenbuch zuwandte, während die allermeisten eingesessenen britischen Verleger sogar auf billigere gebundene Ausgaben mit Verachtung herabsahen. Ausdrücklich nannte er Albatross im Gespräch mit *Publishers Weekly* einen Verlag, der für den guten Geschmack stand. »Es ist ein kapitaler Fehler, aus billigen Büchern durch schäbige Qualität das Letzte herauszupressen«, sagte er. »Das Publikum will keinen kleinen Preis. Es wünscht Qualität zum kleinen Preis. Dem Publikum ist es zuwider, Geld für Bücher auszugeben. Aber es freut sich umso mehr, wenn es für sein Geld ein Buch erhält, das besser aussieht als erwartet«. Anschließend verbreitete er sich mit einem Entzücken, das einen Kenner beim Erwerb einer seltenen Radierung befällt, über winzigste Einzelheiten der Albatross Modern Continental Library. »Wir mussten sie einfach haben«, sagte er über eine bestimmte Schrifttype, eine Papiersorte und »fünf separate Lektoratsdurchgänge«, auch wenn eine solche Detailversessenheit mit Kosten verbunden war. Und da nichts so erfolgreich ist wie der Erfolg, wirkte Holroyd-Reece seine Worte in die Vorstellung des Publikums wie einst die Teppichweber ihre Goldfäden durch halbfertige Ansichten von Pilgerreisen und Feldzügen, um den zuallererst seinem Geist entsprungenen Sieg über Tauchnitz herbeizuführen.

Holroyd-Reece zufolge war es das gefällige Erscheinungsbild, das die Geschicke zugunsten von Albatross wendete. Nach anfänglicher Zurückhaltung in der Branche – »Reaktion gleich null« – schickte er von Paris, Hamburg und Mailand aus 24 Vertreter los, die mit jedem Tag tiefer in Tauchnitz'sche Gefilde vordrangen. Sie waren angewiesen, Buchhändlern die Albatross-Bände ohne Nennung des Preises zu zeigen. »Deren fast einhellige Einschätzung lautete: ›wunderschön, aber sicher viel zu teuer‹«. Dann kam das Überraschungsmoment: Die Vertreter drehten die Bücher um und deuteten auf die niedrigen Preise. Von da an zog der Absatz sprunghaft an und übertraf die ersten Prognosen um das Doppelte. Holroyd-Reece erklärte dieses Kunststück »mehr noch mit der Anmutung der Bücher als mit dem erlesenen Programm, denn das Programm allein verkaufte keine Buchreihe, die noch niemand zu Gesicht bekommen hatte«. Um die einzigartige verlegerische Vision von Albatross zu betonen, war der Artikel in *Publishers Weekly* mit dem Foto einer Hand illustriert, die in eine wunderschöne gemusterte Schachtel mit den ersten Albatross-Titeln in all ihren Farben griff und die Leser einlud, diese Regenbogenpalette eigenhändig zu erkunden.[7]

Aber auch diese Bibliothek der Träume wurde nicht in einer Traumwelt auf den Weg gebracht. Dass Albatross sich durchsetzte, war alles andere als gewiss. Während Holroyd-Reece dem Verlag in der Öffentlichkeit sein Gesicht lieh, hielt Wegner in Paris den Laden am Laufen. »Der erste anstrengende Tag hier ist vorüber«, schrieb er seiner zweiten Frau Annemarie am 11. März 1932. Einen oder zwei Tage zuvor war er mit dem Zug aus Deutschland nach Paris gekommen, hatte neben einem Drucker auch Kurt Enoch getroffen, der zum Verkaufsstart ebenfalls angereist war, und tags darauf eine weitere Verabredung mit einem Drucker. Wegen neuer Gesetze in Deutschland überlegten die drei, die Herstellung der Bücher von Italien nach Deutschland zu verlagern. »Ich bin etwas am Ende meiner Kräfte«, gestand Christian Wegner nach einem langen, erschöpfenden Arbeitstag. Aber wenigstens war Paris winterlich kalt und in Schnee gehüllt: »Lieblich!«[8]

Sein Leben war ausgefüllt mit tausend Kleinigkeiten. Die ersten sechs Bände hatte man inzwischen ausgeliefert. *To the Lighthouse* von Virginia Woolf und *Two People* von Alan Alexander Milne sollten als Bände 7 und 8 demnächst folgen. Zahlen füllten Wegners Tage aus. Er war damit beschäftigt, Verkäufe und Auflagen von 12.000 Stück mit Kosten von 43 Pfennigen je Exemplar gegenzurechnen. »Heute hat Enoch ca. 300 neue Bestellungen!«, berichtete er Annemarie am 12. März begeistert vom Käuferinteresse weniger als zwei Wochen nach dem Start. Seine Briefe vermitteln einen Eindruck von der Hektik dieser frühen Tage und zeigen ihn hingerissen von seiner

Aufgabe wie von einer glühenden Liebe. Er kaufte Regenmäntel in gleicher Farbe für sich und Annemarie, »sodaß wir wie Zwillinge herumlaufen werden!«. Er schrieb von Albatross zärtlich als »unserem gemeinsamen Albatross-Vogel, der uns zusammen leben läßt«, als handelte es sich um ein gemeinsames Kind. In gewisser Weise war der Verlag auch ihr Kind. Sie hatten erst kurze Zeit davor geheiratet, und Annemarie steckte wie Christian auch viel Mühe und Sorgfalt in das Unternehmen. Unermüdlich arbeitete sie für die gemeinsame Sache, schrieb Briefe, hängte sich ans Telefon, stellte Rechnungen aus und bewahrte Ruhe, wann immer die fordernden Charaktere an der Spitze des Unternehmens – insbesondere Holroyd-Reece – zu viel von ihr forderten.[9]

Aus Sicht von Christian Wegner war das Ergebnis diese Mühen allemal wert. Für Bücher und von Büchern zu leben war sein Elixier. Die Firma gehörte ihm zwar nicht selbst, doch er lenkte sie wie seine eigene, denn Holroyd-Reece befand sich häufig anderswo. Albatross war Wegners große Bewährungsprobe nach dem Debakel bei Tauchnitz, und er stürzte sich begierig in alle Bereiche des Geschäfts. Mitte Juli gingen die Verkäufe durch die Decke. Wegner kämpfte seit der Rückreise von Paris nach Deutschland mit höllischen Zahnschmerzen – und hatte dennoch in Köln »rasch Buchhändlerfenster besucht & überall Albatross gefunden«. Kaum wieder in Paris, verschaffte er sich ein wenig Erleichterung beim Zahnarzt und eilte in die Rue Boulard, um James Joyce' Agenten Paul Léon zu treffen und über die Rechte an einer kontinentaleuropäischen, also unzensierten Fassung des *Ulysses* zu verhandeln. Nicht einmal der immer noch quälende Zahnschmerz konnte seine Begeisterung über den Erfolg von Albatross dämpfen: »Umsatz bis 11. Juli schon 5679 Exemplare!«[10]

Während Wegner entschlossen das Alltagsgeschäft in allen Einzelheiten anging, behielt er zugleich die Zukunft von Albatross im Auge. Als Leser fühlte er sich von Büchern angezogen, die literarisch nahe am Puls der Zeit waren, und dementsprechend großen Wert legte er auf den Erfolg der Reihe bei der Kritik. Auch dadurch konnte er wichtige Autoren für Albatross gewinnen, wie er schon in seiner kurzen Zeit bei Tauchnitz Radclyffe Hall, Virginia Woolf und Aldous Huxley überzeugt hatte. Joyce' Agent hielt wie manch anderer nicht viel von Holroyd-Reece: »Rötlicher Backenbart, eine doppelt um den allzu weiten Kragen gebundene Krawatte, ein allzu sauber rasiertes, allzu rundliches Gesicht, ein Salbadern, mit dem er immer auch sagen will, ›Ich bin der, auf den es hier ankommt‹ – Sie werden mir zugeben, dass all das nicht eben einnehmend wirkt, und so war ich eher misstrauisch und hielt mich sehr zurück«. Auf Wegner dagegen gab Léon große Stücke: »Er macht auf mich den Eindruck eines Menschen voller Tatkraft, der auch weiß, wovon er redet«. Und so entschloss sich Joyce Ende September 1932, nachdem er lange gezögert hatte, dem exklusiven Kreis der Sondereditionen zugunsten eines Massenmarktes den Rücken zu kehren, »in diesen Albatrosskäfig zu gehen« – und das im Einklang mit Sylvia Beach, die sich zehn Jahre zuvor an die Erstveröffentlichung des *Ulysses* gewagt hatte. »*Ulysses* wird große Sache«, schrieb Wegner an Annemarie. Damit hatte Albatross eines der umstrittensten Werke dieser Jahrzehnte, mehr ein literarischer Meilenstein als ein Buch, an Land gezogen. Um sich vor lästigen Gerichtsprozessen zu schützen, druckte Albatross den *Ulysses* unter der eigens dafür geschaffenen Verlagsmarke Odyssey Press in Hamburg. Die erste kontinentaleuropäische Taschenbuchausgabe erschien im Dezember 1932, gerade rechtzeitig für das Weihnachtsgeschäft und begleitet von einem Jubelchor der Literaturkritik aus aller Herren Länder. Schon im ersten Halbjahr 1933 verkaufte sich die Odyssey-Ausgabe des *Ulysses* 5158-mal – öfter als Sylvia Beachs Shakespeare and Company-Ausgabe in zwei Jahren.[11]

Zum Zeitpunkt dieses durchschlagenden literarischen Erfolges waren die nächsten logischen Schritte für die Albatross-Partner bereits absehbar. Der erste betraf Tauchnitz. Falls es ihnen gelang, den Konkurrenten empfindlich zu schwächen, würden sie ihn aufkaufen, um von seinem Ansehen zu zehren. Sie konnten dann zwei Buchreihen unterschiedlichen Charakters auflegen: Tauchnitz für die Klassiker, Albatross für die zeitgenössische Literatur. »Es sieht doch so aus, als ob wir in einer Tauchnitz-Sache hineinkommen. Näheres erfahren wir in diesen Tagen«, schrieb Christian Wegner an Annemarie. »Jedenfalls fliegt Otto«, fügte er hinzu. Offenkundig aalte er sich in der Vorstellung, dass sein früherer Erzfeind dort nichts mehr zu sagen hatte. Deutlich wurden aber auch Meinungsverschiedenheiten. Denn obwohl Wegner und Holroyd-Reece sich einig waren in dem Wunsch, Tauchnitz zu schlucken, hatten sie unterschiedliche Auffassungen darüber, wie die Übernahme finanziell zu stemmen war.[12]

Diese Differenzen äußerten sich unmittelbar in einer wortkargen, aber ernsthaften Auseinandersetzung über den Umgang von Albatross mit Mondadori. Der italienische Verlag hatte die mittlerweile 18 ersten Albatross-Bände produziert und war sehr darauf bedacht, auch künftig für Albatross den Druck zu übernehmen. Doch Wegner und Holroyd-Reece sahen ihren diesbezüglichen Entscheidungsspielraum sowohl durch britische Geldgeber als auch durch deutsche Behörden eingeengt. Ende 1931 hatte die deutsche Regierung eine zehnprozentige Preissenkung auf im Inland hergestellte Bücher verfügt, um den heimischen Absatz und die Ausfuhren von Büchern anzukurbeln. Tauchnitz senkte entsprechend seine Preise und nötigte dadurch Albatross zum Mitziehen. Da Wegner nun Kosten einsparen musste, wandte er sich von Italien ab und holte Angebote von Druckern in der deutschen Verlagshauptstadt Leipzig ein, auch weil von dort aus der voraussichtlich größte Markt für Albatross günstiger zu beliefern war als durch Mondadori in Italien. In der ersten Märzwoche überbrachte Holroyd-Reece Mondadori die schlechte Nachricht und erklärte, dass ihn die Gesetzeslage in Deutschland unter Zugzwang setze.

Bei dieser Verlagerung der Produktion ging es auch nicht allein um die Kosten. Im Mai 1932 bot Mondadori an, mit dem günstigsten Angebot aus Deutschland mitzuziehen, wenn er dadurch den Druck in Italien halten konnte. Wegner lehnte ab und erzeugte dadurch bei Mondadori – der Albatross in der Not vom Herbst 1931 die Stange gehalten hatte – einigen Groll. Doch Wegner ging es darum, in einer Phase, in der Tauchnitz das Ressentiment gegen Albatross schürte, seine Position auf dem deutschen Markt zu stärken. Er verpflichtete den Leipziger Grossisten R. Streller und holte Angebote der größten Leipziger Druckereien Hag-Drugulin und Oscar Brandstetter ein.[13] Brandstetter unterbot nicht nur den Mitbewerber um mindestens ein Drittel, er druckte auch bereits die Tauchnitz-Reihe, und da Albatross hoffte, Tauchnitz aufzukaufen, bedeutete dies perspektivisch, die gesamte Produktion in die Hände einer einzigen Druckerei zu legen. Wenn nun Enoch den Vertrieb von Hamburg aus leitete und Brandstetter in Leipzig die Albatross-Bücher druckte, musste Tauchnitz' schärfste polemische Waffe gegen Albatross ihre Wirkung einbüßen. Mehrfache Verbindungen zur deutschen Wirtschaft waren in diesem Fall besser als nur eine – meinten jedenfalls die Albatross-Partner.

Bis zum Sommer 1932 war noch nicht abzusehen, ob die Verlagerung der Produktion nach Deutschland Albatross wirklich helfen würde, Tauchnitz aus dem Rennen zu schlagen. Albatross trat mit Überschwang und frischem Geld an, Tauchnitz mit Erfahrung und seinem guten Ruf. Unterdessen zehrte die deutsche Finanzkrise, die beide Unternehmen traf, auch am Buchhandel insgesamt. 1932 schrumpften die Erstauflagen von in Deutschland hergestellten Büchern verglichen mit dem Vorjahr um 10,9 Prozent. Der Durchschnittspreis pro Buch fiel von 6,16 auf 5,08 Reichsmark.[14] Der Einzelpreis bei Albatross und Tauchnitz war mit 1,80 Reichsmark immer noch niedrig und attraktiv genug. Blieb abzuwarten, ob sich die Leser eher der Tradition oder dem Neuen zuwenden würden.

Je länger sich das Jahr hinzog, desto sicherer konnte sich das Albatross-Trio seiner Sache sein. Die Kritiken waren fast einhellig begeistert. In Italien gelangen Albatross dank des mächtigen Verbündeten Messaggerie Italiane massive Vorstöße auf Tauchnitz'sches Terrain. »Die Albatross Collection bietet die besten Werke moderner englischer und amerikanischer Literatur«, verkündete der Grossist in seinem Rundbrief *L'Avvisatore settimanale.* »Seit ihrem ersten Erscheinen hat diese Reihe ... einen Erfolg erzielt, der alle Erwartungen übertraf«, bekräftigte er Anfang Juni desselben Jahres, ließ Holroyd-Reece dabei ausführlich zu Wort kommen und wies auf die Zufriedenheit der Buchhändler im Ausland mit der eleganten Anmutung der Bände trotz des niedrigen Preises hin.[15]

Dieses Lob wiederholte ein Motiv, das überall in Europa immer wieder anklang: Die Bücher von Albatross boten mehr, als Leser erwarteten – oder zumindest mehr, als sie von Tauchnitz zu erwarten gewohnt waren. Am 17. März 1932 bekannte die niederländische Zeitung *Het Vaderland,* dass sie Albatross gegenüber Tauchnitz bevorzuge: »Wir alle kennen die Tauchnitz Edition, diese kleinen, preiswerten englischen Bücher aus Deutschland«, hieß es einleitend. »Hat man die Bücher einige Jahre im Regal stehen, so wirken sie unansehnlich. Das Papier ist vergilbt, und was einen einmal daran reizte, ist dahin«. Albatross versprach mehr. »Die Gestaltung der Bücher ist hervorragend und viel besser als bei der Tauchnitz Edition. Sie sind in handlichem Format auf hochwertigem Papier gedruckt«. Auch die Auswahl der Titel fand die Zustimmung des Autors: »Wer immer sich für englischsprachige Literatur interessiert, kommt an dieser besonderen neuen Bibliothek kaum vorbei«. Holroyd-Reece selbst hätte keine vollmundigere Empfehlung abgeben können.[16]

Albatross sammelte Punkte auch wegen der länderübergreifenden Firmenkonstruktion. So lobte die ebenfalls niederländische Zeitung *Allgemeen Handelsblad* die kosmopolitische Spannweite: »Ein britisch-deutscher Verlag mit unter anderem einem Büro in Paris und einer Druckerei in Italien ... verleiht The Albatross den Charakter eines durch und durch internationalen Unternehmens«. Ebenso pries die Aprilnummer der *Literarischen Welt* von 1932 die Albatross-Reihe dafür, dass sie deutsche Leser mit anderen Kulturen bekannt mache. »Gegenseitiges geistiges Erkennen der Völker untereinander ist heute Notwendigkeit«, bekundete der Artikel und stellte Albatross als dringend benötigtes Heilmittel gegen die aufkommende nationalistische Gesinnung im Land dar. »Wie wichtig es ist, ausländisches Schrifttum in Deutschland in seiner Originalform populär zu machen!« Einige Albatross-Titel waren zwar mittlerweile ins Deutsche übersetzt, so der Autor des Beitrags. Dennoch würden wohl viele Leser gern die Gelegenheit ergreifen, die Werke im englischen Original zu lesen.[17]

Genau so war es. Albatross fand einen Zugang zu Deutschland, dem Heimatland der kontinentaleuropäischen englischen Literatur, und behauptete sich auf deren fruchtbarstem Boden. Nach sechs Monaten Kopf-an-Kopf-Rennen mit Tauchnitz lobte ein Journalist der *Frankfurter Zeitung* Mitte September die mittlerweile 26 Titel starke Albatross-Reihe für ihr »anmutiges Farbenspiel in steifem Kartonumschlag, haltbar und handsam, mit schönem Satzbild auf ausgezeichnetem Papier«. Den Anspruch, nur die »besten« Bücher zu drucken, nahm er mit Augenzwinkern auf und wies stattdessen auf das breite Qualitätsspektrum hin: »Wir finden alle Arten von ›Stirnen‹

unter den Autoren vertreten, angefangen von den Hochstirnen, für die es nach englischem Urteil nur ein winziges Lesepublikum von etwa 4000 geben kann, bis zu den ›Tiefstirnen‹, die ihren Werken nur mühsam einen literarischen Anstrich geben; hierher gehören Detektivromane, mit durchschnittlich auf jeder dritten Seite der Erwähnung einer Zigarette«. Nicht zuletzt hob er die deutschen Verbindungen von Albatross hervor: »Jetzt stammt Druck, Papier und Einband von verschiedenen bedeutenden Firmen Deutschlands«.[18]

Anderswo stieß Albatross' Vordringen nach Deutschland auf Widerstand. Nur zwei Wochen zuvor hatte *Die literarische Welt* in einer Sonderbeilage zu England Tauchnitz als die Lebensader der englischsprachigen Originalausgaben gelobt. Ergänzt war diese Ausgabe um Beiträge verschiedener literarischer Größen, darunter eine Kolumne von Aldous Huxley, die Erzählung »The Wind Blows« von Katherine Mansfield in deutscher Übersetzung und einen Auszug aus *Finnegans Wake* von James Joyce. »Das älteste und wichtigste Unternehmen dieser Art ist das Tauchnitz'sche«, betonte der Rezensent, weil es ihm offensichtlich nicht gefiel, dass der Verlag so rasch an Boden verlor. »Er bringt seit über neunzig Jahren englische Autoren in mustergültiger Form zu sehr billigem Preise heraus«; seine Kulturleistung sei »außerordentlich groß und noch zu wenig anerkannt«. Über lange Zeit habe der Verlag unzählige Menschen aus der Not errettet: nicht nur »minderbemittelte Lernende, die erst durch diese Ausgabe in die Lage versetzt werden, sich mit den englischen Klassikern vertraut zu machen«, sondern auch Wissenschaftler und Kritiker, die dank seiner Neuerscheinungen auf dem Laufenden waren. Nach alldem erntete Albatross nur lauwarmes Lob als »eine getreue Kopie der Tauchnitz'schen ›Collection‹«.[19]

In ihrer Weihnachtsausgabe 1932 brachte *Die literarische Welt* Ende November Buchempfehlungen von Albatross und Tauchnitz – nur einer von vielen Hinweisen darauf, dass deutsche Leser wenige Wochen vor Hitlers Aufstieg zur Macht durchaus an moderner Literatur aus dem englischsprachigen Raum interessiert waren. Der Beitrag von Albatross wartete mit einer beeindruckenden Liste großer Namen auf: Katherine Mansfield, Aldous Huxley, D. H. Lawrence, Virginia Woolf, James Joyce, Hugh Walpole, Sinclair

Lewis, Louis Bromfield, Thornton Wilder. Mit Krimis von Ellery Queen und Barnaby Ross und dem kurze Zeit später verfilmten *Maltese Falcon* von Dashiell Hammett wurde auch leichtere Kost geboten. Viele dieser Autoren – unter ihnen Mansfield, Huxley, Lawrence, Woolf und Joyce – hatte man Tauchnitz abgeluchst, ebenso wie Albatross nun hoffte, die Leser von Tauchnitz abzuwerben. »Die Albatross-Bücher in ihren schmucken farbigen Umschlägen werden eine reizvolle Ergänzung des deutschen Büchertisches zu Weihnachten bilden«, versprach die Reklame. »Innerlich und äußerlich erfüllen sie alle Ansprüche, die man an das schöne Buch von heute zu stellen gewohnt ist«. Tauchnitz' Beitrag trug den Titel »Rule Britannia!« – womit man die eigene tiefe Verwurzelung in der britischen Kultur zur Geltung bringen wollte. Tauchnitz wandte sich an seine langjährigen »Freunde« mit einer Liste neuer Titel. Hinzu kam »ein kleiner Führer über die besten Bücher unseres Verlages ... woraus der literarisch anspruchsvolle Leser mit Leichtigkeit seine Wahl treffen kann«. Aus den Dokumenten geht hervor, dass es für solche Appelle an die treue Leserschaft bereits zu spät war. Tauchnitz verkaufte 1932 nur 494.000 Bände gegenüber 662.141 zwei Jahre zuvor – gerade genug, um das Ende noch hinauszuzögern.[20]

Das Albatross-Trio hatte seinen Konkurrenten richtig eingeschätzt. Aber es konnte nicht vorhersehen, welche Folgen die Entscheidung haben sollte, den Verlag überwiegend in Deutschland anzusiedeln. Seit Albatross die Bücher in Leipzig druckte, war der Verlag nicht nur ein internationales Unternehmen mit britischer Finanzierung, sondern auch ein deutscher Exporteur. Kulturell betrachtet waren seine Bücher angloamerikanische Waren und sollten es für immer bleiben. Doch aus Sicht des Welthandels galten sie von da an als Produkte deutscher Arbeitskraft. Mit jedem einzelnen Taschenbuch, das Albatross außerhalb Deutschlands verkaufte, erwirtschaftete der Verlag wie auch Tauchnitz entweder Devisen oder Aktiva in der deutschen Handelsbilanz. Durch die Lösung von Mondadori und in der Hoffnung auf eine baldige Übernahme von Tauchnitz hatten Holroyd-Reece, Wegner und Enoch das Unternehmen unbeabsichtigt auf ein Gleis verschoben, das immer tiefer ins nationalsozialistische Deutschland hineinführte.

Am 11. Januar 1933 brach Holroyd-Reece während der laufenden Verhandlungen über D. H. Lawrence' Roman *Lady Chatterley's Lover* – der in England und den Vereinigten Staaten nicht erscheinen durfte, weil er die Leser aus den Wohn- und Gesellschaftszimmern entführte und in die Heimlichkeiten des Boudoirs einweihte – nach Deutschland auf. Es sollte seine letzte Reise in ein demokratisches Deutschland für mehr als ein Jahrzehnt sein. Am 26. Januar bekam er den heiß begehrten Vertrag über »Lady C«.[21] Vier Tage später übernahm Hitler die Macht, und damit begann auch für das Albatross-Trio eine Zeit schmerzhafter Kompromisse und existenzieller Bedrohungen.

KAPITEL 4

Ein Haus von Irrsinnigen

Stre Vom **Albatross Verlag** in Hamburg erbitte von der Alleinauslieferung
Oscar Enoch, Hamburg:

Albatross Modern Continental Library sowie **Odyssey Press**

1. James Joyce: Dubliners
2. Huxley: The Gioconda Smile
3. Sinclair Lewis: Mantrap
4. Deeping: The Bridge of Desire
5. Hugh Walpole: Rogue Herries *
6. E. Crawshay-Williams: Night in the Hotel
7. Virginia Woolf: To the Lighthouse
8. A. A. Milne: Two People
9. Edgar Wallace: The Man at the Carlton
10. Sinclair Lewis: Dodsworth *
11. Lord Gorell: Gauntlet
12. C. Mackenzie: Buttercups and Daisies
13. Hergesheimer: The Limestone Tree
14. L. Lewisohn: The Golden Vase — Roman Summer
15. W. B. Seabrook: The Magic Island
16. L. A. G. Strong: The Brothers
17. Kathleen Norris: The Love of Julie Borel
18. van Dine: The Bishop Murder Case
19. Susan Glaspell: Ambrose Holt and Family
20. Dashiell Hammelt: The Maltese Falcon
21. P. Bloomfield: The Traveller's Companion
22. Katherine Mansfield: The Garden Party
23. de Kruif: Microbe Hunters
24. Huxley: Antic Hay
25. Ostenso: The Waters under the Earth
26. Rosamond Lehmann: Dusty Answer
27. Barnaby Ross: The Tragedy of X
28. Louis Bromfield: A Modern Hero *
29. Thornton Wilder: The Bridge of San Luis Rey
30. Hilaire Belloc: Richelieu
31. D. H. Lawrence: Apocalypse
32. D. H. Lawrence: The White Peacock
33. Jos. Conrad: The Arrow of Gold
34. Phil Stong: State Fair
35. Kitchin: The Sensitive One
36. Frank Harris: Bernard Shaw
37. Louis Golding: Magnolia Street *
38. Queen: The Greek Coffin Mystery
39. Sinclair Lewis: Free Air
40. Michael Arlen: Young Men in Love
41. Walpole: Judith Paris *
42. B. Worsley-Gough: Public Affaires

43/44. James Joyce: Ulysses *

45. de Kruif: Men against Death
46. Ronald Fraser: Marriage in Heaven
47. Aldous Huxley: Brave New World

48 Francis Iles: Before the Fact

49. Beverley Nichols: Evensong
50. G. B. Stern: Little Red Horses *
51. Earl Derr Biggers: Charlie Chan Carries On
52. Katherine Mansfield: Journal
53. Liam O'Flaherty: Skerrett
54. Julian Duguid: Tiger-Man
55. The Albatross Book of Living Verse *
56. Lawrence: Lady Chatterley's Lover *
57. Charles Morgan: The Fountain
58. Bromfield: The Strange Case of Miss Annie Spragg
59. Evelyn Waugh: Black Mischief
60. Lawrence: The Virgin and the Gipsy

Jeder Band kartoniert (1.80)
* = Extrabände (2.80)

Vorzugsangebot bis 31. 3. 33:

50 Bände gemischt je 1.05 (Extrabde. 1.63)
100 Bände gemischt je 1.— (Extrabände 1.55)

The Albatross Almanac.
Kart. (—.80). Rabatt 50%.

Neue vollständige Verzeichnisse.

Ort und Datum: **Firma:**

Gerade als Albatross daran ging, die literarisch-politische Welt in Europa umzukrempeln, wandelte sich dieses Europa bis zur Unkenntlichkeit. Viele Jahre später erinnerte Kurt Enoch daran, mit welchem Tempo sich der damalige Alltag in Deutschland veränderte. »Wie die Wanzen kamen Nazis in braunen und schwarzen Uniformen aus den Mauerritzen gekrochen«, schrieb er. »Eine Orgie der Paraden und Massenversammlungen verstopfte die Straßen und Plätze. Triumph- und Brandreden und martialische Musik erfüllten die Luft. Uniformen, Flaggen, Spruchbänder und Wimpel waren überall und tauchten die Stadt in völlig andere Farben. Straßen, Plätze und öffentliche Bauten wurden zu Ehren von Nazihelden und -politikern umbenannt, und dem Nazigruß mit der Gebärde des ausgestreckten Arms und den Worten ›Heil Hitler‹ entkam man fast nirgendwo«.[1] Für den deutschen Juden Enoch war Hitlers Aufstieg zur Macht ein existenzielles Ereignis, denn damit geriet sein eigenes Leben und das seiner Familie in Gefahr.

Dennoch sorgte sich Enoch zu Beginn mehr um sein Geschäft als um sein Wohlergehen. Albatross' Stellung unter dem neuen Regime war prekär genug, um seine drei Chefs in Unruhe zu versetzen. Günstig für Albatross erschien der rechtliche Status eines im Handelsregister eingetragenen und von deutschen Gesetzen und Geschäftsbeziehungen geschützten Unternehmens mit Wegner als Geschäftsführer, Brandstetter als Druckerei und Enoch als Grossisten. Anderseits konnte der NS-Staat Albatross durchaus als ausländische Firma betrachten, da der Verlag von Engländern finanziert wurde, fremdsprachige Bücher produzierte, sein Büro in Paris hatte und ausländischen Teilhabern die Entscheidungsgewalt überließ. Oder er konnte bei Albatross einen »jüdischen Einfluss« konstatieren, wie die bevorzugte amtliche Formel lautete, die angesichts von Enochs exponierter Rolle sowie der kolportierten Tatsache, dass Albatross vom jüdischen Magnaten Sir Edmund Davis finanziert wurde, kaum von der Hand zu weisen war. Ob Albatross und die Modern Continental Library sich auf den Wogen des Nationalismus rund um Hitler halten würden können, war keineswegs ausgemacht. Es hing auch vom Ausgang interner Machtkämpfe ab, bei denen verschiedene nationalsozialistische Behörden miteinander um Einflussnahme auf das Kulturgeschehen rangen.

Innerhalb eines Monats ergriff Hitlers Regierung zwei Maßnahmen, die viele deutsche Verleger aufschreckten. Am 4. Februar 1933 unterzeichnete Reichspräsident Paul von Hindenburg die »Verordnung zum Schutz des deutschen Volkes«, derzufolge »Druckschriften, deren Inhalt geeignet ist, die öffentliche Sicherheit oder Ordnung zu gefährden«, beschlagnahmt und eingezogen werden konnten. Die Verordnung ließ sich so auslegen, dass Behörden nun freie Hand hatten zu entscheiden, welche Bücher eine Gefahr darstellten und welche nicht. Gestapo, Kriminalpolizei, Innenministerium und lokale Verwaltungen nutzten diese Blankovollmacht, um unangekündigt in Bibliotheken und Buchhandlungen einzufallen. Wenige Wochen später ging der Reichstag infolge einer Brandstiftung, deren Hintermänner im Dunklen blieben, in Flammen auf, und als unmittelbare Reaktion darauf schaffte Hitler mit der »Verordnung zum Schutz von Volk und Staat« die Meinungs- und Versammlungsfreiheit ab. Mit beiden Direktiven wurden die Rechte der freien Meinungsäußerung »in Wort, Schrift, Druck, Bild oder in sonstiger Weise« (Art. 118) der Weimarer Reichsverfassung faktisch aufgehoben. Hamburgs Behörden waren unter den ersten, die sich die neue Rechtslage zunutze machten, um kommunistische Parteifunktionäre ins Gefängnis zu stecken.[2]

Die empfindliche Einschränkung bürgerlicher Freiheiten verhieß nichts Gutes für Albatross und seine Chefs. Doch diese ließen sich durch die eigene Furcht nicht von ihrem Expansionskurs abbringen. Gerade einmal vier Wochen nach Hitlers Ernennung zum Reichskanzler leistete sich Albatross ein doppelseitiges Inserat im *Börsenblatt*, um den ersten Geburtstag des Unternehmens zu feiern. Die Anzeige schlug einen geschäftsmäßigen Ton an und pries selbstbewusst die eigene Reihe hochaktueller zeitgenössischer Literatur. Auf der ersten Seite wurden die neuesten Titel bei Albatross vorgestellt, darunter *Lady Chatterley's Lover*. Der deutsche Übersetzer Paul Lerbs lobte »eine mit sicherem Geschmack und lebendiger Beweglichkeit getroffene Auswahl aus dem heutigen englischen und amerikanischen Schrifttum«, ebenso wie die Tatsache, dass die Bücher in der Leipziger Druckerei Brandstetter produziert wurden. Die zweite Seite des Inserats verkündete nicht weniger vollmundig, dass sich die Albatross Modern Continental Library schon in ihrem ersten Jahr »einen über die ganze Welt verbreiteten und in ständiger Steigerung begriffenen Absatz und damit einen festen Platz im Lager des Sortiments verschafft« habe.[3]

Allem Anschein nach brummte bei Albatross das Geschäft, während zugleich der Spielraum für die vom Verlag vertriebene Literatur schwand. Seit dem 1. März 1933 fand sich auf den Bestellformularen Huxleys *Brave New World* (Volume 47) zwischen *Ulysses* (Volumes 43–44) und *Lady Chatterley's Lover* (Volume 56). Die Bücher von Joyce und Lawrence hatten im Vereinten Königreich und in den USA Skandale verursacht und waren dort verboten. Huxleys dystopische Vision einer Welt, in der die Stimme des Einzelnen vollständig dem Kollektiv untergeordnet ist, wirkte mit einem Mal gefährlich hellsichtig.

Im Lauf des März erlebte das Albatross-Trio mit Entsetzen, wie die demokratische Gesellschaft zerfiel, die Deutschland zur idealen Heimat für seine Bücher gemacht hatte. Aus den Reichstagswahlen vom 5. März, in deren Vorlauf Hitler eine wütende Hetze gegen die Kommunistische Partei entfacht hatte, ging die NSDAP gestärkt hervor. Hitlers Partei bekam beinahe 44 Prozent der Stimmen und sicherte sich mithilfe der Deutschnationalen Volkspartei die absolute Mehrheit. Keine zwei Wochen später ernannte Reichspräsident Hindenburg Joseph Goebbels zum Reichsminister für Volksaufklärung und Propaganda. Bis zu diesem Zeitpunkt hatten die Länder des Reichs die Hoheit in Kulturangelegenheiten inne. Sie wurde mit Gründung des neuen Ministeriums – und seiner Abteilungen für Presse, Rundfunk, Film, Theater und Propaganda (zu der die Literatur gehörte) – faktisch von den Ländern und anderen Behörden gebündelt Goebbels übertragen. Mit dem »Gesetz zur Behebung der Not von Volk und Reich« – auch »Ermächtigungsgesetz« genannt – einige Wochen nach der Wahl verschaffte sich Hitler die Möglichkeit, nach Gutdünken und ohne Zustimmung des Reichstags Notgesetze zu erlassen.[4]

Angesichts dieser Entwicklung der Dinge rechneten die Albatross-Chefs mit dem Schlimmsten. Wegner reiste von Paris nach Hamburg, um sich mit Enoch zu beraten. Er kam dort am 31. März 1933 an – wenige Stunden vor einem für den 1. April geplanten offiziellen Boykott jüdischer Geschäfte. Am selben Abend beschrieb er Annemarie in einem Brief nach Paris das unfassbare Geschehen: »Ganz Hamburg gleicht einem aufgeregten Bienenschwarm ... Man telegraphiert nach allen Gegenden der Welt, daß dies um Gottes willen aufhören möchte, aber ob es was nützt, ist sehr die Frage. Im übrigen will man die Juden aus allen Ämtern, Schulen etc. hinaussetzen, macht sich gar nicht klar, zu welch mittelalterlichen Zuständen man zurückkehrt«. Empört und angewidert blickte Christian um sich. Seine Heimatstadt kam ihm vor, »als ob man in ein Haus von Irrsinnigen geraten wäre«. Am folgenden Morgen traute er seinen Augen kaum, als Uniformierte durch die Straßen marschierten und auf Schildern und Plakaten forderten: »Deutsche! Wehrt euch! Kauft nicht bei Juden!« In manchen Vierteln hinderten SA- und andere Schlägertrupps Passanten am Einkaufen in jüdischen Läden. Wegner und seine Schwägerin zwängten sich durch die Meute der Boykottierer: »Vor den großen jüdischen Geschäften standen Naziposten, dennoch habe ich bei Hirschfelds – einfach aus Protest – mir mit Elisabeth am Arm durch die geifernde Menge, die uns mit Pfui-Rufen bespie, einen Weg bahnend, etwas gekauft und zwar eine weiße kurzarmige Bluse für Dich«.[5]

Für Enoch wie für alle deutschen Juden blieb mit dem Hereinbrechen der neuen Verhältnisse kein Stein auf dem anderen. In kürzester Zeit wirkten sich die – wie er sie nannte – »unheilvollen« Verordnungen, die Juden die Teilnahme am öffentlichen Leben untersagten, auch direkt auf ihn selbst aus. Am 7. April, in unmittelbarer Folge der Boykotte, erließ die Regierung das »Gesetz zur Wiederherstellung des Berufsbeamtentums«, mit dem die Beschäftigung von Juden im Staatsdienst verboten wurde. In der ersten Welle seiner Umsetzung verloren etwa 2500 der 5000 jüdischen Beamten ihren Lebensunterhalt. Auf dieses Gesetz folgten weitere Berufsverbote in anderen Bereichen. So wurden bis Mitte 1933 mehr als die Hälfte aller jüdischen Ärzte ihrer Posten enthoben, ebenso Lehrer, Professoren, Richter und Staatsanwälte. Insgesamt verloren etwa fünf Prozent der rund 240.000 in der Volkszählung von 1933 erfassten Juden ihre Arbeit. Auch Enochs Familie war davon betroffen. Er selbst durfte sein Amt als Laienrichter am Hamburger Arbeitsgericht nicht mehr ausüben, während sein rein privates Verlagsunternehmen von den Maßnahmen einstweilen verschont blieb. Enochs älterer Bruder Otto, ein Ingenieur, verlor wenig später seine Stelle und suchte mit Unterstützung von Enochs Freund Erich Warburg aus der prominenten jüdischen Bankiersfamilie im Ausland nach Arbeit. Enochs Schwester Ilse wurde ebenfalls arbeitslos und musste feststellen, dass ihr Doktorat der Chemie von einem Tag auf den anderen wertlos war. Enoch ernannte sie daraufhin zur Prokuristin seines Unternehmens. Sein Vetter Hans, ein aufstrebender Wissenschaftler, der später zur Entwicklung des Penicillins beitrug, verbrachte ein Jahr im KZ Fuhlsbüttel im Norden von Hamburg, weil ihn ein »verbitterter ehemaliger Angestellter denunziert hatte, der sich bei den Nazibehörden einschmeicheln wollte«.[6]

All dies war belastend genug. Am tiefsten verletzt fühlte sich Enoch nach eigenem Bekunden aber von den täglichen Erniedrigungen des Lebens als Jude in einem feindlich gewordenen Deutschland, umgeben von entfesselten Gewalten, auf die er keinerlei Einfluss hatte. »Es gab viele Situationen, die eher lästig oder emotional verstörend waren, als dass sie wirklich lebensnotwendige Interessen berührt hätten«, erläuterte er in seiner Autobiografie, »beispielsweise der gesetzliche Zwang, sich während der Arbeitszeit Hitlers Reden im Radio anzuhören, dem auch Juden und ich selbst unterstanden, oder die Notwendigkeit, direkte und indirekte Beleidigungen schweigend hinzunehmen, nur um schwerwiegendere Folgen abzuwenden«.[7]

Christian Wegner befand sich aus anderen Gründen in einer schwierigen Lage. Albatross verkaufte gut, und im April standen »sehr beträchtliche Auslieferungen« bevor. Doch der Boykott ließ größere Schwierigkeiten erahnen. »Es wird uns noch viel Kopfzerbrechen machen«, schrieb er Annemarie. Er schwankte unterdessen zwischen aufmerksamem Registrieren des Geschehens und dem Impuls, sich die Dinge schönzureden. Das rassistische Verhalten seiner Landsleute fand er surreal und abstoßend, auch fürchtete er, dass der Faschismus bereits außer Kontrolle geraten sein könnte. In seinen Worten an Annemarie: »Die Sache sieht hier verflucht nach Bolschewismus aus, mit etwas anderen Vorzeichen; jedenfalls entfließt die Bewegung dem Berliner Führer unter den Händen davon, wohin, wer weiß es«. Anstatt aber auf diese unbeherrschbaren, irrationalen Gewalten zu reagieren und Albatross ins Ausland zu verlagern, ließ er sich von seinem Bauchgefühl leiten und harrte aus. Er hatte sein persönliches Bekenntnis gegen die Boykotte abgelegt und in einem jüdischen Geschäft die Bluse gekauft. Danach verengte sich sein Blick. Er blendete vieles aus und widmete sich dem Tagesgeschäft. Er prüfte die Finanzen, behielt die Verkäufe und Zahlungen im Auge und freute sich über die neuesten Kontoauszüge von Enoch: »Der April fängt gut an«.[8]

Doch die Orientierung am Praktischen, der Wegner seine außerordentlichen organisatorischen Fähigkeiten verdankte, machte ihn auch blind für mögliche Gefahren. Seine Briefe offenbaren eine merkwürdige Gespaltenheit. Er berichtete stolz, dass er die Ketten der Boykottposten durchbrochen hatte, und erwog zugleich die möglichen Vorteile, die sich für ihn aus den politischen Spannungen ergeben konnten. »Ich habe mit Enoch alle Maßnahmen überlegt, die wir im schlimmsten Falle treffen wollen«, schrieb er Annemarie unmittelbar vor dem Boykott: »Verlegung des gesamten Lagers nach der Schweiz, Übertragung des Enoch Verlages auf mich, etc«. Diesen letzten aller Auswege – die »Übertragung« von Enochs Verlag auf ihn selbst – umriss er nur vage. Doch der bloße Gedanke weckte in ihm eine gewisse Zuversicht. »Du siehst, mit welchen Möglichkeiten ich und nicht ich allein hier rechne«.[9]

Drei Tage nach den Boykotten vom April 1933 wartete Wegner gespannt auf Nachricht, ob Tauchnitz nun endlich vor Albatross kapitulierte. »Sehr gespannt bin ich über das, was Wildhagen morgen von T.[auchnitz] erzählen wird«, schrieb er und ließ zugleich erkennen, dass er keinen Grund sah, den Plan zur Übernahme des deutschen Konkurrenten fallenzulassen. Er musste außerdem Holroyd-Reece aufspüren, der wie so oft, wenn es darauf ankam, durch Abwesenheit glänzte. »Ich habe wichtige Dinge mit ihm zu besprechen ... recht beängstigende Dinge. Es ist schwer, was zu prophezeien!« Aber vor allem konnte er es kaum erwarten, den zum Zerreißen gespannten Verhältnissen in Deutschland zu entfliehen. »Gestern & heute wieder viel bei Enoch, dazu die alle bewegenden politischen Verhältnisse«, schrieb er Annemarie aus Hamburg. »Ich bin froh, wenn ich wieder bei dir sein werde«.[10]

Im Frühjahr 1933 war für niemanden absehbar, wie weit die Hitler-Regierung gehen würde, um die deutsche Kultur vor vermeintlicher Überfremdung zu bewahren, oder wie scharf sie Bücher zensieren würde, die eine andere als die nationalsozialistische Weltanschauung vertraten. Jedenfalls enthielt das Bestellformular von Albatross für den 1. März viele Autoren, deren Werke man als direkte Verstöße gegen den nationalsozialistischen Sittenkodex auffassen konnte. Huxley und Lawrence waren jeweils mit mehreren Titeln vertreten. Rosamond Lehmann hatte sich mit *Dusty Answer* (Volume 26) einen Skandalerfolg erschrieben, den ein englischer Kritiker als »Ergüsse einer Sexbesessenen« bezeichnete, weil die Romanheldin Affären mit Männern wie mit Frauen pflegt.[11] Katherine Mansfield hatte in ihrem ersten Kurzgeschichtenband *In a German Pension* von 1911 die deutschen Großbürger in ein äußerst schlechtes Licht gerückt; Albatross brachte nun den Folgeband *The Garden Party* (Volume 22) heraus. Ludwig Lewisohn, Autor von *The Golden Vase* (Volume 14), war ein prominenter Fürsprecher des Judentums in den Vereinigten Staaten. Der gleichfalls jüdische Romancier Louis Golding beschrieb in seinem von der Kritik gefeierten Buch *Magnolia Street* (Volume 37) mitfühlend Leben und Alltag einer jüdischen Familie, ebenso wie G. B. Stern in *Little Red Horses* (Volume 50).

Einer der wohl heikelsten Autoren im Programm von Albatross war Sinclair Lewis. Als erster amerikanischer Literaturnobelpreisträger stand er seit 1930 im internationalen Rampenlicht. Seine Werke neigten der politischen Linken zu, und er selbst neigte wenig zu Diplomatie in welchen Belangen auch immer. Er war bekannt für seine Aufgeblasenheit. Einmal war es ihm sogar gelungen, bei einem Bankett für Nobelpreisträger Streit anzuzetteln. (Ein Journalist bemerkte trocken: »Sinclair Lewis erwies dem Erfinder des Dynamits seine Reverenz, indem er zu Ehren Nobels explodierte«.)[12] Es überraschte also nicht, dass Lewis sich bald über Nazideutschland und auch über die Verlage empörte, die dort seine Bücher verlegten. Ende 1933 war er in Deutschland mindestens so umstritten wie zuvor beliebt.

Anders als die meisten Albatross-Autoren war Lewis dank Augenzeugenberichten über die politischen Verwerfungen in Deutschland gut informiert. Sie stammten von Dorothy Thompson, einer anerkannten Expertin und draufgängerischen Journalistin, die zufällig auch seine Gattin war. Thompson hatte Hitler 1931 für die *New York Evening Post* interviewt und mit ihrem Buch *I Saw Hitler!* eine kleine Sensation gelandet. »Er ist formlos, fast schon gesichtslos, ein Mann mit dem Antlitz einer Karikatur, ein Mann mit einer rein knorpeligen, wie knochenlosen Statur«, heißt es darin. »Hitler ist der Inbegriff des kleinen Mannes«. Auch sein Aufstieg zur Macht änderte an Thompsons charakterlicher Einschätzung nichts. Am 12. Mai 1933, zwei Tage nachdem nationalsozialistische Studentenverbände überall in Deutschland auf öffentlichen Plätzen Bücher verbrannt hatten, sagte sie der *New York Times*: »Ich glaube immer noch, dass [Hitler] eigentlich ein kleiner Mann ist, aber ich sehe nun auch, dass er ein großartiger Demagoge ist, der fest an all dieses Zeug glaubt«.[13] Bei den Anführern des Nazistaates machte sie sich mit solchen Äußerungen keine Freunde.

Wie es der Zufall wollte, hatte Lewis den Beginn einer groß angelegten internationalen Werbeaktion für *Ann Vickers*, seinen ersten Roman nach der Verleihung des Nobelpreises, ausgerechnet auf die letzte Januarwoche 1933 gelegt, in der Hitler an die Macht kam. Noch im Juli 1931 hatte seine amerikanische Agentin Ann Watkins gewitzelt, dass Lewis »über den Schalthebeln eingeschlafen ist, was die Auslandsrechte angeht, und ihm erst langsam dämmert, dass man diesen Schatz doch heben sollte«. Als Lewis schließlich erkannte, dass die Verkäufe amerikanischer Bücher auf dem europäischen Kontinent sprunghaft anstiegen, entschloss er sich zu einem wahren Kraftakt der Literaturvermarktung: Am 25. Januar, fünf Tage vor Hitlers Ernennung, erschien *Ann Vickers* gleichzeitig in siebzehn Ländern und dreizehn Sprachen.[14]

Im Roman geht es um eine fortschrittlich gesinnte Frauenrechtlerin, die zur Gefängnisreformerin wird – nicht gerade eine Frauenfigur, die den Idealen des Nationalsozialismus entsprach. Als Ann Vickers von ihrer ersten sexuellen Begegnung mit einem Juden, den sie anziehend findet, schwanger wird, lässt sie das Kind abtreiben. Später findet sie sich in einer lieblosen Ehe gefangen, hat eine außereheliche Affäre mit einem Richter (so viel zur Moral der Justiz), wird erneut schwanger und entschließt sich dazu, das Kind zur Welt zu bringen und großzuziehen. Durch und durch Feministin, schafft sie den Spagat zwischen Familie und einer steilen Karriere, im Zuge derer sie sich für eine Reform des Gefängniswesens einsetzt. Wie die Kritik erkannte, hatte Lewis dieses Porträt lose seiner Frau nachempfunden. Und Thompson verachtete bekanntermaßen die nationalsozialistische Bewegung. »Faschismus ist die Herrschaft des Feldwebels und der Halbgebildeten«, schrieb sie in ihr Tagebuch. »Nationalsozialismus, das sind Kranke, die sich für gesund erklären – eine Bande lockenhaariger tuntiger Schwuchteln, die davon schwadronieren, dass es Aufgabe der Frau sei, dem Staat SÖHNE zu gebären«.[15]

Lewis' schriftstellerischer Ruhm verbreitete sich seit Ende der Zwanzigerjahre auch und insbesondere in Deutschland, wo der Nobelpreis die Verkäufe in schwindelerregende Höhen trieb. Überall in Europa wollten Verleger unbedingt *Ann Vickers* in ihr Programm nehmen, und Wegner und Holroyd-Reece mischten bei diesem Wettrennen kräftig mit. Albatross hatte sich zuvor schon *Mantrap* (Volume 3), *Dodsworth* (Volume 10) und *Free Air* (Volume 39) gesichert. Nun übersandte Lewis' Agent für Europa das Herbstprogramm von Albatross mit der Empfehlung, auch *Ann Vickers* dort unterzubringen, »damit Sie sehen, in welch guter Gesellschaft Sie sich dort wiederfinden: Ihrer eigenen!«. Der Verleger Nelson Doubleday frohlockte bei der erwarteten Auflage von 100.000 Stück im ersten Jahr allein in den Vereinigten Staaten und verzeichnete in den Wochen nach Erscheinen des Buchs durchschnittliche Verkäufe von 4000 Exemplaren pro Tag. Bis Ende August 1933 verkaufte Lewis 12.000 Exemplare der französischen, bei der Librairie Stock erschienenen Ausgabe, und für das ganze Jahr rechnete man dort mit mehr als 15.000 verkauften Exemplaren. Bei Ernst Rowohlt, der von 1928 bis 1931 Lewis' Ruf in Deutschland mit vier Übersetzungen seiner Romane begründet hatte, waren es fast doppelt so viele.[16]

Kurz und gut, Lewis bot eine freidenkerische Weltanschauung und bescherte damit seinen Verlagen großes Glück. Doch wer die Entwicklung der Dinge verfolgte, wusste auch, dass der deutsche Markt für eine derartige linksliberal gesinnte Literatur im Schwinden begriffen war. In den Monaten nach Hitlers Machtübernahme beschrieb Thompson ihrem Mann voller Verzweiflung die Veränderungen in dem Land, das sie ins Herz geschlossen hatte. »Die Liste der Schriftsteller und Wissenschaftler, die Deutschland verlassen haben, liest sich wie ein deutsches Who's Who«, schrieb sie Anfang März aus Santa Margherita in Italien, wo sie die Ankunft prominenter Flüchtlinge wie des Dramatikers Franz Werfel, des Pazifisten Fritz von Unruh und des Literaturnobelpreisträgers von 1912, Gerhard Hauptmann, miterlebte. »Kein einziger bedeutender Autor lebt noch dort. Thomas und Heinrich Mann, Alfred Döblin, Feuchtwanger ... Hat man je von etwas Teuflischerem als dieser Erpressung der ganzen Welt durch die Geiselnahme deutscher Juden gehört? Ich liege nachts wach und denke nach, was man dagegen tun könnte«.[17]

Thompson berichtete, wie die Welt der deutschen Literatur innerhalb von Wochen zusammenschrumpfte. Am 15. Februar trat Heinrich Mann als Präsident der Sektion Dichtkunst in der Preußischen Akademie der Künste auf Druck des preußischen Kulturministers Bernhard Rust zurück. Am 13. März – dem Tag, an dem Goebbels von Hitler zum Reichspropagandaminister ernannt wurde – forderte der Dichter Gottfried Benn die Schriftsteller in der Preußischen Akademie auf, eine Unterstützungserklärung für das Regime zu unterzeichnen. Sein Nachdruck in dieser Sache offenbarte den Grabenbruch in der Literaturlandschaft, als die meisten prominenten liberalen Autoren sich weigerten und aus der Akademie ausgeschlossen wurden, unter ihnen Alfred Döblin, Vizepräsidentin Ricarda Huch, Thomas Mann, Rudolf Pannwitz, Alfons Paquet, René Schickele und Jakob Wassermann. Sogar einige Schriftsteller, die diese Loyalitätsadresse zu unterschreiben bereit waren, wurden ausgeschlossen, nachdem die Behörden Erkundungen über sie eingezogen hatten: so Fritz von Unruh und Bernhard Kellermann wegen ihrer politischen Überzeugungen und Leonhard Frank, Ludwig Fulda, Georg Kaiser, Alfred Mombert und Franz Werfel, weil sie als »Nichtarier« keine von staatlicher Seite bezahlten Stellen innehaben durften.[18]

Die Nationalsozialisten unterwarfen in weiterer Folge auch andere Literaturverbände, die von der Parteilinie abwichen, ihrer »Gleichschaltung«. So wurde die größte und politisch bedeutendste Autorenvereinigung, der Schutzverband deutscher Schriftsteller mit seinen mehr als 2400 Mitgliedern, am 10. März 1933 nationalsozialistischer Kontrolle unterstellt und Arnold Zweig als Präsident hinausgedrängt. Einen Monat später trat das Präsidium der deutschen Sektion des PEN-Clubs aus Protest geschlossen zurück, und innerhalb von zwei Wochen besetzten die Behörden die Ämter mit den Schriftstellern Hans Hinkel, Hanns Johst und Rainer Schlösser, die den Nationalsozialisten zugetan waren und später in deren Kulturbürokratie hohe Funktionen bekleideten. Die Nationalisierung des deutschen PEN-Zentrums war ein Widerspruch in sich. Denn die englische Autorin Catherine Amy Dawson Scott hatte den PEN-Club 1921 ausdrücklich mit der Absicht gegründet, nicht einzelne nationale Interessen, sondern die internationale Verständigung unter den Schriftstellern zu fördern. Unterdessen wurden in Hamburg, wo Enoch unermüdlich Vertrieb und Werbung für Albatross organisierte, mehrere Zeitungen verboten: am 29. April das *Hamburger Echo*, kurze Zeit später auch die *Hamburger Nachrichten* und der *Hamburgische Correspondent*. Weitere Zeitungen und Rundfunksender, die gegen das Regime eingestellt waren, wurden entweder geschlossen oder von neuen Redakteuren übernommen, die sich der Parteilinie bereitwillig fügten.[19]

Am Tag von Benns Unterstützungserklärung und während Lewis sich am Erfolg von *Ann Vickers* labte, beschrieb ihm Thompson den Gang der Dinge in Deutschland. »Es ist wirklich so schlimm, wie die sensationslüsternsten Zeitungen schreiben ... Während Hitler aufsteht und von deutscher Einheit und deutscher Vaterlandsliebe und einer neuen Zeit redet, haben sich die S.A.-Bürschchen in Schlägerbanden verwandelt und verprügeln Leute auf der Straße ... und entführen Sozialisten und Kommunisten und Pazifisten & Juden in so genannte ›Braune Etagen‹, um sie dort zu foltern«, berichtete sie. »Verglichen damit war der italienische Faschismus ein Kindergarten. Das hier ist ein Ausbruch sadistischen und krankhaften Hasses. Am meisten zur Verzweiflung bringen kann einen nicht nur die Wehrlosigkeit des liberalen Bürgertums, sondern auch seine (für mich) unglaubliche Fügsamkeit. Und, mein Lieber, in Berlin gefielen mir unsere alten fadenscheinigen Ideale der bürgerlichen Freiheiten, der demokratischen Billigung usw. auf einmal wieder ziemlich gut. Am liebsten wäre ich herumgelaufen und hätte die Gettysburg Address vor mir hergesagt«.[20]

Das Ende der bürgerlichen Freiheiten nahm im Jahr 1933 vielfältige Formen an, doch nirgendwo fand es sinnfälligeren Ausdruck als in der Bücherverbrennung vom 10. Mai. Nach den Boykotten jüdischer Geschäfte und dem Gesetz zur Wiederherstellung des Berufsbeamtentums proklamierte die Deutsche Studentenschaft im Geist der nationalsozialistischen Ideologie und mit Unterstützung ihres neu geschaffenen Hauptamts für Presse und Propaganda »Zwölf Thesen wider den undeutschen Geist«. In Anknüpfung an Martin Luthers historischen Aufstand gegen die Kirche mehr als vier Jahrhunderte zuvor bestimmten diese giftigen Verdikte jeden als »undeutsch«, der selbst Jude war, Juden beistand oder am »jüdischen Intellektualismus« mitwirkte. Aus dieser toxischen Logik ergab sich die vierte These: »Unser gefährlichster Widersacher ist der Jude und der, der ihm hörig ist«, sowie die fünfte: »Der Jude kann nur jüdisch denken. Schreibt er deutsch, dann lügt er. Der Deutsche, der deutsch schreibt, aber undeutsch denkt, ist ein Verräter. Der Student, der undeutsch spricht und schreibt, ist außerdem gedankenlos und wird seiner Aufgabe untreu«. Ende April hatten Studenten ihre eigenen schwarzen Listen erstellt, deren Einträge sie von Alfred Rosenbergs Kampfbund für deutsche Kultur und vom Verband deutscher Volksbibliothekare übernahmen. »Zur Überwindung des jüdischen Intellektualismus und der damit verbundenen liberalen Verfallserscheinungen im deutschen Geistesleben« (These 10) schleppten Studenten Bücher, die »undeutsche« Ideale verkörperten, aus Bibliotheken und Buchläden.[21]

Berlin war das metaphorische Herz dieses Schlags gegen die Kultur. Der Journalist Frederick T. Birchall schilderte für die *New York Times*, wie 40.000 Gaffer auf dem heutigen Bebelplatz zwischen Staatsoper und Humboldt Universität im strömenden Regen zusahen, als Studenten »aus kreuzweise gestapelten Holzbalken einen ungefähr vier mal vier Meter großen und eineinhalb Meter hohen Scheiterhaufen errichteten«. Rund 5000 Studenten marschierten neben geliehenen Lastwagen und Autos voller Bücher in einem Fackelzug zum Opernplatz, wo eine Nazikapelle vergeblich, wie Birchall fand, »Begeisterung zu schüren versuchte«. Erst Goebbels' Erscheinen hob die Stimmung der Menge ein wenig. »Das Zeitalter eines überspitzten jüdischen Intellektualismus ist zu Ende gegangen, und die deutsche Revolution hat dem deutschen Wesen wieder die Gasse freigemacht«, begann er und hetzte mit den nächsten Sätzen seine Zuhörer auf gegen die »Schmach, daß sich die Bibliotheken mit Schund und Schmutz jüdischer Asphaltliteraten« gefüllt hätten. Er forderte, den »Ungeist der Vergangenheit den Flammen anzuvertrauen«. Das Neue würde sodann, wie er meinte, »aus der Flamme unseres eigenen Herzens wieder emporsteigen«.[22]

In die Flammen warfen Studenten die Werke mehrerer Nobelpreisträger, darunter die von Thomas Mann und der pazifistischen Autorin Bertha von Suttner. »Was Sinclair Lewis dieses Schicksal ersparte, werden wir vielleicht nie erfahren«, schrieb Birchall, »wo doch unzählige Autoren und insgesamt drei Millionen verkaufte Bücher unter den Opfern sind, allen voran Erich Maria Remarques *Im Westen nichts Neues*«. Die meisten der betroffenen 160 Schriftsteller waren Deutsche, unter ihnen Lion Feuchtwanger, Arnold und Stefan Zweig sowie der frühere, 1922 von Rechtsradikalen ermordete Außenminister Walter Rathenau. Aber auch einige amerikanische Autoren traf der Zorn, etwa Upton Sinclair, Helen Keller (wegen ihres Essays »Wie ich zur Sozialistin wurde« von 1912), Jack London und Theodore Dreiser. Birchall schloss resigniert: »Ein Großteil des alten liberalen Deutschlands aus früheren Zeiten – soweit davon überhaupt noch etwas übrig war – wurde am heutigen Abend verbrannt«.[23]

Im deutschen Buchhandel geschah die »Umwälzung« nicht über Nacht. Aber die Rufe nach »Reinigung« wurden lauter. Goebbels erschien eine Woche nach der Bücherverbrennung demonstrativ zum »Kantatetreffen«, der Jahresversammlung des Börsenvereins der deutschen Buchhändler in Leipzig. In seiner Rede forderte er die Branche auf, »Internationalismus, Pazifismus und den demokratischen Verfassungsstaat« zu verwerfen – also die Ideale, die bis dahin bestimmend für den deutschen Buchhandel waren – und sich der »nationalen Revolution« anzuschließen. Auch das Verlagswesen, so Goebbels, habe »Unkultur« nach Deutschland gebracht und gedruckt, was sich am besten verkaufte, anstatt sich seiner historischen Aufgabe bewusst zu werden und »den Geist an sich umzustellen«. Goebbels' Rede vor dem Börsenverein wurde mit »stürmischem Beifall« aufgenommen – nicht der erste Hinweis, dass die Branche sich der neuen Ordnung zu fügen beabsichtigte. Ein Bibliothekar namens Wolfgang Hermann, der in Vorbereitung der Bücherverbrennungen seine persönliche schwarze Liste mit jener der Deutschen Studentenschaft abgeglichen hatte, bestimmte für die Verlagsbranche die Art von Literatur, vor der sie sich am meisten zu hüten hatte: »Asphaltliteratur, die vorwiegend für den großstädtischen Menschen geschrieben ist, um ihn in seiner Beziehungslosigkeit zur Umwelt, zum Volk und zu jeder Gemeinschaft zu bestärken und völlig zu entwurzeln«. Am 13. Mai, drei Tage nach den Bücherverbrennungen, führte der Börsenverein der deutschen Buchhändler auf der Titelseite des *Börsenblatts* zwölf deutsche Schriftsteller an, deren Werke »für das deutsche Ansehen als schädigend zu erachten« und aus dem Verkauf zu nehmen seien.[24]

Für Wegner und Holroyd-Reece war es nur ein schwacher Trost, dass sie sich selbst in Paris außer Hörweite dieses Gebrülls befanden. Ihr Partner Enoch war alldem im zunehmend aufgeheizten, judenfeindlichen Klima Hamburgs umso direkter ausgesetzt. Bei der Druckerei Brandstetter in Leipzig lagerten Zehntausende Albatross-Bände. Und nach den Bücherverbrennungen wusste niemand, wie die Nazibehörden ihre Auffassung von »undeutscher« Literatur ausdehnen würden. Welche Rolle konnte Albatross in diesem Deutschland noch spielen? Mindestens die Hälfte des Programms konnte man ebenjener »Asphaltliteratur« zurechnen, die soeben in Flammen aufgegangen war.

Sinclair Lewis wollte von alldem nichts wissen. Er gehörte bei Albatross zu den Autoren, die sich zwar gegen die deutsche Intoleranz empörten, der Politik der Nazis aber bislang aus dem Weg gingen. Das Thema ermüdete ihn. Seine Frau umgab sich mit Journalisten und Politikern, die kaum von etwas anderem als Hitler sprachen. Doch egal, wie enttäuscht Lewis von der Politik sein mochte (und wie eifersüchtig auf die Hauptleidenschaft seiner Frau): War die Freiheit der Literatur bedroht, so entflammte er sofort. Der Verleger William Morrow veröffentlichte Stellungnahmen gegen die Bücherverbrennungen von Lewis und vier weiteren amerikanischen Schriftstellern, die Zeitungen überall in den Vereinigten Staaten zitierten. »Im Lauf der Jahrhunderte wurden viele der größten Wissenschaftler und Theologen auf ungemütliche Weise dadurch geehrt, dass man sie auf dem Scheiterhaufen verbrannte«, schrieb Lewis. »Wie es scheint, erweisen nun die Nazis den edelsten Büchern, die während der vergangenen zwanzig Jahre in Deutschland erschienen sind, ebendiese Ehre. Deren Autoren sollten nichts außer Zufriedenheit über diese unbeabsichtigte Würdigung durch abgerichtete Meuten empfinden. Ich vertraue darauf, dass dieses Vorgehen ihr Ansehen und ihren Ruhm in jedem Land außerhalb Deutschlands mehren und dass Amerika neben anderen Ländern sich dadurch auszeichnen wird, jedwede anderswo verbrannten Bücher zu lesen«.[25]

Erstaunlicherweise trug diese Unbeherrschtheit Lewis zunächst keinen Ärger mit dem NS-Staat ein. Erst im Herbst 1933 begann dieser, gegen Lewis' Werk in deutscher Sprache vorzugehen. Thomas Manns Sohn Klaus hatte in der Zwischenzeit in Amsterdam eine Zeitschrift namens *Die Sammlung* gegründet. Sie erschien beim Querido Verlag, der ins Ausland geflohene deutsche Autoren publizierte. Mit Unterstützung von Größen wie André Gide, Aldous Huxley und Klaus' Onkel Heinrich Mann attackierte die Zeitschrift das Naziregime in Beiträgen international anerkannter Autoren. Die Albatross-Autoren Huxley und Ernest Hemingway steuerten Texte bei, und Klaus Mann hatte auch Lewis um seine Unterstützung gebeten. Lewis sagte nicht ausdrücklich zu, aber er hätte es ohne Weiteres tun können. Jedenfalls führte Mann Lewis im Impressum unter den »Mitarbeitern« an.[26]

Die Reaktion folgte prompt. Mitte Oktober kritisierte das *Börsenblatt* in einem Artikel Exilzeitungen wie *Die Sammlung*. Lewis' deutscher Verleger Ernst Rowohlt drängte seinen Autor, sich von Manns Zeitschrift zu distanzieren oder zu behaupten, dass er sich über deren Ausrichtung nicht im Klaren gewesen sei. »Jetzt wehrt sich die deutsche Regierung und meiner Meinung nach mit vollem Recht gegen ein solches Emigrantenblatt und erklärt, daß die einzige Antwort darauf die sei, daß die Bücher derjenigen Autoren, die dort mitarbeiten, nicht mehr verkauft werden sollen, und nun sollen *Deine* Bücher nicht mehr in Deutschland *deswegen* vertrieben werden«, warnte Rowohlt und bekannte, wie um Lewis umzustimmen, seine grundsätzliche Sympathie für das neue Regime, wenn auch nicht für alle seine Methoden. Er wies auf die zerrüttete Wirtschaft und die vielen Juden in führenden Positionen hin und schloss: »Es ist ohne jeden Zweifel, und die Wahl am 12. November wird das beweisen, dass ... drei Viertel des deutschen Volkes mit der Regierung Hitler gehen«.[27]

Doch Lewis hatte bereits einen Entschluss gefasst. Zwar hatte er, wie er Rowohlt gegenüber betonte, Klaus Mann nie sein Einverständnis zur Ver wendung seines Namens gegeben. Doch er verurteilte das Ansinnen des deutschen Buchhandels, seine Bücher zu zensieren, wenn er es doch getan hätte. Ein solches Vorgehen betrachtete er als eine Form von Erpressung. Falls die Nazis seine Bücher zensierten, warnte er, würde er umgekehrt Deutschland zensieren. Zwei Tage später kabelte er seinem Pariser Agenten, er solle gar nicht erst versuchen, sein nächstes Buch bei einem deutschen Verleger unterzubringen.[28]

Für Albatross konnte diese Anweisung ernste Folgen nach sich ziehen. Lewis hatte eben erst seinen Vertrag für *Ann Vickers* unterschrieben. Er mochte die Reihe und die Männer, die sie herausbrachten. Nun wusste der Agent nicht so recht, was er von Lewis' Telegramm halten sollte, und fragte nach: »Da die Albatross Presse zwar ihre Bücher auf Englisch veröffentlicht, aber ein deutscher Verlag ist, gehen wir also davon aus, dass obiges sich auch auf sie bezieht, und übersenden ihr demzufolge keine Druckfahnen, obwohl sie bereits Interesse an Ihrem neuen Buch angemeldet hat«. Wieder einmal stellte sich mit Nachdruck die Frage: Zu welchem Land gehörte Albatross eigentlich? Holroyd-Reece mochte seinen Verlag in britischen Kreisen als einen englischen darstellen, aber wenn ihn die Öffentlichkeit auf dem europäischen Kontinent – wie auch Lewis' Agent – als deutsch einstufte, konnte Albatross die volle Wucht des deutschen Gegenschlags treffen. Zum Glück für Albatross gab Lewis nach und erfüllte seinen Vertrag. Ebenso gab er Rowohlt seine Zustimmung zur Übersetzung des nächsten Romans *The Work of Art*, drohte diesem aber, ihre Beziehung unwiderruflich zu lösen, falls er jemals wieder versuchen sollte, Lewis zu zensieren.[29]

Mit der Zeit legte Lewis es darauf an, in Nazideutschland noch berüchtigter zu werden, als er es ohnehin schon war. Im August 1934 zählte Dorothy Thompson zu den wenigen ausländischen Journalisten, die des Landes verwiesen wurden. Dennoch ging *Ann Vickers* weitgehend ungehindert über die Ladentische. Nachdem Rowohlt den Behörden versichert hatte, Lewis schreibe nicht für Manns Zeitschrift, gestatteten diese, dass Lewis' reformerisch-frauenbewegte Protagonistin ihren Weg auf deutsche Nachtkästchen fand.

Allerdings fiel der Verkauf der deutschen Ausgabe – vielleicht weil die Nachfrage inzwischen gesättigt war oder aus Furcht potenzieller Leser, mit dem Buch unangenehm aufzufallen – von 30.000 Exemplaren 1933 auf 4000 im Jahr darauf. Aus den Tantiemenabrechnungen geht außerdem hervor, dass nicht wenige deutsche Leser Lewis' Bücher verdächtig fanden: Jeder Dritte unter denjenigen, die 1934 den bei Rowohlt erschienenen Roman *Das Kunstwerk* kauften, gab ihn in der Buchhandlung wieder zurück.[30]

Über den Sommer 1933 vertrieb Albatross seine Bücher weiter von Deutschland aus. Enoch hielt sich bedeckt, pflegte einige wenige enge Freundschaften und stürzte sich in die Arbeit. Seine Erinnerungen an diese Zeit vermitteln eine unterdrückte Traurigkeit, insbesondere über das Zerbrechen vermeintlich verlässlicher persönlicher Beziehungen. »Plötzlich erschienen Leute, die ich gut kannte und mit denen ich freundlich verkehrt hatte, in neuen Uniformen oder mit den Abzeichen der Nazis«. Darunter waren auch einige seiner besten Kunden und Mitarbeiter, und viele von ihnen erwiesen sich zu Enochs Überraschung als »weiterhin freundlich und loyal«. Andererseits machte er die schmerzvolle Erfahrung, dass frühere Weggefährten und sogar Kameraden aus den Schützengräben sich für den Aufstieg in der Parteihierarchie von ihm lossagten. »Das Reden in der Öffentlichkeit wurde heimlichtuerisch. Mit Argwohn um sich zu sehen, wer in der Nähe war, geriet zu einer eingeübten Geste«. Enochs Horizont verengte sich. »Alle meine Kräfte steckte ich in meine Arbeit, die unter den bedrohlichen Umständen meine volle Aufmerksamkeit beanspruchte. Daneben wurde mein Privatleben still und einsam«, erklärte er. »Theater, Filme, Konzerte ... es gab kaum etwas, das nicht von politischer Einflussnahme belastet war«. Zudem ging er »der Möglichkeit unangenehmer Begegnungen aus dem Weg«.[31]

Auch beruflich verengte sich für Enoch die Welt. Die herrschenden Verhältnisse ließen ihm immer weniger Spielraum zum Handeln. Der Börsenverein der deutschen Buchhändler hatte die Bücherverbrennungen willenlos hingenommen. Sein Präsidium hatte nicht einmal die Stimme erhoben, als Studenten in private Buchhandlungen eingedrungen waren und Bücher beschlagnahmt hatten. Der Berufsverband hatte sich selbst die Hände gebunden. Schon einen Monat vor den Bücherverbrennungen, am 11. und 12. April, hatte er in Leipzig mit den Reichsministerien des Inneren und der Wirtschaft eine Vereinbarung getroffen. Im Austausch gegen Subventionen des Verlagswesens sicherte der Verband dem Regime seine Unterstützung zu. Das »Sofortprogramm des deutschen Buchhandels« beinhaltete eine Pflichtmitgliedschaft für jeden, der Bücher druckte oder vertrieb, und festigte somit die Kontrolle des Börsenvereins über die Branche. Wenig Grund zur Zuversicht fanden Enoch und seine Partner auch in der Statutenänderung vom 3. Mai. Mit Punkt 10 überließ man die »Judenfrage« ausdrücklich und bedingungslos den Reichsbehörden: »In der Judenfrage vertraut sich der Vorstand der Führung der Reichsregierung an. Ihre Anordnung wird er für seinen Einflußbereich ohne Vorbehalt durchführen«.[32]

Weitere Einschränkungen seiner Freiheit erfuhr Enoch, als Reichspropagandaminister Goebbels am 22. September 1933 die Gründung einer Reichskulturkammer durchsetzte – mit sich selbst als deren Präsidenten. Dem Anschein nach war die Kammer nur eine straff gegliederte berufspolitische Organisation. Sie bestand aus sieben Einzelkammern für Schrifttum, Film, Musik, Theater, Presse, Rundfunk und bildende Künste, deren Leiter von Goebbels bestätigt werden mussten. Tatsächlich handelte es sich um eine gigantische Zensurmaschine, mit der Goebbels und seine Untertanen nach Gutdünken entscheiden konnten, wer Kultur schaffen und was als Kultur gelten durfte. Ohne Mitgliedschaft in einer der sieben Einzelkammern konnte in Deutschland niemand kulturschaffend tätig sein. Eine derartige Zentralisierung der Kultur wäre in der Weimarer Republik undenkbar gewesen. Damals hatte eine Vielzahl größerer und kleinerer berufsständischer Institutionen die Interessen ihrer Mitglieder vertreten. Nun konnte jedem, dessen Handeln nationalsozialistischen Grundsätzen zuwiderlief, die Mitgliedschaft verweigert oder entzogen werden, wodurch er von einem Tag auf den anderen seine Existenzgrundlage verlor. Die Drohung allein genügte, um auch die allermeisten Verleger gefügig zu machen.[33]

Wie sich zeigte, gehörte Albatross nicht zu diesen »allermeisten«. Genau in dem Moment, als man von seinen Gründern hätte erwarten können, dass sie angesichts eines aller demokratischen Freiheit beraubten Verlagswesens das Weite suchen würden, trieben sie ihre kosmopolitischen Wurzeln noch tiefer in den deutschen Boden. Dieser Impuls lief, um es vorsichtig zu sagen, jeglicher Intuition zuwider. Allerdings knickte Tauchnitz im Herbst 1933 angesichts finanzieller Schwierigkeiten und der übermächtigen Konkurrenz schlussendlich ein. Für Albatross war der Moment gekommen, den Rivalen aufzukaufen. Seine Chefs standen vor einer lukrativen Gelegenheit und einer moralischen Entscheidung. Vielleicht triumphierte ihr Ehrgeiz in diesem Moment über das wachsende Unbehagen angesichts der zunehmend restriktiven Verhältnisse. Vielleicht bestärkte auch die stillschweigende Duldung der NS-Behörden, die Albatross den Status eines »wichtigen Devisenbringers« verliehen hatten, die drei in ihrer Zuversicht, Hindernisse umschiffen zu können, wann immer solche auftraten. Die bürokratische Formel »wichtiger Devisenbringer« hieß für sie vor allem eines: Solange sich Albatross-Bücher im Ausland gut verkauften und dadurch Deutschlands Handelsbilanz aufbesserten, konnte der Verlag mit Sonderbehandlung durch die Reichsschrifttumskammer in der Reichskulturkammer rechnen, der fortan an sein Geschäftsgebaren in Deutschland unterstand.

Zunächst schien es auch so, als ob Albatross und Tauchnitz sich zu günstigen Bedingungen handelseinig würden. Wie Enoch Jahrzehnte später berichtete, hatten die Tauchnitz-Erben ihre Fühler bereits ausgestreckt, um zu erfahren, ob Albatross an ihren Anteilen interessiert sei. Nach Holroyd-Reece' Darstellung besiegelte Albatross die Einigung, doch der nationalsozialistische Staat löste sie wenig später. Mit der Reichskulturkammer und ihren Einzelkammern war er seinem Ziel, die Kultur »gleichzuschalten«, das heißt jede gesellschaftliche Institution in Deutschland unter die Knute des Nationalsozialismus zu zwingen, einen Riesenschritt näher gekommen. Holroyd-Reece erinnerte sich an die Bedenken des größten Tauchnitz-Aktionärs, Graf zu Dohna-Finckenstein: »Seine Nazifreunde könnten ihm verübeln, dass er das, was er eine ›deutsche Kulturinstitution‹ nannte, an ausländische, nämlich britische Eigner verkaufte, insbesondere weil sich das finanzielle Polster der Publishing Holding Company größtenteils in den Händen meines Freundes Sir Edmund Davis befand ... der Jude war«. Tatsächlich erging der Spruch der Reichsschrifttumskammer: Sie erklärte Albatross zu einer »rein ausländischen Firma« und verfügte, Holroyd-Reece »könne die Firma [Tauchnitz] nicht erwerben, da wohl die deutschen Behörden nicht ihre Zustimmung zur Überführung eines so bedeutenden Unternehmens in ausländischen Besitz gegeben hätten«. Tauchnitz blieb in deutschen Händen.[34] Albatross war zu weit gegangen. Seine drei Eigner lernten daraus: Nazideutschland ließ sie nur so lange gewähren, wie es dem Regime in seiner Willkür opportun erschien.

KAPITEL 5

Made in Britain?

THE ALBATROSS
BOOK OF
LIVING
VERSE
English and American Poetry
from the thirteenth century to
the present day
Edited by
Louis Untermeyer

COLLINS, PUBLISHERS
LONDON

Gegenwind bekam Albatross auch anderswo zu spüren, darunter mehr oder weniger gefährlichen. Der amerikanische Dichter Ezra Pound etwa – allgemein nicht dafür bekannt, mit seiner Meinung hinter dem Berg zu halten – ersparte Holroyd-Reece nicht den Ausdruck seines tiefsten Ekels vor *The Alba-*

tross Book of Living Verse. »So hat dieser Esel Reece Albatross SCHMUTZUNDSCHUND Anthologie geschickt und n' Aus-Wisch, welcher mir erlaucht ihm zu sagen, *genau* WAS für ein Trottel er IS«, verkündete Pound seiner langjährigen Geliebten Olga Rudge. »Das hätt' ich geschafft. *Ein-für allemal*«. Die 700 Seiten starke Anthologie hatte der Pulitzer-Preisträger und Dichter Louis Untermeyer anlässlich von Albatross' erstem Geburtstag herausgegeben. Von Balladen aus dem 13. Jahrhundert bis zu Beiträgen einer Hundertschaft zeitgenössischer Dichter enthielt sie Gedichte aus allen Literaturepochen. Pound selbst war Teil der Auswahl lebender Barden. Ein Jahr zuvor hatte er Albatross die Erlaubnis zum Abdruck seines Gedichts »The Ballad of the Goodly Fere« erteilt und auch gern den von Wegner übersandten Scheck über fünf Pfund und fünf Shillings genommen – immerhin fünfmal so viel, wie Tauchnitz ihm zwei Jahre zuvor für den Abdruck desselben Gedichts in seiner *Anthology of Modern English Poetry* bezahlt hatte. Nicht darüber beschwerte er sich. Stattdessen überhäufte er Holroyd-Reece mit einem Strom von Schmähungen. In seinem eigenwilligen, grammatisch erfindungsreichen und unnachahmlichen Stil legte er dar, was für eine widerwärtige, magenumdrehende Lektüre *The Albatross Book of Verse* ihm bereite. Er stellte die Sammlung als kleinsten gemeinsamen Nenner der Dichtung, als Geschwulst der Literatur dar und belegte sie mit wechselnden Bezeichnungen wie »Untermeyers letzte Ruhr« oder »Kack/talog des Verssagens«.[1]

Pound tat nur, was er mit am besten konnte: über Verleger und ihren Geschmack zu lästern oder eigentlich herumzunörgeln, weil sie Gedichte übersehen hatten, die *er selbst* ausgewählt hätte, wären sie nur klug genug gewesen, *ihn* für seinen weisen Ratschluss zu bezahlen. Legendär war seine Abscheu vor dem Massenmarkt – außer wenn es darum ging, seine eigenen Gedichte so vielen Lesern wie möglich zu verkaufen. Und so kreidete er auch Holroyd-Reece an, träge und anspruchslos bei der Zusammenstellung des Albatross-Programms vorgegangen zu sein und »den Leuten für die 10 Lire pro Band keine bessere Ware zu bieten«. Pound empörte sich aus denselben Gründen über Tauchnitz und die geplante Übernahme durch Albatross. »Albatross ist soeben mit Tauchnitz verschmolzen / Ich habe sorgfältig dargelegt, warum man ihn vergiften müsste, d.h. ihm das NAH gelegt«, jammerte Pound in einem Brief an den Autor und Verleger Ford Madox Ford ohne zu wissen, dass die deutschen Behörden den Verkauf von Tauchnitz inzwischen untersagt hatten. »Aber vllt. könntst du / ihn zur Vernunft bringen / Er war wohl doch besorgt von meiner Ansage an seine Stief-/ Tochter, ich trachtete ihn zu meucheln. Ich erklärte WARUM / und doch ist er ÄUSSERST zäh. Ich zweifle, dass Kummer allzu tief dränge«.[2]

Während die politischen Entwicklungen in Deutschland Albatross vom Himmel zu holen drohten und Holroyd-Reece 1933 viele ernsthaftere Sorgen hatte, bereiteten ihm die ritterlichen Zweikämpfe mit dem polternden Poeten doch großes Vergnügen. »Eben kehre ich von einer längeren und ermüdenden Reise an meine neue Heimstatt zurück«, schrieb er Pound Mitte September aus dem Südosten Frankreichs, wo er ein Haus gemietet hatte, »und erfahre bei meiner Ankunft ... dass Sie mich zu ermorden wünschen«. Er übersandte beiliegend »den Hackstock für meinen Kopf«– ein Exemplar der vielgeschmähten Anthologie – und vermerkte ironisch den »eigentlichen Anlass« für seinen Brief: »Falls Sie Ihre Worte so wählen könnten, dass die Druckerschwärze nicht vor Scham vergeht, würde sich Albatross außerordentlich über ein ›Empfehlungs‹-Schreiben von Ihnen freuen«. In der Gewissheit, dass Pound ihm keinen derartigen Beistand gewähren würde, ließ er dennoch die Tür einen Spalt breit offen für dessen gewandte Replik und zeichnete »mit den wärmsten Empfehlungen und in der glücklichen Erwartung meiner nahen Ermordung von Ihrer höchsteigenen Hand«. Pounds »Empfehlung« fiel dann auch so schillernd aus, dass Holroyd-Reece später witzelte, sein Büro habe sie ihm nicht weitergeleitet »aus Furcht, dass ihr Inhalt jederzeit in Flammen aufgehen könnte«.[3]

Hinter dem scheinbar leeren Geplänkel verbarg Holyroyd-Reece, wie wichtig dieser Gedichtband als Experiment der Massenvermarktung für ihn war. »Wie immer unglaublich es Ihnen erscheinen mag«, antwortete er Pound, »so strebt der ALBATROSS doch danach, die beste Ware anzubieten, die er vermarkten kann. Der ALBATROSS kann sich insgesamt besonders glücklich schätzen, weil bislang die beste Ware im Großen und Ganzen und im Gegensatz zur Erfahrung der meisten anderen Verleger den besten Markt für uns gefunden hat«. Holroyd-Reece schämte sich nicht, den Preis der Anthologie so niedrig anzusetzen, dass sie sich verkaufte. Er verteidigte sie Pound gegenüber als »herausragende Leistung«: als »das erste Mal, dass ein Buch von solchem Anspruch in Reichweite eines Publikums gelangt, das seit langem sehnsüchtige Blicke auf Publikationen wie das ›Oxford Book of English Verse‹ wirft, dessen höheren Preis aber nicht zahlen kann«.[4]

Zum Glück für Albatross empfanden nicht alle dieselbe Verachtung für seinen Gedichtband oder auch für das Ansinnen des Verlags, einen Massenmarkt zu erschließen. Eine skandinavische Kritikerin lobte das Buch für seine »kenntnisreiche Auswahl« und pries insbesondere das Kapitel zur Lyrik des 20. Jahrhunderts als weit überzeugender im Vergleich zur entsprechenden Auswahl im teureren Oxford-Band. In der Kolumne »Books of the Year« der Londoner Wochenzeitung *The Observer* wurde das Buch am letzten Tag des Jahres 1933 besonders hervorgehoben.[5] Acht Seiten weiter in derselben Nummer erschien ein einspaltiges Interview mit Holroyd-Reece unter dem programmatischen Titel »Albatross: British Authors on the Continent«. Wer immer sich nach fast einem Jahr nationalsozialistischer Herrschaft in Deutschland fragte, wo eigentlich Albatross hingehörte, erhielt in diesem Artikel eine klare Antwort: Albatross sei durch und durch englisch. *The Albatross Book of Verse* – gedruckt nicht bei Brandstetter in Leipzig, sondern bei William Collins and Sons in Edinburgh – war nebenbei auch ein Schachzug, der genau das beweisen sollte. Um Albatross' Ziele außerhalb Deutschlands nicht zu gefährden, musste Holroyd-Reece seinen britischen Gegnern den Wind aus den Segeln nehmen und eindrücklicher als zuvor vermitteln, dass Albatross im Kern nicht Deutschlands, sondern Englands Interessen diente und dass es dafür kein besseres Mittel als Taschenbücher für den Massenmarkt gab.

Von Beginn an hatte Holroyd-Reece Albatross in der Öffentlichkeit – sehr zur Empörung der englischen Traditionsverlage – als britisch ausgegeben.

Albatross' Bücher waren »Printed in Germany«, wie man im Impressum jedes Bandes lesen konnte, und ihre Einbände erzählten von Verbindungen zum fernen europäischen Festland – nach »Hamburg, Paris, Bologna«. Ein »London« war nirgendwo in Sicht. Dennoch behauptete Holroyd-Reece, Albatross sei seinem Wesen nach unzweifelhaft britisch. Im März 1932 präsentierte er seinen Verlag in der Londoner *Times* als den »englischen Tauchnitz«. Seit einiger Zeit betonte er da schon die »Britishness« von Albatross, auch um englische Leser von den Tauchnitz-Ausgaben wegzulocken, die sie von ihren Auslandsreisen her kannten. Als 1933 die Bedrohung durch Hitler immer mehr in den Blick rückte, diente sein Argument unmittelbar dem Zweck, Albatross in der öffentlichen Wahrnehmung von Deutschland abzusetzen. Ohnehin grummelte es bereits in englischen Zeitungen. Da stellte mancher die Frage, ob es moralisch noch vertretbar sei, Bücher eines Verlags wie Tauchnitz zu kaufen, der unter der Fuchtel der Nazis stand. Ein Leser des *Observer* schrieb im Juli 1933 einen Brief an die Herausgeber, dessen Titel »Warum Tauchnitz?« schon alles Wesentliche besagte. »Die allermeisten Leser englischsprachiger Literatur auf dem Kontinent sind genötigt, englische Bücher der Tauchnitz Edition zu kaufen«, klagte er. »Den meisten von uns dürfte das missfallen, insbesondere seit Hitler an der Macht ist«. Der Autor dieses Leserbriefs schlug eine britische Lösung vor: »Englische Verlage und Autoren sollten gemeinsam darangehen, die Englisch lesende Öffentlichkeit auf dem Kontinent mit Büchern zu versorgen, die auch in Großbritannien verlegt werden«.[6]

Britische Verleger zerbrachen sich seit dem steilen Aufstieg von Albatross eben darüber den Kopf: Wie ließen sich auf dem Kontinent mehr Bücher aus England verkaufen? Im Mai 1932, zwei Monate nach dem Markteintritt von Albatross, druckte das britische Branchenblatt des Verlagswesens einen Artikel mit dem Titel »Englische Bücher im Ausland«. Dessen Stoßrichtung war klar: Britische Verlage mussten sich beeilen, ihren Anteil am Handel mit englischen Büchern auf dem Kontinent auszuweiten. Dafür sprachen zum einen kulturelle Gründe: »Bücher gelten allgemein als die besten stillen Botschafter, die es überhaupt gibt. Aus den Büchern eines Landes entsteht für die meisten erst ein Bild von Leben und Ansichten seines

Volkes«. Zum anderen gab es gewichtige wirtschaftspolitische Argumente, die der englische Verleger Stanley Unwin auf den Punkt brachte: »Erst die Bücher, dann das Geschäft«. Das Londoner Department of Overseas Trade drängte darauf, mehr Bücher aus England in den kontinentaleuropäischen Markt zu schleusen, und verfasste sogar eine offizielle Notiz zum Thema mit Handlungsempfehlungen für Verlage.[7]

Während nun aber Verleger und Handelsministerium in England darüber brüteten, wie man englischen Büchern Zugang zum Markt des Kontinents eröffnen konnte, hatten erst Tauchnitz und dann Albatross längst gezeigt, wie es ging. Doch die British Publishers Association stieß sich seit Jahrzehnten an diesen kontinentaleuropäischen Ausgaben. Zu Beginn des 20. Jahrhunderts fürchtete sie, dass Tauchnitz die Gewinnspannen im Inland schmälern würde, falls nämlich britische Reisende die elfenbeinfarbenen Bändchen liebgewannen und sie bei ihrer Rückkehr ins Land schmuggelten. Ab 1911 waren britische Zollbeamte angewiesen, das Gepäck der Reisenden nach Büchern von Tauchnitz zu durchsuchen. Es ging das Gerücht von einem leidenschaftlichen Tauchnitz-Leser um, der die Bände dutzendweise in das Futter seines Wintermantels eingenäht und sich dermaßen beladen durch den Zoll geschleppt hatte. Als zu Beginn der Dreißigerjahre der Absatz englischsprachiger Bücher auf dem Kontinent deutlich anzog, entdeckte die Publishers Association ein neues Problem: Tauchnitz und Albatross konnten die Erlöse heimischer Verlage im Ausland erheblich schmälern. Im November 1931 ermittelte der Branchenverband in einer Umfrage, welcher Anteil des Absatzes auf den Kontinent entfiel. Er sammelte auch Erfahrungsberichte von Buchhändlern dort, die allesamt die Sorgen der Verleger eindringlich bestätigten. Ein Händler in Budapest bestellte fünfzehn Exemplare von Aldous Huxleys *Brave New World* mit der Einschränkung: »Sollte das Buch innert drei Monaten bei Tauchnitz erscheinen, senden Sie nur fünf«. Aus Berlin erreichte den Verlag Chatto and Windus eine Bestellung von 12 Exemplaren »solange keine kontinentaleuropäische Ausgabe von Tauchnitz, The Albatros[s] oder Crosby innerhalb der nächsten vier Monate erscheint«.[8] Diese eher kursorischen Erkundungen deuteten gleichwohl alle in dieselbe Richtung: Sobald die Leser Wind davon bekamen, dass eine billige Ausgabe in Vorbereitung war, klappten sie ihre Brieftaschen und Geldbörsen zu.

Noch war die Branche nicht bereit, sich auf die von Tauchnitz und Albatross vorangetriebene Massenvermarktung einzulassen. Doch sie schlug auf ihre Weise zurück. Bereits im Frühjahr 1933, als Holroyd-Reece *The Albatross Book of Living Verse* herausbrachte, war aus naserümpfender Missbilligung kontinentaleuropäischer Ausgaben eine rückhaltlose Empörung geworden. In *The Author*, dem Fachblatt der britischen Society of Authors, erklärte die Publishers Association: »Der kontinentaleuropäische Markt hat eine so große Bedeutung erlangt, dass kein englischer Verlag, der etwas auf sich hält, ihn vernachlässigen kann«. Sie forderte die Autoren ausdrücklich auf, nicht bei Tauchnitz oder Albatross zu unterschreiben, sondern bei der Vermarktung auf dem europäischen Festland an dem bewährten Modell der Verwertungsstufen festzuhalten, also zuerst teure Ausgaben für das Bildungsbürgertum und erst zwei Jahre später billige Nachdrucke zu verkaufen. Hielten die Autoren sich an britische Verlage, so der Branchenverband, konnten deren hochpreisige Ausgaben das Potenzial ausschöpfen und sie selbst höhere Tantiemen einstreichen. Harold Raymond von Chatto and Windus spitzte den Interessenkonflikt zu: »Welchen Sinn hat es, zu Bedingungen von 2/– Rechten an Tauchnitz zu verkaufen, wenn die englischen 3/6-Rechte noch gutes Geld abwerfen und 2/– für später ohnehin schon vorgesehen ist? Das wirkt beinahe wie eine Kauft-nicht-bei-Engländern-Kampagne oder eine vorgefasste Entscheidung, der deutschen Firma einen Vorsprung gegenüber dem englischen Verlag einzuräumen«.[9]

Schon das Geschäft mit Tauchnitz erschien britischen Verlegern als einseitige Bevorzugung deutscher wirtschaftlicher Interessen zu ihrem Nachteil. Umso mehr erkannten sie nun in Albatross' modernen Büchern und kluger Werbung eine ernste Gefahr. Die Behauptung von Albatross, im Kern britisch zu sein, wurde als dreister Affront wahrgenommen. An Albatross war in den Augen britischer Verleger rein gar nichts, das zu England gehörte, wenn man von seinen zufälligen Kapitalgebern absah. Albatross' Überraschungsangriff auf eine ungedeckte Flanke des heimischen Buchhandels im Jahr 1932 war für sie ein Grund mehr, diesen Verlag als einen unter vielen

Machtergreifern vom Kontinent einzustufen. Besonders empörte sich Raymond über den Anspruch, den Holroyd-Reece im März 1932 zum Verkaufsstart in der Londoner *Times* formuliert hatte: dass Literatur von Albatross »ein Produkt englischer Arbeitskraft« sei. Ähnlich wie Otto seinen Einwand, Albatross dürfe sich nicht als deutsch bezeichnen, mit allen Mitteln und zuletzt noch auf gerichtlichem Weg geltend zu machen versuchte, entwarf Raymond gemeinsam mit den Kollegen Kenneth Potter von Longman Green und Wren Howard von Jonathan Cape einen gemeinsamen Appell an die Branche mit dem eindringlichen Hinweis, Albatross drucke seine Bücher in Italien und diene nicht den Interessen der britischen Wirtschaft.[10]

Hinzu kam, dass auch das aggressive Geschäftsmodell von Albatross als rüpelhafter Verstoß gegen die guten Sitten aufgenommen wurde. So mahnte Paul Léon, der französische Agent von James Joyce, dessen britischen Agenten im Dezember 1933 zur Zurückhaltung, was die begehrte Trophäe einer britischen *Ulysses*-Ausgabe anging: »Albatross sollte von keinem Angebot je erfahren«, schärfte er seinem Kollegen ein, »denn diese Leute können jederzeit hinter unserem Rücken den Anbieter direkt kontaktieren und uns den Boden unter den Füßen wegziehen, indem sie den Wettbewerb gleich ganz umgehen«. Als um die Jahreswende 1933/34 der Verlag John Lane/Bodley Head ein Angebot unterbreitete, war Léon zufrieden: »Mir scheint, John Lane ist ein sehr viel seriöseres Unternehmen im Umgang als gewisse Neuzugänge in England. Meinen Sie nicht auch?«[11]

Die englischen Verleger wollten nicht länger tatenlos zusehen, wie Albatross und Tauchnitz ihre Gewinnspannen ruinierten und Sitte und Anstand in der Branche verletzten. Sie drängten ihre Autoren dazu, keine Verträge mit Albatross abzuschließen. Chatto and Windus wies auf potenzielle Tantiemenverluste hin, überließ die Entscheidung aber den Autoren. Huxley etwa folgte dem Rat seines Agenten und ließ zwischen 1932 und 1939 ein Dutzend Titel bei Albatross nachdrucken. Jonathan Cape ging entschiedener vor und drohte Autoren mit der Auflösung ihrer Verträge, falls sie bei Albatross unterschrieben. Sogar der hitzköpfige Sinclair Lewis gab dem Druck nach. Trotz Wegners erheblicher Überredungskünste – und seiner zahlreichen fundierten Argumente – und obwohl Lewis die Albatross-Bücher eigentlich mochte, verweigerte er Albatross die gewünschte Option auf alle seine künftigen Werke. Cape lehnte auch das Angebot einer zahlenmäßig begrenzten Einmalauflage des *Ulysses* für Buchklubabonnenten ab: »Das Buch ist doch jetzt bei Albatross Editions verfügbar, oder etwa nicht?« Als Erklärung fügte er hinzu: »P.S. Eine ganze Menge Exemplare werden ihren Weg nach England finden, wie es bei diesen kontinentalen Ausgaben unweigerlich geschieht«.[12]

Der brodelnde Unmut in britischen Verlegerkreisen erwies sich als echte Gefahr für Albatross. Albatross konnte es sich ebenso wenig erlauben, britische und amerikanische Verlagshäuser zu brüskieren, die Nachdrucke ihrer Autoren im Ausland genehmigen mussten, wie das Missfallen deutscher Bürokraten zu erregen, die Produktion und Verkäufe im Visier hatten. Noch heikler wurde die Frage der Loyalität gegenüber der englischsprachigen Literatur und Kultur durch Albatross' unübersehbare rechtliche Bindung an Hitlerdeutschland. Schon klagten auch die ersten Autoren und Agenten über versteckte Kosten des Geschäfts mit Albatross – nämlich die Schwierigkeit, an die Tantiemen aus Deutschland heranzukommen. Albatross entschied, welche Summen man der Reichsbank überwies, hatte jedoch kaum Einfluss darauf, wann die Reichsbank diese Beträge nach England oder in die Vereinigten Staaten auszahlte. »Wir mussten der Reichsbank im voraus die im Ausland fälligen Summen (d. h. Vorschüsse, Tantiemen, Gemeinkosten) in Mark bezahlen«, erklärte ein Albatross-Mitarbeiter einem verärgerten Agenten. »Die Reichsbank versah uns dann je nach Verfügbarkeit mit den nötigen Devisen. Das war ein langsames und schwerfälliges Verfahren, und es erklärt, warum Zahlungen oft verspätet eintrafen«. Lewis war so erbost über das Festhängen seiner Tantiemen in Deutschland, dass er sich weigerte, die geforderte Einkommensteuer in Deutschland zu entrichten. Sein deutscher Verleger solle sie an seiner Stelle zahlen, und falls der sich weigere, könne sich das Naziregime doch an Gott persönlich wenden – den die Nazis allerdings, wie er meinte, ein für alle Mal abgeschafft hätten.[13]

Angesichts der politischen und wirtschaftlichen Hürden hatte Holroyd-Reece allen Grund, die Verbindungen seines Verlags mit der britischen Wirtschaft zu intensivieren. So kam im April 1933 auch die Zusammenarbeit mit dem schottischen Verlag William Colins and Sons in Edinburgh in

Gang. All jenen, die Albatross vorwarfen, Deutschlands und nicht Englands Wirtschaft zu mästen, konnte Holroyd-Reece nun immerhin *The Albatross Book of Living Verse* entgegenhalten. Die Zusammenarbeit von Albatross und Collins verstand sich als Signal einer Neuausrichtung. Es waren darüber hinaus die Krimireihe »Crime Club« und eine »Sonderserie von Klassikern mit Illustrationen Alter Meister« geplant, die ebenfalls in Edinburgh gedruckt werden sollten.[14]

Was hier entstand, so Holroyd-Reece im Gespräch mit dem *Observer* Ende 1933, war eine einzigartig britische Lösung für englische Bücher auf dem Kontinent (und, wenngleich unausgesprochen, eine Reaktion auf die Kritik britischer Verleger): Bücher, die »von britischer Arbeitskraft« produziert, zuerst auf dem Heimatmarkt und anschließend im übrigen Europa vertrieben wurden.[15] Holroyd-Reece kehrte in England das englische Antlitz des Verlags hervor, indem er Sir Edmund Davis und sich selbst als Gründer der Albatross Publishing Company präsentierte – was streng genommen nicht falsch war, da Wegner und Enoch in der Luxemburger Dachgesellschaft kaum eine Rolle spielten. Er warb außerdem mit Albatross' Programm der besten englischen Schriftsteller, unter denen sich auch die Autoren der vom *Observer* gekürten »vier herausragenden Romane des Jahres 1932« befanden: *The Fountain* von Charles Morgan, *Brave New World* von Aldous Huxley, *The Brothers* von L. A. G. Strong und *Magnolia Street* von Louis Golding. Holroyd-Reece erklärte, wie das innovative Farbschema kontinentaleuropäischen Lesern half, nach Sparten zu suchen, und sie dadurch zugleich ermutigte, sich bei englischen Büchern auf Unbekanntes einzulassen. »Im Ergebnis hat The Albatross seinen Autoren unzweifelhaft einen neuen Markt erschlossen und das Interesse kontinentaleuropäischer Verlage am Übersetzen der besten Werke englischer Sprache gefördert«. Der Albatross leiste in politisch angespannten Zeiten Pionierarbeit, indem er die Boten englischer Kultur in ganz Europa ausschwärmen ließ. Zur Bestätigung zitierte Holroyd-Reece den französischen Diplomaten Philippe Berthelot: »Die Arbeit von Albatross stellt eine der wertvollsten und vornehmsten Arten friedliebender britischer Propaganda dar, weil sie die Völker aller Länder einem Verständnis des britischen Geistes und Temperaments näherbringt«.[16]

Aus Holroyd-Reece' Sicht war diese Art Idealismus gute Politik und ein gutes Geschäft zugleich. Die besten Bücher zum niedrigsten Preis an die meisten Leser zu verkaufen – darum ging es in wirtschaftlicher, kultureller und politischer Hinsicht im Europa der Dreißigerjahre. Albatross konnte auf der Welle des Massenmarktes schwimmen und, indem man kontinentaleuropäisch und britisch zugleich wurde, die Handelshürde des auf allen Büchern prangenden »Not to be introduced inside the British Empire or the U.S.A.« umgehen – mit allen Vorteilen, die das mit sich brachte. Holroyd-Reece war ein Visionär darin, dieses Ziel unbeirrt zu verfolgen und damit die Zeitenwende im Verlagswesen hin zum Massenmarkt der Taschenbücher vorwegzunehmen, während sich die traditioneller denkende Publishers Association dem noch verweigerte. Noch, aber nicht mehr lange. Ein gewisser Arthur Chichester reagierte schon 1933 auf die Schmähreden gegen Tauchnitz und Albatross in *The Author* mit einem Leserbrief, in dem er den Branchenverband zum Umdenken aufforderte. Tatsächlich konnten Englands Verlage, wie er sagte, einiges von ihren Konkurrenten auf dem Festland lernen. »Ohnehin ist die Zahl derjenigen, die sich auf dem Kontinent teure englische Ausgaben leisten, gering im Vergleich zur Masse potenzieller Käufer von Volksausgaben an Bücherständen«, meinte er.[17] Der kontinentaleuropäische Markt hatte sich unter dem Druck wirtschaftlicher Not verändert. Britische Verlage konnten dies für sich nutzen oder dagegen ankämpfen. Wenn sie in Albatross keinen Verbündeten erkennen konnten, mussten sie ihn als echten Gegner betrachten und bekämpfen. Einstweilen jedoch, Ende des Jahres 1933, gebe es keinen geeigneteren Botschafter englischer Literatur auf dem Kontinent als diesen weithin verfügbaren und erschwinglichen Neuling unter den Verlagen, den der britische Buchhandel nicht einmal als einen der ihren anerkannte und dessen Bücher nicht legal in britisches Hoheitsgebiet eingeführt werden durften, weil die British Publishers Association fürchtete, die Verkäufe englischer Ausgaben könnten dadurch einbrechen.

Auf kurze Sicht war der Albatross Crime Club der wohl vielversprechendste Anlauf, in England für den Massenmarkt hergestellte Bücher zugleich im Ausland als angloamerikanische Propaganda einzusetzen. Kriminalromane waren eine nette Zerstreuung und ein Vorwand für Leser, der Wirklichkeit zu entfliehen. Sie reizten dazu, die eigene Gerissenheit gegenüber einer Schar von Berufsschnüfflern unter Beweis zu stellen. Selbst Ezra Pound fand freundliche Worte dafür. Einigermaßen verwundert wandte sich Holroyd-Reece an ihn: »Ich erfahre mit gemischten Gefühlen, dass Ihr Kauf und Ihre Lektüre – welch seltener Zusammenfall – einiger Albatross Crime Club-Titel Sie mir gegenüber milde stimmt«, sinnierte er. »Mir scheint, ich sollte entweder dafür sorgen, dass Ihre Buchhändler Ihnen keine weiteren mehr verkaufen, oder Ihnen einige Titel Ihrer Wahl zum Geschenk anbieten. Die Entscheidung sei Ihnen überlassen. Mir scheint, Gutmütigkeit wird am Ende noch eine Ihrer großen Tugenden«.[18]

In Deutschland stellte Albatross die Krimireihe zwei Monate nach Hitlers Machtübernahme vor. Ein ganzseitiges Inserat im *Börsenblatt* vom 29. März 1933 rollte deutschen Buchhändlern und Lesern den roten Teppich aus mit der Einladung, sich zu den 25.000 Mitgliedern in aller Welt zu gesellen, die bereits in den Genuss der »besten Detektiv- und Kriminalgeschichten« kamen, »akribisch ausgewählt von einem versierten Expertenrat für die Crime Club Ltd. In London«. Albatross verkündete auch hier stolz die Zusammenarbeit mit der schottischen Druckerei Collins, die die heißesten Krimis keine zwei Monate nach ihrem Erscheinen in England lieferfertig hatte.[19] Für Leser im damaligen Europa war diese Frist eine Sensation: In der Regel warteten sie sechs Monate, ein Jahr oder noch länger auf neue englischsprachige Titel. In dieser Nische bot der Crime Club ausländischen Lesern die verlockende Aussicht, Teil von etwas Größerem zu werden. Denn Albatross ging es um mehr als um das Verkaufen von Spannung. Wie Holroyd-Reece nun schon gewohnheitsmäßig und umso öfter wiederholte, je mehr sich der Faschismus in Deutschland festsetzte, hielt Albatross dort die Tür nach draußen einen Spalt breit offen, sodass Leser einen positiven Bezug zur angloamerikanischen Kultur aufbauen konnten. Und diese Möglichkeit zur Identifikation stellte Holroyd-Reece umso mehr heraus, je gewalttätiger das Hitlerregime die Gefühle der Deutschen in nationalsozialistische Kanäle umlenkte. Ob Verkaufsmasche oder Glaubensbekenntnis: Seine Logik passte genau in die Zeit.

Wie der Crime Club konkret »Menschen aller Nationen britisches Denken und Temperament näherbringen« wollte, war nicht klar. Sicher dagegen ist, dass Übersetzungen von Kriminalromanen in Deutschland zur Zeit der Machtergreifung Hitlers der letzte Schrei waren. Englische Krimi-Fabulierer waren in den Zwanziger- und Dreißigerjahren mit großem Abstand die Schriftsteller mit den meisten ins Deutsche übersetzten Büchern. Laut Kate Sturge, einer Spezialistin für Übersetzungen in der Weimarer Republik, füllten diese Bücher eine Lücke in der deutschen Literatur: Sie boten unterhaltsame, unbeschwerte, spannende Lektüre. Das neue Genre setzte sich durch, als der Münchner Verleger Wilhelm Goldmann 1927 daranging, das Werk von Edgar Wallace zu übersetzen. Wallace produzierte in rasendem Tempo einen Roman nach dem anderen. Oft diktierte er seine Bücher Kette rauchend und eine Kanne Tee nach der anderen hinunterstürzend in drei bis vier Tagen. Allein 1929 schrieb er zwölf Romane. Und die deutschen Leser verschlangen sie. Unter den insgesamt 166 Titeln, die Goldmann bis 1934 aus dem Englischen übersetzen ließ, stammten 84 von Wallace. Mitsamt den Erst-, Sonder- und Neuausgaben kam Wallace sogar auf 195 Titel, dicht gefolgt von Arthur Conan Doyle mit 175. Ein Drittel aller aus dem Englischen ins Deutsche übersetzten Romanliteratur waren Krimis. 1934 und 1938 betrug ihr Anteil daran fast die Hälfte.[20]

So beliebt der Kriminalroman bei deutschen Lesern war – die Vordenker der Nazis konnten ihn nicht ausstehen. Bei den offiziellen Stellen erregte das Lesen allein zu Unterhaltungszwecken Argwohn. Der Nationalsozialismus war dem ernsthafteren Anspruch verpflichtet, dass deutsche Kultur allgemein und der deutsche Roman im Besonderen die Volksseele erbauen solle. In dieser Hinsicht galt der schon in den letzten Jahren der Weimarer Republik populäre englische Krimi vielen Kulturpolitikern als Inbegriff zuchtloser Frivolität aus einer Zeit, deren Wertvorstellungen sie auszulöschen gedachten. »Literaturzeitschriften und Fachzeitschriften für das Bibliothekswesen empörten sich über seine Verwurzelung in der Großstadt, seine spielerische Leichtigkeit und besonders seinen engen Bezug zum angloamerikanischen Rationalismus«, schreibt Sturge. Bis zum Beginn des Krieges konnte die Abneigung der Nazibeamten gegen diese Spielart ausländischer Unterwanderung kaum etwas ausrichten. Das Genre war so beliebt, dass deutsche Autoren selbst Kriminalromane zu schreiben begannen, sich darin aber eng an englische Vorbilder und Schauplätze hielten – wie Willy Reese in *Ein Kabel an Scotland Yard* (1939) – oder sogar englisch klingende Pseudonyme wählten wie »Percy Brook«für seinen Roman *Der Fall Westminster Abbey* (1937).[21]

Der Albatross Crime Club bediente diese Mode und servierte seinen deutschen Lesern allein 1933 mit mehr als zwanzig Titeln so viel Spannung, wie ihr Herz begehrte. Einige der Bücher vermittelten einen Eindruck von den Sitten der besseren Kreise, etwa *House Party Murder* von Colin Ward oder Agatha Christies *Lord Edgware Dies*. Mit *Dead Man's Heath* von J. Jefferson Farjeon konnten Leser in ihrer Fantasie die englische Landschaft erwandern. In *Murder of the Circus Queen* von Anthony Abbot ergötzten sie sich am Nebenprogramm eines Zirkusses. Vor allem aber konnten sie sich – und gerade darüber klagten Nazibeamte hinter den Kulissen – mit den britischen oder amerikanischen Ermittlern identifizieren, diesen »Guten«, die beharrlich und mit messerscharfer Logik das Böse zerschmetterten und für Recht und Ordnung in der Gesellschaft sorgten. So betrachtet könnte der Crime Club in Hitlerdeutschland unbeabsichtigt mehr breitenwirksame Propaganda entfacht haben als alles andere, was Albatross hier je verkaufte – trotz oder gerade wegen der Übeltäter und der in die Handlungen eingeflochtenen ironischen Attitüde.

Aus einiger Distanz betrachtet, wirkt das ganze Unternehmen einer typisch englischen Krimireihe von Albatross im damaligen Deutschland durch und durch ironisch. Mit einem deutschen Geschäftsführer, einem Büro und Vertrieb in Hamburg und einer deutschen Druckerei in Leipzig war der Verlag eng mit der heimischen Wirtschaft verflochten. Doch er kultivierte eine britische Weltsicht, arbeitete mit britischem Geld und gab sich eine britische Identität. Diese zwiefältige, zwiespältige Aufstellung war aus geschäftlichen Gründen unerlässlich und diente dem Ziel, eine starke Präsenz auf dem deutschen Buchmarkt zu erhalten. Da Hitlers Regime etwa ein Drittel des Marktes für englischsprachige Taschenbücher auf dem europäischen Kontinent unterstand und dieses Regime die Literatur von Jahr zu Jahr schärfer gängelte, erlangten die Bücher von Albatross einen Stellenwert, der weit über die eigentliche Bedeutung von Büchern hinausging. Sie funktionierten wie emsige kleine Geheimagenten und verbreiteten sich anders als sonstige englischsprachige Bücher umso müheloser im Dritten Reich, als viele von ihnen nie dessen Grenzen überwinden mussten.

KAPITEL 6

Scheren im Kopf

Während Albatross sich in England im Wesentlichen gegen erkennbare Feinde rüsten konnte, lauerte in Deutschland eine viel heimtückischere und weniger berechenbare Gefahr: die nationalsozialistische Zensur. Über das gesamte Jahr 1933 hatten Aldous Huxley und seine Frau Maria die Machtübernahme der Nazis von ihrem Refugium in der südfranzösischen

Hafenstadt Sanary-sur-Mer aus verfolgt. Infolge der geistfeindlichen Maßnahmen war der Großteil der literarischen und politischen Elite aus dem Land geflohen. Ohne die Kritiker der Nazis war Deutschlands einst innovative und lebendige Literaturszene nur noch ein kläglicher Rest ihrer selbst. In den ersten sechs Monaten des Hitlerregimes emigrierten viermal so viele Autoren aus Deutschland wie in all den Jahren danach. Bis zum Sommer 1933 fanden etliche dieser prominenten Flüchtlinge, ob jüdisch oder nicht, ihren Weg nach Sanary und überbrachten »Nachrichten aus einem barbarischen Deutschland«, wie Maria sagte. »Nie zuvor empfand ich so leidenschaftlich die Notwendigkeit, *jusqu'au bout* Vernunft zu wahren«, schrieb Huxley einem Freund. Er schilderte ihm das Europa des Jahres 1933 als wimmelnd von »der furchtbaren Ahnung eines unsichtbaren Ungeziefers aus Hass, Neid, Wut, das ... Blut saugen will. Alle Vernunft droht ... nicht von Ratten, sondern von Wanzen verschlungen zu werden«.[1]

Obwohl die politische Entwicklung in Deutschland mit den Abertausenden ausgerollten Hakenkreuzfahnen eine bedrohliche Wendung nahm, sah sich Albatross vom Jahr 1933 seltsam beflügelt. Albatross-Bücher glitten ungehindert aus Deutschland in andere Märkte, nicht unähnlich dem Vogel auf dem ersten *Albatross Almanac*, dessen ausgebreitete Schwingen die ganze Welt umspannen. Neben Texten von George Bernard Shaw, James Joyce, Katherine Mansfield, Sinclair Lewis und anderen enthielt dieser Almanach auch Beiträge der jüdischen englischen Autoren Louis Golding und G. B. Stern. Beide hatte Albatross noch in den letzten Monaten der Weimarer Republik unter Vertrag genommen. Ihre Texte wurden nun in Nazideutschland gedruckt und von hier aus in Europa vertrieben.[2]

Von einer verlegerischen Entscheidung zur nächsten passte sich das Albatross-Trio der Anomalie an, mit der es sich auseinandersetzen musste: Holroyd-Reece, Wegner und Enoch hatten sich darauf eingelassen, eine der weltläufigsten Buchreihen Europas ausgerechnet dort zu produzieren, wo sich die völkische Hysterie überschlug. Wie lange und wie sehr sie ihr Glück noch herausfordern konnten, wussten sie nicht. Anfang 1934 dominierte im deutschen Buchhandel Ratlosigkeit, wie man unter den von Hitlers Henkern der Kultur vorgegebenen Bedingungen weiterarbeiten sollte. Die Bücherverbrennungen hatten eine klare Botschaft gesendet, was »undeutsche« Bücher anging, und diese Botschaft hatte von Buchhändlern über Verlage und Autoren bis hin zu den Lesern alle erreicht: Bücher, die sich, ob auf Deutsch oder in irgendeiner anderen Sprache, gegen die nationalsozialistische Weltanschauung wandten, hatten in Hitlerdeutschland keinen Platz. Nach außen hin hielt sich der Buchhandel an Goebbels' Rede an jenem Tag, als die Bücherhaufen aufloderten. Hitler verlangte die Entfaltung eines »ewigen Deutschtums« in den Künsten und geiferte gegen den angeblichen Kulturverfall und die »Entartung« einer experimentierfreudigen Moderne.[3] Deutschtumrhetorik gab auch im *Börsenblatt* den Ton an und verdrängte die freiheitlicheren Impulse. Sie ließ sich so verstehen, dass Bücher in Deutschland von nun an in eine von zwei Kategorien gehörten: solche, die einer Überprüfung standhielten, und andere, die daran scheitern mussten.

Tatsächlich war die Zensurmaschine in den Anfangsjahren des Hitlerregimes weitaus weniger straff organisiert und schlagkräftig, als historische Klischees es uns glauben machen. Es gab keine allumfassende Zensur oder Überprüfung, weder von deutschen noch von fremdsprachigen Büchern. Goebbels war die beherrschende Gestalt, insbesondere was Literatur aus anderen Ländern anging, doch die Zensurlisten schossen wie Pilze aus dem Boden, je mehr unterschiedliche Persönlichkeiten versuchten, auf den Status der Bücher unter den neuen politischen Verhältnissen Einfluss zu nehmen. Traditionell oblag Kulturpolitik den Innenministern der Länder. Nun prüfte Bernhard Rust – seit 1933 preußischer Kultusminister und im Juni 1934 von Hitler zum Reichsminister für Wissenschaft, Erziehung und Volksbildung ernannt – die von Leihbibliotheken übermittelten Ankaufslisten, während Robert Ley als Leiter der Deutschen Arbeitsfront und somit auch der nationalsozialistischen Gemeinschaft »Kraft durch Freude« die Zensur kleinerer Privatbibliotheken handhabte. Alfred Rosenberg, Gründer des Kampfbunds für deutsche Kultur, ging gegen Bücher vor, die mutmaßlich Wesensart und Ziele des Nationalsozialismus untergruben. Und weil in jedem Land zunächst die Exekutive über Kulturfragen bestimmte, überwachte auch die Polizei das Buchgeschehen. Beispielsweise führte die bayerische Polizei 1934 eine Zensurliste mit 6834 Titeln von 2293 Autoren. Ein entnervter Berliner Autor und Verleger, William Jaspert, beschwerte sich im Dezember 1933 beim Propagandaministerium, Hitlers erstes Jahr an der Macht habe ein vollkommenes Chaos angerichtet. Er zählte 21 Zensurstellen auf, die mehr als 1000 Publikationen beschlagnahmt oder verboten hätten. Nach einer anderen Zählung existierten 1934 bereits vierzig verschiedene Behörden oder parteinahe Einrichtungen mit voneinander abweichenden Listen »undeutschen« Schrifttums. Die nationalsozialistische Literaturbürokratie war nicht einfach nur schwerfällig. Sie arbeitete in einem Staat, den Historiker inzwischen als »autoritäre Anarchie« kennzeichnen.[4]

Trotz Kompetenzgerangels und Undurchschaubarkeit zweifelten deutsche Verleger insgesamt nicht daran, dass die Behörden die Gestaltung verlegerischer Programme weitgehend in der Hand hatten. Ein Strom immer neuer amtlicher Listen und forscher Verkündungen zur Literatur als Bewahrerin der deutschen Volksseele versetzte den Buchhandel in Angst und Schrecken. Es war keineswegs so, dass nun alle Bücher mit einem Mal nationalsozialistische Eide schworen oder sämtliche Bücher aus dem Ausland verboten wurden. Weiterhin schrieben deutsche Autoren jede Menge biedere Romanzen, Familienepen und Erzählungen von leidgeprüften Ärzten, Soldaten oder Arbeitern. Unverändert zogen deutsche Verlage auflagenstarke ausländische Autoren an Land. Da sie aber nie wussten, wann die nächste Welle der »Reinigung« kam, agierten sie mit dem Rücken zur Wand. Jan-Pieter Barbian hat die Geschichte der nationalsozialistischen Literaturpolitik aufgearbeitet und diese Zwangslage auf den Punkt gebracht: »Dabei war es existentiell notwendig, stets über die aktuellen Entwicklungen informiert zu sein, persönliche Kontakte zu den Schrifttumsstellen aufzubauen und zu pflegen, ›unerwünschte‹ Autoren aus dem Programm zu nehmen, Kompromisse bei der Bearbeitung von Neuauflagen bereits erschienener Bücher einzugehen, die Autoren zur politischen Zurückhaltung zu verpflichten ... Die Frage war nicht, *ob* man diese Strategien anwendete, sondern *wie* geschickt, und wie trotz aller Konzessionen der Kern dessen, was ein Verleger mit seinem Berufsethos und seinen Wertvorstellungen verband, erhalten blieb«. Auch bislang weltoffene Verlage prüften eingehend ihre Angebotspalette, um sich unangreifbar zu machen. Plötzlich erwogen sie sorgfältig, ob sie sich auf Autoren einlassen sollten, die ihnen unerwünschte Aufmerksamkeit bescherten, etwa weil sie Juden, Kommunisten, Ausländer, allzu freisinnig oder wagemutig dem Inhalt oder der literarischen Form nach waren.[5] Das Zeitalter der modernen Selbstzensur hatte begonnen. Diese griff allmählich auch bei fremdsprachigen Büchern in Deutschland und somit bei Albatross als bedeutendster Verlag in dieser Nische.

Erwartungsgemäß war moderne Literatur aus der englischsprachigen Welt ein Ansatzpunkt im Bestreben deutscher Verlage, ihr Angebot politisch gefügiger zu machen. Übersetzungen aus dem Englischen ins Deutsche waren nicht pauschal untersagt. Doch abgesehen von den indizierten Titeln, die man regelmäßig dem *Börsenblatt* entnehmen konnte, wussten Verleger nicht, woran sie sich halten sollten. Zwischen Anfang November 1933 und Januar 1934 versandte der Börsenverein der deutschen Verleger und Buchhändler ein Rundschreiben an alle Buchhändler, das von einem »Arbeitsausschuss« aus Propagandabeamten und Branchenfachleuten erstellt war und größtenteils deutsche Titel enthielt, die aus dem Verkehr gezogen werden sollten. »Das Angebot und der Vertrieb der unten genannten Werke [ist] aus nationalen und kulturellen Gründen nicht erwünscht ... und [muß] deshalb unterbleiben«, erklärte das Rundschreiben und drohte Verlagen, die sich nicht daran hielten, mit dem Ausschluss aus der Branchenvereinigung, was wie erwähnt einem Berufsverbot gleichkam. Am schwersten getroffen von diesen Verboten, die im Übrigen »streng vertraulich« zu behandeln seien, waren Verleger, die sich auf experimentelle Literaturströmungen wie Naturalismus und Expressionismus oder eben auf Übersetzungen moderner Literatur spezialisiert hatten.[6]

Nicht von ungefähr sorgte das aggressive Vorgehen des Regimes in dieser Sparte vorübergehend für Grabesruhe. Herberth Herlitschka, Übersetzer von so ziemlich allem, was in der modernen englischen Literatur Rang und Namen hatte, berichtete im Januar 1934 einem britischen Agenten von seinen Schwierigkeiten, an neue Aufträge zu gelangen: »Um ehrlich zu sein, war die längste Zeit nicht klar, ob Übersetzungen allgemein und insbesondere die Art von englischer Literatur, an der mir gelegen ist, noch eine Zukunft in Deutschland haben«. Übersetzungen aus dem Englischen waren bis dahin in Deutschland sehr angesagt. Seit Beginn der Zwanzigerjahre hatte ihre Zahl stetig zugenommen, und insgesamt wurde aus dem Englischen mehr übersetzt als aus allen anderen Sprachen zusammengenommen. 1934 kam es zum jähen Einbruch. Kate Sturge erklärt dies folgendermaßen: »Wie es scheint, trauten sich in diesem Jahr die Verlage an die auffälligste Ausgangssprache für Übersetzungen kaum heran. Später wurden sie wieder mutiger oder änderten ihr Programm oder auch beides«.[7]

Ausländische Bücher liberaler Gesinnung zu verlegen war eine heikle Gratwanderung. Stets galt es, politische Botmäßigkeit und drohenden wirtschaftlichen Ruin gegeneinander abzuwägen. Nach dem Verbot von H. G. Wells 1935 musste der Zsolnay Verlag 30.000 Exemplare seines Buchs und damit ausgerechnet diejenige unter seinen Übersetzungen aus dem Verkehr ziehen, die sich am besten verkaufte. Ernst Rowohlt, der deutsche Verleger von Sinclair Lewis und Ernest Hemingway, verlor allein im Jahr 1936 ungefähr eine halbe Million Reichsmark durch verbotene und aus seinem Lager beschlagnahmte Bücher.[8] Wer schlau war und sich mit seinem Angebot den neuen Herren andiente, entging vielleicht den Beschlagnahmungen. Nicht selten waren übersetzte Bücher aber auch die absatzstärksten. Also beobachteten Verleger die Lage und warteten ab, um ihr Risiko besser einschätzen zu können. Viele suchten Rat bei der Reichsschrifttumskammer – die unterdessen eilends eine Kontrolle von Verträgen über ausländische Bücher einrichtete.

Verlage konnten nun nicht mehr nach Gutdünken Verträge mit Autoren im Ausland abschließen. Stattdessen mussten sie umfangreiche Unterlagen einreichen: eine Inhaltsangabe, die Übersetzung, Angaben zur »rassischen« Herkunft des Autors und Erläuterungen, in welcher Weise die Übersetzung deutschen Lesern ein Verständnis der fraglichen ausländischen Kultur vermittelte.[9] Als Herlitschka die mittlerweile verstorbene, in England für ihre düsteren Kurzgeschichten verehrte Katherine Mansfield herausbringen wollte, forderte die Schrifttumskammer von ihm eine Kurzdarstellung, aus der »die literarische, nationale und sittliche Eignung der Autorin« hervorging.[10] Nun war Mansfield Bohemienne aus tiefster Seele und Liebhaberin stürmischer Leidenschaft. Ihr Beziehungsleben beinhaltete lesbische Affären, eine Schwangerschaft nach vorehelichem Geschlechtsverkehr, eine Heirat mit einem älteren Mann, den sie noch am Tag der Hochzeit verließ, eine Fehlgeburt und eine temperamentvolle Beziehung zu dem Verleger John Middleton Murry, den sie heiratete und zuvor schon, kaum dass die Auflösung ihrer vorangegangenen Ehe vollzogen war, betrog. Zum Glück ahnten die Zensoren von alldem nichts, denn es stand aus Sicht nationalsozialistischer Ideologen für die schlimmsten Entartungen der Weimarer Zeit. Auch war ihnen das ausgeprägte Ressentiment gegenüber der deutschen Gesellschaft in Mansfields Erzählband *In einer deutschen Pension*, der 1911 ihren Ruhm begründete, nicht mehr in Erinnerung. Mehrere ihrer Bücher wurden im Lauf der Dreißigerjahre ins Deutsche übersetzt und erschienen hier auch im Original bei Albatross.

Vor allem die willkürlich angelegten Maßstäbe der Zensur machten englische und amerikanische Bücher zu einem verlegerischen Risiko. Übersetzungen mussten bezahlt werden, noch bevor man wusste, ob sie eine Genehmigung erhielten. In der verblichenen Weimarer Zeit hatte man Übersetzungsrechte von bekannten Autoren oft schon erworben, bevor deren Manuskripte fertig waren. Nun machte sich Zurückhaltung breit. Auch die Autoren mussten zu Kompromissen bereit sein. Robert von Ranke-Graves beispielsweise fand sich umstandslos damit ab, dass seine Bücher unter Umständen nur zensiert erscheinen konnten. »Falls es Ihnen möglich ist, die Übersetzungsrechte für *I, Claudius* zu verkaufen, tun Sie das«, schrieb er seinem britischen Agenten. »Sollte das Buch aus heutiger Sicht Hochverrat gegenüber Deutschland enthalten, mag ihn der Übersetzer herunterspielen: die Vorurteile gegenüber Deutschland stammen nicht von mir, sondern waren Claudius' eigene – sein Vater und sein Bruder, die er über alles liebte, waren nun einmal überzeugte Deutschenschlächter«. Die Deutsche Verlags-Anstalt erwog das Angebot. Und da Graves an einer Fortsetzung mit dem Titel *Claudius the God* schrieb, verschob sie die Entscheidung lieber, um sich zu gegebener Zeit von der »Qualität« des Folgebandes überzeugen zu können.[11]

Inmitten des Pesthauchs, der ausländische Bücher umwehte, bildeten die in Originalsprache veröffentlichten eine besondere Kategorie. Sie wurden, da sie weniger Leser hatten, auch weniger argwöhnisch geprüft. Weil Albatross außerdem sein Verlagsbüro in Paris hatte, genoss der Verlag zusätzliche Freiheiten. Dennoch stand er vor einem Dilemma. Bislang hatte man bei Albatross stets die angesagtesten Autoren ins Programm genommen, auch um sich vom »Totenacker« Tauchnitz abzuheben. Doch Wegner und Holroyd-Reece wussten nicht, wie lange sie in Deutschland noch moderne Literatur unter die Leute bringen durften.

Wie es der Zufall wollte, gelangte ein Manuskript in Wegners und Holroyd-Reece' Hände, mit dem sich dieses Dilemma zuspitzte: Aldous Huxleys beißend sarkastischer Reisebericht *Beyond the Mexique Bay.* »Der Zeitgeist ist eine ausgesprochen hässliche Kreatur, und mein innigster Wunsch wäre, man könnte ihren Klauen entrinnen«, schrieb Huxley im Oktober 1933 einem Freund, während er an dem Manuskript feilte. Er beklagte darin nicht nur diesen Zeitgeist, sondern erklärte auch in unmissverständlichen Begriffen, warum er dem Naziregime anzulasten sei.[12] Huxleys harsche Gesellschaftskritik war im Deutschland der späten Zwanziger- und frühen Dreißigerjahre ein Renner. Deutsche Übersetzer hatten seinen Agenten mit Anfragen nach den Rechten auf seine Texte regelrecht bombardiert. Sein neuestes Werk erzählte von einer Reise entlang der Küste Mexikos. Der Form nach ein Reisebericht, war das Buch in Wirklichkeit eine philosophische Kritik autoritärer Strukturen in Staat und Gesellschaft, die sich als abenteuerliche Wanderung von einem idyllischen mittelamerikanischen Städtchen zum nächsten ausgab.

Zufällig erschien Huxley in Deutschland beim Insel Verlag der Kippenbergs. Im Juni 1934 fiel Wegner auf, dass Huxley aus dem Insel-Katalog verschwunden war. Er vermutete zu Recht, dass seine Tante und seinen Onkel der Mut verlassen hatte, und erkannte eine Chance für Albatross. Zwar hatte der Insel Verlag »nicht die Absicht, Herrn Huxley fallen zu lassen, und führt dessen Werke weiterhin im Verkauf und unter den lieferbaren Titeln«, erklärte Herlitschka. Doch er war bereit, seine Rechte an *Beyond the Mexique Bay* abzutreten, denn »selbst wenn er das Buch ohne die anstößigen, direkt gegen die Naziregierung gerichteten Passagen veröffentlichte, würde ihm mit Sicherheit irgendjemand aufgrund ebendieser Stellen im Original anschwärzen«.[13] Gerade für den Insel Verlag, der von 1929 bis 1932 sechs Romane von Huxley herausgebracht hatte, war die Ablehnung eines seiner Bücher ein drastischer Schritt. Und wie Herlitschka vorhergesehen hatte, nahm in der Folge kein einziger deutscher Verlag *Beyond the Mexique Bay* in sein Programm, sodass Huxley der Zugang zu seiner deutschen Leserschaft in deren Sprache verwehrt war.

Wegner und Holroyd-Reece ergriffen die Gelegenheit. Wenn man Huxley schon daran hinderte, sein Buch auf Deutsch zu veröffentlichen, konnte er es immer noch auf Englisch erscheinen lassen. Die Albatross Modern Continental Library führte von 1932 bis 1934 sechs Titel von Huxley, darunter seit 1932 *Brave New World* als Volume 47. Für 1935 vorgesehen waren die Romane *Brief Candles* und *Music at Night*. Um Huxley bei der Stange zu halten, unterschrieben Wegner und Holroyd-Reece nun auch den Vertrag über *Beyond the Mexique Bay*. Sie strichen offensichtlich anstößige Stellen, bevor die Zensoren darauf aufmerksam wurden. 1935 erschien diese Fassung des Buchs als Albatross Volume 269 in Buchläden überall in Europa, darunter auch in Hitlerdeutschland.

Angesichts von Huxleys gezielten Attacken auf den Faschismus, die sich durch den gesamten Text ziehen, fragt man sich, wie es Albatross gelingen konnte, *Beyond the Mexique Bay* in gleich welcher Form zu veröffentlichen. Das Buch war eine politische Bombe in Broschur, darauf angelegt, mit einer drastischen Schilderung der furchterregenden Erosion der Demokratie in Europa die Leser aus ihrer Selbstzufriedenheit wachzurütteln. Albatross entfernte hauptsächlich zwei längere Abschnitte, die abgrundtiefe Verachtung für Hitler zum Ausdruck brachten und jeden Verlag, der sie auf deutschem Boden zu drucken gewagt hätte, in ernste Schwierigkeiten bringen mussten. In einer dieser Stellen verglich Huxley die Deutschen mit einer antiken römischen Zirkusmeute, die beim Schauspiel von Menschen, die von Löwen zerfetzt wurden, in Verzückung geriet. »Es fällt auf«, schrieb Huxley in der Originalversion, »dass alle Naziführer sich außerordentlich beredt über die Notwendigkeit geäußert haben, wieder mehr ›Härte‹ zu zeigen, ›wieder Strafen zu lernen‹. Ihre Anhänger gehorchen ihnen darin mit leuchtenden Augen, und große Teile zumindest der durchschnittlichen Bevölkerung billigen ohne Zweifel ihre Rohheit«. Im Ton eines Staatsanwalts fuhr Huxley fort: »Die Prügel und Tritte, die Erschießungen und Hungertode von Juden und Kommunisten in Deutschland finden statt, weil (wie es scheint) eine Mehrheit des deutschen Volkes wünscht, dass sie stattfinden«.[14]

Eine zweite Stelle, die von Albatross aus dem Buch gestrichen wurde, hatte es ebenso in sich: Sie stellte den Nationalsozialismus als eine Bewegung dar, die sich die niedrigen Triebe der Menschen – Hass und Dummheit – ebenso zunutze mache wie deren Sehnsucht nach einfachen Wahrheiten. Huxley verurteilte die »jüngst in Mode gekommene Idee des Nationalismus« und nannte deren Anhänger wegen ihrer blinden Gefolgschaft gegenüber den krassesten Auswüchsen des Nationalstolzes »die neuen Dummen«. »Nationalismus ist nicht die Theorie eines Gottes, den noch keiner gesehen hat«, schrieb er. »Er ist die Theorie eines tatsächlichen Landes und seiner Bewohner in Fleisch und Blut. Die Theorie ist zwar nachweislich falsch, aber das spielt keine Rolle. Entscheidend für die neuen Dummen ist, dass sich der Gegenstand ihres Da-Seins wirklich anfühlt«. Huxley krönte in diesem Zusammenhang auch ihre beiden Könige: »Mussolini und Hitler haben den neuen Dummen einige elementare Vergnügen zurückgegeben, an denen sich schon die alte Dummheit erfreute. Lassen sich diese Vergnügen vielleicht auch unter einem anderen, weniger verheerenden Namen wiederherstellen als völkischem Hass und kollektiver Eitelkeit?«[15]

Huxleys Verdammung der nationalsozialistischen Ideologie verbarg sich nicht eben zwischen den Zeilen. Da die Lektoren bei Albatross das Buch dennoch im Druck sehen wollten, folgten sie dem Beispiel aller anderen Verleger in Deutschland. Sie zückten »die Schere im Kopf«. Spurlos verschwand so Huxleys achtzehn Seiten lange Entlarvung des Nationalismus und der »neuen Dummen«, ebenso wie seine flammende Anklage, das Naziregime treibe Deutschland in die Barbarei und »seine Anführer tun alles in ihrer Macht stehende, um das moderne Deutschland in die Nachahmung einer primitiven Stammesgesellschaft zu verwandeln«. Schließlich verschwand auch Huxleys ätzend sarkastische Anprangerung nationalsozialistischer Demagogie. »Pflicht aller Deutschen ist es, wie Hitler selbst sagt, nicht nach einer objektiven Wahrheit zu streben, insoweit sie anderen dienlich sein mag, sondern unbeirrbar nur der eigenen Wahrheit zu dienen«, hatte Huxley im Original geschrieben. »Eine Sittlichkeit von Kopfgeldjägern rechtfertigt sich durch eine Philosophie von Paranoikern. Das Ergebnis verspricht, im höchsten Maß *gemütlich* zu werden«.[16]

Die Albatross-Ausgabe von *Beyond the Mexique Bay* ist noch heute ein faszinierendes historisches Dokument – allein aufgrund der Tatsache, dass sie überhaupt erscheinen konnte. In der Folge strichen Holroyd-Reece und Wegner während der späten Dreißigerjahre gewohnheitsmäßig und nach eigenem Dafürhalten weitaus weniger vernichtende Stellungnahmen zur deutschen Kultur und zum Nationalsozialismus. So schnippelten sie hier und da Stellen aus einer Erzählung in *The Inquisitor* (1936) von Hugh Walpole, in der eine Figur die Nazis ironisch als eine Hitler wie Jesus verehrende »Engelsarmee« bezeichnet. Aus *Let Your Mind Alone! And Other More or Less Inspirational Pieces* (1938) von James Thurber zensierten sie einen ganzen Essay mit dem Titel »After the Steppe Cat, What?«, weil er den Nationalsozialismus kritisierte. Walpoles Erzählband *Head in Green Bronze, and Other Stories* vom April 1939 enthielt die Kurzgeschichte »The Germans«, in der ein Londoner Dackel davon berichtet, wie sich eine englische Familie zunehmend der Grausamkeit in Deutschland bewusst wird. »Jeder Tag brachte neue Schrecken mit sich. In Deutschland war niemand mehr sicher«, lautete eine Zeile, die vom Albatross-Lektorat pflichtschuldig getilgt wurde.[17]

Solche Abwägungen und Kompromisse waren Teil der Buchproduktion unter Verhältnissen, in denen jedes Buch zu einem Wagnis wurde. Albatross' Selbstzensur ist ein Beleg irritierender Willfährigkeit, mit der sich der Verlag den Wünschen des Hitlerregimes unterwarf, aber auch seines beharrlichen Versuchs, die Toleranzgrenzen dieses Regimes auszuloten. Mit der Zeit fanden Wegner und Holroyd-Reece heraus, dass die zuständigen Beamten ihre jeweils eigenen, pragmatischen Auffassungen pflegten – sogar gegenüber einem aus ihrer Sicht volksverhetzenden Polemiker wie Huxley.

So erhielten deutsche Leser schon auf den ersten zehn Seiten von *Beyond the Mexique Bay* die Gelegenheit, sich mit Huxleys Gedanken zur »Unverantwortlichkeit der Meute« und zum Nationalismus auseinanderzusetzen. Huxley warf hier eine seiner Zeit gemäße philosophische Frage auf, während er mittelamerikanische Obstplantagen abwanderte und beiläufig bemerkte, wie die Besitzer schadhafte Früchte besser aussehen ließen, als sie waren, um sie teuer zu verhökern. Welche Art von Werbezauberei, fragte er sich, wäre nötig, damit die Wissenschaft Konsumenten dazu bringen kann, Frieden über Hass zu stellen? Wie immer dieser Zauber beschaffen wäre, er müsste zuerst den Konsumenten für die Einsicht gewinnen, dass es besser ist, Ernten kaufen und in Frieden leben zu können, als im Hass auf den Fremden, im Stolz auf die eigene Rasse, in der Exklusivität des eigenen Volkes und der eigenen Klasse schwelgen zu dürfen. Menschen leben nicht von Brot oder Bananen allein. Sie nähren sich auch an ihren Leidenschaften – ihren guten und mehr noch ihren bösen Leidenschaften. Welche Art Spaß gefällt diesem Konsumenten am besten: der Spaß, in Frieden leben, also konsumieren und schaffen zu können? Oder doch der Spaß des Prahlens, der Spaß des Hassens und Verachtens, der Spaß der Berauschung und Selbstvergessenheit in der Meute, der Spaß des vereinten Schluchzens über den letzten Szenen von [Noël Cowards Stück] *Kavalkade*?[18]

Aus dieser Stelle hatte Albatross nur einen Halbsatz gestrichen: Im Original folgte auf »der Spaß der Berauschung und Selbstvergessenheit in der Meute« noch »der Spaß, *Deutschland, Deutschland über alles* zu grölen«. Albatross opferte dieses Detail, ließ aber den Rest von Huxleys immer noch treffsicherer Kritik an dem, was er »nationalistische Geifereien und Hysterien« nannte, unverändert. Die Albatross-Ausgabe von 1935 war mit ihren 12.000 Exemplaren bald ausverkauft, und 1937 folgte ungeachtet der in Hitlerdeutschland rund um Albatross und seine Bücher grassierenden »Geifereien und Hysterien« eine zweite Auflage.

Seltsamerweise gingen die Nazibeamten 1933 weder gegen dieses oder andere Bücher von Albatross vor, noch bevorzugten sie in anderer Weise den in deutschem Eigentum befindlichen Tauchnitz Verlag. Das Jahr, in dem Hitler an die Macht kam, erwies sich für die Produktion englischsprachiger Bücher in Deutschland sogar als das günstigste überhaupt. Die nackten Zahlen bestätigen das eindrucksvoll. In den vier Jahrzehnten von 1894 bis 1934 – ohne die Zeit des Ersten Weltkriegs, in der die Produktion stark abfiel – veröffentlichte Tauchnitz ungefähr vierzig Bände pro Jahr. 1933 war die Zahl neuer kontinentaleuropäischer englischer Titel in Deutschland mit 88 mehr als doppelt so hoch. In ihrem Wettrennen brachten Albatross und Tauchnitz gemeinsam mehr englischsprachige Autoren auf den deutschen Markt als zu irgendeiner Zeit davor. Allein in diesem Jahr fanden 33 neue Autoren ihren Weg nach Deutschland.[19] Dieser sprunghafte Anstieg lief allen völkischen Aufrufen nach Unterdrückung von »Asphaltliteratur« und »undeutschen« Büchern zuwider, und dasselbe gilt für die offenkundige Gleichgültigkeit der Behörden gegenüber einer potenziell liberalen Meinungsmache direkt vor ihren Augen.

Albatross entging der engmaschigen Kontrolle und Bestrafung, die andere deutsche Verlage traf, nicht einfach durch Zufall. Die Toleranz der Behörden gegenüber Albatross folgte buchstäblich einem Kalkül. In der Reichsschrifttumskammer und im Propagandaministerium wurden Bücher mitunter im Widerstreit finanzieller, kultureller und politischer Interessen verboten oder genehmigt. Ein Buch konnte kulturell anstößig sein, sich aber mit einiger Wahrscheinlichkeit gut im Ausland verkaufen, oder es konnte wirtschaftlich unbedeutend, aber politisch nützlich sein.[20] Wenn Kulturbehörden diese Faktoren gewichteten, stand Albatross in der Regel gut da. Der Staat nahm mit den zu rund 70 Prozent im Ausland verkauften Büchern von Albatross Devisen ein; andererseits wandten sich englische Bücher an ein kleineres, gebildeteres Publikum im Deutschen Reich und wurden deshalb als weniger verderblich für das deutsche Volk eingestuft. So kam Albatross in den Genuss einer merkwürdigen Protektion durch die Kulturpolitik. Die englische Sprache diente als eine Art Tarnumhang, in dem sich Albatross-Bücher an den wachsamen Augen der Zensoren vorbeimogeln konnten. Ungeachtet der öffentlichen Verdammung »undeutscher« Literatur waren sich die Beamten in den Kultur- und Wirtschaftsbehörden zumindest darin einig, dass englischsprachige Bücher in Deutschland weniger kulturell unerwünscht als wirtschaftlich nützlich seien.

Diese in sich widersprüchliche Einstufung von Albatross durch die NS-Behörden war Ausdruck eines tiefergehenden Konflikts im Deutschen Reich. Historiker des Nationalsozialismus ringen seit Langem mit der Frage nach den teils rätselhaften Beweggründen verschiedener Akteure: In welchem Ausmaß konnte der Nazistaat Entscheidungen vorwiegend im Sinne nationalsozialistischer Vorstellungen und politischer Ziele fällen, und inwieweit war er darin von wirtschaftlichen Realitäten eingeengt? Im Fall von Albatross entschieden die NS-Behörden zumindest in den ersten Jahren, dass sie es sich nicht leisten konnten, allzu prinzipientreu gegen die kosmopolitische Ausrichtung dieses Verlags vorzugehen. Der Staat suchte verzweifelt nach Devisenquellen. Indem Albatross seine in Deutschland hergestellten Bücher ins Ausland verkaufte, fügte er sich bestens in die groß angelegte Exportförderung, die Reichswirtschaftsminister Hjalmar Schacht seit 1931 betrieb. Mittels steigender Ausfuhren und verringerter Einfuhren konnte Deutschland seiner Auffassung nach am ehesten Devisenüberschüsse anhäufen und so seine Wirtschaft stabilisieren. Der Albatross-Verlag erläuterte diesbezüglich später: »Unsere gesamte Produktion unterstand deutschem Recht. Das sah unter anderem vor, dass jeder Groschen, den wir mit dem Verkauf unserer Bücher einnahmen, seinen Weg durch Deutschland nehmen musste«.[21]

Es waren also taktische Gründe, die die Reichsbehörden dazu bewegten, bei der Produktion englischsprachiger Bücher innerhalb der eigenen Grenzen einen Viel-hilft-viel-Ansatz zu verfolgen. Unter solideren wirtschaftlichen Verhältnissen hätten sie womöglich zugunsten von Tauchnitz und gegen Albatross Partei ergriffen. Doch vorerst war die deutsche Wirtschaft vom akuten Devisenmangel weitgehend gelähmt. Trotz strenger Kontrollen schrumpften die Gold- und Devisenreserven von 980 Millionen Reichsmark im Jahr 1932 auf 530 Millionen 1933. Seit Deutschland 1931 den Goldstandard aufgegeben hatte, konnte die Reichsmark mit ausländischen Währungen nicht mehr konkurrieren. Durch den daraus entstehenden Wertverlust wurden Güter in Deutschland vergleichsweise teurer als anderswo. Die politische Unterdrückung durch die Nazis beschleunigte die Kapitalflucht und verschärfte die grimmige Wirtschaftslage auch dadurch, dass Konsumenten im Ausland mit Boykotten deutscher Erzeugnisse gegen die politische Gewalt protestierten und ihre Solidarität mit den deutschen Juden zum Ausdruck brachten. Über das Jahr 1933 gingen die Exporte von Monat zu Monat weiter zurück. Dennoch benötigte Deutschland dringend Devisen, um 8,3 Milliarden Reichsmark an Schulden gegenüber den Vereinigten Staaten zu tilgen. Das Regime scharrte mit den Hufen und konnte es kaum erwarten, sein Militär wieder aufzurüsten, wofür, wie die Politik wohl wusste, enorme Ausgaben zum Ankauf von Rohstoffen wie Eisen und Erdöl erforderlich waren, über die Deutschland nicht verfügte.[22]

Somit kam Albatross genau zu einem Zeitpunkt nach Deutschland, als jeder Export ein guter Export war. Wie der Wirtschaftshistoriker Adam Tooze betont, »hing das Überleben von Tausenden Unternehmen und Millionen Arbeitern davon ab, dass Abnehmer im Ausland gefunden wurden«. Unterdessen sanken die Devisenreserven bis Mitte 1934 erneut von 530 Millionen auf nur noch 77 Millionen Reichsmark – was kaum noch reichte, um die Importe einer einzigen Woche zu bezahlen. Die Exporte fielen im Sommer 1934 um 20 Prozent geringer aus als im Vergleichsmonat des Vorjahres. Deutschlands Handelsbilanz rutschte ins Minus. Wie schon in der Krise des Sommers 1931 schalteten die Behörden auf Notbetrieb um. Am 14. Juni 1934 setzte Schacht sämtliche Rückzahlungen deutscher Kredite aus, am 23. Juni die Zuteilung von Devisen an deutsche Importeure. Der Mangel war so gravierend, dass die Reichsbank ihre letzten Reserven nicht antastete. Zahlungsmittel verteilte sie nun nicht mehr im Monatsrhythmus, sondern von Tag zu Tag, wobei sie nur ausgab, was sie am Vortag an Devisen eingenommen hatte. Wer als Deutscher ins Ausland reiste, durfte pro Monat nicht mehr als 50 Reichsmark umtauschen und auch keine Banknoten außer Landes bringen, weil man die Entstehung eines Schwarzmarktes für die deutsche Währung im Ausland verhindern wollte.[23]

Die Umstände dieser Toleranz der Nazis gegenüber Albatross mahnen zu einem differenzierten Herangehen an Zensur allgemein. »Das Spiel läuft von Fall zu Fall nach verschiedenen Regeln ab«, schreibt der Kulturhistoriker Robert Darnton über ihre Funktionsweise in verschiedenen Staaten und historischen Kontexten. Die Geschichte von Albatross beleuchtet einen verborgenen Aspekt nationalsozialistischer Zensur: Diese folgte in manchen Fällen ebenso sehr wirtschaftlichen wie moralischen Imperativen. Historisch wurde Zensur aus sittlichen und häufig auch religiösen Erwägungen, aber auch infolge von widerstreitenden Einflussnahmen, Privilegierungen, Interessenabwägungen oder auch willkürlichen Akten von Mächten wie Kirchen, Königen oder – kommunistischen wie demokratischen – Staaten ausgeübt. Während NS-Kulturbeamte zahlreiche Werke aus ideologischen Gründen verboten, worüber das Archiv der Reichsschrifttumskammer Auskunft gibt, hatten auch Vertreter von Wirtschafts- und Finanzministerium ein Wort mitzureden, welche Kulturproduktionen ihres wirtschaftlichen Wertes wegen hinzunehmen waren. Ein Hauptziel dabei lautete, die Beziehungen zu Deutschlands Handelspartnern, insbesondere den Vereinigten Staaten und Großbritannien, nicht zu gefährden. Das Regime wurde laufend und immer wieder seinen Prinzipien untreu, um sich Deviseneinnahmen zu sichern. Der Musikhistoriker Michael Kater hat das an einem Beispiel gezeigt: »Wenn deutsche Schallplatten mit Beethovensymphonien im Ausland verkauft werden sollten, mussten umgekehrt Jazzplatten von British Decca oder American Vocalion mit Musik des Schwarzen Louis Armstrong und des Juden Jean Goldkette ins Land gelassen werden«. Auch die spätere Doppelbödigkeit des Regimes, einerseits »entartete Kunst« zu beschlagnahmen und zu verhöhnen, sie dann aber Ausländern meistbietend zu verkaufen, um an Devisen zu kommen, entsprach diesem Muster.[24] Aus Sicht des Wirtschaftsministers war Albatross ein notwendiges Übel, und er ermutigte deshalb das Unternehmen, direkt neben seinem deutschen Konkurrenten weiter englischsprachige Bücher zu produzieren und zu verkaufen.

Albatross genoss gegenüber deutschen Verlagen, die auf Übersetzungen aus dem Englischen ins Deutsche spezialisiert waren, einen entscheidenden Vorteil, eben weil die nationalsozialistische Buchzensur am Ende erheblich von wirtschaftlichen Überlegungen bestimmt war. Der deutsche Staat wünschte, dass Albatross englische Bücher druckte und verkaufte, und zwar so viele Bücher wie möglich. Im Ausland sammelten die Bücher Devisen ein. Im Inland hielt Albatross' Ausstoß von vier neuen Titeln pro Monat mit Auflagen von 6000 bis 11.000 Exemplaren bei Brandstetter in Leipzig die Druckerpressen am Laufen.

Wenn das Regime einerseits von Albatross profitierte, zahlte es andererseits einen gewissen Preis dafür. Die Notwendigkeit, dem Geld höheren Stellenwert einzuräumen als der Ideologie, kam am Ende auch dem Status des Verlagshauses Albatross zugute. In weiten Teilen des europäischen Kontinents war Albatross bekannt dafür, moderne Taschenbücher zu günstigen Preisen anzubieten. In Hitlerdeutschland machten die hohen und oft willkürlich verhängten Strafen gegen deutsche Verlage Albatross zu einer der wenigen noch verbliebenen Stimmen aktueller Literatur. Indem der Nazistaat Albatross zum eigenen wirtschaftlichen Vorteil tolerierte, schuf er paradoxerweise einen Raum, in dem die demokratischen Werte der englischsprachigen Literaturtradition ebenso gedeihen konnten wie die experimentellen Formen der internationalen literarischen Moderne, die der deutsche Staat auf dem Boden der eigenen Kultur ausgestampft hatte.[25]

Als Folge all dessen war die Albatross Modern Continental Library Ende 1934 so gut mit zeitgenössischen Titeln bestückt wie zuvor. Neben Mansfields *Letters* fand sich E. M. Forsters Roman *A Passage to India* im Programm, dessen Protagonist über Rassen- und Klassenschranken hinweg Freundschaften zu knüpfen versucht, außerdem Charles Morgans' *The Fountain*, in englischen Zeitungen als einer der besten Romane des Jahres 1932 gepriesen, Richard Aldingtons Roman *All Men Are Enemies*, der in Australien wegen allzu drastischer Darstellungen von Sexualität und den Ereignissen in den Schützengräben des Ersten Weltkriegs verboten war, sowie der ebenfalls in England und den Vereinigten Staaten verbotene Roman *The Rainbow* von D. H. Lawrence. Als ein relatives wirtschaftliches Schwergewicht schaffte Albatross den Sprung von des Messers Schneide.

KAPITEL 7

Gleichschaltung

Im Juni 1934 gab es kaum noch Anlass zur Hoffnung, dass die Tyrannei des Hitlerregimes mit der Zeit nachlassen werde. Die willkürlichen Übergriffe auf Juden gingen weiter, und in aller Regel gebot ihnen niemand Einhalt. Wann immer Braunhemden und andere Schläger über Juden herfielen oder deren Geschäfte und Wohnungen plünderten, reagierte Hitler meist nur mit vagen Aufrufen zu mehr Disziplin. In der Mordserie vom 30. Juni metzelte das Regime sogar Teile der eigenen Führungsriege nieder. Während der »Nacht der langen Messer«, auch »Röhm-Putsch« genannt, überfiel Hitler persönlich mit seiner Entourage das Hotel in Bad Wiessee am Tegernsee, in dem sich die SA-Spitze traf. Er ließ etliche der Anwesenden aus ihren Betten zerren und direkt ins Gefängnis Stadelheim abführen. Ernst Röhm, Stabschef der SA, hatte nie einen Hehl aus seinem Wunsch gemacht, die SA mit der Reichswehr zu verschmelzen, und den Anspruch erhoben, beide zu befehligen. Hitler bestand demgegenüber darauf, die Reichswehr unter seiner eigenen Kontrolle zu behalten, und behauptete nun, ein Mordkomplott gegen sich aufgedeckt zu haben. Sechs SA-Führer ließ er ohne Gerichtsverfahren erschießen. Röhm verschonte er kurze Zeit, bevor er ihm die Wahl zwischen Selbstmord oder Erschießen überließ. Hermann Göring nutzte die Gunst der Stunde und genehmigte weitere Morde an Naziführern innerhalb und außerhalb der SA, um alte Rechnungen zu begleichen und Hitlers Gegenspieler auszuschalten, darunter den früheren Reichskanzler Kurt von Schleicher und Gregor Strasser, den ehemaligen Reichspropagandaleiter der NSDAP, die beide gegen Hitlers Vormachtstellung in der Partei gearbeitet hatten.[1]

Vor dem Reichstag rechtfertigte Hitler die Morde am 13. Juli als Maßnahme Methode, den Staat vor Verrätern und innerem Verfall zu schützen. In einer Rede, die in Zeitungen rund um die Welt abgedruckt wurde, sagte er: »Meutereien bricht man nach ewig gleichem eisernem Gesetz. Wenn mir jemand den Vorwurf entgegenhält, weshalb wir nicht die ordentlichen Gerichte zur Aburteilung herangezogen hätten, dann kann ich ihm nur sagen: In dieser Stunde war ich verantwortlich für das Schicksal der deutschen Nation und damit des deutschen Volkes oberster Gerichtsherr ... Ich habe den Befehl gegeben, die Hauptschuldigen an diesem Verrat zu erschießen, und ich gab weiter den Befehl, die Geschwüre unserer inneren Brunnenvergiftung und der Vergiftung des Auslandes auszubrennen bis auf das rohe Fleisch«.[2]

Etliche Albatross-Autoren reagierten mit Abscheu auf diese Gewaltorgie. Zwei Tage nach der Welle politischer Morde fasste Virginia Woolf ein Gespräch mit Osbert Sitwell zusammen, dessen satirischer Roman *Miracle on Sinai* als Albatross Volume 208 erschienen war: »Nachdem er hin & her gesprungen ist zwischen Verlagen, Holroyd-Reece, Mittag-, Abendessen & Teejausen, platzt es aus ihm heraus: ›Und kann man nicht irgendetwas gegen dieses ungeheuerliche Treiben in Deutschland tun?‹« Woolf klagte verzweifelt:

> herausgeputzt wie kleine Jungs laufen diese rohen Schläger in ihren Kapuzen & Masken herum und veranstalten dieses idiotische, sinnlose, brutale, blutige Pandämonium. Da stürmen sie herein, während Herr So&So zu Mittag ist: Eiserne Stiefel, heißt es, scharren auf dem Parkett und töten ihn; & seine Frau dazu, die noch zur Tür eilt, um sie daran zu hindern. Es ist, als besuchte man den Pavian im Zoo, nur lutscht der das Papier aus, in das unser Eis gewickelt war, & die ballern aus Revolvern. Und so sitzen wir da, Osbert ich & c. und stellen fest, wie unvorstellbar das alles ist. Ein seltsamer Zustand der Gesellschaft. Wenn nur irgendeine Idee, irgendeine Vision dahinter stünde: aber man sehe sich doch die Masken an, die diese Männer tragen: die brutalen Gesichter von Pavianen beim Ablecken von zuckrigem Papier. Und zum ersten Mal lese ich Artikel voller Zorn – darüber, dass man ihn einen wahren Führer nennt.[3]

Woolf war wie so viele andere entsetzt darüber, dass in Deutschland das Grauen und der gewohnte Alltag unmittelbar nebeneinander fortbestanden. Im August 1934 warnte Richard Aldington seinen Agenten davor, mit dem Wagen durch Deutschland zu fahren, denn die Nazipolizisten hätten sich angewöhnt, auf Autos zu schießen, die nicht sofort auf ihr Geheiß anhielten. Huxley verbreitete weiterhin seine Abscheu über das Regime. Einem Verwandten gegenüber gönnte er sich das bescheidene Vergnügen, die Beschreibung des Propagandaministers aus dem Mund eines deutschen Freundes weiterzugeben: »P.S. die offizielle Beschreibung von Goebbels lautet: nachgedunkelter Schrumpfgermane. Ich habe nachgeforscht, woher sie stammt, aber vergeblich. Dennoch schwören meine deutschen Freunde auf ihre Echtheit«. Goebbels' Propaganda fand Huxley überhaupt nicht lustig. Seinem Agenten gegenüber erwähnte er im September einen geplanten Artikel über

»dieses neue Herrschaftsinstrument, von dem in allen Ländern und insbesondere in diktatorisch regierten zunehmend Gebrauch gemacht wird«.[4]

Aldington erklärte, er wolle deutschen Boden nicht mehr betreten, und wusste sich in seiner Empörung über die entgrenzte nationalsozialistische Barbarei eins mit vielen Kollegen. Ungeachtet des allgemeinen Aufschreis festigten Holroyd-Reece und Wegner in dieser Zeit Albatross' Bindung an die deutsche Wirtschaft, indem sie sich schließlich die Trophäe schnappten, die ihnen bis zuletzt entwischt war. Albatross erlangte »faktisch die Kontrolle über das inzwischen hundert Jahre alte Unternehmen Tauchnitz«, frohlockte Holroyd-Reece. In einer völligen Kehrtwende präsentierten sich Albatross und Tauchnitz in ihrer Werbung von da an friedlich vereint den Buchhändlern und Lesern auf dem Kontinent. Ihre Broschüre »Six Good Points Concerning the Tauchnitz Edition and the Albatross Library« erzählte eine Geschichte, die Albatross von da an die gesamten Dreißigerjahre über wiederholte: Zwei einst in eine Fehde verstrickte Verlage arbeiteten nunmehr Hand in Hand zum Besten der englischsprachigen Literatur. Über dem Titel der Broschüre thronte ein aufgefrischtes Tauchnitz-Emblem, unmittelbar darunter schwebte friedlich der Albatros.[5] Mit dieser Zweckehe gewann Albatross die strategische Kontrolle über die englischsprachige Literatur auf dem Kontinent und machte damit eine optimistisch-apolitische Miene zum finsteren politischen Spiel dieser Jahre.

Wenige Leser von Tauchnitz oder Albatross kannten die Gründe für den nur knapp abgewendeten Untergang und die Wiederauferstehung von Tauchnitz oder wussten von den Machenschaften im Hintergrund der Übernahme. In London wurde gemunkelt, deutsche Devisenbeschränkungen hätten es Tauchnitz erschwert, britische Verleger auszuzahlen, und diese Hürde habe das ehrwürdige deutsche Unternehmen »gebremst«. In Leipziger Verlegerkreisen kursierte ein anderes Gerücht: Demnach habe Sir Edmund Davis, das finanzielle Schwergewicht hinter Albatross, Tauchnitz aufkaufen wollen. Wie der Verleger Wolfgang Brockhaus später berichtete, fragte man sich in der Branche: »Sollte die alte deutsche Firma Bernhard Tauchnitz in jüdische Hände gehen, und das im zweiten Jahr nach der NS-Machtübernahme?«[6]

Auf welchen verwickelten Wegen die Beteiligten dieses Dilemma auflösten, wollte niemand von ihnen in der Öffentlichkeit breittreten. Merkwürdig genug: Die für alle Verlagsangelegenheiten zuständige Reichsschrifttumskammer genehmigte die länderübergreifende Vereinigung nicht nur, sondern war daran sogar federführend beteiligt, wenngleich die Beamten sicher mehr der Not gehorchten als dem eigenen Trieb. Denn nach wie vor hielten sie Albatross für zu ausländisch und zu jüdisch, um Tauchnitz rundheraus aufkaufen zu dürfen. Doch sie fanden mitten in der Wirtschaftskrise keinen deutschen Verleger, der das nötige Kapital aufbringen wollte, um Tauchnitz aus seinem Siechtum zu erlösen und wiederzubeleben. Auch sollte Tauchnitz in nur drei Jahren seinen hundertsten Geburtstag feiern. Um zu gegebener Zeit die herrlichen Propagandamöglichkeiten zu nutzen, die sich aus einem solchen Jubiläum ergaben, musste die Schrifttumskammer den Verlag bis dahin gesund und munter erhalten. Ein erstarkter und international präsenter Tauchnitz Verlag verbreitete nicht nur im Ausland das Bild eines weltoffeneren Deutschland in Zeiten realer Unterdrückung, sondern bescherte dem Reich auch weiterhin Exporteinnahmen. Weil es zugleich darum ging, für das Regime die Trommeln zu rühren und Devisen zu sichern, überzeugte die Reichsschrifttumskammer die Firma und Familie Brandstetter davon, Tauchnitz zu kaufen.[7]

Angesichts dessen zeigte sich der Tauchnitz-Erbe, der 1933 einen Verkauf aus Furcht vor Racheakten der Nazis abgelehnt hatte, Mitte 1934 wieder gesprächsbereit. »Er war nur zu bereit, an uns zu verkaufen«, erläuterte Holroyd-Reece, solange seine Anteile nicht in britische Hände fielen. Hierin wieder ganz der Visionär, musste Holroyd-Reece zur Lösung des Problems nur den Buchstaben des Gesetzes beachten und einen »rein« deutschen Partner finden. Dieser drängte sich im Unternehmen Brandstetter unmittelbar auf, denn Brandstetter druckte die Bücher von Albatross ebenso wie die Literatur und die Wörterbücher von Tauchnitz und drohte letztere Aufträge zu verlieren, falls Tauchnitz pleiteging.[8]

Seit Beginn der Dreißigerjahre mischten die Brandstetters das deutsche Druckereiwesen ebenso energisch auf wie Albatross seinen kontinentaleuropäischen Markt. Ihr Unternehmen hatte den Ruf, mit den allerneuesten

Maschinen und in bester Qualität zu drucken. Die Gebrüder Brandstetter waren zudem waghalsige Geschäftsmänner. 1932 lobte die Dresdner Bank, was für ein gewinnträchtiger Kunde die Firma geworden sei. Mit dem Druckgeschäft und anderen kürzlich »erworbenen« Unternehmen hatten die Brandstetters 1930 Gewinne von 6,7 Millionen Reichsmark und 8,4 Millionen Reichsmark im Jahr darauf verzeichnet. Mit 997 bzw. 1014 Angestellten in den beiden Jahren waren sie außerdem ein wichtiger Arbeitgeber in Leipzig. Sie warben mit Nachdruck um Großaufträge und hatten sich soeben einen Fünfjahresvertrag über den Druck des Leipziger Telefonbuchs gesichert.[9]

Holroyd-Reece erwischte die Gebrüder Brandstetter also in einer Phase der Expansion, in der sie erhebliche Bereitschaft zeigten, sich auf Neues einzulassen. Wie ein Gesellschafter von Brandstetter berichtete, waren Oscar »Willy« Brandstetter und sein Bruder Justus von Holroyd-Reece' Plan begeistert, als er ihnen diesen im Sommer 1934 beim Treffen in einem Baseler Hotel darlegte. Holroyd-Reece versprühte all seinen Charme und spielte »mit Hilfe eines willigen Hotelportiers ... simulierte Telefongespräche« vor, um seine Verbindungen zu berühmten englischsprachigen Schriftstellern herauszustellen. Sein Vorschlag gründete auf einer Arbeitsteilung: Die Brandstetters sollten als rechtmäßige Eigentümer von Tauchnitz fungieren und gegen einen festen Prozentanteil an den Verkaufserlösen Albatross die Gestaltung und Herausgabe der Tauchnitz-Reihe überlassen. Aus den wenigen erhaltenen Quellen geht hervor, dass Beamte der Schrifttumskammer die Brandstetters drängten, sich darauf einzulassen. Da diese nach Ansicht von zumindest einer Bank ihre finanziellen Möglichkeiten damit aber überdehnten, legte Holroyd-Reece nach: »Ich habe den Herren Brandstetter aus Leipzig eine Summe Geldes geliehen«, erklärte er. »Die Herren Brandstetter haben das Unternehmen Tauchnitz auf eigene Rechnung gekauft und am Tag des Kaufs aufgelöst, um dessen Soll und Haben in ein neues Unternehmen [Tauchnitz] einzubringen«. Am 3. August kauften vier Gesellschafter der Firma Brandstetter – Willy und Justus, ihr Schwager Raymund Schmidt und der Teilhaber Karl Krameyer – dessen gesamten Kapitalstock.[10]

Ende September unterzeichneten Holroyd-Reece und die Tauchnitz-Eigner ihre Vereinbarung, die Albatross auf Jahre hinaus eine starke Stellung in der deutschen Wirtschaft sicherte. Am 29. September 1934 verkündete ein doppelseitiges Inserat im *Börsenblatt*, dass die Brandstetters Tauchnitz gekauft hatten und die Firma Oscar Enoch in Hamburg ab dem 1. Oktober den Tauchnitz-Vertrieb weiterführte. Aus dem alten Tauchnitz wurde ein neuer, mit groteskem Wortsalat titulierter: »Bernhard Tauchnitz Nachfolger Oscar Brandstetter«. Justus Brandstetter fasste den Inhalt der Verträge, die er und seine Kompagnons unterschrieben hatte, gegenüber der Reichsbank wie folgt zusammen: Mit dem ersten übernahm Albatross »die gesamte Geschäftsführung der Firma Tauchnitz«, mit dem zweiten, einer Dreiervereinbarung zwischen Albatross, Tauchnitz und Brandstetter, wurde »eine rentable Geschäftsführung von Tauchnitz durch Albatross« zugesichert. Demgegenüber geht aus Holroyd-Reece' Interpretation viel deutlicher hervor, welche weitreichenden Befugnisse die Brandstetters Albatross damit überließen: »Die Geschäftsführung der neuen Firma Tauchnitz lag allein in den Händen von Albatross. Das ging so weit, dass Brandstetter auch den Namen Tauchnitz in keiner Form verwenden durfte, es sei denn unter Beiziehung von Albatross«. Holroyd-Reece und Wegner entschieden von da an, was in Tauchnitz-Büchern stand. Sie verpflichteten Autoren und zahlten die Tantiemen aus. Enoch handhabte Verkauf, Werbung und Exportdokumentation für Tauchnitz, wie er es schon für Albatross tat, wobei ihm sein Vertrag zusicherte: »Tauchnitz darf Verkäufe ohne Mitwirkung von Enoch als Kommissionär im Sinne dieses Vertrags nicht tätigen«.[11]

So kam es, dass die Chefs von Albatross mitsamt dem jüdischen Kapital, das hinter ihnen stand, Hoffnungsträger für die Zukunft von Tauchnitz wurden. Wegner kehrte zurück in dessen Geschäftsführung – eine triumphale Rückkehr weniger als vier Jahre nach seiner schmählichen Entlassung. Holroyd-Reece war nun Herr des englischsprachigen Verlagsgeschehens auf dem Kontinent. Vermutlich trauten die Angehörigen der deutschen Buchbranche, die ihr Geschäftsgebaren nationalsozialistischen Vorgaben angepasst hatten, ihren Augen nicht: Die Schrifttumskammer hatte ein Geschäft gemakelt, durch das der Alleinvertrieb von Büchern des ehrwürdigen

Tauchnitz Verlags in den Händen des jüdischen Verlegers und Grossisten Enoch landete.

Zunächst übersahen die Beamten in der Schrifttumskammer geflissentlich die Unvereinbarkeit der Albatross-Tauchnitz-Brandstetter-Partnerschaft mit der nationalsozialistischen Ideologie. Sie bekamen, was sie wollten: die Aussicht auf Bewahrung des Tauchnitz'schen Erbes bis zum hundertsten Jubiläum des Unternehmens. Auf dem Papier und für die Zwecke der Propaganda war die angesehene Druckerei Brandstetter, eine rein deutsche Firma, Herrscherin über die Geschicke von Tauchnitz. Punktum. Solange der Verkauf von Albatross und Tauchnitz im Ausland gut lief, hatten deren Chefs bei der Führung der Geschäfte weitgehend freie Hand.

Dennoch gab es jede Menge Ungereimtheiten. Während Albatross-Tauchnitz in allen Angelegenheiten der nationalsozialistischen deutschen Rechtsprechung unterstand, ließen die Verträge mit Brandstetter Holroyd-Reece alle Freiheit, Tauchnitz im Ausland nach eigenem Dafürhalten zu bewerben, und er nutzte diese Freiheit zum Nutzen aller. Einen Hinweis, wie weit er damit in die Angelegenheiten der Brandstetters als Eigentümer von Tauchnitz eingreifen konnte, gibt ein Leserbrief im *Observer* vom Oktober 1934, den Holroyd-Reece vermutlich selbst verfasst hat. Darin wird das neue, verbesserte Brandstetter-Tauchnitz-Unternehmen mit der kulturpolitischen Bedeutung englischsprachiger Literatur in Hitlerdeutschland gerechtfertigt. »Derzeit macht es die angespannte Lage in Deutschland so gut wie unmöglich, englische Bücher zu importieren«, erinnerte das Schreiben die englischen Leser. »Interessenten in Deutschland können die bedeutendste englische Erzählliteratur nicht anders erwerben als in den Ausgaben von Tauchnitz und Albatross. Der Wert dieses Handels beschränkt sich nicht allein auf das Wirtschaftliche. Denn nichts kann ein Verständnis des angloamerikanischen literarischen Geistes im Ausland so gezielt fördern wie die Bekanntschaft mit der literarischen Produktion der englischsprachigen Welt«.[12] Fraglos hätten Kulturbeamte in Nazideutschland mit diesem Bekenntnis, das mit dem Kultur- und Propaganda-Auftrag des britischen Außenministeriums und des British Council nahezu gleichlautend war, nur wenig anfangen können. Ihnen lag allein an den wirtschaftlichen

Vorteilen, die sie sich von Albatross-Tauchnitz-Verkäufen im Ausland erhofften.

Wenn Holroyd-Reece dank der Vereinbarung mit den Brandstetters nun das öffentliche Ansehen und die Tradition von Tauchnitz vereinnahmen konnte, so war er andererseits ein riskantes Spiel eingegangen, indem er das Geschäft von Albatross und Tauchnitz über Landesgrenzen und gegensätzliche politische Systeme hinweg in dasselbe Joch spannte. Bald schlichen sich nationalsozialistische Gesinnungen in die Partnerschaft Albatross-Tauchnitz-Brandstetter ein. Anfang 1933 war Willy Brandstetter der NSDAP beigetreten, angeblich um sich selbst und seine Unternehmen politisch günstig aufzustellen. Am 4. Februar 1934 besuchten der Leiter der Deutschen Arbeitsfront in Sachsen und der Direktor der Nationalsozialistischen Betriebszellenorganisation die Druckerei Brandstetter, was den Charakter eines getragenen, ideologisch aufgeladenen Ereignisses annahm. Zum Abschluss der 75-minütigen Besichtigung wandte sich der Leiter der DAF laut einem Bericht im *Börsenblatt* mit einer Rede an die inzwischen 1200 Mitarbeiter. »Kurzer Dank des Betriebsführers und ein dreifaches ›Sieg Heil!‹ auf den Volkskanzler beendeten die eindrucksvolle Besichtigung, die dazu beigetragen hat, ein noch engeres Band zwischen Führerschaft und Gefolgschaft zu knüpfen«.[13]

Mit dieser Lage der Dinge fanden sich die Albatross-Chefs wissentlich ab. Und die Lage wurde durch neue Regelungen im Herbst 1934 noch beengter, als die Reichsschrifttumskammer verkündete, Staat und Verlagswesen hätten künftig mit einer Stimme zu sprechen. Am 21. September und somit in genau der Woche, als Albatross seine »faktische Kontrolle« über Tauchnitz feierte, leitete die Reichsschrifttumskammer die staatliche Vereinnahmung des Börsenvereins deutscher Verleger und Buchhändler ein. Sie unterwarf damit einen Verband, der seit 1825 unabhängig vom Staat existiert hatte, der nationalsozialistischen »Gleichschaltung«. Zwar hatte sich der Börsenverein im Zusammenhang mit den Bücherverbrennungen und der »Judenfrage« bereits dem Diktat des Regimes gebeugt, doch sein letzter Präsident lehnte das Vorhaben der Regierung ab, Buchexporte zu bezuschussen und zu überwachen. Aus Verärgerung darüber setzte die Kammer ihren eigenen

Vizepräsidenten an die Spitze des Börsenvereins, um Einstimmigkeit zwischen den beiden Körperschaften herbeizuführen. Am 15. Oktober gründete sie, um weiterem Widerstand den Wind aus den Segeln zu nehmen, den Bund Reichsdeutscher Buchhändler, dem alle in der Branche Tätigen angehören mussten. Während der Börsenverein am Ende 7700 Mitglieder hatte, war der Bund nunmehr die zentrale berufsständische Organisation für mehr als 25.000 Einzelpersonen. Vier Tage später, am 19. Oktober, erklärte die Schrifttumskammer, der Bund Reichsdeutscher Buchhändler werde von diesem Zeitpunkt an die Berufspolitik des Verlagswesens bestimmen. Mit einem Handstreich war der zuvor einflussreiche Börsenverein deutscher Verleger und Buchhändler auf den Status eines Handlangers für Angelegenheiten reduziert, mit der sich die Kammer nicht selbst befassen wollte.[14]

Inmitten dieser Umwälzungen blieb Albatross der seltsame bunte Vogel, der er von Anfang an war. Wie alle deutschen Verlage musste er dem Bund beitreten, um weiter in Deutschland tätig sein zu können, durfte ihm aber aufgrund seiner Auslandsverbindungen eigentlich gar nicht angehören. Die Behörden fanden dafür eine Sonderlösung. Zwar war die Publishing Holding Company, der Albatross gehörte, eine britische Firma, doch der Albatross Verlag als solcher besaß die Rechtsform eines deutschen Unternehmens, wie man seit 1933 dem *Adreßbuch für den deutschen Buchhandel* entnehmen konnte. Sein Vertrag mit Tauchnitz machte umgekehrt Albatross für die Unternehmensgruppe Brandstetter unverzichtbar, und der Staat war daran interessiert, dass beide englischsprachigen Verlage gediehen, um Devisen ins Land zu spülen. Die Partnerschaft zwischen Albatross und Tauchnitz wies auch den Weg aus der Statutenwidrigkeit: Beide Unternehmen teilten sich im Bund Reichsdeutscher Buchhändler eine Mitgliedschaft.[15]

Unterdessen war auch Enoch unablässig auf der Suche nach Auswegen und wartete ab, wie sich die nationalsozialistische Politik in seine Geschäfte einschlich. Er nahm an der ersten Versammlung des Bunds Reichsdeutscher Buchhändler teil und war neugierig auf Goebbels' Eröffnungsrede. Jahre später hielt er in sachlichem Ton fest: »Viele meiner Kollegen, darunter auch einige Parteimitglieder, waren demonstrativ freundlich oder wenigstens höflich zu mir«. Aber gerade die niedrigen Erwartungen, die in dieser Wahrnehmung zum Ausdruck kommen – als sei Höflichkeit schon das Beste gewesen, worauf man als Jude überhaupt hoffen durfte –, geben einen Eindruck davon, wie angespannt die Stimmung tatsächlich war. Seit 1921 war Enoch in den Gepflogenheiten des Buchhandels aufgegangen, hatte Messen und Branchentreffen besucht und Artikel im *Börsenblatt* veröffentlicht. Er war außerdem Mitglied in der deutschen Sektion des internationalen PEN-Clubs.[16] Wie verstörend muss es für ihn gewesen sein, inmitten der einst vertrauten Kollegen zu stehen und im besten Fall mit lauwarmer Herzlichkeit bedacht zu werden?

Ein deutscher Verlag – oder ein mit Hitlerdeutschland verstrickter Verlag – zu sein, hatte seit der Landung des Albatross im deutschen Buchmarkt eine vollkommen andere Bedeutung angenommen. Am 5. November 1934 entwarf Goebbels in seiner Eröffnungsrede zur Woche des deutschen Buchs im Berliner Sportpalast seine Vorstellung eines Verlagswesens, das sich ganz in den Dienst des Volkes stellte. Er forderte von deutschen Verlegern und Autoren, sich von »weltfremder Bürgerbeschaulichkeit« aus der Weimarer Zeit abzuwenden. Deutschland, so Goebbels, brauche eine neue Sprache. »Wir wollten uns an die breiten Massen des Volkes wenden ... Und wir mußten deshalb auch eine andere Sprache sprechen, als sie sonst in den Bezirken der sogenannten Geistigkeit Mode war«. Das deutsche Buch solle sich mit den Problemen seiner Zeit auseinandersetzen. »Man hört überall die Klage: Das Volk hat kein Verhältnis mehr zum Buch!«, sagte Goebbels. »Richtiger wäre der Satz umgekehrt, nämlich: Das Buch hat kein Verhältnis mehr zum Volk!« Von nun an sei es Aufgabe jedes einzelnen Verlages und Autors, dafür zu sorgen, dass die Kultur in den Dienst des Staates trete. »Der Standpunkt ist im nationalsozialistischen Staat ganz undenkbar, daß die Kunst dem Künstler gehört«, verkündete Goebbels, »und daß der Künstler das Vorrecht habe, über dem Volk in einer luftverdünnten Atmosphäre der Ästhetik oder der Literatur ein einsames und unbekanntes Dasein zu fristen ... Das Buch muss wieder ins Volk hinein«. Goebbels entließ seine Zuhörer mit einer grundsätzlichen Mahnung: »Haltet fest am deutschen Buch, und ihr bewahrt damit den köstlichen Schatz unseres deutschen Geistes!« Seine Rede wurde mit stürmischem Beifall begrüßt.[17]

Albatross hatte Tauchnitz ohne jeden Zweifel aus dem Rennen geschlagen. Doch was diese Partnerschaft unter den Bedingungen des NS-Regimes konkret bedeutete, war für die Beteiligten einstweilen ein Rätsel. So sehr Albatross seine Stellung innerhalb der deutschen Buchbranche zementiert hatte, so wenig entsprachen doch die Bücher von Albatross oder auch von Tauchnitz dem, was Goebbels sich unter »guten Büchern« oder der »neuen Sprache« vorstellte. Unterdessen agierte Enoch in einer klaustrophobischen Lage und arbeitete weiter emsig in einem beruflichen Umfeld, das nicht nur die von ihm vertriebenen Bücher, sondern auch seine Person als unerwünscht erklärte.

Holroyd-Reece war umsichtig genug, die heikle Lage von Albatross in der deutschen Wirtschaft zu erkennen. Er tat, was er konnte, um sich selbst und das Betriebsvermögen nach allen Seiten abzusichern. Das Pariser Handelsregister verzeichnet für den 11. November 1934, drei Jahre nachdem Wegner den Albatross Verlag in Hamburg per Unterschrift in die Welt gesetzt hatte, die Gründung einer französischen Firma namens Continenta mit dem bescheidenen Stammkapital von 25.000 Francs durch Holroyd-Reece. Zwei Wochen später, am 26. November, gründete Holroyd-Reece die Société les Éditions Albatros. Bis dahin war das Pariser Albatross-Büro nur eine Zweigstelle des Hauptsitzes in Hamburg gewesen. Indem Holroyd-Reece nun formell einen französischen Albatross aufbaute, rüstete er sich für alle Eventualitäten. Éditions Albatros konnte als Strohfirma Zahlungen an den deutschen Albatross Verlag entgegennehmen oder auch als Basis für Enochs Vertriebsoperation dienen, falls sich die Verhältnisse in Deutschland so sehr verschlechterten, dass er von dort aus nicht mehr agieren konnte. Holroyd-Reece ging außerdem daran, in England eine Albatross Ltd. zu gründen.[18] Vorerst dämmerten diese neuen Firmen vor sich hin. Sie warteten darauf, bei Bedarf und unter ungünstigen Umständen mit Leben erfüllt zu werden.

Nun wusste aber auch die NS-Bürokratie, dass Albatross langsam und stetig wuchs. Mit dieser Exponiertheit wurde es für die Albatross-Chefs zu einer Gefahr, einfach darauf zu vertrauen, dass der Erwerb von Tauchnitz und die dadurch gewonnene größere Dominanz auf dem Markt für englischsprachige Bücher im Reich die politische Kontaminierung schon irgendwie wettmachen würde. Der neue Vorstandsvorsitzende und Anteilseigentümer von Tauchnitz, Karl Krameyer, ließ keinen Zweifel daran, dass der Nationalsozialismus im Unternehmen Brandstetter hochgehalten werde. Am 2. Januar 1935 versammelte er seine Angestellten zur Verabschiedung eines Herrn Kaden, der nach fünfzig Jahren im Unternehmen in Rente ging. Krameyer verabschiedete zugleich das alte Jahr und begrüßte das neue mit schlechten Nachrichten für die Angestellten (sie erhielten kein Weihnachtsgeld) und guten (Brandstetter investierte in höhere Druckkapazitäten). Alle mussten nun, wie er sagte, geleitet vom Nationalsozialismus an einem Strang ziehen. »Dazu gehört aber mehr Kameradschaftlichkeit, mehr Disziplin, mehr gegenseitiges Vertrauen und mehr positive Mitarbeit«, so Krameyer. Er wünschte Kaden alles Gute und schloss mit dem, was er sich für das neue Jahr erhoffte: »Ihnen, meine Arbeitskameraden und Kameradinnen, möge die Treue auf Pflichterfüllung unseres alten Kaden ein leuchtendes Beispiel sein. Und nun, mit frohem Mut ans Werk in einem hoffentlich erfolgreichen Werkjahr 1935! Heil Hitler!«[19]

KAPITEL 8

Rette sich wer kann

Während Albatross seinen Willen durchgesetzt – also Tauchnitz vereinnahmt – hatte, gab es Anfang 1935 für Enoch wenig zu feiern. Bestenfalls empfand er Erleichterung darüber, dass das Jahr 1934 vorüber war. Sein Vater war nach langer Krankheit im vergangenen Juli gestorben, und Kurt musste seither für seine Mutter sorgen. Seine Frau Hertha war im Davoser Sanatorium ihrer Tuberkulose erlegen. Seit Jahren hatte die Familie in Trennung gelebt. Doch die beiden waren sich, in seinen Worten »nahe geblieben« und hatten geplant, nach Frankreich auszuwandern, um dort »ein neues Leben als wiedervereinte Familie zu beginnen«. Herthas Tod machte diese Pläne zunichte und überließ Kurt die alleinige Fürsorge für seine beiden zwölf und fast elf Jahre alten Töchter Ruth und Mirjam, worauf er schlecht vorbereitet war.[1] Dass Enoch sich in seinem Verlegerberuf, dem er den größten Teil seines Lebens gewidmet hatte, überall unerwünscht und von Judenfeindlichkeit umstellt sah, war nur ein Schicksalsschlag unter mehreren, weit schwerwiegenderen.

Jeanne Holroyd-Reece fühlte mit Enochs Notlage. Wie Annemarie Wegner arbeitete sie in Paris Seite an Seite mit ihrem Mann und bekam so auch die Schläge ab, die der von ihr mit aufgebaute Verlag einstecken musste. Sie erkannte, dass Albatross' Erfolg Enoch nicht über seine persönlichen Verluste hinwegtrösten konnten, und sandte ihm eine persönliche Neujahrsbotschaft, um ihn ein wenig aufzumuntern. »Wir stehen kurz vor dem Jahr 1935, und wie immer geschieht stets das, was man am wenigsten vorhergesehen hat. Ich wünsche Ihnen von ganzem Herzen jede Menge unvorhergesehenes Glück«, schrieb sie. »Es gibt Zeiten im Leben, in denen man solche Rückschläge erleidet, dass man sich fragt, wie man sich davon erholen und weitermachen soll. Mir scheint, dass Sie eine derartige Phase durchgemacht haben. Genau dann braucht man Freunde, und genau dann sollten sie für einen da sein«.[2]

Dazu muss man sagen, dass Enoch auch in guten Zeiten nicht jemand war, mit dem man leicht vertraut wurde. Er konnte in Gesellschaft charmant, aber auch kurz angebunden und herrisch sein. Er war jemand, der davon ausging, dass er recht hatte, und Kritik abschüttelte. Wie so viele deutsche Männer seiner Generation behielt er seine Gefühle für sich und stürzte sich auf die anstehenden Aufgaben, was es schwierig machte, hinter seine Maske zu sehen. Genau dieser Charakterzüge wegen war er ein Gewinn für Albatross allgemein und für John Holroyd-Reece im Besonderen. »Sie waren ihm in den vergangenen eineinhalb Jahren die wichtigste Stütze«, schrieb Jeanne. »Ihr überwältigendes und waches Interesse, Ihr Verantwortungsbewusstsein, Ihr menschlicher, unverstellter Blick auf unsere Schwierigkeiten und Ihr großmütiger, würdevoller Umgang damit haben ihm mehr geholfen als alles andere«. Sie dankte Enoch dafür, dass er nicht nur eine mögliche Ordnung im Chaos erkannt und herausgearbeitet hatte, sondern auch über seine eigene missliche Lage hinwegsehen und die Leistung ihres Mannes schätzen konnte. »Wissen Sie, lieber Herr Enoch, in Johns gesamter geschäftlicher Laufbahn arbeitet er zum ersten Mal mit jemandem, der weitherzig genug ist anzuerkennen, welche enormen Mühen und wie viel schwere Arbeit er für andere auf sich genommen hat ... Ich glaube, dass ihm das mehr Zuversicht und Freude geschenkt hat als diese ganze T[auchnitz]-Angelegenheit!«

Enoch blieb nur wenig Zeit, um sich am Erfolg von Albatross zu erfreuen. Bald schon geschah Unvorhergesehenes, nur nicht das »unvorhergesehene Glück«, das Jeanne Holroyd-Reece ihm gewünscht hatte. Am 12. März 1935 erhielt er einen Brief von der Reichspressekammer, demzufolge »die Reichskulturkammer Personen nichtarischer Herkunft als nicht geeignet und zuverlässig zur Durchführung des Reichskulturkammergesetzes ansieht«. Enoch wurde in dem Schreiben aufgefordert, sein Vertriebsgeschäft an einen »Arier« zu verkaufen oder zu liquidieren. Die meisten jüdischen Galeristen und Buchhändler in Hamburg erhielten den gleichen Brief, der einer Vernichtung ihrer beruflichen Existenz gleichkam. Enoch erkannte, dass er aus dieser Sackgasse herausfinden oder das Land verlassen musste.[3]

Enochs Geschichte entspricht in ihren Grundzügen einem bekannten Muster. Wie so viele Juden, die in den Anfangsjahren des Hitlerregimes aus Deutschland emigrierten, hätte er die sogenannte Reichsfluchtsteuer zahlen und unverzüglich auswandern können. Das Regime wartete nur darauf, dass ein so bedeutender jüdischer Verleger das Land verließ. Doch Enoch wollte nicht einfach nur weg. Er wollte sein Geschäft mitnehmen. Seine

Familie war von ihm abhängig. Seine Mutter arbeitete nicht, und seine Schwester war bei ihm angestellt, seit man sie als Apothekerin an der Ausübung ihres Berufs hinderte. »Es war unerlässlich, dass ich an meiner Einnahmequelle in Deutschland entweder so lange wie möglich festhielt oder im Ausland einen Ersatz dafür fand«, schrieb er später. Wie viele andere deutsche Juden kalkulierte er sein Risiko. Notzeiten und Lebensgefahr kannte er nur zu gut, und womöglich gab ihm das die Zuversicht, Derartiges ein weiteres Mal durchzustehen. Er hatte bis dahin nur wenige Bücher veröffentlicht, die ihm vorhersehbar Ärger mit den Zensoren einbrachten. Außerdem gewährte ihm sein Status als dekorierter Frontkämpfer des Ersten Weltkriegs vorerst einige Ausnahmen von den judenfeindlichen Gesetzen des Regimes.[4]

Auch das erfolgreiche Unternehmen Albatross-Tauchnitz ersparte Enoch nicht die Demütigungen, als Jude unter Hitler zu leben. Doch Enochs Geschick weicht insofern vom Grundmuster ab, als ihm seine Geschäftsverbindungen in einem Maß Schutz gewährten, wie ihn die meisten anderen jüdischen Verleger in Deutschland nicht genossen. Erste Früchte trug die Albatross-Tauchnitz-Partnerschaft schon Ende 1934. Gemeinsam hatten die beiden Verlage in diesem Jahr 452.983 Bände im Ausland verkauft und damit einen Bruttoerlös von einer halben Million Reichsmark erzielt, was nach Abzug der Devisenauslagen für das Pariser Albatross-Tauchnitz-Büro einen Überschuss von 264.000 Reichsmark für das Reich ergab. Dieser steigerte sich 1935 noch einmal auf 293.000 Reichsmark. Allein Tauchnitz erzielte im März 1935 einen Absatz von 28.000 bis 30.000 Exemplaren in Deutschland und auswärts. Diese Zahlen waren vielversprechend, umso mehr, als in Deutschland nach wie vor empfindlicher Mangel an Devisen herrschte und die Anfragen danach bei der Reichsbank auch 1935 deren Einnahmen bei Weitem überstiegen: Einem geschätzten Devisenbedarf im Gegenwert von 520 Millionen Reichsmark standen verfügbare Devisen für nur rund 370 Millionen Reichsmark gegenüber.[5] So saß Enoch zwischen zwei Stühlen. Einerseits schätzte das Reich ihn als Goldesel, andererseits hielt er einen Brief der Pressekammer in Händen, demzufolge dieser Esel geschlachtet werden musste. Da er es gewohnt war, seine Angelegenheiten selbst in die Hand zu nehmen, erhob Enoch Einspruch bei der Hamburger Wirtschaftsverwaltung.

Dieser Einspruch hatte – wie schon die bloße Existenz der Bücher von Albatross – die unbeabsichtigte Folge, dass die Frage nach den Prioritäten der nationalsozialistischen Politik beantwortet werden musste. Was die Bücher von Albatross anging, waren die Kulturbürokraten von ihrem Leitbild für die Devisen abgewichen, die Albatross-Titel ins Land zu holen versprachen. Wie in diesem Zusammenhang mit einem jüdischen Unternehmen zu verfahren sei, war aber eine Auseinandersetzung von ganz anderer Tragweite und teilte die Bürokratie des Nazistaates in zwei Lager. Jüdische Berufsangehörige, die das System herausforderten, gerieten ins Kreuzfeuer zwischen der von Reichspropagandaminister und Reichskulturkammerpräsident Goebbels geleiteten Kulturbürokratie einerseits und der Finanzverwaltung unter Reichsbankpräsident und Reichswirtschaftsminister Hjalmar Schacht andererseits. Ende 1934 stritten diese beiden Politiker über die Frage, ob man, wie Goebbels forderte, den Buchhandel von Juden »reinigen« oder, wie Schacht anmahnte, deren Wirtschaftsleistung erhalten sollte.

In jedem Fall gab es den starken politischen Willen, Juden aus dem Markt zu drängen. 1933 hatte insbesondere in eher ländlichen Gebieten ein »manchmal schleichender, manchmal galoppierender« Prozess der »Arisierung« begonnen. Um die Jahresmitte 1935 hatte von den 100.000 jüdischen Unternehmen, die in der Volkszählung von 1933 erfasst waren, knapp ein Viertel aufgrund der Zwangsmaßnahmen aufgegeben. Unterdessen drängte das Reichswirtschaftsministerium auf Zurückhaltung und hielt bis Ende 1937 an seiner Linie fest, Juden nicht aus der Privatwirtschaft zu verbannen. Schacht hatte sich dazu von allerhöchster Stelle Rückendeckung geholt und Hitler überzeugt, dass es inmitten der Verwerfungen der deutschen Wirtschaft jeden Eingriff in die Eigentumsrechte zu vermeiden galt, der noch mehr Arbeitsplätze kosten konnte. Ebenso hatte Reichsinnenminister Wilhelm Frick den Verwaltungen am 17. Januar 1934 die Anwendung des Arierparagrafen in der Privatwirtschaft per Erlass untersagt. Danach hätte Enoch vor der Arisierung sicher sein sollen. Vielleicht brachte niemand diesen Widerspruch so sehr auf den Punkt wie Hermann Göring. Im Mai 1932 wetterte er, Deutschland solle Juden »aus jeder Stellung [entfernen], in der sie ihren zerstörenden, antinationalen, internationalen oder bestenfalls anationalen Einfluß zum Schaden des deutschen Volkes ausüben könnten«. Eine Ausnahme ließ er aber gelten: »Der anständige israelitische Kaufmann, der in Deutschland als Fremder bleiben will, wird ungestört seinen Geschäften nachgehen können und keinerlei Schaden erleiden«.[6]

Enoch zählte darauf, dass ein Regime, das sich zum Gewährenlassen von Albatross durchgerungen hatte, auch diesmal wirtschaftliche Interessen über die Ideologie stellen würde. Firmen wie Albatross und Tauchnitz, die exportorientiert und im Ausland gut angesehen waren, hatten die besten Aussichten, dem immer engmaschigeren Netz staatlicher Sanktionen zu entgehen. Sogar Goebbels forderte Sonderbehandlung für Unternehmen, deren Schließung »schwerwiegende künstlerische, innenpolitische, außenpolitische oder wirtschaftliche Nachteile, die sich auf das öffentliche Leben auswirken«, nach sich ziehen musste. Dementsprechend machte Enoch in seinem Einspruch, der bei Reichskulturkammerpräsident Goebbels auf dem Schreibtisch landete, seinen Wert für Deutschland nicht nur als Weltkriegsveteran, sondern vor allem als Devisenbringer geltend. »Nach Mitteilung des Dr. Enoch an die Hamburgische Behörde für Wirtschaft ist sein Geschäft vorwiegend Exportgeschäft«, so eine amtliche Stellungnahme, »mit unmittelbaren, offenbar verwandtschaftlichen Beziehungen nach Paris und anderen Plätzen. Angeblich ist sein Betrieb so sehr von seiner Person abhängig, daß ein Verkauf des Geschäfts nicht möglich ist, da kein Käufer auch nur annähernd über die notwendigen persönlichen Verbindungen zu den Abnehmern verfügt«.[7] Sollte die Reichspressekammer ihn aus der Führung des Unternehmens drängen, so gab Enoch zu verstehen, verlor das Deutsche Reich die Exporterlöse, die ihm Enochs Verbindungen einbrachten.

Goebbels sah das anders. Er war entschlossen, alle Juden aus der deutschen Kulturbranche zu entfernen. 1935 entzog die Schrifttumskammer wie die anderen Gliederungen der Reichskulturkammer Juden in mehreren Wellen die Mitgliedschaft. Im März siebte sie jüdische Schriftsteller aus; im Herbst traf dieselbe finstere Verfemung jüdische Verleger. »Diese geistige und nationale Seite einer Tätigkeit aber muß im nationalsozialistischen Staat den Primat vor der wirtschaftlichen haben«, bekräftigte Goebbels gegenüber Schacht im Dezember 1935, um sein Vorgehen zu rechtfertigen. Da er Schachts Einwände aber nicht gänzlich übergehen konnte, wählte er einen Schlingerkurs zwischen den gegensätzlichen Positionen und begründete dies einigermaßen verlogen damit, dass seine Aufgabe nicht darin bestehe, »Firmen aufzulösen«, sondern »Juden *als Personen* aus dem Kulturleben zu entfernen«. Er bekannte sich dazu, »die Vernichtung wirtschaftlicher Werte ... so weit wie nur irgend möglich zu vermeiden und auf die wirtschaftliche Tragweite der Entscheidungen stets Rücksicht zu nehmen«. Diese Unterscheidung gab die Richtung seiner Politik vor: Juden sollten hinter vorgehaltener Hand gezwungen werden, ihre Unternehmen an »Arier« zu verkaufen.[8]

Schon zwei Jahre zuvor hatten Enoch und Wegner eine Übertragung als allerletzte Möglichkeit diskutiert und überlegt, ob Enoch im Notfall seine Firma an Wegner verkaufen konnte. Enoch sträubte sich dagegen – ebenso wie die Hamburger Wirtschaftsbehörde. Diese »stellte sich uneingeschränkt hinter die jüdischen Firmeninhaber und vertrat die Auffassung, daß die erlassenen Berufsverbote in einem Widerspruch zu allen Grundsatzbeteuerungen der obersten Reichsstellen stünden«. Sie reichte den Fall an die Hamburger Senatsverwaltung weiter, die ihre Gesandtschaft in Berlin anwies, die Angelegenheit vor die Reichspressekammer und letztendlich die Reichskulturkammer, mithin vor Goebbels höchstpersönlich zu bringen. Die Hamburgische Gesandtschaft »vertrat am nachdrücklichsten den Primat der wirtschaftlichen Stabilisierung vor einer ungeregelten Politik der Verdrängung jüdischer Unternehmer« und wandte sich in Enochs Angelegenheit auch an das Reichswirtschaftsministerium, um Unterstützung für seinen Einspruch zu gewinnen.[9]

Je weiter Enochs Einspruch in der Hierarchie nach oben durchgereicht wurde, umso mehr zeigte sich, dass er sich einem System widersetzte, das die Regeln laufend nach Bedarf improvisierte. Monatelang erreichten ihn widersprüchliche Mitteilungen, schürten seine Hoffnung und machten sie im Mai 1935 zunichte, als Enochs Ersuchen endgültig abgelehnt wurde.

Heute existieren keine Dokumente mehr, aus denen sich der Gang der Argumentation hinter diesem Spruch rekonstruieren ließe. Allerdings wäre ein Erfolg Enochs eine ausgesprochene Anomalie gewesen. Max Amann hätte als Präsident der Reichspressekammer Enochs Eingabe befürworten müssen – wofür der NSDAP-Anhänger erster Stunde und Leiter des Zentralverlags der NSDAP, der unter anderem den *Völkischen Beobachter* und das wütend antisemitische SS-Kampfblatt *Das Schwarze Korps* herausgab, kaum zu gewinnen war. Auch der Wirtschaftsminister trat nicht entschieden und nicht rasch genug für Enoch ein. Als Schacht sich im November 1935 erneut an Goebbels wandte und eine Kopie seines Schreibens an Hitler persönlich schickte, um eindringlich darzulegen, dass das Wohlergehen der Wirtschaft Vorrang vor Goebbels' Ziel der »Reinigung« der Reichskulturkammer von jüdischen Einflüssen haben müsse, war es zu spät.[10] Was Enoch und Wegner schon vor dem Beginn der Boykottaktionen befürchtet hatten, war eingetroffen. Enoch musste Deutschland verlassen.

Die Dokumente zu dieser Phase von Enochs Verhandlungen mit dem Regime sind in ebenso konzentrierter wie uninspirierter Prosa verfasst. Sie verlieren sich in rechtlichen Spitzfindigkeiten und Nebensächlichkeiten. Dennoch vermitteln sie Seite um Seite ein faszinierendes Ringen: Albatross' zähes (und erfolgreiches) Stellungsspiel mit der nationalsozialistischen Bürokratie. Insbesondere Holroyd-Reece bewies großes Geschick darin, die Behörden von allem abzulenken, was sie nicht sehen sollten – dass der Kulturauftrag von Albatross völlig unvereinbar mit dem Nationalsozialismus war – und ihnen unterzuschieben, was sie glauben sollten –, dass Albatross und seine Auslandsverbindungen dem Deutschen Reich zum wirtschaftlichen und ideologischen Vorteil gereichten. Als etwa die Hamburger Devisenstelle im Mai 1935 drohte, die üppigen monatlichen Anweisungen des Albatross Verlags in französischen Francs zu blockieren, mit denen das Pariser Büro finanziert wurde, vollführte er einen seiner Taschenspielertricks: Um die Machtbasis von Albatross außerhalb Deutschlands von nationalsozialistischer Einflussnahme abzuschirmen, redete Holroyd-Reece den deutschen Beamten ein, dass das Pariser Büro insgeheim wichtige Propagandaarbeit für Deutschland vollbringe. »Bei den derzeitigen Schwierigkeiten, die für jede deutsche Firma im Auslande bestehen«, schrieb er, »ist der Wert einer ausländischen Interessenvertretung und Geschäftsstelle, welche den Widerständen im Ausland unmittelbar zu begegnen vermag, gar nicht hoch genug zu veranschlagen«. Er stellte die Bücher von Albatross und Tauchnitz in diesem Zusammenhang als »Goodwillwert« dar und nannte sie freundliche Repräsentanten deutscher Kultur auf ausländischen Märkten, deren Konsumenten deutsche Erzeugnisse ablehnten. Diese Bücher demonstrierten, so Holroyd-Reece, dass Deutschland weiterhin offen für andere Kulturen sei, und waren dadurch auch im wirtschaftlichen Interesse Deutschlands. Seine Argumentation verfing offenbar. Wie ein Historiker herausfand, »sahen Goebbels' Leute ein, wie sehr das literarische Ansehen eines Landes davon abhing, dass es den Eindruck einer gewissen Unabhängigkeit von politischer Einflussnahme vermittelte«. Mächtige Beamte in der deutschen Kultur- und Finanzbürokratie genehmigten daher weiterhin Albatross' Überweisungen nach Paris – und gewährten Holroyd-Reece die Freiheit, in vielen Dingen außer Reichweite nationalsozialistischer Aufsicht zu agieren. Sie stimmten in der Folge sogar noch weitergehenden Vergünstigungen für Albatross zu, unter anderem im Mai 1935 einer besonderen Steuerermäßigung in Deutschland für Autoren von Albatross und Tauchnitz.[11]

Um Enoch mitsamt seinem Buchgroßhandel aus dem Land zu schleusen, brauchte es genau diese Taktik: die ewigen Neinsager überzeugen, dass Albatross keine negative, jüdische Einflussnahme auf Tauchnitz war, sondern treibende und einigende Kraft einer für das Deutsche Reich günstigen Kooperation – und dass Enoch für deren wirtschaftliche Leistungsfähigkeit unersetzlich war. Ein langjähriger Freund beschrieb Enoch als »geschickten Verhandler und Geschäftemacher, der sehr gut organisieren konnte und einen bestechenden Blick für das Finanzielle hatte«. Im Dezember 1935 preschte Enoch vor – vermutlich sorgfältig abgestimmt mit seinen Partnern und in dem Versuch, seine Emigration druckvoll voranzubringen. Albatross verhandelte am 19. und 20. Dezember mit den Eigentümern von Brandstetter-Tauchnitz über die hohen Verluste bei Tauchnitz in Höhe von 170.000 Reichsmark, die Brandstetter der Geschäftsführung von Albatross zur Last legte. Alle Beteiligten fanden sich wie geplant ein. Alle sollten jeweils mindestens 10.000 Reichsmark einbringen, um Tauchnitz' Finanzen zu sanieren. Doch plötzlich weigerte sich Enoch zu zahlen: Er werde seinen Anteil an den Schulden von Tauchnitz nur übernehmen, wenn ihm die NS-Behörden erlaubten, seinen Albatross-Tauchnitz-Vertrieb nach Paris zu verlagern.[12] In Hitlerdeutschland hatte so ein Schachzug erhebliches symbolisches Gewicht: Ein jüdischer Verleger warf einem Vorzeigeunternehmen unter den Verlagen und Druckereien Knüppel zwischen die Beine.

Mit dieser Offensive schufen Enoch, Holroyd-Reece und Wegner eine neue Ausgangslage für die Verhandlungen. Sie spielten dabei mit verteilten Rollen. Am 21. Dezember unterbreitete Holroyd-Reece der Schrifttumskammer ein verlockendes Angebot. Seit Langem beschwerte diese sich darüber, dass das Pariser Büro von Albatross und Tauchnitz höhere Summen benötigte als andere exportierende Verlage für ihre Aufwendungen im Ausland. Falls nun Enoch auswandern durfte, so der Vorschlag, reduzierten sich die monatlichen Kosten des Pariser Albatross-Büros von 11.600 auf 10.000 Reichsmark, weil in diesem Fall Wegner nach Deutschland zurückkehren und hier Aufgaben übernehmen konnte, die bislang die Zweigstelle in Paris erledigte. Diese würde ihre Honorare um weitere 2000 RM monatlich reduzieren, »sobald Herr Dr. K. Enoch den Auslandsvertrieb von A. und T. ins Ausland verlegt hat«. Waren Enochs Betriebsabläufe erst einmal vollständig in die Arbeit des französischen Büros integriert, so konnte dessen Geldbedarf sogar auf einen Tiefststand von monatlich 6000 Reichsmark sinken. Das war ein Angebot ganz nach dem Geschmack der Herren über Finanzen und Schrifttum. Seit einiger Zeit forderte die Reichsstelle für Devisenbewirtschaftung in Berlin, die Albatross' gewaltige Überweisungen Monat für Monat registrierte, von ihrer Hamburger Zweigstelle, Albatross und Tauchnitz zum Sparen zu zwingen. Nun bot das Pariser Büro von einem Tag auf den anderen eine Halbierung der monatlichen Zahlungen an, wodurch dem Reich jährliche Devisentransfers im Gegenwert von fast 70.000 Reichsmark erspart würden – und man musste dafür nichts weiter tun, als sich eines

Juden zu entledigen, den die Schrifttumskammer ohnehin am liebsten aus der Welt schaffen wollte.[13]

Albatross hielt den Behörden den Köder hin, jedoch musste, bevor diese anbeißen konnten, ein komplizierter Rechtsweg beschritten werden. Für seinen zweiten Einspruch besorgte Enoch nicht nur einen Verteidiger, sondern gleich einen ganzen Stab: Albatross sicherte sich neben der Unterstützung der Brandstetters auch die Expertise eines Zirkels »arischer« Fachleute, die an Enochs Auswanderungsstrategie feilten. »Alle Einzelteile dieses Plans zusammenzusetzen nahm sehr viel Zeit in Anspruch«, schrieb Enoch. »Es erforderte komplizierte Verhandlungen und das Ausräumen von Hindernissen, brachte Enttäuschungen mit sich und war stets begleitet von der Furcht, schlafende Hunde im Verwaltungsapparat zu wecken ... Doch ein gewisses Risiko musste man eingehen«. Als Exportunternehmer benötigte Enoch die Zustimmung des Kultur- und des Finanzministeriums, um mit einem Grundbestand an Büchern Deutschland verlassen und im Ausland einen Vertrieb aufbauen zu können. Zu diesem Zweck beauftragte Albatross Dr. Hans Schöne, einen Anwalt mit guten Verbindungen. Er sollte die Unterstützung hochrangiger Beamter in beiden Apparaten gewinnen und deren Namen im richtigen Moment fallen lassen: Karl Heinrich Bischoff, einer von zwei Leitern der für den Buchhandel zuständigen Abteilung in der Schrifttumskammer, Paul Hövel, in der Schrifttumsabteilung des Propagandaministeriums verantwortlich für »Deutsches Schrifttum: Ausland«, sowie Fritz Dreyse, Vizepräsident der Reichsbank. Insbesondere Hövel erwies sich als wichtiger Vermittler zwischen den Lagern. Seine Dissertation über wirtschaftliche Aspekte des Kulturschaffens stützte die Haltung des Wirtschaftsministeriums, Exportsteigerung sei der beste Ausweg aus dem deutschen Devisenmangel.[14]

Trotz des starken Aufgebots standen die Chancen für Enoch schlecht. Als er Ende Januar 1936 zum zweiten Mal Widerspruch gegen den Arisierungsbescheid einlegte, hatte die Schrifttumskammer bereits 273 jüdische Verlage und Grossisten abgewickelt. 179 Fälle waren noch in Bearbeitung. Enochs Schilderung seiner Emigration entstand viele Jahre später und spielte herunter, wie verfahren die Angelegenheit tatsächlich war. Auf einer Seite beschrieb er seinen Plan. Auf einer zweiten fasste er die Hürden zusammen. Von seinen Gefühlen in dieser belastenden Zeit hielt er nur wenig fest. »Der Gedanke, auszuwandern und alles zurückzulassen, was für Seele, Körper und Geist einmal ›Heimat‹ bedeutet hatte, sich von den eigenen Wurzeln und über viele Generationen erworbenen Traditionen abzuschneiden, war ein sehr schmerzvoller«, gab er immerhin zu, »aber es führte kein Weg daran vorbei«.[15] Er ließ sich in seinen Lebenserinnerungen nicht weiter über das Vorgehen und die Forderungen der Behörden aus. Auch das Archiv der Schrifttumskammer schweigt diesbezüglich – wie in so vielen anderen Fällen, da die 70.000 Akten der Abteilung Buchhandel beim Bombenangriff der Alliierten auf Leipzig 1943 vernichtet wurden. Erhalten sind nur Spuren des Verfahrens aus Akten anderer Ministerien. Daraus wird immerhin deutlich, wie nahe das Regime einer Ablehnung von Enochs Einspruch kam.

Am 17. Januar 1936 sandte Schöne der Schrifttumskammer und den Devisenstellen in Hamburg und Berlin einen zehnseitigen Brief zu einem Thema, das dem Regime sehr am Herzen lag: Geld. Im Gegenzug für die Erlaubnis, Deutschland zu verlassen, folgte Enoch einem Vorschlag der Schrifttumskammer und erklärte sich bereit, 90.000 Bücher von Albatross und Tauchnitz im Gegenwert von etwa 60.000 Reichsmark zu kaufen, um damit in Paris seinen Vertrieb aufzubauen. Die große Kunst für Schöne bestand darin, die Adressaten seines Briefs davon zu überzeugen, dass Enoch dabei nicht insgeheim jüdisches Vermögen aus dem Deutschen Reich schmuggelte. Er passte seine Argumentation nationalsozialistischer Logik an. Enoch war in vierter Generation Deutscher, hatte im Ersten Weltkrieg sein Heimatland verteidigt und dafür einen Tapferkeitsorden erhalten, so Schöne. Seither war er ein kühner Geschäftsmann geworden, der die deutsche Wirtschaft voranbrachte. Da 65 Prozent der Bücher von Tauchnitz und 75 Prozent der Produktion von Albatross im Ausland verkauft wurden, hatten Albatross und Tauchnitz eine einträgliche Partnerschaft begründet, die Devisen für das Reich erwirtschaftete. Diese Unternehmenszusammenführung war nur dank Enochs Beteiligung möglich gewesen. Sie hatte Tauchnitz vor dem Bankrott gerettet und die Exporterlöse gesteigert.

Im Wesentlichen stellte Schöne nun Enochs Emigration als ein Mittel dar, beiden einander befehdenden NS-Bürokratien genau das zu geben, was sie wollten. Der Mittelabfluss aus dem Reich zum Pariser Albatross-Büro würde dadurch um beinahe die Hälfte reduziert und Enoch in aller Stille aus dem deutschen Verlagswesen entfernt. Enochs Großankauf von Büchern bedeutete ein Füllhorn für die Brandstetters, auch weil Enoch von da an den Großhandel mit Albatross-Tauchnitz-Büchern nur noch im Ausland, ein eigenes Unternehmen der Brandstetters dagegen den Vertrieb innerhalb des Reichs übernehmen sollte. Zudem würde Enochs Auswanderung weitere wirtschaftliche Vorteile mit sich bringen. Denn er konnte in der Folge die Auslandsmärkte direkt vor Ort bedienen und würde so »einen Auslandsumsatz der Unternehmungen Tauchnitz und Albatross im Werte von zur Zeit bereits RM 500.000« mindestens halten oder eher noch steigern, auch weil er den Marktanteil der deutschen Verlage besser »gegen die stark in Erscheinung tretende ausländische Konkurrenz und die ausländischen Boykottbestrebungen« verteidigen konnte. Demgegenüber brachten in der aktuellen Situation deutsche Devisenbeschränkungen beide Unternehmen ständig in Gefahr, denn wann immer dem französischen Büro die Mittel fehlten, um den laufenden Betrieb oder Reisen und Tantiemen zu bezahlen, beeinträchtigte dies die Geschäftsfähigkeit von Albatross und Tauchnitz und beschädigte beider Ansehen im Ausland. Nicht zuletzt hatte Enoch zugestimmt, seinen Hamburger Verlag und Zeitungsgroßhandel »in arischen Besitz« zu überführen.[16]

Die Reichsstelle für Devisenbewirtschaftung in Berlin – als oberste Behörde in allen Fragen der Ein- und Ausfuhr von Devisen – forderte argwöhnisch weitere Belege. Sie wollte Garantien dafür, dass Albatross nach Enochs erfolgter Auswanderung nicht seine Zelte abbrach und Deutschland ganz verließ. Dagegen hatte die Schrifttumskammer selbst am Entwurf der Vereinbarung mitgeschrieben und keine weiteren Einwände. Ihr Präsident, der Dichter Hanns Johst, erklärte in einem Brief an die Devisenstelle vom 16. Mai 1936, dass aus seiner Sicht nichts gegen Enochs Antrag spreche, er aber nicht sicher sei, ob Albatross und Tauchnitz so viele Devisen für das Reich erwirtschafteten, dass die Sache all die Mühe wert war. Immerhin hatte Enoch sich die Zustimmung der Schrifttumskammer gesichert und war damit schon auf halbem Weg nach Frankreich.[17]

Während Enoch auf die Freigaben der deutschen Finanzbehörden wartete, kümmerte er sich um die andere Seite seiner Auswanderung: französische Genehmigungen. Für das deutsche Reich war er zu jüdisch; nun stellte er fest, dass er für Frankreich sowohl zu jüdisch, als auch zu deutsch war. »Ein häufig bemühtes Axiom lautete: Misstraue allen Fremden, aber vor allem den Deutschen«, schrieb er. »Auch war der Antisemitismus tief verwurzelt und verbreitet«. Der französische Staat war Flüchtlingen aus Nazideutschland allgemein wohlgesinnt, prüfte aber ihre Anträge auf Aufenthalts- und Arbeitsgenehmigungen sehr genau. Enochs Reisen nach Paris und London, auf denen er seine angestrebte Übersiedlung vorbereitete, waren »hektisch und anstrengend«. »Die Auseinandersetzung mit fremden und oft feindseligen Verwaltungsapparaten, die meine Sprache nicht verstanden und deren Lebensgewohnheiten sich sehr von den meinigen unterschieden, war mühsam. Andererseits war es eine solche Freude, die Luft eines freien Landes zu atmen, den unabhängigen Geist der Menschen zu spüren, die *joie de vivre* der jungen Leute in den Straßencafés mitzuerleben, die Abwesenheit von Uniformen, Märschen, Demonstrationen, Fahnenschwingen und anderen mahnenden Zeichen des Polizeistaates zu genießen, und sei es jeweils nur für ein paar Tage am Stück«.[18]

Kaum zurück in Hamburg, musste er sich schnell wieder an die Welt der nationalsozialistischen Einengung, Verachtung und Überwachung gewöhnen. Seine einzig wirklich wohltuende Aussicht war, wie er eingestand, der »spektakuläre Blick« aus seiner Wohnung »auf die mehrere Kilometer breite Wasserstraße mit ihrem Hin und Her kleiner und größerer Boote, Frachter und Ozeandampfer unter den Flaggen vieler Nationen, die für mich einen symbolischen Kontakt zur Außenwelt herstellte«. Enoch hielt Ausschau und wartete, besorgte weiter den Vertrieb von Albatross-Tauchnitz und bereitete alles darauf vor, seine Hamburger Unternehmen demjenigen »Arier« zu verkaufen, der sie am besten kannte: Christian Wegner. Im Januar 1936 übersiedelte Wegner aus Paris zurück nach Hamburg.[19] Seite an Seite arbeiteten die beiden in Enochs Firmensitz: der Mann, dem die Unternehmen gehörten, und der andere, der sie demnächst übernehmen sollte – ein Riss unter vielen in einer zerrissenen Welt.

Mit der Brandstetter-Tauchnitz-Partnerschaft auf der einen Seite und Enochs unhaltbarer Stellung im Reich auf der anderen war Albatross' Netz von Beziehungen bis zum Äußersten gespannt. Trotz des politischen Drucks, trotz vieler Hürden, die sich einem Unternehmen mit Standbeinen in mehreren Ländern in den Weg legten, und ungeachtet des Spagats zwischen Nationalsozialismus und Demokratie zogen die drei Chefs wie eh und je geschmeidig die Fäden ihrer internationalen Kontakte. Doch die Einsätze in diesem Spiel hatten sich gegenüber den wilden Anfangszeiten vor Hitlers Griff nach der Macht gewaltig erhöht. Die Regierungen Englands und Deutschlands fassten einander misstrauisch ins Auge, und jede brachte ihre Mittel gegen die andere in Stellung. Es galt, sich zur einen oder zur anderen Seite zu bekennen.

Enoch vollführte seinen Drahtseilakt zwischen britischem Kapital und deutscher Produktion vor diesem Hintergrund zunehmender internationaler Spannungen. Seine gesamte Zukunft hing davon ab, dass ihm die Behörden in Hamburg und Berlin sein sorgsam konstruiertes Gespinst von Behauptungen abnahmen: dass Albatross und Tauchnitz wirtschaftlich und kulturell den Interessen des NS-Regimes dienten und dass er selbst, obwohl Jude, für diese Aufgabe geeignet war wie kein anderer. Auch Holroyd-Reece tanzte auf dem Seil, allerdings in die entgegengesetzte Richtung. In der zunehmend deutschfeindlichen Stimmung, die England erfasst hatte, musste er Albatross' Kulturauftrag und britische Gesinnung im richtigen Moment hervorkehren. Als das erste Jahr der Partnerschaft mit dem Brandstetter-Tauchnitz-Konzern seinem Ende zuging, hatte Holroyd-Reece einen Termin beim britischen Außenministerium. Das Foreign Office hat den diesbezüglichen Akt seither vernichtet. Erhalten ist nur ein vielsagender Eintrag im Verzeichnis des Schriftverkehrs für das Jahr 1935: »Publikation britischer Bücher in Deutschland durch die Albatross Library: Aufbau der Publishing

Holding Company und Tätigkeit von Herrn J. Holroyd-Reece in diesem Zusammenhang: Unterstützung der Regierung Seiner Majestät für: Verhandlungen«.[20]

Im Sommer 1936, während paradoxerweise viele Ausländer Deutschland bereisten, wollte Enoch nur noch weg. Die Vorbereitungen für die Olympischen Spiele in Berlin waren in vollem Gange, und Enoch wurde einmal mehr die Gleichgültigkeit der Welt gegenüber der politischen Situation im Dritten Reich vor Augen geführt. Touristen strömten ins Land und flanierten durch Straßen, in denen die olympische Flagge mit ihren fünf ineinandergreifenden Ringen zwischen den Nazifahnen mit dem Hakenkreuz im weißen Rund wehte. Zwei Kreissymbole völlig gegensätzlichen Inhalts zierten dieselben Straßenzüge. »Es war ausgesprochen widerwärtig«, bemerkte Enoch, »wie sich die Besucher der Olympischen Spiele von 1936 durch die vorübergehende Entfernung judenfeindlicher Plakate und Spruchbänder und durch anderweitige Verschleierungen von Deutschlands wahrem Gesicht täuschen ließen«.[21]

Im Juni und Juli fuhr Enoch kreuz und quer durch Hamburg, um von verschiedenen Ämtern Bestätigungen einzuholen, dass sie nichts gegen seine Ausreise einzuwenden hatten. Am 19. Juni erhielt er endlich Nachricht von der Reichsstelle für Devisenbewirtschaftung, dass er wie vorgeschlagen Bücher im Wert von 60.000 Reichsmark ankaufen konnte. Allerdings wurden ihm zwei Bedingungen auferlegt: »Die Bücher müssen vor der Auswanderung erworben und bezahlt sein. Es ist dafür Sorge zu tragen, daß monatlich nur ein Teilposten im Werte von RM 5.000,– ins Ausland überführt wird«. Diese Bedingungen setzten Enoch der Willkür des Regimes aus. Nahmen in der Folge Beamte des Reichs an irgendeinem Aspekt seiner Arbeit für Albatross und Tauchnitz Anstoß, so mussten sie nur seine Bücher als Pfand einbehalten, um seine gesamte Finanzierung ins Wanken zu bringen. Am 7. Juli stellte ihm die Hamburger Devisenstelle vorläufige Auswanderungspapiere aus. Enoch wurde zu einer Nummer: F V/91/36. Mehrere Wochen später, am 28. Juli, wartete er immer noch auf die Bestätigung des Hamburger Oberfinanzpräsidenten, die Enochs Schicksal besiegeln sollte. »Ich bitte Sie nunmehr, mir mit tunlichster Beschleunigung die endgültige

Genehmigung zu erteilen«, schrieb Enoch in dem Wissen, dass sein »Vorbescheid« für die Ausfuhr der Bücher am 1. Oktober 1936 ablief. Mit jedem weiteren Tag untätigen Wartens verengte sich sein Schlupfloch ein wenig mehr. Dennoch zögerte der Oberfinanzpräsident seine Antwort noch um eine Woche hinaus, bevor er schließlich am 6. August die monatlichen Büchersendungen nach Paris freigab. Schon am folgenden Tag, dem 7. August, überreichte Enoch der Hamburger Devisenstelle Rechnungen, die bewiesen, dass er 37.878 Bände von Albatross und 53.030 von Tauchnitz gekauft hatte. Damit war er nun Eigentümer des Rohmaterials für den Aufbau seines neuen Lebens in Paris, wenngleich er noch nicht darüber verfügte, sondern hoffen musste, dass die Behörden es ihm wie versprochen nach Frankreich lieferten.[22]

Auslandsreisen, Abflüge und Landungen: Während Touristen scharenweise zu den Olympischen Spielen anreisten, würde Enoch nun jeden Moment das Flugzeug besteigen, das ihn außer Landes brachte. Unzählige Verabschiedungen bargen bei vielen eine Verheißung der Rückkehr in sich. Nicht so bei Enoch. Als er am 8. August 1936 seine Habe zusammentrug, wusste er, dass er nicht zurückkehren konnte und nie zurückkehren würde. Mit jedem zusammengetragenen Schriftstück, jedem Dokument und jeden Stempel auf jedem Passierschein, mit jeder gezahlten Reichsmark für jedes der farbenfrohen Albatross-Bücher hatte er sich von einem Teil seiner bisherigen Welt für immer losgesagt. Eine Woche der letzten Male: das letzte Mal mit dem Zug aus dem stillen Vorort Blankenese zu seinem Büro in der Innenstadt fahren, das letzte Mal nach einem langen Arbeitstag aus dem knarzenden Aufzug treten, das letzte Mal aus seinen Fenstern auf die Elbe schauen, wo die Freizeitsegler vor dem Hafen kreuzten und den Frachtern auswichen, die unbeirrbar Richtung Nordwesten nach Brunsbüttel stießen, wo sich der Fluss weitet, und dann weiter durch die Mündung bei Cuxhaven hinaus in die Nordsee.

An seinem letzten Tag trennte sich Enoch von den Resten seines Berufslebens in Deutschland. Er schrieb an die Reichsschrifttumskammer und gab seine Mitgliedschaft im Bund Reichsdeutscher Buchhändler zurück. »Auf Grund der der Reichsschrifttumskammer bekannten und von ihr geförderten Verhandlungen über meine Sitzverlegung ins Ausland [und Durchführung des Auslandsvertriebes für die Editionen Tauchnitz und Albatross] durch mich von Paris aus habe ich meinen deutschen Wohnsitz heute aufgegeben«, teilte er mit. »Meine Firmen in Hamburg habe ich, wie der Reichsschrifttumskammer bereits bekannt, an den bisherigen Geschäftsführer von Albatross, den Verlagsbuchhändler M. C. Wegner, jetzt Hamburg, veräußert«. In diesem sachlichen Ton erinnerte er die Beamten daran, dass er ihren Vorgaben entsprochen hatte. Er schloss mit einer merkwürdig konzilianten Geste, die vielleicht seiner Bangigkeit angesichts des bevorstehenden Neuanfangs geschuldet war, vielleicht aber auch Kooperationswilligkeit andeuten sollte, damit möglichst niemand auf die Idee kam, ihm seine Bücher vorzuenthalten. »Ich hoffe, von meinem ausländischen Wohnsitz aus mit Erfolg für die Förderung des Exports der Tauchnitz und Albatross-Editionen, aber auch anderer deutscher Verlagsproduktion tätig werden zu können«.[23]

Enoch schwieg sich aus über seinen Abschied von Freunden und Angehörigen oder auch von den Angestellten des Unternehmens, an dessen Aufbau er so hart gearbeitet hatte. Überraschend ist das nicht. Etliche seiner jüdischen Angestellten hatten ebenfalls Ausreisegenehmigungen erhalten, um in Paris weiter für ihn zu arbeiten, also war der Bruch mit der Vergangenheit nicht vollständig. Aber es lag auch an Enochs Wesensart. Ein Freund, der ihn zu diesem Zeitpunkt seit dreißig Jahren kannte, beschrieb ihn als »gefühlsbetonten Menschen, der seine Gefühle stets im Griff hatte«.[24] Wie und wodurch hätte er sich je auf eine derartige Abreise vorbereiten können? Dem jüdischen Verleger Bermann Fischer, dessen Emigrationsstrategie sich Enoch zum Vorbild für seine eigene genommen hatte, gelang es, den grimmigen Moment des Abschieds von dem Unternehmen, das er mit aufgebaut und geführt, und von der Heimat, die er geliebt hatte und nun fliehen musste, in Worte zu fassen: »Wie kann ich den Abschied von Deutschland schildern? Wie kann ich sagen, was ich empfand, als ich meinen Mitarbeitern im Verlag zum letzten Mal gegenübertrat? Zum letzten Mal! Dass es ein letztes Mal, ein Ende gab! Es war wie ein Tod, den ich lebend erlebte«.[25]

Statt für den Augenblick des Abschieds hob Enoch sich die lebendigste Schilderung für den Moment des Aufbruchs auf: für seine »große Erleichterung, als ich schließlich und zum letzten Mal am 8. August 1936 ein Flugzeug der Air France von Hamburg nach Paris bestieg, nachdem man vorher noch jedes einzelne meiner Kleidungsstücke und selbst mein Hutband nach allfällig verstecktem Geld oder anderen Wertgegenständen gefilzt hatte«. Hoch oben in der Luft fielen all die Zwänge, die sein Leben seit Langem bestimmten, wie Fesseln von ihm ab. »Als ich der friedfertig wirkenden Landschaft viele Hundert Meter unter uns beim Vorüberziehen zusah, konnte ich kaum glauben, dass es dort unten eine unsichtbare, nicht von der Natur, sondern vom Menschen gezogene Linie gab, die allen Unterschied zwischen Knechtschaft und Freiheit ausmachte«, erinnerte er sich. »Ich entsinne mich nicht mehr, was mir alles durch den Kopf ging, als wir uns dieser Linie näherten. Aber ich bin mir sicher, dass die Frage einer möglichen Rückkehr in ein in Freiheit und Anstand wiedergeborenes Deutschland nicht darunter war. Ich hatte einen vollständigen Bruch mit der Vergangenheit vollzogen, und all mein Sinnen und Trachten galt nun der Zukunft, in der ich mir einmal mehr mit Nachdruck ein glückliches und erfolgreiches Leben aufbauen wollte«.[26] Enochs unendliche Weite lag, wie er hoffte, gleich hinter der unsichtbaren Linie, die ihn in seinem Leben und Streben allzu lang begrenzt hatte.

KAPITEL 9

Hütchenspiele

Den Einband des *Albatross Almanac* von 1936 zierte ein Vogelschwarm, der in einer raffinierten Formation insgesamt die Konturen des Albatross-Signets andeutete. Das Bild bestach durch seine Schlichtheit. Ganz gelassen schien diese geflügelte Schar in ihrem Überflug, frei von allen Fesseln. Es war ein Bild für seine Zeit. Trotz der Übergriffe von NS-Bürokraten auf die Geschäftstätigkeit gedieh Albatross ungebrochen und brachte jeden Monat vier neue Titel auf den Weg, zwölfmal im Jahr, über Landesgrenzen hinweg. Der *Almanac*-Einband versprach freigeistige Flucht gerade in dem Moment, als Fluchten jeglicher Art politisch belastet waren. Enoch wurde zu einem von 25.000 Juden, die 1936 aus Deutschland emigrierten.[1] Wegner wählte den unüblicheren Weg in die umgekehrte Richtung, zurück in ein Deutschland, das Jahr für Jahr in immer unberechenbarere Verhältnisse abdriftete.

Im Einmaleins der Nazis bedeutete der Wechsel von Enoch zu Wegner, dass ein jüdischer Vertriebschef von Albatross-Tauchnitz durch einen »arischen« Geschäftsführer ersetzt wurde. Wegner kaufte Enochs Verlags- und Vertriebsunternehmen am 1. September 1936, drei Wochen nachdem Enoch ins Flugzeug nach Paris gestiegen war. Am folgenden Tag wurde die Transaktion im *Börsenblatt* verlautbart, Albatross dabei aber nicht erwähnt. Unter der von Goebbels vorangetriebenen »Arisierung« waren derartige Mitteilungen inzwischen zur täglichen Gewohnheit geworden. Jüdische Verleger wandten sich unter dem Zwang, ihre Unternehmen zu verkaufen, naturgemäß zuerst an vorhandene Geschäftspartner. Nach Einschätzung des Historikers Richard Evans wurden zu dieser Zeit etwa ein Fünftel solcher »arischer« Firmenübernahmen zu angemessenen finanziellen Bedingungen abgewickelt, sodass sich die jüdischen Eigner oder Kompagnons irgendwo außerhalb der nationalsozialistischen Einflusssphäre eine neue Existenz aufbauen konnten. Doch in den allermeisten Fällen war es anders: Jüdische Unternehmen gingen für einen Bruchteil ihres eigentlichen Wertes an einen neuen Besitzer.[2]

Ob Enoch zu angemessenen Bedingungen verkaufen konnte, ist eine schwierige Frage. Wie aufrichtig die Absichten der drei Albatross-Partner auch gewesen sein mochten, als sie sich darauf einigten, dass Wegner Enochs Firmen kaufen sollte, und gleich welche persönlichen Vorteile sowohl Wegner als auch Enoch durch die von Enochs Buchhalter und engem Vertrauten ausgehandelten Bedingungen aus der »Übertragung« zogen: Am Ende konnte das Geschäft doch nicht mehr sein als die bestmögliche Lösung unter abscheulichen Umständen. »War der *Tausch* doch konfliktreicher verlaufen?«, fragte sich Christians und Annemaries Sohn Matthias Wegner viele Jahre später. »Zu vermuten ist mindestens, dass Kurt Enoch der freiwilligen Rückkehr seines Partners in *dieses* Deutschland reserviert gegenüberstand, wenngleich er selbst davon profitierte«.[3]

Tatsächlich war Christian Wegner alles andere als prädestiniert für die Rückkehr in den von Hass und Gewalt zerfressenen Staat, der aus Deutschland inzwischen geworden war. Annemarie und er schwärmten für Paris. Beide hatten alle Kraft in den Aufbau des Albatross-Büros unmittelbar südlich des Friedhofs Montparnasse gesteckt. Sie waren verliebt, und Paris war die Stadt, in der ihre Liebe aufgeblüht war. Annemarie schrieb von dieser Zeit später als den »wunderschönen Pariser Jahren«, und Christian betrachtete Paris als seine geistige Heimat. Warum also blieben sie nicht dort, obwohl sie bleiben hätten können? Christian hatte mit dem Nationalsozialismus nichts zu schaffen. Er kaufte demonstrativ in jüdischen Läden und unterschrieb seine geschäftliche Korrespondenz »mit deutschem Gruß« statt mit »Heil Hitler!«. Er half einer jüdischen Freundin, einer seiner vielen ehemaligen Geliebten, bei der Flucht aus Deutschland. Ein jüngerer Kollege bei Tauchnitz, Wolfgang Krause-Brandstetter, der in den ersten Jahren nach der Zusammenführung von Albatross und Tauchnitz mit Christian arbeitete, beschrieb ihn später als »von je her klar gegen die Nazis eingestellt« und »einen sprachbegabten Weltbürger«. Anscheinend war es ein einziger, alles überragender Wunsch, der Christian Wegner zurückholte: »Er muss an eine ihm günstige berufliche Chance geglaubt haben«, vermutete Matthias. Sein Widersacher bei Tauchnitz, Hans Otto, hatte einst richtig vorhergesehen, dass Wegner nicht lange für Holroyd-Reece arbeiten werde. »Wir dürfen uns kein leichtfertiges Urteil über die für beide Seiten komplizierte Transaktion erlauben«, schloss Matthias, »nur steht eines fest: Enoch hatte Weitblick bewiesen, C.W. Kurzsichtigkeit«.[4]

Angesichts des vollzogenen Wechsels der Unternehmensführung stellt sich noch eine weitere Frage: Warum nutzten Holroyd-Reece und Wegner nicht den günstigen Moment von Enochs Emigration, um Albatross' gesamte Geschäftstätigkeit flugs aus Deutschland abzuziehen? Enoch war die deutsche Mitte des Verlags gewesen, eben das »Hamburg«, das auf jedem Einband prangte. Doch alle Fäden des Albatross-Netzes liefen in Paris zusammen, und seit Januar 1935 existierte formell auch eine von Holroyd-Reece gegründete Londoner Niederlassung.[5] Dass Albatross sein Geschäft nicht außerhalb Deutschlands neu aufstellte, obwohl dessen Regime dem Geist eines freien Buchdrucks so feindlich gesinnt war, widerspricht zumindest auf den ersten Blick aller Intuition.

Eine ganz ähnliche Frage stellte die Reichsstelle für Devisenbewirtschaftung im Frühjahr 1936, weil ihr die buchhalterische Logik hinter Enochs Emigration nicht geheuer war. Wenn Enoch seinen Vertrieb nach Paris in unmittelbare Nähe des bestehenden Verlagsbüros umsiedelte, so ihr Argwohn, konnte Albatross ganz einfach seine Zelte in Deutschland abbrechen und Paris oder London als neuen Sitz der Produktion wählen. Reichswirtschaftsminister Schacht sah im Verlagswesen eine Säule wirtschaftlicher Stabilität, die durch die Rassenpolitik des Reichs wegzubrechen drohte. In der Zeit, als Enochs Auswanderungsantrag in Bearbeitung war, warnte er in einem Brief an Hitler vom Februar 1936 vor einer Schwächung des Exportbuchhandels durch die Arisierung, weil bei Verlagen, »die in besonderem Maße auf individuellen Leistungen und Beziehungen aufgebaut sind, eine Auswechslung [der Geschäftsführung] ohne umsatzschädigende Wirkung kaum möglich« sei. Enoch nach Paris aufbrechen zu sehen war also für die Wirtschafts- und Finanzverwaltung an sich kein Grund zum Feiern. Denn jüdische Verleger, die Deutschland verließen, konnten ihr Geschäft im Ausland neu aufbauen, und Deutschland verlor dadurch unwiederbringlich Exportchancen.[6]

Doch die Befürchtungen der deutschen Behörden bewahrheiteten sich nicht – jedenfalls nicht zur Gänze. Aus vielen Gründen war es nicht im Interesse von Holroyd-Reece, Albatross' Verbindungen zu Deutschland zu kappen. Eine Verlagerung über die Grenzen des Reichs hätte die »Übernahme« von Tauchnitz zunichte gemacht und die damit verbundenen Vermögenswerte aufs Spiel gesetzt. Insbesondere lief Albatross Gefahr, in diesem Fall 450.000 Bücher zu verlieren, mithin »fast die gesamte bisherige Verlagsproduktion«, die sich im Lager der Druckerei Brandstetter befand. Und während es inzwischen tatsächlich billiger gewesen wäre, die Bücher außerhalb Deutschlands zu produzieren, hätte Albatross seine im Ausland produzierten Bücher niemals zurück nach Deutschland, also auf seinen größten Markt bringen können. Solch ein »Umsatzverlust« war »für einen Verlag nicht tragbar«, erläuterte der Albatross-Anwalt Dr. Hans Schöne. Albatross war außerdem vertraglich daran gebunden, seine Bücher bei Brandstetter zu drucken. Diesen Vertrag zu verletzen hätte einen teuren Rechtsstreit ausgelöst und eine erneute Konkurrenz zwischen Albatross und Tauchnitz geschaffen, was für Albatross hohe Verluste bedeutet hätte. In Deutschland zu bleiben und das Büro in Paris weiterzuführen, so Schöne gegenüber den Reichsbehörden weiter, verband für Albatross die Vorteile beider Welten. Der Verlag konnte auf diese Weise seine Zusammenarbeit mit Brandstetter weiterführen und zugleich seine Abhängigkeit von den monatlichen Überweisungen der Reichsbank reduzieren – denn wann immer diese verspätet eintrafen, litten darunter Zahlungsfähigkeit, Ansehen und wirtschaftliche Stabilität von Albatross-Tauchnitz im Ausland.[7]

Der wichtigste Grund dafür, dass Albatross in Deutschland blieb, war aber paradoxerweise der Nationalsozialismus selbst. Gerade weil Hitlerdeutschland einer humanistischen Vision des Buchs so feindselig gegenüberstand, erlangte der Kulturauftrag von Albatross als einem der ganz wenigen Sprachrohre der angloamerikanischen Welt im Reich eine derartige Bedeutung. Wie Wegner Literaturagenten gegenüber geltend machte, war es für britische Verleger zunehmend schwierig, ihre Bücher in Deutschland zu verkaufen, was weniger mit kulturellen Barrieren als mit wirtschaftlicher Not zu tun hatte. Das Wirtschaftsministerium beschränkte »nicht zwingend nötige« Einfuhren nach Deutschland, damit der Staat möglichst mehr exportieren als importieren und mit dem Handelsbilanzüberschuss unerlässliche Rohstoffe im Ausland einkaufen konnte. Nach Holroyd-Reece' Auffassung fungierte Albatross unter diesen Umständen als trojanisches Pferd. Hinter seiner deutschen Fassade brachte der Verlag die angloamerikanische Kultur innerhalb der Reichsgrenzen in Stellung, damit sie ausschwärmen und dem deutschen Nationalismus in den Arm fallen konnte. Solange Albatross in Deutschland ein Standbein hatte, und sei es noch so dürr, wie Holroyd-Reece später einem wenig deutschlandfreundlichen Publikum darlegte, konnte der Verlag »in Deutschland eine Literatur vertreiben, die von den Nazis zunehmend verboten wurde und die allein der Albatross weiterhin in dem Land herausbrachte«.[8]

Und so schien aus Sicht der Reichsbehörden zunächst alles in bester Ordnung, als Enoch nach Paris flog. Bald mussten sie jedoch erkennen, dass sich der innerhalb der Reichsgrenzen verbliebene Albatross anders entwickelte, als sie es sich vorgestellt hatten. Wegner kaufte zwar Enochs Firmen, plante aber bereits seine Loslösung von Albatross. Er unterzeichnete Enochs Ankauf von Albatross- und Tauchnitz-Büchern am 7. August, einen Tag vor Enochs Abreise, und kaufte dessen Firmen am 1. September. Unterdessen waren Enoch und seine Familie sicher in Paris angekommen. Nur zwei Wochen später, am 15. September, trat Wegner von seinem Posten als Albatross-Geschäftsführer zurück. Er leitete Enochs Vertrieb zunächst weiter unter dessen Namen, doch nach jahrzehntelanger Arbeit für andere wollte er daraus nun etwas ganz anderes machen: seinen eigenen Verlag, von dem er immer geträumt hatte.[9]

Nur auf den ersten Blick überraschend, zog auch Albatross Vorteile aus diesem Arrangement. In Deutschland bestand Albatross als Vertriebszentrum weiter, konnte also auch künftig Bücher uneingeschränkt in Deutschland verkaufen, und hatte doch zugleich Marktmacht und Kapital in Paris konzentriert, mithin dem unmittelbaren Einfluss des Deutschen Reichs entzogen. Es wurden also nicht in erster Linie Geschäftsführer oder Firmensitze vertauscht, sondern eher Wegner den Reichsbehörden in Hamburg und Berlin als eine Art Lockvogel vorgehalten. Wie eigennützig auch immer Wegner bei der Übernahme von Enochs Firmen vorging: Seine Rückkehr nach Deutschland war wesentlicher Teil einer sehr besonderen Emigrationsvereinbarung, die Albatross mit und für Enoch ausgehandelt hatte. Aus zahlreichen Dokumenten geht klar hervor, dass die Reichsbehörden Enoch mitsamt seiner wirtschaftlichen Existenzgrundlage – den besagten 90.000 Büchern – nur aus dem Land ließen, weil sie glaubten, dass Wegner nach Hitlerdeutschland zurückkehrte, um von hier aus Albatross voranzubringen.

Zum Glück für Albatross durchschaute der Beamtenapparat des Reichs die Lockvogeltaktik zunächst nicht. Wegner spielte seine Rolle überzeugend. Er zog im Januar 1936 zurück in seine Heimatstadt Hamburg, um sich an Enochs Seite einzuarbeiten. Im Frühjahr 1936 änderte er das aus Frankreich mitgebrachte Briefpapier, indem er neben »Head Office« die Pariser Adresse mit der Maschine durchstrich und sie durch Enochs Hamburger Anschrift ersetzte. Nach allem, was die Beamten wussten, war der Geschäftsführer von Albatross auf Dauer in seine Heimat zurückgekehrt und das Verlagsbüro von Paris nach Hamburg übersiedelt. »Diese Verhandlungen«, schrieb beispielsweise der Präsident der Schrifttumskammer im Mai 1936 zu Enochs Auswanderungsvorhaben, »haben zu dem Plan einer Verlegung der jetzt in Hamburg befindlichen Vertriebsstelle und einer Überführung der Pariser Agentur nach Hamburg geführt«. Der Gedanke gefiel ihm offensichtlich, und er erwartete, dass der Wechsel von Enoch zu Wegner dem Reich unmittelbare finanzielle Vorteile einbringen würde, weil das Pariser Albatross-Büro Deutschland seit 1931 Hunderttausende Reichsmark an Devisenüberweisungen gekostet hatte. Im August bewilligte er eine weitere hohe Zahlung nach Paris und erhob »aus wirtschaftlichen Gründen zwar keine Bedenken, doch dürfte die Übersiedlung jetzt endlich bewerkstelligt sein«, wie er mit erkennbar wachsender Ungeduld anmerkte. »Damit entfallen dann die Überweisungen«.[10] Erst nach Wegners Kündigung wurde ihm klar, dass Enoch nicht einfach nach Paris ausgewandert war, sondern die Leitung des französischen Büros übernommen hatte, das blieb, wo es war, und weiter Monat für Monat Überweisungen benötigen würde.

Holroyd-Reece profitierte noch in anderer Weise von diesem Arrangement. Im Sinne seines selbst gestellten Kulturauftrags verschob er das in Hamburg verbliebene »Hütchen« des Albatross Verlags zu den Brandstetters nach Leipzig. Es bot sich an, den deutschen Geschäftszweig näher bei den dortigen Partnern anzusiedeln, um die Abläufe zu straffen. Seit 1934 gestaltete Albatross das Verlagsprogramm von Tauchnitz, und das Brandstetter-Vertriebsunternehmen VAG erledigte seit Enochs Auswanderung den von diesem notgedrungen zurückgelassenen Albatross-Tauchnitz-Vertrieb innerhalb des Deutschen Reichs, den das Regime nicht in den Händen eines Juden wissen wollte.[11]

Unverhofft bot sich Holroyd-Reece mit Wegners Abgang von Albatross auch eine Gelegenheit, die Macht, die er anderen überließ, breiter zu streuen. Wegner war stets ein energischer Mitbegründer und Geschäftsführer gewesen und hatte auch harte Auseinandersetzungen über den Kurs des Verlags nicht gescheut. Am 15. September 1936 setzte Albatross nun zwei neue Geschäftsführer ein, die sich als vertrauenswürdige und äußerst fähige Mitarbeiter bewährt hatten. Sie sollten in Wegners Fußstapfen treten, würden sich zugleich aber weniger gegen das Diktat von Holroyd-Reece sträuben: Jean-Louis Bricaire in Frankreich und Erich Kupfer in Deutschland.[12] Als Direktor von Albatross war Holroyd-Reece der einzige Generalbevollmächtigte. Allein durch seine Unterschrift konnten Verträge oder Strukturen von Albatross geändert werden. Den deutschen Albatross Verlag höhlte Holroyd-Reece zu einer Scheinfirma aus, damit Albatross im Kriegsfall nicht zur Gänze reichsdeutscher Hoheit unterstand. Der »Abenteuerbaron« blieb Sieger im Hütchenspiel – vorerst jedenfalls.

Mitte der Fünfzigerjahre analysierte eine deutsche Grafologin eine Schriftprobe Holroyd-Reece', ohne zu wissen, von wem sie stammte. Der Schreiber mochte ein Arzt, Professor oder vielleicht auch ein Anwalt sein, spekulierte sie, jedoch mit Sicherheit jemand, der »redegewandt und ein guter Verhandler, aber auch gewieft im Verbergen oder gegebenenfalls Verbiegen der Wahrheit« sei.[13] Mit dem Einfädeln von Enochs Emigration und Wegners Rückkehr bewies Holroyd-Reece alle diese Qualitäten. So hatte Albatross nie schriftlich zugesichert, das Pariser Büro nach Deutschland zu verlegen, sondern nur eine Kostensenkung für den Fall angeboten, dass Enoch und Wegner die Plätze tauschten. Albatross hatte die deutschen Behörden glauben lassen, was sie glauben wollten, und ihrer Interpretation der schriftlichen Vereinbarung nicht widersprochen, bis Enochs Auswanderung vollzogen war. Am Ende verdankten die Albatross-Chefs ihren Erfolg aber ebenso sehr der Uneinigkeit nationalsozialistischer Bürokraten wie der eigenen Schlauheit. Sie nutzten selbstverständlich die Lücken im deutschen Gesetzeswerk, aber sie fanden auch einen unfreiwilligen Verbündeten in einem fragmentierten Verwaltungsapparat mit zu vielen sprechenden Köpfen an den Spitzen zu vieler staatlicher Stellen, die sich über die langfristigen Folgen ihrer Genehmigungen nicht verständigen konnten.

Auf mehreren Ebenen veranschaulichen die Auseinandersetzungen zwischen Albatross und dieser Bürokratie, wie schnell der Mythos zentralisierter und straffer Gleichschaltung unter der nationalsozialistischen Herrschaft in sich zusammenfällt, sobald man sich die tatsächlichen Abläufe näher ansieht. Heute sind sich die Historiker weitgehend einig, dass der Nazistaat hinter der Fassade einer gnadenlos durchgreifenden Ordnungsmacht von Chaos und Zerfall geprägt war. Der Historiker Jeremy Noakes benennt in seinen Arbeiten zur NSDAP und zum NS-Verwaltungsapparat eine Ursache für das heillose Durcheinander im Verborgenen: »Weil die Nazis bis dahin alle Kräfte darauf verwandt hatten, an die Macht zu gelangen, waren sie auf das Regieren selbst kaum vorbereitet«. Eine Folge dieses Versäumnisses war, dass es im Moment, als Hitler das Kommando im Staat übernahm, keinen stimmigen Plan zur Zusammenführung von Parteihierarchie und staatlichem Verwaltungsapparat gab. Nach dem »Führerprinzip« behielt Hitler alle Macht in seinen Händen und delegierte Zuständigkeiten an Anhänger, die ihm bedingungslose Gefolgschaft schuldeten. Hitler vergab und entzog Befugnisse nach Gutdünken. Er beseitigte die parlamentarische Kontrolle und räumte den staatlichen Institutionen keine Mitsprache bei seinen Entscheidungen ein. Er gründete neue Ministerien, die willkürlich mit Zuständigkeiten für verschiedene Belange ausgestattet wurden, obwohl zur Regelung dieser Dinge bereits Ämter bestanden. Bald war deshalb nicht mehr klar, wer eigentlich die Zensur lenkte oder die Polizei zur Rechenschaft ziehen konnte. Die NSDAP vergab zudem an ihre eigenen, oft genug fachlich unkundigen Leute Posten, die zuvor Staatsdiener bekleidet hatten, und verlor in der Folge deren Kompetenzen und jahrelange Verwaltungserfahrung. Daraus entstand eine funktionale Irrationalität, die Jane Caplan, eine andere Historikerin der NS-Bürokratie, ein »Regieren ohne Verwaltung«

voller Widersprüche genannt hat. »Der Konflikt zwischen vorausschauender Planung und opportunistischer Improvisation war nur einer von vielen Grabenbrüchen, die sich von den ersten Wochen an durch das nationalsozialistische Regime zogen«, schreibt Caplan. »Ebenso bald traten Gegensätze zwischen Zentrum und Peripherie, politischer Führung und verwalterischer Umsetzung sowie allgemein unter den zahlreichen staatlichen Institutionen zutage – und das umso mehr, als die Beteiligten erkannten, dass kollegiale und hierarchische Entscheidungsstrukturen in atomisierte Einheiten zerbrachen.«[14]

Die Unzulänglichkeiten dieser sogenannten polykratischen Staatslenkung machten sich auch bemerkbar, als Albatross seinen deutschen Sitz von Hamburg nach Leipzig verlegte und dort einer anderen Verwaltungshierarchie unterstand. Deren Angehörigen kann man immerhin zugutehalten, dass die aufkommende Verwirrung vielleicht irgendwann auch in Hamburg entstanden wäre. Albatross' Unternehmensstruktur, die etliche Firmen und staatliche Hoheitsgebiete überspannte, war so ausgetüftelt, dass sie darauf ausgelegt schien, sich jedem Verständnis zu entziehen. Beinahe könnte man sagen, dass Holroyd-Reece auf seine eigene, raffinierte Art und Weise das Führerprinzip für sich entdeckte. Es kam ihm darauf an, dass seine Leute taten, was er wollte, ohne unbedingt zu verstehen, was sie taten. Als nun der Albatross Verlag seinen Hauptsitz von Hamburg nach Leipzig verlegte, machte die Hamburger Devisenstelle eine an sich schon heillos verwirrende Sachlage rund um Enochs Emigration und den daraus resultierenden grenzüberschreitenden Waren- und Devisenverkehr noch undurchschaubarer, indem sie den Leipziger Stellen den ganzen Vorgang ohne große Erklärungen vor die Füße warf. Holroyd-Reece hatte ein Netz gewoben, das in seiner Verworrenheit der NS-Bürokratie kaum nachstand. In diesem Netz verfingen sich die Leipziger Beamten umso mehr, je mehr sie zappelten.

Denn es verhielt sich zwar alles so, wie es sein sollte, und schriftliche Bestätigungen gab es zuhauf. Doch das, worauf es dem Reich vor allem ankam, blieb aus. Anders als erwartet, flossen keine Mittel aus Paris ins Land. Angestellte der Reichsbank in Leipzig errechneten Mitte Dezember 1936 – falsch, wie sich später herausstellte – Exportaußenstände von 121.400

Reichsmark, die Enoch dem Reich schuldete. Mit anderen Worten: Albatross kostete das Reich nicht weniger als zuvor, sondern immer mehr, weil nun die Auslagen in Form von Enochs Buchlieferungen zu den exorbitanten Honoraren für Paris noch hinzukamen und die deutschen Behörden vergeblich darauf warteten, dass Albatross diese Mittelabflüsse ausglich. In der Leipziger Devisenstelle ging die Angst um. Hatten die Kollegen in Hamburg tatenlos zugesehen, wie Enoch das Land mit Tausenden Büchern verließ? Und wieso hatte man diesem jüdischen Verleger gestattet, Albatross und daran angeschlossene Unternehmen außer Landes zu zaubern, sodass Deutschland nun Devisenverluste hinnehmen musste, die es sich am allerwenigsten leisten konnte?[15]

Die Erklärung war einfach: Die Leipziger Behörden verstanden Enochs Auswanderungsvereinbarung nicht. Und das war nicht verwunderlich. Denn Holroyd-Reece hatte die Einzelheiten des Wegner-Enoch-Köders hinter einem solchen Dickicht von Ein- und Ausfuhrdeklarationen verborgen, dass niemand – auch nicht die Hamburger Zweigstelle der Reichsbank, die Enochs Auswanderung geregelt hatte – die Konsequenzen überblickte. Erst bei der Prüfung von Enochs Akte drei Wochen nach dessen Abreise erkannte ein Hamburger Finanzbeamter Grund zur Sorge. Im Allgemeinen generierten alle Waren, die Deutschland verließen und im Ausland verkauft wurden, Einkünfte entweder in Form von Gütern oder Devisen, die ins Reich zurückflossen, wodurch sich der Exportkreislauf schloss. Beginnend mit dem 1. Dezember 1931 hatten die Reichsstelle für Devisenbewirtschaftung und ihre regionalen Ableger die Exportkontrollen verschärft, um zu verhindern, dass Exporteure das System für ihre Zwecke ausnutzten. Diese waren seither verpflichtet, alle aus Deutschland ausgeführten Güter auf Exportvaluta-Vordrucken zu melden. Die Behörden prüften daraufhin, ob dem Wert der im Ausland von der jeweiligen Firma verkauften Güter ein gleichwertiger Rückfluss von Waren oder Devisen nach Deutschland gegenüberstand. Wichen die Zahlen voneinander ab, deutete das darauf hin, dass Exporteure im Ausland über die Maßen Gewinne abschöpften, um entweder direkt mit ausländischen Lieferanten abzurechnen oder im Ausland zu investieren.[16]

Von dieser Verpflichtung hatte man Enoch entbunden und ihm stattdessen erlaubt, ohne Einschränkungen seine 90.000 Bücher nach Paris mitzunehmen, die Einkünfte aus deren Verkauf für sich zu behalten und mit diesem Kapital sein Geschäft in Paris aufzubauen. In Zeiten akuten Devisenmangels war eine solche Vereinbarung – die das Deutsche Reich den Gegenwert von Zehntausenden Reichsmark in Waren oder Devisen kostete – ein Schock für jeden aufrechten Finanzbeamten. »Diese Transaktion soll ... mit Zustimmung der Reichsschrifttumskammer und mit Genehmigung der hiesigen Devisenstelle durchgeführt werden«, schrieb ein Mitarbeiter der Hamburger Devisenstelle an den Präsidenten des Landesfinanzamts Hamburg. »Wir bitten um baldgefällige Mitteilung, ob die Angaben stimmen«. Dieser bestätigte, er habe Enochs Antrag stattgegeben, und zwar »auf Grund der Entscheidung der Reichsstelle für Devisenbewirtschaftung in Berlin«, das heißt der obersten Behörde in solchen Angelegenheiten, »unter Beifügung einer Abschrift für die Reichsbank« – letzteres unterstrichen, wie um seinem Untergebenen zu sagen: »Habt ihr bei der Reichsbank eigentlich geschlafen?«[17] Dies war nur eines von vielen Beispielen für den hohen Preis von Hitlers Führerprinzip im Alltag: Anordnungen von oben wurden oft nicht hinterfragt, selbst wenn sie aus Sicht der jeweiligen Einrichtung keinen Sinn ergaben. Beamten der unteren Ebenen blieben dadurch oft kaum Spielräume zum Handeln.

Die Leipziger Behörden wiederum waren mit den Einzelheiten und Sonderreglungen des Falls Albatross sehr viel weniger vertraut als die Hamburger Kollegen. In ihrem Argwohn entzündete sich ihr Verdacht an allem, was irgendwie mit Albatross zu tun hatte. Gerhard Brüder und Wilhelm Lucke, zwei Ermittler der Leipziger Devisenstelle, prüften Buchführungen, Kontoauszüge, Schriftverkehr, Exportunterlagen, ausländische Schuldkonten und Handelsregisterdokumente. »Die Verhältnisse dieser Firmen untereinander«, stellten sie fest, »sind derartig undurchsichtig«. Mehr noch empörte sie, wie es Enoch gelungen war, sich im Ausland zu etablieren. »Es handelt sich um einen Juden«, protestierten sie und behaupteten, dieser sei »ohne Genehmigung abgewandert« und habe »Vermögen auf gesetzwidrige Weise ins Ausland verbracht«. Nicht weniger erstaunte die beiden, dass der angesehene Brandstetter-Konzern ausländischen und jüdischen Geschäftspartnern die Führung der Tauchnitz-Konten anvertraute. Sie drohten, »gegebenenfalls Maßnahmen gegen die Firma ... zu ergreifen«, falls die Brandstetters nicht unverzüglich ihre Forderungen aus Tauchnitz-Verkäufen eintrieben und Dokumente aus Paris besorgten, die das französische Albatross-Tauchnitz-Büro in Paris ihrer Einsichtnahme entzog.[18]

Trotz all ihrer Aufmerksamkeit für Details irrten sich Brüder und Lucke in einem Punkt. »Es ist nicht zu vermuten«, spekulierten sie über Enochs Emigration, »daß eine Betriebsabwanderung, wie es hier der Fall ist, von den Behörden gutgeheißen würde«. Tatsächlich waren die höheren Ebenen der Hierarchie in Berlin und Hamburg genauestens im Bilde: die Reichsschrifttumskammer und die Schrifttumsabteilung im Propagandaministerium ebenso wie die Reichsstelle für Devisenbewirtschaftung in Berlin und die Hamburger Außenstelle der Reichsbank und der Präsident des Hamburger Finanzamts, nicht zu reden von all den Ämtern in und um Hamburg, bei denen Enoch stapelweise Nachweise eingesammelt hatte, bevor er mit seiner Familie und seiner Existenzgrundlage auswandern durfte, hatten allesamt an der ausgehandelten Lösung mitgewirkt.[19]

Was Brüder und Lucke für amtliche Inkompetenz hielten, war aber wie erwähnt Ausdruck einer grundlegenden Schwäche des Apparats. Zu viele Schichten von Regulierungen mit einander überschneidenden Zuständigkeiten und zu viele Behörden, die sie anwandten, ohne einander hinreichend über Einzelheiten auf dem Laufenden zu halten, ließen Missverständnisse aufkommen, die Albatross und Enoch noch Monate später beschäftigten. Auf der Suche nach Antworten auf ihre Fragen suchten Brüder und Lucke den Leipziger Sitz des Albatross Verlags bei Brandstetter auf und erlebten dort die unangenehmste Überraschung von allen. Anscheinend war Albatross mitsamt aller Bücher, Akten und Angestellten wie vom Erdboden verschluckt. »Unter dieser Anschrift besteht jedoch keine Firma«, berichteten sie in warnendem Ton. »Es bestehen weder Geschäftsräume, noch eine Geschäftsführung ... noch wird Personal in Leipzig beschäftigt, noch werden hier Bücher geführt«. Am 4. Januar 1937 war aus ihrer Sicht jeglicher Vertrauensvorschuss aufgebraucht. Sie empfahlen ihren Vorgesetzten dringend, »die Löschung der The Albatross Verlag G.m.b.H., Leipzig zu beantragen und die Firma als devisenrechtlichen Ausländer zu erklären«. Sie froren sämtliche Vermögenswerte von Albatross ein und riefen den frisch gebackenen Geschäftsführer Kupfer, der in den vergangenen vier Monaten Enoch beim Aufbau von Continenta in Paris zur Hand gegangen war, von dort zurück. Eben noch in der Lichterstadt, fand er sich nun im Scheinbüro von Albatross in Leipzig abgestellt. Seinen Pass hatte man eingezogen, ihm selbst legte man das schwere Vergehen zur Last, seinem jüdischen Chef wissentlich beim Schmuggel von Vermögen aus dem Reich geholfen zu haben. Man zog ihn für Vergehen seiner Arbeitgeber zur Verantwortung.[20] Tatsächlich war Kupfer der oder das Einzige, was von Albatross in Deutschland noch übrig war – sieht man von den Büchern in Brandstetters Lagern ab – und sich nicht dem Zugriff des Deutschen Reichs entzog. Was war mit Albatross in Deutschland geschehen? Es dauerte Monate, bis die Beamten des Reichs überhaupt so weit waren, diese Frage zu formulieren. Es sollte Jahre dauern, bis sie eine zufriedenstellende Antwort darauf fanden.

Während es in Deutschland brodelte, war Paris beinahe eine Insel der Ruhe, und das sogar für den Mann, um den sich im Skandal um Albatross alles drehte. Nachdem er, wie er später schrieb, »den Kampf ums Überleben in der Katastrophe der Nazizeit« durchgemacht hatte, konnte er kaum glauben, wie ihm geschah, als er in Paris ankam und behandelt wurde wie jeder andere Reisende – ohne Gepäckdurchsuchungen und bürokratische Schikanen. Mit nichts als seinen persönlichen Habseligkeiten gelangte er durch die französische Zollkontrolle, als sei ein Grenzübertritt das Normalste von der Welt.[21]

All der Ärger und die Demütigungen »waren nun Vergangenheit«, schrieb Enoch. »Die Stunde des völligen Neuanfangs war gekommen«. Seine erste Zeit in Paris war von Einsamkeit geprägt. Er fühlte sich abgeschnitten von der Vergangenheit, ohne doch in einer irgendwie sinnstiftenden Gegenwart angekommen zu sein. Briefe in die Heimat mussten den »feindlichen Zaun«

der Zensur überwinden, was es ihm erschwerte, die Verbindung zu Freunden und Verwandten aufrechtzuerhalten. Da er Nazideutschland hinter sich gelassen hatte, ging er daran, sich an seinem neuen Wohnort ein Gefühl von Heimat aufzubauen. »Ich hatte das tiefe Bedürfnis, neue Wurzeln zu schlagen«, schrieb er in seinen Lebenserinnerungen, »ein Bewusstsein der Zugehörigkeit und Identifikation mit dem Land zu gewinnen, in dem ich Zuflucht gefunden hatte«. Er heiratete eine jüngere deutsche Jüdin namens Marga Heinemann, die mit ihm emigriert war. Vermutlich dank Holroyd-Reece' Kontakten zur Pariser Halbwelt ergatterte er eine Wohnung in einem verwinkelten, siebenstöckigen, nur zwei Fensterachsen schmalen Haus am Quai Bourbon Nr. 49 auf der Île Saint-Louis, das seit mehreren Jahrhunderten dort stand und der Prinzessin Marthe-Lucie Bibesco de Brancovan gehörte. Wenn er am Quai entlang nach Hause ging, sah er die in den Himmel ragende Kathedrale Notre-Dame oder auch den rankenden wilden Wein über den gelblichen Kalksteinmauern des Flussufers. Seinen weiten Blick über die Elbe in Hamburg hatte er gegen die Nachbarschaft zur Seine eingetauscht. »Aus den großen französischen Fenstern sah man die andere Insel mit der Kathedrale und dazwischen den Fluss mit langen Reihen von Frachtkähnen und Ausflugsschiffen darauf und die beiden Ufer mit großen alten Bäumen«. Nach den entwürdigenden Umständen des Lebens unter Hitler war er dankbar, in diesem Umfeld zu landen, das alles hatte, was es für ein Stadtmärchen brauchte. Vielleicht würde er ja hier sein Zuhause finden.[22]

Um den täglichen Weg zur Arbeit von seiner Wohnung zum ebenso stattlichen Continenta-Büro an der Place Vendôme Nr. 16 im ersten Arrondissement kann man ihn nur beneiden. In nördlicher Richtung die Seine überquerend, nahm er entweder am Hôtel de Ville die Metro und stieg ein paar Stationen weiter bei den Tuilerien aus. Von dort waren es nur noch einige Straßen bis zu seinem Büro. Oder er konnte etwa eine halbe Stunde lang zügig die Seine entlang und vom Quai nördlich abzweigend am Louvre vorbei durch die Tuilerien gehen – unter prunkvoll-formstrengen Baumreihen hindurch, an Rabatten mit ihren Einfassungen aus niedrigen Zierpflanzen und über den Garten verteilten runden Steinbecken vorbei zu »einem der allerschönsten alten Plätze in der Pariser Innenstadt«.[23] Die Place Vendôme, von Ludwig XIV. im Jahr 1702 zu Ehren seiner Armeen erbaut, ist ein Juwel von einem Platz. Das Rechteck seines Grundrisses erzählt von einer wohlgeordneten Welt. Die klassizistischen Fassaden fügen sich an beiden Seiten zur Anmutung eines einzigen prachtvollen Schlosses. Enoch teilte sich diesen exquisiten Platz mit einer ganzen Reihe eindrucksvoller Namen wie dem Edelschneider Charvet und dem schicken Juwelier Van Cleef et Arpels. Coco Chanel hatte ihre Räume im Ritz an der gegenüberliegenden Seite, und auch die Modeschneiderin Elsa Schiaparelli gründete ihren Laden an der Adresse 21 Place Vendôme. Albatross ließ sich hier mit dem Anspruch nieder, in die höhere Gesellschaft aufzusteigen.

Hinter den wohlproportionierten Fassaden der Place Vendôme begann Enoch ganz von vorn und stürzte sich Hals über Kopf in Continenta. Zwar erforderte diese Arbeit »großes Durchhaltevermögen«, doch Enoch genoss auch seine wiederholten Reisen nach London. Mit Freuden erinnerte er sich später an seine Ausflüge über den Ärmelkanal im »riesigen Doppeldecker ›Hercules‹, in dem ein üppiges englisches Frühstück elegant serviert wurde«. Einmal ging er in seiner Kabine auf einer Nachtfähre zu Bett, um beim Erwachen am nächsten Morgen festzustellen, dass das Schiff »immer noch im selben nebelversunkenen Hafen« festhing, weil die See für eine Überfahrt zu rau war.[24] Metaphern von Aufbruch und Rückkehr, Abschied und Wiedersehen: Enoch erwachte jeden Morgen in Paris, doch in einer Weise, die er zu diesem Zeitpunkt noch nicht begreifen konnte, war er von Hamburg nicht losgekommen.

KAPITEL 10

Argwohn

Aus Holroyd-Reece' Sicht gab es in Paris allerhand zu feiern. Albatross hatte seine Abhängigkeit von Deutschland verringert. Mit Enochs Emigration waren die Leitung des Albatross-Tauchnitz-Vertriebs größtenteils über die Grenzen des Deutschen Reichs gewandert und der Büchervorrat in Pariser Lagerhäusern aufgefüllt. Albatross und Tauchnitz waren aufgestiegen in der Verlagswelt und hatten die szenige Bleibe in der Rue Boulard gegen die edle Place Vendôme eingetauscht. Der hundertste Jahrestag von Tauchnitz stand bevor und bot Holroyd-Reece ein ideales Sprungbrett, um noch mehr Bücher unter die Leute zu bringen und für die angloamerikanische Kultur zu werben. Im Schulterschluss mit Enochs Vertrieb fuhr das Albatross- und Tauchnitz-Verlagsbüro anlässlich des hundertsten Geburtstags von Tauchnitz eine mitreißende Kampagne und konnte sich dabei der Aufmerksamkeit von Lesern überall in Europa sicher sein.

Zwei von Holroyd-Reece herausgegebene Jubiläumsbände erschienen zum feierlichen Anlass – *The Harvest: Being the Record of One Hundred Years of Publishing, 1837–1937* sowie *The Centenary Catalogue of the Tauchnitz Edition*. Beide ließen Holroyd-Reece' Zugehörigkeit klar erkennen, indem sie zwar die deutsche Innovation priesen, der Tauchnitz sich verdankte, aber in Deutschland für Tauchnitz letztendlich keine Zukunft sahen. So begann die Bildstrecke in *The Harvest* mit dem ersten Freiherrn von Tauchnitz, der mit einem wuchtigen Militärorden am Hals und einem ledergebundenen Buch in der Hand asketisch streng in die Ferne sieht. Es folgt der zweite Freiherr von Tauchnitz mit wehendem weißem Haar, ausladendem Schnurrbart, schwarzem Anzug, Fliege und Kneifer, der schon mehr einen Professor als einen Adeligen darstellt und ebenso als deutsche Inkarnation von Mark Twain durchgehen könnte. Gleich darauf zu sehen: Tauchnitz' allererster Firmensitz, eine klassizistische Villa mit Obergeschoss, und die sechsstöckige Druckerei Brandstetter mit den Flachreliefs und Blendbogen ihrer Jugendstilfassade. Von da an dominiert Albatross im Bilderreigen: Enochs ehemaliger, unter dem Druck der Nazis aufgegebener Hamburger Firmensitz, das bescheidene erste Büro in Paris, in dem Albatross aus der Taufe gehoben wurde, schließlich der Eingang zu den neuen Geschäftsräumen an der Place Vendôme mit den breiten Steinstufen, die zwischen vier antik aussehenden Säulen zu einem stattlichen Foyer führten. Falls sich die Reichsbehörden fragten, wofür sie ihre französischen Francs nach Paris überwiesen, hätte ihnen diese Bilderserie verraten, was Holroyd-Reece mit Worten nicht verriet: Deutschland war der Ursprung, aber Paris die Zukunft von Tauchnitz.[1]

Überlistet hatten Holroyd-Reece und seine Partner das Deutsche Reich aber nur kurzfristig. Schon bezahlten Albatross, Enoch, Tauchnitz und auch die Brandstetters einen Preis dafür. Zwar hatten die Leipziger Behörden nicht mehr Einblick in die Geschäftsgebarung des Pariser Büros als die Leser von *The Harvest*: Sie standen gewissermaßen im Foyer herum und konnten sich in ihrer Fantasie ausmalen, was wohl in den oberen Etagen vor sich gehen mochte. Mehrere Ermittler unterstellten deshalb jedoch, dass Albatross im Reich als deutsch ausgegeben wurde, tatsächlich aber verdeckte ausländische Ziele verfolge. Mit all den Ränken, die Holroyd-Reece schmiedete, um seine französische Operationsbasis zu stärken, schürte er Misstrauen und gefährdete so unbeabsichtigt sein pompöses Büro und die ebenso pompösen Pläne, für die es stand.

Die Leipziger Behörden begannen, sich auf Paris einzuschießen. Wilhelm Lucke, Ermittler der Devisenstelle Leipzig, musste nicht erst überzeugt werden, dass es sich bei Albatross um einen Hochstapler aus dem Ausland handelte. Nachdem er im Dezember 1936 drei Tage lang die Akten von Albatross durchwühlt hatte, war er zu dem Schluss gelangt, dass das Reich den Albatross Verlag ein für alle Mal dichtmachen sollte. Zu seinem großen Ärger war das nicht geschehen. Stattdessen hatte Albatross' Anwalt Dr. Hans Schöne Beweismittel zugunsten des Verlags beigebracht und brillant dargelegt, dass dieser wirtschaftlich und mit Blick auf das hundertjährige Tauchnitz-Jubiläum auch kulturell im Interesse des Regimes arbeite. Inzwischen hatten Luckes Vorgesetzte als Warnschuss zwar eine monatliche Bücherlieferung an Enoch zurückgehalten, gleichzeitig aber – auf Veranlassung der ihnen übergeordneten Reichsstelle für Devisenbewirtschaftung in Berlin – alle Sonderrechte des Albatross Verlags wiederhergestellt: seine Vemögenswerte, Erich Kupfers Reisepass und, am allerwichtigsten für Holroyd-Reece, die monatlichen Devisentransfers, die Albatross und Tauchnitz in Paris vor dem finanziellen Ruin bewahrten.[2] Man mag sich kaum ausdenken, worüber Lucke mehr zürnte: die Art und Weise, in der Albatross sich den Auflagen des Reichs entzog, oder die Berliner Behörden, die weiterhin große Summen für das Pariser Büro überwiesen, obwohl er sie beschwor, die Gelder zu verweigern.

Angesichts des weiterhin akuten Devisenmangels im Deutschen Reich rangen Lucke und die Leipziger Devisenstelle bei diesem ganzen Vorgang mit schwerwiegenden Vorbehalten. Auf die entscheidende Frage erhielten sie keine Antwort: »Welche Bedeutung hat nun der Verlagskonzern Albatross-Tauchnitz für die deutsche Kultur und insbesondere für die deutsche Volkswirtschaft?« Ein Jahr vor Enochs Auswanderung 1935 hatten Albatross und Tauchnitz selbst nach Abzug der Tantiemen und Kosten für das Auslandsbüro beinahe 300.000 Reichsmark an Devisen für das Reich erwirtschaftet. Seither waren die Verkäufe von Albatross und Tauchnitz insgesamt leicht gestiegen wie erhofft, nämlich von 201.276 Exemplaren in den sieben Monaten von Oktober 1935 bis April 1936 auf 215.183 Exemplare zwischen Oktober 1936 und April 1937. Dennoch verzeichnete die Leipziger Devisenstelle in den zwölf Monaten nach Enochs Abwanderung erheblich geringere Rückflüsse ins Reich, wobei die Einbußen nach unterschiedlichen Berechnungen zwischen 30.000 und 75.000 Reichsmark betrugen. Lucke weigerte sich hinzunehmen, dass der Albatross Verlag dem deutschen Fiskus womöglich weniger einbrachte als erwartet, weil die Auslandsaufwendungen seit Enochs Abwanderung gestiegen waren. Er forderte, dass dieser Paradiesvogel unter den Verlagen denselben Richtlinien unterworfen wurde, die man 1934 vonseiten der Reichsschrifttumskammer auch Tauchnitz auferlegt hatte. Demnach mussten deutsche Firmen in deutschem Eigentum sein und über einen deutschen Firmensitz verfügen, der tatsächlich die Geschäfte führte. Das Pariser Büro war in Luckes Augen ein unnötiger Luxus. »Es gibt in Deutschland genügend tüchtige Buchhändler, die mindestens das gleiche leisten würden«.[3]

Inspektor Mundt von der Leipziger Zweigstelle der Reichsbank griff Luckes Argumentation auf und versuchte die Reichsstelle für Devisenbewirtschaftung in Berlin davon zu überzeugen, dass Albatross ein bösartiger Schmarotzer sei, der Deutschlands Ressourcen aufzehre. »Paris hat die Leitung der inländischen Firmen Albatross und Tauchnitz völlig in den Händen«, protestierte er, »da wie mehrfach erwähnt, der Firmenkomplex Albatross-Continenta-Editions du Pégase eine rein ausländische Organisation darstellt, die nur den Zweck verfolgt, Geld und Sachwerte zu transferieren«. Er empfahl dementsprechend, »die mehrfachen Anträge der Firma Albatross auf Genehmigung zur Transferierung von Geldern nach Paris ... endgültig abzulehnen« und sie nur für die Firma Tauchnitz zu genehmigen, »die ja in deutschen Händen ist«. – »Richtig!« kritzelte ein Kollege, Reichsbankoberinspektor Heppner, an den Rand seines Durchschlags, denn auch er verlangte mit Nachdruck, die Geschäfte von Albatross-Tauchnitz einschließlich Enochs Anteil daran zurück nach Deutschland zu holen.[4]

Ohne die lähmende Schwerfälligkeit der NS-Bürokratie hätte diese Angriffsfront für Albatross verheerend sein können. Doch es geschah monatelang nichts, bis Lucke den ungewöhnlichen Entschluss fasste, entgegen der Kommandostruktur, die für den Apparat charakteristisch war, seine Sache von unten nach oben durchzuboxen. Am 29. Oktober erschien er persönlich in der Berliner Reichsstelle für Devisenbewirtschaftung, um die Assessoren Regierungsrat Dr. Hipp und Dr. Grabow zur Rede zu stellen. Beide wussten nur wenig über Albatross. Sie hatten die Albatross-Überweisungen einfach aufgrund von Empfehlungen einiger Branchenexperten durchgewunken, unter ihnen – siehe da! – Christian Wegner, der aus der Ferne immer noch ein Auge auf die Belange von Albatross-Tauchnitz hatte, sowie Dr. Paul Hövel, der als entschiedener Verfechter einer exportorientierten Wirtschaftspolitik schon Enochs Emigration befürwortet hatte und Albatross-Tauchnitz im Propagandaministerium die Stange hielt. Von Leipzig aus zog Lucke weitere Erkundungen ein und fand zu seinem Erstaunen, »daß der Fall ›Albatross‹ in Buchhändlerkreisen sehr gut bekannt ist. Man wundert sich anscheinend darüber, daß die Behörden gegen die Vermögensverschiebung nach dem Ausland, wie sie hier vorgeht, nicht einschreiten«. Im Durchschnitt, erfuhr er, erzielte man in der Branche drei- bis viermal so hohe Devisenerlöse, wie man Fremdwährung zur Abdeckung von Kosten ins Ausland überwies. Legte man diesen Maßstab bei Albatross an, »dann wäre ein Devisenanfall ... zu erwarten, der etwa RM 400.000 – betragen würde, also 11 mal so viel als bei Albatross«. Im Sinne eines Gnadenstoßes betonte Lucke abschließend, was zuvor nur angeklungen war: »Bemerkt sei schließlich noch, dass auch der Leiter der Agentur (Reece) ein Jude ist«. Er rief damit seinen Vorgesetzten in Erinnerung, dass die Duldung des Pariser Büros eine Privilegierung jüdischer Interessen bedeutete, und plädierte stattdessen für einen deutschen, von ausländischen und jüdischen Einflüssen gereinigten Albatross Verlag, der einen würdigen Platz im Albatross-Tauchnitz-Brandstetter-Triumvirat einnehmen könne.[5]

Hätten die NS-Behörden jemals Holroyd-Reece' Vorgehen durchschaut, so wäre es ihnen vermutlich weniger schwergefallen, sich untereinander über die Meriten des Pariser Büros zu einigen. Es gab jede Menge Hinweise darauf, dass Albatross bei Weitem nicht so sehr im Interesse Deutschlands arbeitete, wie man gern behauptete. Ein derartiger Hinweis war etwa die elegant gesetzte Adressänderungsmitteilung, die Holroyd-Reece im November 1937 an seine Geschäftskontakte versandte. Darin hieß es, er ziehe mit all seinen Verlagsunternehmen in die Rue Chanoinesse Nr. 12 um. Inzwischen besaß er ganze sechs davon. Vier waren eng miteinander verflochten: Albatross, Tauchnitz, Pegasus Press (hier unter dem französischen Namen Les Éditions du Pégase) und die Publishing Holding Company, die Albatross finanzierte. Doch sein Büro beherbergte nun auch zwei neue Verlage: Les Éditions des Bibliothèques nationales de France und Les Éditions de la Nouvelle revue critique.

In Leipzig fiel dem hartnäckigen Lucke im März 1938 ebendiese Mitteilung in die Hände. Er fand sie zwischen Akten, die sein Amt beim Albatross-Verteidiger Dr. Schöne im Zuge des neuesten Anlaufs zur invasiven Aufklärung der Albatross-Tauchnitz-Brandstetter-Angelegenheiten konfisziert hatte. Schwarz auf weiß bestätigte diese Auflistung von Unternehmen Luckes Verdacht, dass Albatross die reichsdeutschen Behörden zum Narren hielt und mit deutschen Geldern »noch andere Arbeiten, bzw. die Bürounkosten für andere Firmen bezahlt werden«. »Es muß als ein unwürdiger und unhaltbarer Zustand bezeichnet werden, daß sich eine deutsche Firma in ein derartiges Abhängigkeitsverhältnis begibt und sich beispielsweise auch die Finanzierungspläne für Tauchnitz von Reece und Enoch aufstellen läßt«, klagte Lucke und stellte in diesem Zusammenhang nicht nur Brandstetters Verbindungen zu dem ominösen ausländischen Partner, sondern in gewissem Maß auch Brandstetters Loyalität zu Deutschland infrage. Eines wurmte ihn besonders: »Wer hinter dieser Gesellschaft steckt« – gemeint war die Publishing Holding Company –, »ist mit Gewißheit nicht festzustellen gewesen«. Während er akribisch alle Einzelteile zusammensetzte, gelangte Lucke immerhin zu einer Einsicht, die vor ihm nur Hans Otto, Wegners Gegenspieler bei Tauchnitz, in dieser Klarheit gewonnen hatte: »Wenn Reece seine Hände im Spiel hat, muß die Sache von Anfang an mit besonderer Vorsicht angesehen werden«.[6]

Tatsächlich hatte Holroyd-Reece 1937 seine Finger längst in anderen Angelegenheiten und dachte nicht im Traum daran, Paris zu verlassen. Während der nationalsozialistische Beamtenapparat sich Ende Oktober über Albatross ereiferte, übersiedelte er mit seinem Albatross-Tauchnitz-Verlagsbüro in eine neue fürstliche Bleibe auf der Île de la Cité, nur einen Häuserblock von Notre-Dame entfernt. Seit Langem fest in der Hand blaublütiger französischer Familien und Chorherren, war die Rue Chanoinesse gepflastert mit Geschichte. Holroyd-Reece' Wohn- und Firmensitz hatte im 16. Jahrhundert den Erzdiakon Louis du Bellay beherbergt. Von Racine hieß es, er habe in der Nummer 16 gewohnt. Die Hausnummern 18 und 20 dagegen bewahrten die Erinnerung an zwei ausnehmend finstere Gestalten: einen Barbier und einen Metzger, die um 1380 Hand in Hand bei einem grausigen Geschäft arbeiteten, das an das kannibalische Serienmord-Komplott von Sweeney Todd erinnert, und dafür auf dem Scheiterhaufen verbrannt wurden. Holroyd-Reece, einst ein deutscher, nach englischer Manier erzogener Junge aus bescheidenen Verhältnissen, trat fortan durch das wuchtige, holzgeschnitzte Tor der Nummer 12 in einen stillen Innenhof, von wo aus er den Glocken der Kathedrale lauschen und das Haus mit eigenen Legenden bereichern konnte. Eine Werbeaufnahme zeigt ihn bei seinen täglichen Geschäften an einem imposanten, mindestens zweieinhalb Meter langen spanischen Schreibtisch mit Urnenbeinen so dick wie Männerschenkel. Eine düstere Pracht entfaltet sich auf dem Bild: der rußige Samt des Stuhls, in dem er sich vorwärts neigt, um das Telefon abzuheben, der Wandteppich aus Renaissancezeiten dahinter, die Litzen am Schirm seiner Messinglampe auf dem Schreibtisch, Akten in ihren Körben, Papiere in mannigfachem Durcheinander auf dem dunklen Holz ausgebreitet.[7] Von diesem Refugium mit seiner Aura mittelalterlicher Stille aus brachte Holroyd-Reece Albatross auf einen Kurs der Moderne.

Holroyd-Reece' Umzug war zugleich eine Folge der Belastungen, die seine zahlreichen geschäftlichen Abenteuer im Lauf der Zeit für andere mit sich brachten. Schon 1937 lagen er und Enoch so sehr über Kreuz, dass sie nicht mehr miteinander arbeiten konnten. Ihr gemeinsamer Versuch an der Place Vendôme hatte kaum mehr als ein Jahr gedauert, denn selbst die Raumfluchten dort waren nicht weitläufig genug für zwei so stattliche Egos, deren jedes gewohnt war, den Laden zu schmeißen. Wie schon Wegner vor ihm machte auch Enoch für den Bruch Holroyd-Reece' verantwortungslosem Umgang mit Geld verantwortlich. Holroyd-Reece war »am besten in seiner Rolle als eine Art Wanderbotschafter zwischen Autoren, Verlagen und Literaturagenten«, behauptete Enoch, »mit Aufgaben der Organisation, Planung und diszipliniertem Geschäftsgebaren aber weniger vertraut«. Einiges weist darauf hin, dass das Zerwürfnis zwischen den beiden auch mit charakterlichen Unverträglichkeiten zu tun hatte. Enoch war es gewohnt, in beratender Funktion zu agieren, doch er beriet, wie andere ein Ultimatum stellten, und wurde unwirsch, wenn man seinen Rat in den Wind schlug. 1934 hatte er Holroyd-Reece »in einem sehr eingehenden und freundlichen Gespräch« gebeten, sorgsamer zu wirtschaften. »Nach dieser Besprechung kühlte sich unser Verhältnis zunehmend ab«, erkannte er später. »Es kam wiederholt zu ernsthaften Auseinandersetzungen und schließlich zum Abbruch unserer Beziehung«. Ab Ende 1937 arbeiteten beide von getrennten Firmensitzen aus nach Kräften für Albatross und Tauchnitz und gingen einander aus dem Weg, wenn nicht gerade geschäftliche Dinge eine Verständigung erforderten.[8]

Paradoxerweise vergrößerte diese wachsende Kluft – wie zuvor schon Wegners Abgang von Albatross – Holroyd-Reece' Spielraum, sich seinen Plan-

und Ränkespielen hinzugeben. Er plante und spielte ausgiebig im letzten gemeinsamen Jahr mit Enoch und gab mit vollen Händen Geld aus, was den endgültigen Bruch vermutlich sehr beschleunigte. 1937 kaufte Holroyd-Reece im Namen der Publishing Holding Company, der Eigentümerin von Albatross, sämtliche Anteile an den Éditions des Bibliothèques nationales de France, einem Verlag für Kunstbände auf Basis der Sammlungen in der französischen Nationalbibliothek. Im August desselben Jahres steckte er zusätzlich 400.000 Francs in die Éditions de la Nouvelle revue critique.[9] Unterdessen kämpften Albatross und Tauchnitz mit Schwierigkeiten, englischen und amerikanischen Autoren ihre Vorschüsse und Tantiemen zu zahlen, weil ihr Geld zu oft im zähen Verfahren des Devisentransfers aus dem Deutschen Reich hängen blieb. Anscheinend fürchtete Enoch, dass seine wirtschaftliche Existenz durch Holroyd-Reece' finanzielle Akrobatik beim Verschieben großer Summen von einer Firma zur nächsten in einem wachsenden Unternehmensgeflecht bedroht war. Nachdem er so sehr darum gekämpft hatte, in Paris neu anzufangen, war er nicht bereit, ein solches Risiko auf sich zu nehmen.

Nicht allein Enoch und die deutschen Behörden beargwöhnten Holroyd-Reece' Firmenkäufe. Auch französische Geheimdienste fanden es verdächtig, dass dieser Albatross-Tauchnitz-Frontmann einen Verlag nach dem anderen an sich riss. Während der NS-Apparat sich sorgte, dass Holroyd-Reece vielleicht ein Handlanger ausländischer Machenschaften war, gelangten die französischen Dienste zur gegensätzlichen Einschätzung. »Soeben wurde ich auf die Umtriebe eines gewissen REECE aufmerksam«, notierte ein Agent bei der Durchsicht eines Aktes, den sein Dienst ein Jahr zuvor über Holroyd-Reece angelegt hatte. »Besagter REECE soll kürzlich das Verlagshaus ›Nouvelle revue critique‹ gekauft haben und wird verdächtigt, für deutsche Nachrichtendienste zu arbeiten«.[10]

Der Gedanke, dass es sich bei Holroyd-Reece womöglich um einen deutschen Agenten handelte, war angesichts der Umstände nicht abwegig. Er war gebürtiger Deutscher, und Albatross und Tauchnitz waren rechtlich gesehen deutsche Firmen. Der Verlag Éditions de la Nouvelle revue critique bestand seit 1923 in Form einer kleinen Literaturzeitschrift, die von den

Brüdern Alfred und Fernand Keller in deren Buchladen an der Rue de Sèvres herausgegeben wurde. 1932 hatten die beiden eine Reihe preiswert hergestellter Kriminalromane herausgebracht, die unter anderem Werke einiger führender angloamerikanischer Autoren des Genres versammelte. Nicht dass Holroyd-Reece den Verlag kaufte, machte die Beamten misstrauisch, sondern seine Äußerungen darüber. »Diese kleine Geschichte interessiert mich nicht. Sie dient nur zur Tarnung«, hatte er gegenüber jemandem geprahlt, bei dem es sich um einen Spitzel handelte. Wenige Tage vor Weihnachten bat der mit dem Fall betraute Beamte, die Polizeipräfektur möge sich diesen Holroyd-Reece genauer ansehen.[11]

Was genau Holroyd-Reece verheimlichte, konnten die französischen Nachrichtendienste nicht erkennen. Aus den Dokumenten geht hervor, dass er auf praktischer Ebene mehr oder weniger das tat, was Lucke ihm unterstellte, wenn auch nicht aus den Gründen, die Lucke dafür in Anschlag brachte. Da die NS-Bürokratie Albatross zusetzte, suchte Holroyd-Reece die Tätigkeit der Publishing Holding Company auf dem Markt für angloamerikanische Literatur auszuweiten. Anscheinend erwarb er mit der *Nouvelle revue critique,* was ihm fehlte, seit Albatross alle Bücher in Deutschland drucken ließ: ein Pariser Unternehmen, das sich jeder deutschen Einflussnahme entzog. Hämisch frohlockte er gegenüber französischen Verlegern und Agenten: »Unsere neue französische Firma«, wie er sie nannte, werde »einen französischen Albatross« und Anfang 1938 auch einen deutschen Albatross aufbauen. »Es sollte daher immer öfter möglich sein, die kontinentaleuropäischen, französischen und deutschen Rechte eines Autors gebündelt zu erwerben«, erklärte er, und die Rechte für italienische Übersetzungen würden sich »beinahe wie von selbst« anschließen, weil Mondadori »alles kaufen will, was wir beim kontinentalen, deutschen und französischen Albatross herausbringen«.[12] Mit seiner neuen Vision eines internationalen Verlagsgeschäfts aus einer Hand – einer wahrhaft radikalen Neuerung, die nur der Krieg zum Erliegen brachte – wollte Holroyd-Reece den Geschäftsbereich von Albatross über Landesgrenzen und Sprachräume hinweg ausdehnen. Er wählte dafür jedoch einen Moment, in dem Grenzen zwischen Staaten und Kulturen aus politischen Gründen immer schwerer zu überwinden waren.

Die französischen Ermittler folgten dieser Spur. Mitte Mai 1938 übersandte der Polizeipräfekt dem Verteidigungsministerium seinen Bericht über »Hobroyd-Reece« (dieser skurrile Schreibfehler setzte sich in vielen weiteren Dokumenten des Geheimdienstes fest). Darin wird festgestellt, dass die Untersuchungen zu keinen schlüssigen Ergebnissen gelangten, man aber verdächtiges Kommen und Gehen in der Rue Chanoinesse beobachtet habe. Es sei nicht gelungen, »Einzelheiten über die persönlichen Beziehungen von Hobroyd-Reece zu ermitteln, weil er Besuch von so vielen Menschen aus beruflichen oder anderen Gründen empfängt«. Interessanterweise hielt der Verfasser weitere Details fest, deren Bedeutung er offenkundig nicht ermessen konnte. So hatte Holroyd-Reece in seinen Anträgen auf Verlängerung seines französischen Personalausweises zwei Referenzen angegeben: 1934 den ehemaligen französischen Botschafter in England, Philippe Berthelot, und 1937 Lord Tyrrell, einen früheren britischen Botschafter in Paris. Aus den Unterlagen geht nicht hervor, wie Holroyd-Reece diese beiden kennengelernt hatte. Eingedenk des selbst gestellten englischen Kulturauftrags von Albatross ist es aus heutiger Sicht aber interessant, auf Tyrrells Rolle beim Aufbau des britischen Propagandaapparates im Ausland hinzuweisen. Tyrrell hatte in den frühen Zwanzigerjahren das British Foreign Office News Department geleitet. Nach Ablauf seiner Zeit als Botschafter in Frankreich wurde er im Dezember 1934 zum Gründungsdirektor des British Council.[13] Angesichts dieser Verbindung hätten sich französische Nachrichtendienste durchaus wie schon die Deutschen vor ihnen fragen müssen, für wen eigentlich Holroyd-Reece arbeitete. Am Ende waren es seine Undurchschaubarkeit ebenso sehr wie seine Firmenkäufe, die bis nach Kriegsbeginn französischen und deutschen Argwohn gegenüber seiner Person schürten.

Es kann das Misstrauen der Franzosen nicht eben besänftigt haben, dass Holroyd-Reece im Frühjahr 1937, während sich sein Verhältnis zu Enoch zunehmend verschlechterte, einen neuen Mitarbeiter gewann. Um Holroyd-Reece im Jubiläumsjahr zu unterstützen – und wahrscheinlich auch, um ein Auge auf ihn zu haben –, entsandten die Brandstetters einen der ihren nach Paris: den vierundzwanzigjährigen, schon ein Jahr zuvor zum Geschäftsführer von Tauchnitz ernannten Wolfgang Krause-Brandstetter, Von April bis Juli 1937 arbeitete er unter der Fuchtel von Holroyd-Reece an der Place Vendôme und lernte dort das Geschäft mit den kontinentaleuropäischen englischen Ausgaben von der Pike auf. Womöglich verdeutlicht nichts so sehr die innere Ambivalenz der Albatross-Tauchnitz-Operation wie die bloße Anwesenheit von Krause-Brandstetter in Paris, in unmittelbarer Nähe zu Enoch. Obwohl die beiden eigentlich an einem Strang zogen, wenn es darum ging, den Absatz von Albatross- und Tauchnitz-Büchern zu steigern, hätte der Kontrast zwischen ihnen kaum schärfer ausfallen können: Enoch hatte in den Monaten von Februar bis August 1936 eine Demütigung nach der anderen erduldet, um den Klauen des Naziregimes zu entgehen, Krause-Brandstetter sich in derselben Zeit der NS-Herrschaft angedient. Um ein Visum für eine Reise in die Vereinigten Staaten in Albatross-Tauchnitz-Angelegenheiten zu erhalten, war er auf den Vorschlag eingegangen, für das deutsche Auswärtige Amt Informationen zu sammeln.[14]

Ob Holroyd-Reece von Krause-Brandstetters diesbezüglichen Verpflichtungen wusste oder nicht: Die beiden waren Seelenverwandte, gebürtige Deutsche zweier Generationen, die sich in die englische Kultur eingelebt hatten und mit Begeisterung eine für andere nicht ohne Weiteres durchschaubare Maske trugen. Anders als Holroyd-Reece kam Krause-Brandstetter nicht auf dem Weg der Selbstschöpfung zu seinem Doppelnamen, sondern durch familiäre Umstände. Als leiblicher Sohn des Physikers Ernst Krause nahm er nach dem Tod des Vaters und der Wiederverheiratung seiner Mutter mit Justus Brandstetter dessen Namen an. Mit dem Namen eröffnete sich dem jungen Wolfgang zugleich die Aussicht auf einen Platz im Familienunternehmen der Brandstetters. Er hätte an der Universität Leipzig bleiben können, doch seit Brandstetter die Bücher von Albatross druckte, boten sich ihm noch ganz andere Möglichkeiten. Mit Unterstützung von Holroyd-Reece setzte er sein Studium am Caius College der University of Cambridge fort. Später schrieb er über diese Phase seines Lebens, seine »enge persönliche Freundschaft« zu Holroyd-Reece habe ihm eine neue Sicht auf die Welt er-

Wolfgang Krause-Brandstetter ca. 1933 (mit freundlicher Genehmigung von John S. Hill)

schlossen: »Seiner Ermutigung und dem Beispiel seiner kosmopolitischen Haltung folgend blieb ich einige Jahre außerhalb Deutschlands, studierte Englisch und Literatur in Cambridge und arbeitete später in den Vereinigten Staaten für die beiden Verlage«.[15]

Einen geschäftlichen Schwerpunkt gewann die Beziehung der beiden, als Krause-Brandstetter am 1. September 1935 für Tauchnitz zu arbeiten begann. Er war da noch ziemlich grün hinter den Ohren – sechs Wochen fehlten ihm noch bis zu seinem 23. Geburtstag. Doch Holroyd-Reece hatte inzwischen dafür gesorgt, dass er über Fertigkeiten verfügte, die den Brandstetter-Senioren fehlten: fließendes Englisch und eine enge Vertrautheit mit der angloamerikanischen Literatur und Kultur. Die Brandstetters wiederum gewannen, indem sie Wolfgang erst nach England und dann nach Paris entsandten, einen Kenner des Verlagsgeschäfts, der darauf achten konnte, dass Holroyd-Reece' brillante Einfälle die Tauchnitz-Brandstetter-Kooperation finanziell nicht noch tiefer in den Graben ritten. Umgekehrt steckte Holroyd-Reece seinem Zögling weiterreichende Ziele. Dieser sinnbildliche Spross der Albatross-Tauchnitz-Ehe kam wie gerufen, um in Zeiten internationaler Verwerfungen die Interessen der beiden Verlagshäuser zu wahren. So reiste Krause-Brandstetter 1936 um die Welt, um die Trommel für Albatross und Tauchnitz zu rühren und neue Kontakte aufzutun. Von Februar bis August dieses Jahres hielt er sich in den USA auf, blieb danach zwei Monate in Japan und kehrte anschließend nach Deutschland zurück. In New York war er nur wenige Wochen. Seine Erkundungen dort beschrieb er später als »Fehlschlag aufgrund des Widerstands jüdischer Interessen«. Dagegen wohnte er in Kalifornien, wo er gnädigere Aufnahme fand, mehrere Monate.[16]

Hochgewachsen und gutaussehend, mit Adlernase und -stirn und einem gewinnenden Lächeln hatte Krause-Brandstetter etwas von einem großstädtischen Lebemann, der sich flink auf neue Situationen einstellen konnte. 1942 hielt ein militärischer Vorgesetzter große Stücke auf ihn: »Er ist ein reifer Mensch von geradlinigem, offenem Charakter, zuverlässig, mit ruhiger Überlegung. Er verfügt über leichte Auffassungsgabe, hat vielseitiges Interesse mit großer Aufgeschlossenheit. Durch seine Weltreisen hat er sich eine geistige Beweglichkeit mit Reife und Sicherheit im Beurteilen angeeignet. Er ist überzeugend im Ausdruck«.[17]

Mit anderen Worten: Krause-Brandstetter war Holroyd-Reece auffällig ähnlich – als Mann machte er eine schneidigere Figur, doch sein kultiviertes Charisma war vom selben Schlag. Holroyd-Reece hatte ihn auch die Kunst gelehrt, sich als Deutscher in England zu behaupten. Im Mai 1935 teilte Krause-Brandstetter den Lesern der *Leipziger Neuesten Nachrichten* mit, was er an Einsichten aus seiner Zeit in Cambridge mitgenommen hatte, und gewährte Einblicke in die verschlossene Welt der höheren Bildung englischen Stils: »Nichts ist verkehrter, als sich als aktiver Propagandist zu betätigen und mit der Tür ins Haus zu fallen«, schrieb er in seinem Artikel. »Je mehr man sich ihnen äußerlich anpasst, sowohl in ihrer Art zu debattieren, als auch in den äußerlichsten Etikettefragen, um so größer ist die Möglichkeit, einen wirkungsvollen und positiven Eindruck zu hinterlassen«.[18] Ebendiese überlebenswichtige Kunst der Anpassung leistete Krause-Brandstetter später gute Dienste, als er für sich eine Rolle in der Zukunft von Albatross suchte und damit dessen Geschick prägte, wenn auch nicht eben nach den Vorstellungen von Holroyd-Reece.

Unterdessen hatte der NS-Apparat entschieden, dem Albatross Verlag eine Zukunft in Deutschland nur unter der Voraussetzung zu gewähren, dass er sich von Paris verabschiedete. Wie es schien, bekam Lucke am Ende, was er wollte. Am 4. November 1937 – kaum eine Woche, nachdem er die zuständigen Beamten in Berlin mit seinen Funden konfrontiert hatte – heftete sich ein Dr. Schultze-Schlutius an Luckes Aktenspur. In seiner Verantwortung als Assessor devisenwirtschaftlicher Entscheidungen des Reichswirtschaftsministeriums überflog er Berichte, sprach mit Paul Hövel vom Propagandaministerium und verfügte, dass der Albatross-Tauchnitz-Vertrieb bis Jahresende zwangsweise nach Deutschland zurückzuholen sei. Über die Zukunft des Frankreichbüros wollte er Anfang 1938 entscheiden und dabei auch berücksichtigen, inwieweit bei Albatross »bis dahin ein befriedigendes Vertriebsergebnis erzielt ist«. Was Schultze-Schlutius sagte, hatte Gewicht. Er verkehrte in höheren politischen Kreisen, und am 24. November billigte Goebbels seinen Plan.[19] Diese Maßnahmen bedeuteten den Todesstoß für Enochs Vertrieb und gleich darauf auch für Holroyd-Reece' Pariser Büro. Das Regime wollte seine englischen und amerikanischen Bücher wiederhaben.

Einen Tag, nachdem Goebbels dieses Vorgehen abgesegnet hatte, erschien Holroyd-Reece am 25. November überraschend persönlich in Berlin. Mit Dr. Hubert Breitenfeld, dem Partner des Albatross-Anwalts Dr. Hans Schöne und buchhalterischen PR-Berater, an seiner Seite, wehrte er sich in der Reichsstelle für Devisenbewirtschaftung gegen die Auflagen des Amtes. Der Vertrieb Continenta und die französische »Agentur« müssten liquidiert werden, behaupteten beide energisch, falls ersterer zurück nach Deutschland verlagert würde und letztere im Zuge dessen ihre Honorarbasis verlor. Breitenfeld unterstellte auch, dass Lucke und seine Leipziger Vorgesetzten die Zahlen bewusst verfälscht hätten. Tatsächlich gewinne der Absatz an Fahrt, und die Reichsbank könne für die Zukunft mit jährlichen Devisenmehreinnahmen im Wert von 100.000 Reichsmark rechnen. Die Berliner Beamten gaben nicht nach. Einzig die Möglichkeit einer Fürsprache durch die Brandstetters ließen sie offen. Noch am selben Tag unterzeichneten alle vier Tauchnitz-Eigentümer einen Brief an den Oberfinanzpräsidenten Leipzig, den sie zugleich der Reichsstelle für Devisenbewirtschaftung in Berlin übermittelten. Darin hieß es, der Weiterbetrieb des Pariser Albatross-Büros sei für sie von »brennendem Interesse«. Sollten die Finanzbehörden Paris den Geldhahn zudrehen, so der Brief weiter, ging damit »eine schwere Schädigung« der Interessen von Brandstetter-Tauchnitz einher. Es handle sich um »eine Lebensfrage« für Tauchnitz und die Arbeitskräfte, die Albatross- und Tauchnitz-Bücher druckten.[20]

Tatsächlich hatte Brandstetter gute Gründe, sich zu wehren. Das Pariser Büro festigte den guten Ruf von Tauchnitz im Ausland und versprach wie nichts sonst internationales Renommee und wirtschaftlichen Erfolg für den Verlag. »Zu begrüßen ist, dass der Verlag über einen etablierten Ableger in Paris verfügt«, bemerkte eine niederländische Zeitung anlässlich des Tauchnitz-Jubiläums, »der den Wert der geleisteten Arbeit und die Brüderlichkeit unter allen Völkern zur Geltung bringt«. So gesehen drohte das NS-Regime, dem Albatross seine prächtigsten Federn auszurupfen und ihm seinen kosmopolitischen Geist auszutreiben, während viele Leser außerhalb des Deutschen Reichs voller Furcht und Abscheu auf dessen Gewalt, Unterdrückung und Selbstverherrlichung blickten. »Jeder Versuch, an den RM 6.000 zu sparen«, so die Brandstetters über die mögliche Schließung des Pariser Büros, »würde nach unserer festen Überzeugung zu nicht wieder gutzumachenden Verlusten führen, und zwar nicht nur für unsere Firma, sondern auch für die Devisenwirtschaft«.[21] Ohne Paris, drohte auch Holroyd-Reece, werde Albatross die Verbindung mit Tauchnitz lösen, Bücher fortan im Ausland herstellen und Tauchnitz in der Versenkung verschwinden lassen. Der allergrößte Verlierer sei in diesem Fall das Deutsche Reich selbst.

Gerettet wurde Albatross – und Lucke mitsamt Verbündeten enttäuscht – am Ende weniger durch die Zauberkünste Holroyd-Reece' als durch die Nazis selbst. Nicht von ungefähr sorgten sich die Leipziger Behörden zu diesem Zeitpunkt viel mehr um den wirtschaftlichen Wert von Albatross für das Reich als zuvor ihre Kollegen in Hamburg. Ihre Skepsis gegen Ende 1936 trat auf, nachdem Hitler seinen Vierjahresplan zur beschleunigten Wiederaufrüstung und Kriegsproduktion verkündet hatte. Am 4. April hatte er Göring damit beauftragt, so viele Devisen und Rohstoffe wie möglich zu beschaffen. Ab dem Sommer 1936 ging Göring ohne Skrupel an die Aushebung von Devisenreserven, unter anderem indem er Reinhard Heydrich und die SS anwies, die privaten Konten der Deutschen zu plündern. Der Übergriff geschah gegen den Willen von Wirtschaftsminister Schacht und trotz dessen Sorgen um das Vertrauen in die Reichsmark. Am Vorgehen des Regimes änderten solche Bedenken nichts. Hitler ernannte Göring am 18. Oktober 1936 zum Generalbevollmächtigten des Vierjahresplans und erhob ihn damit zu einer Art Wirtschaftsdiktator, gegen den auch Schacht wenig ausrichten konnte, obwohl Göring nicht annähernd über Schachts Verständnis volkswirtschaftlicher Zusammenhänge verfügte.[22]

Somit entschieden die Berliner Behörden zu einem Zeitpunkt über das Geschick von Albatross, als Hitlers Ehrgeiz sein Budget bei Weitem überstieg. Erst 1933 hatte Schacht einen Achtjahresplan zur Wiederaufrüstung im Umfang von 35 Milliarden Reichsmark oder durchschnittlich 4,3 Milliarden Reichsmark pro Jahr auf den Weg gebracht. Nach dem neuen Vierjahresplan sollte Generalmajor Fromm ein Jahresbudget von neun Milliarden Reichsmark in drei aufeinanderfolgenden Jahren allein für die Reichswehr erhalten. Der Vertreter des Finanzministeriums im Reichsbankdirektorium Reichsbank warnte in seinem Jahresbericht 1938, dass das Reich aufgrund seiner exorbitant gestiegenen Ausgaben bereits ein Defizit von zwei Milliarden Reichsmark angehäuft hatte.[23]

Es war also der unstillbare Devisenhunger des Regimes, der Albatross erneut ein wenig Spielraum gewährte. Im Winterhalbjahr vom 1. Oktober 1935 bis 31. März 1936 hatte Albatross im Ausland 184.308 Bücher verkauft, von Oktober 1936 bis März 1937 bereits 191.651 Exemplare. Die Absatzsteigerung, so argumentierte Erich Kupfer gegenüber den Behörden, wäre noch höher ausgefallen, hätten nicht höhere Gewalten dem Verlag einen Strich durch die Rechnung gemacht. Der spanische und portugiesische Markt seien »durch den Bürgerkrieg vollständig verloren gegangen«. Hinzu kam, dass »der Absatz in Italien im Zusammenhang mit dem Abessinischen Krieg und der Absatz an der Côte d'Azur infolge der Fremdenflucht außerordentlich gelitten hat«. Im September 1937 spielte Albatross erneut den Devisentrumpf aus. Den kulturell-politischen Mehrwert nicht eingerechnet, so Kupfer, bescherte der Verlag dem Deutschen Reich Devisenmehreinnahmen in Höhe von 100.000 Reichsmark, versorgte Brandstetter laufend mit Druckaufträgen im Wert von rund einer Million Reichsmark und erzielte außerdem Devisenersparnisse für das Reich dadurch, dass dieses die große Nachfrage nach englischsprachigen Büchern nicht durch Importe decken musste. Albatross erinnerte Berlins Behörden auch daran, dass am 1. August 1937 neue Handelsvereinbarungen mit Frankreich in Kraft getreten waren und dem Deutschen Reich seit diesem Zeitpunkt zwei Drittel seines Handelsbilanzüberschusses mit Frankreich in harter Währung erstattet wurden. Das bedeutete, dass Albatross-Tauchnitz-Bücher, die auf ihrem zweitgrößten Markt Frankreich verkauft wurden, noch mehr wertvolle Devisen erwirtschafteten als zuvor.[24] Die Leipziger Behörden hatten diese Argumente längst rundweg verworfen. Trotz ihres Eifers waren die übergeordneten Berliner Dienststellen aber nicht überzeugt, dass Deutschland es sich leisten konnte, Albatross-Tauchnitz das Pariser Büro zu streichen. Auch in Berlin wollte man Paris loswerden; aber man fürchtete zu sehr um die Gans, die die goldenen Eier legte.

Während die NS-Behörden bis weit ins Jahr 1938 hinein unschlüssig erwogen, wie sie in der Frage des Pariser Albatross-Büros vorgehen sollten, versäumte Holroyd-Reece nicht, dessen Gewicht geltend zu machen. Wiederholt bekannte er sich 1937 zu Tauchnitz und damit verbunden auch zu Albatross als Leuchttürmen der Gedankenfreiheit in einem Zeitalter des Faschismus. Sein »Brief des Herausgebers« in den beiden Tauchnitz-Jubiläumsbänden betonte nicht nur, wie sehr kontinentaleuropäische englische Ausgaben die »Denkweisen und Ansichten von England und Amerika« offenbarten. Er gab auch zu verstehen, dass gerade dies angesichts der neuen »Schwierigkeiten« in Europa – eine kaum verhüllte Bezugnahme auf die politische Unfreiheit in Deutschland, Italien und Spanien – unverzichtbar war. »Diesen Wandel hier zu beschreiben würde die Geduld der Leser allzu sehr strapazieren«, schrieb er, »allerdings trifft es unter den gegebenen Umständen zu, dass Leser außerhalb des britischen Empires und der Vereinigten Staaten an moderner englischer Literatur im Wesentlichen zu lesen bekommen, was die Leitung dieses Verlags ihnen anbietet. Das ist ein ernster und ernüchternder Gedanke, eine große Auszeichnung und eine wunderbare Chance zugleich«. Die Botschaft an die Leser lautete, dass Tauchnitz – und immer mit gemeint: Albatross – den Menschen, die unter politischer Unterdrückung litten, mit angloamerikanischer Kultur zur Hilfe eilte. »Wir glauben, dass die Gegenwart eine Zeit großartiger englischer und amerikanischer Literatur ist«, schrieb Holroyd-Reece. »Und wir glauben, dass unser Angebot inmitten der europäischen Verwerfungen zum Wohle aller und vielleicht so notwendig ist wie nie zuvor. Unsere Aufgabe ist es, all das zu liefern, was die englische Sprache der Welt mitzuteilen hat, und es ist für uns eine große Freude, sie zu erfüllen«. Holroyd-Reece unterschrieb dieses Bekenntnis »für und im Namen von Bernhard Tauchnitz«, und er versah diesen Tauchnitz mit einem Spitznamen, den er sich gerüchteweise selbst gegeben haben soll, als er sich, unterwegs in zwielichtiger Mission, in Hotels einschrieb: Der Kaufmann der Träume.[25]

KAPITEL 11

Lieber Leser

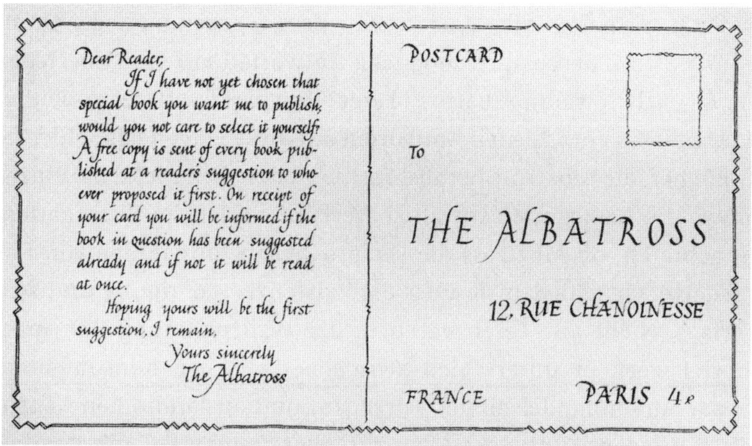

Wie gegensätzlich die Gedankenwelten von Albatross und NS-Regime auch waren – eines hatten sie gemeinsam: ihre im Lauf der Dreißigerjahre gesteigerte, akribische Aufmerksamkeit für Bücherleser. Seit Albatross' frühesten Tagen als Bund gleichgesinnter Verleger in der Rue Boulard legte man in Paris den Büchern Postkarten bei, um Leser zum Einbringen von Literaturwünschen anzuregen. »Lieber Leser«, hieß es auf diesen Karten, »sollte ich bislang dieses eine, ganz besondere Buch, das Sie gern in meinem Programm sehen würden, noch nicht herausgebracht haben – wären Sie bitte so freundlich, es selbst auszuwählen? Ein Freiexemplar von jedem Buch, das auf Anregung eines Lesers erscheint, geht an denjenigen, der es zuerst vorgeschlagen hat. Sobald Ihre Karte bei uns eingegangen ist, erhalten Sie eine

Mitteilung, ob uns das fragliche Buch schon jemand vor Ihnen nahegelegt hat, und falls nicht, wird das Buch unverzüglich gelesen. Ich wünsche Ihnen, dass Ihr Vorschlag der erste sein wird und verbleibe hochachtungsvoll, The Albatross«. Auf der Rückseite der Karte war Platz genug, um sich als treuer Leser den Friends of the Albatross anzuschließen und den aktuellen Frühjahrs- und Herbstkatalog per Post zu erhalten – und natürlich auch dafür, Lieblingsbücher anzuführen und zu erklären, warum sie es wert waren, bei Albatross zu erscheinen.[1]

Zugleich enthielten die »Dear Reader«-Karten gegen Ende der Dreißigerjahre für Holroyd-Reece auch mögliche Antworten auf eine Überlebensfrage: Wer eigentlich waren Albatross' Leser? Und was lasen sie tatsächlich am liebsten? In Paris entschieden Antworten auf diese Fragen das Schicksal einzelner Bücher, die Albatross herausbrachte – oder eben nicht. In Leipzig und Berlin, wo die NS-Beamten vor allem Verkaufszahlen im Blick hatten und darauf achteten, ob Albatross die versprochenen Einnahmen von Devisen auch lieferte, entschieden sie über die Existenzberechtigung und Zukunft des Verlags. Nicht alle Leser waren in der Wahrnehmung des Apparates gleich viel wert. Er unterschied zwischen deutschen Konsumenten, die nichts zur Außenhandelsbilanz beitrugen, und ausländischen Konsumenten, die mit jedem Kauf eines Albatross- oder Tauchnitz-Titels Devisen einbrachten.

Als daher das *Börsenblatt* Inhalte eines Artikels aus *Publishers Weekly* vom Juni 1937 mit harten Zahlen zum Absatz von Albatross und Tauchnitz wiedergab, legten Finanzbeamte in Leipzig diesen Text dem Albatross-Akt bei. Aus ihren Anmerkungen geht hervor, dass sie sich für Marktstatistiken aus den einzelnen Ländern interessierten. Deutschland bildete mit Anteilen von 39,55 beziehungsweise 31,07 Prozent an den Verkäufen von Tauchnitz und Albatross deren größten Markt. Aus Sicht des Finanzamts bedeuteten diese Zahlen: Albatross und Tauchnitz verkauften den Großteil ihrer Bücher im Ausland. Der Albatross Verlag war in dieser Hinsicht sogar noch etwas wertvoller als Tauchnitz, weil er fast 70 Prozent seiner Bücher außerhalb des Reichs verkaufte, gegenüber Tauchnitz mit 60 Prozent.[2] Für Holroyd-Reece war an dieser Statistik gerade das gegenteilige Faktum interessant: Die größte nationale Leserschaft von Albatross und Tauchnitz mit ungefähr 30 beziehungsweise 40 Prozent Anteil an den insgesamt rund 500.000 in Europa verkauften Titeln pro Jahr war diejenige, die diese Bücher im Schatten des Hakenkreuzes las. Holroyd-Reece musste daran gelegen sein, dass das so blieb.

Allein nach Zahlen wäre das Deutschland der Dreißigerjahre der ideale Markt für Albatross gewesen, hätte dort nicht Hitler die Macht erlangt. Als ein Volk von Lesern mit sechsmal so vielen Buchläden pro Kopf wie die Vereinigten Staaten hielten die Deutschen große Stücke auf sich als Kulturnation. *Die Welt des Buches*, ein 1937 von der NS-Kulturbürokratie herausgegebener Band, pries die Infrastruktur des deutschen Buchhandels mit seinen 6000 Buchhandlungen, 10.000 »buchhändlerischen Nebenbetrieben« und 2500 Verlagshäusern. Eine eindrucksvolle Grafik verglich anhand stilisierter Bücherstapel die Buchproduktion pro Kopf in zwölf Ländern: Der deutsche Stapel überragte alle anderen. Englands Stapel war der zweithöchste, der US-amerikanische musste sich mit einem erbärmlichen sechsten Platz begnügen.[3] Die Deutschen lasen nicht nur, sondern sie waren auch ein Volk von Buchkäufern. Um 1937 hatte sich der heimische Markt einigermaßen von der Wirtschaftskrise am Beginn des Jahrzehnts erholt, in der selbst der Buchabsatz eingebrochen war. In Deutschland gab es seither aber auch einen neuen Typ von Lesern: Kulturbürokraten, die darüber befanden, welche Bücher Deutsche lesen durften und welche nicht.

Dass die Deutschen so liebend gerne lasen, war für die Kulturelite der Nazis immer noch eines der besten Argumente gegen Vorwürfe aus dem Ausland, Deutschland sei in die Barbarei abgerutscht. So feierte Will Vesper – Thomas Mann nannte ihn Hermann Hesse gegenüber »einen der ärgsten nationalistischen Narren« – die in verschiedenen Städten des Deutschen Reichs veranstaltete Buchwoche: »Diese zehn Tage haben nicht nur eine wirtschaftliche, sondern eine hohe kulturpolitische Bedeutung«, schrieb Vesper in seiner Eigenschaft als Herausgeber der NS-Zeitschrift *Die neue Literatur*. »Denn auch dem Auslande gegenüber soll diese Veranstaltung zeigen, wie es um die geistigen Dinge im neuen Reich steht und was es mit dem Gerede vom angeblichen Barbarismus auf sich hat«. Einmütig und stolz bekannte der Präsident der Schrifttumskammer: »Das deutsche Volk, wie kein zweites der Welt, fühlt sich dem Buch verpflichtet«.[4] Bücher von Albatross und Tauchnitz waren nun nicht gerade die geistigen Grundfesten, die solche Funktionäre im Sinn hatten. Holroyd-Reece' oft bekundeter Wunsch, die Herzen und Hirne der deutschen Leser für angloamerikanische Ideale zu begeistern, war unvereinbar mit den einschlägigen Tiraden, die sich in einem religiösen Deutschtumskult überschlugen. Karl Bischoff, Hohepriester der Reichsschrifttumskammer und einer der Beamten, die an Enochs Auswanderungsvereinbarung mitgetüftelt hatten, hüllte die nationalsozialistische Lenkung des Buchhandels in den Schein wohlwollender Bewahrung deutschen Schrifttums und Volksguts. Bischoff legte deutschen Lesern die Einsicht nahe, dass ihre Zukunft als Nation von ihren Lesegewohnheiten abhing. »Das Buch ist mehr als ein Band in der Bibliothek«, psalmodierte er. »Es ist auch noch mehr als der Spiegel dessen, was ein Volk denkt, schafft, erkämpft, erleidet, es ist Schicksalsträger der Nation«. Und so rief er »das Volk zum Buch als dem Schwert des Geistes und der Propaganda des Herzens auf«.[5]

Um seinen Lesern in dieser Hinsicht »behilflich« zu sein, verschärfte das Dritte Reich 1935 und 1936 die Zensur. Hitler übertrug Goebbels im April 1936 die Vollmacht über das Buchwesen und beendete damit ein monatelanges Gerangel zwischen verschiedenen Regierungsstellen um Einflussnahme. In der Folge gab Goebbels seinen Beamten die »Liste des schädlichen und unerwünschten Schrifttums« an die Hand. Von da an durften Bücher nur beschlagnahmt oder verboten werden, wenn sie auf Goebbels' Liste standen. Ab Juli 1936 ließ das Propagandaministerium die Liste regelmäßig durch eine Expertenrunde aktualisieren. Diese bestand aus Vertretern der Schrifttumskammer, der Gestapo, des SS-Sicherheitsdienstes (SD), der Parteiamtlichen Prüfungskommission zum Schutz des NS-Schrifttums und des Reichsbildungsministeriums. Seit Ende 1937 betrieb die Reichsschrifttumskammer außerdem noch eine Zensur unter anderem Namen, indem sie sämtliche jüdische Autoren und Verleger ausschloss und ihnen dadurch jede Möglichkeit zur Publikation in Deutschland nahm.[6]

Um zu verstehen, wie es Albatross-Titeln unter der Zensur der Nazis erging, kann man sich eine der Lügen, die Goebbels als deutscher Herr und

Meister über Wahrheit und Lüge verbreitete, in Erinnerung rufen: seine Behauptung, der Nationalsozialismus benötige keine Zensur, um das deutsche Verlagswesen zu lenken: »Wir wollen keine Zensur und daher auch keine abhängigen Verleger, die nicht wissen, was sie tun sollen«, hieß es im *Taschenbuch für den deutschen Buchhandel* der Reichsschrifttumskammer. »Sondern wir wollen Verleger, die uns treue Helfer sind am gemeinsamen Werk, und die auch wirklich in der Lage sind, aus eigener Verantwortung heraus den Dienst am deutschen Schrifttum zu vollziehen«. Zensur hinter vorgehaltener Hand wurde damit zu einem Grundsatz nationalsozialistischer Literaturpolitik. Und wie sehr man die Liste des schädlichen und unerwünschten Schrifttums auch im Verborgenen zu halten versuchte – ihre Wirkung war spürbar und unmittelbar konkret. Die erste Liste enthielt 3601 Einzeltitel und 524 Gesamtwerke meist jüdischer, kommunistischer oder moderner Autoren. Sie zielte auch auf politische Schriften, die gegen das Regime oder seine Anführer gerichtet waren oder nationalsozialistische Moralvorstellungen unterliefen. Mit dem Siegel »streng vertraulich« versehen, war die Liste ausdrücklich *nicht* zur Aufklärung der Verlage, Vertriebe und Buchhandlungen gedacht, deren wirtschaftliche Existenz sie bedrohte. Die Verschwiegenheit wurde so ernst genommen, dass Beamte, die die Liste konsultieren wollten, zuvor einen notariell beglaubigten Vertrag unterschreiben mussten. Damit verpflichteten sie sich, den Index unter Verschluss zu halten, auch wenn sie nur kurz ihr Dienstzimmer verließen. Unter Androhung ihrer Entlassung durften sie ihn nicht nach Hause und nicht einmal in andere Dienstzimmer mitnehmen.[7]

Trotz der offensichtlichen Widersprüchlichkeit seines Vorgehens behauptete das Regime unbeirrt, es gebe keine Notwendigkeit zur Zensur, da man den schädlichen Einfluss der »unzuverlässigen«, das heißt jüdischen Verleger und Buchhändler ausgemerzt habe. Von allen anderen wurde das »gesunde Volksempfinden« erwartet, sich instinktiv den richtigen Büchern zuzuwenden. In der Propagandaschrift *Die Welt des Buches* forderte der Branchenfachmann Horst Kliemann Buchhändler auf, ihr »Amt als kulturpolitischer Mittler und Betreuer des Geistesschaffens« ernst zu nehmen und Bücher als Nahrung für den gesunden Geist zu verstehen. »So wie man den

Arzt seines Vertrauens zu seinem Hausarzt macht, so sollte auch der Bücherfreund seinen Hausbuchhändler haben«. Wie *Der Buchhändler im neuen Reich* im Februar 1937 erklärte, bedurften Buchhändler keiner öffentlichen schwarzen Listen als Arbeitsgrundlage, »denn wer das Herz auf dem rechten Fleck hat, kommt auch ohne solche Liste nicht in Gefahr, gegen die Gesetze des nationalsozialistischen Deutschlands zu verstoßen«.[8]

Ungeachtet solcher Leugnungen konnten ohne verbindlichen Index weder Buchhändler noch Leser wissen, ob sie gesetzwidrige Schriften kauften und verkauften. Der Fall von Koehler und Volckmar, dem größten Buchvertrieb in Leipzig, verdeutlicht am besten, welches Chaos die verdruckste nationalsozialistische Zensur anrichtete. Das wichtigste Verkaufsinstrument dieses Grossisten war sein Katalog, den er an deutsche Buchhändler versandte. Als dessen Ausgabe von 1935/36 ohne jeden Vorsatz Titel enthielt, die auf Goebbels Liste standen, bekam die Firma Ärger mit der Schrifttumskammer. Da sie verbotene Werke im Angebot hatte, wurde sie angewiesen, sämtliche Exemplare des Katalogs einzuziehen und neue zu drucken. Als Koehler und Volckmar wegen der Kosten gegen diese Strafaktion protestierte, ließen sich die Beamten auf einen Kompromiss ein: Man durfte die verbotenen Titel stattdessen schwärzen. Der Grossist bat um ein Exemplar der vertraulichen Liste. Dem aber gab die Schrifttumskammer nicht statt. Sie stellte auch keinen ihrer Beamten ab, um Anfragen zu prüfen, obwohl Koehler und Volckmar sogar anbot, dafür auf eigene Kosten eine Stelle zu schaffen. Mitte 1936 einigte man sich schließlich auf eine umständliche Lösung. Koehler und Volckmar sandten Tag für Tag Bestellformulare aus Leipzig an die Schrifttumskammer und bezahlte einen von deren Beamten dafür, jüngst verbotene Werke daraus zu entfernen.[9]

Große Verunsicherung herrschte unter Partei- und Polizeiangestellten auch, was ausländische Autoren anging, weil das Regime scharf gegen ausländische Einflussnahme polemisierte und deutsche Leser zum Kauf deutscher Bücher aufforderte. Schon im Vorwort von *Die Welt des Buches* fand sich eine dieser Tiraden. Sie feierte die nationalsozialistische Übernahme des Buchhandels dafür, dass sie »das Krankhafte, Undeutsche und Volksfremde« ausgeschieden und »das Buch seiner eigentlichen Bestimmung« zugeführt habe: »nicht nur einer höheren Schicht, sondern dem Volk zu dienen, wesenhaft und blutsverbunden zu sein«. In diesem Sinn ermahnte der Leiter der Schrifttumskammer die Branche, »die Einheit der deutschen Literatur zu erhalten und zu befördern, und alles zu beseitigen, was diese stören und gefährden« könne. Demnach schadete ausländische Literatur der Gesundheit des deutschen Volkskörpers. Übersetzungen beargwöhnte man als »Einfallstor für gefährliche Gedanken oder mangelnde Vaterlandstreue unter deutschen Lesern«. Sogar Bibliothekare waren gehalten, ihre Leser möglichst von ausländischen Büchern abzubringen und Übersetzungen bei Neuerwerbungen nur in Ausnahmefällen zu berücksichtigten.[10]

Dass eifrige Staatsdiener manchmal überreagierten und verdächtige Passagen beflissen den Kulturbehörden meldeten, war allein schon Beweis genug, wie sehr der Zensurapparat die von Goebbels gewünschte Wirkung entfaltete. Mehrere Albatross-Autoren gerieten auf diese Weise in die Mühlen der verborgenen Zensur, unter ihnen als prominentester Sinclair Lewis. Seit den Bücherverbrennungen hatte Lewis sein Profil als rabiater Nazihasser mit dem Roman *It Can't Happen Here* von 1935 geschärft, in dem die Machtübernahme einer faschistischen Partei in den USA als hässlicher Abklatsch Nazideutschlands geschildert wird. Etwa zur selben Zeit erkundigte sich die Parteiamtliche Prüfungskommission zum Schutze des NS-Schrifttums, ob sämtliche Bücher von Lewis auf Goebbels' Liste standen und ob der Kammer irgendetwas »Nachteiliges« über den Autor bekannt sei. Die Gestapo in Elbing sandte ein Exemplar von Lewis' *Dodsworth* an den Präsidenten der Schrifttumskammer, der es wiederum dem Propagandaministerium weiterleitete – ausdrücklich mit der Begründung, dass das Buch zwei Seiten enthalte, die man Lewis als »eine Verherrlichung des Judentums« ankreidete.[11]

Wie jede schwarze Liste urteilte auch die von Goebbels willkürlich. Indem man sie im Verborgenen hielt, ermutigte man zu Übereifer und schürte die Angst vor Denunziationen. Trotz vieler Anfragen zu Lewis zensierte Goebbels *Dodsworth* nicht, und die Schrifttumskammer informierte die Parteiamtliche Prüfungskommission im Juli 1938, ein ganzes Jahr nach ihrer ersten Anfrage, dass alle Bücher von Lewis mit Ausnahme von *Das ist bei uns nicht möglich,* der deutschen Übersetzung von *It Can't Happen Here*, im Reich gehandelt werden durften. Schließlich wurden aber doch noch zwei Titel von Lewis verboten: *König sein dagegen sehr* (»Let's Play King«) – ein Manuskript, das sich die Schrifttumskammer gegenüber dem Verlag mit der einigermaßen paradoxen Begründung durchzusehen weigerte, dass sie keine Manuskripte prüfe – und *Die verlorenen Eltern (The Prodigal Parents)*.[12] Trotz Lewis' aufwieglerischer Schreibe blieb der größte Teil seines Werks im Deutschen Reich weiter erhältlich. Der Albatross Verlag druckte 1937 Neuauflagen aller Werke von Lewis für den Verkauf in Deutschland und Europa. Sämtliche Titel schafften eine zweite Auflage, *Ann Vickers* 1938 auch eine dritte und *Dodsworth* sogar eine vierte – was beweist, wie groß das Interesse an den Werken von Lewis weiterhin war.

Nicht nur Verlage und Ordnungshüter, sondern auch deutsche Leser baten die Obrigkeit um Klarstellungen. Viele von ihnen lasen bereits mit der Schere im Kopf, und manche brüsteten sich sogar damit. So schrieb im Herbst 1937 ein Leser der wütenden NS-Postille *Der Stürmer* an die Redaktion, um auf die Albatross-Ausgabe von Louis Goldings *Five Silver Daughters* hinzuweisen.[13] Golding, in Manchester als Sohn ukrainischer Juden zur Welt gekommen, hatte außer diesem noch zwei andere Romane bei Albatross veröffentlicht: *Magnolia Street* (1932) und *The Miracle Boy* (1933). *Magnolia Street* erzählt vom Leben einer jüdischen Arbeiterfamilie in Manchester und wurde in England zum Bestseller. *Five Silver Daughters* spann dieses Thema fort mit einer Schilderung der Höhen und Tiefen im Leben eines jüdischen Schneiders und seiner fünf Töchter. 1937 druckte der Albatross Verlag die dritte Auflage von *Magnolia Street* und die zweite von *Five Silver Daughters.*

Wegen des jüdischen Stoffs beschwerte sich daraufhin die Schriftleitung des *Stürmers*, der für ihren ätzenden und brutalen Judenhass bekannten NS-Wochenschrift, Ende November 1937 bei der örtlichen Polizei und zur Sicherheit gleich noch bei der Schrifttumskammer über *Five Sliver Daughters*. Deren Beamte forderten von Kupfer ein Exemplar an, der daraufhin erläuterte, Albatross habe das Buch von Golding bereits aus dem Verkehr gezogen. Die Kammer informierte die Schriftleitung des *Stürmers* mit der Bitte, den besorgten Leser wissen zu lassen, dass das Buch zwar nicht mehr auf dem Markt sei, aber dennoch geprüft werde. Die Korrespondenz kam damit zum Erliegen, und Ende 1938 wurde Golding nicht nur mit diesem einen Roman, sondern mit seinem gesamten Werk auf die Liste des schädlichen und unerwünschten Schrifttums gesetzt.[14] Ob sich das Verbot auch auf die Originalausgaben von Albatross bezog, ging aus dem Eintrag nicht hervor. Die Frage erübrigte sich. Albatross hatte sich den Wünschen des Regimes vorsorglich gebeugt und Goldings Werk klammheimlich verschwinden lassen. Dieses beliebige Beispiel zeigt, dass Bücher oft gar nicht erst auf Goebbels' Liste stehen mussten, um dennoch zensiert zu werden. Ihre literarischen Stimmen konnten in diskreten Absprachen erstickt werden, die dem Verlag eine Nennung auf dem Index ersparten und andererseits die Behauptung der Kulturbehörden stützten, der NS-Staat sei auf das Mittel der Zensur gar nicht angewiesen.

Angesichts solcher Gepflogenheiten im damaligen deutschen Buchhandel ist die Vorstellung, dass ausländische Bücher, ob auf Englisch oder in Übersetzungen, im Hitlerdeutschland der späten Dreißigerjahre noch irgendein Ansehen oder eine Legitimität genießen konnten, nicht unmittelbar eingängig. Indem der NS-Apparat deutsche Leser zum Deutschlesen nötigte, drängte er sie zugleich ins kulturelle Abseits. Die Zensur der Nazis hatte skrupellos und oft still und heimlich die meisten liberalen, modernen Autoren aus der Welt geschafft, die viele Leser schätzten, darunter weltberühmte jüdische Schriftsteller und solche, deren gedankliche Provokationen als kommunistisch oder zu kritisch dem Nationalsozialismus gegenüber gebrandmarkt waren. Auch machte die NS-Rhetorik aus dem Lesen von Büchern eine Pflicht anstelle eines Vergnügens. Infolgedessen wurden zwar jede Menge Bücher gekauft. Aber viele deutsche Leser wählten nicht deutsche Titel, sondern wandten sich im Lauf der Dreißigerjahre auf der Suche nach Zerstreuung und Gedankennahrung umso mehr ausländischer Literatur zu.

Aus etlichen Berichten geht mit unterschiedlicher Tendenz der Bewertung hervor, dass deutsche Leser sich auf Literatur aus fremden Ländern stürzten, wann immer sich eine Gelegenheit dazu bot. »Zugegeben, es erscheint auch heute noch ab und zu wertvolle Literatur im Reiche des Hakenkreuzes: ausländische Übersetzungen oder Bücher von ehedem, in denen der Autor noch sagen durfte, wie er die Welt sieht«, stellte einer der monatlichen *Deutschland-Berichte der Sozialdemokratischen Partei Deutschlands* im Exil vom November 1937 fest. »Diese Bücher bevorzugt ein beträchtlicher Teil der deutschen Leserschaft«. *Westermanns Monatshefte*, eine seit 1856 bestehende Kulturzeitschrift, bemerkte 1938: »Ausland ist mal wieder große literarische Mode. Die Tugend, deutsch sein, deutsch werden zu wollten, tut sich eben für manche nicht ohne Beschwer«. Ebenso beklagte ein Artikel im *Schwarzen Korps*, der Wochenzeitung der SS, vom Juni 1938, dass ausländische Bücher präsenter seien als deutsche. »Man blicke nur auf die Schaufenster der führenden Buchhandlungen unserer Großstädte. Ausländische Namen, ausländische Namen, ausländische Namen«. Tatsächlich stieg die Zahl übersetzter Romane von relativ wenigen 342 im Krisenjahr 1933 auf 543 im Jahr 1937, und auch die Nachdrucke wiesen auf steigende Nachfrage in diesem Zeitraum hin. Unter seiner Kundschaft, erinnerte sich der Berliner Buchhändler Hans Benecke, hatte »sich bald erhebliches Mißtrauen gegen das empfohlene Blut-und-Boden-Schrifttum und gegen NS-Tendenzen in wissenschaftlichen Büchern gebildet«. Als die Reichsstelle für die Pflege des deutschen Schrifttums – eine von vielen derartigen Behörden – im Oktober erstmals eine Liste mit 100 empfehlenswerten Büchern versandte, verwarf Benecke die darin enthaltenen Titel, weil sie »unserer Ansicht nach nicht mehr für den Verkauf in Frage kamen«. Insbesondere den Juden, die ab November 1938 keine Theater, Konzerte, Kinos und öffentlichen Versammlungsorte mehr besuchen durften, gewährten Bücher aus dem Ausland nach Benecke die womöglich letzte verbliebene Realitätsflucht.[15]

Deutsche Kenner der internationalen Literatur tauchten ein in den Strudel des Angebots, um die Öffentlichkeit darüber aufzuklären, welche ausländischen Autoren sich zu lesen lohnten und welche man besser mied. Hans Franke etwa geißelte in *Die neue Literatur* Kritiker, die Thomas Wolfe mit Lob überhäuften. Sie begünstigten damit seiner Ansicht nach nur eine »unerwünschte Einfuhr« von Nihilismus und übersteigerter Befindlichkeit, von denen man sich besser fernhielt. Auch Will Vesper vernichtete Wolfes Werk und empörte sich über die irrwitzige Vorstellung, »deutsche Art, deutscher Geist, deutsches Volkstum« könnten jemals von der »grauen Jauche der Allerweltszivilisation, die von Amerika herüberschwemmt«, übertroffen werden.[16] Wer solches Geleit in weniger hochtrabendem Ton bevorzugte, wurde bei Professor Karl Arns' Index der anglojüdischen Literatur von 1938 fündig. Arns erstellte eine Rangfolge der Autoren je nach Gefährlichkeit ihres Einflusses und erfasste darin sehr viel mehr ausländische Schriftsteller als Goebbels in seiner Liste des schädlichen und unerwünschten Schrifttums. 1939 veröffentlichte Arns eine zweite Liste mit amerikanischen – und einigen während der Arbeit am ersten Band übersehenen englischen – Autoren, um die Leser auf dem Laufenden zu halten, was das allerneueste abträgliche Schrifttum anging.

Alle derartigen Hilfsmittel weltanschaulicher Prüfung taten der großen Beliebtheit englischer und amerikanischer Romane keinen Abbruch. 1937 und 1938 machten diese beinahe die Hälfte aller übersetzten Erzählliteratur aus. Wesentlichen Anteil daran hatte die Mode angloamerikanischer Krimis. Dorothy Sayers war so begehrt, dass die *Deutsche Allgemeine Zeitung* ihren Roman *Peinlicher Vorfall im Klub (The Unpleasantness at the Bellona Club,* 1928) von November 1938 bis Januar 1939 in Fortsetzungen veröffentlichte. Agatha Christie und Edgar Wallace waren der allerletzte Schrei. Wallace' Verlag Goldmann druckte allein 1938 und 1939 achtzehn Auflagen von seinen Büchern. Am weniger auflagenstarken Ende des Spektrums fand sich die Sammlung *Neu Amerika: Zwanzig Erzähler der Gegenwart* des Fischer Verlags, die Leser mit einer Reihe zeitgenössischer amerikanischer Schriftsteller wie Sherwood Anderson, Conrad Aiken, William Faulkner, Thomas Wolfe, Erskine Caldwell und Katherine Anne Porter bekannt machte. In der Einleitung schwang sich Herausgeber Kurt Ullrich zu einer leidenschaftlichen Verteidigung der amerikanischen Kultur auf, die in Deutschland »so grundsätzlich verkannt« sei, dass »das Bild von der künstlerischen Kraft des amerikanischen Schrifttums ... wie im Zerrspiegel« hemmungslosen Materialismus und nabelschauender Frivolität erscheine. Er selbst hoffte, dieses Bild mit seinem Sammelband zu korrigieren.[17]

Angloamerikanische Literatur wurde zudem eifrig in Zeitschriften und Zeitungen besprochen, die noch nicht zermalmt oder von Nazis als Herausgebern vereinnahmt waren. Etliche Zeitschriften warben in eigenen Rubriken für »neue Bücher aus dem Ausland«, und auch die Literaturbeilagen der Großstadtzeitungen rezensierten regelmäßig Werke angloamerikanischer Autoren.[18] Bis Kriegsbeginn druckte die renommierte Zeitschrift *Die Literatur* einen regelmäßigen »English Letter« und einen »American Letter«, in denen Neuerscheinungen aus beiden Ländern rezensiert wurden. Übersetzungen von Thomas Wolfe und William Faulkner fanden erheblichen Widerhall in der deutschen Presse, ebenso wie solche von Thornton Wilder, William Saroyan, John Steinbeck, Katherine Mansfield, Evelyn Waugh und anderen. Neue Übersetzungen der Werke von D. H. Lawrence, zuletzt ein Band mit seinen Briefen bei der Berliner Rabenpresse, erschienen noch 1938.

In ebendiesem Jahr war ausländische Literatur so begehrt, dass auch der SS-Sicherheitsdienst sich dafür zu interessieren begann. Sein Jahresbericht zum Schrifttum beklagte »die erschreckend hohe Zahl von Übersetzungen aus anderen Sprachen« und stellte fest, dass diese Übersetzungen den Wunsch der Leser nach Flucht aus der politischen Wirklichkeit bedienten. Margaret Mitchells *Vom Winde verweht* diente als Beispiel dafür. Mit solchen Büchern, heißt es in dem Bericht, stellten Verlage »wirtschaftliche Gesichtspunkte« über ihre kulturelle und politische Verantwortung. Zugleich räumte man ein, dass die übersetzten Titel ein Bedürfnis stillten, dem deutsche Bücher nicht entgegenkamen. »Zum Teil gleichen die Übersetzungen auch den offensichtlichen Mangel an guter Unterhaltungsliteratur ... aus«.[19] Im Großen und Ganzen war das Regime dabei, seinen Kampf für das gute deutsche Buch sogar auf eigenem Territorium zu verlieren. Und die Schrifttumsbehörden waren sich darüber durchaus im Klaren.

Albatross und Tauchnitz gerieten ebenso ins Visier des Regimes und seines Misstrauens gegenüber ausländischen Büchern. Gleichwohl ersparte ihr Absatz in Deutschland dem Reich einiges an Devisen, wie Albatross' Anwalt und Finanzberater Dr. Schöne darlegte, da es solche Bücher andernfalls von ausländischen Verlagen hätte beziehen müssen – und damit seine Handelsbilanz weiter verschlechtert hätte. Unter den Werken, die das Pariser Büro für seine »Lieben Leser« herausbringen wollte, war ausgerechnet auch der vom SS-Sicherheitsdienst inkriminierte Roman *Gone with the Wind*. Im Oktober 1937 setzte Lektorin Sonia Hambourg alles daran, gerade diesen Titel für Albatross zu sichern. Das Buch hatte sich in den Vereinigten Staaten eineinhalb Millionen Mal und in England 110.000-mal verkauft. Es konnte sehr wahrscheinlich die Exporterlöse von Albatross-Tauchnitz und für das Reich aufbessern, falls es in Europa einen ähnlichen Sturm der Begeisterung auslöste. Zwar hatte Mitchell ihrem Pariser Agenten William Bradley telegrafiert, nicht bei Tauchnitz zu unterschreiben. Doch Hambourg ließ nicht locker: »Da unsere Leser es doch kaum erwarten können, dass wir GONE WITH THE WIND herausbringen, wenn es nur irgendwie menschenmöglich ist: Wären Sie vielleicht so freundlich, Miss Mitchell noch einmal darauf anzusprechen? ... Vielleicht könnten Sie ihr auch noch einmal deutlich machen, dass GONE WITH THE WIND unmöglich in Deutschland verkauft werden kann, wo ein großes und begeistertes Publikum nur darauf wartet, ihr Buch lesen zu können, wenn es nicht bei Tauchnitz erscheint?«[20]

Zum Leidwesen des Pariser Büros besann Mitchell sich nicht. Ihr Verlag Macmillan war – vermutlich mehr aus finanziellen als aus politischen Gründen – »strikt gegen das Erscheinen einer englischen, kontinentaleuropäischen Ausgabe«. Da Mitchell nicht zu erweichen war, erschien das Buch in Deutschland ausschließlich auf Deutsch. Nazi-Redakteur Will Vesper ließ im Oktober 1937 seine höhnischen Tiraden gegen Mitchell vom Stapel: »Was gehen uns Deutsche in Wahrheit diese geschickt paprizierten, grell und blutig gemalten amerikanischen Historien an? ... Sind diese halbsüße amerikanische Lulu und dieser schnoddrige, ach so edle, ach so verschlossene tiefe Kinoheld und Edelverbrecher Rhett wirklich Wunschgestalten unseres Volkes? Und welchen Teils unseres Volkes?« Wie es scheint, ließen sich viele, allzu viele Leser davon nicht beeindrucken. Die deutsche Übersetzung erschien im Goverts Verlag und verkaufte sich trotz des enorm hohen Verkaufspreises von 12,50 Reichsmark – dreimal so viel, wie ein Roman durchschnittlich kostete – von 1937 bis 1941 ganze 366.000-mal. Peter Weber, ein junger Verkäufer in der Berliner Buchhandlung Amelang, erinnerte sich später, welch heiße Ware *Vom Winde verweht* auch unter den Angestellten war, kaum dass der Buchhändler an eines der ungebundenen Exemplare der Originalausgabe gelangt war, die vor dem Erscheinen der Übersetzung unter der Hand weitergegeben wurden.[21]

Innerhalb des Deutschen Reichs verkaufte der Albatross Verlag seine Bücher an Hunderte Buchläden. Statistiken zeigen, dass Kupfer in den acht Vorkriegsmonaten des Jahres 1939 Tauchnitz-Bücher im Wert von 98.544 und Albatross-Bücher für 92.260 Reichsmark absetzte, mithin knapp 190.000 Exemplare.[22] Wie viele Leser diese Bücher erreichten, lässt sich heute nicht mehr feststellen. Manche deutschen Leser englischer Literatur kauften wahrscheinlich zahlreiche Bücher, andere gaben ihre Bücher vielleicht im Freundeskreis weiter oder tauschten sie untereinander, um Geld zu sparen. Einige Albatross-Exemplare wurden mit Fragmenten deutscher Übersetzungen an den Rändern vollgekritzelt, was zeigt, dass deutsche Leser diese Bücher auch nutzten, um ihr Englisch zu verbessern.

Bernhard Rust, der preußische Kulturminister und Reichsminister für Wissenschaft, Erziehung und Volksbildung, förderte unwillkürlich den Absatz von Albatross und Tauchnitz im Reich, indem er Anfang 1937 erklärte, Englisch werde künftig als erste Fremdsprache an »sämtlichen höheren Schulen – mit Ausnahme der Gymnasien für Jungen« gelehrt. Albatross- und Tauchnitz-Titel waren auch preislich für deutsche Klassenzimmer interessant. Die Zeitschrift *Englische Studien* empfahl sie deutschen Lehrern und Professoren deshalb ausdrücklich als Schullektüre und brachte eine Liste mit vierzig Werken in Umlauf, die sie im abgelaufenen Jahr rezensiert hatte. Dass darin sehr viel mehr Titel von Albatross als von Tauchnitz angeführt waren, lag vermutlich an der Aktualität ersterer. Unter den Werken in der Liste des Jahrgangs 1938/39 fanden sich William Faulkners *The Unvanquished*, Robert Graves‹ *Count Belisarius*, Freya Starks *Baghdad Sketches*, Richard Aldingtons *Seven Against Reeves*, Louis Bromfields *The Rains Came* und D. H. Lawrence' *The Man Who Died* sowie zwei Bände mit Lawrence' Briefen.[23] Literatur von

Albatross und Tauchnitz wurde also insbesondere in einer Lesergruppe, die zu ihrer weiteren Verbreitung beitrug, eifrig beworben: unter deutschen Lehrern mit direktem Zugang zu jungen, geistig regen Köpfen.

Dass Literatur von Albatross deutschen Lesern die angloamerikanische Kultur erschloss, sagt noch nichts darüber aus, wie diese Kultur von ihnen wahrgenommen wurde und was sie ihnen bedeutete. Aus manchen Kritiken wird deutlich, dass Albatross und Tauchnitz tatsächlich eine Lücke füllten, wie Holroyd-Reece behauptete: dass sie »den Geist und die Seele Englands und Amerikas« in fremde Gefilde brachten. 1937 besprach die Kritikerin Muska Nagel etliche Bände für *Die Literatur*, eine traditionell auf Weltliteratur spezialisierte Zeitschrift mit einer Auflage von rund 30.000 Exemplaren. Nagel vermittelte die Freude der Leserin, all die Bände vor ihr ausgebreitet zu sehen, deren jeder ihr wie ein Fenster zur englischsprachigen Welt vorkam: »Wenn man eine Anzahl Tauchnitz- und Albatross-Bände vor sich stehen hat – rote, blaue, violette, gelbe Bände«, schrieb sie, »bekommt man das Gefühl, als müßte man durch solche Mannigfaltigkeit nicht nur in die literarischen, sondern besonders in die Geistesregungen der Englisch sprechenden Völker eindringen können«. Nagel las nicht mit Vespers Geringschätzung, sondern mit dem Wunsch, das Beste und Schlechteste an den Kulturen zu verstehen, die diese Bücher ihr erschlossen. Ihre Rezension empfahl, auch anhand von Inhaltsangaben zu Aldingtons *Very Heaven* und Graves' *Antigua, Penny, Puce*, sich auf eine Fantasiereise in den Alltag fremder Länder einzulassen.[24]

Wenn Bücher von Albatross und Tauchnitz Brücken zwischen den Kulturen bauten, so konnten diese mitunter auch reichsdeutschen und nicht nur angloamerikanischen weltanschaulichen Zielen dienlich sein. Das zeigt beispielhaft eine Hommage von Hans Effelberger an D. H. Lawrence in der Zeitschrift *Die neueren Sprachen* für Deutschlehrer. Wie viele andere deutsche Kritiker stellte Effelberger darin Lawrence als rebellischen Spross Englands dar, der sich nicht in die ihm zugedachte Stellung innerhalb der Klassengesellschaft gefügt, sondern aus einer Familie von Bergleuten zum berühmten Schriftsteller hochgearbeitet hatte. Dem Beispiel anderer folgend las Effelberger Lawrence unter dem Eindruck von Nietzsche und erklärte, »beiden ist der Wille zur Überwindung eigen«. Wenn Deutsche mehr Bücher von Lawrence läsen, meinte er, würden sie »finden, wie nahe Lawrence unserem heutigen völkischen Zeitgefühl oft kommt«. Zum Beleg seiner Behauptung zitierte er aus der Albatross-Ausgabe von *Apocalypse*, die Holroyd-Reece unmittelbar nach dem Tod des Autors löwenhaft an sich gerissen hatte: »Es gibt die Macht und wird sie stets geben. Sobald zwei oder drei Menschen zusammenkommen, und besonders wenn sie etwas unternehmen, so entsteht Macht, und einer unter ihnen ist ein Anführer, ein Meister. Das ist unausweichlich. Nehmt es hin, erkennt die natürliche Macht im Menschen, wie die Menschen es früher getan haben, und erweist ihr die Ehre«. In solchen Momenten erwies sich Lawrence nach Effelberger als »ein Zeuge dafür, daß es auch in England, abseits vom Konventionellen, Persönlichkeiten gibt, die den Sinn der Zeitenwende verstanden haben«.[25]

Von Beginn an hatte Albatross die Leser in den Mittelpunkt verlegerischer Entscheidungen gestellt. Die »Lieber Leser«-Postkarten waren einer von vielen Versuchen, ihren literarischen Puls zu fühlen und zu erkunden, was sie wirklich lasen und warum. Wenn nun beispielsweise Albatross-Bücher zur Rechtfertigung angloamerikanischer demokratischer Impulse ebenso wie eines nationalsozialistischen »Willens zur Macht« dienen konnten, wurde die Frage umso wichtiger und unwägbarer, was Leser eigentlich aus ihren Büchern machten. Über einen Großteil der Dreißigerjahre bestimmten die NS-Behörden nicht nur, *was* deutsche Leser lesen durften, sondern versuchten ihnen auch vorzuschreiben, *wie* sie es zu lesen hatten. Die Literaturbürokratie des Dritten Reichs vertrat die Auffassung, das Lesen sei ein gesellschaftlicher Akt und Eintritt in die »lesende Volksgemeinschaft«, deren Deutungen die Werte der nationalsozialistischen Gemeinschaft bekräftigen mussten. Bürokraten in den Bildungs- und Kulturbehörden mahnten zur Vorsicht gegenüber der »Lesewut«, denn diese könne einzelne Leser in die Irre und zu Büchern oder Lesarten von Büchern verleiten, die mit dem nationalsozialistischen Programm unvereinbar waren. Und doch konnte am Ende niemand, ob Verlag oder Kulturbehörde, darüber bestimmen, was aus den Albatross- und Tauchnitz-Büchern in den Händen deutscher Leser wurde – ob diese Leser sich der Deutungshoheit der Gemeinschaft fügten oder ihre Lektüre als »privaten, jeder Kontrolle entzogenen Akt« betrieben. Grundsätzlich eigneten sich Bücher in englischer Sprache zur Verdammung der angloamerikanischen Kultur ebenso wie zum Stiften einer Sehnsucht nach ihr.[26]

Goebbels nahm trotz seiner exponierten Rolle als Herrscher über die nationalsozialistische Zensur das damit einhergehende Risiko in Kauf. Der Reichspropagandaminister und Präsident der Reichskulturkammer hätte jederzeit ausländische Literatur aus dem Land verbannen können. Doch gerade das schien ihm aus kulturpolitischer Sicht nicht angeraten. Offene Zensur lief auch Gefahr, Deutschlands Beziehungen zu ausländischen Handelspartnern zu gefährden. Stattdessen gängelte Goebbels die Literatur aus dem Ausland. Er ließ eine überschaubare »entpolitisierte Sphäre« aufkommen, in der die Deutschen sich zerstreuen und vergnügen konnten, um so ihre Loyalität gegenüber dem NS-Staat zu zementieren. In seinem Tagebuch schrieb er ausdrücklich, dass das Regime die Fehler des Ersten Weltkriegs vermeiden und dem Volk Gelegenheiten geben müsse, sich zu erholen.[27]

Insgesamt ergibt sich aus den Quellen jedoch das Bild, dass Albatross mit seiner Präsenz in Deutschland ein geringeres Risiko einging als das Regime dadurch, dass es Albatross gewähren ließ. Zu dieser Einschätzung gelangte auch das British Council, das sich Ende der Dreißigerjahre verstärkt darum bemühte, »intelligente« Propaganda nach Deutschland zu schleusen. In einem Bericht vom November 1938 erwog seine Führung unter anderem eine British Library mit englischen Büchern und Zeitschriften in Deutschland, ein umfangreicheres Austauschprogramm für Jugendliche sowie Radionachrichten auf Deutsch mit dem Siegel der unbedingten Liebe zur Wahrheit (»Aufrichtigkeit, und sei sie noch so langweilig, ist das Ein und Alles«, um das Vertrauen der Deutschen zu gewinnen, heißt es in dem Bericht). Anfang Dezember 1938 drängte ein britischer Regierungsbeamter das Council zur Eile. »Da die nationalsozialistische Haltung gegenüber England ... in der Partei, in den Familien und Schulen eine seltsame Mischung aus Bewunderung und Eifersucht und eng mit Neugier verbunden ist, wäre es vielleicht opportun, diese Neugier von unserer Seite zu befriedigen, ehe sie entweder versiegt oder von gewissenlosen deutschen Hetzern gestillt wird«. Für diesen Beamten lag die Lösung auf der Hand: »Noch einmal, der niedrige Preis und die hervorragende Qualität von Tauchnitz und Albatross sorgen dafür, dass englische (und amerikanische) Literatur in Reichweite aller Interessierten gerät, und wir können eigentlich nichts Besseres tun, als eine kleine Zahl sorgfältig ausgewählter Bücher denjenigen Institutionen zu schenken, die junge Menschen erziehen«.[28]

Eine seltsame Ironie ist, dass ausgerechnet die Schrifttumskammer selbst, also eine gewichtige Stimme im Zensurapparat, zu den vorrangigen Verteidigern von Albatross im Reich zählte. Ein gutes Beispiel dafür ist ihre Reaktion auf den deutschen Leser, der sich über den bei Albatross erschienenen Roman von Golding beschwerte. »Ich möchte vorsorgliche mitteilen, dass der Albatross-Verlag in Hamburg seine Produktion zum überwiegenden Teil in englisch- und französisch-sprechenden Ländern vertreibt«, teilte ein Kammerbeamter der Schriftleitung des *Stürmers* mit. »Um im Ausland gegenüber den nichtdeutschen Firmen konkurrenzfähig zu bleiben, ist er gezwungen, Bücher herauszubringen, die inhaltlich und im Hinblick auf ihre Autoren von deutschen Lesern nicht immer befürwortet werden können. Im allgemeinen hat bisher der Albatross-Verlag hinsichtlich der Verbreitung solcher Bücher in Deutschland zu Beanstandung keinen Anlass gegeben«.[29] Abgesehen von dem falschen Eindruck, den der Mann sich vom Markt des Albatross Verlags gebildete hatte, betete er nur die offizielle Linie der Schrifttumskammer nach: Albatross war als Sonderfall zu behandeln, seine Bücher erhielten größeren Freiraum in Deutschland als andere. Zur Not konnten »unerwünschte« Bücher von Albatross immer noch auf einen Wink der Behörden außer Landes und zum Verschwinden gebracht werden.

KAPITEL 12

Tanz auf dem Vulkan

Jedes Jahr zu Weihnachten frönte Holroyd-Reece seiner Leidenschaft für edles Kunsthandwerk mit der Gestaltung einer besonderen Grußkarte. Zu Weihnachten 1938 wählte er dafür das Register des erlesenen Exzesses. Seine Feiertagsgrüße, auf dickes Papier gedruckt, erstreckten sich über dreißig Seiten. Die glücklichen Empfänger konnten sein Leporello wie eine Ziehharmonika zur Breite eines Beistelltisches oder Kaminsimses entfalten. Womöglich war Holroyd-Reece das, was er damit zur Geltung bringen wollte, auch nie zuvor so wichtig wie im ausgehenden Jahr 1938.

Wie alles, was Holroyd-Reece anpackte, hatte auch dieses Leporello etwas demonstrativ oder geradezu trotzig Zuversichtliches an sich. Es entfaltete ein Weihnachtsmärchen in schroffem Gegensatz zu den politischen und wirtschaftlichen Verwerfungen, die die Geschicke von Albatross in dieser Zeit bestimmten. Für seine opulente Botschaft hatte er Gunter Böhmer beauftragt, Kohleskizzen vom Leben in der Rue Chanoinesse anzufertigen. Wirklichkeit und Fantasie gingen ineinander über, wenn der bebrillte Böhmer sich selbst als Platzhalter für andere in mehrere Szenen hineinversetzte. Aus seiner Sicht war das Getriebe in der Nummer 12 vieles zugleich. Da herrschte zum einen jede Menge Emsigkeit: Ein Mitarbeiter, über dessen Kopf ein Wirbelwind von Papieren kreiste, kauerte unweit eines kunstvoll verzierten Fensterbogens über Schriftstücken; eine gertenschlanke Lektorin stieg auf eine Leiter in einem hohen Raum mit Regalen an allen Seiten; John und Jeanne Holroyd-Reece lasen erhellt von chinesischen Lampen in der Stille ihres Wohnzimmers im Obergeschoss. Da war auch beiläufiges Alltagsgeschehen: Jeanne schnürte sich in ihren Mantel gegen das raue Wetter, um mit den beiden kleinen schwarzen Terriern vor die Tür zu gehen, oder machte es sich in einem Sessel auf der oberen Terrasse mit Blick auf den Pont Louis-Philippe über die Seine bequem. Da wurde gefeiert: Gäste plauderten ausgelassen neben einem Buffet vor einer Wand mit Tapisserien. Da gab es Momente der Hochspannung: John Holroyd-Reece stand mit dem Rücken zum Betrachter im Auge eines collageartigen Mahlstroms von Verhandlungen und ließ seine Taschenuhr oder auch sein Monokel in der Hand baumeln, wie es seine Gewohnheit war; oder er beugte sich vor, um mit dem ernst dreinblickenden Künstler ein paar Worte zu wechseln, dem in seiner

Zeit in der Rue Chanoinesse das Merkmal jenes wie kein anderes von Mythen umrankten Geschöpfs gewachsen war ein Einhorn. Hier war alles lebendig. Vereinbarungen wurden gebrochen und geschlossen. Wunder geschahen.

Auf den Seiten dieses Leporellos stellte Holroyd-Reece eine anmutigere Welt dar als die zerrissene seines Alltags: eine Welt, in der keine Nazibeamten einem den Tag vermiesten, in der Weihnachtskarten so wichtig waren, dass man dabei nicht aufs Geld sah, und in der die Rue Chanoinesse und ihre Geschäfte ebenso aufblühten wie all diejenigen, die hier aus und ein gingen. Doch die Wirklichkeit war der Legende auf den Fersen. Kriegsgerüchte machten die Runde in Europas Cafés und an seinen Tafeln. Holroyd-Reece hielt Albatross eng an der Kandare, um den Verlag im Fall eines Krieges aus der Schusslinie zu nehmen, Hinter seinem Rücken schwang drohend das Pendel der Weltläufte und maß die Zeit.

Im Frühjahr 1938 hatte sich die politische Landschaft Europas schlagartig verändert. Am 12. März 1938 fielen Hitlers Truppen in Österreich ein. Dessen autoritärer Präsident Kurt Schuschnigg trat zurück, und Europa sah staunend zu, wie deutsche Soldaten durch Innenstädte marschierten und auf Hauptplätzen, an öffentlichen Gebäuden und Denkmälern die neue österreichische Flagge mit dem Hakenkreuz hissten.

Österreicher im Exil waren am Boden zerstört. »Es gibt kein Österreich mehr«, schrieb Franz Werfel seinem Verleger Ben Huebsch am 14. Mai von Capri aus. Stefan Zweig fragte sich voller Abscheu: »Wie unwichtig sind ja überhaupt jetzt alle unsere Bücher und das, was wir machen?« Auch für Kurt Enoch stellte der »Anschluss« alles infrage. »Der Einmarsch in Österreich war ein ungeheurer Schock«, erinnerte er sich später. »Ans Radio gefesselt saß ich da und hörte Berichte von den sich überstürzenden Ereignissen. Der hasserfüllte Lärm der Soldaten, die im Gleichschritt durch Wien marschierten, und die donnernden ›Heil Hitler‹-Huldigungen gegenüber den Eroberern erfüllten mich mit Wut und Panik. Diese Entwicklung und alle weiteren verwandelten mein latentes Unbehagen in eine zunehmende offene Furcht um unser Wohlergehen«. Virginia Woolf prophezeite am 26. März 1938 in ihrem Tagebuch: »Kaum hat der Tiger, d.h. Hitler, sein Mahl verdaut, setzt er an zum nächsten Sprung«.[1]

Enoch fürchtete ebendas. Er selbst war für den Augenblick in Sicherheit. Doch die nationalsozialistischen Machthaber planten längst einen weitergehenden »Anschluss« seiner geschäftlichen Interessen. Anfang 1938 – ungefähr in der Zeit, als sich das Deutsche Reich Österreich einverleibte – verstärkte der Leipziger Oberfinanzpräsident den Druck auf Albatross und Tauchnitz, »diese Auslieferung der beiden Verlage durch die jüdische Firma Continenta, Paris, abzubauen«. Falls Albatross und Tauchnitz tatsächlich auf ihr Verlagsbüro in Paris nicht verzichten konnten, wie sie den Behörden gegenüber immer wieder geltend machten, mussten sie sich das etwas kosten lassen: Enoch.[2]

Dieses Gegengeschäft war über Monate eingeleitet worden und brachte nun Erich Kupfer, den Geschäftsführer des Albatross Verlags in Deutschland, in eine missliche Lage. Er hatte auf so vielen Ebenen bei Albatross gedient, dass er das Innenleben von dessen Abteilungen genauer kannte als irgendjemand sonst. Kupfers Handlungen weisen ihn als emsigen und beflissenen Mitarbeiter aus. Seine meist ohne Zeilenabstand getippten Briefe sind voller Verkaufszahlen und Statistiken. Er arbeitete von früh bis spät. Doch er war nicht jemand, der entschlossen oder eilig Farbe bekannte. Der Siebenunddreißigjährige hatte eine Frau und zwei Kinder zu versorgen und erledigte seine Arbeit so gewissenhaft, wie er eben konnte. Für Wolfgang Krause-Brandstetter, der Kühnheit und einen genialischen Zug schätzte, war Kupfer der Inbegriff des zaudernden Hausvaters – »ein schüchterner Mensch, der kaum den Mut hatte, für etwas einzustehen«.[3] So fand sich Kupfer zur falschen Zeit in einer Stellung wieder, die ansonsten wie für ihn geschaffen war. Denn ab Januar 1938 drängten Lucke und andere Finanzbeamte ihn mit immer neuen Fragen in die Ecke. Waren die monatlichen Honorare von 6000 Reichsmark für Holroyd-Reece »angemessen« oder nur ein großer Schwindel? Wie und bis wann konnte man Enoch aus dem Geschäft von Albatross-Tauchnitz entfernen, ohne dem Verlag damit insgesamt Schaden zuzufügen?

Aus den Quellen entsteht der Eindruck, dass Kupfers Loyalität weniger einem bestimmten Ideal von Kultur oder Politik als vielmehr dem Unternehmen Albatross selbst galt. Er war mit Wegner von Tauchnitz zu Albatross übergelaufen. Fünf Jahre lang hatte er unter Enoch gearbeitet und in Paris zuletzt am Aufbau von Continenta mitgewirkt. Seit seinem schwierigen Einstand als Geschäftsführer des Albatross Verlags in Deutschland 1936 – gleich zu Beginn beschuldigte ihn die Reichsbürokratie, er sei Enoch widerrechtlich bei der Ausreise behilflich gewesen – arbeitete Kupfer direkt für Holroyd-Reece, und die Arbeitsteilung zwischen den beiden war klar: Holroyd-Reece verfolgte und betrieb die Albatross-Geschäfte in Paris aus luftiger Höhe, Kupfer hielt Albatross' Stellung vor Ort. In dieser Funktion hatte Kupfer die Aufgabe, Holroyd-Reece' Direktiven irgendwie durch die brennenden Reifen der NS-Dompteure zu bekommen. Er musste Albatross den feindseligen Verdächtigungen der Leipziger Finanzbehörden entziehen, nachweisen, dass der Absatz von Albatross und Tauchnitz insgesamt im Steigen begriffen war, vor allem aber darlegen, warum es finanziell und politisch unklug sei, das französische Verlagsbüro aufzulösen. Kurz und gut, Kupfer war ein Musterbeispiel des ergebenen Gefolgsmannes.

Angesichts der Umstände wundert es nicht, dass Kupfer in den Aktenvermerken der Reichsbank mal als beherrscht, mal als nervös bezeichnet wird. Denn im Interesse von Albatross vorzugehen hieß nach Auffassung des NS-Apparats nun zugleich, gegen Enoch vorzugehen. Für Kupfer war es eine Sache, seine Sicht der Angelegenheiten von Albatross darzulegen, wie er es auf Anfrage der Behörden wiederholt getan hatte, und eine ganz andere, sich selbst dafür einzusetzen, dass Enoch aus den Geschäften von Albatross und Tauchnitz gedrängt wurde. Er fürchtete mit Sicherheit negative Reaktionen von Enoch und Holroyd-Reece in Paris, andererseits aber Ärger aus Leipzig und Berlin, falls er die Forderungen der Beamten nicht erfüllte. In dieser Zwickmühle zwischen erneut drohenden Ermittlungen gegen Albatross in Deutschland und seiner nun auch offiziellen Weisungsgebundenheit gegenüber Holroyd-Reece als Arbeitgeber muss Kupfer sich entschieden haben, auf Distanz zu Enoch zu gehen. Vielleicht grollte er inzwischen auch darüber, dass er in Deutschland für die Machenschaften von Holroyd-Reece und Enoch im Ausland belangt wurde. Im Februar 1938 sagte er einem Reichsbankinspektor Dietrich im Vertrauen, er halte »eine Verlegung des Vertriebes nach Deutschland ohne weiteres für möglich und glaube auch, daß Rückwirkungen auf den Albatross-Verlag sowie auf die Interessengemeinschaft mit Tauchnitz und Brandstetter nicht eintreten würden«. Kupfer gab außerdem – sehr zum Nachteil Enochs – zu verstehen, dass Continenta seine Verkaufszahlen herunterrechnete, um weniger Exporterlöse nach Deutschland abführen zu müssen und die Differenz in Frankreich als Gewinn einzustreichen.[4]

Im März 1936 besann sich Kupfer, als ihm klar wurde, wie enorm die Einbußen für Enoch sein mussten. Er reise demnächst nach Paris, erzählte er Dietrich, »um mit Enoch über die Verlegung des Vertriebes nach Deutschland und Auflösung des Kommissionsvertrages« bis 31. Juli zu verhandeln. Zugleich bat er darum, dass »wenigstens ein Teil des Vertriebes in den Händen von Enoch belassen« werde. Dietrich lehnte ab und forderte stattdessen von Kupfer eine Überprüfung, ob Enoch seinen vertraglichen Verpflichtungen nachgekommen sei und ein Drittel seines Grossistenrabatts in die Verkaufsförderung von Albatross-Tauchnitz im Ausland investiert habe. Und so wurde Kupfer nach Paris entsandt, um dort in einem heiklen Balanceakt den Unterhändler und gleichzeitig einen Erfüllungsgehilfen der NS-Behörden zu geben, die ihm im Nacken saßen und mit Nachdruck darauf bestanden, Leipzig wieder zum Zentrum des Albatross-Tauchnitz-Vertriebs zu machen. »Verhandlungen über diesen Punkt sollen nach Angabe des Kupfer bereits in die Wege geleitet sein«, notierte Lucke. »Auch soll bei den Pariser Stellen ein grundsätzliches Einverständnis mit der Verlegung bestehen«.[5]

Auffällig an diesem Vermerk Luckes ist seine eher beiläufige Bemerkung, die Entscheider in Paris hätten sich zu einem »grundsätzlichen Einverständnis« zusammengefunden. Sie offenbart eine unschöne Wahrheit: Holroyd-Reece opferte Enoch, um seine eigenen Interessen an Albatross nicht zu gefährden. »Der von deutscher Seite ausgesprochene Wunsch, die Beziehungen mit der Continenta zu lösen, entsprach dem Wunsch des Herrn Holroyd-Reece, der seinerseits allerdings aus anderen Gründen heftig wünschte, sich von Dr. Enoch zu lösen«, schrieb Kupfer in einem Bericht. »Aus der ursprünglichen Freundschaft war innerhalb des letzten Jahres vor dem Kriege nahezu eine Feindschaft geworden ... Es nimmt daher nicht Wunder, daß schon Holroyd-Reece die Trennung von Enoch, wie sich später herausstellte, auf eigene Faust weiterbetrieben hat«.[6]

Obwohl Kupfer hier Holroyd-Reece als Auslöser der Trennung von Enoch darstellte, ergibt sich aus den folgenden Verhandlungen, dass auch Enoch diese Entwicklung der Dinge vorantrieb. Wie es scheint, beendeten die beiden ihre Geschäftsbeziehung ziemlich genau in der passiv-aggressiven Art und Weise, in der manche Paare ihre erloschene Liebesbeziehung lösen. Holroyd-Reece warf Enoch zwar nicht hinaus, vermieste ihm aber dermaßen die Zusammenarbeit, dass er von selbst ging. Jahrzehnte später nahm Enoch für sich in Anspruch, er selbst habe die Verbindung gelöst, um seine wirtschaftlichen Interessen ein für alle Mal von Holroyd-Reece' »fortwährender Großzügigkeit in finanziellen Angelegenheiten« abzukoppeln und, wichtiger noch, um sich von Entscheidungen der NS-Behörden unabhängig zu machen, auf die er keinen Einfluss hatte. Enoch verwies in diesem Zusammenhang auf die »drastisch verschlechterte Stellung derjenigen Juden, die noch in Deutschland lebten«. Diese Entwicklung »verstärkte mein Unbehagen und meinen Widerwillen, eine wie immer indirekte Geschäftsbeziehung zum nationalsozialistischen Deutschland aufrechtzuerhalten ... Daher schlug ich Reece vor, gemeinsam die Trennung in die Wege zu leiten, und er war damit einverstanden«.[7]

Zu seinem Glück hatte Enoch seit Mitte des Jahres 1937, als sich die Entfremdung zwischen ihm und Holroyd-Reece immer deutlicher bemerkbar machte, seine Geschäftstätigkeit breiter aufgestellt. Er hatte zwei englische Unternehmen gegründet, beide mit Sitz in der Londoner Bloomsbury Street: die Imperia Ltd., einen Vertrieb für französische und englische Bücher in Großbritannien, und eine Enoch Ltd. mit dem Geschäftszweck »englischsprachiger Verlagstätigkeiten«. Unbehelligt von jeder NS-Zensur verband er sich mit Jack Kahane von der Obelisk Press, die in Paris Henry Millers *Tropic of Cancer* und andere verbotene Bücher herausgab. Kahane beauftragte Enoch mit dem Vertrieb zumindest derjeniger seiner Bücher in England, die dorthin legal exportiert werden durften. Enoch nutzte die Imperia Ltd.

auch, um den Engländern französische Klassiker anzubieten. Er war »beeindruckt vom Erfolg der Penguin Books« und entwickelte eine ähnliche »einheitliche Bibliothek« preiswerter französischer Bücher für den Verkauf im Ausland. Mit dem Erfolg dieser Unternehmungen zeigte er sich »durchaus zufrieden«.[8] Je näher die Behörden des Dritten Reichs ihrem Ziel kamen, Enoch sein Albatross-Tauchnitz-Geschäft wegzunehmen, umso wichtiger wurden diese eher spontan geborenen und zunächst unterschätzten Wagnisse für seine Zukunft.

Als Enoch sich schlussendlich bereit erklärte, seinen Anteil am Geschäft von Albatross und Tauchnitz zur Verfügung zu stellen, entschied sich der NS-Apparat plötzlich anders: Paris sollte nun doch das Drehkreuz für den gesamten Auslandsvertrieb von Albatross und Tauchnitz bleiben. Einmal mehr triumphierte die Verlockung der Devisen über die Ideologie. Diesen Vertrieb in Frankreich zu belassen, konnte nach Ansicht eines Beamten einen höheren Anteil an Devisen nach Deutschland bringen als eine Verlegung nach Leipzig. Der seltsame und plötzliche Gesinnungswandel lässt sich nur lückenhaft nachvollziehen, allein das Ende ist klar. Zur Jahresmitte 1938 kündigte Enoch an, seine weltweiten Vertriebsrechte an Albatross-Tauchnitz abzugeben. Für einen bestimmten Preis wollte er sie nicht den Brandstetters in Leipzig abtreten, wie die deutschen Behörden ursprünglich angestrebt hatten, sondern Holroyd-Reece' französischer Scheinfirma Les Éditions Albatros, die seit November 1934 auf eine Bestimmung wartete.[9]

Somit gelang es Holroyd-Reece, den nationalsozialistischen Kulturapparat davon zu überzeugen, dass ausgerechnet er selbst, diese niemandem so recht geheure Eminenz des Pariser Büros, Enochs Rechte übernehmen sollte. Das sieht ganz nach einem durchschlagend erfolgreichen Vabanquespiel aus, und aus heutiger Sicht fügte sich im Ablauf der Ereignisse alles ein bisschen zu glatt in den Zeitrahmen. Auffällig auch, dass die Aversion zwischen Holroyd-Reece und Enoch genau in dem Moment eskalierte, als die Nazis Druck auf die Brandstetters ausübten, den Vertrieb nach Leipzig zu holen. Fast scheint es, als hätte Holroyd-Reece in dem Wissen, dass die deutschen Behörden eine Entscheidung herbeiführen wollten, bestehende Meinungsverschiedenheiten verschärft, ähnlich wie ein erfahrener Bildschnitzer seine Ahle an einer schon vorhandenen Spalte im Holz ansetzt, um sie zu weiten. Dass er damit durchkam, ist umso erstaunlicher, als das Deutsche Reich für die Übernahme des Vertriebs von Enoch eine Bedingung stellte, die Holroyd-Reece als Sohn eines jüdischen Vaters nicht erfüllen konnte: »daß dieses Unternehmen [Les Editions Albatros] im Sinne der deutschen Bestimmung als arisch bezeichnet werden kann«.[10] Leipzig und Berlin lieferten Holroyd-Reece trotzdem genau das, was er wollte: die Trennung von Enoch, die Zusage, den Weiterbetrieb des französischen Albatross-Tauchnitz-Büros zu sichern und die Devisen für dessen Unterhalt zu überweisen, sowie schließlich den Vertrieb der Albatross-Tauchnitz-Bücher durch die Éditions Albatros außerhalb des Deutschen Reichs. Nachdem Holroyd-Reece sich zuerst Wegners und nun auch Enochs entledigt hatte, war er kurz davor, das gesamte Albatross-Tauchnitz-Geschäft in der Hand zu halten – und hatte sogar noch die deutschen Behörden davon überzeugt, dass diese Rochade ganz in ihrem Sinn war.

Enoch muss der Ablauf dieser Verhandlungen sehr an den Verlust seines Unternehmens nur zwei Jahre zuvor erinnert haben. Damals hatte er an Wegner verkauft und sollte nun, in einem zweiten, ebenso erschütternden Anlauf zur »Arisierung«, an Holroyd-Reece verkaufen, mit dem Unterschied, dass sich diesmal alles an den Ufern der Seine und nicht mehr unweit des Hamburger Hafens abspielte. »Die Verhandlungen dauerten lange und kamen erst 1938 zu einem Ende«, schrieb Enoch. »Sie waren mühsam und kompliziert, auch weil Reece über kein Kapital verfügte, um ... die Übernahme des Vertriebs in sein eigenes Firmengefüge zu finanzieren«. Dr. Hubert Breitenfeld, das Buchhaltergenie hinter Enochs Auswanderungsvereinbarung, kam mehrmals nach Paris zur Ausarbeitung einer »Einigung, auf deren Grundlage die Übernahmefinanzierung in Form eines Kredits durch das internationale Bankhaus Warburg and Company bereitgestellt wurde«, zu dem Enoch persönliche Verbindungen besaß.[11]

Damit stand nun eine Art Lösung. Da aber die ohnehin schon schwierigen Geldverhandlungen durch persönliche Konflikte weiter verkompliziert wurden, war die Übertragung auf dem Papier einfacher als in der Praxis. Anders als 1936 war Enoch diesmal nicht gezwungen, seine Empörung zu unterdrücken und nur ja nichts zu sagen oder zu tun, was die heiklen Verhandlungen über die Abwanderung seiner Familie und seines Unternehmens aus Deutschland ungünstig beeinflussen konnte. In Paris musste Enoch nicht nur Zugeständnisse machen. Er konnte Forderungen stellen. Und er forderte eine hohe Abstandssumme. Am 6. Oktober ersuchte Kupfer für Albatross in Deutschland um die Freigabe von 60.000 Reichsmark als Entschädigung für Enochs Abtretung seiner Rechte an Holroyd-Reece und die Firma Éditions Albatros. Dies entsprach der Summe, die Enoch für die nach Paris mitgenommenen Bücher von Albatross und Tauchnitz bezahlt hatte. In den ersten Novembertagen verhandelte Kupfer darüber mit den Berliner Behörden und wartete auf die Genehmigung.[12]

Dann kochte innerhalb weniger Tage der schwärende Judenhass in Deutschland über. Am 8. November erschoss ein junger polnischer Jude Ernst von Rath, einen Legationssekretär der deutschen Botschaft in Paris. Kaum war die Nachricht von Raths Tod am folgenden Tag offiziell bestätigt, verfügte das NS-Regime ein Verbot sämtlicher jüdischer Publikationen und löste jüdische Kultur- und Bildungseinrichtungen auf. Nur Stunden später, am frühen Morgen des 10. November, entlud sich im ganzen Land die aufgestaute, aufgepeitschte Wut der Deutschen. Die Boykotte jüdischer Ladengeschäfte vom April 1933, das »Gesetz zur Wiederherstellung des Berufsbeamtentums« vom April desselben Jahres, mit dem Juden aus dem öffentlichen Dienst ausgeschlossen worden waren, und sogar die furchtbaren Nürnberger Gesetze von 1935 erschienen harmlos im Vergleich mit der Gewaltorgie, die Durchschnittsbürger aufgestachelt von SA-Trupps gegen ihre jüdischen Nachbarn entfesselten. In Berlin marodierte die Hitlerjugend, schwang Äxte und brüllte »Deutschland erwache! Juda verrecke!«. Schlägertrupps in Zivilkleidung zertrümmerten die Scheiben jüdischer Läden an den noblen Einkaufsmeilen Friedrichstraße und Kurfürstendamm in Berlin, wie unter anderem die *Chicago Tribune*-Korrespondentin Sigrid Schultz ins Ausland berichtete, die zu den kundigsten amerikanischen Journalisten in Deutschland gehörte. Es folgten massenhafte Plünderungen, und »die Besitzer einiger Läden wurden auf die Straße gezerrt und fortgeschafft«.[13]

Als der Berliner Buchhändler Hans Benecke – nach der Definition der Schrifttumskammer ein »Vierteljude« – zu seinem Laden am Kurfürstendamm gelangte, sah er »das erschreckende Bild zerschlagener Scheiben bei fast sämtlichen dort angesiedelten Geschäften. Die Schaufenster waren ausgeräumt und der Bürgersteig von Glassplittern übersät«. Unterdessen sprach sich herum, dass die SA die Synagoge in der nahen Uhlandstraße in Brand gesteckt hatte. »Uns bot sich ein grausiges Bild. Die Synagoge stand in hellen Flammen, die aus den Fenstern herausschlugen, sie durften von der zahlreich vorhandenen Feuerwehr nicht gelöscht werden«. Diese beschränkte ihren Einsatz darauf, ein Übergreifen der Flammen auf Nachbarhäuser zu verhindern.[14]

Neun von zwölf Berliner Synagogen wurden geplündert und angezündet. Das Gleiche geschah in Stettin, Frankfurt am Main, Konstanz, Köln, Lübeck und Leipzig. In München verhaftete die Gestapo mehr als 400 Juden in ihren Wohnungen. Aus Nürnberg kamen Berichte über besonders hasserfüllte Übergriffe. In einem Fall drangen Sturmtruppen in eine Wohnung von Juden ein, schlugen auf den Mann und die Frau ein, zerrten die Kinder aus ihren Betten und verwüsteten die Einrichtung. Aus Berlin beschrieb Schultz »höhnische Meuten, die sich am Anblick zerstörter jüdischer Geschäfte weideten. Sie bedienten sich selbst bei Kleidern, Pelzen und Spielzeug und warfen die Waren auf die Straße, damit ihre Gesellen sie davontragen konnten«. Schultz zufolge wurden im Zuge des Wütens, das später nach dem Schauspiel zersplitterten Glases auf den Straßen den Namen »Reichskristallnacht« erhielt, etwa 20.000 Juden in Deutschland und Österreich verhaftet.[15]

Enoch selbst und seine Kinder waren zwar in Sicherheit, doch seine Mutter Rosa Enoch lebte noch bis Ende 1938 in Hamburg. Seit Langem plante er, sie aus Deutschland nach Paris zu holen und bei seiner Schwester unterzubringen, doch die Krawalle offenbarten, wie sehr die Zeit drängte. Am 21. November verkaufte Rosa ihr Zuhause und zahlte 36.000 Reichsmark »Fluchtsteuer« zuzüglich 10.800 RM als ihren Anteil an einer Milliarde Reichsmark sogenannter »Sühneleistungen«, die Göring den Juden als Strafe für ihre angebliche Anstiftung zu den Verwüstungen der Reichskristallnacht aufbürdete. Insgesamt kostete sie das Privileg, Deutschland verlassen zu dürfen, etwa zwei von Wegners Jahresgehältern am Beginn seiner Tätigkeit für Albatross.[16]

Enoch wurde danach unerbittlicher. Womöglich festigte die schiere Barbarei der Gewalt und des Unrechts in Deutschland seinen Entschluss, sich nicht so ohne Weiteres beiseiteschieben zu lassen. Denn wann immer Kupfer mit den Behörden in Berlin telefonierte und mit jedem weiteren Detail der Verhandlungen, das festgeklopft wurde, gerieten Enochs Ladenfenster an der Place Vendôme ein wenig näher in die Reichweite der Steine werfenden Nazibürokratie. In Leipzig ging Kupfer seit einiger Zeit davon aus, dass Enoch mit dem Devisenäquivalent von 60.000 Reichsmark als Ablöse einverstanden sei. Doch keine drei Tage nach dem Jahreswechsel musste er dem Wirtschaftsministerium mitteilen, dass die Verhandlungen festgefahren waren. Enoch ließ sich nicht zur Eile drängen. »Es steht nicht fest, ob Dr. Enoch hierauf eingehen wird«, schrieb Kupfer, »aber wir sehen keinen anderen Weg, zur Verhandlung zu kommen, da es uns nicht gelungen ist, Dr. Enoch zu einer verbindlichen Erklärung zu bringen«. Auch den Knackpunkt der Verhandlungen nannte er dem Ministerium: »In den ersten Besprechungen hat Dr. Enoch höhere Summen genannt«.[17]

Je länger sich die Verhandlungen hinzogen, umso mehr scheint sich bei Kupfer eine gewisse Loyalität Enoch gegenüber verflüchtigt zu haben. Er war es leid, ohne absehbares Ende zwischen den Stühlen zu sitzen. »Die ganze Angelegenheit ist eilig«, erklärte er dem Wirtschaftsministerium wenig später und klagte, Enoch zögere die Sache bewusst in die Länge. Nach Kupfers Einschätzung stand Enoch seinen Albatross-Tauchnitz-Partnern gegenüber in einer gewissen Schuld und setzte sich darüber allzu leichtfertig hinweg, indem er sich dem Ersuchen verweigerte, die Zusammenarbeit zu beenden. Beispielsweise führte Kupfer an, dass Enochs Beziehungen zum schottischen Verleger Collins »vollkommen von dem guten Willen der Firmen Albatross und Tauchnitz abhängig« seien. Er fürchtete auch, dass Enoch in der Zwischenzeit unter Umständen nur noch die Albatross- und Tauchnitz-Bände verkaufen werde, die er schon besaß, was den Rückfluss von Devisen nach Deutschland zum Erliegen bringen konnte.[18]

Indem er sein Unverständnis über Enochs Verhalten bekundete, brachte Kupfer zugleich Albatross-Tauchnitz in Einklang mit den Interessen der deutschen Volkswirtschaft. Die beiden Verlage trugen die Kosten für das Herauslösen Enochs aus ihren Geschäften. »Im übrigen muss bedacht werden, dass die Abfindung nicht nur der deutschen Wirtschaft Devisen kostet, sondern den Verlagen Albatross und Tauchnitz einen sofortigen erheblichen Verlust bringt«. Im Gegenzug für die finanzielle Einbuße, die das Reich durch Abfindung Enochs hinnehmen musste, gab Kupfer den NS-Behörden eine Zusage, auf die sie seit Langem warteten: »dass nach der Abfindung des Dr. Enoch irgend eine auch nur mittelbare Zusammenarbeit der Häuser Albatross und Tauchnitz mit Dr. Enoch nicht stattfinden wird«. Was Einzelheiten der Einigung mit Enoch anging, hielt er fest: »In diesem Punkte ist diese Firma [Albatross], die der Unterzeichnete vertritt, bereit, sich vollkommen den Wünschen der deutschen Behörden zu unterwerfen«.[19]

Diese rhetorische Pose – gesenkter Kopf, unterwürfig, pflichtschuldig – war keine Ausnahme im Umgang von Einzelpersonen mit nationalsozialistischen Behörden. Kupfer nahm sie im Interesse von Albatross ein. Enoch aber war dazu nicht bereit. Mitte Januar 1939 fand eine Unterredung zwischen Lucke und einem Herrn Römer von der Deutschen Industriebank mit Kupfer und dem Albatross-Rechtsvertreter Hans Schöne statt. Alle vier waren sich einig: »Die Ablösung des Juden Enoch ist mit einem Devisenopfer verbunden. Der Vorschlag der Firma Albatross in dieser Hinsicht kann als angemessen bezeichnet und daher gebilligt werden«. Auch das Wirtschaftsministerium »erklärte sich mit einem ›Devisenopfer‹ einverstanden«.[20] Wie aus der kalten, rationalen Prosa dieser und anderer Gesprächsprotokolle hervorgeht, hatte Pragmatismus die Oberhand behalten. Das Deutsche Reich ließ sich seine Befreiung von diesem jüdischen Verleger einiges kosten. Damit waren eigentlich alle Hindernisse ausgeräumt – alle außer der Tatsache, dass Enoch sich nicht aus der Ruhe bringen ließ und unbeirrt weiter seine Interessen verfolgte. Er akzeptierte die angebotene Summe nicht. So ohne Weiteres würde er sich nicht aus der Chronik von Albatros verabschieden.

Am 16. März 1939, ein Jahr nach dem »Anschluss« Österreichs, fielen deutsche Truppen in die Tschechoslowakei ein. Das Grollen des nahenden Krieges war nicht mehr zu überhören. Enoch erkannte Hitlers Machtpoker als Wendepunkt: »Als das tschechoslowakische Drama seinen Lauf nahm, wurde es mir zur Gewissheit, dass nur ein Krieg Hitlers Herrschaft beenden konnte und dass diese Herrschaft offenkundig zu einem Verhängnis und einer Bedrohung für die Welt geworden war«, schrieb er. »Ich muss auch gestehen, dass ich, der die Drehungen und Wendungen dieser Eskalation aus nächster Nähe verfolgte, mir allmählich einen Krieg herbeiwünschte – einen Krieg nicht gegen das Deutschland, das ich gekannt hatte und dessen Erbe ich in mir trug, sondern einen Krieg gegen seine Abartigkeiten, einen Krieg zum Schutz anderer Völker vor der Gefahr für ihre Sicherheit und Unabhängigkeit in ihren Angelegenheiten«. Enoch war davon so sehr überzeugt, dass er sich als Freiwilliger bei der französischen Armee meldete.[21]

Inmitten solch politischer Bedrohungen kam es umso mehr darauf an, auf welcher Seite man stand. Und doch ist bei Holroyd-Reece fraglich, ob auch nur seine engsten Vertrauten wussten, wofür – oder für wen genau – er arbeitete. Vielleicht bestand in einer Welt feindlicher Lager die beste Überlebensstrategie darin, sich in eine Chiffre zu verwandeln, die niemand zur Gänze entschlüsseln konnte. Frankreichs Geheimdienste verdächtigten Holroyd-Reece, für Deutschland zu spionieren. Ihre Beamten hatten die Nachforschungen intensiviert und eine Reihe merkwürdiger Ungereimtheiten festgestellt. Im Juni 1937 hatte man Holroyd-Reece wegen des unerlaubten Besitzes von Brieftauben angezeigt, doch die Anzeige wurde fallengelassen, als sich herausstellte, dass es sich bei den Vögeln um gezähmte Felsentauben handelte. Verdächtig war das dennoch. Im Oktober 1938 ermittelten die Franzosen, dass Holroyd-Reece für ein britisches Bankenkonsortium als Makler tätig war. Dieses versuchte mit der im spanischen Bürgerkrieg gebildeten Militärjunta von Burgos im Norden Spaniens, den Francos nationalistische Truppen kontrollierten, ins Geschäft zu kommen. Die Bankengruppe wollte demnach eine italienisch-spanische Aktiengesellschaft erwerben, durch die sie an Büros in bedeutenden spanischen

Städten, vier Millionen Peseten an aktivem und passivem Sperrvermögen sowie – besonders wichtig angesichts des bevorstehenden Krieges – Anteile am Markt für Hartmetalle wie Molybdän, Wolfram, Wismut, Nickel und Eisen gelangen würde. Diese Tätigkeit verriet zwar Holroyd-Reece' Treue zu Großbritannien, doch hatte er sich als Verbindungsmann zur Junta in Burgos einen ausgesprochen schmierigen Typen ausgesucht, der bei den Franzosen die Alarmglocken läuten ließ: einen gewissen Henri Pourverelle, der als ehemaliger französischer Handelsattaché in Guatemala und Peru über gute Verbindungen verfügte und den Ruf genoss, »ein sehr intelligenter Mann mit herausragendem finanzwirtschaftlichem Talent, aber auch *bar jeden Skrupels*« zu sein. Gerüchten zufolge hatte Pourverelle seine Frau ertränkt. Er prahlte auch damit, dass er im Kriegsfall Chef des französischen Deuxième Bureau in Portugal würde. Es war derartige Gesellschaft, die den Argwohn der französischen Dienste gegen Holroyd-Reece schürte.[22]

Im Dezember 1938 fiel Holroyd-Reece dem französischen Arbeitsminister auf, weil Subskribenten von Lloyd's in London bei einer weiteren von Holroyd-Reece' Firmen in Paris – Sédouy Reece et Cie – wegen der Betreuung ihrer Automobilversicherungen in Frankreich anfragten. Vorschriftsmäßig erbat der Minister beim Verteidigungs- und Kriegsministerium eine Überprüfung von Holroyd-Reece und erhielt die überraschende Auskunft, dass dieser möglicherweise für deutsche Geheimdienste arbeite. Als der Arbeitsminister daraufhin das Geschäft prompt unterband, saß ihm der britische Botschafter im Nacken, der Auskunft forderte, warum die Franzosen ohne erkennbaren Grund britischen Interessen geschadet hatten. In dieser Zwickmühle wandte sich der Arbeitsminister im Mai 1939 erneut an den Président du conseil des Verteidigungsministeriums: War Holroyd-Reece nun ein deutscher Agent oder nicht? Der Beamte wollte sich nicht festlegen. Im April 1938, antwortete er, habe eine Quelle Holroyd-Reece als deutschen Agenten dargestellt. Doch im Dezember 1939 teilte die Pariser Polizeipräfektur mit, »nichts belegt allfällige Verdächtigungen, die gegen Herrn Reece vorgebracht wurden«. Ohne weitere Beweise, schloss der Ratsvorsitzende, »und bis auf weiteres halte ich ihn nicht für verdächtig, von einer ausländischen Macht finanziert zu werden«.[23]

Einen Monat später lieferte eine Quelle unter dem Titel »gesichert« entgegengesetzte Informationen – die auch Hans Otto Genugtuung beschert hätten, da er schon Jahre zuvor dasselbe behauptet hatte. In stark geneigter Handschrift findet sich da auf einer fast leeren Seite die spannende Behauptung: »Reece gibt sich als Agent britischer Geheimdienste zu erkennen«.[24]

Dass Holroyd-Reece von jeher britischer Agent gewesen sein könnte, passt auch gut zu seinem nächsten Manöver: dem Versuch, das Betriebsvermögen von Albatross aus Deutschland wegzuzaubern. In den Monaten davor waren die internationalen Beziehungen so gespannt wie schon lange nicht. Am 31. März erklärte Premierminister Neville Chamberlain vor dem Parlament, Großbritannien werde Polen im Fall eines deutschen Angriffs beistehen, was Hitler in Rage versetzte. Im April war Mussolini in Albanien einmarschiert und nötigte damit Großbritannien, Griechenland und dem Königreich Jugoslawien Unterstützung anzubieten für den Fall, dass er über deren Grenzen vordrang. Schnell wurde das politische Pflaster sehr heiß, und Holroyd-Reece musste die Angelegenheiten von Albatross in Deutschland in Ordnung bringen, bevor es zu spät dafür war.

In ganz Europa fürchteten immer mehr Menschen das Schlimmste, und so sah auch Holroyd-Reece sich genötigt, Albatross' Vermögen für den Kriegsfall zu sichern. Auf die Brandstetters war kein Verlass mehr. Sie beschwerten sich seit Langem, dass Holroyd-Reece Tauchnitz nicht gewinnbringend führe. Am 4. März 1939, kurz vor Deutschlands Annexion des Sudetenlandes, äußerten sie eine Drohung, die Holroyd-Reece aufmerken ließ: Sie wollten »auf der bisherigen Grundlage mit Albatross nicht weiter arbeiten« und ihren Vertrag lösen, falls Holroyd-Reece ihre Bedingungen nicht akzeptierte. So viel Widerstand gab ihm zu denken. Albatross mochte Tauchnitz seit Jahren »unter Kontrolle haben«, wie er stets behauptete, doch ohne Tauchnitz stand Albatross in Deutschland allein da. Daher erklärte er sich im April 1939 bereit, »das Tauchnitzgeschäft für das Kalenderjahr 1939 auf eigenes Risiko zu führen« und »entstehende Verluste selbst zu übernehmen«.[25]

Sein Kalkül war vielleicht, dass diese Wette zwar kaum zu seinen Gunsten ausgehen konnte, ihm aber etwas gewährte, das Albatross verzweifelt benötigte: den Beistand von Brandstetter-Tauchnitz. Stellten sich die Brandstetters gegen ihn, so verlor er womöglich den Zugang zum deutschen Markt und gefährdete damit das, was er immer wieder als Kulturauftrag seiner beiden englischen Buchreihen bezeichnet hatte: Lesern in Hitlerdeutschland die Ideale der angloamerikanischen Welt nahezubringen. Unter Druck geriet Albatross in Deutschland auch noch von anderer Seite. Am 31. März 1939 hatte die Schrifttumskammer mit ihrer Bekanntmachung Nr. 133 jegliche anonymen Beteiligungen an Unternehmen unter ihrer Zuständigkeit untersagt. Diese Regelung war ein Todesurteil für Albatross, dessen Anteile der Publishing Holding Company in Luxemburg und den britischen Dachgesellschaften hinter ihr gehörten.[26] Sie läutete außerdem die Totenglocke für Holroyd-Reece' Finanzen. Falls das Naziregime den Albatross Verlag liquidieren ließ, verloren Holroyd-Reece selbst und alle anderen Investoren die Gelder, die sie Albatross »geliehen« hatten, um den Verlag für die ersten drei Jahre seiner Geschäftstätigkeit zu finanzieren. Der Kredit als solcher war eine Fiktion. Es handelte sich tatsächlich um heimliches Startkapital, das Holroyd-Reece als Kredit ausgegeben hatte. Doch das Geld selbst, mitsamt den inzwischen angelaufenen Zinsen etwa 300.000 Reichsmark, war nur zu real. Holroyd-Reece brauchte seine deutschen Partner einstweilen noch, um Zeit zu gewinnen – Zeit, in der er vielleicht noch diese Verpflichtungen in Chancen verwandeln konnte.

Und wie sich zeigte, war die Bekanntmachung Nr. 133 für Holroyd-Reece eine ideale Vorlage, um Unklarheiten im deutschen Recht auszunutzen. Albatross habe eigentlich demnächst frisches Kapital von britischen Investoren erhalten sollen, erklärte Kupfer dem Oberfinanzpräsidenten von Leipzig am 3. Juni 1939, doch »die neue Situation ließ uns eine Weiterarbeit in der bisherigen Form als unmöglich erscheinen«. Kupfer schlug einen anderen Ausweg vor – eine Neugründung von Albatross, die im Wesentlichen eine ausgefeiltere Variante der Enoch-Wegner-Rochade darstellte. Auf das Wesentliche heruntergebrochen, beinhaltete der Plan, den bestehenden Albatross Verlag in Leipzig zu liquidieren und an seiner Stelle zwei neue zu gründen: einen in Stuttgart ohne anonyme Beteiligungen und einen zweiten in der Schweiz. Der Stuttgarter Albatross sollte die Schulden der Altfirma übernehmen. Um die erhebliche Schuldenlast abzutragen, sollte der Stuttgarter Albatross die entsprechenden Werte in Form von Albatross-Büchern aus den Lagern der Brandstetters zum Schweizer Albatross-Büro liefern. Nach Erhalt dieser Vermögenswerte sollte der Schweizer Albatross einen entsprechenden Devisenbetrag an die Éditions Pégase auszahlen.[27]

Wann auch immer Holroyd-Reece Vermögenswerte über Landesgrenzen schaffte, lohnte es sich, zweimal hinzusehen. Kupfer überging in seinen Erläuterungen – und durchschaute vielleicht nicht einmal selbst – den Taschenspielertrick hinter diesem Verschieben von Werten. Dass der Stuttgarter Albatross den Schweizer Albatross in Büchern »bezahlte«, war im Wesentlichen nichts anderes als Holroyd-Reece' Versuch, Albatross-Bücher aus Brandstetters Lagern heraus und in seine Hände zu bekommen. Selbst wenn der Albatross Verlag in Leipzig über 300.000 Reichsmark verfügt hätte, wäre das Deutsche Reich niemals bereit gewesen, solche Summen in Form von Devisen außer Landes zu lassen. Daher begnügte man sich in diesem Fall mit Büchern. Wegner hatte die Möglichkeit eines Schweizer Albatross bereits vor den Boykotten jüdischer Läden im Frühjahr 1933 ins Spiel gebracht.[28] 1939 lag dieser Einfall sehr viel näher als zuvor. Da nun ein Krieg immer wahrscheinlicher wurde, bot sich die Schweiz nicht nur als Zuflucht vor einem antisemitischen Deutschland an, sondern auch als Holroyd-Reece' letzte und beste Aussicht auf einen europäischen Firmensitz, der sich in einem Krieg voraussichtlich auf neutralem Gebiet befinden würde.

Um den NS-Apparat zur Annahme dieses Aufrechnens von Büchern gegen Auslandsschulden zu bewegen, machte Kupfer die Vorteile geltend. Erstens, sagte er, würde es dem deutschen Staat erlauben, die riesigen Auslandsschulden des Albatross Verlags gegenüber den Éditions Pégase abzutragen und sich zugleich englischer Bücher zu entledigen. Die Schulden von Albatross hatten sich im Verlauf der Dreißigerjahre angesammelt, weil Deutschland nicht über genügend Devisen verfügte, um monatlich Geld anzuweisen, das Albatross in Deutschland eigentlich nach Paris überweisen hatte wollen. Nach der Plus-Minus-Rechnung internationaler Handelsbilanzen konnte ein Schweizer Albatross es dem Reich ersparen, Hunderttausende Reichsmark in Devisen zum Bedienen dieser Schulden auszuführen.

Zweitens plante der Schweizer Albatross den Druck und Auslandsvertrieb von Albatross-Titeln. Das konnte nachteilig erscheinen, da die im Ausland verkauften Bücher dann keine Devisen mehr ins Deutsche Reich bringen würden. Doch es entband die NS-Bürokratie auch von der Notwendigkeit, weitere Gelder für Albatross ins Ausland zu überweisen. »Es kommen keine Bezahlungen mehr in Frage für Agenturkosten, für Propagandavorarbeiten oder für Autorenhonorare« – was Einsparungen von mehr als 100.000 Reichsmark bedeutete –, »doch wird anderseits der deutschen Firma das Auswahlrecht der Bücher zugesichert«. Wie so oft bei den Planspielen von Albatross war da anscheinend nur ein kleines Hindernis: All das brauchte etwas Zeit. Das gegenwärtige Unternehmen musste weiterbetrieben werden, während zusätzliches Geld in die Schweizer Niederlassung floss. In diesem Zusammenhang äußerte Kupfer seine letzte Bitte: »die bisher gezahlten monatlichen Agenturkosten in Höhe von 6.000 RM noch eine Zeit lang bis zur endgültigen Umstellung zu genehmigen«. Längstens sechs Monate würde der Schweizer Albatross benötigen, um sich von da an und für immerdar selbst zu tragen.[29]

Und nun wartete Holroyd-Reece: auf Enoch, auf den Leipziger Oberfinanzpräsidenten, auf einen möglichen Krieg. Kaum zu glauben, aber der Oberfinanzpräsident segnete das Geschäft tatsächlich ab. Am 15. Juni bewilligte er die Zahlung von 36.000 Reichsmark über einen Zeitraum von sechs Monaten bis Dezember und trug die Schweizer Lösung für Albatross mit, allerdings versehen mit einer Warnung: »Mit der Erteilung einer weiteren Genehmigung nach dem 31. Dezember können Sie jedoch *keinesfalls* mehr rechnen«. Dass Albatross nach den jahrelangen Querelen mit den Leipziger Finanzbehörden und obwohl Enochs Auswanderung nicht, wie versprochen, den Rückfluss von Devisen ins Reich vermehrt hatte, dennoch diese Verlängerung erhielt, grenzt an ein Wunder. Aber da stand es nun schwarz auf weiß: Die deutschen Behörden waren bereit, weiter kostbare Devisen ins Ausland zu überweisen – und das für ein Geschäft, mit dem Holroyd-Reece den Albatross Verlag zur Gänze deutscher Einflussnahme entziehen und in Schweizer Sicherheit bringen konnte. Zwei Wochen später, am 30. Juni, fügte sich ein weiterer Teil seines Plans ins Ganze: Enoch überschrieb seine weltweiten Albatross-Tauchnitz-Vertriebsrechte an Holroyd-Reece' Les Éditions Albatros für eine »Abfindungssumme« von 5000 Pfund oder 60.000 Reichsmark. Ab 1. Juli verfügte Holroyd-Reece über den Bestand an Albatross-Tauchnitz-Bänden in Pariser Lagern und ging daran, ein neues Kapitel von Albatross aufzuschlagen.[30]

Doch die Blase musste jeden Moment platzen. Je länger sich der Sommer 1939 hinzog, umso weniger Zeit blieb für Wunschdenken. Am 31. Juli berichtete Holroyd-Reece dem britischen Verleger Stanley Unwin, er sei soeben von einer »unerwarteten Deutschlandreise« zurückgekehrt. Um in Leipzig die Wogen zu glätten, hatte er dort mit Angestellten von Albatross und Tauchnitz sowie mit den Brandstetters wenige hundert Meter vom Albatross-Büro in der Göschenstraße entfernt gesprochen. Außerdem war er nach Berlin gefahren, um mit Karl Heinrich Bischoff, einem Referatsleiter der Schrifttumskammer, über Albatross und Tauchnitz zu verhandeln. Holroyd-Reece habe aus gegebenem Anlass zugestanden, stellte Bischoff fest, »daß er doch auf viel Verständnis überall stoße«.[31]

Wieder in Paris angelangt, schrieb Holroyd-Reece seinen Angestellten in Leipzig. »Tauchnitz hat vier Kriege überstanden, und wir werden auch den fünften überstehen«, erklärte er mit dem Ernst eines Hauptmanns, der seine Leute auf ein bevorstehendes Gefecht einstimmt. Dann setzte er alles daran, seine eigene optimistische Prognose zu verwirklichen. Noch während seiner Vorbereitung auf den Krieg unterschrieb er neue Verträge für die Modern Continental Library. George Orwell war mit *Coming Up for Air*, einer Satire über die Zerrüttung des englischen Landlebens durch den Kapitalismus, als nächster an der Reihe. »Naturgemäß bin ich entzückt über dieses Albatross-Geschäft«, schrieb Orwell seinem Agenten am 4. August. »Ich wollte immer schon eine Bruchlandung mit einer dieser kontinentalen Ausgaben hinlegen«. Allerdings waren einige Änderungen erforderlich, um das Buch durch die deutsche Zensur zu bringen, wie Orwell in seinem Tagebuch festhielt: »Albatross Verlag verlangt im Zuge der Herausgabe meines letzten

Buchs Streichung bestimmter (aber nicht aller) unfreundlicher Bezugnahmen auf Hitler. Sagen, sie seien dazu gezwungen, da ihre Bücher hauptsächlich in Deutschland in Umlauf sind. Außerdem Streichung einer Stelle, der man entnehmen kann, dass der Krieg unmittelbar bevorsteht«.[32]

Anfang August 1939 waren die Verhältnisse derart, dass solche vorauseilende Selbstzensur beinahe schon als Geste der Hoffnung gelten konnte – als stünden zwischen Albatross und seinen deutschen Lesern nichts als ein paar allzu spitze Bemerkungen über Hitler, als ließe sich der drohende Krieg durch sorgsames Redigieren aus der Welt schaffen.

KAPITEL 13

Haltet eure Särge bereit

Im August 1939 fegten Kriegsgerüchte durch ganz Europa. Enoch genoss mit seiner Familie gerade einen Urlaub an der bretonischen Küste, als er am 23. August erfuhr, dass Deutschland und Russland einen Nichtangriffspakt geschlossen hatten. Nach einer nächtlichen Autofahrt traf er in Paris ein und stellte fest, dass dort bereits hektisch Kriegsvorbereitungen getroffen wurden. »Alles befand sich in Aufruhr«, schrieb er. »Auf den Straßen herrschte dichter Verkehr von Militärkonvois. Soldatentrupps und mobilisierte Reservisten waren unterwegs zu ihren Einheiten. Auf Straßen, Märkten und in den Restaurants der Städte und Dörfer, durch die ich gelangte, herrschte helle Aufregung«. Am 1. September marschierte Deutschland in Polen ein. Am 3. September erklärten England und Frankreich Deutschland den Krieg. Nur Stunden später ordnete die französische Regierung auf Plakaten überall in der Hauptstadt Verdunkelung mit Einbruch der Dämmerung an und ernannte Blockwarte, um für Ordnung zu sorgen.[1]

Schon am Abend des ersten Kriegstages traten die Deutschen auf den Plan. »Deutsche Flugzeuge erschienen über der Stadt«, wie Enoch schrieb, und lösten damit das Feuer der Flugabwehrkanonen aus. »Heulende Sirenen kommandierten alle in die Luftschutzräume«, erinnerte er sich. »Das war in meinem Fall ein großer Keller unter unserem alten Wohnhaus, von dem es hieß, er sei Teil eines weitläufigen Labyrinths aus Höhlen und Stollen, die sich unter der gesamten Stadt erstreckten. Später sprach sich herum, dass die Bomben keine Sprengstoffe enthalten hatten, sondern Flugblätter mit der Aufschrift ›Parisiens, Parisiennes, préparez vos cercueils‹ (Pariser, Pariserinnen, haltet eure Särge bereit). Das war eine teuflischer Propagandalist, die ihre Wirkung nicht verfehlte«.[2]

Das Einsetzen der Kriegshandlungen wirkte sich sofort auf die Geschäfte von Albatross aus. Aufgrund seiner Zugehörigkeit teils zu England, Frankreich und Deutschland geriet der Verlag auf beiden Seiten des Krieges in eine heikle Lage. Seine Geschäftsführer fanden sich voneinander nicht nur durch Fronten getrennt, sondern auch in Interessengegensätzen gefangen. Holroyd-Reece leitete Albatross von der Rue Chanoinesse aus mit einem Stab vertrauter Mitarbeiter, die den Betrieb am Laufen hielten. Doch der französische Staat verhaftete seine rechte Hand, Wolfgang Ollendorff, als deutschen Staatsangehörigen, obwohl Ollendorff als »Halbjude« gemeinsam mit Enoch 1936 vor Hitlers rassistischer Politik nach Frankreich geflohen war. Schwerer noch wog der britische Trading with the Enemy Act, der Engländern jeden Kontakt mit Deutschland untersagte und es Holroyd-Reece somit unmöglich machte, Erich Kupfer in Leipzig im Auge zu behalten. Nur zwei Wochen vor Kriegsbeginn hatte die Druckerei Brandstetter der allgemeinen Papierknappheit Volume 509 der Modern Continental Library abgetrotzt: John Steinbecks Erzählband *The Long Valley*. »Erleichtert« hatte Albatross diese Sammlung um eine Kurzgeschichte mit dem Titel »The Raid«, weil sie kommunistische Neigungen erkennen ließ. Mit Beginn des Krieges erwies sich diese Beflissenheit der Lektoren im Nachhinein als vergebliche Mühe. Holroyd-Reece musste davon ausgehen, dass dieses Buch für lange Zeit das letzte aus Leipzig sein würde.[3]

Der Krieg zog klare Grenzen. Er spaltete auch Albatross in einen Teil, der mit den Armeen der Alliierten fieberte, und einen deutschen Doppelgänger. Alle drei Gründer kannten solche Frontstellungen aus eigener Erfahrung des Ersten Weltkriegs und wussten nur zu gut Bescheid um einen Zyklus der Geschichte, den Erich Maria Remarque in seinem Roman *Im Westen nichts Neues* beschreibt: dass der Krieg manche Menschen zu Feinden macht und erst sein Ende ihnen wieder menschliche Form und menschliches Antlitz verleiht. »Jetzt sehe ich erst, daß du ein Mensch bist wie ich«, erkennt Remarques Erzähler im Angesicht eines feindlichen Soldaten, den er getötet hat. »Vergib mir, Kamerad. Wir sehen es immer zu spät«.[4] Da nun erneut die Schlacht tobte, regierte auch wieder die tödliche Unterscheidung zwischen Freund und Feind. Holroyd-Reece hatte im Ersten Weltkrieg für England gekämpft, Enoch und Wegner für die Deutschen. Nun standen Holroyd-Reece und Enoch auf der einen Seite, Wegner auf der anderen.

Sehr zum Ärger der französischen Geheimdienste war Holroyd-Reece unauffindbar, als der Krieg ausbrach. Eine Aktennotiz von 29. September vermerkte warnend, dass er »seinen Wohnsitz vor einiger Zeit für einen Geheimauftrag verlassen hat, ohne dass irgendjemand wüsste, wo er sich aufhält«. Sein Verschwinden durchkreuzte Frankreichs Pläne. In der letzten Augustwoche hatte der Président du conseil im Verteidigungsministerium eindringlich zur Wachsamkeit gemahnt: »Ich musste feststellen, dass John Holroyd-Reece, mutmaßlich im Auftrag britischer Nachrichtendienste tätig, dieser Behörde nicht bekannt ist und dass ... er vor kurzem angeblich nach Deutschland gereist ist. Seine Tätigkeiten sollten überwacht werden«. Auch höherrangige Offiziere wollten wissen, woran genau sie bei Holroyd-Reece waren. Eine zwecks besonderen Nachdrucks rot unterstrichene Anmerkung von Ende September lautet: »Oberstleutnant de Mierry wäre dem Geheimdienst dankbar für eine Auskunft, ob Herr Holroyd-Reece wirklich verdächtig ist«. De Mierry genoss hohes Ansehen. Er gehörte zu denjenigen, in dessen Beisein Marschall Ferdinand Foch 1918 in seinem privaten Eisenbahnwaggon den Waffenstillstand von Compiègne unterzeichnet hatte. Aufgrund von de Mierrys Nachfrage ordnete Paul Paillole, ein hochrangiger Beamter der Spionageabwehr beim Cinquième Bureau des Geheimdienstes, eine weitere Untersuchung von Holroyd-Reece und seinen Kontakten an.[5]

Auch die Engländer wollten über Holroyd-Reece' Aufenthalt informiert sein. Tatsächlich lief er mehr oder weniger vor ihrer Nase herum – in London, wo die Bevölkerung soeben in der »Kostümprobe« den Umgang mit Gasmasken für die zu erwartenden Luftangriffe übte. »Am 31. August – einem Tag vor dem deutschen Einmarsch in Polen – reiste er nach London und ließ seine Frau und Stieftochter in Paris zurück«, berichtete ein französischer Agent schließlich Mitte Oktober.[6] Da Holroyd-Reece väterlicherseits jüdischer Herkunft und über den Ausgang des Krieges alles andere als gewiss war, hatte er Vorkehrungen getroffen und die Tätigkeit von Albatross verlagert. Aus seiner Achse Paris–Leipzig machte er eine Achse Paris–London. Er leitete das Pariser Büro aus der Ferne und verkroch sich, um den Ausgang des Krieges abzuwarten, im Londoner Verlagsviertel in einem Nest in der Paternoster Row Nummer 7, wie es englischer nicht hätte sein können.

Da in Kriegszeiten aber nichts so wichtig war wie zu wissen, wo man hingehörte, sorgten solche undeklarierten Ortswechsel für Spekulationen. Das »Leipzig-Paris-Bologna« am unteren Rand aller Albatross-Einbände klang plötzlich nicht mehr nach der großen weiten Welt, wie noch in den frühen Dreißigerjahren, sondern allzu schrill. Ohne Frage hatte Holroyd-Reece' Ansinnen, Albatross überall heimisch zu machen, ebenso wie er selbst sich in den vielen Hauptstädten Europas zu Hause fühle, auch zuvor jede Menge

Verwirrung gestiftet. Londoner Agenturen fassten den Verlag meist als britisch auf, französische wie William Bradley bezeichneten ihn als französisch oder deutsch. Nun aber zeigte Frankreichs Regierung mit dem unklaren Hin und Her keinerlei Nachsicht mehr und beschlagnahmte die Bücher von Albatross und Tauchnitz als Feindvermögen. Am 28. Oktober ließ sie den Lagerbestand von 62.500 Tauchnitz-Bänden beim Großhändler Gaulon et fils festsetzen. Einen Tag später geschah dasselbe mit »sämtlichen Gütern und Vermögenswerten des Verlagshauses Tauchnitz Nachfahren Brandstetter und Co. in Frankreich«. Da Albatross den Eigentumsverhältnissen nach an Tauchnitz gekoppelt war, wurden auch die Bücher von Albatross beschlagnahmt und ihr Verkauf untersagt.[7]

Für Holroyd-Reece war diese Maßnahme eine wirtschaftliche Katastrophe. Der Krieg schnitt ihn von den Deutschen, also von Albatross' treuesten Lesern ab und versperrte ihm den Zugriff auf hunderttausende Bücher in den Lagern Brandstetters. Von einem Tag auf den anderen war ihm nun auch der Zugang zu seinem zweitgrößten Absatzmarkt Frankreich verschlossen und mit den Büchern in den Pariser Lagern sein letztes nutzbares Betriebsvermögen genommen. Am 26. Oktober meldete Holroyd-Reece' Unternehmen Sédouy Reece mit seinem Stammkapital von 500.000 Francs Konkurs an.[8] Albatross stand kurz davor.

Holroyd-Reece bot alle seine Überredungskünste auf, um den Franzosen gegenüber Albatross als englischen Verlag darzustellen. Dass er sie davon überzeugte, war eine beachtliche Leistung. Denn sein Name fand sich nirgendwo in den einschlägigen Dokumenten des Albatross Verlags, der stets Wegner und danach Kupfer als deutsche Geschäftsführer angeführt hatte, und in Kriegszeiten sprachen beide Namen nicht eben für ein englisches Unternehmen. Die Publishing Holding Company, Eigentümerin von Albatross, war zwar britisch, doch ihr Sitz befand sich in Luxemburg. Noch dazu stand Holroyd-Reece' eindringliches Flehen, Frankreichs Behörden mögen Albatross als ein britisches Unternehmen anerkennen, in direktem Widerspruch zu der Botschaft, die er seit Mitte der Dreißigerjahre auf dem gemeinsamen Briefpapier von Albatross-Tauchnitz verbreitete: dass beide Unternehmen glücklich und unauflöslich miteinander vereint seien.

Der Krieg nötigte Holroyd-Reece, Albatross vom deutschen Partner zu lösen. Und so erklärte er Mitte November 1939 in einem Artikel des *Daily Telegraph* mit dem Titel »Modern Baron Tauchnitz« öffentlich, er führe seit Langem den Kampf des Buchs aufseiten Englands. »Herr J. Holroyd-Reece, in der Verlagswelt eine bekannte Größe, leidet mehr als die meisten seiner Kollegen unter dem Krieg«, begann der Artikel. »So erfolgreich war [Albatross], dass der Verlag 1934 seinen hundert Jahre alten, vom Freiherrn Bernhard von Tauchnitz gegründeten Konkurrenten britischer Lenkung unterstellte«. Der Journalist betonte, Albatross befinde sich »ausschließlich in britischer Hand«, obwohl der Verlag seinen Sitz in Leipzig und sein Büro in Paris hatte. Albatross habe seine Bücher in Deutschland gedruckt, weil »Deutschland etwa die Hälfte des kontinentaleuropäischen Marktes für englische Bücher ausmacht und diese Bücher dort nur verkauft werden konnten, wenn sie auch im Deutschen Reich hergestellt wurden«. Am wichtigsten aber war die Aussage, dass Albatross seit Kriegsbeginn auf Gedeih und Verderb den Deutschen ausgeliefert und Holroyd-Reece somit ein »Opfer« der Nazis sei. »Nach Ausbruch des Krieges haben die deutschen Behörden die Bestände von Albatross beschlagnahmt und verkaufen sie nun auf eigene Rechnung. Herr Holroyd-Reece sieht daher sein Wirken in Europa einstweilen behindert. Doch hofft er, dass der Krieg sein Geschäft nur vorübergehend aus den Angeln hebt«.[9]

Ende November kehrte Holroyd-Reece nach Paris zurück, um von diesem Geschäft zu retten, was noch zu retten war. Trotz seiner paradiesvogelartigen Erscheinung – er wurde in der Rue Royale im grellroten Jackett, mit protzigem hohen Pelzhut und gläsernem Spazierstock gesehen – machte er auf die französischen Beamten einen hinreichend seriösen Eindruck und überzeugte sie davon, ihre Entscheidung aufzuheben. Am 29. Dezember gab eine neue Verordnung die Lagerbestände bei Gaulon et fils wieder für den »befreundeten Handel« frei. Holroyd-Reece verkündete den Albatross-Tauchnitz-Autoren seinen Sieg: »Die – leider begrenzten – Bestände von Albatross- und Tauchnitz-Büchern in Frankreich sind britisches Eigentum und seit 3. Januar 1940 erneut im Handel«. Kaum waren die Bücher wieder in seiner Obhut, passte sich Holroyd-Reece einmal mehr den veränderten Umständen an. Er fuhr zurück nach London und überließ den Verkauf der Albatross- und Tauchnitz-Bücher an die Leser, die Albatross noch erreichen konnte, einer aufs Nötigste reduzierten Belegschaft in Paris. Albatross-Autoren, die ihre auf deutschen Konten eingefrorenen Tantiemen orderten, vertröstete er von London aus. Per Votum des Aufsichtsrats der Publishing Holding Company vor Beginn des Krieges hatte er dem deutschen Zweig von Albatross alle Befugnisse entzogen.[10] Doch waren seine tatsächlichen Handlungsmöglichkeiten äußerst beschränkt. Denn der Albatross Verlag in Deutschland hatte von jeher die Buchherstellung übernommen und verfügte nun über den größten Teil der Lagerbestände. Noch während Holroyd-Reece neue Pläne schmiedete, entglitt ihm die Kontrolle über das Alltagsgeschäft.

Kurt Enoch kämpfte unterdessen mit ganz anderen Schwierigkeiten. Obwohl jüdischer Flüchtling, war er zugleich deutscher Staatsbürger und damit von einem Tag auf den anderen in Frankreich feindlicher Ausländer. Am zweiten Kriegstag verlautbarten Plakate den Befehl der französischen Regierung an alle deutschen und österreichischen Männer, sich im Stade de Colombes zur Überprüfung ihres Aufenthaltsstatus einzufinden. Mit ein paar Freunden, einer Decke und Proviant für mehrere Tage erschien Enoch in der Sportarena.[11]

Die Zustände dort wiesen »alle Anzeichen mangelnder Organisation auf«, wie ein Bericht des Intergovernmental Committee on Refugees im amerikanischen Außenministerium festhielt. Zwei Dutzend französische Soldaten waren damit beschäftigt, etwa 4500 eng zusammengedrängte, auf Einlass wartende Männer zu registrieren. Dieser Vorgang zog sich über fünf Tage hin. Unter den Männern ging die Angst um. Laut Enoch wurden er und seine Freunde »mit offenkundiger Feindseligkeit« behandelt. Polizei und Armee bewachten den Stadioneingang und verlangten von jedem, vor dem Eintreten seine Taschen zu leeren. Nur Brillen oder Zahnbürsten und Taschentücher durften die Verhafteten behalten; Uhren und Geld wurden ihnen gegen eine Empfangsbestätigung abgenommen, die sie bei ihrer Freilassung wieder einlösen konnten. »Auf die Frage, wann das sein werde«, so Enoch, »erhielten wir keine Antwort«.[12]

Aus dem Sportstadion wurde ein gigantischer Pferch, in dem nach Darstellung des Intergovernmental Committee on Refugees »bekanntermaßen üble« Zustände herrschten. Da die Duschen und Toiletten den Wächtern vorbehalten waren, erleichterten sich die Häftlinge in Blecheimern, die jeden Tag überliefen. Essensrationen waren unzureichend, und zum Schlafen musste man sich entweder auf die harten, schmalen Holzbänke oder den Steinboden darunter legen. Am zweiten Tag streuten die Wächter als karge Geste, die kaum jemandem Erleichterung bescherte, auf diese »Betten« eine dünne Lage Stroh. Wie Enoch klagte, war das Stadion nicht darauf ausgelegt, eine Menschenmasse tagelang zu beherbergen. Decken und Mäntel der Männer boten kaum Schutz in den kalten Septembernächten. Nach wenigen Tagen »herrschten unbeschreibliche hygienische Zustände. Leute wurden krank und baten vergeblich um einen Arzt. Andere wurden hysterisch und mussten gebändigt werden. Das Geschrei derjenigen, die von Alpträumen geplagt wurden, zerriss die Stille, die sich nach Einbruch der Dunkelheit über uns seltsame Schar legte«.[13]

Die wohl größte Kränkung für Enoch war die politische Ahnungslosigkeit der französischen Behörden. Das Stadion war »bis obenhin mit Tausenden Menschen gefüllt, die nichts außer ihrer Staatsangehörigkeit miteinander verband – ob Nazibeamte, gewöhnliche Nazis, unpolitische Deutsche, Juden oder politische Flüchtlinge«. Prügeleien zwischen diesen Gruppen waren die Folge. Schließlich richtete das Militär eine Feldküche ein, verteilte Kaffee an die Insassen und trennte diese in verschiedene Gruppen, um gewaltsame Übergriffe zu verhindern. Die Tage vergingen, und Enoch vertrieb sich die Zeit beim Schachspielen mit einem befreundeten deutschen Juden oder lief auf der Aschenbahn neben einem Professor her, der ihm alles über das Entziffern antiker römischer Grabsteine erzählte. Runde um Runde drehten die beiden in ihrem Gehege und warteten darauf, dass etwas geschah.[14]

Elf Tage später erfuhren sie, dass ihr Abtransport bevorstand. »Wohin und zu welchem Zweck, wusste niemand«, erinnerte sich Enoch. Die Männer wurden in Autobusse verfrachtet und danach »in Züge, die uns durch eine lange finstere Nacht an einen unbekannten Ort brachten«. Bei Tagesanbruch erkannten sie ein Gefangenenlager für deutsche Zivilisten bei Mesley-du-Maine nahe des Ärmelkanals. Auch hier waren die Haftbedingungen schlecht. Zwar verbesserten sich die Essensrationen ein wenig, doch erhielt jeder Insasse nur einen halben Liter Wasser pro Tag. Die meisten der fast 2000 Lagerhäftlinge schliefen auf dem nackten Boden. Enoch ergatterte einen der begehrten Plätze in einem Zelt – einen zwei Meter langen und vierzig Zentimeter schmalen Flecken, auf dem ein Mann schlafen und seine wenige Habe verstauen konnte. Das Lager wurde militärisch geführt, und ein Kommandant »behandelte die Männer … regelmäßig wie Schuljungen«. Einziger Höhepunkt des Geschehens war die – gleichwohl sporadische – Postzustellung. Insassen durften wöchentlich einen Brief schreiben und ein Paket empfangen. Enoch erhielt auf diesem Weg Nachricht von seiner Familie und warme Kleidung, Stiefel sowie eine Luftmatratze, die ihn vor der Kälte schützten. Dennoch war es schwer erträglich, »den Befehlen von Leuten ausgesetzt zu sein, die uns oft willkürlich schikanierten und denen nicht nur jedes menschliche Mitgefühl abging, sondern selbst das geringste Verständnis für den Unterschied zwischen deutschen Feinden – den eigentlichen feindlichen Ausländern – und deutschen Flüchtlingen, ob Juden oder politisch Verfolgte, die selbst Opfer des gemeinsamen Feindes waren. Was aber konnte man von diesen Leuten erwarten, da selbst die höchsten französischen Stellen so lange brauchten, um diesen Unterschied anzuerkennen und dem Unrecht abzuhelfen?«[15]

Tatsächlich wurde der französischen Regierung erst allmählich klar, dass sie einen Fehler begangen hatte. Nach der Blitzaktion, in der sie sämtliche deutschen Frauen und Männer ab einem Alter von sechzehn Jahren verhaftet hatte, erkannte das im Juli 1939 gebildete Commissariat général à l'information (ab April 1940 Ministère de l'information), dass man gerade diejenigen eingesperrt hatte, die Frankreich am meisten helfen konnten: deutsche Flüchtlinge, die viel über Deutschland wussten und klar gegen die Nazis eingestellt waren. Bereits am 18. September 1939 bat der Leiter der französischen Auslandspropaganda den Generalkomissar der Informationsbehörde brieflich um eine »Liste der aktuell im Stade de Colombes festgehaltenen Deutschen, die aufgrund ihrer Loyalität in den vergangenen Jahren und der Dienste, die sie dem Kommissariat eventuell leisten könnten, eine gewisse Vorzugsbehandlung verdient hätten«. Auf dieser »Liste deutscher Häftlinge im Stade de Colombes mit Eignung für eine Begünstigungsmaßnahme« fanden sich prominente Schriftsteller wie Lion Feuchtwanger und Fritz von Unruh, deren Werke das Dritte Reich 1933 verbrannt hatte. Enochs Name erschien darauf nicht, doch der französische Innenminister Georges Mandel wurde auf ihn durch eine gewisse Frau Braun aufmerksam, deren Gatte die Separatistenbewegung im Saarland anführte und die französische Politik mehrfach auf das Elend der Juden und politischen Flüchtlinge hingewiesen hatte.[16]

Als Enoch am 4. Dezember nach beinahe drei Monaten im Stade de Colombes und im Lager Meslay-du-Maine endlich freikam, kehrte er mit gemischten Gefühlen nach Hause zurück. »Meine Erleichterung und Freude war gedämpft von der ängstlichen Erwartung dessen, was ich bei meiner Ankunft vorfinden würde, außerdem von Gefühlen der Melancholie und beinahe der Schuld, weil ich meine Kameraden und neuen Freunde zurückgelassen hatte«. Und wie sich zeigte, war sein Zuhause nicht mehr dasselbe. »Paris schien gealtert. Viele junge Leute waren verschwunden. Es war finster in der Lichterstadt. Die Verdunkelung wurde streng eingehalten. Straßenbeleuchtungen wurden heruntergedreht und Autoscheinwerfer schwarz übermalt, was das Fahren nach Einbruch der Dunkelheit lebensgefährlich machte. Britische Uniformen gehörten nun zum Straßenbild, man sah sie in Restaurants und Büros. Die Stimmung der Leute war gedrückt. Viele verstanden nicht, wofür Frankreich eigentlich kämpfte, und waren zugleich erstaunt und beunruhigt darüber, dass nichts geschah«.[17]

Enoch selbst war erleichtert darüber, sich wieder seinen Geschäften widmen zu können, die »auf fast nichts zusammengeschrumpft« waren. Ausfuhren in die meisten europäischen und südamerikanischen Länder »kamen völlig zum Erliegen«, und da man Enoch aus dem einträglichen Albatross-Tauchnitz-Handel gedrängt hatte, kam nur sein Import-Export-Geschäft zwischen England und Frankreich voran. Als im Herbst 1939 die Bücher von Albatross und Tauchnitz beschlagnahmt wurden, erkannte er eine

Chance im Aufbau eines französischen Unternehmens, das englischsprachige Bücher in Frankreich verkaufte. Er besprach sich darüber mit dem Leiter der Fremdsprachenabteilung bei Hachette, die »nach einem Ersatz für ihr Geschäft mit Albatross und Tauchnitz, für den weggebrochenen Verkauf der Obelisk Press und anderer Importmarken aus England und den Vereinigten Staaten suchte«. Gemeinsam mit Maurice Girodias – dem Sohn von Jack Kahane, der bis zu seinem Tod am Beginn des Krieges die Obelisk Press betrieben hatte – und mit Unterstützung durch das Hachette-Vertriebsnetz gründete Enoch die Unicorn Press. Enoch und Girodias nahmen Steinbecks *Grapes of Wrath* ins Programm und kamen mit Autoren wie Somerset Maugham und Elizabeth Bowen ins Gespräch, scheiterten aber bald an der Papierknappheit sowie an fehlenden Druckereien und Buchbindern.[18]

Nichts hatte Enoch bis dahin sein Fremdsein in Frankreich so deutlich vor Augen geführt wie sein Aufenthalt im Lager. Erst im April 1939 hatte er um die französische Staatsbürgerschaft angesucht, wartete aber noch auf Antwort. Nun wollte er seine Bindung an Frankreich festigen und führte unter anderem seine Geschäftsbeziehung zum Verlagshaus Hachette als Ausweis seiner Landestreue an. In seinem Schreiben an das Commissariat général à l'information vom März 1940 hob er hervor: »Ich habe Deutschland 1936 für immer verlassen, meine Exklusivrechte am Vertrieb der Verlage Albatross und Tauchnitz abgegeben und einen erheblichen Teil des Kapitals, das ich aus Deutschland mitnehmen konnte, in dieses [Unternehmen] mit Sitz in Paris überführt«. Enoch gelobte, mithilfe seiner neuen Firma Imperia »einschlägige Berufserfahrung im Bereich der Veröffentlichung und Ausfuhr von Büchern ... zum Wohle der französischen Industrie einzusetzen«.[19]

Am 9. April marschierte Deutschland in Dänemark und Norwegen ein. Da die Wehrmacht weiter nach Westen in Richtung Frankreichs vordrang, waren Bücher das Letzte, woran Enoch dachte. Seine Hoffnung auf die französische Staatsbürgerschaft war nur eine von mehreren Stützen seines neuen Lebens, die unter dem Druck der näher rückenden Kriegsfront zerbröckelten.

Nachdem Christian Wegner den Ersten Weltkriegs größtenteils im Himmel über den Schlachtfeldern zugebracht hatte, holte ihn der Zweite auf den Boden zurück. Im Herbst 1939 leitete er die von Enoch übernommenen Firmen von einem provisorischen Büro in Hannover aus, wo er seit seiner Einberufung am 14. Juli stationiert war. Bald zeigte sich, dass Fähigkeiten, die ihn im Verlagsgeschäft erfolgreich machten, auch im Krieg von Nutzen waren. Rasch sicherte er sich in der Stab-Flak-Transportabteilung 11 eine gehobene Stellung und leitende Aufgabe bei der Organisation von Nachschublinien. Im Februar 1940 empfahl ihn sein Vorgesetzter Major Cranz mit einer Lobeshymne für die Beförderung zum Oberleutnant: »energisch, lebhaft, sehr gewandt, hervorragende Organisationsgabe«.[20]

Wegners Militärakte würdigt seine Mitwirkung bei Schlachten in Flandern und Artois sowie beim Vorstoß zum Ärmelkanal im ersten Frühjahr des Krieges.[21] Die Maginot-Linie, auf die sich Frankreich so sehr verließ, war damit umgangen, und am 10. Mai fielen deutsche Truppen in einem dreizackigen Überraschungsangriff auf die Alliierten gleichzeitig in den Niederlanden, in Belgien und in Frankreich ein. Der wirksamste Durchbruch gelang der 45 Divisionen starken Heeresgruppe A unter General Gerd von Rundstedt mit ihren sieben Panzerdivisionen. Etwa achtzig Kilometer nördlich der Maginot-Linie schlugen sich die Panzer durch das hügelige und dicht bewaldete Gelände der Ardennen, das die Franzosen für undurchdringlich gehalten und daher nicht befestigt hatten.

Am 13. Mai überwanden deutsche Truppen die steil abfallenden Ufer der Maas und drangen über deren Schwemmland nach Frankreich vor. Indem ihre Einheiten gleichzeitig von Norden über Belgien und vom Süden her vorstießen, kesselten sie die Truppen der Alliierten im Grenzgebiet zwischen Frankreich und Belgien ein. Hier wartete die Trophäe dieser intern »Sichelschnittplan« genannten Offensive. Die Sichel der Wehrmacht legte sich um die feindlichen Einheiten, drängte sie zum Ärmelkanal ab und wartete auf einen günstigen Moment, sie niederzumähen.[22]

Seinem Organisationstalent verdankte Wegner diesmal einen Posten hinter der Front. Doch der Krieg forderte seinen Preis. »Pfingstmontag. Kalt und sonnig«, schrieb er am 12. Mai 1940, zwei Tage nach dem Vorstoß auf belgisches Gebiet. »Jetzt hat der Krieg begonnen – mit furchtbaren Opfern – und kein Mensch weiß, wie es enden wird«. Er sorgte sich um Ezard, seinen Sohn aus erster Ehe, denn rund um den Flughafen, bei dem er stationiert war, »lauert Gefahr«. Wegner reagierte erschrocken auf alliierte Bombenangriffe, bei denen Zivilisten und Kinder ums Leben kamen. »Die früherige Kindertötung ist entsetzlich«, schrieb er seiner Frau. »Überhaupt bin ich niedergeschlagener Stimmung; kann nur nicht denken, dass es gelingt«. Eine Woche später fuhr er zurück in seine Heimatstadt Hamburg, um vor der großen Offensive der Wehrmacht seinen Betrieb dichtzumachen. »Ich war am Freitag Abend spät in Hbg«, schrieb er am 19. Mai, »erlebte dort den ersten Fliegerangriff (der sich gestern wiederholt haben soll) & war höchst froh, dass Ihr dort weg seid«. Aus Sorge, dass Hamburg wegen seines kriegswichtigen Hafens zu einem der ersten Ziele alliierter Luftangriffe werden konnte, hatten Wegner und seine Frau ihren Umzug mit den beiden kleinen Kindern in einen Vorort von München beschlossen. Da ihm Frau und Kinder fehlten, besuchte er in Hamburg reihum seine Verwandten, darunter seine Mutter, seinen Bruder Ekhard und seine Tochter aus erster Ehe. Zwei Tage später schrieb er aus Köln, seine Stimmung habe sich gebessert.[23] Möglicherweise trug dazu auch die Beförderung zum Oberleutnant am 18. Mai bei: »36 Stunden ohne Schlaf ... aber die Stimmung ist gut«. Er besuchte seine Tante Leni (»sehr alt und mümmelich«) und genoss die »reizende Aufnahmen bei Freunden von Major Cranz«. Doch schon standen die nächsten Truppenbewegungen bevor. »Unsere Bataillone sind schon über die Grenze ... Ich denke herzlich an Dich & die Kinder«.

Mit jeder weiteren Woche berichtete er weniger von den Verwüstungen, die er sah. Vielleicht hielt er sich eingedenk der Zensur zurück. Vielleicht wollte er auch den Krieg aus seiner Feldpost verbannen. Als er in der letzten Maiwoche wieder zum Schreiben kam, war er erneut in Belgien im Einsatz. Dort verließ sich Major Cranz nicht nur auf ihn, sondern wusste auch seine Lebensart zu schätzen – sein fließendes Französisch aus seinen Jahren bei Albatross in Paris, seinen feinen Gaumen und seine Schlagfertigkeit. Obwohl Wegner in der Rangordnung Cranz' Untergebener war, hatten die beiden sich in den vergangenen Wochen die Zeit des Wartens in und um Brüssel mit Tischtennis oder gemeinsamen Kinobesuchen vertrieben. Eines Abends war Wegner bei Cranz zum Spargelessen eingeladen, wobei der Major die Delikatesse selbst zubereitete. Wegner hing die gestickte Katze seiner fünfjährigen Tochter Silvia über seinem Bett auf und schrieb an Annemarie, dass sein »eigenes Badezimmer mit Gasheizer doch noch der angenehmste Luxus« sei. Am 25. Mai berichtete er von einem Festmahl aus Anlass seiner Beförderung: »Gestern mit d[dem] Doktor im Palast Hotel in Br.[üssel] geschlemmt; jeder einen ganzen Hummer, dazu Vouvray!«[24]

All das hörte sich weniger nach Krieg als nach Ferien an. Es war der Lohn für die Mühen eines Oberleutnants in einer siegreichen Armee. Wegner sorgte für den Nachschub und hatte in dieser Funktion Zugang zum Besten vom Besten. Zugleich war jede Erholung immer nur von kurzer Dauer. Die Niederlande hatten am 16. Mai kapituliert, Belgien nur neun Tage später. Von 26. Mai bis 4. Juni flohen die Einheiten der Alliierten in Richtung Küste und retteten sich in jeder irgendwie seetauglichen Nussschale über den Ärmelkanal.

Am 30. Mai sprach Wegner in Andeutungen von der nächsten Etappe seines Krieges. »Der belgische Krieg ist nun wohl bald zu Ende; wie es weiter geht, wissen wir natürlich nicht, aber wir werden nicht mehr allzu lange bleiben, denke ich«. Er sandte mehrere Pakete mit Kostbarkeiten nach Hause, die in Deutschland kaum noch zu bekommen waren: Kaffee, Kleider für die Tochter Silvia, Schokolade, Nylonstrümpfe.[25] Danach ließ er mehrere Wochen nichts von sich hören. Er war zu sehr eingenommen vom Vormarsch der Wehrmacht nach Frankreich, der auch Enoch bald einholte.

KAPITEL 14

Feindesbeute

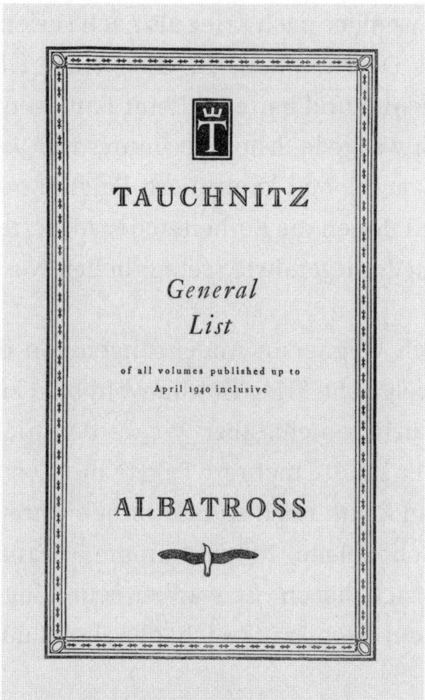

In einem kriegsbedingt fragmentierten Europa hatten Bücher von Albatross und Tauchnitz den besonderen Vorzug, beiden Seiten anzugehören. Von Paris und Leipzig aus, die mehr denn je wie zwei vollkommen verschiedene Welten wirkten, ließen Holroyd-Reece und Kupfer in den ersten Monaten des Krieges ihre Bücher nach ganz Europa ausschwärmen. Die »General List« verfügbarer Albatross- und Tauchnitz-Bände, die Holroyd-Reece den Buchhändlern zukommen ließ, mochte sogar den Eindruck erwecken, dass der Krieg an den bisherigen Gepflogenheiten nichts ändere. Sie führte »sämtliche bis einschließlich April 1940 publizierten Bände« an, als wäre die Produktion nie unterbrochen worden. Das fürstliche »T«-Emblem von Tauchnitz thronte weiter auf allen Einbänden über dem Titel, der elegante Albatross schwebte darunter.[1] Während dieser Katalog den Eindruck erweckte, dass Albatross und Tauchnitz weiter einträchtig zusammenarbeiteten, sah die Wirklichkeit ganz anders aus. Holroyd-Reece und Kupfer leiteten nunmehr jeder eine Hälfte des Verlags und lieferten einander einen bizarren Wettbewerb um die Gunst kontinentaleuropäischer Leser englischsprachiger Bücher, während rundherum der Krieg tobte.

Kaum begreiflich erscheint heute, dass die Bücher von Albatross und Tauchnitz auf beiden Seiten des Krieges für deren jeweiligen Zwecke eingespannt und nicht von der einen oder anderen als »feindliche Bücher« verdammt wurden. Das gilt besonders für das Dritte Reich, dessen Herrscher Albatross ohnehin bereits als möglichen Herd englischer Propaganda im Visier hatten und für die politische Kriegführung der Briten wenig Langmut aufbrachten. Wer die Ereignisse in Deutschland verfolgte, musste davon ausgehen, dass die Tage von Albatross dort gezählt waren. Kaum hatte Großbritannien Deutschland den Krieg erklärt, verkündete das Reichspropagandaministerium einen Krieg gegen englische Bücher und verbot schon am allerersten Kriegstag die antifaschistische Untergrundzeitung *Germany To-day* sowie das Buch *Lord of Terror* von Sydney Horler, einem Tauchnitz-Autor – Maßnahmen, die auch ein Leipziger Beamter als so einschneidend für die Stellung von Albatross im Land einstufte, dass er sie in seinem Albatross-Ordner festhielt. Weitere Einschränkungen folgten. In einer Verordnung vom 15. Oktober untersagte das Propagandaministerium Kriminalromane, »die englische Einrichtungen und englisches Wesen propagieren«. Im November gründete es eine Studentenbewegung mit dem Ziel, »die Geschichte und Kultur aller Völker und jedes wissenschaftlichen Teilgebietes nach Material und Argumenten gegen England zu durchforschen«. Buchhändler wurden angewiesen, Übersetzungen englischer Literatur aus den Schaufenstern zu nehmen. Im Dezember 1939 erging ein Verbot neuer Übersetzungen.[2]

Umso erstaunlicher, dass die deutschen Behörden nicht die einfachste aller Maßnahmen ergriffen, nämlich Titel von Albatross direkt zu verbieten, und dass sie auch Brandstetter von einer Einstellung der Tauchnitz-Produktion verschonten. Stattdessen warfen Brandstetters Maschinen weiter Bücher von Albatross und Tauchnitz aus. Der Krieg verlangsamte die Produktion, brachte sie aber nicht zum Erliegen. *The Flashing Stream*, ein Theaterstück des britischen Autors Charles Morgan, war der erste nach Kriegsbeginn in Deutschland gedruckte Albatross-Titel – eine bemerkenswerte Wahl, wenn man bedenkt, dass Morgan als Frankreichliebhaber und glühender Antifaschist galt. Und doch wurde ausgerechnet dieses Werk am 25. September als Volume 510 im *Täglichen Verzeichnis der Neuerscheinungen* des Deutschen Buchhandels gemeinsam mit dem Albatross Crime Club-Titel *Appointment with Death* von Agatha Christie angekündigt.[3]

Wie lange der Albatross Verlag in der allgemeinen Frontstellung gegen englische Bücher überleben konnte, hing davon ab, wie die Entscheider verschiedener Regierungsstellen seine Nützlichkeit für das Regime einstuften. In einer bestimmten Hinsicht führte der Krieg eine Lösung herbei, die dem lang gehegten Wunsch deutscher Finanzbehörden entsprach: zwei Verlage, Albatross und Tauchnitz, die unabhängig von den Kapriolen und dem Geldbedarf ihrer Eigentümer in Paris arbeiteten. In der Schrifttumskammer, im Propagandaministerium und im Auswärtigen Amt sah man auch voll Ehrfurcht und Neid auf das beeindruckende Vertriebsnetz von Albatross und hoffte, es in den Dienst der deutschen Kultur stellen zu können – ausgehend von einer Vision, derzufolge deutschsprachige Bücher den Kontinent ebenso ruckartig und unwiderstehlich einnehmen würden wie Hitlers Armeen.

Es gab außerdem noch einen unmittelbar praktischen Grund, warum die Behörden Albatross bei Ausbruch des Kriegs nicht einfach als Feindvermögen beschlagnahmten: Noch im November 1939 existierte keine formelle Regelung, wie man dabei vorzugehen hatte. Auch bestand innerhalb der politischen Führung diesbezüglich kein Konsens. Das Wirtschaftsministerium und Hermann Göring – Oberbefehlshaber der Luftwaffe und Generalbevollmächtigter für den Vierjahresplan – drängten darauf, ausländische Firmen zu liquidieren und sich ihre Mittel anzueignen. Schon zuvor hatte das Regime jüdische und nicht jüdische Privatunternehmen ohne Rücksicht auf Recht und Gesetz konfisziert, und der Krieg stellte nach ihrer Rechtsauffassung eine Legitimation dar, die alles andere überwog. Dem widersetzte sich das Außenministerium energisch. Wenn das Deutsche Reich Feindvermögen an sich riss, so das Argument, würden andere Länder sich an deutschen Unternehmen schadlos halten. Vor allem musste das Deutsche Reich gute Beziehungen zu seinen verbliebenen Handelspartnern in der Welt aufrechterhalten, um an die Rohstoffe zu gelangen, die seine Kriegsmaschinerie am Laufen hielten. Daher empfahl das Außenministerium, sich bei den Übergriffen zu zügeln. Über den gesamten ersten Kriegsherbst kämpfte jeder Flügel der NS-Bürokratie für die eigenen Interessen und versuchte, die Entscheidungsgewalt in dieser höchst wichtigen Frage an sich zu ziehen: ob ausländische Firmen im Deutschen Reich rundheraus geplündert oder nur deutscher Lenkung unterstellt werden sollten.[4]

In dieser Hängepartie zwischen den politischen Instanzen wurde von Kupfer erwartet, die Geschäfte wie üblich weiterzuführen, soweit bei einem hoch spezialisierten Exporthandel mit englischen Büchern während eines Krieges zwischen England und Deutschland noch von Normalität die Rede sein konnte. Da Leipzig von Paris abgeschnitten war und Holroyd-Reece in Frankreich kaum noch eine Rolle spielte, musste Kupfer den gesamten Laden schmeißen, obwohl er auf gut die Hälfte der bisherigen Funktionen nicht mehr zugreifen konnte. So hatte der fließend mehrsprachige Holroyd-Reece von jeher in Paris sämtliche Kontakte zu den Autoren gepflegt. Seit 1936 liefen außerdem alle von Enoch geknüpften Beziehungsfäden zu europäischen Grossisten in Paris zusammen. Mit der Zeit war Paris auch in finanzieller Hinsicht zum Rettungsanker des Verlags geworden, denn hätte Holroyd-Reece von hier aus nicht gerade noch rechtzeitig Tantiemen an Autoren bezahlt, die oft kurz davor standen, den Verlag in teure Gerichtsprozesse zu verwickeln, so wären Albatross und Tauchnitz womöglich lange zuvor schon zusammengebrochen. Kupfer war daran gewöhnt, dass

Holroyd-Reece die Führungsrolle innehatte. Nun erbte er von einem Tag auf den anderen dessen Alltagsaufgaben. Zugleich erwartete der NS-Staat von ihm, Leipzig wieder als Zentrum des Albatross-Tauchnitz-Exports zu etablieren. Ganz gegen seine eigentliche Neigung besetzte Kupfer erneut eine entscheidende strategische Position bei Albatross.

Kupfers schwierige Aufgabe wurde kaum einfacher dadurch, dass nun an Holroyd-Reece' Stelle weit bedrohlichere Obrigkeiten traten, deren jede dem Albatross die Federn ausrupfen wollte und erwog, ob sie ihn dazu schlachten oder doch auf deutschem Boden wieder aufpäppeln sollte. Anfang November berichtete Kupfer, dass »das Reichsministerium für Volksaufklärung und Propaganda und das Wirtschaftsministerium« darüber diskutierten und »die Weiterbehandlung [des Verlags] von der Einstellung der beiden genannten Behörden abhängig gemacht werden soll«. Während er die Entscheidung der hohen Herren in Berlin abwartete, wurde Kupfer von lokalen Behörden mit Vorwürfen konfrontiert, Albatross verletze durch seine Auslandsverbindungen geltendes Recht. Beispielsweise drohte die Leipziger Industrie- und Handelskammer im Dezember 1939, sie werde Albatross am Verkauf weiterer Bücher hindern, falls Kupfer nicht wegen Befangenheit seinen Posten räume und einen Abwesenheitspfleger für die verwaiste Führung der Geschäfte bestelle. Während er so zum Spielball der Interessen regionaler und staatlicher Behörden wurde, tat Kupfer, was er am besten konnte: Er schlug sich irgendwie durch, forderte einen Abwesenheitspfleger an, bat geduldig um Genehmigungen und verkaufte unterdessen Bücher, wie es von ihm erwartet wurde.[5]

Kupfers verfahrene Lage weist auch darauf hin, dass die NS-Bürokratie ihrer Aufgabe nicht gewachsen war – besessen von Regelungswut einerseits, über die Maßen in Anspruch genommen von wichtigeren Problemen in Kriegszeiten andererseits – und dass der Krieg auch den deutschen Buchhandel ins Chaos stürzte. Das Propagandaministerium verlangte von Kupfer, die Albatross- und Tauchnitzreihe von anstößigen Titeln zu »reinigen«. Da Buchführung, Autorenverträge und Tantiemenregister allesamt in Paris aufbewahrt wurden, das nun Feindesland war, musste Kupfer etliche Dokumente rekonstruieren. Der einzige Buchhalter, der mit der Pariser Aktenlage vertraut war, hatte aus persönlichen Gründen gekündigt, und ein neuer verursachte eine solch »heillose Verwirrung«, dass er schnell wieder entlassen wurde. Zu der ohnehin schwierigen Aufgabe, Albatross zu lenken, kam noch ein empfindlicher Arbeitskräftemangel. Zahlreiche Angestellte waren zum Kriegsdienst einberufen, so auch Kupfer selbst, der das Unternehmen von der Front aus weiter leiten sollte. Ersatz für ihn und andere war kaum zu bekommen. »Obwohl sich der Gefreite Kupfer auch während seiner Militärzeit mit den allerwichtigsten Dingen des Betriebes befassen konnte«, schrieb Kupfer von sich selbst in der dritten Person, »fand er doch nach einer Entlassung Ende Oktober 1939 einen Betrieb vor, der nur noch an wenigen Stellen funktionierte«.[6]

Abgesehen vom Damoklesschwert einer Zerschlagung von Albatross durch die Behörden hatte Kupfer mit einer Menge ebenso praktischer wie dringender Probleme zu kämpfen. Er war ein sehr fähiger Mann, sprach aber nur holpriges Englisch, was bisweilen zu unfreiwillig komischen Momenten führte.[7] Vor allem aber war Kupfer nicht handlungsbevollmächtigt, weil Holroyd-Reece wie erwähnt Albatross nach Enochs Auswanderung umstrukturiert hatte, um zu verhindern, dass sein Verlag deutscher Gerichtsbarkeit unterstand. Jede Änderung an den Verträgen mit Tauchnitz oder Brandstetter, Neuverträge oder Nachverhandlungen von Verträgen mit dem Ausland erforderten die Unterschriften von Kupfer und dem französischen Geschäftsführer. Wilhelm Lucke hatte schon vor Jahren genau erkannt: Holroyd-Reece »gibt den Ausschlag bei allen nur einigermaßen wichtigen Beschlüssen«. Und er blieb auch in Abwesenheit die dominierende Gestalt. Kupfer allein konnte Buchhändler im Ausland etwa nicht mit Rechtsmitteln zwingen, Leipzig und nicht Paris zu bezahlen, und viele zögerten, die bisherigen Gepflogenheiten zu ändern, weil sie gerichtliche Auseinandersetzungen fürchteten oder dem Naziregime misstrauten.[8]

Dass der Nazistaat sich hier in eine so verfahrene Lage brachte, ist ebenso faszinierend wie aufschlussreich. Bevor es Richtlinien gab, wie mit Feindvermögen umzugehen war, konnten die jeweiligen Behörden nicht über die Geschicke von offiziell in deutscher Hand befindlichen Unternehmen verfügen. Auch Albatross war somit nicht den Wünschen des Regimes unterstellt, sondern einer äußeren Macht: den völkerrechtlichen Regelungen des Geschäftsverkehrs, die auch für die Verkäufe von Albatross und Tauchnitz auf kontinentaleuropäischen Märkten galten. Da den Reichsbehörden Anfang Dezember 1939 immer noch Bestimmungen zum Umgang mit Feindvermögen fehlten, begannen sie zu improvisieren. Sie hinderten zunächst Albatross an der Produktion weiterer Titel, die noch während des gesamten Herbsts im gewohnten Zweiwochenrhythmus erschienen waren. Die Reichsschrifttumskammer nahm eine eigene »fachliche und politische« Untersuchung des Verhältnisses zwischen Albatross, Tauchnitz und Brandstetter in Angriff. »Die Angelegenheit Albatross ist natürlich nie ganz in Ordnung gewesen«, sagte Karl Heinrich Bischoff, ein hochrangiger Beamter in der Kammer, »aber es war sehr schwierig, hier etwas zu unternehmen, da rein formell alles in Ordnung schien«. Das war nach Bischoffs Einschätzung auch der Grund dafür, dass das Reich nicht nur Albatross tolerierte, sondern sogar noch an seine Devisenrücklagen ging, um Albatross zu erhalten. »[Die Devisentransfers] werden von mir etwa in dem Sinne erledigt: Hinweis auf Auslandsumsatz, Betonung von hier, dass ein kulturpolitisches Interesse nicht vorliegt, da es sich um englischsprachiges Schrifttum handele«. Halb resigniert und halb sarkastisch bemerkte er nebenbei: »Die Honoraranträge (Devisen) gehen natürlich nach wie vor ein«.[9]

Erst im April 1940 entschieden Propaganda- und Wirtschaftsministerium offiziell, Albatross zu erhalten. Im Wirtschaftsministerium war man zur Einschätzung gelangt, dass die Verkäufe von Albatross den Kriegsanstrengungen dienlich seien, weil sie die deutsche Handelsbilanz auf bestimmten Auslandsmärkten aufbesserten und das Reich in der Folge dringend benötigte Rohstoffe kaufen konnte. Und so trieb Kupfer während des Krieges wie schon zuvor die Verkäufe englischer Bücher von Albatross und Tauchnitz aus Deutschland voran. Zwischen September 1939 und Ende Juli 1940 erlöste er von Kunden im Deutschen Reich und in neutralen Ländern 128.770,14 Reichsmark für Albatross und 169.732,42 Reichsmark für Tauchnitz. Somit war der Absatz seit Kriegsbeginn bei Albatross etwa um die Hälfte, bei Tauchnitz um ein Viertel geschrumpft.[10] Dennoch beeindrucken die Zahlen. Denn über den größten Teil dieser Zeit hatte Kupfer den Zugang zu Frankreich und den Niederlanden, mithin dem zweit- und drittgrößten Markt außerhalb Deutschlands, eingebüßt.

Wenngleich das Propagandaministerium die Entscheidung für Albatross aus finanziellen Gründen mittrug, bedeutete das nicht, dass alle Titel gleich behandelt wurden. Sogenannte jüdische Bücher waren die ersten Opfer. Am 1. Dezember 1939 führte die Schrifttumskammer eine Meldepflicht für Bücher jüdischer Autoren oder jüdischen Inhalts ein. Neun Wochen später übersandte Kupfer eine Inventarliste mit 59 Titeln, die Albatross und Tauchnitz aus dem Verkehr gezogen hatten, und legte von jedem Buch ein Exemplar bei. In der Liste fanden sich nur zwei Albatross-Autoren. Die englische Schriftstellerin Gladys Bronwyn Stern war berühmt für ihre fünfbändigen *Radowitz Chronicles*, eine matriarchalische, in gewissem Maß feministische Schilderung des Lebens jüdischer Großbürger. Albatross hatte zuvor von ihr die Titel *Little Red Horses* (Volume 59) und *Pelican Walking* (Volume 236) herausgebracht. Humbert Wolfe, der andere Ausgesonderte, war ein in Italien gebürtiger englischer Dichter, der unter anderem im Board of Trade und im britischen Arbeitsministerium gedient hatte und für seine Leistungen zum Commander des Ritterordens Most Excellent Order of the British Empire ernannt wurde. Sein Gedichtband *PLM: Peoples, Landfalls, Mountains* war Volume 338 der Albatross Library. Unter den vielen Tauchnitz-Bänden auf der Liste waren Bücher von Romanautoren wie Gilbert und Joanna Canaan, Fannie Hurst, G. H. Lewes, Maarten Maartens, Leonard Merrick, Ludwig Lewisohn und E. Phillips Oppenheim, Essayisten wie Paul Cohen-Portheim und Siegfried Sassoon, dem Dichter des Ersten Weltkriegs. Kupfer hielt sich an die Beamten, um herauszufinden, ob er die Bücher als unverkäuflich abstempeln lassen sollte oder erneut auf die Lösung der Dreißigerjahre zurückgreifen konnte – unerwünschte Titel über die Grenze zu schaffen, um die Handelsbilanz dort aufzubessern.[11]

Am 10. Juni 1940, kurz vor der Einnahme von Paris durch die Wehrmacht, konnte man den *Vertraulichen Mitteilungen für die Fachschaft Verlag* einen ersten diesbezüglichen Hinweis entnehmen: Bücher von Autoren, die als jüdisch oder judenfreundlich galten, mussten aus dem Verkauf genommen werden. Das betraf Tauchnitz-Titel von Frank Swinnerton und Israel

Zangwill sowie zahlreiche Bände von Albatross: Graham Greenes *Brighton Rock*, drei Titel von Rosamond Lehmann, die beiden schon genannten von G. B. Stern, zwei von Rebecca West, drei von Michael Arlen und einen von Michael Joseph. Gänzlich verboten wurde *The Albatross Book of Living Verse*, vermutlich weil es zu schwierig gewesen wäre, die Anthologie von Beiträgen jüdischer Autoren zu »reinigen«, wie man üblicherweise vorzugehen hatte, wenn man die Bücher weiter verkaufen wollte. Ernest Hemingways Albatross-Titel *The Sun Also Rises* und *Men Without Women* landeten ebenfalls auf der Liste. Das erstere Buch stuften die Zensoren als defätistisch und pazifistisch ein, und einer solchen Haltung wollten sie in Kriegszeiten keinesfalls Vorschub leisten. Interessant ist, dass die Liste einige auf Deutsch verbotene Bücher kalkuliert aussparte, beispielsweise Huxleys *Brave New World* und *Brief Candles*, weil sie sich mit einiger Wahrscheinlichkeit im Ausland gut verkauften.[12] Auch weil Deutschland kurz davor war, Frankreich zu erobern, sahen NS-Behörden in den Albatross-Titeln anscheinend nicht so sehr feindliche Bücher, als vielmehr lockende Feindesbeute.

In einer ganz anderen Welt widmete sich Holroyd-Reece dem Verkauf derjenigen Albatross- und Tauchnitz-Bücher, auf die er noch Zugriff hatte. Außerdem begann er, für jeden möglichen Ausgang des Krieges vorzusorgen und seiner englischsprachigen Buchreihe eine Zukunft nach dem Krieg zu sichern. Da dieser Krieg ihm den Zugang zu Deutschland und Österreich verwehrte, war beinahe die Hälfte seines Absatzmarktes weggefallen. Verloren gingen auch wertvolle Zeit und Geld, als die französische Regierung seine Bestände versiegeln ließ. Unter solchen erschwerten Bedingungen verkaufte er von September 1939 bis Ende Mai 1940 dennoch etwas mehr als die Hälfte der in Paris bei Kriegsausbruch vorrätigen Albatross- und Tauchnitz-Bücher, nämlich rund 150.000 von den angeblich 280.000 Bänden auf Lager.[13] Zugleich war Holroyd-Reece klar, dass ebendieser Erfolg ihm zum Verhängnis werden konnte. Denn die gesamte Produktion befand sich in den Händen Brandstetters: Satz, Druck und Bindung, Hunderttausende Albatross-Bücher und die teuren Druckplatten, die man für Neuauflagen bestehender Titel brauchte.

Anders als Kupfer stand Holroyd-Reece jedoch auf der richtigen Seite der Front, wenn es darum ging, ein Fundament für die Zukunft von Albatross und Tauchnitz auszubauen: Kontakte zu den britischen und amerikanischen Autoren, von denen beide Buchreihen abhingen. Holroyd-Reece' diesbezügliche Handlungsfreiheit war Luxus und Bürde zugleich. Er saß in seinem Kontor und schrieb, telegrafierte, telefonierte sich durch den »Sitzkrieg« oder »phoney war« – wie Deutsche und Briten die erste Phase des Zögerns und Abwartens an der Westfront nach der Kriegserklärung nannten – und vertröstete besorgte Autoren. Manche fragten sich, wie sie an ihre Tantiemen aus Deutschland kamen, andere warfen eine für Holroyd-Reece gefährlichere Frage auf, die er möglichst totzuschweigen versuchte: An welchen Punkt machte der Krieg ihre Albatross-Verträge unwirksam und überließ es ihnen, ihre Titel anderswo unter die Leute zu bringen? Ein Brief von George Orwell an seinen Agenten vom Dezember 1939 gibt einen Hinweis auf das diesbezügliche Rätselraten unter den Autoren. »Wissen Sie, was aus den Leuten von Albatross geworden ist? ... Ich frage mich, ob die schon westwärts abmarschiert sind«.[14] Mitnichten. Orwells Agent musste erläutern, dass im Krieg nichts mehr war wie zuvor.

Mit Ausbruch des Krieges schüttelte Holroyd-Reece die stets bedrohliche Aufsicht der NS-Bürokratie ab. Dafür hatte er nun misstrauische Nachrichtendienste der Alliierten auf dem Hals. Englische und französische Agenten argwöhnten unverkennbar, dass seine Verlagstätigkeit irgendein verdecktes Vorgehen tarnen sollte. Doch wie ein englischer Agent, der Holroyd-Reece' Schriftverkehr überwachte, seinen französischen Kontakten im Februar 1940 mitteilte, »enthielten seine Briefe nichts Verdächtiges, sondern verbreiten sich nur ausführlich über finanzielle Schwierigkeiten ... Daraus entsteht insgesamt der Eindruck, dass die auf mehrere Länder des Kontinents verteilte Verlagsgruppe unter Holroyd-Reece' Führung sich nur mit Mühe vor dem Konkurs retten kann«.[15]

Eine weitere Folge des Kriegsbeginns waren Gerüchte im Londoner *Evening Standard* und in mehreren kontinentaleuropäischen Zeitungen, dass Albatross mit dem Naziregime unter einer Decke stecke – der Albtraum für jede Öffentlichkeitsarbeit. Holroyd-Reece wehrte sich beredt in seiner vierseitigen, eng beschriebenen »Notiz zur Information britischer Albatross- und Tauchnitz-Autoren« vom Januar 1940. Albatross habe seine Bücher in der Vergangenheit nicht wegen irgendeiner Anhänglichkeit gegenüber Deutschland in Leipzig gedruckt, wie er schrieb, sondern weil Albatross »für Autoren und Verlage den großen deutschen Markt gewinnen« wollte. Er verurteilte die Gerüchte als »rufmörderisch und stark voreingenommen ... denn sie erwecken den Eindruck, dass Albatross ein deutscher Staatskonzern oder im Besitz der Nazis sei, während tatsächlich die britischen Eigentümer des Unternehmens zusammen mit den Autoren Opfer des Krieges sind«. Albatross sei Freund und nicht Feind englischer Schriftsteller, sagte er, und erschließe letzteren seit Jahren als einziger Verlag eine deutsche Leserschaft. »Außer für diese Unternehmensgruppe«, behauptete er zu Recht, »ist der deutsche Markt seit langem nahezu oder vollständig abgeriegelt«.[16]

Voller Vertrauen in das Bollwerk der Maginot-Linie – vielleicht auch nur in dem Bemühen, diesen Anschein zu erwecken –, versandte Holroyd-Reece am 30. April einen Aufruf an alle Autoren, Albatross in diesen schweren Zeiten beizustehen, wie Albatross sich umgekehrt ihnen gegenüber als treuer Partner erwiesen habe. Unterdessen bombardierten die Autoren ihn weiter mit Beschwerden. Ihre Bücher verkauften sich auf dem Kontinent, und sie wollten ihre Tantiemen. Aber ihre Bücher waren in Kriegszeiten zu einem Faustpfand geworden, und darauf hatten weder Holroyd-Reece selbst noch – wie er zu verstehen gab – der deutsche Ableger von Albatross irgendeinen Einfluss. Holroyd-Reece konnte per gerichtlicher Verfügung Verkäufe von Albatross und Tauchnitz in neutralen Ländern verhindern, wie er sagte. Doch er schilderte auch die Absurdität dieses Vorgehens, das Prozesse in mehr als dreißig Ländern mit sich bringen und Buchhändler angesichts derselben Titel aus deutscher beziehungsweise britisch-französischer Produktion vor die verwirrende Entscheidung stellen würde, welche sie verkaufen durften und welche nicht. Und damit niemand etwa glaubte, er habe sich der Macht der Umstände einfach ergeben, schloss er mit einer Zuckerguss-Vision von besseren Zeiten: Der englisch-französische Albatross werde

Titel neu auflegen und mit Unterstützung seiner Autoren nicht nur den Krieg überstehen, sondern auch weiter wachsen. »Die Tatsache, dass Herr Holroyd-Reece sich mittlerweile in London niedergelassen hat, sollte die Zusammenarbeit noch einfacher machen als zuvor«.[17]

Das waren schöne Worte in finsteren Zeiten. Am 30. April, als Holroyd-Reece diesen Brief an die Albatross-Autoren verfasste, begannen die Briten mit dem Abzug ihrer Truppen aus Norwegen. Nur drei Wochen nach dem Einmarsch der Deutschen überließen sie der Wehrmacht das Feld. In diesem Kontext offenbart sich der ganze Irrwitz und zugleich das Bewundernswerte an Holroyd-Reece' Unbeirrbarkeit. Es war sein Geburtstag, der Beginn seines 43. Lebensjahres. Es war der 253. Tag eines Krieges, dessen Ende sich nicht abzeichnete, der ihm einen großen Teil der Kontrolle über sein Verlagsunternehmen entrissen hatte und jeden Moment alles zunichtezumachen drohte, worauf er in den zehn Jahren davor den größten Teil seiner Mühen verwendet hatte. Was gab ihm die Kraft, so zu tun, als sei es anders? Je weiter die Wehrmacht vordrang, umso rascher lief die Zeit für Illusionen ab. Churchill hatte seinen eigenen Spitznamen für den »Sitzkrieg« gefunden: der »twilight war«. Bald sollte die harte Wirklichkeit dieses Krieges durchschlagen. Für Albatross wurde aus der Dämmerung eine finstere Nacht.

Was tatsächlich mit den Albatross-Büchern geschah, sollte sich bald an ganz anderer Stelle entscheiden: im Reichskommissariat für die Behandlung feindlichen Vermögens unter Leitung des Ende Dezember 1939 ernannten ehemaligen Bankkommissars und Ministerialdirektors Dr. Friedrich Ernst. Nach monatelangen hitzigen Debatten hatte das Regime beschlossen, wie es mit Albatross und anderen Unternehmen unter »maßgebendem feindlichen Einfluß« umzugehen gedachte. Unter keinen Umständen durften diese willkürlich vereinnahmt werden. Sie waren stattdessen formell zu beschlagnahmen und mit einem deutschen Verwalter zu versehen. Jeder Verwalter erhielt Prokura. Die Befugnisse der bisherigen Geschäftsführung und des

Aufsichtsrats wurden aufgehoben. Der Verwalter entschied, wie die Firma im deutschen Interesse zu betreiben war. Er hatte außerdem eine zweite, ebenso wichtige Aufgabe: so viel wie möglich vom Betriebsvermögen des Unternehmens für die Zeit nach dem Krieg zu sichern, damit Deutschland nicht finanziell für dessen Niedergang verantwortlich gemacht werden konnte, falls Reparationsforderungen erhoben wurden.[18]

Dass sich das Deutsche Reich so sehr für allfällige Haftungsfragen im Buchhandel nach dem Ende des Kriegs interessierte, passte nicht so recht zu seiner brutalen Missachtung des Rechts auf anderen Gebieten. Seit Hitler die parlamentarische Kontrolle abgeschafft hatte, herrschte Gesetzlosigkeit, und die Entscheidungen des Führers waren das höchste Gesetz. Über die gesamten Dreißigerjahre hatten NS-Behörden jüdisches Eigentum und das Schicksal der Juden an sich gerissen. Alle Arten von Enteignungen, Misshandlungen und Folterungen hatten sie damit gerechtfertigt, dass Juden keine deutschen Staatsangehörigen mehr seien. Jenseits der Grenzen verwüsteten deutsche Einsatzgruppen in Polen weite Landstriche, dezimierten seine Bevölkerung und raubten hemmungslos, was sie forttragen konnten. Ging es aber um die Handhabe von Feindvermögen, so entschied das Regime wie schon in früheren Jahren mit seiner Duldung der Albatross-Bücher, dass es sich nicht allzu sehr gehen lassen konnte, ohne der deutschen Wirtschaft über die Maßen zu schaden. Das Auswärtige Amt warnte davor, die Fehler des Ersten Weltkriegs zu wiederholen, in dem sich Deutschland willkürlich ausländisches Vermögen angeeignet hatte. Denn danach war man gezwungen gewesen, ausländische Firmen unter enormen Kosten zu entschädigen. Die Bereitschaft des Regimes, das Recht in den Wind zu schlagen, war also begrenzt, wenn es um den Welthandel ging. Das Außenamt behielt mit seiner Behutsamkeit die Oberhand.[19]

Infolgedessen fügte sich Reichskommissar Ernst auch nicht dem Begehr, die Beute aufzuteilen, wie es die Gegner von Albatross in Deutschland vielleicht erwarteten. Als »bemerkenswert fähiger und tatkräftiger Mann« wurde ausgerechnet er zum Verteidiger von Albatross gegen einen der ersten Angriffe auf die Firma im Krieg: einen Übernahmeversuch der Brandstetters. Diese waren es leid, Anordnungen von Albatross entgegenzunehmen.

Die Partnerschaft hatte ihnen, obwohl 1934 so verheißungsvoll begonnen, wenig mehr als das Misstrauen der Obrigkeit und Außenstände eingebracht. Beamte hatten sie einem Generalverdacht unterstellt und ihre Akten durchwühlt. Albatross schuldete ihnen mindestens 30.000 Reichsmark, Tauchnitz noch weit mehr.[20] Da Paris und Holroyd-Reece durch den Krieg von jeder Einflussnahme abgeschnitten waren, sahen Brandstetters eine Gelegenheit, Tauchnitz die Führung zu verschaffen und zugleich die Gunst des Regimes wiederzugewinnen.

Und wäre Wegners Einberufung zeitlich nur ein wenig anders verlaufen, hätte er womöglich den Großteil des Frühjahrs 1940 an einem Schreibtisch in Leipzig anstatt in einem Nachschub-Lkw an der belgischen Front verbracht. Denn die Brandstetters wollten, dass Wegner ihren Angriff ausführte, dass er Tauchnitz – und Deutschland – wieder die Oberhand über englischsprachige Bücher auf dem Kontinent verschaffte. Die Schrifttumskammer war mit dieser Personalie einverstanden und drängte Ernst, Wegner als den am besten geeigneten Kandidaten zum Verwalter von Albatross zu ernennen. Schließlich hatte Wegner bereits die Zustimmung der Industrie- und Handelskammer, des Amtsgerichts und des Regierungspräsidenten von Leipzig.[21]

Doch anstatt Wegner umgehend zu ernennen, nahm sich der Kommissar Zeit zur Einarbeitung in den Fall Albatross. Er sorgte sich, dass Wegner zu sehr mit seinem eigenen Verlagshaus beschäftigt sein und das Geschäft von Albatross vor sich hin dümpeln lassen könnte. Sein Gefühl sagte ihm auch, dass Wegner den Brandstetters zu nahe stand und eher deren Interessen als jene des Albatross Verlags wahren würde. Ernsts Albatross-Akt wurde dicker und dicker, während ihn von verschiedener Seite eindringliche Appelle erreichten, Wegner in sein Amt zu setzen. Kupfer drängte auf eine Entscheidung. Ernsts Zögern verhindere »bevorstehende wichtige Verhandlungen und Vereinbarungen« mit Händlern im Ausland, und auch die Brandstetters übten Druck aus, bei Albatross für rechtmäßige Bedingungen zu sorgen. Im April 1940 wollte Willy Brandstetter die Hängepartie nicht länger hinnehmen und stellte Albatross ein Ultimatum: Sorgte Kupfer nicht bis Ende April für die Einsetzung Wegners, so werde sein Unternehmen keine weiteren Bücher mehr aus seinen Lagern freigeben. Willy Brandstetter annullierte auch den langjährigen Vertrag zwischen Tauchnitz und Albatross. »Ich bedaure selbst lebhaft, daß ich gezwungen bin, Ihnen heute einen derartigen Brief zu schreiben«, begann er mit dem Anschein von aufrichtigem Bedauern. »Sie werden aber zugeben müssen, daß ich wirklich außergewöhnliche Geduld geübt und monatelang auf die Berufung des Abwesenheitspflegers bzw. nunmehr des Verwalters gewartet habe«.[22]

Im Reichskommissariat sorgte diese Drohung für Empörung. Kommissar Ernst rief Brandstetter umgehend an, um ihm mitzuteilen, dass er seinen Brief als persönliche Beleidigung auffasse. Albatross unterstand *seiner* Verfügung, und er werde nicht zulassen, dass Tauchnitz den Vertrag mit Albatross ohne seine Zustimmung löse, da es sich dabei um eine weitreichende unternehmerische Entscheidung handle.[23] Mochten die Brandstetters Albatross für deutsche Interessen – und ihre eigenen – vereinnahmen wollen, um sich für Zeit, Geld und Ärger schadlos zu halten, die Albatross sie gekostet hatte, und mochten noch so viele wichtige NS-Größen sie darin bestärken: Der Reichskommissar blieb standhaft. Wie es schien, war seit dem Krieg vieles anders, doch eines blieb wie immer: Albatross schlängelte sich irgendwie durch, und das trotz seines zweifelhaften Status – diesmal, indem der Verlag einen höheren Schutzherrn fand, den das Deutsche Reich für ihn auswählte und der mit dem Unternehmen Größeres vorhatte.

Am folgenden Tag griff Justus Brandstetter auf Argumente zurück, die schon Hans Otto beinahe zehn Jahre zuvor bemüht hatte. Seinen sechsseitigen Bericht über die holprige Ehe zwischen Albatross und Tauchnitz beschloss er mit einer ultimativen Begründung, warum es Tauchnitz gestattet sein sollte, die Verbindung mit Albatross zu lösen: »daß der Firma Tauchnitz als rein deutscher Firma nicht zugemutet werden kann, ihre Geschäftsführung weiterhin in der Hand eines ausschließlich mit feindlichem Kapital arbeitenden Unternehmen zu lassen, das außerdem nicht einmal ordnungsgemäß gesetzlich vertreten ist und dessen geistiger Leiter, Herr Reece, wie sich aus einer durch die Reichsschrifttumskammer Tauchnitz mitgeteilten englischen Pressenotiz ergibt, sich nach Kriegsausbruch dort damit gebrüstet hat, daß es ihm gelungen sei, das 100 Jahre alte Tauchnitz-Unternehmen schon 1934 unter britische Kontrolle zu stellen«. Brandstetter fügte noch zwei Schnörkel hinzu, um seine – aufrichtige oder vorgetäuschte – Treue zur nationalsozialistischen Weltanschauung hervorzuheben: Neben Holroyd-Reece' Namen kritzelte er mit Bleistift »Jude«, und mitten in seinen Satz fügte er handschriftlich die Worte »unter jüdischem Einfluß« ein. Deutlicher hätte er es den Behörden nicht unter die Nase reiben können: Weiterhin privilegierten Ministerien des Dritten Reichs die Interessen einer ausländischen, jüdischen Firma gegenüber denen eines vaterlandstreuen deutschen Unternehmens.[24]

Nach einer Serie weiterer Auseinandersetzungen zum Thema räumte der Reichskommissar ein, dass Wegner am Ende womöglich doch ein annehmbarer Kandidat sei. Doch nun gelang es niemandem, ihn ausfindig zu machen. Schließlich kam die Nachricht, dass Wegner sich an der belgischen Front befand. Also suchte Ernst weiter nach jemandem, der Albatross in Kriegszeiten und im Interesse Deutschlands in die Zukunft führen konnte. Ende Mai 1940 einigten sich Kupfer, die Brandstetters und die Schrifttumskammer auf einen Verwalter ohne vorherige Verbindungen zu Albatross oder Tauchnitz: Walter Osbert Gey, 46 Jahre alt, aus Liebertwolkwitz außerhalb von Leipzig. Ein grobkörniges Foto von einer Bewerbung Geys als Wirtschaftsprüfer zeigt den Mann, der für die Dauer des Krieges die Angelegenheiten von Albatross in die Hand nehmen sollte. Wie Kupfer war er verheiratet und Vater von zwei Kindern. Auf dem Foto erscheint er behäbig und seriös, mit rundem Gesicht, schütterem Haar und Brille.[25] Ernst schätzte Kupfer und erkannte durchaus, dass er unverzichtbar für das Tagesgeschäft von Albatross war, doch das Sagen hatte von da an Walter Osbert Gey. Als Holroyd-Reece' ungleicher Doppelgänger in Leipzig bestritt er nun die Verkäufe von Albatross-Tauchnitz von jenem Markt aus, den Holroyd-Reece unter keinen Umständen verlieren hatte wollen.

KAPITEL 15

Einmarsch und Flucht

Mit jedem weiteren Kriegstag änderten die Manöver der Wehrmacht Europas politische Landkarte und damit auch das Schicksal der Gründer von Albatross. Am 25. Mai 1940 gestand Frankreichs General Maxime Weygand bei einem Treffen des Kriegskabinetts ein, dass sein Land sich womöglich geschlagen geben musste. Als ein letztes Aufbäumen Frankreichs befahl er seinen Truppen, die Verteidigungslinie im Norden von Paris entlang der Flüsse Somme und Aisne zu halten. Doch er glaubte selbst kaum noch, dass diese stark dezimierten Einheiten Deutschlands weitgehend unversehrte Streitmacht aufhalten konnten. Am 5. Juni begann die Offensive »Fall Rot«. Als am 10. Juni klar war, dass die Wehrmacht die Somme-Aisne-Linie überwunden hatte und weiter in Richtung Paris marschierte, floh die französische Regierung nach Poitiers.[1]

In mehreren Wellen überquerten deutsche Truppen die belgisch-französische Grenze, und Wegner folgte in den Lkw-Kolonnen mit Nachschub für die riesigen Kampfverbände. Seine Rückkehr nach Frankreich bedeutete für ihn zugleich, Grenzen der Erinnerung zu überwinden und an eine fast zehn Jahre zurückliegende Zeit anzuknüpfen, als er nach Paris gekommen war, um seinen Albatross-Traum zu verwirklichen. Er beeilte sich offenbar, nach dem Verbleib alter Freunde zu forschen, und nutzte seine wenige freie Zeit, um sie aufzuspüren. »Ich war gestern in Rohaix«, schrieb er Annemarie am 9. Juni, »& fand nach langem Suchen die Druckerei Georges Frère. Das vorhandene Personal ist französisch & rührend familientreu. Erzählte, die Eltern Marcels seien gesund mit e. Tochter in Paris-Plage, also auf d. deutschen Seite. Die 3 Söhne seien franz. Soldaten«.[2]

Bevor er nach Paris zurückkehrte, hoffte Christian auf ein paar ruhige letzte Tage in Belgien mit seinem Vorgesetzten Major Cranz. »Wir ziehen morgen i. e. modernes Schloß des Herzogs von Cranz«, erklärte er Annemarie. »Die Familie ist dort, spricht tadellos deutsch. Wir bekommen Gastzimmer mit Bettwäsche ... Hitze ist groß, Verpflegung gut, Weine prima! Auch Aperitif. Ich spreche viel Französisch zu Freunden meines Kommandeurs«. Er wusste um die Vergänglichkeit solcher Wohltaten. »Aber lange wird's nicht dauern, dann rücken wir sicher weiter nach. Hier ist schon fast Etappe. Nachts dröhnt die Front herüber: von Bomben sind wir bisher geschont geblieben, aber in München sind sie ja gewesen«. Umso mehr sorgte er sich um Frau und Kinder, die ja nach München gezogen waren, um gerade dieser Gefahr zu entgehen. »Mußtet Ihr in den Keller?« Fünf Tage später, am 14. Juni, schrieb er erneut. »Wir müssen schon wieder wandern, ziehen heute oder morgen z. Nordfrankreich, wo die Quartierverhältnisse wohl weniger gut sein werden als hier«. Er zeigte sich beeindruckt vom Kriegsverlauf: »Die kriegerischen Erfolge der letzten Woche sind erstaunlich«, und plante einen Umweg ein, um sich zu vergewissern, ob die Farbenfabrik eines Freundes noch stand. »Wahrscheinlich ist alles sehr zerstört, wie ja in Frankreich auch die Ernährungslage der Bevölkerung viel schlechter aussieht«.[3]

Mehr als alles andere verraten Wegners Briefe seine Wahrnehmung des Krieges als eine Zeit krassester Gegensätze. Familien wurden von Staatsgrenzen zerrissen. Aperitif im Schloss der Familie von Major Cranz, ausgebombte Dörfer auf dem Vormarsch nach Süden. Er fotografierte seine Freunde. Er fotografierte menschenleere Landschaften. Er weidete sich an allem Guten, das ihm unterwegs unterkam. »Wir schwitzen in Erdbeeren, Eiern, Butter & Käse«, verriet er Annemarie, und da er wusste, dass sie wie die meisten Deutschen unter dem Mangel an allem litt, schickte er unzählige Pakete nach Hause, wobei er sämtliche Inhalte nummerierte und auf Annemaries Bestätigung wartete, dass die in Kriegszeiten so kostbaren Güter auch bei ihr angelangt waren. Er fühlte sich von zu Hause abgeschnitten und klagte, seine Einheit habe »immer noch keine Post bekommen, es ist wirklich übel«.[4]

Während Christian Wegner sich auf den Einmarsch in Frankreich vorbereitete, ging Kurt Enoch daran, Frankreich zu verteidigen. Er hatte sich dem 99. Regiment der »prestataires« angeschlossen, einer Einheit der französischen Armee für Flüchtlinge, die älter als vierzig Jahre waren. Zur Ausbildung wurde er in das Militärlager Camp du Ruchard bei Poitiers verlegt. »Ich brach in gedrückter Stimmung auf«, schrieb er. »Mit der deutschen Offensive begann zugleich eine der schwierigsten Zeiten für mich selbst, meine Familie und andere in ähnlichen Lebensumständen«. Seine ältere, siebzehnjährige Tochter Ruth besuchte ein amerikanisches Internat in der Normandie, und er fürchtete, dass die vorrückenden deutschen Truppen sie demnächst von Paris abschneiden konnten. Um das zu verhindern, holte er sie nach Paris, wo sie, kaum angelangt, von den französischen Behörden als feindliche Ausländerin verhaftet wurde. Nach einer neuen Verordnung mussten alle deutschen und österreichischen Frauen ab sechzehn Jahren, sofern sie nicht Mütter kleiner Kinder oder über siebzig Jahre alt waren, sich im Vélodrome d'hiver einstellen, das als Sammelpunkt für Transporte zum Camp de Gurs nahe der spanischen Grenze diente. Ruth und Enochs Schwester Ilse wurden auf diese Weise nach Gurs verschickt. Enochs Frau Marga durfte in Paris bleiben und für die jüngere, sechzehnjährige Tochter Mirjam sorgen.[5]

Im Camp du Ruchard wurde Enoch zum Gruppenleiter seiner Baracke ernannt. Einige Zeit lang ging das Leben normal weiter. Die Männer führten Straßenarbeiten aus, luden Munition und aßen Heereskost in der Kantine unter einer Tafel mit der Aufschrift: »Hier wird nicht gegessen, sondern gespeist«. Bald sprach sich herum, dass die Wehrmacht vorrückte. »Aus den wenigen Nachrichten, die uns über die Funkstation des Kommandopostens erreichten, sowie aus gelegentlichen Zeitungen, die den Weg ins Lager fanden, wussten wir, wie schlecht es im Krieg um uns stand«.[6]

In der französischen Hauptstadt konnte ebenfalls niemandem entgehen, dass die Alliierten erfolglos kämpften. Ninetta Jucker, eine Engländerin in Paris, beschrieb die Ankunft von Flüchtlingen in der Stadt: Zuerst kamen reiche Belgier in Luxusautos »voller Kinder und Gepäck und mit den unvermeidlichen Matratzen auf dem Dach, die wir als Sinnbild der Flucht zu erkennen lernten«. Einige Tage später folgten weitere Flüchtlinge auf »Pferdewagen mit vielen Kindern und Bettwäsche, Haushaltsgeräten und sogar Tieren, die entlang des Trottoirs in der Avenue Friedland aneinandergereiht standen«. Aus überfüllten Zügen quollen »Flüchtlinge, die tagelangen Terror, Bombenangriffe und Maschinengewehrfeuer auf den Straßen durchgemacht und oft genug ein verwüstetes Heim hinter sich gelassen hatten«.[7]

Als auch den Franzosen klar wurde, dass die Deutschen tatsächlich einmarschierten, schlossen sie sich dem Zug der Elenden an. Sylvia Beach erinnerte sich: »Bei Tag und bei Nacht strömten Menschen durch die Rue de l'Odéon. Sie kampierten und schliefen vor den Bahnhöfen in der Hoffnung, noch einen Zug zu bekommen. Manche fuhren in ihren Autos ab – die man dann am Straßenrand stehen lassen mußte, weil es kein Benzin mehr gab. Die meisten flohen zu Fuß, trugen ihre Babys und ihr Gepäck oder schoben Kinderwagen und Schubkarren vor sich her. Einige hatten Fahrräder«. »Wozu fliehen?«, fragte sie sich, entschlossen, mit ihren französischen Freunden in der Stadt auszuharren. »In Paris waren nur etwa 25.000 Menschen übrig geblieben«. Mit ihrer langjährigen Begleiterin Adrienne Monnier sah sie zu, wie der Strom der Flüchtlinge die Stadt durchquerte. »Ochsenwagen, hochgetürmt mit Haushaltsgerät, oben darauf noch Kinder, alte Leute, Kranke, schwangere Frauen und Mütter mit Babys, Geflügel in Körben, Hunde und Katzen. Manche machten beim Jardin du Luxembourg halt, um die Kühe dort grasen zu lassen«.[8]

Auch Marga Enoch harrte mit Kurts Tochter Mirjam und seiner Mutter in Paris aus. Als feindliche Ausländerinnen durften sie ohne Genehmigung die

Hauptstadt nicht verlassen. »Wer immer konnte, war nach Südfrankreich aufgebrochen«, erinnerte sie sich. »Der Einmarsch stand unmittelbar bevor«. Am 13. Juni konnten sie nicht länger warten. Sie schnallten sich Ranzen mit einem zweiten Paar Schuhe, Konserven und Decken um, rollten ihre Fahrräder auf die Straße und ließen ihre wunderschöne Wohnung auf der Île Saint-Louis hinter sich. »Wir schlossen uns dem allgemeinen Exodus an. Zehntausende marschierten die Straße entlang«, schrieb Marga. »Die ganze heruntergekommene Menschheitsmasse wanderte Richtung Süden«. Die erste Nacht verbrachten sie in einem verlassenen Kino. Sie sammelten ihre Kräfte für den langen Marsch von Zivilisten und französischen Soldaten, vorbei an herrenlosen Automobilen entlang des Weges. Als italienische Flugzeuge die Flüchtlingskolonnen mit Maschinengewehrfeuer angriffen, verstreuten sie sich in alle Richtungen. »Jeder warf sich platt auf den Boden. Viele standen nicht mehr auf, als der Angriff vorbei war«, erzählte Marga. »Es wurde so schlimm, dass wir unsere tägliche Routine ändern mussten. Wir konnten nicht mehr tagsüber gehen, sondern mussten uns in den Wäldern verstecken und kamen erst nach Einbruch der Dunkelheit weiter«. Ein für Armeezwecke requirierter Autobus bot Enochs Mutter, die sichtlich am Ende ihrer Kräfte war, einen Sitzplatz bis zur nächsten Stadt an. Das schien wie ein Geschenk des Himmels, bis Marga und Mirjam später die Stadt in Flammen vorfanden. Sie suchten die Mutter überall, konnten sie aber nicht finden. Schließlich hatten sie keine Wahl, als sich wieder dem Zug nach Süden anzuschließen. In der Hoffnung, dass die Mutter von französischen Soldaten gerettet worden sein könnte, klammerten sie sich an Zettel, die ihnen ihre Concièrge mitgegeben hatte, mit der Adresse von deren Angehörigen in Südfrankreich – eine Hoffnung auf Zuflucht.[9]

Berichte derjenigen, die in Paris zurückblieben, lassen den schmerzvollen Verlust erahnen: Paris, wie sie es kannten und liebten, war all der Anblicke und Geräusche beraubt, die diese Stadt für sie zu einem wirklichen Zuhause gemacht hatten. »Der 13. Juni war der letzte Tag«, schrieb Jucker. Die Stadt hielt den Atem an. »Nichts regte sich, außer rund um Montparnasse, wo die Nachzügler unter den Flüchtlingen immer noch in der Hoffnung vor dem Bahnhof lagerten, auf irgendeinen Zug springen zu können«. Die Zeit stand buchstäblich still für sie. Denn Jucker verließ sich auf eine riesige Uhr an der Fassade der Renault-Werke, die sie durch die Fenster ihrer Wohnung erspähen konnte. Doch auch die Arbeiter, die bis dahin die Uhr aufgezogen hatten, waren geflohen, und die Zeiger der Uhr erstarrt. Peter de Polnay, ein ungarischer Schriftsteller mit Verwandtschaft in England, war vor allem von der unheimlichen Stille getroffen. »Der Lärm von Paris war weg ... Paris hatte seinen ganz eigenen Lärm, der zu ihm gehörte wie der Eiffelturm oder die Métro-Station Réaumur-Sébastopol«. Kurz vor dem Einmarsch der Deutschen in Paris legte sich ein »unheimlicher schwarzer Nebel« über die Stadt, gefolgt von einem »Wolkenbruch schwarzen Regens«, als seien die Stadt eine Bühne und der Nebel und Regen Theatereffekte, um den Einzug des Feindes in einem Schauspiel anzukündigen. Etliche Pariser führten dies auf »teuflische Machenschaften der Deutschen« zurück, tatsächlich aber hatte das französische Oberkommando die Öllager in Basse-Seine in Brand gesteckt, damit sie nicht der Wehrmacht in die Hände fielen. Die Métro fuhr noch, aber keine Busse mehr. Gaslicht flackerte nur schwach. Jucker und ihr Ehemann Marco saßen als einzige Besucher in einem Kino an den Champs-Élysées und sahen sich einen Film an.[10]

Sylvia Beach traf ihre Freundin Dr. Thérèse Bertrand-Fontaine im American Hospital und betrachtete von dort aus einem Fenster die »endlose Prozession motorisierter Einheiten: Tanks und Panzerwagen und darauf Männer, den Helm auf dem Kopf, die mit gekreuzten Armen dasaßen. Die Männer und die Maschinen waren alle von dem gleichen kalten Grau und bewegten sich in einem unablässigen betäubenden Gedröhne«. Die Kommandanten nutzten umgehend die Gelegenheit zu symbolträchtigen Triumphgesten. Für Jucker, die 200 Meter vom Eiffelturm entfernt wohnte, begann die Besatzung mit dem Getrampel deutscher Stiefel. Die Franzosen hatten die Aufzüge des Turms lahmgelegt, und so ließen sich die deutschen Soldaten von einem französischen Polizisten zur Spitze führen, um dort eine Hakenkreuzfahne zu hissen, die so groß war, dass sie vom Wind zerrissen wurde und ersetzt werden musste. Peter de Polnay fielen noch andere Momente bitterer Ironie auf. So marschierten deutsche Soldaten an Plakaten überall in der Stadt vorbei, die mit Sprüchen wie »Wir besiegen sie, denn wir sind die Stärksten!« die Kampfmoral der Franzosen aufmuntern hatten sollen oder unter dem Titel »Deuxième Bureau contre Kommandantur« die Karikatur »eines eingeschüchterten Hitlers zeigten«. All der Zweckoptimismus hatte nichts gebracht. Französische Gefangene in Fetzen trotteten neben den deutschen Soldaten. »Die Musik kreischte, das Hakenkreuz knatterte im Wind, der von den Champs Élysées her aufkam, und dann sah ich einen riesigen Kranz mit demselben Hakenkreuz am Grab des unbekannten Soldaten«, erinnerte sich de Polnay. »Mir wurde kotzübel. Die Menge war stumm und sah zu. Niemand sagte ein Wort«. Keine zwei Tage später kapitulierten die Franzosen. Am 16. Juni trat Premierminister Paul Reynaud zurück, und Marschall Philippe Pétain, der während des Ersten Weltkriegs unverhoffte Erfolge gegen die Deutschen in der Schlacht von Verdun erzielt hatte, übernahm sein Amt. Am 17. Juni bat Pétain um einen Waffenstillstand.[11]

Unterdessen richtete sich Christian Wegner, der im Gefolge der einmarschierenden Frontsoldaten nach Paris gekommen war, in seinem Hotel gegenüber der Oper ein. Er erzählte Annemarie von seinen gemischten Gefühlen der Rückkehr an einen Ort, mit dem er viele schöne Erinnerungen verband: »Ich sitze beim offenen Hotelfenster, sehe die Opéra vor mir & schreibe. Die Stadt muss um 21h zu Hause sein. Es gehen keine Autobusse oder Taxen, also das Bild ist traurig. Dennoch für mich voller Erinnerungen. Ich war im Alb.[atross] Büro ..«. Er gab mehr oder weniger zutreffende Nachrichten, die er von ehemaligen Albatross-Kollegen erhalten hatte, an sie weiter. »Familie Reece fort. Ollendorf & Alex & E.[noch] in Konzentr. Lagern. Sonias Mann & Bricaire Soldaten!« Lektorin Sonia Hambourg berichtete »von furchtbaren Tagen«. Er besuchte auch Luisa Ollendorff, die Gattin eines Albatross-Kollegen, »die mir glatt um den Hals fiel; sie hat Entsetzliches durchgemacht mit d. Kindern, ist aber Gottseidank geblieben, während fast alle anderen geflohen sind ... Jeanne [Holroyd-Reece] und Mutter E[noch] waren leider geflohen, wohin wusste niemand zu sagen«.[12]

Reisen vorwärts und rückwärts in der Zeit. Eine Heimkehr, jedoch eine schwer belastete. All die alten, vertrauten Orte ohne die vielen alten, vertrauten Menschen, und Wegner selbst war Teil der Besatzungsarmee, vor der sie geflohen waren. »Die Verzweiflung der Bevölkerung und dann die Freude, als heute Nachmittag die Meldung des Waffenstillstandes durchkam, kannst Du kaum ermessen«, berichtete er Annemarie. Ihm entging nicht, dass dieses neue Paris beinahe eine Geisterstadt war. »Im 14e Arrond[issement] war keiner unserer Nachbarn da – alles geschlossen, Büros, Pharmacie, etc. Morgen früh erwarte ich m[einen] Major, um ihm Paris zu zeigen; nachmittags fahren wir zurück; ein *völlig* menschenleeres Land zwischen P.[aris] u. St. Quentin. Es gibt in allen verlassenen Häusern nicht *eine* menschl. Seele. Wie ein Inferno mutet es an!« Der Brief bricht unbeholfen in einer Leere zwischen Unbekümmertheit und Sorge ab. Eilig versiegelt er Erlebnisse, die viel zu weitreichend waren, als dass man sie in einem Kuvert verschließen hätte können: »Sonst kaum Neues! Wie lange noch Krieg? Wer weiß es!«[13]

Die Besatzung von Paris hatte für unterschiedliche Menschen sehr verschiedene Folgen. Albatross lebte weiter, wenngleich in einer völlig veränderten Welt. Sylvia Beach stand zu ihrer Leserschar und verkaufte weiter englische Bücher in der Rue de l'Odéon, solange die Besatzer sie gewähren ließen. »Pariser, die den Exodus überlebt hatten, kamen zurück«, erinnerte sie sich, »und meine französischen Freunde entdeckten mit Begeisterung, daß Shakespeare and Company noch immer offen war. Sie stopften sich buchstäblich mit unseren Büchern voll, und ich hatte mehr zu tun denn je«. In einem schwarzen Notizbuch mit der Jahreszahl »1940« in goldenen Lettern auf dem Einband verzeichnete Beach unbeabsichtigt eine andere Geschichte der Besatzung. Während für Jucker die Renault-Uhr stehen geblieben war und für de Polnay die Stadt ihren Lärm verloren hatte, waren für Beach ein unverkennbares Merkmal des deutschen Überfalls jene Tage, an denen sie keine Bücher verkaufte. Noch am 4. Juni hatte sie Rosamond Lehmanns *Duty Answer* (Albatross), am 5. Juni D. H. Lawrence *Lady Chatterley's Lover* (Odyssey), am 8. Juni Virginia Woolfs *To the Lighthouse* (Albatross) verkauft. Mehrere leere Seiten kennzeichnen danach die Tage des Exodus und Einmarsches. Erst am 20. Juni öffnete Beach ihre Buchhandlung wieder und verkaufte zunächst nur zwei Zeitschriften, am folgenden Tag auch ein

Exemplar des *New Yorker*. In den Sommermonaten unter deutscher Besatzung erstanden ihre Kunden unter anderem *Ulysses* von James Joyce, *The Long Valley* von Steinbeck, *The Bridge of San Luis Bay* von Thornton Wilder, *The Woman Who Rode Away* von D. H. Lawrence und Huxleys *Beyond the Mexique Bay*. Aus Beachs Leihbestand holte sich Simone de Beauvoir, die Bücher nur höchst widerstrebend zurückbrachte, mehrere Titel von Albatross, darunter Faulkners *The Unvanquished*, Hemingways *To Have and Have Not*, William Saroyans *Inhale and Exhale*, E. M. Forsters *Passage to India* und ein einziges Buch von einem anderen Verlag, nämlich *Native Son* von Richard Wright.[14]

Als Mitbegründer des Verlags, dessen Bücher Beach in ihrem bescheidenen Laden verkaufte und verlieh, erlebte Christian Wegner das Geschehen von der gegnerischen Warte aus. Irgendwo außerhalb von Paris schrieb er Annemarie am 24. Juni. Nach langem Warten hatte er zwei ihrer Briefe in umgekehrter Reihenfolge erhalten. Er trauerte über Freunde, die an der Front gefallen waren. Es beunruhigte ihn, dass ihr Radio nicht funktionierte und »Obst etc. so schwer zu haben ist«. Ganz der Familienversorger, drängte er sie zu sagen, was ihr fehlte: »Ich habe ja unendlich viel geschickt, an Tee, Kaffee & Schok. Müßtet ihr bald genug haben. Gerne würde ich dir noch Schuhe besorgen. Gr. 38? Genügt das? Und welcher Art & Farbe? Hast Du Wäsche genug? Kinderschuhe, Schale, Handschuhe?«[15]

Neben dem Familienvater Wegner bangte auch der Soldat in ihm um Nachrichten vom Kriegsverlauf. »Die Szene im Güterwagen in Compiègne, wo ich vor 8 Tagen noch war, ist vorüber«, berichtete er. »Wir warten stündlich auf den Waffenstillstand; und dann werden wir wohl gegen England eingesetzt werden. Hoffentlich!« Dieses »Hoffentlich« wirkt befremdlich mitgerissen vom Siegestaumel und begierig nach der nächsten Eroberung. Auch sein Sohn Matthias wunderte sich später darüber: »Der Mann, der so oft in London seine Geschäftsfreunde besucht hat, wollte ausgerechnet am Überfall auf dieses Land beteiligt werden. Er war jetzt ein Mann von immerhin schon fünfzig Jahren, er verfügte über ein von vielen als geradezu brillant geschätztes Organisationsgeschick – doch für das politische Unrecht, für die Widerwärtigkeit des Systems, dem er diente oder dienen musste, fehlte ihm jedes Gespür. Das Wichtigste war dem leidenschaftlichen Unternehmer sein

Geschäft«. Immerhin überwand Wegners Mitgefühl nationale Gegensätze. »Arme Sonia«, schrieb er seiner Frau über die englische Lektorin, die seit den frühesten Tagen für Albatross gearbeitet und sich so sehr über das Wiedersehen mit ihm in Paris gefreut hatte. »Alle ihre Vettern u.s.w. sind engl. Soldaten oder b. d. Marine. Ich fahre erst wieder nach P.[aris], wenn ich allgemein klarer sehe. Sonst gehts uns gut; z. Zt. lässt uns der Feind in Ruhe«.[16] Der Krieg hatte ihn nun einmal auf diese Seite verschlagen und nicht auf die andere. Was genau hätte es bedeutet, klarer zu sehen?

Während Wegner nach Freunden fahndete und seine Lieblingsorte aus besseren Tagen aufsuchte, beschwor Enoch seine französischen Vorgesetzten, ihn gehen zu lassen. »Der Unverstand unseres befehlshabenden Offiziers ging so weit, dass er uns am 16. Juni davon informierte, Frankreich habe um einen Waffenstillstand gebeten, und uns zugleich ermahnte, wir sollten unsere Genugtuung nicht allzu offen zeigen. Er begriff nicht, in welcher Lage wir uns befanden. Das hätte sehr ernste Folgen für uns haben können«. Aus dem Radio erfuhr Enoch, dass deutsche Truppen schon bald in ihre Gegend vordringen konnten. Dennoch fanden er und die anderen Emigranten es »sehr schwer, dem Kommandanten klarzumachen, dass es für uns eine Frage von Leben oder Tod war, aus dem Lager zu fliehen«. Die französischen Offiziere blieben stur. »Erst als wir ihnen mit einem Aufstand drohten«, erzählte Enoch, »willigten sie ein, das Lager zu räumen«. Als italienische Kampfflugzeuge die Straße bombardierten, suchten die Männer im Straßengraben Deckung und warteten auf eine Entwarnung, die nie kam. Die französischen Offiziere hatten sie einfach sich selbst überlassen.[17]

Mit einigen der Männer marschierte Enoch in Richtung Süden, Limoges als Ziel fest im Blick. Am 1. Juli gelangte er nach Montauban, das wie so viele andere Städte in der Vichy-Zone »vor Flüchtlingen überquoll«. Die Stadt stellte Pritschen, Decken und Feldküchen zur Verfügung, doch einen Schlafplatz zu finden war so gut wie unmöglich. Enoch nistete sich in der Mansarde einer alten Villa ein, deren Dach zur Hälfte fehlte. »Nichts verdeutlichte die Tragödie und das Elend von Millionen so sehr wie die Inschriften auf jeder freien Fläche – an Hauswänden, in Gassen, auf Bürgersteigen – mit der Bitte um Nachricht von Vermissten und den Namen und Adressen derjenigen, die nach ihnen suchten. Ich hegte keine Hoffnung, daraus etwas über den Verbleib meiner Angehörigen zu erfahren«. Er kontaktierte seinen nach Detroit ausgewanderten Bruder Otto und bat ihn, Visa für die Familie zu beschaffen. Doch das erschien nahezu aussichtslos.[18]

Und dann geschah das Wunder: Ein Soldat, der Enoch im Postamt seinen Namen sagen hörte, gab ihm einen Streifen Papier mit Nachrichten von seiner Schwester Ilse und seiner Tochter Ruth. Französische Wachhabende in Gurs hatten die beiden kurz vor dem Waffenstillstand aus dem Lager entlassen. Nachdem sie an der Küste vergeblich versucht hatten, aus Frankreich zu fliehen, waren die Frauen in Oloron-Sainte-Marie bei Gurs in der Krypta einer Kirche untergekommen. Tagsüber verteilten sie rundherum Zettel mit Angaben über ihren Verbleib. Einen dieser Zettel übergab nun der Soldat Enoch, der eine Sekretärin mit dem Zug in das Städtchen schickte, um sie abzuholen. Marga und Mirjam gelangten auf ähnliche Weise zu ihnen. Enoch erfuhr nun auch, dass seine Mutter nach Paris zurückgekehrt war.[19]

Nach der ersten Erleichterung darüber, dass seine Familie wohlauf war, konzentrierte Enoch sich darauf, sie in Sicherheit zu bringen. »Die meisten Länder verwehrten uns die Einreise«, erinnerte er sich. »Zudem untersagte es das Waffenstillstandsabkommen, deutschen Flüchtlingen Ausreisegenehmigungen zu erteilen. Illegal über die Grenze zu gelangen war also der einzige Ausweg. Nicht zuletzt benötigten wir Reisepässe, doch keiner von uns besaß zu dieser Zeit einen«. Wieder hatten sie Glück. Eleanor Roosevelt hatte Einreisegenehmigungen für Gegner des Naziregimes erwirkt, die als Flüchtlinge in Vichy-Frankreich festsaßen und möglicherweise ein »Gewinn« für die Vereinigten Staaten sein konnten. Enochs Bruder Otto arbeitete seit 1937 in Detroit als Versuchsingenieur und wandte sich an das US-Außenministerium. Er machte dort Kurts Zwangslage geltend und kontaktierte sogar Thomas Mann, der zu Beginn des Krieges in die Vereinigten Staaten ausgewandert war und von dort ein Unterstützungsschreiben schickte. Enoch erhielt einen Warteplatz auf der Liste des Emergency Rescue Committee und schlug sich zum amerikanischen Konsulat in Marseille durch, um seinen Fall vorzutragen. »Bis zu diesem Moment war uns die Welt abweisend erschienen und die Zukunft ungewiss, ohne irgendeinen konkreten Anlass zur Hoffnung«, schrieb Enoch. »Plötzlich gab es da die Verheißung einer offenen Tür zu einem Neuanfang im begehrtesten, aufregendsten und mächtigsten Land der Welt«.[20]

Doch diese Verheißung war erst einmal nur das: eine Verheißung. Die Hürden waren einschüchternd hoch: »Wie sollte ich meine Familie nach Marseille bringen, um die amerikanischen Einreisegenehmigungen abzuholen?« Wie »die spanischen und portugiesischen Transitvisa ergattern, für die ein längerer illegaler Aufenthalt in Marseille erforderlich war?« Wie »Frankreich ohne gültige Ausreiseerlaubnis verlassen?« Jedes Hindernis brachte neue Gefahren mit sich, insbesondere für Enochs Töchter. Denn während Enoch selbst, seine Frau und seine Schwester zumindest über eine französische Aufenthaltsgenehmigung verfügten, besaßen Ruth und Mirjam überhaupt keine Papiere. Enochs Angst um sie war so groß und sein Vertrauen in die französische Obrigkeit so gering, dass er den Töchtern einschärfte, aus dem fahrenden Zug zu springen, falls Polizisten kamen und die Ausweise kontrollierten. Und dann war da noch »das quälendste Problem von allen«: Enochs Mutter aus Frankreich zu schleusen.[21]

Enoch suchte Rat beim »Untergrund-Buschfunk«, der Hilfe für Flüchtlinge organisierte. Doch selbst mit dieser Anleitung waren das Ergattern von Visa und die Reise von Marseille zur spanischen Grenze voller Unwägbarkeiten und Gefahren. Enoch erfuhr von einer geheimen Fluchttür im Bahnhof Marseille, die vom Bahnhofscafé zur Küche des benachbarten Hotels führte und es Reisenden ohne Papiere ermöglichte, die schwer bewachten Ausgänge des Bahnhofs zu umgehen. Als er mit den Seinen ankam, fand er die Tür verschlossen und musste improvisieren. Erst einige Zeit später öffnete sie sich wieder, und die Familie gelangte durch Bahnhofscafé und Hotelküche unbehelligt auf die Straße. Vor dem spanischen Konsulat, wo eine Traube von Flüchtlingen auf Visa wartete, schienen alle Pläne der Enochs von einem Moment auf den anderen zunichte gemacht, als der Portier plötzlich behauptete, ihre Wartenummern seien ungültig. »Ein Tumult brach los, alle stürmten in wildem Durcheinander zur Tür. Meine Frau wurde umgerannt und niedergetrampelt und fiel in Ohnmacht«. Doch der Zwischenfall erwies sich als Segen, weil der Pförtner es daraufhin mit der Angst bekam und Enochs Familie einließ. »Wir wurden von da an sehr zuvorkommend behandelt und erhielten unverzüglich Visa für die gesamte Familie«.[22]

Noch aber fehlte ihnen die Genehmigung zur Ausreise aus Frankreich. Einen Kontakt nach dem anderen klapperten sie auf der Suche nach einem Weg über die spanische Grenze ab. Auf Anraten von Varian Fry, dem menschlichen Gesicht des Emergency Rescue Committee, reisten sie nach Perpignan, mussten dort aber feststellen, dass die Fluchthilfe, die sie heimlich nach Spanien bringen hätte können, nicht mehr existierte. Sie fuhren weiter nach Cerbère, denn sie hatten gehört, dass der Besitzer des dortigen Bahnhofsrestaurants ihnen vielleicht helfen konnte. Beim Verlassen des Bahnhofs stellten sie sich in der Schlange für Touristen an, um die Prüfung ihrer Dokumente zu umgehen. Der Restaurantbesitzer riet ihnen davon ab, mit »so vielen Frauen« den Weg über die Berge zu suchen, und empfahl stattdessen, sich dem örtlichen Polizeikommissar anzuvertrauen. Da Marga bei ihm war und er Bargeld genug hatte, um diesen zu bestechen, betrat Kurt dessen Büro. »Unsere erste Reaktion war Entsetzen. Hinter dem Schreibtisch saß mit steinerner Miene und ohne ein Lächeln derselbe Beamte, dem wir eben erzählt hatten, wir seien nur für einen Strandurlaub nach Cerbère gekommen«. Sie baten um Entschuldigung, erzählten ihm die Wahrheit und versuchten vergeblich, ihn zu bestechen. »Sie haben doch ihre Beine«, gab er ungerührt zurück.[23]

Und so nahmen sie ihre Beine in die Hand – angetrieben von der Hoffnung, auf der anderen Seite des imposanten, zerklüfteten Gebirges, das zwischen ihnen und Spanien stand, in Sicherheit vor Verfolgern zu sein. Eine Straße führte auf der französischen Seite zu einer Hochebene und einem Grenzposten. Auf der spanischen Seite wand sie sich abwärts zu einem Wärterhäuschen und einem ummauerten Friedhof. Dort sollten sie sich verbergen, hatte der Restaurantbesitzer gesagt, bis sie hörten, dass die französischen Grenzposten ihre Wachschicht verließen. Danach mussten sie die Straße weiter bis zu einem alten Feigenbaum neben dem spanischen Wärterhäuschen gehen. Dort würden die Grenzer sie in Gewahrsam nehmen und, da sie gültige Visa für die Einreise nach Spanien besaßen, zu ihrem Posten mitnehmen.

Kaum etwas lief nach Plan. Ruths Schuhe waren viel zu groß und machten ein Geräusch, das »für ungebetene Zuhörer deutlich vernehmbar« war. Kurt verlor die Nerven und wurde unwillkürlich laut, um Ruth zum Leisegehen zu bewegen. Dann fand er die Stelle nicht, an der die Abkürzung von der Straße abzweigte. Er stolperte und fiel in einen Graben, was eine kleine Steinlawine auslöste. »Es half nichts: Wir mussten sofort von der Straße herunter und – bisweilen auf allen Vieren – so schnell wie nur irgend möglich den Hang hinaufklettern. Es war grauenhaft«, erinnerte er sich. »Kakteen, an denen wir uns festhalten wollten, bohrten ihre Stacheln tief unter die Haut. Felsbrocken lösten sich und schlugen gegen unsere Hände und Beine. Vom steilen, hektischen Aufstieg waren wir ganz außer Atem. Vor allem aber machten wir schrecklichen Lärm«. Glücklicherweise hörte sie niemand, und sie kamen »blutend und erschöpft« oben an. Auf der spanischen Seite folgten sie grellen Lichtern zu einer Enttäuschung: Es waren Scheinwerfer der Schiffe im Hafen, die sie in die falsche Richtung zu einem steilen Abhang über der Küste gelockt hatten. Ilse brach zusammen und weigerte sich, noch einen Schritt weiter zu gehen. Erst als der Mond zum Vorschein kam, erkannten sie das Wärterhäuschen auf einem Hügel. Sie gingen darauf zu und wurden von Wärtern mit Waffen im Anschlag gestellt. Jeden Moment konnte alles schiefgehen. Sie boten den Wärtern Zigaretten an. Diese gaben ihnen Wasser, um das Blut abzuwaschen. Wenn sie weiter unten angehalten wurden, sagten die Wärter, sollten sie behaupten, sie seien die Straße entlang gegangen. Schließlich erschien ein Vorgesetzter, prüfte die Papiere und gewährte ihnen Einlass nach Spanien.[24]

Ein Wagen brachte sie nach Portbou und dort zu einer Auffangstation für Flüchtlinge, in der hektisches Getriebe herrschte. Jemand gab ihnen Fahrkarten für den Zug nach Barcelona und brachte sie zum nächsten Zug. Kurt wurde nervös, als ein spanischer Beamter ihnen die Papiere abnahm, denn er fürchtete, an die Deutschen ausgeliefert zu werden. Doch sie bekamen ihre Papiere zurück und fanden ihre nächste Hilfe in einem Kofferträger am Bahnhof, einem ehemaligen Dolmetscher für den spanischen Staat, den das faschistische Regime entlassen hatte, weil er Jude war. Dieser Träger, ein Herr Kaplan, führte sie durch Barcelona und gewann ihr Vertrauen – so sehr, dass Enoch ihm sogar Geld gab, damit er seiner Mutter half für den Fall, dass sie es aus Paris herausschaffte und überhaupt so weit kam. Die Atempause war nur kurz. Der Zug nach Madrid fuhr langsam, und der Blick aus dem Fenster ließ einen verzweifeln: »Da arbeiteten Gefangene des Bürgerkriegs in Ketten am Gleisbett und stierten traurig in die Fenster der Waggons«. Die Abteile waren zum Bersten voll. Marga hatte bei der Ankunft so lange regungslos dagesessen, dass man sie mit einer Bahre aus dem Zug tragen musste. Eine Wohltat erwartete die Familie in Madrid: ein Zimmer in einem großen Hotel, in dem sie sich vor der letzten Etappe ihrer Europareise, der Zugfahrt nach Lissabon, erholen konnte: »Nach so vielen Monaten der Verdunkelung, der Zeichen von Niedergang und Zerstörung und der Bilder von entwurzelten, gequälten, tief verstörten Menschenmassen war ich überrascht von den grellen Lichtern, den sauberen weißen Häusern und den entspannten Gesichtern der Leute«, schrieb Enoch. In Lissabon ließ sie die Gastfreundschaft nahezu völlig fremder Menschen erneut innerlich aufatmen. Ein Freund von Enochs Pariser Sekretärin vermietete ihnen Zimmer in einer Kleinstadt außerhalb, wo sie vor den Machenschaften der Hauptstadt – Verbrechen, Spione, geheime diplomatische Händel grassierten dort – in Sicherheit waren. Das Emergency Rescue Committee kümmerte sich um die Fahrt auf einem Dampfer in die Vereinigten Staaten. Es schenkte Kurt auch etwas eigentlich ganz Banales, das für ihn dennoch eine so große Bedeutung hatte, dass er sich noch Jahre später gut daran erinnerte: Nach vielen Wochen in den schäbigen Kleidern einer französischen Hilfsorganisation erhielt er einen neuen, warmen Mantel, ein Versprechen des Schutzes vor widrigen Elementen in der nahen Zukunft.[25]

Die American Export Line war restlos ausgebucht. Die einzigen verfügbaren Plätze für die Überfahrt gab es auf dem griechischen Ozeandampfer Nea Hellas – eine riskante Option angesichts zahlreicher Gerüchte, Griechenland werde jeden Moment in den Krieg eintreten und das Schiff somit zum Angriffsziel. Enoch buchte zwei Kabinen. Unter den 678 Passagieren waren berühmte deutsche und österreichische Emigranten, die sich wie

Enochs Familie vor Hitlers Besatzungstruppen in Sicherheit brachten: Franz Werfel und seine Frau Alma, Thomas Manns Bruder Heinrich und sein Sohn Golo, Stefan Zweigs erste Frau Frederike mit ihren beiden Töchtern sowie Hans Jacob, ein angesehener Journalist und Dolmetscher. Das Schiff hatte die Rotkreuzflagge gehisst.[26]

Schließlich der lang erwartete Augenblick: Land in Sicht! »Am 12. Oktober 1940 erschien die so oft schon auf Bildern gesehene Skyline von New York am Horizont, und das Boot des Lotsen war unsere erste Begegnung mit der neuen Welt«, schrieb Enoch. Um 9 Uhr Vormittag des 13. Oktober legte das Schiff an der Fourth Street in Hoboken, New Jersey an. Journalisten der *New York Times* eilten an Bord, um die berühmten Schriftsteller zu interviewen. Enoch verschwamm all das vor den Augen. »Die *New York Times*, das Bild des Überflusses und das Rampenlicht, in dem wir plötzlich standen, überwältigten mich«. Es war ein Tag des Wiedersehens. »Unter all den bewegenden Wiedervereinigungen, die ich rundherum bezeugte, ragt in meiner Erinnerung eine heraus: Die Brüder Thomas und Heinrich Mann, zerstritten und seit den Tagen des Ersten Weltkriegs verstrickt in bittere Fehden über philosophische und politische Positionen, begrüßten einander mit leidenschaftlicher Umarmung«.[27]

Für Kurt Enoch waren die Ankunft und ihre Hürden anfangs eine große Herausforderung. »Nach mehr als einem Jahr des defensiven Überlebenskampfs mussten nun alle meine Kräfte auf den Wiederaufbau unserer Zukunft gerichtet sein, und da war keine Zeit zu verlieren«, erinnerte er sich lange danach. Seine Ausgangslage war »alles andere als rosig«. Er war fünfundvierzig Jahre alt, hatte eine Frau und zwei Töchter und eine alte Mutter, die noch in Frankreich lebte. Sein Vermögen blieb in Europa und war womöglich für immer verloren. Seinem Bruder schuldete er mehrere tausend Dollar für die Kosten der Auswanderung. »Meine Englischkenntnisse ließen zu wünschen übrig, und unser rechtlicher Status war unklar. Außer einigen Geschäftskontakten hatte ich keinerlei Verbindungen zu Amerikanern. Alles, was ich besaß, waren meine beruflichen Kenntnisse und jahrelangen Erfahrungen, ein gewisses Ansehen in der Verlagsbranche und ungebrochenes Selbstvertrauen«.[28]

KAPITEL 16

Unter Besatzung

Offenkundig gelang es Holroyd-Reece im ersten Jahr des Krieges außerordentlich gut, die französischen Behörden davon zu überzeugen, dass Albatross und Tauchnitz eigentlich in britischen Händen seien. Denn als Erich Kupfer und Wolfgang Krause-Brandstetter am 25. Oktober 1940 in der Rue Chanoinesse Nr. 12 eintrafen, hatten die Beamten der Besatzungsmacht jede Menge kritische Fragen an sie. »Infolge unzutreffender Angaben seitens des Herrn Holroyd-Reece« bestand nach einer späteren Darlegung Kupfers bei der Militärverwaltung in Paris die Auffassung, »es handele sich sowohl bei Tauchnitz als bei Albatross um englischen Besitz«. In Kriegszeiten mussten solche Annahmen über die nationale Zugehörigkeit eines Unternehmens, ob sie nun stimmten oder nicht, unmittelbare Folgen haben. Kupfer und Krause-Brandstetter langten am Ort des Geschehens an, gerade als Bruno Conrad, der deutsche Verwalter des traditionsreichen und mächtigen französischen Grossisten und Vertriebs Hachette, die Bücher von Albatross und Tauchnitz konfiszieren wollte. Und das war noch das geringste Problem, mit dem die beiden Männer zu kämpfen hatten.[1]

Kupfer und Krause-Brandstetter waren in Sachen Albatross und Tauchnitz Verbündete und nach Paris gekommen, um hier lagernde Bücher sicherzustellen und zu inventarisieren, die das Deutsche Reich im ersten Kriegsjahr verloren hatte. Doch sie waren auch Diener zweier Herren. Kupfer sollte auf Geheiß von Reichskommissar Friedrich Ernst die Firma Continenta von Kurt Enoch als Feindvermögen beanspruchen, damit der Albatross Verlag in Leipzig gesetzeskonform in Enochs Vertragsverbindungen mit ausländischen Buchhändlern eintreten konnte. Krause-Brandstetter war in ehrgeizigerer Mission unterwegs: Propagandaministerium und Auswärtiges Amt in Berlin betrieben gemeinsam eine geheime und höchst wichtige Kampagne mit dem Ziel, Albatross und Tauchnitz zur Verbreitung deutscher Bücher im Ausland zu nutzen. Man hatte ihn nach Paris entsandt, damit er in aller Stille die Voraussetzungen dafür schuf.[2]

Um ihre jeweiligen Aufträge ausführen zu können, mussten Kupfer und Krause-Brandstetter der Militärverwaltung im besetzten Frankreich jedoch erst beweisen, was Holroyd-Reece über Monate beharrlich abgestritten hatte: dass Albatross und Tauchnitz trotz anderslautender französischer Behauptungen Verlage mit Sitz und Gerichtsbarkeit in Deutschland waren. Holroyd-Reece machte ihnen diese Aufgabe so schwer wie möglich. Ihn selbst hatte der Krieg gezwungen, Paris zu verlassen. Doch seine krakenartig weitreichenden Verbindungen zu etlichen Verlagshäusern bedeuteten, dass er auch aus dem Londoner Exil noch Einfluss geltend machen konnte. An der Sache war irgendetwas faul. Und solange die deutschen Propagandabehörden nicht herausgefunden hatten, was es war und wie genau Holroyd-Reece' Unternehmen darin verstrickt waren, behandelten sie alles, was seine Handschrift verriet, mit dem allergrößten Argwohn.[3]

An der Adresse Rue Chanoinesse Nr. 12, einst erfüllt vom hektischen Treiben mehrerer Verlage, regte sich in den hohen Räumen der Bibliothek kein Laut. Hinter den sorgsam zugezogenen Vorhängen war niemand, der einen Akt heraussuchte oder die Treppe zur hofseitigen Terrasse mit ihrem weiten Blick über die Seine hochrannte. Was weiter mit dem Herrschaftssitz von Holroyd-Reece über das angloamerikanische Buch im Ausland geschah und wer künftig das Panorama des Pont Louis-Philippe vom Seineufer bis zur Île Saint-Louis genießen würde, hing von den Launen deutscher Offiziere und Beamter und ihren internen Scharmützeln ab.[4] Für Krause-Brandstetter, der nun Holroyd-Reece' Position des Frontmanns für alle Auslandsoperationen von Albatross und Tauchnitz übernahm, war das keine beschauliche Reise.

Sehr wahrscheinlich hatte Krause-Brandstetter eine wohlwollendere Aufnahme erwartet. Es waren aufregende Zeiten für ihn. Das Auswärtige Amt hatte ihn für einen Posten in der Deutschen Informationsstelle angeworben, die mit Druckschriften, Propaganda und Rundfunk im Ausland befasst war. Der Historiker Frederic Spotts beschreibt diese Behörde als eine hochdynamische Männerriege mit geheimdienstlichem Schneid: »Um Journalisten, Verleger oder überhaupt jeden abzuwerben, der ihr von Nutzen war, konnte sie auf ein Geheimbudget von einer Milliarde Francs zurückgreifen, die als Besatzungskosten verbucht wurden«. Mit nicht weniger als 600 Mitarbeitern leitete die Deutsche Informationsstelle sechs Tageszeitungen, elf Wochenzeitungen, sieben Monats- und vier Halbmonatszeitschriften. Außerdem veröffentlichte sie vier tägliche Presseschauen.[5] Die Deutsche Informationsstelle wurde für die Zwecke der Propaganda als eigenständig ausgegeben, war aber tatsächlich ein Zweig der deutschen Botschaft in Paris. Damit verband sich für Krause-Brandstetter eine Hoffnung auf Zugang zu den Kreisen der nationalsozialistischen Kulturelite, beispielsweise zum deutschen Botschafter im besetzten Frankreich Dr. Otto Abetz, aber auch zu Dr. Karl Epting, dem Leiter des Deutschen Instituts, einer als Kulturinstitut getarnten Propagandaeinrichtung, die Deutschkurse anbot und in aufwendig gestalteten Empfängen die Musik und den Geist Deutschlands unters französische Volk brachte.[6]

Die Mischung aus Nachrichtensammeln und Ränkeschmieden war genau nach Krause-Brandstetters Geschmack, der sich schon durch seine Weltreise in Sachen Albatross und Tauchnitz für eine solche Aufgabe empfahl – ganz zu schweigen davon, dass dieser Einsatz nicht annähernd so gefährlich war wie sein erster beim Überfall auf Polen hinter den Geschützen der Artillerieabwehr im September 1939. Krause-Brandstetter hatte die Beziehungen seiner Familie spielen lassen, um den Sprung aus den Schützengräben in das plüschigere Quartier des Außenministeriums zu schaffen. Erst im April 1940 wurde er Mitglied der NSDAP – was darauf schließen lässt, dass er weniger aus weltanschaulicher Überzeugung als vielmehr aus Opportunismus beitrat.[7] Als er in Paris ankam, lief es für ihn persönlich also gerade ziemlich gut.

Sein Pech war, dass die Propaganda-Abteilung in Paris unter Oberst Heinz Schmidtke von der geheimen Mission des Außenamts oder gar von Krause-Brandstetters führender Rolle darin nichts ahnte. Dieser erhielt gleich nach der Ankunft den Befehl, sich beim Hauptquartier des deutschen Militäroberkommandos im Hotel Majestic, Avenue Kléber Nr. 19, zu melden. Dort vernahm ihn Walther Schulz, Arbeitsführer der Propaganda-Abteilung, ziemlich ausführlich. Krause-Brandstetter sei »versippt und verschwägert« mit einem englischen Juden – gemeint war Holroyd-Reece – »und infolgedessen konnten die deutschen Behörden B.[randstetter] nicht als jemanden betrachten, der auf Treu und Glauben handelte (was das Tauchnitz-Vermögen anging)«. Schulz gehörte seit September zu denjenigen, die mehr schlecht als recht dem gewundenen Pfad des »englischen Juden« folgten. Allmählich hatten er und seine Kollegen genügend Krumen aufgelesen, um zu erkennen, dass Holroyd-Reece Anteile an unzähligen Firmen hielt, von denen einige der Form halber französisch, andere englisch waren, außerdem dass er eine geheimnisvolle, aber wichtige Rolle bei Albatross und Tauchnitz spielte. Inzwischen war Schulz ziemlich dünnhäutig, und sein Zorn steigerte sich umso mehr, je weniger er den Überblick behielt. Krause-

Brandstetters enge »Versippung« mit Holroyd-Reece schürte seine Wut dermaßen, dass er diesen »schwören ließ, Tauchnitz sei deutsches Eigentum, während Albatross trotz engster Verbindungen nicht zu Tauchnitz gehöre«.[8]

So erlebte Krause-Brandstetter aus nächster Nähe, was Historiker des besetzten Frankreich später auf folgende Formel brachten: »Das NS-Besatzungsregiment war vom ersten Moment bis zu seinem Zusammenbruch dysfunktional«. Wie im Deutschen Reich selbst rangen auch in Frankreich verschiedene Behörden mit- und gegeneinander um Zuständigkeiten. Daraus entstand ein »unüberschaubarer Wust von Titeln, Akronymen, unklaren Prärogativen und einander überschneidenden Zuständigkeiten in dem Versuch der deutschen Bürokratie, sich den besonderen Umständen des besetzten Frankreich anzupassen«. Die Propagandatätigkeit bildete da keine Ausnahme. Deutsche Beamte und Soldaten nahmen Propaganda ernster denn je, als es darum ging, fremde Völker von der Überlegenheit der deutschen Kultur zu überzeugen. Im besetzten Frankreich rangen zwei Stellen miteinander um die Führungsrolle: das Auswärtige Amt, für das Krause-Brandstetter arbeitete, und die Propaganda-Abteilung der Wehrmacht, die Goebbels' Ministerium in Berlin unterstand. Zwischen beiden entbrannte eine heftige Rivalität. Die Tätigkeiten des Außenamts in Paris unterstanden gebildeten Männern, die schon vor dem Krieg in Frankreich gelebt hatten und stolz auf ihr Bewusstsein von der Bedeutung kultureller Angelegenheiten in Frankreich waren. Auf die Soldaten der militärischen Propaganda-Abteilung sahen sie herab als rüpelhafte Neuankömmlinge, die von Frankreich keine Ahnung hatten. Botschafter Abetz wandte sich sogar direkt an Hitler, um die Zensurbefugnisse von Offizieren der Propaganda-Abteilung einzuschränken. Es gelang ihm so auch, den Bürokraten des Außenamts und der Botschaft die lohnendere Aufgabe »positiver Propaganda« zu übertragen – womit Kulturveranstaltungen und politische Meinungsmache gemeint waren, mit denen man die Franzosen für die deutsche Kultur und den deutschen Auftrag in der Welt einnehmen wollte.[9]

Ob das Auswärtige Amt nun Krause-Brandstetters Mission im Geheimen betrieb oder einfach nur vergessen hatte, deren Inhalt und Umfang dem militärischen Flügel der Propaganda mitzuteilen: Kupfer und Krause-Brandstetter – und mit ihnen Albatross und Tauchnitz – wurden zu Spielbällen in einer bürokratischen Komödie der Irrungen, die gravierende Folgen für die Literatur der beiden Verlage im Ausland hatte.[10] Vor allem Krause-Brandstetter befand sich in einer Zwickmühle. Denn Schulz verantwortete die Zensur im französischen Verlagswesen und war daher nicht jemand, mit dem er es sich verderben wollte. Schulz gehörte auch einem hochrangigen sechsköpfigen Literaturgremium namens »Cercle permanent pour les questions de littérature« an, das seit August jeden Donnerstag darüber beriet, wie man deutschfeindliche Elemente im Verlagsgeschehen unschädlich machen konnte. Darin saßen außerdem: zwei SS-Obersturmführer; ein Dr. Bernhard Niggemeyer, Leiter der Geheimen Feldpolizei der Besatzungstruppen in Frankreich; der Leiter des Deutschen Instituts, Karl Epting; und Dr. Friedhelm Kaiser, Gruppenleiter für Schrifttum der militärischen Propaganda-Abteilung für Paris und sein Umland, meist »Propaganda-Staffel« genannt. Bücher mit kommunistischen Neigungen oder Verbindungen zum Judentum, Nazi- oder deutschfeindliche »Hetzliteratur«, aber auch englischsprachige Bücher wurden allesamt zu Opfern des Zensur- und Beschlagnahmungsapparats, den diese militärische Riege aufbaute. Und hier war nun Krause-Brandstetter als Herr eines riesigen Lagers voller englischer und amerikanischer Bücher von Albatross und Tauchnitz – nach letzter Zählung 280.000 Exemplare – in der Passage Charles Dallery im 11. Pariser Arrondissement, zu denen noch 170.000 weitere in den Händen französischer Buchhändler kamen.[11]

Schon kurz nach dem Einmarsch in Paris griffen die militärischen Propagandabehörden im französischen Buchhandel durch. Sie konfiszierten zuerst die Éditions Denoël und die Éditions Sorlot mit der Begründung, beide publizierten deutschfeindliche Bücher. Noch am selben Tag standen sie bei den Vorzeige-Verlagen Gallimard und Grasset vor der Tür. Bis Ende Juni hatten sie außerdem Hachette requiriert und einige Tage später Bruno Conrad an dessen Sitz am Boulevard Saint-Germain als Verwalter eingesetzt, um das französische Buchgeschehen direkter deutscher Kontrolle zu unterstellen. Anfang August bezog die Propaganda-Staffel ihren prachtvollen Dienstsitz an der Adresse 52 Champs-Élisées und nahm 150 gut ausgestattete

Diensträume auf vier Etagen in Anspruch. Von hier aus berieten sich die Offiziere mit den höheren Ebenen in Schulz' Propaganda-Abteilung, um zu entscheiden, welche Unternehmen erheblichen jüdischen Einfluss oder missliebige Verbindungen aufwiesen und »arisiert« oder liquidiert werden sollten. In einer weiteren Herrschaftsgeste, die wenig Raum für Missverständnisse ließ, requirierte die Wehrmacht W. H. Smith, die bekannteste englische Buchhandlung in Paris, konfiszierte ihre Bücher und übergab die prunkvollen Räumlichkeiten an der Rue de Rivoli dem Frontbuchhändler Herbst, der Bücher für deutsche Soldaten führte.[12]

Erst als die Militärverwaltung im Spätsommer und Frühherbst systematischer gegen unerwünschte Bücher vorging, führten ihre Spuren zur Tür von Holroyd-Reece. Inzwischen hatten Schulz' Propaganda-Abteilung und die ihm unterstehende regionale Propaganda-Staffel zwei Zensurlisten herausgegeben: die »Liste Bernhard« und die umfangreichere »Liste Otto«. Am 27. August 1940 kam es zur ersten großangelegten Beschlagnahmung von Büchern. Einheiten der Geheimpolizei und französische Polizisten stürmten die Buchhandlungen der Stadt und verteilten Flugblätter, auf denen die Betreiber zur Übergabe der gelisteten Publikationen aufgefordert und vor Strafen gewarnt wurden. Von acht Uhr morgens bis in die Abendstunden erfasste der Einsatz 2350 Buchhandlungen und Verkaufsstätten. Mehr als 20.000 Bücher wurden konfisziert und im Lager Avenue de la Grande Armée Nr. 77 deponiert. Hachette-Leiter Conrad – der auch die Albatross- und Tauchnitz-Bestände konfiszieren wollte – erweiterte die Beschlagnahmungsaktion durch seinen Hinweis auf achtzig Verlagsbuchhandlungen, die man zuvor nicht berücksichtigt hatte. Allein aus deren Lagern entfernten französische Polizisten mehr als einhundert Tonnen »volksverhetzenden Inhalt«, und sie waren darauf vorbereitet, im Lauf der Woche noch weitaus mehr einzusammeln. »Von 100 Kriegsgefangenen werden täglich etwa 10–11 Lastwagen (5 t) Hetzliteratur ausgeladen«.[13]

Kupfer und Krause-Brandstetter hatten das Pech, dass Schulz und seine Propaganda-Kumpanen 30.000 Exemplare der brandneuen »Liste Otto« über der Hauptstadt regnen hatten lassen und dass diese Liste Holroyd-Reece' Éditions de la Nouvelle revue critique mit Sitz in der Rue Chanoinesse Nummer

12 als anstößige »Hetzliteratur« führte. Beiden war nach ihrer Ankunft in Paris einen Monat später schnell klar, dass diese Einstufung den Interessen von Albatross-Tauchnitz in Frankreich ebenso massiv schaden konnte wie den geheimen Vorhaben mit Albatross-Tauchnitz aus der Heimat. Schon waren erste Auswirkungen erkennbar. Zwei Wochen vor Kupfers und Krause-Brandstetters Eintreffen hatte Schrifttumsleiter Kaiser von der örtlichen Propaganda-Staffel sich beim Oberkommando der Besatzungstruppen für die sofortige Abwicklung der *Nouvelle revue critique* und dreier weiterer Verlage ausgesprochen: Nathan und Calmann-Lévy, weil in jüdischem Besitz, sowie der Éditions de la Nouvelle revue française als politisch allzu gewagt. Was Holroyd-Reece' Verlag anging, hatten Kaiser und seine Untergebenen in der Schrifttumsabteilung der Propaganda-Staffel nicht das Geringste gefunden, das man diesem aus ihrer Sicht zugute halten konnte. »Der Verlag hat sich in seiner Produktion besonders deutschfeindlichen Einflüssen ergeben«, begann Kaisers Schreiben. »Die Besitzer, zwei Gebrüder Keller, sind zwar keine Juden, jedoch hat ein übel beleumdeter deutscher Emigrant, ein gewisser Herr Riis, der über die Majorität der Besitzanteile verfügt, seinen Einfluß im Sinne jüdisch-emigrantenmäßiger Hetzpolitik geltend zu machen verstanden«. Insgesamt beanstandeten die Zensoren in Holroyd-Reece' Programm 42 Titel von Autoren, die sie für »die berüchtigtsten Schmierfinken der jüdischen Emigrantenhetze« hielten.[14]

Krause-Brandstetter machte sich umgehend an die Ehrenrettung des Namens Tauchnitz. Kaum in Paris angelangt, traf er am folgenden Tag Conrad, die neue Eminenz im französischen Buchhandel. Conrad ließ sich gern darauf ein, Tauchnitz aus dem Einflussbereich von Holroyd-Reece zu lösen. Er hegte eine Verachtung für Holroyd-Reece seit dem Moment, als Albatross 1934 die Führung von Tauchnitz übernommen hatte. »Mich als deutschen Auslandsbuchhändler hat der Besitzwechsel z. Zt. etwas irritiert«, erklärte er, »da ich von den Umtrieben einer ausländischen Judenclique um den Tauchnitzverlag hier mehr hörte«. Erst im April 1940 war ihm ein Artikel aus dem Londoner *Bookseller* aufgefallen, in dem Holroyd-Reece sich seiner höchsteigenen Übernahme von Tauchnitz brüstete: »Und so brachte ich den Verlag mit dem umfangreichsten und erlesensten Publikumsprogramm sowohl englischer als auch amerikanischer Literatur unter die alleinige Kontrolle der Albatross-Gruppe«.[15]

Diese Aussage hatte bei Conrad einen empfindlichen Nerv getroffen. Er hatte sie an übergeordnete Stellen weitergeleitet, wie um schon im Voraus seine Überlegung zu rechtfertigen, Albatross-Tauchnitz in Frankreich dichtzumachen. Wenn Albatross in britischen Händen war und den in deutschem Eigentum befindlichen Verlag Tauchnitz führte, ergab sich daraus mit zwingender Logik das nötige Vorgehen: »Da danach der engl. Besitz des Unternehmens festzustehen schien, war ich dabei, die Beschlagnahme der Werke durch die Militärverwaltung bei den hiesigen Grossisten zu beantragen«. Erst als Krause-Brandstetter schriftlich versicherte, er sei »Bevollmächtigter« sowohl der Druckerei Brandstetter in Leipzig als auch des Verlagsunternehmens Tauchnitz, war Conrad etwas besänftigt. Er war nicht jemand, der einfach glaubte, was man ihm erzählte, und überprüfte Krause-Brandstetters Angaben im *Adreßbuch für den deutschen Buchhandel*. Da er dessen Aussagen dort bestätigt fand, sandte er sie durch die Hierarchie des militärischen Propagandaapparates in Paris an Kaisers Gruppe Schrifttum und weiter hinauf in der Rangordnung an Schulz in der Propaganda-Abteilung. Tauchnitz, bekräftigte er, sei »ein rein deutsches Unternehmen gewesen und geblieben«.[16]

Am Ende wirkte Conrad erleichtert, dass er nicht die Bücher eines Verlags beschlagnahmen musste, der dem literarischen Europa über den größten Teil seiner hundertjährigen Geschichte Deutschland von seiner allerbesten Seite gezeigt hatte. So »brauchte ich auch in meiner Eigenschaft als Kommissar bei der Librarie Hachette in Paris keinen Anstoß zu nehmen, die Bände dieser Ausgabe wieder in Verkehr zu bringen und nachbestellen zu lassen, da sie in den Schulen und Universitäten hier eingeführt sind und fortlaufend gebraucht werden; es ist vom deutschen Standpunkt aus richtiger und wichtiger, dass nach wie vor deutsche Ausgaben gelesen und verkauft werden als französische«. Dass es sich um englische Bücher handelte und dass Enoch und der englische »Halbjude« Holroyd-Reece bis Ende der Dreißigerjahre entscheidend zu ihrer Verbreitung beigetragen hatten, störte Conrad nicht. Solche Ungereimtheiten überging er großzügig, denn es kam ihm nur darauf an, dass die Bücher in Deutschland hergestellt wurden und so der deutschen Wirtschaft dienten. Demgemäß beschrieb er Tauchnitz als deutsches Opfer von Winkelzügen eines ausländischen Juden. »Ich bin jetzt davon überzeugt«, schrieb er an Schulz' Propaganda-Abteilung, »daß der Verlag Tauchnitz nach wie vor deutscher Besitz ist, und erfuhr, daß der Jude Riese [sic] gelogen hat und bei der Fa. Brandstetter in Leipzig circa 300.000 [Reichsmark] schuldet«.[17]

Mit Conrad an ihrer Seite gelang es Krause-Brandstetter und Kupfer, den vernichtenden Schlag abzuwehren. Die Bücher von Albatross und Tauchnitz wurden wieder zum Verkauf freigegeben. Am 6. November, zwei Tage vor seiner Rückreise nach Leipzig, wurde Kupfer zu Kaisers Büro an den Champs-Élisées bestellt, um über die Ergebnisse seiner Nachforschungen in Paris zu berichten. Als Leiter der Gruppe Schrifttum für Paris und Umgebung verlangte er von Kupfer, »über die mannigfachen Verwicklungen der Firma Albatros, Tauchnitz, Continenta, usw. Aufschluss zu geben«. Wie sich aus seinen eigenen Notizen ergibt, war Kaiser so schlecht informiert, dass Kupfer die meiste Zeit seines Besuchs damit zubrachte, ihn über die Personalia und den verworrenen Verlauf der Albatross-Tauchnitz-Brandstetter-Continenta-Enoch-Wegner-Holroyd-Reece-Partnerschaften auf den Stand der Dinge zu bringen. Im Vorbeigehen machte er ihn mit dem eigentlichen Zweck seines Pariser Aufenthalts vertraut: den von Holroyd-Reece angezettelten Wettkampf der Vertriebe beizulegen und die komplizierten rechtlichen Fragen rund um Continenta zu klären. Kupfer vertraute Kaiser auch an, dass Albatross nur das prominenteste von Holroyd-Reece' Verlagsunternehmungen war, und gab zu, dass er selbst über dessen Pariser Firmengeflecht nur wenig wusste.[18]

Allein die Erläuterungen zu Continenta von Kupfer genügten schon, um Kaiser den Boden unter den Füßen wegzuziehen. Monate vor Kupfers und Krause-Brandstetters Ankunft in Paris war Enoch aus seinem Büro an der Place Vendôme verschwunden. Wohin, wusste niemand. So weit es die Militärverwaltung in Erfahrung bringen konnte, war mit seiner Rückkehr nicht zu rechnen. Aus der Abwesenheit von Enoch und Holroyd-Reece ergab sich eine Gelegenheit, die der Reichskommissar für die Behandlung feindlichen Vermögens in Berlin nicht ungenutzt lassen wollte. Continenta hatte im gesamten ersten Jahr ihres Bestehens den Albatross-Tauchnitz-Vertrieb in Leipzig behindert. Auf dem Papier hatte Enoch seine Vertriebsrechte am 1. Juli 1939 Holroyd-Reece überschrieben, doch dann war der Krieg ausgebrochen, noch bevor Holroyd-Reece seine Verhandlungen mit den Devisenbehörden des Reichs abgeschlossen hatte. Faktisch hing der Verkauf also in der Luft. Die meisten ausländischen Buchhändler besaßen nach wie vor Verträge mit Enochs Continenta, nicht mit Holroyd-Reece' Éditions Albatros. Mit dem deutschen Einmarsch in Paris sah der Reichskommissar die Chance zur Übernahme von Continenta gekommen. Schließlich war das Unternehmen herrenlos und wartete nur darauf, dass jemand es sich unter den Nagel riss – umso mehr, als Enoch Jude war.[19]

Doch nicht einmal diese Übernahme war einfach zu bewerkstelligen. Denn Enoch hatte so gut wie alles zurückgelassen, darunter auch etwas, das Kupfer bald zu seinem Leidwesen entdeckte: einen Irrgarten verschachtelter Eigentumsverhältnisse, der dem von Holroyd-Reece kaum nachstand. Ebenso wie die Anteile von Albatross der Publishing Holding Company in Luxemburg gehörten, waren die von Continenta im Besitz einer Continenta Publishing Holding Company. Wie es nicht einen einzigen Verlag Albatross gab, hatte auch Enoch Continenta-Amsterdam gegründet, vorgeblich um den Vertrieb in den Niederlanden abzuwickeln, wahrscheinlich aber, damit Geld zwischen Continenta und der Warburg Bank in Amsterdam hin- und herfließen konnte.[20] Enoch konnte Holroyd-Reece vielleicht nicht ausstehen, und dafür gab es womöglich gute Gründe. Doch er hatte im Lauf der Jahre auch den einen oder anderen Kniff von ihm gelernt. Jeder Ableger jedes Verlagsunternehmens erforderte nun seinen eigenen Feindvermögensverwalter, und so sahen Kupfer und seinen Vorgesetzten in der Continenta ähnlich wie in den Mantelgesellschaften von Holroyd-Reece bald eines jener Ungeheuer aus der antiken Mythologie, denen umso mehr Köpfe wachsen, je mehr man ihnen abschlägt.

Kaiser fasste sein Gespräch mit Kupfer zusammen, sandte Durchschläge an andere hochrangige Vertreter der Militärverwaltung wie Schulz von der Propaganda-Abteilung und Epting an der deutschen Botschaft. Auch nach Kupfers gründlicher Einweisung sah er noch längst nicht klar. Er hielt fest, »eine in ihrem Anfang nicht genau übersehbare Rolle spielt im Hause Albatros ein gewisser Holroyd-Reece«. Was dessen anderweitige Tätigkeiten anging, blieb Kaiser unverbindlich genug, um nichts Falsches zu sagen: »Um Holroyd-Reece und die Continenta-Gesellschaft des Herrn Enoch versammelt sich eine Reihe anderer Verlage als Korrespondenzunternehmen«, schloss er. »Der genaue Einfluss und die Verzahnung konnte noch nicht festgestellt werden«.[21]

Eines wurde im Zuge dieser Begegnung jedoch klar: Irgendjemand oberhalb von Kaiser in der Befehlskette hatte diesen endlich darüber aufgeklärt, dass Berlin mit Albatross und Tauchnitz Besonderes vorhatte und dass Krause-Brandstetters Versetzung nach Paris damit zusammenhing. Wie Kupfer in seinem offiziellen Bericht festhielt, wollte Kaiser, falls für ihn »die Erfassung der französischen Firmen infrage kommt, um diesen evtl. neue Aufgaben zuzuführen ... laut seiner Mitteilung die Interessen der beiden deutschen Verlage, die ihm nunmehr bekannt sind, im vollen Umfange« berücksichtigen. Wenn Kaiser damit Kupfer eine Sorge abnahm, so konnte Kupfer ihm in anderer Hinsicht entgegenkommen: Er selbst »und auch das Haus Brandstetter haben den Wunsch, die Häuser Albatros und Tauchnitz gegebenenfalls in einer Fusion *rein als deutsches Verlagshaus* zu führen. Sie haben keine Interessen in Paris und auch kein Interesse an einem Weiterbestehen der Continenta«.[22] Welche Absichten Kupfer verfolgte, lässt sich daraus nur schwer erschließen. Ob es ihm nun darum ging, den von ihm mit aufgebauten Verlag Albatross zu retten, und er die Übernahme durch Brandstetter als bestes Mittel zu diesem Zweck betrachtete, oder ob er der NS-Bürokratie einfach sagte, was sie hören wollte: Seine Stellungnahme bestärkte diese in der Auffassung, Albatross könne für Deutschland von Nutzen sein. Knapp ein Jahrzehnt zuvor gegründet, um angloamerikanische Bücher in ganz Kontinentaleuropa zu verbreiten, erwartete den Verlag nun die Einberufung zu einer Aufgabe völlig anderer Art.

KAPITEL 17

Die Zügel der Kultur

Kleine inhabergeführte Buchläden waren seit Langem die intellektuelle Lebensader von Paris, und Adrienne Monnier besaß eine davon: La Maison des amis des livres in der Rue de l'Odéon Nr. 7, gleich um die Ecke von Shakespeare and Company, der Buchhandlung ihrer ehemaligen Geliebten und lebenslangen Freundin Sylvia Beach. Um der Liebe zum Lesen, die ihren

Freundeskreis verband, öffentlichen Ausdruck zu verleihen, schuf Monnier die *Gazette des amis des livres*. »Die Franzosen lieben Bücher. Stets sind sie bereit, sich in sie zu verlieben«, schrieb sie 1938 mit der Bitte an ihre Leser: »Sagen Sie uns, welche Bücher Sie lieben und warum«.[1]

Als Nazideutschland Paris besetzte, wollten auch seine Anführer wissen, welche Bücher französische Leser liebten und warum. In der Anfangsphase des Krieges hatte das deutsche Verlagswesen jede Menge Bücher auf Lager. Die Schwierigkeit bestand darin, Leser im Ausland davon zu überzeugen, dass sie diese Bücher lesen wollten. Unter den besetzten Völkern Europas fanden sich nur wenige Menschen, denen der Sinn nach deutschem Geist und deutscher Lebensart stand. Dänen, deren Herz für die Alliierten schlug, antworteten auf Englisch, wenn deutsche Soldaten sie auf Deutsch ansprachen. Manche trugen eine »bullseye hat« genannte Strick-Schirmmütze mit drei Kreisen in den Farben der Royal Air Force, damit britische Kampfpiloten aus der Luft erkennen konnten, dass die Dänen zu ihnen hielten. Dänemark war auch ein Zentrum der Untergrundzeitungen, von denen einige Auflagen um die 100.000 Exemplare erreichten. Und doch war der Groll gegen die Deutschen nirgendwo größer als in Paris, wo die Wehrmacht Fahnen schwenkend und stiefeltrampelnd über die Champs-Élysées marschiert war, um die Franzosen zu demütigen. Die Wehrmacht hatte die prunkvollsten Unterkünfte für ihre Besatzungsbürokraten an sich gerissen und einem Volk, das es gewohnt war, weit nach Mitternacht draußen unterwegs zu sein, eine nächtliche Ausgangssperre auferlegt. Im September 1940 führte sie Essensrationierungen ein und bürdete zugleich den Franzosen die Kosten für Ernährung und Unterbringung von rund 300.000 deutschen Besatzern auf. Nun noch zu glauben, dass Franzosen ihre schwer verdienten Francs freiwillig für deutsche Bücher ausgeben würden, war im höchsten Maß blauäugig.[2]

Goebbels und sein Stab waren sich der Widerstände durchaus bewusst und schmiedeten Pläne, sie zu überwinden. Zwar hätten sie wie ihre Kollegen von der Propaganda-Abteilung im Auswärtigen Amt gern gesehen, dass sich Leser im Ausland der Überlegenheit deutschen Geisteslebens beugten, doch ihnen war klar, wie wenig es bringen würde, die Pforten der Kultur mit Gewalt stürmen zu wollen. Besonders in Frankreich, das große Stücke auf Paris als Zentrum der französischen und überhaupt der europäischen Kultur hielt, konnte dies den Widerstand nur verstärken. Stattdessen brachte Deutschland als Besatzungsmacht etwas in Gang, das Historiker und Politologen heute eine Kampagne »weicher Macht« nennen würden. Diese sollte ohne großes Aufheben in den eroberten Ländern einsetzen und deren Bürger davon überzeugen, dass der Nationalsozialismus ein »Schlüssel zur umfassenden Erneuerung Europas« sein konnte. Das Ziel lautete, die Zügel der Kultur in deutschen Händen zu behalten und zugleich die Illusion einer »neuen europäischen Ordnung« zu erzeugen, innerhalb derer vielfältige Nationalkulturen in einem Geist von Autonomie und Wahlfreiheit koexistierten. Um sich diesem Ziel anzunähern, schuf der Propagandaapparat ein »Netz europaweiter Institutionen des kulturellen und intellektuellen Dialogs unter deutscher Führung«, darunter auch das Deutsche Institut in Paris. Er investierte in Austauschprogramme und lud Schriftsteller und Studenten aus anderen Ländern ein, sich in die Gefilde deutscher Sprache und Literatur zu begeben. Im Oktober 1940 entschieden Propagandaministerium und Außenamt gemeinsam, es sei Zeit für deutsche Verleger, international zu denken, wie Albatross und zuallererst Tauchnitz dies eindrucksvoll vorgemacht hatten.[3]

Wolfgang Krause-Brandstetter – und die Bücher von Albatross und Tauchnitz, auf die er Zugriff hatte – waren die Antwort des deutschen Außenministeriums auf die Frage, wie man deutsche Bücher ohne den Makel der Propaganda in Leselandschaften jenseits der Grenzen einzuschleusen gedachte. Krause-Brandstetter entstammte der Familie der Tauchnitz-Eigentümer und war daher eng mit einem in ganz Europa hoch angesehenen Verlag verbunden. Er war gebildet und, obwohl erst achtundzwanzig Jahre alt, mit der Mentalität des Feindes gut vertraut, da er einige Zeit in England und Frankreich gelebt hatte. Er überwand Sprachgrenzen mühelos und beredt. Noch wichtiger als all das war vielleicht, dass er 1937 bei Holroyd-Reece an gemeinsamen Angelegenheiten von Albatross und Tauchnitz mitgearbeitet hatte und daher in allen Einzelheiten mit dem Geschäft vertraut war, in das Propaganda- und Außenministerium nun einsteigen wollten: dem europaweiten Vertrieb preiswerter Bücher in einer einzigen Sprache.

Dass es englische Bücher waren, die Albatross und Tauchnitz verkauften, erschien eher nebensächlich. In der Besatzungszeit kam für das NS-Regime alles darauf an, fremde Völker für die Botschaft Deutschlands zu gewinnen, und das Auswärtige Amt erkannte vor allem, dass Albatross und Tauchnitz sich gerade auf diesem Gebiet bewährt hatten. Ihre Bücher verkauften sich ungeachtet des Krieges – und zwar so gut, dass Krause-Brandstetter und Kupfer ihr ursprüngliches Vorhaben, die Pariser Lagerbestände zu konfiszieren und zurück nach Leipzig zu bringen, schnell wieder aufgaben. Die Bücher waren einfach zu begehrt. Wozu der Aufwand, fünfzig Lastwagenladungen mit Zigtausenden Büchern zu einer Vertriebszentrale in Leipzig zu schaffen, wenn »der Bedarf an Büchern beider Kollektionen in Paris ... an sich groß« war, wie Kupfer bekräftigte. Schon hatte Hachette umfangreich bestellt: 3500 aus der bestehenden Reihe ausgewählte Bände, außerdem tausend Exemplare jeder Neuerscheinung seit September 1939. Mitte Dezember sicherte sich Hachette weitere 5000 Bände. Tausende mehr warteten in Pariser Buchläden auf Käufer oder befanden sich bereits in den Lagern von Hachette oder dem kleineren Grossisten Gaulon et fils.[4]

Die Propaganda-Abteilung des Außenamts sah neidvoll auf diese Entwicklung. Ihr schwebten Leser in den besetzten Ländern vor, die sich um eine deutschsprachige Buchreihe nach dem Vorbild von Albatross-Tauchnitz rissen. Man hoffte oder redete sich ein, dass es eigentlich nur darum ging, dem Geschäftsmodell von Albatross-Tauchnitz deutsche Bücher aufzupfropfen. Deshalb stieg Kupfer im November 1940 allein in den Zug zurück nach Leipzig. Krause-Brandstetter blieb in Paris, um vor Ort Kontakte zu knüpfen und eine französische Druckerei zu verpflichten. Tauchnitz und Albatross hatten kontinentaleuropäischen Lesern die angloamerikanische Kultur erschlossen. Die neue deutsche Tauchnitz-Reihe sollte stattdessen deutsche Kultur servieren. Mit der Berufung auf die Tauchnitz-Legende und Zugang zur internationalen Vertriebsstruktur von Albatross konnte Krause-Brandstetter seine Trümpfe weitgehend nach Belieben ausspielen.[5]

Die Gründung eines deutschen Tauchnitz war seit mehreren Jahren in Vorbereitung. Schon vor dem Krieg hatte sich der NS-Apparat darüber empört, dass Deutschland im Kampf der Bücher gegen angloamerikanische und französische Einflüsse nicht bestehen konnte. Der SS-Sicherheitsdienst (SD), dessen Aufgabe die Informationsbeschaffung und Beobachtung der öffentlichen Meinung war, rätselte in seinem Jahresbericht 1938, warum deutsche Leser »Belehrung und Entspannung« bei Übersetzungen ausländischer Bücher suchten. Er kam zu dem Schluss, dass die Deutschen dieses Leseverhalten wegen des »offensichtlichen Mangels an guter Unterhaltungsliteratur« in ihrer eigenen Sprache eingeübt hatten. Auch der erste Vierteljahresbericht des SD biss sich an dieser Frage fest. Anstatt einzugestehen, dass die literarischen Vorlieben der Nazis wenig mit denen der Leser in Europa zu tun hatten, gab der Bericht aber deutschen Buchpreisen die Schuld daran, dass die Exporte unter den Erwartungen blieben. Er schlug außerdem den Aufbau von »eigenen Buchreihen bekannten deutschen Schrifttums zu einem möglichst niedrigen Preis« vor, um die Strahlkraft emigrierter Verleger zu minimieren und dem Regime mehr Einfluss über deutsche Bücher im Ausland zu gewähren.[6]

Unterhaltsame deutsche Literatur für den Export aufzustöbern wurde bald zu einer Hauptaufgabe sowohl der Schrifttumskammer als auch des Auswärtigen Amts, in dem Krause-Brandstetter eine Anstellung in Vollzeit anstrebte. Denn das Problem, das den deutschen Behörden schon innerhalb der Reichsgrenzen zu schaffen machte – ein nationales Schrifttum mit geringem Unterhaltungswert –, erwies sich im Ausland als beinahe unüberwindliche Vermarktungshürde. Anfang 1940 machte Karl Heinrich Bischoff, Albatross' Kontaktmann in der Schrifttumskammer, sich über dieses Dilemma Gedanken. Deutschland, so erkannte er, benötige erstens eine »Übersetzungsagentur«, die mit den Lesekulturen auf dem europäischen Kontinent vertraut war und Übertragungen vielversprechender deutscher Werke im Ausland erfolgreich bewerben und verkaufen konnte. (Pikanterweise wäre niemand so sehr befähigt gewesen, sie zu leiten, wie Holroyd-Reece.) Zweitens musste Deutschland die Dominanz englischer Bücher in Europa zu brechen versuchen. Denn sogar und insbesondere in Skandinavien, wo viele fließend Deutsch lasen,

»wird seit einiger Zeit das deutsche Buch vom englischen ... systematisch verdrängt«, wie Bischoff widerstrebend anerkennen musste.[7]

Die NS-Kulturbehörden waren nicht die einzigen, denen auffiel, dass »gute Unterhaltungsliteratur« aus Deutschland sich gegen die ausländische Konkurrenz nicht annähend behaupten konnte. Kurz nach dem deutschen Einmarsch in den Niederlanden klärte ein den Nationalsozialisten freundlich gesinnter Buchgroßhändler den Leiter der Propaganda-Abteilung, Werner Klatten über das traurige Schicksal deutscher Bücher in seinem Land auf. »Das deutsche Buch war auf fast jedem Gebiet tonangebend«, schrieb er. Doch dann kam Hitler an die Macht, und seither sei der Absatz deutscher Bücher drastisch zurückgegangen. Er erklärte das zum Teil mit Deutschfeindlichkeit, die er deutschen Exilanten und jüdischen Verleumdungskampagnen in die Schuhe schob. Ein großes Problem war für ihn aber auch »der absolute Mangel an einer guten Verkaufsorganisation und einer guten zentralisierten Propaganda«. Deutsche Bücher blieben Ladenhüter, während angloamerikanische weggingen wie die warmen Semmeln, ob in Übersetzungen oder im Original. »Das englische Buch macht sich heran und erzielte, von Juden und Judenfreunden gestützt, einen Rekordumsatz. Dies geschah auch durch die sehr billigen Serien Pinguin, Albatros usw., die man noch heute überall in den holländischen Buchhandlungen in großen Mengen antrifft. Eine deutsche Serie in dieser oder besserer Ausführung derselben Preisklasse kam nicht heraus und ist bis heute nicht erschienen«. Den letzten Punkt unterstrich Klatten rot. Er traf bei ihm offensichtlich einen Nerv.[8]

Die deutsche Tauchnitz-Reihe sollte die ersehnte Wende bringen und Deutschland zur kulturellen Führungsrolle in Europa verhelfen. Geplant war sie als »Sonderausgaben moderner deutscher Romane, die nur zu Propagandazwecken in den außerdeutschen Ländern, die Hitler besetzt hielt, verbreitet wurden«. Gestalterisch behielt sie die wichtigsten Merkmale ihrer englischsprachigen Vettern bei: die kräftigen Farben, deren jede eine Literatursparte kennzeichnete, ebenso den sparsamen Einsatz von Text auf dem Umschlag und den über dem Namen des Autors schwebenden Titel. Um die Treue der Leser zu Tauchnitz zu nutzen, ahmte die deutsche Reihe auch die unter Holroyd-Reece 1938 grafisch erneuerten Einbände nach, insbesondere das runde Emblem mit dem markanten »T« im weißen Kreis und der kleinen, modern aussehenden Krone darüber. Um französische Leser anzusprechen, die noch nicht fließend Deutsch beherrschten, eröffnete Krause-Brandstetter eine kleinere Reihe mit Titeln, die aus dem Deutschen ins Französische übersetzt wurden. Sie entsprach mit ihrem Rechteckrahmen weitgehend der gewohnten Anmutung von Albatross-Büchern. Als weiteres Verkaufsargument kosteten die deutschen Tauchnitz-Titel nur umgerechnet 1,20 Reichsmark, weit weniger als die 2 Reichsmark für englischsprachige Ausgaben von Albatross- und Tauchnitz. In Frankreich kosteten sie 24 Francs – immer noch nicht wenig verglichen etwa mit den 20 Francs für eine Wurst mit Kartoffelsalat am hochpreisigen Boulevard Montparnasse.[9]

Die Propaganda-Abteilung erkannte, dass es nicht nur auf Verfügbarkeit und Preis ankam, sondern auch auf die richtige Werbung und Vermarktung–dass die Aufgabenstellung nicht nur eine praktisch-logistische, sondern auch eine psychologische war. Im besetzten Europa waren unterhaltsame Prosa und Spannung angesagt, unmittelbar politische Schriften dagegen nicht gewünscht. Obwohl Propagandaministerium und Außenamt gemeinsam die Gründungskosten bestritten, wollten sie nirgendwo in Erscheinung treten. Es sollte der Eindruck entstehen, dass der Brandstetter-Konzern sich zur Gründung einer deutschen Buchreihe entschlossen hatte, um Marktchancen in Kriegszeiten wahrzunehmen. Um 1941 hatte das Außenministerium dafür eine Formel geprägt: »Verkaufte Propaganda ist besser als verschenkte!« Sie folgte Goebbels' Intuition, dass Propaganda oft scheiterte, weil sie Leser mit einer Botschaft erschlug. Die beste Propaganda war Goebbels zufolge eine, die niemand als solche erkannte. Genau darauf war die deutsche Tauchnitz-Reihe sorgfältig ausgelegt.[10]

Im Dezember 1940 waren die Vorbereitungen im vollen Gange. Krause-Brandstetter plante den Markteintritt für das Frühjahr 1941. In der französischen Provinz hatte er Druckereien gefunden, die seine Reihe preiswerter herstellen konnten als deutsche. Er war bereit, mit der Produktion zu beginnen, »sobald die Segnung des Promi [Propagandaministeriums] betr. Autoren vorliegt«. Zugleich erarbeitete er neben der deutschen Reihe auch eine »Übersetzungsausgabe ins Englische oder Französische«, um die Reichweite deutscher Kultur im besetzten Frankreich und – falls die Eroberungen entsprechende Fortschritte machten – auch in England zu vergrößern.[11]

Etwas ganz Wichtiges für den Erfolg fehlte noch, über das weder Brandstetter noch Tauchnitz verfügten: das Vertriebsnetz von Albatross. Selbst die vielversprechendsten Titel konnten dem Reich nichts nutzen, wenn es nicht gelang, sie in die Hände der Leser zu bekommen. In dieser Hinsicht erwies sich das Verlagsbüro von Albatross-Tauchnitz in der Rue Chanoinesse als äußerst hilfreich. Albatross hatte schon vor der Partnerschaft mit Tauchnitz die »gute Verkaufsorganisation« und »zentralisierte Propaganda« aufgebaut, die der niederländische Grossist als entscheidende Voraussetzung für den Erfolg jeder kontinentaleuropäischen Buchreihe erkannte. Holroyd-Reece, Wegner und Enoch war es in den frühen Dreißigerjahren mit Hilfe eines beeindruckenden Kundenstamms von rund 6000 Buchhändlern gelungen, Tauchnitz bei den Verkäufen zu überholen. Nun hatte der Krieg neue Verhältnisse geschaffen. Eben die Vertriebswege, die Tauchnitz zum Verhängnis geworden waren, sollten dem Deutschen Tauchnitz weithin Europa erschließen und für die Sache Deutschlands Bücher verkaufen. Hier war die Gelegenheit für Brandstetter, diese großartige Infrastruktur, die von den Größten der Grossisten bis zu den winzigsten und entlegensten Buchläden Europas reichte, für seine Zwecke und für die deutsche Kultur insgesamt ins Werk zu setzen. Auch Kupfer wurde dafür eingespannt. Ihn erwartete »ein erheblicher Teil der Lektoratsarbeiten ... welche ursprünglich von der Firma Bernhard Tauchnitz Nachfolger selbst geleistet werden sollten«.[12] Das Machtverhältnis hatte sich umgekehrt: Nach langen Jahren hatten endlich die Brandstetters und Tauchnitz die Oberhand.

Am Ende langer Vorbereitungen kam die Serie begleitet von dezenten Fanfarenklängen der Propaganda in der letzten Aprilwoche 1941 auf den Markt. Der Rundbrief der Gruppe Schrifttum in Paris pries ihre Verdienste: »In der Berichtswoche erschienen die ersten Bände der deutschen Tauchnitz-Ausgabe, die zum Ziel hat, im Ausland für das deutsche Schrifttum zu werben«. Um französischen Klischees von deutschen Büchern als zu biederen und verkopften Machwerken entgegenzuwirken, »erschienen Bücher aus verschiedenen Genres: Romane, Novellen, Dramen, Gedichte, Reiseerzählungen, Abenteuergeschichten usw.«. Den hohen Erwartungen zum Trotz vermerkte der Monatsbericht vom Juni 1941: »Der Absatz der deutschen Tauchnitz-Ausgabe war nicht so gut wie erwartet. Es liegt zum Teil wohl mit daran, dass große Truppenbestände zurückgezogen sind«. Die Librairie étrangère von Hachette korrigierte sogar ihre Bestellungen nach unten, weil »der Absatz der ersten sechs Titel nicht die erhofften Ergebnisse gebracht hat«.[13]

Der Deutsche Tauchnitz scheiterte an derselben Hürde wie andere Versuche des Auswärtigen Amts, französische Leser zu gewinnen: der fehlenden Bereitschaft der Franzosen, die Kultur ihrer Besatzer anzunehmen. Auch das vom Außenministerium finanzierte Deutsche Institut verzeichnete zwar vermehrten Zuspruch zu seinen Deutschkursen und musikalischen Abenden, doch später hieß es, die kostenlosen Buffets hätte mehr Anziehungskraft ausgeübt als die kulturellen Gaben. Auch der vom Deutschen Institut betriebenen französisch-deutschen Buchhandlung Librairie Rive Gauche war kein Glück beschieden. Sie befand sich in exponierter Lage nahe der Sorbonne und wurde schon dadurch zu einem symbolträchtigen Ziel von Feindseligkeiten gegenüber Deutschland. So berichtete die Gruppe Schrifttum der Propaganda-Staffel in Paris im November 1941, das Geschäft sei schon in seinen Anfängen zum Ziel mehrerer kleinerer Anschläge geworden, bei denen die Täter Säure über den Büchern auf den Regalen vergossen hatten. Am 21. November ging ein Angreifer noch gewaltsamer vor: Er warf zwei Granaten mit Zeitzündern in die Buchhandlung, »die bei der Explosion die Schaufensterscheiben, die Decke und eine größere Anzahl von Büchern vernichteten«.[14]

Niemand konnte damals im Voraus wissen, ob der Deutsche Tauchnitz im Rahmen solcher Versuche des Propaganda- und Außenministeriums, die deutsche Kultur den Franzosen halb aufzuzwingen, halb ans Herz zu legen, die in ihn gesetzten Erwartungen erfüllen würde – ob er deutsche Bücher im besetzten Ausland irgendwann an den Mann und an die Frau bringen konnte. Dass seine Schöpfer die Reihe nach dem Albatross-Tauchnitz-Vorbild der Verbreitung angloamerikanischer Bücher gestalteten, deren Beliebtheit auch der Krieg nichts anhaben konnte, berechtigte sie immerhin, wie sie meinten, zu einiger Hoffnung.[15]

KAPITEL 18

Fenster zur Welt

Die anrückende Wehrmacht hatte Holroyd-Reece von der Île de la Cité auf die britischen Inseln verbannt. In seinem neuen Büro an der Paternoster Row Nr. 7 erwog er die Zukunftsaussichten seines Verlags unter den neuen Verhältnissen, ohne seine beiden Hochburgen in Deutschland und in Frankreich. Die Straße mit den dicht gedrängten Klinker- und Steinhäusern im Schatten der majestätischen Saint Paul's Cathedral hatte ihren Namen angeblich von den Pfarrern, die hier einst mit dem Vaterunser auf den Lippen auf und ab gegangen waren. Charles Dickens nannte sie einst »das literarische Herz Londons« und »untrennbar mit der Geschichte der größten Verlage und literarischen Unternehmungen verbunden«. Das eine oder andere Vaterunser für Albatross konnte Holroyd-Reece hier gut gebrauchen. Am 2. Juli 1940, keine zwei Wochen nach dem Beginn der Waffenruhe in Frankreich, meldete er sich bei einem englischen Literaturagenten, um der Branche ein Lebenszeichen von Albatross zu senden. Man sei zwar vom größten Teil der Bücher abgeschnitten, schrieb er, dem deutschen Einmarsch in Frankreich aber dennoch nicht ganz erlegen. »Unser Programm wird sich im Umfang um einiges reduzieren«, gab er zu, »doch wir gründen das Geschäft von London aus neu, wo wir keinerlei Devisenreglements und -beschränkungen unterliegen und zu den längst vergessenen glücklichen Tagen zurückkehren können, in denen man gewohnheitsmäßig Vorschüsse entrichtete«.[1]

Holroyd-Reece blieb dennoch wenig Zeit, um das literarische Lokalkolorit, das ungeahnte Potenzial von Albatross oder die Befreiung aus den Klauen der deutschen Bürokratie so richtig zu genießen. Am ersten Sonntag nach Weihnachten 1940 warfen deutsche Flieger Bomben über London ab. Der amerikanische Journalist Ernie Pyle berichtete von einer »Nacht, in der London von der Feuersbrunst umzingelt und durchbohrt wurde«. Von seinem Balkon aus betrachtete er staunend die unheimliche Glut im Himmel. »Flammen peitschten scheinbar Dutzende Meter in die Luft. Rötlich-weißer Rauch schoss in einer riesigen Wolke auf, und nach einer Weile zeichnete sich darin – kaum erahnbar zunächst, so dass wir unseren Augen nicht trauten – die riesige Kuppel von St. Paul's Cathedral ab wie irgendein Traumgesicht vor den Augen friedenshungriger Soldaten über einem Schlachtfeld«. Die Paternoster Row brannte lichterloh. Mehr als eine Million Bücher von siebzehn Verlagen nährten die Flammen.[2]

Einmal mehr hatte militärische Gewalt den Albatross einer Heimstatt beraubt. Der Krieg nahm Holroyd-Reece auch jede Möglichkeit, an die Bücher von Albatross und Tauchnitz zu gelangen. Die Deutschen konnten damit tun, was ihnen gefiel. Vor dem Beginn des Krieges hatte Holroyd-Reece noch versucht, mit völkerrechtlichen Mitteln das Handeln des deutschen

Zweigs von Albatross einzuschränken, indem er und andere Anteilseigner ihre Rechte vom Albatross Verlag in Leipzig auf Albatross London übertrugen. Dennoch musste er immer wieder feststellen, dass der Krieg ihn hinderte, Produktion und Absatz in den besetzten Gebieten auch nur im Blick zu behalten. »Unsere Statistiken wurden in Deutschland geführt, und da wir ein rein britisches Unternehmen sind, können wir derzeit zu unserer deutschen Niederlassung keinen Kontakt aufnehmen«.[3]

Kein Nachteil, wo nicht wenigstens ein Vorteil ist: Dass Holroyd-Reece seinen Vorposten auf dem Kontinent verloren hatte, verband ihn andererseits enger mit den britischen Verlegern. Der militärische Vormarsch Deutschlands bewirkte, dass Englands Verleger und Propagandabehörden in einem Bot saßen, wenn es um das vertrackte Problem ging, englische Bücher in die verbliebenen neutralen Märkte zu drücken. Wie die Verlagshistorikerin Valerie Holman beschreibt, rangen an der Schnittstelle von Handel, Verlagswesen und politischer Kriegführung etliche staatliche Einrichtungen um Lösungen – darunter das British Council, das Ministry of Information, das Amt für Exportkreditbürgschaften, der Staatsverlag His Majesty's Stationery Office, der Branchenverband Publishers Association und das National Book Council. »Dass es in Buchhandlungen und Bibliotheken neutraler Länder kaum englische Bücher gibt, wurde seit Beginn des Krieges oft und heftig kritisiert«, bemerkte der Historiker E. H. Carr im Dezember 1939 als Mitarbeiter des Ministry of Information, um seinen Antrag auf Mittel für eine Buchexportförderung beim Londoner Schatzamt zu begründen. Das britische Außenministerium setzte sich für höhere Papierzuteilungen an das British Council ein und argumentierte im Juni 1942, dass »die Lektüre im höchsten Maß dem nationalen Interesse dient«, da sie »das höchst gefährliche Ausmaß« an Nazipropaganda konterkariere. Ein Government Sub-Committee for the Supply of Books warb für ein breites Angebot, darunter »billige Nachdrucke der Klassiker, Bücher über die englische Lebensart und Denkweise ... Nachdrucke herausragender zeitgenössischer Erzählliteratur, Dichtung und Literaturkritik sowie Lehrbücher für den Englischunterricht«. 1943 waren British Council und Ministry of Information dazu übergegangen, solche Bücher zu erheblichen Kosten auf dem Luftweg in neutrale Länder zu bringen, um dort »englische Lebensart und Denkweise« im Bewusstsein zu erhalten.[4]

In dieser Betrachtung erwies sich Holroyd-Reece' Problem, dass seine Bücher hinter den Feindlinien unerreichbar festsaßen, als eine ungeahnte Möglichkeit, die Englands Regierung aus eigener Kraft niemals zuwege gebracht hätte. Denn sie hatte weder Mittel noch Aussicht, englische Bücher in größerer Zahl nach Deutschland oder in die von Deutschland besetzten Gebiete zu schmuggeln. Ausgerechnet die Bücher, die Holroyd-Reece notgedrungen zurückgelassen hatte, dienten unter den gegebenen Umständen als die bestmöglich platzierten britischen Kulturbotschafter.

Im Frieden wie in Kriegszeiten standen Albatross und Tauchnitz bereit, die Sehnsucht der Leser nach Zerstreuung zu erfüllen. Auf Anordnung von Friedrich Ernst, dem Reichskommissar für die Behandlung feindlichen Vermögens, unterstand ihr Verkauf fortan dem Prokuristen Walter Gey. Seine Aufgabe war das, was Holroyd-Reece den »ungesetzlichen Verkauf unserer Bücher in neutralen Ländern und/oder in Deutschland« nannte. Tatsächlich erwies sich Gey als ziemlich gesetzestreuer Verwalter – weit mehr, als Holroyd-Reece vermutlich erwartete. Aus seiner Berichterstattung an den Reichskommissar geht hervor, wie ernst er seinen Auftrag nahm. Diese Berichte sind außerdem eine Fundgrube für Informationen zu Finanzen, Produktion, Absatz und politischen Begleitumständen der Verlagstätigkeit von Jahr zu Jahr. Gey legte sich die Latte gleich zu Beginn ziemlich hoch. »Ich bin damit beschäftigt«, informierte er Ernst an seinem ersten Arbeitstag, »mir einen Überblick über den Stand des Unternehmens zu verschaffen. Das ist allerdings mit einigen Schwierigkeiten verbunden«.[5] Das war sehr zurückhaltend formuliert, wenn man bedenkt, wie viel Verwirrung Albatross zuvor in der NS-Bürokratie gestiftet hatte – und zugleich Ausdruck von Geys planvollem Herangehen an die Betriebsführung.

Aus Geys umfangreicher Korrespondenz und seinen genauen Aufzeichnungen entsteht das Bild eines Mannes, der pflichtbewusst den Vorgaben des Reichskommissars folgte, sich aber auch behaupten konnte und mit ruhiger Hand die Interessen von Albatross vertrat, selbst wenn ihn dies beispielsweise in Konflikt mit den Wünschen der Brandstetters brachte. Er war andererseits maßvoll genug zu erkennen, dass nicht er selbst, sondern Kupfer über die Kenntnisse des Verlagswesens verfügte, ohne die man keine unternehmerischen Entscheidungen fällen konnte. Anscheinend entwickelte sich zwischen den beiden eine ziemlich gutes Arbeitsbeziehung, während sie Albatross durch die Fährnisse und Machtspiele in Kriegszeiten steuerten. Geys Auftrag, für das Wohlergehen des Unternehmens zu sorgen, war nach den Richtlinien zur Behandlung von feindlichem Vermögen eine seiner wichtigsten Aufgaben. Sie entsprach wohl auch seinen Neigungen, und es scheint, als hätte er sich im Lauf der Zeit mehr mit dem Verlag als mit dem Regime identifiziert.

Bald nachdem Gey gemeinsam mit Kupfer die Albatross-Verkäufe übernommen hatte, erkannte er, dass die Bücher im Ausland wie im Inland stark nachgefragt wurden. Der Absatz betrug 80.400 Reichsmark von August bis Dezember 1940 gegenüber 62.200 Reichsmark im selben Zeitraum des Vorjahres. »Die günstige Absatzlage hat auch in den ersten Monaten des Jahres 1941 angehalten«, berichtete er Ernst im März 1941. »Schwierigkeiten ergeben sich nur dadurch, daß die Bestände kleiner werden und Neuproduktion infolge starker Inanspruchnahme des graphischen Gewerbes noch nicht im ausreichenden Umfange erfolgen kann«. Ebenso rasch erkannte Gey, dass nicht mangelnde Nachfrage, sondern begrenzte Lieferkapazitäten das Problem waren. »Ein stärkerer Versand als er in den letzten Monaten erzielt worden ist, ist schon wegen des Fehlens ausreichender geeigneter Kräfte kaum noch zu ermöglichen«. Dennoch verzeichnete er auch im Juni erneut eine Steigerung, und bis Ende Juli sprangen die Verkäufe sogar auf 95.000 Reichsmark an. Das Jahr 1941 schloss er mit Erlösen von 165.000 Reichsmark ab, insgesamt eine leichte Verbesserung gegenüber 155.000 Reichsmark im Jahr davor.[6]

Aus Geys Geschäftsbericht vom Dezember 1940 geht auch hervor, wer die Bücher von Albatross kaufte, denn er enthält eine Liste mit über siebzig Auslandskunden von Madrid bis Istanbul und Athen bis Oslo. Innerhalb des

Deutschen Reichs waren 250 Buchhandlungen unter den Abnehmern, und das nicht nur in Großstädten wie Berlin, Hamburg und München, sondern auch in Universitäts- und Mittelstädten überall im deutschen Kernland, von Aachen und Bremen bis Wuppertal und Zwickau. Die Nachfrage nach Büchern von Albatross war so konstant, dass Gey das Schema seiner Wertberechnung änderte. Ältere Lagerbestände schrieb er von da an nicht mehr ab, »weil infolge der Verringerung der Produktion auf dem gesamten Buchmarkt auch ältere Bestände besseren Absatz finden als zu normalen Zeiten mit üblicher voller Produktion«. Albatross-Bücher verkauften sich weiter prächtig. Zugleich erkannte Gey eben diesen »restlosen Absatz« als Gefahr eines jähen Absturzes. Warum die gute Nachricht zugleich eine schlechte war, erläuterte er in seinem Vierteljahresbericht vom Juni 1941. »Die Nachfrage nach den verlegten Werken der Firma ist heute so groß, dass der Absatz für die nächste Zukunft unbedingt gesichert ist ... Größer dagegen ist die Gefahr, dass infolge der Unmöglichkeit von Neu- und Nachdrucken die Lieferungsmöglichkeiten immer kleiner werden«.[7]

Unterdessen bestätigte Sylvia Beach von Shakespeare and Company in Paris ohne jede Absicht Geys Sorge. Eines ihrer Notizbücher aus dem Jahr 1941 enthält eine Wunschliste von Albatross-Titeln: jeweils ein Exemplar von Lawrence' *Sons and Lovers*, Louis Bromfields *The Rains Came* und *The Farm*, Hemingways *The Sun Also Rises* sowie Rosamond Lehmanns *Invitation to the Waltz* und drei Exemplare ihres Romans *Dusty Answer*. Als Beach diese kurze Liste zusammenstellte, hatten NS-Zensoren bereits die Hälfte der Titel im Deutschen Reich wie im besetzten Ausland verboten. In einem anderen häufig gebrauchten Notizbuch mit der Aufschrift »Bestellungen 1941« in roten Blockbuchstaben führte Beach eine laufend ergänzte Liste der »Bestellungen & nicht vorrätigen Bücher« von Autoren, deren Werke sie noch bis weit ins Vorjahr verkauft hatte: William Faulkner, Virginia Woolf, Katherine Mansfield und James Joyce. Titel wie Huxleys *Brave New World*, Steinbecks *Of Mice and Men* oder Forsters *A Passage To India* tauchen ebenfalls darin auf.[8] Bücher von Albatross wurden auch bei Beach schneller gekauft, als sie nachgeliefert werden konnten.

Gerade noch rechtzeitig zu Weihnachten 1941 sandte Wolfgang Krause-Brandstetter Neujahrsgrüße an seinen Chef Werner Klatten in der Deutschen Informationsstelle. Zum Abschluss seines ersten Jahres im Auftrag des Auswärtigen Amtes hatte er für Klatten ein passendes Geschenk ausgewählt: sechs vergrößerte Karikaturen aus der englischen Satirezeitschrift *Punch,* entnommen aus *The British Character,* Albatross Volume 400. Dieser Band war 1939 noch vor Kriegsbeginn erschienen. Auf 120 Seiten bot er seinen Lesern Parodien und Persiflagen britischer Wesenszüge, über die Ausländer sich ebenso gern lustig machten wie die Engländer selbst. Ein Knittelvers auf den ersten Seiten gab den Ton an:

Der Brite stellt mit Ordnungssinn,
jeden auf seinen Platz im Leben hin.
Den gemeinen Mann heißt er die Masse.
Die besseren Leut', die Oberklasse.
Hier wie dort, so viel ist klar,
Keine allzu fidele Schar.
Das niedere Volk wirft Darts in Pubs,
Die Herren siechen in den Clubs.[9]

Selbstironischer Humor zog sich durch die Karikaturen des Buchs. Jede Zeichnung allegorisierte eine britische Eigenheit: die »Unerlässlichkeit guter Erziehung«, die »Neigung, an Sonntagen nichts mit sich anzufangen zu wissen«, die »tiefe Politikmüdigkeit«, der »Mangel an Sinn für gute Musik« oder – was Hitler an den Engländern am meisten schätzte – das »Geschick der Reichsgründung«. Eine Illustration der »Wichtigkeit des Teetrinkens« zeigte zwei Männer und zwei Frauen, die im strömenden Regen über einem kleinen Kocher kauerten und ihn anheizten, um Tee zuzubereiten, während ein weiterer Mann vergeblich einen winzigen Schirm über der Gruppe aufspannte. Sinnfälliger in Kriegszeiten, sah man in der »Weigerung, sich geschlagen zu geben« einen englischen Forschungsreisenden auf seinem kleinen Schlitten, der in einem Akt aussichtsloser Kühnheit die Fäuste gegen die ihn umringende Eisbärenmeute erhob. Klatten freute sich über das Geschenk. »Die trefflich gezeichneten Bilder haben bei mir und allen Bekannten, denen ich sie zeigte, großen Anklang gefunden und einen Ehrenplatz über meiner Bibliothek erhalten«.[10]

Von Engländern für Engländer gezeichnet und nun dem Führungspersonal der Nazis zum Amüsement ans Herz gelegt, versinnbildlichten die Karikaturen nicht einfach nur den englischen Charakter, sondern im weiteren Sinn auch Albatross' Stellung in Deutschland während des Krieges: anderswo aus der Taufe gehoben, nun aber in den Dienst des Nationalsozialismus gestellt. Eine Besonderheit dieses Geschenks von Krause-Brandstetter war nämlich, dass *The British Character* zu den vielen Titeln gehörte, die Albatross noch in den ersten beiden Kriegsjahren in Leipzig nachdruckte. Dass der Reichskommissar Albatross den Abverkauf von Lagerbeständen um der Deviseneinnahmen willen genehmigte, war eine Sache. Dass das Regime Albatross darüber hinaus bis Mitte 1941 vergriffene Titel sogar nachdrucken ließ, eine ganz andere. Unter den Bedingungen der Kriegswirtschaft bedeutete dies, dass Albatross Papier erhielt, das ansonsten anderen deutschen Verlagen oder Propagandazwecken zur Verfügung gestanden hätte. Darin lag ein merkwürdiger Widerspruch. Werke englischer Autoren in deutschen Übersetzungen hatte das Regime schon in den ersten Kriegsmonaten samt und sonders verboten. Die Produktion von Albatross-Titeln billigte es dagegen weiterhin. Albatross bestand wider jede politische Logik oder Erwartbarkeit in Deutschland weiter.[11]

The British Character offenbarte unwillkürlich einen blinden Fleck im Umgang der Nazis mit Büchern in Kriegszeiten. Nach Goebbels' Auffassung waren Parodien englischer Kultur genau das, was man fördern musste. Das ergibt sich auch aus einem Interview mit Holroyd-Reece nach Kriegsende. Goebbels habe ihm »befohlen, dieses Buch erscheinen zu lassen«, sagte Holroyd-Reece darin, »und den Export in alle von Deutschland besetzten Länder genehmigt, damit deren Völker sich eine Vorstellung davon machen konnten, wie entartet die Engländer seien«. In der Einleitung zu dem Band äußerte sich der Satiriker E. M. Delafield mit augenzwinkernder Geringschätzung über den Engländer an sich: »Jeder Engländer ist ein durchschnittlicher Engländer. Dabei handelt es sich um eine nationale Eigenheit ... Er kann daher seinen Vergnügungen nachgehen, *ohne dabei denken zu müssen*«. Tatsächlich entfernten sich solche Bemerkungen, nahm man sie ohne jeden Sinn für Ironie und aus ihrem Zusammenhang gerissen, nicht allzu weit von Goebbels' gehässigen Auslassungen: »»Die englischen Sujets sind von einer unbeschreiblichen Naivität«, hielt er in seinem Tagebuch fest. »Aber ich glaube, das reicht für das englische Volk aus, das ja selbst auch maßlos dumm, unaufgeklärt und primitiv ist. Wir müssen das bei unserer sonstigen Propaganda nach England mehr berücksichtigen«. Anscheinend verstand Goebbels nicht oder nur unzureichend, dass es sich bei *The British Character* und ähnlichen Satiren um Parodien einer Kultur handelte, die zur distanzierten Selbstbetrachtung fähig war und sich kritisch hinterfragen konnte. Wie auch Holroyd-Reece anmerkte, entging Goebbels die Ironie. Aus Goebbels' Sicht bestätigte *The British Character* die Überlegenheit Deutschlands. Ganz gleich, was geschah, behauptete eine der Karikaturen: Der Engländer »bewahrte sich seine Fassung«. War auch das Schiff längst am Sinken, saß man noch im Speisesaal, rauchte seine Zigarette und erging sich sorglos in Klatsch und Tratsch, ohne im Geringsten zu merken, dass einem das Wasser schon bis zur Hüfte stand und das eigene Schicksal besiegelte.[12]

Welche irrigen Gedanken auch immer das Regime bewogen haben mochten, die Verbreitung dieses Albatross-Bandes zu fördern: Kaum ein anderer der zwischen 1939 und 1941 nachgedruckten Albatross-Titel passte so gut ins ironiefreie Schema der NS-Propaganda. In anderen Fällen hing die Entscheidung, welche Titel nachgedruckt wurden, auch von den verfügbaren Druckplatten im Lager der Brandstetters ab. Um den Absatz im In- und Ausland gleichermaßen anzukurbeln, forschte Kupfer womöglich genauer nach den Wünschen der Leser. Etliche der von Tauchnitz zwischen 1939 und 1941 nachgedruckten Titel waren Klassiker für den Schulunterricht: Gedichte von Robert Browning, *Treasure Island* von Robert Louis Stevenson, *The Importance of Being Earnest* und andere Komödien von Oscar Wilde, ebenso *The Four Pleasant Plays* von George Bernard Shaw, 1940 in der 26. Auflage erschienen. Auch bei Albatross stammten die meisten Nachdrucke von Autoren, die sich auf dem Kontinent durchgesetzt hatten. Der 1938 erschienene Band *Of Mice and Men* von John Steinbeck wurde 1940 und 1941 wieder aufgelegt, Katherine Mansfields *The Garden Party and Other Stories* erreichte 1941 die sechste Auflage.

Zwei der spannendsten verlegerischen Entscheidungen in Kriegszeiten betrafen Bücher von Charles Morgan: Denn zu der Zeit, als Albatross *Portrait in a Mirror* (1940) und *Sparkenbroke* (1941) in Leipzig nachdruckte, arbeitete Morgan für den britischen Marinegeheimdienst und verfasste für das *Times Literary Supplement* NS-kritische Texte, die in späteren Kriegsjahren unter dem Kolumnentitel »Menander's Mirror« erschienen. Sein Vortrag »France is an Idea Necessary for Civilisation« ging besonders hart mit Hitlers Regime ins Gericht. Voller Leidenschaft legte Morgan dar, warum »Lebensart und Geist Frankreichs ein Ideal darstellen, dessen Untergang der Untergang aller Kultur wäre«, und warum die Deutschen demgegenüber für uns »gefährlicher als ein Volk von Barbaren« seien, weil sie die »elementaren Überzeugungen verwerfen, auf denen unsere Vorstellung von Kultur, unsere Hoffnung für die Menschheit gründet«. Morgan appellierte an Briten und Amerikaner, gemeinsam für die französischen Werte und gegen ihre deutschen Vernichter einzustehen. »Wenn wir uneins sind, ist die Welt verloren«.[13]

Im Nachhinein wirkt es seltsam widersprüchlich, dass der Nazistaat Produktion und Verkauf von Albatross und Tauchnitz so weitgehend duldete. Sicher spielte dabei eine Rolle, wie Holroyd-Reece geltend machte, dass die Deutschen »verzweifelt nach Devisen suchten«. Gey führte neben diesem Grund im August 1941 noch weitere an: Albatross musste verschont werden, weil sein Vertriebsnetz im Ausland für den Propagandaauftrag des Deutschen Tauchnitz unverzichtbar war; außerdem wollten die Brandstetters weiterhin Albatross durch ihre Übernahme der Anteile »germanisieren«, wobei Gey selbst zweifelte, ob dies unter den Bedingungen des Umgangs mit Feindvermögen in Kriegszeiten rechtlich zulässig war, und sich daher mehr Zeit für die Entscheidung ausbedang.[14]

Im größeren Zusammenhang betrachtet, begünstigten Bücher von Albatross die Kriegsanstrengungen auf eine Art und Weise, die Goebbels besonders wichtig war: Sie befriedigten die ununterdrückbare, unersättliche Begierde deutscher Leser nach Büchern, die sie so sehr fesselten, dass sie darüber den Krieg vergessen konnten. »Zweifellos ist augenblicklich im deutschen Volk ein sehr starkes Bedürfnis nach reiner Unterhaltung vorhanden«, sinnierte Goebbels in seinem Tagebuch, »und zwar nicht nur in der Heimat, sondern [auch a]n der Front, und wir tun deshalb gut daran, zwar dem Krieg seine Rechte zu lassen, andererseits aber auch dafür zu sorgen, dass das Volk in Kunst, Theater, Film, und Rundfunk die nötige Entspannung findet«. In den Tagebüchern der Jahre 1939 bis 1941 finden sich immer wieder diesbezügliche Überlegungen, wie man trotz Papiermangels die Leser bei Laune halten konnte – indem man etwa weniger Zeitungen druckte, entbehrliche Zeitschriften einstellte oder für die Frontsoldaten antiquarische Bücher sammelte. In seinen Richtlinien für die Papierzuteilung vom Herbst 1941 machte Goebbels die Prioritäten klar: »unterhaltende und entspannende Literatur aller Sparten« wurde darin als wichtig eingestuft ebenso wie Bücher, die »auf den Lebenskampf unseres Volkes von förderlichem Einfluss« seien.[15]

Das Verlangen deutscher Leser nach Zerstreuung wurde mit den zunehmenden Nöten und Entbehrungen des Krieges immer dringender. Der SD berichtete von sprunghaft ansteigenden Buchverkäufen schon zu Weihnachten 1939, und diese Tendenz hielt mit Fortdauer der Kämpfe an. Ein Berliner Buchhändler verkaufte so gut, dass sich sein Gewinn von 1939 bis 1941 annähernd verdreifachte: von 47.500 auf 123.600 Reichsmark. Auch ein Stuttgarter Kollege konnte in diesen drei Jahren seinen Absatz mehr als verdoppeln. Er verkaufte 1939 durchschnittlich 459 Bücher pro Tag, im Jahr 1941 schon 891. In Hamburg bediente eine Buchhandlung mehr als tausend Kunden täglich. Im August 1940 schrieb Christian Wegner an Annemarie, dass »der Absatz ohne Krieg nicht so groß wäre – und darum: es geht *allen* Verlegern gleich!«.[16]

Knappheiten auch im Buchhandel waren die unvermeidliche Folge. Im August 1940 bedauerte der SD, dass Buchhändler nur etwa 40 Prozent der Leserbestellungen ausliefern konnten. Bestellungen für Weihnachten, die nicht bis Juli eingegangen waren, wurden nicht mehr bedient. Auf der Stufenleiter der Bedürfnisse hatten militärische Druckaufträge Vorrang vor Unterhaltung. Schon bloße Gerüchte von möglichen Engpässen lösten bei den Lesern eine wahre Kaufwut aus, »so daß man sich schon jetzt all die

Bücher zu sichern versuche, die man erst Weihnachten verschenken wolle«. Aus zahlreichen Städten kamen in den letzten Tagen vor Weihnachten Verzweiflungsrufe, dass »alles gekauft worden ist, was nach Buch aussah«. Der Preis spielte kaum eine Rolle. Etliche Buchhandlungen waren ganz oder bis auf obskure Fachbücher ausverkauft und wurden selbst noch ihre ältesten Ladenhüter los. »Viele erzogene Leser hätten trotz früher Bestellung nicht die Bücher bekommen, auf die sie Wert legten«, berichtete der SD. Und »neue Leser, die beispielsweise durch Pressebesprechungen für bestimmte Neuerscheinungen interessiert wurden, hätten mit Verärgerung festgestellt, daß Bücher ... nicht zu erhalten seien«. Ein Buchhändler aus Freiburg staunte, wie aus seinen Kunden plötzlich Büchernarren wurden: »Wer hätte geglaubt, daß der Wunsch nach einem Buch einmal geradezu ins Unermeßliche steigen könnte!« Auch Wegner war erleichtert über den »wahnsinnigen Weihnachtsverkauf«, erkannte darin aber eine Gefahr: »Wir haben kaum noch Bücher auf Lager ... Ob wir sie wiederbekommen werden, ist bei den jetzigen Herstellungsschwierigkeiten fraglich«. Der SD teilte seine Einschätzung: Buchhändler tauschten »Gewinne gegen leere Regale ein«.[17]

Die Lage der Dinge entfernte sich weit von der idealisierten Darstellung der Branche durch den NS-Beamten Horst Kliemann in seiner Schrift *Die Welt des Buchhandels* von 1938. In den Vorkriegsjahren hatte Kliemann seinen Lesern versichert, »daß jeder Sortimenter in der Lage ist, jedes vom Kunden gewünschte Buch ... zu beschaffen«. Seit Ausbruch des Krieges klang diese vollmundige Behauptung ziemlich hohl. Um Weihnachten 1941 war die alte Welt, in der deutsche Buchhändler ihre Kunden »mit Liebe und Hingabe« beraten hatten, kaum noch wiederzuerkennen. Ein Stuttgarter Buchhändler fasste die neue Wirklichkeit in treffende Worte: »Früher betrat beim Öffnen der Ladentüre Seine Majestät der Kunde den Laden. Heute ist er der ›Feind‹, der daran gehindert werden muß, unsere Bestände sinnlos auszuräubern«.[18]

Unter den gegebenen Umständen fiel die Vision des NS-Staates von Büchern als wirkmächtigen Überträgern politischer Botschaften einer Verknappung zum Opfer, die sich aus seinen eigenen kriegerischen Ambitionen ergab. Wie der SD meinte, konnten selbst »kulturpolitisch verantwortungsbewußte Buchhändler« ihre Leser gar nicht zum »erwünschten« Lesestoff hin dirigieren, »weil einfach nichts mehr zum Empfehlen da war«. Kulturbeamte verschoben die Eröffnung neuer Bibliotheken ebenso wie Aufträge für Bücher, die nationalsozialistische Sichtweisen zum Ausdruck brachten. Bibliotheken waren zwar der billigste mögliche Zugang zu Büchern, die den Vorstellungen des Regimes entsprachen, doch unter dem Rohstoffmangel litten sie ebenso wie der Buchhandel. Beispielsweise beschwerte sich der Buchbinder der Hamburger Stadtbibliothek, dass er mangels Kohle nicht genug heizen konnte und sein Leim deshalb nicht klebte. Da auch Treibstoff rationiert war, konnten Bestellungen nur zweimal pro Woche ausgefahren werden. Ein Bibliothekar in einer abgelegeneren Gegend wurde angewiesen, die Bücher für seine Leser mit dem Fahrrad abzuholen.[19]

In einer Ironie der Geschichte hatte also der nationalsozialistische Staat Lesegewohnheiten geschaffen, die seinen Vorstellungen genau entgegengesetzt waren. Der Lesestoff, nach dem deutsche Leser sich sehnten, entsprach den Literaturgattungen, die Albatross im Programm hatte – und die auch der Deutsche Tauchnitz ins Programm nahm, um seine Bücher ausschließlich jenseits der Reichsgrenzen zu verkaufen. »Man wünsche Bücher mit Handlung und Spannung ... Als recht groß wird ... auch das Bedürfnis nach leichter, heiterer Lektüre bezeichnet«, konstatierte der SD im November 1940. »Politisch-weltanschauliches Schrifttum schulungsmäßigen Charakters und NS-Schrifttum im engeren Sinne« würden demgegenüber »z. Zt. wenig gelesen«. Im Januar 1941 setzte sich diese Tendenz spartenübergreifend fort. »Man habe Romane gewünscht, aber ›keinen Mist‹, sondern Bücher zum Nachdenken«. Viele Leser fragten »zunächst noch nach den billigen Kriminalromanen und Romanreihen«, und wenn dies im ersten Moment oberflächlich erscheinen mochte, so entsprach es doch oft genug einer tief empfundenen Notwendigkeit. Im Sommer 1940 hatte sich eine Leserin »einen spannenden Unterhaltungsroman« gewünscht, wie der SD festhielt, »um nicht nachts mit Sorge auf die Flieger zu warten und nachher stumpfsinnig im Keller hocken zu müssen«.[20]

Wenn das NS-Regime allmählich restriktiver mit Albatross umging, so geschah das aus demselben Grund, der dem Verlag so lange das Überleben gesichert hatte: Albatross-Bücher waren begehrt. Während die Behörden zuvor den Verkauf im Interesse der deutschen Wirtschaft gefördert hatten, fürchteten sie im politischen Klima der Besatzung – und auch weil sie den Deutschen Tauchnitz und weitere deutsche Buchreihen etablieren wollten – nun deren Konkurrenz. Überhaupt argwöhnten sie, dass angloamerikanische Literatur allgemein und Albatross und Tauchnitz ganz besonders bei Lesern im Ausland viel beliebter waren, als es für Deutschland gut sein konnte. Die ideologischen Imperative des NS-Regimes begannen schwerer zu wiegen als wirtschaftliche Belange. Beispielsweise untersagte die neue »Anweisung Nr. 119« zur »Ausfuhr des englischen Übersetzungsschrifttums« deutschen Verlagen, ihre Übersetzungen englischer Bücher zum Zweck von Deviseneinnahmen in neutralen oder besetzten Ländern zu verkaufen. Als die Vereinigten Staaten im Dezember 1941 in den Krieg eintraten, wurden diese Bestimmungen analog auf amerikanische Autoren ausgedehnt. Am 10. März 1942 teilte die Abteilung Schrifttum im Propagandaministerium den Angehörigen der Buchhandelsbranche mit, Verträge mit ausländischen Firmen und Autoren sowie Gespräche hierüber seien fortan »unerwünscht«.[21]

Kupfer versuchte vor allem zu verhindern, dass Albatross durch den Krieg aus dem Markt gedrängt wurde. Oft hatte er sich gefragt, wie lange ihm das Glück wohl noch hold war. »Auf Grund seiner Fühlungnahme mit dem Reichspropaganda-Ministerium und [der] Reichsschriftumskammer«, berichtete Gey, habe Kupfer »schon lange die Befürchtung gehabt, daß aus kulturpolitischer Erwägung heraus mit einer Einschränkung des Absatzes englisch-sprachiger Literatur zu rechnen sei«. In der zweiten Jahreshälfte 1941, nach dem Beginn des deutschen Einmarsches in die Sowjetunion, setzte eine strenge Kontingentierung bei Papier ein, und man ließ Gey wissen, es sei zwecklos, Zuteilungen zu beantragen. Am 31. Oktober 1941 erhielt Albatross einen neuen Reichskommissar für die Behandlung feindlichen Vermögens: Der frühere Staatssekretär Johannes Krohn ersetzte Friedrich Ernst, der in Rente ging, und war zu Beginn naturgemäß wenig mit den Einzelheiten des Falls Albatross vertraut. Am 27. April 1942 schließlich, während der Deutsche Tauchnitz in Europa auf dem Vormarsch war, versetzte das Propagandaministerium Albatross den Schlag, den Kupfer vorausgesehen hatte: »Die Verbreitung der Sammlungen britischer und amerikanischer Autoren Tauchnitz Edition und Albatross Books im neutralen Ausland und in den von deutschen Truppen besetzten Gebieten ist unerwünscht«. Die Ausfuhr beider Reihen aus Deutschland sei »ab sofort einzustellen«. Albatross und Tauchnitz mussten sich auf »noch weitere Weisungen« gefasst machen, was das Schicksal ihrer Bücher innerhalb des Deutschen Reichs anging.[22]

Das harte Durchgreifen brachte Gey in ein Dilemma – und mehr noch Oskar Möhring, den mit Enochs Continenta und Holroyd-Reece' Éditions Albatros betrauten Feindvermögensverwalter in Paris. Im Lagerhaus 11 Passage Charles Dallery stapelten sich nicht weniger als 8028 Mordgeschichten, und diesen Stoß Blutrünstigkeiten hoffte er loszuwerden – *The Homicide Heaven* von J. V. Turner, *Death on the Fairway* von H. Adam oder *Spies Never Return* von J. M. Walsh, um nur drei von insgesamt 35 Titeln der Reihe Albatross Mystery and Crime Club zu nennen. Die französischen Leser waren nicht das Problem; sie hätten den gesamten Bestand gierig verschlungen. Unter den bedrückenden Verhältnissen der Besatzung und bei Tagesrationen von 1200 Kalorien für Erwachsene lag es nahe, sich in den geistreichen Scharmützeln zwischen Agatha Christies Meisterdetektiv Hercule Poirot und dem Mörder des geheimnisvollen Mr. Shaitana in *Cards on the Table* zu verlustieren. Wie würde Poirot am Ende unter den vier Anwesenden den Schuldigen ermitteln, obwohl er selbst zum Zeitpunkt des Verbrechens zwar nebenan, jedoch ganz in seine Bridgepartie vertieft war? Es ging doch nichts über gedruckte Zerstreuung in schweren Zeiten.[23]

Möhring hatte das Pech, dass diese atemlos spannenden Bücher allesamt nicht in Deutschland produziert, sondern »direkt aus England eingeführt« waren. Er blieb auf der einzigen Albatross-Reihe sitzen, die Collins in Edinburgh gedruckt hatte. Aus Möhrings Sicht war ein Buch wie das andere – eine Ware, die man für den erzielbaren Preis verkaufte, ohne zu fragen, wer es wo gedruckt hatte und wessen kulturelle Ideale es vertrat. Am 7. August schickte er eine Anfrage an die Propaganda-Abteilung der Wehrmacht. Darin bat er um die Genehmigung, die Bücher in einer einmaligen Verkaufsaktion loszuschlagen, um Kosten für die Verwaltung der beiden Firmen zu decken. Zugleich war ihm selbst klar, dass die Finanzbehörden des Reichs die Außenhandelsbilanz fest im Blick hatten und ihn kaum englische Bücher verkaufen ließen, die in irgendeiner Weise bei den Engländern zu Buche schlugen.[24]

Abgesehen von den rechtlichen Schwierigkeiten biss Möhring hier auch ideologisch auf Granit. Denn unter den angloamerikanischen Büchern waren es gerade solche Geschichten von Mord und Totschlag, die den Soldaten und Beamten der Militärverwaltung am meisten aufstießen. Die Gruppe Schrifttum der Propaganda-Staffel in Paris hatte ihre ablehnende Haltung gegenüber Romanen, wie Möhring sie verkaufen wollte, bereits zum Ausdruck gebracht. Ihr »Bericht über die Lage der Unterhaltungsliteratur« vom Juli 1941 klagte: »Weit größer ist der Kreis derjenigen [französischen Leser], die sich mit der Lektüre von Kriminal-, Abenteuer- und Liebesromanen begnügen«. Um diese Leser zu erreichen, mussten die Deutschen in genau den Genres konkurrenzfähig werden, auf die sie verächtlich herabsahen. »Es ist eine außerordentlich bedauerliche Tatsache«, schloss der Bericht, »daß die Abenteuer- und Kriminalromane vornehmlich im englischen und amerikanischen Milieu spielen. Dadurch hat sich die Vorstellung, daß alle Fäden des Weltgeschehens in London und New York zusammenlaufen, fest eingeprägt. Diese Vorstellung muss geändert werden. Nicht London, sondern Berlin, nicht England, sondern Deutschland muss in den Vorstellungen auch der franz. Allgemeinheit in Zukunft der Platz aller weltwichtigen Ereignisse werden. Die engl.-amerik. Stoffe der Volksliteratur müssen also endlich durch deutsche Stoffe ersetzt werden«.[25]

Unklar ist, ob die von Anfang an enttäuschenden Verkaufszahlen des Deutschen Tauchnitz den NS-Propagandaapparat in Frankreich veranlassten, stärker gegen angloamerikanische Bücher vorzugehen. Der Zeitpunkt des Gesinnungswandels legt diese Vermutung jedenfalls nahe. Ein Bericht der Gruppe Schrifttum in der Propaganda-Staffel vom Mai 1941, wenige Wochen nach dem Start des Deutschen Tauchnitz, gab mit der Einschätzung, französische Verlage interessierten sich allzu sehr für angloamerikanische Bücher, den Ton für die Kritik der kommenden Monate an. In Frankreich kursierten mehr Übersetzungen aus dem Englischen als aus dem Deutschen. Englischsprachige Zitate waren in französischen wissenschaftlichen Artikeln weitaus häufiger als deutsche. Sogar in den Deutschlehrbüchern der Franzosen fanden sich Sätze wie: »Wenn Sie vergangene Woche nach Amerika abgereist wären, wären Sie heute schon dort«. Der Bericht stieß sich an der unfreiwilligen Ironie dieses Satzes. »Was hätte näher gelegen, als wenigstens in diesem Rahmen von einer Reise nach Deutschland zu sprechen!« Im Sommer 1941 setzten deutsche Kulturbeamte ihre Überzeugung, dass das deutsche Buch nur aufblühen konnte, wenn die angloamerikanische Literatur mit Stumpf und Stiel ausgerottet wurde, entschieden in die Tat um. »Es müssen die vielen Übersetzungen aus dem Englischen und Amerikanischen verschwinden«, verkündete ein Bericht Ende Juni, »und dafür Übersetzungen deutscher Dichter und Schriftsteller an die Stelle treten«. Mitte Juli erließ die Gruppe Schrifttum ein Verbot, das sie auf die Papierknappheit schob und das »die Neuerscheinungen und Neudrucke der englischen und amerikanischen Literatur ausschließen soll«. Obwohl französische Buchhandlungen noch Lagerbestände abverkaufen durften, waren viele von dem Verbot schwer getroffen, weil Übersetzungen aus dem Englischen sich am besten verkauften. Am 5. September 1941 informierte sie das Comité d'organisation du livre, »Übersetzungen von Werken in englischer Sprache sind aus Schauräumen zu entfernen und dürfen nicht mehr in Auslagenfenstern angeboten werden«.[26]

Nachdem sie Übersetzungen englischer und amerikanischer Bücher in die Tonne getreten und jedes Aufstocken der Bestände von Albatross und Tauchnitz unterbunden hatten, konzentrierten sich die Besatzungsbeamten im nächsten Schritt auf die Bewährungsprobe für den Deutschen Tauchnitz. Am Beginn von dessen zweitem Jahr häuften sich Jubelberichte. »Die Nachfrage nach unserem Schrifttum ist nach Aussage einiger Buchhändler sehr rege. Es wird viel Deutsch gelernt und darum natürlich zum deutschen Buch gegriffen. Die deutsche Tauchnitz-Reihe, die wegen ihres niedrig gehaltenen Preises den Lesern besonders zusagt, wird eifrig gekauft«, erklärte die Gruppe Schrifttum im März 1942. Bis August erreichte der Absatz mehr als eine Million Exemplare. Kurt Metzner, ein leitender Beamter der kulturpolitischen Abteilung des Auswärtigen Amtes und zugleich Verbindungsmann des Deutschen Tauchnitz zum Propagandaministerium, freute sich anlässlich einer Schulung angehender Kulturreferenten für Schrifttumsförderung, »daß im Durchschnitt gesehen der Deutsche Tauchnitz, der ja nur auf ein geringes Alter zurückblicken kann, sich ... bereits so gut eingeführt hat, daß er schon heute nicht mehr aus dem Sattel zu heben ist, und daß zahlreiche europäische Länder bereits eine Nachfrage dergestalt aufweisen, daß die Buchhandlungen und Verkaufsstände unablässig nach neu herausgekommenen Bänden gefragt werden«.[27]

Nicht so sehr betonte Metzner, wie viel Einsatz er und seine Kollegen gebracht hatten, um der Reihe auf die Sprünge zu helfen. Auch zog die Erstfassung seiner langen Rede eine eher durchwachsene Zwischenbilanz. Der Deutsche Tauchnitz, so lautete zunächst sein Manuskript, habe »sich im großen und ganzen bereits so gut eingeführt«. Beim Überarbeiten strich Metzner »im großen und ganzen«. Das Auswärtige Amt war dennoch unzufrieden, und im April 1942 änderte es seine Strategie, um die Tauchnitz-Reihe besser zur Geltung zu bringen. Krause-Brandstetters Vorgesetzter Klatten nahm sich der Sache persönlich an: »Wir wollen für Brandstetter ein Tauchnitz-Schaufenster entwerfen, den Werbeplan nochmals durchsprechen«. Am 12. August 1942 bekannte sich Klatten vor einer Schar junger, ehrgeiziger Kulturbürokraten vorbehaltlos zu dem Projekt. »Deutsch wird in zunehmendem Maße Weltsprache sein, und der Deutsche Tauchnitz ist berufen, hier Pionierarbeit zu leisten«. Zuvor hatte er etliche Bände an Deutschlands diplomatische Vertretungen im Ausland versandt. Nun bat er auch seine Zuhörer, sich persönlich für deren Verbreitung einzusetzen und »neben der Unterrichtung der Behörden, Institute, Vereine usw. Zeitungen und Zeitschriften namhaft zu machen, die für Besprechungen des Tauchnitz in Betracht kommen«. Klatten bearbeitete oft eigenhändig Bestellungen von Beamten, die die gesamte Reihe für ihre Bücherregale anforderten, oder für Außenstellen deutscher Propaganda im Ausland, die nicht selten Tausende Exemplare auf einmal wollten. Nach Willy Brandstetter machten auch deutsche Soldaten einen erheblichen Teil der Leserschaft von Tauchnitz aus.[28]

Nun reichte es aber längst nicht, in Büchern die Ortsangaben New York oder London durch Berlin zu ersetzen. Metzner hatte allen Grund zur Sorge. Wenn die Kunden in erster Linie deutsche Soldaten oder dem Regime bereits wohlgesinnte Sortimenter waren, wie Dokumente des Auswärtigen Amtes nahelegten, dann strapazierte man auch die Glaubwürdigkeit mit der Behauptung, die Bücher vollbrächten »Pionierarbeit« für die deutsche Kultur im Ausland. Der Deutsche Tauchnitz war zwar dem Vorbild kontinentaleuropäischer Ausgaben englischer Sprache nachempfunden, doch er stand nun vor der eigentlichen Schwierigkeit, die Albatross und Tauchnitz bereits Ende der Dreißigerjahre überwunden hatten: ein ganz anderes Publikum jenseits der muttersprachlichen Leser zu finden, die man bereits gewonnen hatte.

Für die Deutschen war diese Hürde besonders groß. In Frankreich neigte man weltanschaulich seit Langem eher der angloamerikanischen Kultur zu, und Bildungsbürger lernten lieber Englisch als Deutsch. Wie die Propaganda-Staffel in einem Bericht vom September 1941 anerkannte, gierten die Franzosen sehr wohl nach Büchern – und lasen buchstäblich beim Essen, um sich von den mickrigen Rationen abzulenken. Ihr Appetit galt aber anscheinend nur bestimmter ausländischer Feinkost. Man schickte Spitzel in Buchläden, um die Stimmung unter Buchhändlern und Lesern einzufangen, und erfuhr so, dass französische Buchhändler nicht die deutschfreundlichen Prospekte auslegten, die man ihnen zugestellt hatte, und dass dieser Akt der Verweigerung »als solcher eine vorherrschende Geisteshaltung auch bei der Kundschaft spiegelt: Abwarten und zunehmende Feindseligkeit gegenüber allem, was deutsch ist oder dem man deutsche Gesinnung unterstellt«. Die Propaganda-Staffel fand auch heraus, dass es in Paris »einen blühenden Handel mit ausländischen Übersetzungen« gab, sich »das französische Buch aber schlecht verkauft und die Übersetzungen aus dem Englischen mehr denn je in der Gunst eines Publikums stehen, das so auch seine anglophilen Neigungen geltend machen kann«. Kurz und gut: Französische Leser liebten England und Amerika mehr denn je. Allmählich zeichnete sich auch ab, dass Krause-Brandstetters Versuch, die Franzosen mit Übersetzungen deutscher Werke für den Deutschen Tauchnitz einzunehmen, ein

Fehlschlag war und über wenige Titel nicht hinauskommen würde. Im feindseligen Klima der Besatzung kam der Deutsche Tauchnitz – in gleich welcher Sprache – fast ausschließlich als »herrische Geste« an und wurde »anscheinend nirgendwo freudig aufgenommen«.[29]

Oskar Möhring erhielt nicht sofort Antwort auf sein Ersuchen, Albatross-Bücher verkaufen zu dürfen, auch weil es keine einfache Antwort darauf gab. Goebbels hatte für die einzelnen Märkte verschiedene Regelungen erlassen. Eigentlich waren Albatross-Ausfuhren seitens des Propagandaministeriums untersagt. Dennoch gingen im Sommer 1942 die meisten Albatross-Titel im Deutschen Reich weiter ungehindert über die Ladentische, und das mit Duldung der Schrifttumskammer und sogar des Propagandaministeriums selbst. In Frankreich waren die Besatzungsbehörden unentschlossen. Am 15. September erhielt Möhring den offiziellen Entscheid der Militärverwaltung: Seinen Antrag, die Bände des Albatross Crime Club einem Grossisten zum ermäßigten Preis abtreten zu dürfen, »hat der Militärbefehlshaber in Frankreich abgelehnt, da der Verkauf englischer Werke grundsätzlich verboten sei«.[30]

Doch wie so oft, wenn es um Bücher in Kriegszeiten ging, blieben auch hier noch Spielräume der Auslegung. Inzwischen hatte sich Hachette im Zweifel, wie man mit den eigenen – das heißt in Deutschland und nicht bei Collins in Schottland produzierten – Bänden von Albatross-Tauchnitz verfahren sollte, an eine Autorität in Sachen Propaganda gewandt: eben jenen Walther Schulz, der zwei Jahre zuvor schon Krause-Brandstetter in Bedrängnis gebracht hatte. Schulz entschied, dass die verbliebenen Albatross- und Tauchnitz-Bücher in Frankreich doch weiter verkauft werden durften, weil sie bis auf Weiteres als deutsch zu betrachten seien. Ebendies galt auch nach Veröffentlichung der Liste Otto in ihrer dritten Fassung am 10. Mai 1943 – auf den Tag genau zehn Jahre nach den Bücherverbrennungen – und trotz deren Warnung: »Der Verkauf von Werken in englischer, polnischer und russischer Sprache ist streng verboten. Ausnahmen davon sind englische

Klassiker, die Werke der Tauchnitz-Edition sowie Bücher im Schulgebrauch zum Sprachunterricht«. Ende November billigte eine kleine Notiz im Branchenblatt *Bibliographie de la France* diese Ausnahme offiziell: »Der Verkauf der Albatross Edition ist in Frankreich gestattet«. Noch im Februar 1944 erklärten hohe Propagandastellen Albatross und Tauchnitz zur Ausnahme von der Regel, nachdem von ihren regionalen Außenstellen Beschwerden eingegangen waren, dass viele Buchhandlungen immer noch angloamerikanische Bücher verkauften. »Soweit es sich dabei um Bücher des Tauchnitz- und Albatros[s]-Verlages handelt, ist deren Verkauf nicht zu verhindern, da es sich hierbei um eine besondere Art deutscher Propaganda handelt«, hieß es. »Alle übrigen Bücher in englischer Sprache sind zu beschlagnahmen und gegebenenfalls der Buchhändler dem S.D. zur Bestrafung zu übergeben«.[31]

Es mutet seltsam an, dass die NS-Behörden dieses Risiko einer »besonderen Art deutscher Propaganda« eingingen, während zugleich die britische Regierung über das British Council und ihr Propagandaministerium per Luftbrücke englische Bücher in die wenigen neutralen Länder Europas brachten. In finanzieller Hinsicht hatte Albatross seine Schuldigkeit getan und konnte auch nicht weiter beanspruchen, die Vermarktungs- oder Propagandaziele von Außen- und Propagandaministerium in irgendeiner Weise voranzubringen. Auch zu dem symbolischen Kraftakt, den Metzner vom Deutschen Tauchnitz forderte, nämlich »Buch und Schwert als untrennbare Einheit« zu zeigen, konnte Albatross nicht mehr beitragen. Im Gegenteil unterliefen die Bücher von Albatross direkt nationalsozialistische Propagandaziele. Wie der englische Verleger und Minister Harold Macmillan gegenüber Pearl S. Buck widerstrebend zugab, »stimmt es natürlich, dass dem Ansinnen der [britischen] Regierung, englische Bücher in Umlauf zu bringen, mit der Verbreitung kontinentaleuropäischer Ausgaben ebenso gedient« sei wie mit einer in England verlegten Reihe.[32]

Albatross hatte zwar noch die Bücher, aber kein Schwert mehr, um sich in seinen Kämpfen zu behaupten. Über Albatross-Leser in Kriegszeiten – das heißt die eigentlichen Leser, die Sprachschwierigkeiten überwanden, um in die von Albatross-Büchern offenbarten fremden Welten zu entfliehen – erfahren wir aus Geys Absatzstatistiken wenig. Das Zahlenwerk verrät uns nicht, wer sie waren und wie sie diese Bücher aufnahmen: ob sie, wie die Franzosen, die Lektüre als eine Form des politischen Widerstands und ihre Inhalte als Abbilder der Kulturen Englands und Amerikas, als Gegenprogramm zum nationalsozialistischen Deutschtum verstanden; oder ob sie in Zeiten der Papier- und Bücherknappheit, der scheiternden Lieferungen und der zu vielen leeren Stunden einfach nahmen, was sie auf dem leer gefegten Markt kriegen konnten. Ihre Motivation als Leser blieb letztlich undurchschaubar. Wie Kate Sturge schreibt, war der Akt des Lesens ein »eigensinniges Handeln in einer Gesellschaft, die jede Möglichkeit des Fürsichseins verwarf. Als eine solche je eigene Welt barg Literatur aus anderen Ländern zum mindesten das Potenzial, ihre Leser aus den narzisstischen Spiegelkabinetten der Übersetzung herauszuführen, ein ganz eigenes Moment zu entfalten, Fenster zur Außenwelt zu eröffnen«.[33] Dass Albatross-Bücher auch und gerade während des Krieges begehrt waren, wäre so gesehen ein Hinweis darauf, dass sie auf dem europäischen Kontinent den Wunsch nährten, einer »englischsprachigen Welt« anzugehören – und dies auch noch zu einer Zeit, als ihre fröhlichen Farben und ihr kosmopolitischer Geist dort ferner waren denn je.

KAPITEL 19

Rivalen

Im Ausland rief die »Verdeutschung« von Tauchnitz Erstaunen und Bedauern hervor. Das amerikanische Wochenmagazin *Time* berichtete im Juli 1942: »Die Nazis haben angeordnet, dass die hundert Jahre alte Tauchnitz Library keine Werke amerikanischer und britischer Autoren mehr herausbringen darf ... Nie wieder werden US-Touristen bei der Heimreise die billigen broschierten Tauchnitz-Klassiker mit zitternden Knien an gelangweilten amerikanischen Zollbeamten vorbeischmuggeln«. Ein Journalist der *New York Times* zeigte sich persönlich betroffen vom Ende des englischen Tauchnitz: »Mit einer Art Heimweh entsinnt man sich dieser ärmlichen kleinen Bücher in ihren matten Farben«, begann er. »Auf dem Schiffsdeck, an Regentagen, in Zügen, in den Gärten von Pensionen spendeten sie Trost. Allein der Gedanke an sie bringt eine versunkene Welt zurück, eine Art zu lesen ... im leichten Seegang eines Dampfers, ein größeres Leseglück, als man es seither noch erleben kann«.[1]

Holroyd-Reece hatte kaum Muße für derartig wehmütiges Schwelgen in Erinnerungen. Nachdem die Deutschen sein Londoner Büro bombardiert hatten, organisierte er die Verteidigung von Albatross von seinem neuen Standort 13 New Square aus, einer Straße unweit Chancery Lane, Lincoln's Inn Fields und der Royal Courts of Justice. Sein Häuserblock umschloss einen großen grünen Innenhof. Durch ein neugotisches, überreich mit Türmchen und Bogen verziertes Tor gelangte man in den Hof und rechts und links in schmucklose vierstöckige Häuser, deren Klinkerfassaden und Dächer abgesehen von den regelmäßig angeordneten Schornsteinköpfen glatt ineinander übergingen. Auch von diesem neuen Büro aus verlor Holroyd-Reece, wie schon in seinem vorigen, mehr und mehr an Boden. Denn in der Wahrnehmung englischer Leser bildeten Albatross und Tauchnitz ein Gespann, und außer Holroyd-Reece war kein anderer Schuldiger in Sicht. Journalisten verbreiteten, die Nazis hätten sich den großen Tauchnitz gefügig gemacht. Albatross konnte jederzeit das Gleiche passieren. Das Wettrennen um den Markt für englische Bücher auf dem Kontinent war eröffnet. Holroyd-Reece sah mit ähnlichem Argwohn Gegenspieler am Horizont auftauchen, wie Hans Otto Jahre zuvor Albatross erspäht hatte.

Zu Holroyd-Reece' Leidwesen handelte es sich dabei nicht um eingebildete Konkurrenz. Im April 1942 eröffnete der schwedische Verlag Albert Bonnier ein Büro in New York mit der erklärten Absicht, amerikanische Rechte für eine eigene kontinentaleuropäische Buchreihe in englischer Sprache zu erwerben: die Clipper Books. Weil das NS-Regime Albatross und Tauchnitz die Ausfuhr ihrer Bücher nach Schweden untersagt hatte, ging Bonnier daran, die Lücke zu füllen. Bücher auf Englisch waren in Schweden gefragt wie nie, und Bonnier war ein ehrwürdiger, 1804 gegründeter Verlag, dessen Tradition noch weiter zurückreichte als die von Tauchnitz. Sein Verkaufsargument gegenüber Autoren und Agenten war Musik in amerikanischen Ohren. »Schweden gehört zu den ältesten Demokratien der Welt. Selbstverwaltung und andere demokratische Ideale sind auf schwedischem Boden tief verwurzelt«, sagte er. »Zurzeit ist Schweden nahezu abgeschnitten von der westlichen Welt, und deutsche Verlage können – ohne das Hindernis einer Seeblockade – ihr Schrifttum ungehindert in schwedischen Buchhandlungen abladen. Sie gewinnen dadurch einen Vorteil, dem wir unbedingt entgegenarbeiten wollen. Eine der besten und wirksamsten Möglichkeiten, das Einsickern von Nazidenken in Schweden zu bekämpfen, besteht ohne Zweifel darin, weiter Übersetzungen guter Bücher aus der demokratischen, englischsprachigen Welt herauszubringen«. Clipper Books wollte ebenso wie die bald folgende, beliebte Reihe »Zephyr« von Bonnier diese Aufgabe in Angriff nehmen und als schwedischer Albatross oder Tauchnitz einstehen für »die Sache, für die alle Demokratien kämpfen«.[2]

Je länger sich der Krieg hinzog, umso mehr fassten noch andere Verlage den Mut, auf Albatross-Tauchnitz-Terrain vorzudringen. Im Herbst 1942 unterschrieben Pearl S. Buck und Louis Bromfield für jeweils einen Roman, um deren Rechte sich in Friedenszeiten Albatross oder Tauchnitz mit einiger Wahrscheinlichkeit beworben hätten, bei Bonnier. Kurz vor Jahresende übertrat der Literaturagent Laurence Pollinger – er hatte einst Albatross vor die Wahl gestellt, entweder alle Titel von D. H. Lawrence zu kaufen oder ganz leer auszugehen – eine heikle Grenze, als er die Rechte an englischen Ausgaben von *Lady Chatterley's Lover* und *The Rainbow* dem Jan Foerlag in Schweden verkaufte. Denn diese Rechte waren bereits im Besitz der Verlage Odyssey und Albatross. Das Argument? Seiner Rechtsberatung zufolge handelte es sich bei beiden um deutsche Verlage, weshalb die bestehenden Verträge nach dem britischen Trading with the Enemy Act ungültig waren. Diktate in Kriegszeiten überwogen Vertragspflichten gegenüber Albatross, oder jedenfalls war es im Interesse Pollingers und Lawrence', ebendas zu behaupten.[3]

Holroyd-Reece nahm solche Übergriffe besonders übel, weil sie auf das letzte noch vorhandene Betriebsvermögen von Albatross zielten: die Rechte an den Werken. Zumeist enthielten seine Verträge eine Bestimmung, laut der Albatross ein Werk innerhalb von sechs Monaten nach Unterzeichnung veröffentlichen oder einen ausverkauften Titel in der Albatross- oder Tauchnitzreihe nachdrucken musste, widrigenfalls die Rechte an den Autor zurückfielen. Nicht Nachlässigkeit, sondern kriegsbedingte Hindernisse verhinderten, dass Albatross und Tauchnitz diese Bestimmung erfüllten. Dennoch begannen einige Autoren, die Grenzen des Vertretbaren auszuloten und sich zu fragen, wie lange sie ihre Rechte noch bei den beiden Verlagen belassen mussten, insbesondere da sie aus Deutschland nicht einmal Tantiemen zu erwarten hatten. Pearl S. Buck beriet sich darüber mit C. D. Medley, einem britischen Fachanwalt für den Buchhandel, nachdem Bonnier um die Exklusivrechte an allen ihren ehemaligen Tauchnitz-Titeln angefragt hatte. »Es gab mit Sicherheit eine Vereinbarung welcher Art auch immer«, meinte dieser mit Bezug auf Albatross, »und die Vereinbarungen mit dem Unternehmen Tauchnitz wurden gewiss, wie mir scheint, aufrechterhalten«. Er empfahl Bucks Agenten, sich direkt an Holroyd-Reece zu wenden, gab jedoch zu bedenken: »Er hat keine ritterliche Gesinnung und wird kaum auf seine Rechte verzichten«.[4]

Holroyd-Reece antwortete Medley Wochen später aus Windermere im nordwestenglischen Lake District, wo er angeblich »allerhand aufzuarbeiten« hatte. »Selbstverständlich wäre es mir eine außerordentliche Freude, Ihnen auf jede mir mögliche Art behilflich zu sein«, schrieb er mit seinem typischen Anstrich von Zuvorkommenheit. Seine Haltung war jedoch klar. »Erwerber und Besitzer der Rechte oder Lizenzen war Albatross«, sagte er, und zwar für sämtliche Titel, die er seit September 1934 ins Programm genommen hatte. Zwar gestand er ein, dass der Krieg Albatross ein »schreckliches Durcheinander« bei den Rechten beschert habe. Es handle sich dabei um »ein sehr kompliziertes völkerrechtliches Problem«, das er und die Publishing Holding Company erst nach Kriegsende in gerichtlichen Auseinandersetzungen über den Umgang mit Feindvermögen klären konnten. Unterdessen berief er sich auf historische Präzedenzfälle: »Da Deutschland seit der Gründung von Tauchnitz fünf Kriege angezettelt hat, kann ich mit einiger Gewissheit sagen, dass ... die Autoren von Tauchnitz in der Vergangenheit stets gut damit gefahren sind, ihre Verträge als nur vorübergehend von den Feindseligkeiten außer Kraft gesetzt zu betrachten«.[5]

Gerade einem von Berufs wegen akrobatischen Verdreher des Rechts wie Holroyd-Reece konnte es nicht gefallen, dass er im Gerangel mit schwedischen Verlegern und anderen, die »ohne Zweifel jetzt schon überlegen, nach dem Krieg Bücher in der Art von Albatross und Tauchnitz herauszubringen«, auf Gedeih und Verderb deren Rechtsauslegung ausgeliefert war. Er bat Medley um Hilfe: »Ich wäre dankbar ... wenn Sie aus diesem Anlass [Ihren bei Albatross und Tauchnitz unter Vertrag stehenden Mandanten] mitteilen könnten, dass Eigentümer und Geschäftsführung keine Kosten und Mühen scheuen werden ... um die Interessen unserer Autoren vollumfänglich zu wahren und zu schützen. Einer der Agenten hat die Ansicht vertreten, dass ich mindestens für die Zeit bis Kriegsbeginn den Autoren ihre Tantiemen auszahlen hätte sollen, weil ich in unserem Land der größte Anteilseigner des Verlags bin. Doch ich muss Ihnen wohl kaum erläutern, dass ich dazu erstens nach den Defense Regulations nicht berechtigt bin und es mir zweitens unmöglich ist, weil sich die Unterlagen nicht in meiner Hand, sondern teils in Deutschland, teils im besetzten Frankreich befinden«. In dieser Hinsicht war Holroyd-Reece auf der sicheren Seite, jedoch verwundbar in einer anderen, wie er offen zugab. »Darf ich Sie abschließend bitten, die in diesem Brief enthaltene Information nach eigenem Ermessen mit Vorsicht zu behandeln, denn es gibt in London und anderswo potenzielle Rivalen um das Geschäft von Albatross und Tauchnitz«.[6]

Den gefährlichsten seiner Gegenspieler kannte Holroyd-Reece nur zu gut, denn er selbst hatte Allen Lane gewissermaßen in die Produktion von Taschenbüchern eingewiesen. Am 30. Juli 1935 kam Lane mit seinen berühmten Penguin Books im Königreich auf den Markt. Wie Albatross kennzeichnete Penguin die einzelnen Genres farblich. Wie Albatross verkaufte Penguin eine Marke und nicht nur ein Produkt. Mit einem Preis von einem halben Shilling je Exemplar waren Bücher von Penguin weitaus billiger als die angeblich »preiswerten« gebundenen Ausgaben für dreieinhalb oder zweieinhalb Shillings. Man konnte sie »einfach im Vorbeigehen kaufen wie eine Schachtel Zigaretten«, erläuterte der Grafiker Edward Young, der das charmante Penguin-Signet in die Welt setzte. Lane hatte auch den klugen Einfall, seine Bücher außerhalb traditioneller Buchhandlungen zu verkaufen, und schloss einen Vertrag mit der Warenhauskette Woolworth, der für seinen Erfolg entscheidend war. Wenn die alteingesessenen britischen Verlage schon die Albatross- und Tauchnitz-Ausgaben ablehnten, weil diese den einträglichen Handel mit gebundenen Ausgaben gefährdeten, so waren sie umso mehr empört über die Penguin-Büchlein, die nicht nur traditionelle Preismarken weit unterboten, sondern noch dazu außerhalb der heiligen Hallen des Buchhandels um Käufer buhlten. Lane argumentierte im völligen Gegensatz zu allen überkommenen Weisheiten der Branche, seine Erschließung eines Massenmarktes steigere die Gewinne, indem sie »aus Buchleihern Buchkäufer macht«. Und wie es schien, sollte er recht behalten. Dank niedriger Preise und pfiffiger Vertriebsideen verkaufte Penguin schon im ersten Jahr drei Millionen Exemplare.[7]

Allen Lane gebührt die Ehre, dieses Wagnis eingegangen zu sein. Doch hatte er zuvor eine Menge von Holroyd-Reece gelernt. Zu Beginn der Dreißigerjahre erging sich die britische Buchbranche in Mutmaßungen über das, was Stanley Unwin ein »neues Lesepublikum« nannte: Inwieweit existierte ein solches überhaupt? Und falls es existierte, was angesichts einer wachsenden Mittelschicht und der Ausbreitung des Lesens auch in der Arbeiterklasse zu vermuten war: Wie konnten Verlage diese neuen Leser am besten erreichen? Irgendwann gegen Ende 1933 oder Anfang 1934 bot Holroyd-Reece Allen Lane an, mit einer gemeinsamen »Modern Library«-Reihe für England nach dem Vorbild von Albatross auf diesen Markt zu setzen. Aus Holroyd-Reece' Sicht konnte eine solche Reihe – ähnlich dem bereits bei Collins in Edinburgh gedruckten Albatross Crime and Mystery Club – Albatross' stärker in der britischen Wirtschaft verankern. In einer vertraulichen Notiz umriss er die Rahmenbedingungen für diesen im eigentlichen Sinne englischen Albatross: Lane sollte die Bücher in England herstellen und verkaufen, Holroyd-Reece würde sie auf dem Kontinent vertreiben und außerdem Lanes »Produktionsbüro bei der Ausarbeitung und genauen Festlegung von Leitlinien für die Produktion der Reihe unterstützen«. Die Verhandlungen gediehen bis zu dem Punkt, an dem Holroyd-Reece Lane sogar Einzelheiten der Kostenstruktur von Albatross anvertraute, das heißt der Kunst, so viele Bücher wie möglich für so wenig Geld wie möglich herzustellen. Den Beginn des gemeinsamen Unternehmens setzte er für den folgenden Herbst an. Dann stieg Lane im Frühjahr 1934 wegen Schwierigkeiten mit den Urheberrechten und den finanziellen Risiken plötzlich aus.[8] Das war zunächst nichts weiter als ein geplatztes Geschäft, dessen Scheitern aber zugleich Unheil erahnen ließ. Lane nutzte das Wissen, das er Holroyd-Reece abgelauscht hatte, um sich von seinen Chefs bei Bodley Head zu lösen und sein eigenes Unternehmen zu gründen.

Die Empörung über Penguin war groß. Der Verleger Jonathan Cape hatte Lane für dessen allererste Penguin-Ausgaben Rechte verkauft in der Gewissheit, dass das Unternehmen scheitern musste. Später steckte er ihm bei passender Gelegenheit: »Sie sind doch der Schweinehund, der unser Geschäft mit seinen speckrosa Penguins ruiniert hat«. George Orwell war als Leser von den Penguin-Büchern begeistert, bemerkte aber auch, sie seien »eine derartige Goldgrube, dass die anderen Verlage sich mit etwas Sinn und Verstand eigentlich gegen sie verbünden und sie ausmerzen müssten«. Noch Jahre danach stichelte Holroyd-Reece gegenüber Lane: »Mit viel Geschick und Liebenswürdigkeit haben Sie den Sturm der Entrüstung gegen Sie abgewehrt, indem Sie mir die Schuld an allem gaben, wo doch Ihre genial erfolgreichen Unternehmungen sich dem Beispiel und dem Antrieb des Albatross verdankten«. Holroyd-Reece hatte Lane auf Treu und Glauben Produktionsgeheimnisse anvertraut und zahlte dafür später einen hohen Preis. In Sylvia Beachs Verkaufsregister von 1937 findet sich eine Penguin-Ausgabe von *A Passage to India* zu vier Francs anstatt der mit 14 Francs mehr als dreimal so teuren Albatross-Ausgabe von 1934.[9]

Lane gelang mit Penguin, was Holroyd-Reece fast ein Jahrzehnt früher vor Augen gehabt hatte: ein englischer Verlag, der die erforderlichen Rechte besaß, um seine Bücher in mehr Märkten denn je zu verkaufen. Darin lag die Zukunft der Branche. Amerikanische Verlage folgten Lanes Beispiel. Robert de Graff gründete 1939 am Beginn des Krieges Pocket Books. Die American News Corporation brachte 1941 ihre Avon Books auf den Markt. Wenn Pearl Buck und andere Autoren zögerten, sich bei den kontinentaleuropäischen Ausgaben auf Bonnier oder irgendeinen anderen Verlag festzulegen, so lag das auch daran, dass dieses Modell nicht mehr tragfähig war. Bucks Ehemann, der Verleger Richard Walsh, schrieb im Mai 1943 an ihren Agenten: »Ich denke, wir sind uns einig, dass wir keine kontinentalen Rechte für englische Ausgaben mehr aus der Hand geben wollen und uns ganz allgemein darauf freuen, nach dem Krieg billige amerikanische Ausgaben direkt auf dem Kontinent verkaufen zu können«. Da Regierungen und Verlage auf ein baldiges Ende des Krieges hofften, nahm die Möglichkeit, ein Massenpublikum zu erreichen, auch eine verstärkt politische Bedeutung an. Penguins Grafiker Young äußerte, Lanes Motivation sei »weltverbessernd und geldscheffelnd« zugleich gewesen. Demnach wollte Lane ohne Zweifel reich werden, doch er legte auch »großen Wert darauf, dass Bücher in Massen produziert werden mussten, wenn Meinungsfreiheit irgendeinen Sinn haben und Wissen allgemein verfügbar sein sollte«. Holroyd-Reece' Absatzmarkt war, mit anderen Worten, in höchster Gefahr. Sobald der Krieg vorbei war, würden Staaten und Verlage im Verein darum ringen, auf dem europäischen Kontinent englischsprachige Bücher zu verbreiten.[10]

Vorerst lauerte einer von Lanes wichtigsten amerikanischen Verbündeten auf diesem Weg noch in Wartestellung in der 245 Fifth Avenue/28th Street, etwa dreißig Straßen südlich von Bonniers neuem New Yorker Büro. Auch dieser Widersacher war Holroyd-Reece bestens bekannt, wenngleich er nun amerikanische Anzüge trug: Kurt Enoch tüftelte am Aufbau eines amerikanischen Ablegers von Penguin Books. Mit der Unausweichlichkeit, mit der eine Handlung manchmal die nächste nach sich zieht, war diese Konstellation eine Folge des Zerwürfnisses zwischen Enoch und Holroyd-Reece in den späten Dreißigerjahren. Da Enoch nach dem Bruch von 1937 in Paris auf Holroyd-Reece zur Vertretung seiner Firmen Continenta und Imperia in England nicht mehr bauen konnte, stellte er dafür den jungen britischen Verleger Charles Pick an. Dieser kannte Lane und erzählte ihm von Enochs Versuch, französische Klassiker nach England zu bringen. Lane fand das interessant genug, um Enoch in Paris zu besuchen und mit ihm die Veröffentlichung von Übersetzungen französischer und deutscher Literatur in seiner Reihe Penguin Specials zu erörtern. Obwohl der Krieg dieses Vorhaben zunichte machte, trug sein Scheitern die Saat von Enochs beruflicher Zukunft bereits in sich. Ab Ende 1941 arbeitete Enoch für Penguin und damit für den größten Rivalen von Albatross seit Ende der Dreißigerjahre. »Ich begann mit viel Begeisterung und großen Erwartungen an meinem neuen Schreibtisch«, erinnerte sich Enoch, »und war am Ende meines ersten Jahres in den Vereinigten Staaten überglücklich, meine Verlegerlaufbahn ein weiteres Mal in Angriff zu nehmen«.[11]

Sein letzter Versuch war lange her, die Place Vendôme weit weg, er war auf zermürbenden Umwegen und mit geringen Englischkenntnissen nach New York gekommen und zunächst nicht in der Lage, für seine Familie zu sorgen. »Ich habe alles, was mir noch gehörte, in Paris zurückgelassen«, erklärte er den amerikanischen Einwanderungsbehörden. »Wir kamen in den USA mit nichts als den Kleidern auf dem Leib und ein paar Gepäckstücken an«. Seine ältere Tochter Ruth schickte er nach Iowa zum Arbeiten als Kinder- und Hausmädchen – eine Tätigkeit, für die sie nicht geschaffen war und die sie zutiefst unglücklich machte. Die jüngere Tochter Mirjam wohnte unterdessen bei Verwandten in New Jersey, um dort ihren Schulabschluss zu machen. Zu Enochs großer Erleichterung kam seine Mutter Anfang 1941 aus Europa an. Sie wohnte bei seiner Schwester Ilse zuerst in New York, später in San Francisco. Sein Bruder Otto in Detroit drängte ihn, die erstbeste Arbeit anzunehmen, die er finden konnte. Enoch empörte der bloße Gedanke daran. »Ich war nie zuvor Angestellter gewesen und von jeher gewohnt, auf eigene Initiative zu handeln und zu entscheiden«, schrieb er später.[12]

Er lieh sich noch mehr Geld von seinem Bruder und verbrachte Wochen damit, Kontakte zu knüpfen. Er spürte emigrierte deutsche Verleger auf, etwa Fritz Landshoff, den ehemaligen Geschäftsführer und Mitinhaber des Kiepenheuer Verlags in Berlin, und Kurt Wolff, mit dem Holroyd-Reece die Pantheon-Reihe begründet hatte. Er sprach mit amerikanischen Verlegern wie Bennett Cerf von Random House und B. W. Huebsch von Viking. Bei einem weiteren Emigranten, Henry Koppell, bekam er erstmals einen Fuß in die Tür. Er konnte Koppells Büro, ein Telefon auf seinem Schreibtisch und die Dienste einer Sekretärin nutzen im Austausch für die Hälfte seiner Einnahmen. Damit war die Enoch Publishing Company geboren. Sie exportierte im ersten Anlauf wissenschaftliche Lehrbücher und Nachschlagewerke für Maurice Dekker und Eric Proskauer, zwei weitere Emigranten aus der Verlegerszene.[13]

Dann holte Enoch Ende 1941 ein Kapitel seiner Vergangenheit in Gestalt von Allen Lane ein. Dieser vertraute ihm an, dass er drauf und dran sei, die amerikanische Niederlassung von Penguin aufzulösen. Sie war 1939 entstanden, als der einundzwanzigjährige Ian Ballantine mit Kisten voller Penguin-Bücher und einer Herkulesaufgabe vor sich England verließ: Er sollte in den Vereinigten Staaten einen Markt für die englischen Penguin-Bände erschließen. Innerhalb weniger Monate beendete der Krieg dieses Unternehmen. Angesichts dümpelnder Verkäufe, Papiermangels und Verzögerungen bei Produktion und Vertrieb sah Lane wenig Grund, an dem Vorhaben festzuhalten – bis Enoch sich für Ballantines Vorschlag einsetzte, dass Penguin in den Vereinigten Staaten Bücher für den amerikanischen Markt produzieren solle. Als Enoch anbot, dafür Startkapital aufzubringen, um die kriegsbedingten Beschränkungen im Kapitalverkehr zwischen England und den USA zu umgehen, schlug Lane ein. Dank eines Kredits von 3000 Dollar von Kurt Wolff wurde Enoch zum stellvertretenden Direktor der frisch gebackenen Operation Penguin. Er kümmerte sich um Produktion und Satz, Ballantine überließ er Vertrieb und Verkauf. »Wir teilten alle Gewinne, aber die Verluste blieben bei mir hängen«, erklärte Enoch später. Er setzte alles auf einen durchschlagenden Erfolg von Penguin.[14]

Enoch fand bei seiner Arbeit für Penguin das kollegiale Umfeld, das ihm in seinen letzten Jahren in Paris gefehlt hatte. »Besonders am Anfang, als Geld und Personal noch sehr überschaubar waren«, schrieb er, »übernahmen Ballantine, ich selbst und andere oft bis spät in die Nacht das Verpacken, Versenden und andere Knochenarbeit, um die Dinge zu tun, die getan werden mussten, oder um Geld zu sparen«. Enoch war dankbar für all das und nutzte die sich bietenden Gelegenheiten in New York nicht anders, als er es in Paris getan hatte. Dennoch war es kein Vergnügen, zum dritten Mal von vorn anzufangen. »Ich konnte nicht wissen, ob der hier ausgeworfene Anker halten würde oder halten durfte«, gab er zu. »Einstweilen waren Leib und Leben in Sicherheit. Wir waren Gäste im mächtigsten Land der Welt. Ich konnte wieder für mich selbst sorgen. Die Leute waren meistens freundlich, hilfsbereit und großzügig. Aber wir gehörten nicht wirklich dazu«.[15]

Enochs Gefühl, nicht dazuzugehören, war womöglich seine schärfste Waffe. Er war entschlossen, sich und seiner Familie ein neues Leben aufzubauen, seinem Bild von sich selbst als erfolgreichem Verleger zu entsprechen, irgendwann einmal doch wieder dazuzugehören. Sein Antrag auf die amerikanische Staatsbürgerschaft war ein leidenschaftliches Bekenntnis zu alldem. Er war aus Deutschland geflohen »wegen rassischer Verfolgung und entschiedener Ablehnung des Nazisystems«, wie er schrieb. »Ich wurde ausgebürgert und schulde keinem Land Gefolgschaft«. Nichts wünschte er so sehr wie den Luxus, an einem Ort bleiben zu können. »Darf ich schlussendlich darauf hinweisen, dass es mir nun zum dritten Mal gelungen ist, mir eine Existenz aufzubauen, dass ich hoffe, hier eine endgültige Zuflucht zu finden und frei von der Furcht leben zu können, nach dem Ende des Krieges wieder aus diesem Land vertrieben zu werden und irgendwo anders von Neuem beginnen zu müssen«, schrieb er.[16] Es war eine Angst, die Enoch nie ganz verließ: ausgestoßen zu werden, alles zurücklassen zu müssen. Sie trieb ihn an und machte ihn zu einem mächtigen Gegner, mit dem Holroyd-Reece schon bald wieder zu tun bekommen sollte.

KAPITEL 20

Kriegsgericht

Am Abend des 30. Januar 1943, zum zehnten Jahrestag von Hitlers Machtübernahme, versammelten die NS-Oberen Tausende Parteitreue im Berliner Sportpalast. Goebbels hatte ursprünglich eine mitreißende Inszenierung rund um die Themen »Sieg der nationalsozialistischen Bewegung«, »Kampf für eine gerechtere Lebensordnung«, »Freiheit und das tägliche Brot« vorgesehen. Doch je näher das Jubiläum rückte, umso mehr sickerten Nachrichten von deutschen Niederlagen nach sechs Monaten schwerer Kämpfe um Stalingrad ins Deutsche Reich ein. Die 6. Armee wurde von der Roten Armee zermalmt. Die Luftwaffe hatte den Abwurf von Nahrungsmitteln, medizinischem Bedarf und Munition bereits eingestellt. Somit waren deutsche Soldaten in dem Moment, als Göring und Goebbels auf dem Podium die Einheit und Geschlossenheit des deutschen Volkes beschworen, in Todesangst, krank, ausgezehrt und wehrlos sich selbst überlassen. Goebbels ordnete an, keine Flaggen zu hissen. Hitler sagte seinen Auftritt ab mit der Begründung, er sei »bei meinen Soldaten«, und überließ es Goebbels, seine »Proklamation« vorzutragen.[1]

Da den Feierlichkeiten infolgedessen einiges von ihrem Glanz abging, wurde daraus ein politisches Spektakel, das den Blick der Anhänger weit weg von Stalingrad und in eine andere Richtung lenken sollte. Hitlers Erklärung stellte die Einsatzbereitschaft deutscher Soldaten als vorbildlich für das deutsche Volk überhaupt heraus. »›Kampf‹ war damals die Parole der nationalsozialistischen Bewegung von Anfang an«, rief Goebbels mahnend in die Menge, »und ›Kampf‹ ist unsere Parole bis zum heutigen Tag geblieben«. Es sei »fester und unumstößlicher Grundsatz, daß das Wort ›Kapitulation‹ in unserem Sprachschatz nicht existiert«.[2]

Die Alliierten gedachten Hitlers zehntem Jahrestag an der Macht ganz anders. Sie schickten uneingeladene Gäste – leichte Mosquito-Bomber der Royal Air Force – für einen Angriff auf die Hauptstadt am helllichten Tag. Londoner Zeitungen berichteten, die britischen Bomben hätten Göring und Goebbels genötigt, ihre Übertragung in die »Ätherwellen« zu unterbrechen. Die *New York Times* feierte die symbolische Bedeutung der Bombenabwürfe: »Es herrschte Hochspannung bei den Feiern der Nazis zum zehnten Jahrestag ihrer Herrschaft – eine Spannung, wie sie selbst diese einstigen Großmeister des politischen Spektakels noch nie zustande gebracht oder erlebt hatten. Aber es war ein Spektakel der umgekehrten Art – beschert von ihren Feinden, die von jetzt an Regie führen«. Für Premierminister Winston Churchill und Präsident Franklin Roosevelt sowie das gemeinsame alliierte Kommando Combinded Chiefs of Staff bildete dieser Angriff den Auftakt zum strategischen Bombenkrieg, den sie wenige Tage zuvor auf der geheimen Konferenz von Casablanca beschlossen hatten. Deutschlands Fähigkeit, weiter Munition, Männer und Kampfesmut für die Kriegsanstrengung zu mobilisieren, sollte auf diese Weise zermürbt werden.[3]

Am folgenden Tag lief im deutschen Radio das düstere, gespenstische Adagio aus Anton Bruckners Siebenter Symphonie in E-Dur. Streicher entschwebten über den unheilschwangeren Klängen der Tuba und der anderen Blechbläser zur Einstimmung auf eine Meldung, die viele Deutsche schon erwarteten: Die Truppen des Russlandfeldzugs hatten kapituliert. Zwei Wochen danach, am 18. Februar, machte Goebbels dort weiter, wo die höher und höher kletternden Streicherpartien geendet hatten. Er beschwor das deutsche Volk, über den Zusammenbruch der Ostfront hinwegzukommen. »Der totale Krieg also ist das Gebot der Stunde«, schrie er. »Wenn wir je treu und unverbrüchlich an den Sieg geglaubt haben, dann in dieser Stunde der nationalen Besinnung und der inneren Aufrichtung. Wir sehen ihn greifbar nahe vor uns liegen; wir müssen nur zufassen. Wir müssen nur die Entschlußkraft aufbringen, alles andere seinem Dienst unterzuordnen. Das ist das Gebot der Stunde. Und darum lautet die Parole: Nun Volk steh auf und Sturm brich los!« Mit dieser Rede waren die Erwartungen hinsichtlich bedingungsloser Gefolgschaft und Selbstverleugnung gesetzt, an denen Soldaten wie Zivilisten im unablässig weitermarschierenden Krieg gemessen werden sollten. Sie bestimmten in kürzester Zeit auch die Geschicke der Albatross-Tauchnitz-Gründer. Wegner war der Erste, den es traf.[4]

Es gibt Briefe, die niemand gerne nach Hause schickt, Christian Wegner schrieb am 2. November 1943 einen davon. »Meine liebe Annemarie!«, begann er. »Es sieht so aus, als ob nach all dem Schweren der letzten Zeit sich noch weiteres Gewitter vorbereitet. Ich sitze – bitte nicht erschrecken! – in Untersuchungshaft, weil mich ein von mir zurechtgewiesener Offizier aus Rache angezeigt hat, ich hätte am 30. Juli wehrzersetzende Äußerungen gemacht. Ich hoffe, es wird mir gelingen, der Wahrheit zum Siege zu verhelfen«. Wegner musste mindestens zwei Wochen auf seinen Urteilsspruch warten, drängte aber seine Frau zu Optimismus. »Bitte mach Dir keine unnützen Sorgen. Ich denke, ich werde es schaffen«. Mit seinen beruhigenden Worten verharmloste er eine tatsächlich grimmige Lage. »Zersetzung der Wehrkraft« wurde im schlimmsten Fall mit dem Tod bestraft. Wehrmachtssoldaten hatten Wegner am 30. Oktober in Paris verhaftet, gerade als er mit Freunden eine Kindstaufe bei Wolfgang Ollendorff, einem engen früheren Albatross-Mitarbeiter, feiern wollte. Schon auf dem Weg zu Ollendorffs Wohnung hatte er die Soldaten weiter oben auf der Wendeltreppe warten gesehen. »Dichter konnten Glück und Unglück nicht beieinander wohnen«, schrieb er seiner Frau. Die Soldaten warteten auf ihrem Posten und schenkten Wegner ein paar letzte Stunden mit seinen engsten Freunden, bevor sie ihn abführten. Ganz gegen seine Gewohnheit brach Wegner in Tränen aus. Einige seiner Freunde ermutigten ihn, durch die Hintertür zu verschwinden, unterzutauchen und das Ende des Krieges abzuwarten. Er lehnte ab und ergab sich beim Verlassen der Wohnung durch die Vordertür direkt in seine Haft.[5]

Bis zu diesem Zeitpunkt hatte Wegner in seiner militärischen Laufbahn nichts als höchstes Lob erfahren. Im Sommer 1940 hatte sich sein Regiment bis zum Ärmelkanal durchgekämpft und war siegreich aus den Schlachten in Flandern und im Artois hervorgegangen, wofür man Wegner mit dem Kriegsverdienstkreuz der I. und II. Klasse mit Schwertern für besondere Verdienste im rückwärtigen Frontgebiet auszeichnete. Im Februar 1940 hatte man ihn vom Leutnant zum Oberleutnant befördert, im Juni zum Hauptmann. Am 1. Juni 1943, kein halbes Jahr vor seiner Verhaftung, erhielt er eine hymnische Beurteilung seiner Leistungen als Kommandeur der Transportabteilung in der 16. Flak-Division und wurde für eine Beförderung zum Major vorgeschlagen. Seine Vorgesetzten schätzten ihn als einen Mann von erstaunlicher Begabung und großer Zuverlässigkeit: »Gerader, offener, aufrechter Charakter ... wendige Persönlichkeit ... hervorragende Organisationsgabe und unermüdliche Einsatzfreudigkeit ...«. Das Kriegsgericht stand vor einem Rätsel. Was hatte diesen fünfzigjährigen, zweimal beförderten, vielseitig talentierten Offizier zu dem Verhalten getrieben, für das er nun in

Haft saß? Während das Gericht die Beweise sammelte, wartete Wegner allein in seiner Zelle. Abgesehen von einem viertelstündigen Gespräch mit einem langjährigen, auch bei seiner Verhaftung anwesenden Freund durfte er in den ersten siebzehn Tagen mit niemandem sprechen – eine harte Strafe für einen so geselligen Menschen wie ihn.[6]

In einem derartigen Konflikt sucht man nach dem wahrhaftigen Ton in all dem Widerhall zwischen einem Ereignis und seinen Beschreibungen. Wegner selbst fasste seinen Absturz in ungeschönte, schlichte Worte. Nach einem Urlaub in der Nähe von München, wo Annemarie mit den beiden Kindern ausharrte, weil Christian Bombenangriffe der Alliierten auf den strategisch wichtigen Hamburger Hafen vorhergesehen hatte, habe er Ende Juli 1943 wieder seinen Posten angetreten. Kurz danach habe er äußerst beunruhigende und unergründliche Nachrichten erhalten. Tatsächlich hatten die Alliierten Hamburg bombardiert und dabei die Wohnhäuser seiner Mutter und seines Bruders und womöglich auch seinen Betrieb dem Erdboden gleichgemacht. Schmerzhafter noch waren Berichte der Wehrmacht, dass die Alliierten Sizilien angriffen, wo sein ältester Sohn Ezard aus erster Ehe im Einsatz war. Im späten Frühjahr hatte Ezard in innerem Aufruhr nach dem verheerenden Bruch mit seiner Verlobten seinen Posten als Wachtmeister in der 16. Flak-Division – wo Christian mehr oder weniger auf seine Sicherheit achten konnte – aufgegeben und sich freiwillig zu Görings Regiment in Sizilien gemeldet. Seit drei Wochen hatte Christian Wegner von seinem erst einundzwanzigjährigen Sohn nichts mehr gehört und war inzwischen »vor Angst und Sorge um Ezard fast verzweifelt«. Am 24. Juli kapitulierte Mussolini, was die deutschen Soldaten in Italien in noch größere Bedrängnis brachte. Unter der Anspannung und Last dieser Ereignisse machte sich Wegner gegenüber jedem, der ihm zuhörte, in verbitterten Tiraden Luft.[7]

Bei Berücksichtigung aller Faktoren und trotz des Eindrucks, den die Bombenangriffe und die aufrichtige Sorge um Ezard auf Wegner gemacht haben müssen, kann man mit einiger Sicherheit sagen: Wegner landete aus denselben Gründen im Gefängnis, deretwegen Hans Otto ihn so viele Jahre zuvor bei Tauchnitz hinausgeworfen hatte. Er sagte und tat, was ihm gefiel und wann immer es ihm gefiel. Er hielt nie mit seiner Meinung hinter dem Berg und änderte sein Verhalten auch nicht, als er aus dem Maßanzug des Geschäftsmanns in die Militäruniform schlüpfte. Das Gericht stellte in Rechnung, dass seine berufliche Laufbahn Wegner »geistig sehr rege und vielseitig interessiert« gemacht und ihn mit »einer umfangreichen Kenntnis und einem Weltblick« ausgestattet habe. Er respektierte seine Vorgesetzten, die wiederum sein Selbstvertrauen und seine »festgestellte Einsatzfreudigkeit« im Kampfgeschehen bewunderten. Die Richter vermerkten aber auch eine Schattenseite seines Charakters. Wegner kannte keine Grenzen als Alleinunterhalter, sodass er Gespräche »meist an sich riss und allein führte« und »seine Auffassung notfalls mit Schärfe« durchsetzte, was ihm den Groll seiner Untergebenen eintrug.[8]

Anders gesagt: Wegner sah sich selbst gern auf der Gewinnerseite, und je länger sich der Krieg hinzog, je mehr Wegner seine eigenen Interessen durch Entscheidungen des deutschen Militäroberkommandos gefährdet sah und je mehr Tote der Krieg forderte, umso mehr brachte ihn sein Narzissmus in den Gegensatz zu den Männern, an deren Seite er kämpfte. Als die Alliierten im November 1942 Nordafrika besetzten, erklärte er einem Oberleutnant, dass »nunmehr mit einem Sieg Deutschlands nicht mehr gerechnet werden könnte«. Während er in der Kantine auf einer Karte auf Kriegsschauplätze deutete, sprach er »vom Aufrollen Italiens und des Balkans und schilderte die weitere ungünstige Entwicklung, wie sie sich in seinen Gedanken für die Zukunft darstellte«. Am 6. April 1943 geriet Wegner auf ähnliche Art mit einem Hauptmann Stiegler aneinander. Im Verlauf eines langen Abends mit lebhaften Gesprächen »sind von den beteiligten 12 Herren 12 Flaschen Burgunder und 12 Glas Kognak, sowie 12 Flaschen Sekt getrunken worden«. Wegner erregte sich über Stieglers Meinung, der Nationalsozialismus sei gleichbedeutend mit einer Religion, und verwahrte sich energisch gegen jede Vermischung von Religion und Politik. »Die Unterredung endete mit einem Mißklang«. Wegner zog sich dabei den Feind zu, der ihn später denunzierte.[9]

Das Kriegsgericht kam zum Schluss, dass Wegner bereits im Juli 1943 bei seiner Rückkehr in den Dienst verstört gewesen sei. »Er geriet in große Aufregung, da er seine Lebensarbeit völlig vernichtet sah«, hieß es in der Begründung. Als er Stiegler zufällig über den Weg lief, brach es aus ihm hervor: »Nun, Sie Optimist, was sagen Sie nun?« Da Stiegler verblüfft reagierte, legte er nach: »Jetzt hat man Hamburg durch Bombenangriffe zerstört, im nächsten Monat wird man Berlin zerstören, und so geht das weiter«. Stiegler ergriff Zuflucht zur Rhetorik des »totalen Krieges«, doch das erzürnte Wegner noch mehr: »Wenn ich durch die Bombardierung Hamburgs nicht ein armer Mann geworden wäre, würde ich mit Ihnen wetten, dass die Ereignisse sich in Zukunft so abspielen werden, wie ich es Ihnen vorausgesagt habe.« Stiegler sagte Wegner daraufhin, er sei, »reif für ein Sanatorium«, und ging seines Weges. Den späten Abend verbrachte Wegner mit einem gleichrangigen Offizier, der ihn aus »einem Zustand völliger Aufgelöstheit« herausholte und ihm das Versprechen abnahm, dass er als Offizier und Truppenführer dabei bleiben werde, »seinen Männern klar zu machen, dass sie die Pflicht hätten, trotz aller Rückschläge auszuhalten«. Soweit Wegner wusste, war die Sache damit erledigt.[10]

Dass ein charismatischer, mehrfach ausgezeichneter Offizier sich zu derartigen Ausbrüchen hinreißen ließ, kann man auch so deuten, dass die alliierten Bombenangriffe eines ihrer wesentlichen Ziele erreicht hatten. Nicht zufällig hatten die Strategen des Hamburger Feuersturms ihm den Namen »Operation Gomorrha« gegeben. Er war der erste Tag- und Nachtangriff der Briten und Amerikaner, wobei englische Piloten die Stadt nachts bombardierten und amerikanische am darauffolgenden Tag industrielle Ziele, auch um Zivilisten daran zu hindern, sich zwischen den Angriffen wieder zu fangen. Die Alliierten verfügten auch über eine neue, »Window« genannte Waffe, die ihnen große Siegesgewissheit gab. Mit Stanniol umwickelte Papierstreifen wurden von den Geschwadern säckeweise abgeworfen, um das deutsche Radarsystem außer Kraft zu setzen. Der britische Luftwaffenkommandant Sir Arthur »Bomber« Harris machte kein Geheimnis daraus, dass er nichts weniger als eine Zerstörung biblischen Ausmaßes mit der geschäftigen Hafenstadt vorhatte – ein Läuterungsfeuer, das industrielle wie militärische Ziele in großer Zahl zerstören und »den Kampfgeist des deutschen Volkes so weit aushöhlen soll, dass seine Fähigkeit zum bewaffneten Widerstand fatal geschwächt wird«. Wie er seinen Männern in kalten militärischen Formeln mitteilte, mussten »mindestens 10.000 Tonnen Bomben abgeworfen werden, um den Vorgang der Vernichtung abzuschließen«.[11]

Vernichtung war nicht übertrieben. Der erste britische Luftangriff vom 25. Juli 1943 war der größte auf irgendeine Stadt in der Geschichte der modernen Kriegführung. 772 Bomber der Royal Air Force warfen zwischen ein und zwei Uhr morgens 2300 Tonnen Sprengstoff auf die westlichen Quadranten Hamburgs und die Innenstadt ab, darunter etwa 350.000 Brandbeschleuniger-Bomben, die bereits ausgebrochene Feuer schürten und weitere entfachten. Was als Feuerwerk nacheinander aufflackernder gelber, roter und grüner Flammen begann, half den nachfolgenden Bombern, ihre Ziele zu erkennen, und entwickelte sich, wie unter anderen der Historiker Keith Lowe beschreibt, zu einem Inferno. Mit Sprengbomben hatten die Alliierten zuvor gezielt Wasser- und Stromleitungen zerstört, um die deutsche Brandbekämpfung zu erschweren.[12]

Auch eine außergewöhnlich lang anhaltende Hitzewelle und Trockenheit sorgten dafür, dass die Stadt rasch in Flammen aufging. Der Sommertag lockte die Hamburger zum Spazierengehen, Fahrradfahren oder zum Aufenthalt auf Caféterrassen am Ufer und in den Parks rund um die Alster ein, um Kaffee und Kuchen zu genießen – oder das, was man im Krieg dafür hielt. Viele waren der Fehlalarme überdrüssig und mieden die engen Gewölbe der Luftschutzkeller, wo sie dicht gedrängt zu einer schwitzenden, ängstlichen Menge, manchmal auch gemeinsam mit Katzen, Hunden und Hühnern ausharren mussten. Doch als sie diesmal aus ihren Betten krochen, mussten viele durch brennende Innenhöfe auf Straßen rennen, in denen das Feuer raste. Die Flammen waren so heiß, dass sich der Asphalt zu verflüssigen schien. In den Häusern brachten die Brände »Besteck und Glasflaschen zum Schmelzen und verbrannten Ziegel zu Asche«. Unzählige Familien starben in ihren Kellern an Rauchgasvergiftungen oder in öffentlichen Luftschutzanlagen, die ihnen das Leben retten sollten und für sie zu Särgen wurden. Die Zahl der Toten war auch deshalb so groß, weil Hamburgs Gauleiter Karl Kaufmann Flüchtlingsströme unterbinden wollte und den Menschen nach dem ersten Angriff verbot, die Stadt zu verlassen. Der

Schriftsteller Hans Erich Nossack beschrieb entsetzliche Momente danach: »Kilometer über Kilometer kein lebendiges Haus mehr ... In Gegenden, die ich zu kennen glaubte, habe ich mich völlig verirrt«. Bizarre Gegensätze brannten sich in seine Erinnerung ein. Er sah inmitten eines Trümmerfelds zerbombter Häuser »Kinder einen kleinen Vorgarten säubern und harken« und »in einem Hause, das einsam und unzerstört in der Trümmerwüste stand, eine Frau die Fenster putzen«. Hamburg stank und strotzte vor Dreck, Ratten und Fliegen »beherrschten die Stadt«. Am schlimmsten war für Nossack die emotionale Verwirrung. »Vor Entsetzen konnte man Einzelnes nicht mehr wahrnehmen«. Die Operation Gomorrha tötete 42.000 Hamburger, zehnmal so viele wie in irgendeinem vorangegangenen Luftangriff. Beinahe eine Million Flüchtige, mehr als die Hälfte der Bevölkerung, zerstreuten sich in alle Richtungen, um Unterschlupf bei Freunden oder Verwandten zu finden.[13]

Für Christian Wegner begann der August mit qualvollem Warten, da er keine Gewissheit über seine Angehörigen und seine Firma erlangen konnte. Von seinem Sohn hatte er weiter keine Nachricht. Aus Hamburg trafen Informationen nur schleppend ein. Schließlich schrieb ihm Annemarie Mitte August: »Heute erhielt ich endlich ... Nachricht, dass unser Büro also zerstört ist. Es war ja nach all den Berichten nicht mehr anders zu erwarten, trotzdem hatte man immer noch ein Fünkchen Hoffnung ... Es muss in Hamburg unvorstellbar grauenhaft sein ... Die Stadt ist eben planmäßig Stück für Stück zerstört worden. Und so geht es überall weiter. Wozu nur das alles«. Sie machte sich große Sorgen um ihren Mann und seinen Sohn und sehnte sich nach einem Wiedersehen, das so bald nicht kommen würde. Noch wusste sie nicht, dass Ezard schon am 14. Juli an der Front in Italien gefallen war. »Wie unbegreiflich fern sind die normalen Zeiten«, schloss sie. Die Stanniolfetzen, die das deutsche Radar überlistet hatten, lagen immer noch überall verstreut auf dem Boden. Obwohl die *Hamburger Zeitung* sie für harmlos erklärte, schärfte man Kindern ein, sie nicht anzufassen. Sie könnten vergiftet sein.[14] Die Welt war mit einem Mal surreal, nicht wiederzuerkennen.

Inwieweit die Luftangriffe der Alliierten Wegners Ausfälle bewirkt hatten, wurde zur entscheidenden Frage für das Kriegsgericht. Waren seine defätistischen Äußerungen eine Folge zu vieler schwerer Verluste, und hatten ihn diese am Ende ein wenig um den Verstand gebracht? Oder resultierten sie aus charakterlichen Schwächen, die erst jetzt zutage traten? Die Urteilsbegründung sprach Wegner nie ganz frei von Schuld. Dennoch enthielt das Dokument auf seinen mehr als sechzehn dicht getippten Seiten eine ungewöhnlich ausführliche – und vielleicht strategische – Erklärung dafür, wie und warum ein Mann von Wegners Format und makelloser Führung im fünften Jahr des Krieges plötzlich in der Zelle saß. Wegners Sohn Matthias kam es später so vor, als hätte der Richter diese Herleitung sorgfältig konstruiert, um seinem Vater die schwerste Strafe zu ersparen.[15]

Wegners Verteidigung machte sich an der Frage nach dem Vorsatz fest. Einerseits belastete ihn die bloße Zahl und Eindringlichkeit seiner Tiraden schwer. Schon einige Zeit vor dem Bombenangriff auf Hamburg hatte er seinem Ärger unüberlegt Luft gemacht. Andererseits erkannte das Gericht an, dass seine »lebhafte Unruhe und Sorge« ihn »die Lage schwarz in schwarz sehen« hatten lassen, dass er »nicht gehandelt hat mit der Vorstellung, daß sein Tun zersetzend wirkte«. Für ihn sprach auch, dass er »ein 50-jähriges ehrenhaftes Leben hinter sich« und in zwei Kriegen »seine Pflicht als Soldat erfüllt« hatte sowie »mit hohen Auszeichnungen versehen« war. Doch das Mitgefühl des Kriegsgerichts stieß an Grenzen. »Die Härte der Zeit erfordert harte Maßnahmen«, heißt es in dem Dokument. »Im heutigen Existenzkampf ... kann es unter keinen Umständen geduldet werden, daß gedankenlose Schwätzer straffrei ausgehen, wenn sie staatsfeindliche Äußerungen, Gerüchte oder Behauptungen über mögliche politische Entwicklungen in die Welt setzen, ohne die etwaigen Folgen ihres Tuns zu bedenken«.[16]

Die Ermittlungen waren abgeschlossen, und das Kriegsgericht beriet sich. Wegner erwartete sein Urteil nicht im Gefängnis, sondern dank des Wohlwollens seines Generals in einem Brüsseler Luxushotel. Vielleicht verleitete ihn dieses Privileg oder seine Gewohnheit, immer wieder auf den Füßen zu landen, zu der Erwartung, er werde freigesprochen. Und so war er empört, als ihm das Urteil am 23. November zuging. »Ich muss Ihnen eine sehr schwere und furchtbare Mitteilung machen, die mein ganzes Leben und vor allem auch das unserer Firma grausam beeinträchtigen wird«, schrieb er seinem vertrauten Mitarbeiter Walther Platz. »Ich bin gestern, auf eine aus Rache gegen mich erhobene Anschuldigung, zu *vier* Jahren Gefängnis und Rangverlust verurteilt worden!« Er wurde außerdem aus der Schrifttumskammer geworfen, was seine wirtschaftliche Existenz vernichtete. »Im übrigen ist mein armer Kopf noch so voll von diesen furchtbaren Erlebnissen, daß ich sicherlich noch lange nicht alle Konsequenzen übersehen kann«, erklärte er Platz, der nun, wie er meinte, die Firma mit Annemarie würde leiten müssen. »Es ist für Sie zunächst so, als ob ich gestorben wäre«.[17]

Wegner fand sich mit dem Urteil jedoch nicht ab, und am 3. Dezember weihte er Annemarie in seinen Plan ein: Sein Freund Kurt Ezart kannte den Bildhauer Arno Breker, einen Günstling von Göring, und wollte über diesen eine Milderung des Strafmaßes erreichen. In den Wochen danach saß Wegner in seiner Zelle und plante rastlos eine Zukunft, über die er nicht mehr verfügen konnte. Zu Weihnachten wartete er immer noch. Er wusste, dass sich sein Bruder Ekhard in Berlin und Kurt Ezart bei Breker für ihn einsetzten, doch es dauerte so lange, bis er irgendwelche Nachrichten erhielt, dass er es sogar als zwecklos erachtete, seinem Anwalt zu schreiben. »Man hat immer das Gefühl, ins Leere hineinzusprechen«. Am Neujahrstag grübelte er über Schachstellungen und probierte sämtliche Angriffs- und Verteidigungslinien durch, die sein Schachbuch hergab. Alles war ihm recht, um seinen Geist zu beschäftigen, auch das Rätselheft, das Annemarie ihm geschickt hatte, war längst »völlig aufgeknackt«. »Ich habe natürlich Geduld gelernt«, gestand er ihr, »aber diese Ungewissheit peinigt mich doch«.[18]

Im Februar 1944 erfuhr er schließlich, dass seine Strafe auf acht Monate im Wehrmachtsgefängnis in Germersheim reduziert und er danach an die Ostfront geschickt würde. In jedem anderen Zusammenhang wäre das kaum ein Anlass zur Freude gewesen. Doch für Wegner war die Rückkehr auf das Schlachtfeld besser als die Alternative. Er bedrang Annemarie, mit ihm zu hoffen. »Glaube an eine bessere Zeit und eine solche, da wir uns wieder in Freiheit und in Frieden gegenüberstehen werden. Wir beißen uns alle bis dahin durch«. Er arbeitete in der Gefängnisbibliothek und fand es einstweilen »erfreulich«, zerlesene Bücher zu reparieren, sosehr er hoffte, sein Ansehen wiederherzustellen, und sowenig er wissen konnte, was das in den kommenden Jahren mit sich bringen würde.[19]

Bevor er zur Ostfront aufbrach, erhielt Wegner einen Tag Urlaub, um seine Angehörigen zu besuchen. Der damals sechsjährige Matthias erschrak zutiefst, als er seinen Vater sah. Er war »mit einem fast bis zum Boden reichenden, schweren, feldgrauen Mantel und einem Stahlhelm bekleidet. Das traurige Bild hat sich mir eingeprägt, weil wir unseren Vater bis dahin nur in seiner uns so imponierenden Offiziersuniform gesehen hatten. Auf dem Rücken schleppte er einen riesigen Tornister, quer darüber hing ein Gewehr. Mit dieser Last zog er, gebückt aber ohne sich auch nur einen Hauch von Furcht anmerken zu lassen, in unserer Begleitung zum Bahnhof von G., um dort einen von Soldaten bereits restlos überfüllten Zug Richtung Osten zu besteigen. Aber was hieß schon *besteigen* – in das Innere der Wagons konnten die Zugestiegenen nicht vordringen, sie mussten sich auf den damals noch an den Zügen angebrachten langen Seitentrittbrettern unter freiem Himmel festklammern. Es war eine höchst gefährliche Reise ins Ungewisse. Wir standen, als sich der Zug in Bewegung setzte, winkend am Bahnsteig, bis die Konturen der Eisenbahn zu einem winzigen Punkt in der Ferne zusammengeschmolzen waren«. Später erfuhren die Kinder, dass es Wegner auf der Fahrt nach Danzig gelungen war, sich ins Innere des Waggons »durchzudrängen« und in Sicherheit zu bringen – eine Kunst, in der er mittlerweile offenkundig geübt war.[20]

Goebbels' Fanal des »totalen Krieges« veranlasste staatliche Behörden und Ministerien, nach Opfern zu suchen, die auch sie für das Reich erbringen konnten. Im Frühjahr 1943 ordneten Schrifttumskammer und Propagandaministerium die Schließung der allermeisten Verlage an, soweit sie nicht »von unbedingter Kriegsnotwendigkeit« waren. Sowohl Tauchnitz als auch Brandstetter schafften es auf die »Liste der zu sichernden Verlage«. Im Zusammenhang mit dem Deutschen Tauchnitz und militärischen Druckaufträgen hatten sie sich in der Wertschätzung des Regimes einen festen Platz gesichert. Albatross war zur Schließung vorgesehen, wobei die Leipziger Handelskammer und Johannes Krohn, der zweite Reichskommissar für die Behandlung feindlichen Vermögens, hier das letzte Wort hatten.[21]

Walter Gey überraschte diese Entscheidung nicht. Seit geraumer Zeit steuerte er das Unternehmen unter zunehmend restriktiven Bedingungen: keine Papierzuteilung ab August 1941, keine Exporte ab April 1942. Erich Kupfer wurde im März 1942 an die Front nach Norwegen geschickt, und auch Gey selbst entkam der Einberufung nur knapp, weil das Auswärtige Amt plötzlich wieder Interesse an Albatross zum Ausdruck brachte und der Reichskommissar sich für ihn einsetzte. Das größte Problem war wohl, dass Albatross nicht mehr dem Schutz von Brandstetter unterstand. Die Brandstetters nahmen die Mitteilung des Propagandaministeriums, Bücher in englischer Sprache seien nicht mehr erwünscht, zum Anlass für die Trennung. Mitte Juni 1942 kündigten sie die Verträge mit Albatross zum Jahresende. Sie brauchten Albatross nicht mehr. Einerseits hatte der Verlag den größten Teil seiner Verbindlichkeiten gegenüber Tauchnitz abbezahlt, andererseits hatte der Reichskommissar endgültig entschieden, dass die Brandstetters die Anteile von Albatross nicht übernehmen durften.[22] Da sie Albatross nicht unter ihre Kontrolle bringen konnten, ergriffen sie die andere verlockende Möglichkeit, die nur der Krieg ihnen eröffnete: die Verträge ohne Widerrede vonseiten der britischen Interessen, die Albatross' Unternehmenshandeln zumeist bestimmten, aufzulösen und sich damit für die Zeit nach dem Krieg den Machenschaften von Holroyd-Reece zu entziehen.

Gey hatte in jeder Phase versucht, den immer kleiner werdenden Spielraum von Albatross bestmöglich zu nutzen. Seinem Wesen nach erfüllte er pflichtbewusst seinen Auftrag, für die Interessen von Albatross einzustehen, und so hatte er noch im Herbst 1942 ernsthaft Sinn und Notwendigkeit der Partnerschaft von Albatross und Tauchnitz vertreten. Kupfer beriet Gey von der Front aus und fand sich zunächst anscheinend mit der Loslösung von Tauchnitz ab. Erst Ende November schickte er einen für seine Verhältnisse ungewöhnlich flammenden Appell: »Albatross kann sich nicht wie der

Mohr, der seine Schuldigkeit getan hat, beiseite schieben lassen«, schrieb er. »Was hätte O. B. mit Tauchnitz anfangen können ohne uns. Wir waren der Schlüssel zu Tauchnitz für die Herren und ich kann noch nicht alles aufgeben. Ich persönlich habe ohne Übertreibung eine *enorme* Arbeit für Tauchnitz geleistet. Sie müßten den Übergang im Herbst 1934 erlebt haben ... Es ist in der Tat zu billig und entspricht nicht den Grundsätzen, daß der Krieg für geschäftliche Zwecke ausgenutzt werden soll, den Geschäftsführer aufs tote Gleis zu schieben und den Verlag vor die Hunde gehen zu lassen. Also warten wir ab, was der Herr Reichskommissar sagt«. Doch der Appell war zu verhalten und kam zu spät. Krohn sah ein, dass die Trennung der Unternehmen zu weit gediehen war, um sie rückgängig zu machen. Brandstetters gaben sich zum Abschied versöhnlich, auch um für die Zeit nach dem Krieg vorzubauen: »Wir möchten sogar schon jetzt betonen, daß wir es für wünschenswert hielten, daß die beiden Firmen, sobald es wieder zu einer Belebung der englisch-sprachigen Produktionen kommt ... einen für beide Firmen unersprießlichen Konkurrenzkampf vermeiden«.[23] Somit wurden Ende 1942 aus den einstigen Konkurrenten und zwischenzeitlichen Partnern wieder zwei getrennte Verlagsunternehmen: nicht eigentlich Gegner, sondern Rivalen in Lauerstellung, die das Kriegsende untätig abwarteten.

Am Beginn des Jahres 1943 stellte Gey die Tätigkeit von Albatross auf den kleinen Bereich um, der ihm noch verblieben war. Mit einem Buchhalter, einer Bürokraft und zwei halbtags beschäftigten Lagerarbeitern – einer von ihnen siebzig Jahre alt – verkaufte er die noch übrigen Albatross-Bände. In einer eher beiläufigen Trotzhandlung weigerte er sich, den Vertrieb von Albatross an die Brandstetters abzutreten. Es sei »für die Gesellschaft auch prestigemäßig wertvoll, die Auslieferung selbst in der Hand zu behalten«. Erst Ende April, beinahe vier Jahre nach Kriegsbeginn, erließ das Propagandaministerium eine Verordnung, die Gey lange kommen sehen und gefürchtet hatte: ein Verkaufsverbot für Albatross im Deutschen Reich, von dem nur noch Schulen und Ministerien ausgenommen waren. Bis Ende September gelang es Gey trotz dieser Zensurmaßnahme, Bücher im Wert von 170.000 Reichsmark abzusetzen. »Das Jahr 1943 wird für den Albatros-Verlag einen ganz ungewöhnlich hohen Gewinn ergeben und zwar auf Grund der großen Umsätze in den ersten Monaten«, resümierte er. Noch ein anderer, bescheidener Sieg war ihm vergönnt. Die Leipziger Handelskammer sah keinen Grund, Albatross formell aufzulösen. Aus ihrer Sicht befand sich der Verlag im Stillstand.[24] Und so verkaufte Gey weiter Bücher von Albatross und erstattete dem Reichskommissar weiter Bericht, bis eine übergeordnete Behörde anderes verfügte.

Am Ende entschieden ganz andere Gewalten als die NS-Bürokratie über die Frage, was mit Albatross geschehen sollte. Am 4. Dezember 1943 warfen 442 alliierte Bomber in den zwei Stunden zwischen dem Fliegeralarm um 3:39 Uhr und der Entwarnung um 5:39 Uhr 1400 Tonnen Spreng- und Brandbomben auf Deutschlands sechstgrößte Stadt und seine 700.000 Einwohner ab. Da man die Hälfte der Leipziger Feuerwehrleute nach Berlin entsandt hatte, um dort nach Luftangriffen zwei Tage zuvor Brände zu bekämpfen, war die Stadt noch schlechter gerüstet. Sie brannte lichterloh.

Nach dem Bombenangriff sammelten die Alliierten Augenzeugenberichte von deutschen Kriegsgefangenen, um sich ein Bild von der Zerstörung vor Ort zu machen. Ein siebenunddreißigjähriger Bahnhofswärter erzählte von Bomben, die das Glasdach des Bahnhofs und sämtliche Fenster zertrümmert und »drei voll besetzte Züge mit Soldaten auf Heimaturlaub, die eben in den Bahnhof eingefahren waren«, getötet hatten. Ein Soldat beschrieb die Innenstadt als »eine einzige Ruine«, in der er »kein einziges Haus gesehen habe, das nicht vollständig ausgebrannt war«. Ein ehemaliger Grundschullehrer auf Fronturlaub berichtete von massiven Zerstörungen auch weiter außerhalb. »Ein Krankenhaus im westlichen Teil der Stadt wurde beschädigt, wobei unzählige Neugeborene und Mütter starben, und die Messehallen, in denen Flugzeuge montiert wurden, waren ebenfalls schwer getroffen ... Oft sah man in einem ganzen Häuserblock nur noch ein letztes, scheinbar unbeschädigtes Haus stehen«.[25]

Mit rund 2000 Toten erreichten die Verluste in Leipzig nur einen Bruchteil der Bombenopfer von Hamburg. Viele Leipziger hatten anscheinend die Anordnung ignoriert, in den Luftschutzkellern zu bleiben, und sich durch ihre Flucht aus der Stadt davor gerettet, in der Hitze lebendig geröstet zu werden. Doch auch hier erzählen die Statistiken eine furchtbare Geschichte. Mehr als 1000 Gewerbebauten und 472 Fabrikgebäude wurden völlig zerstört. Die Buchbranche war besonders schwer getroffen. »Mehr als ein halbes Jahrhundert war Leipzig weltweit die Hauptstadt des deutschsprachigen Verlagswesens«, hieß es in einem Bericht des American Office of Military Government for Germany. »Sonderzüge mit Publikationen für jede deutschsprachige Stadt in Europa verließen Leipzig zwei bis drei Mal die Woche, manchmal auch täglich«. Der Bombenangriff hatte den wichtigsten Grossisten und viele kleinere Verlage zerstört. Ein Kriegsgefangener stellte nach seiner Rückkehr mit Erstaunen fest, dass »keine Bücher oder Zeitschriften mehr gedruckt werden«.[26] Mit Millionen von Büchern verbrannte zugleich das Rohmaterial für die Zerstreuung und Belehrung, von dem das Propagandaministerium abhing, um den Kampfgeist in der zermürbten Bevölkerung aufrechtzuerhalten.

Diese Phase des totalen Krieges bedeutete für Albatross kaum weniger als einen Totalschaden. Am 13. Dezember schrieb Gey von seinem Wohnhaus in Liebertwolkwitz aus an Reichskommissar Krohn: »Der gesamte Inhalt der Büro- und Lagerräume ist ausgebrannt«, teilte er mit, auch dass er keine Ahnung hatte, ob die in der Druckerei Brandstetter verwahrten Rohbogen noch vorhanden waren. In gewissem Maße spielte das keine Rolle mehr. Denn da auch die Produktionsanlagen von Brandstetter schwer getroffen waren, gab es so oder so keine Möglichkeit, die Bogen binden zu lassen. Gey gelangte zur unausweichlichen Schlussfolgerung: »Der Verlag wird darum voraussichtlich nunmehr vollständig zum Ruhen kommen«.[27]

Da Albatross in der Gegenwart nichts mehr ausrichten konnte, richtete Gey seinen Blick auf die Zukunft. Seine Berichte an Krohn und dessen Mitarbeiter in der Reichsstelle für die Behandlung feindlichen Vermögens lassen vermuten, dass er seit einiger Zeit einen gewissen Stolz aus der Fortführung seiner Arbeit bezog: indem er sich für die Aufrechterhaltung der Verträge mit Brandstetter einsetzte, indem er genügend Bücher verkaufte, um die Schulden von Albatross abzuzahlen, und nun, indem er sich gewissenhaft an die Richtlinien zum Umgang mit feindlichem Vermögen hielt und zu retten versuchte, was vom Betriebsvermögen noch zu retten war. Gey verwahrte die Unterlagen zu sämtlichen veröffentlichen Bänden außer

Haus, und auch die Autorenverträge befanden sich in einem Banktresor. Alles andere musste warten. Bis zum letzten Buch, Papierbogen und Bleistift und bis zur letzten Büroklammer waren sämtliche Betriebsmittel in Flammen aufgegangen oder unter meterdickem Schutt begraben. Mit Kupfers Hilfe – man hatte ihm im Januar Fronturlaub gewährt – erkundete Gey den ehemaligen Firmensitz von Albatross. Selbst der Geldschrank hatte der Hitzeentwicklung nicht standgehalten. Sein Inhalt war »zum allergrößten Teil verkohlt«. Der gesamte Lagerbestand an Büchern war vernichtet – wie sich später herausstellte, 12.830 verbotene, 47.672 verkaufsbereite und 70.550 noch ungebundene Bücher, außerdem Holroyd-Reece' wertvolle Sammlung sämtlicher 6250 jemals bei Tauchnitz erschienener Bücher mit je einem Exemplar aus Tauchnitz' hundertjähriger Verlagsgeschichte.[28]

Obwohl ihnen nur wenig geblieben war, signalisierten weder Kupfer noch Gey dem Reichskommissar irgendeine Bereitschaft, aufzugeben. Gey hatte Kopien der Kontoauszüge in seinem häuslichen Büro aufbewahrt und dafür gesorgt, dass Journaldurchschriften des Jahres 1943 extern verwahrt wurden. Auf dieser Grundlage gingen die beiden eisern entschlossen daran, Geschäftsvorgänge zu rekonstruieren. Sie hofften, auf diesem Weg auch die Inhalte der Bandkartei und damit Buchverluste und ausstehende Tantiemenzahlungen wiederherstellen zu können. Sie hatten beinahe 150.000 Bücher verloren, zum Glück aber noch 30.000 unversehrte Rohbogen in einem Außenlager in der Leipziger Senefelder Straße gefunden. Darin erkannten sie eine materielle Grundlage, um Albatross am Leben zu halten. »Nach meiner mit Herrn Kupfer gehabten Aussprache sind wir darin übereingekommen«, schrieb Gey, »daß alles versucht werden soll, den Verkauf dieser Bände durchzuführen. Es besteht ja zweifellos das Bedürfnis nach englischer Literatur für Unterrichts- und Studienzwecke, wofür die zur Verfügung stehenden Bände geeignet und bestimmt sind«. Sie planten, diese Bogen auf welchen Wegen auch immer binden zu lassen und zu verkaufen, um Kosten zu decken. Geys Treue zu Albatross scheint zwischen den Zeilen seiner Berichte durch. »Durch eine derart, wenn auch noch so beschränkte Fortführung des Verkaufes wird auch der Name Albatross noch weiterhin in Buchhandels- und Leserkreisen erhalten bleiben und damit zweifellos zur

Erhaltung des ideellen Wertes des Verlages beigetragen«. Und er fügte hinzu: »Auch zur Aufrechterhaltung der Gleichgewichtslage mit Tauchnitz dürfte dies empfehlenswert sein«.[29]

Dieser Nachsatz von Gey belegt eindrucksvoll nicht nur seine Treue zum Unternehmen, sondern auch seine Fähigkeit, etwas ins Auge zu fassen, das beim Umherirren durch eine von Ruinen durchsetzten Geisterstadt zum Schutthaufen des ehemaligen Albatross-Büros beinahe unvorstellbar gewesen sein muss: dass der Krieg enden und eines Tages im Frieden die alte Rivalität mit Tauchnitz wiederaufleben würde. Im ersten Halbjahr 1944 wurden von Leipzig aus keine Albatross-Bücher verkauft. Doch Gey ließ nicht locker. Es missfiel ihm, dass die Luftangriffe Albatross noch abhängiger von den Brandstetters gemacht hatten. Keinen einzigen seiner 45.000 Rohbogen – inzwischen hatte er mit Kupfer an einer anderen Adresse weitere 15.000 ausfindig gemacht – konnte Albatross verkaufen, solange bei Brandstetter die Buchbindereimaschinen nicht wieder anliefen. Glücklicherweise schien »die Firma Oscar Brandstetter im Augenblick selbst geneigt ... den Albatross Verlag in der Fertigstellung der Bände zu unterstützen«, wenngleich dies, wie Gey einigermaßen sarkastisch anmerkte, »möglicherweise aus dem egoistischen Motiv geschieht, den Platz freizubekommen, der bisher mit den Rohbogen des Albatross Verlages belegt ist«. Ungeachtet seiner Auseinandersetzungen mit den Brandstetters war er froh, dass diese vorsorglich Papier und kostbare Maschinen außerhalb von Leipzig verwahrt hatten. »Jedenfalls befinden sich die ersten Bände inzwischen in Arbeit. Mit der Ablieferung kann in Kürze gerechnet werden«.[30]

Gey zweifelte nicht, dass die rund 45.000 fertig gebundenen Bücher sich auch verkaufen würden. Seine Zuversicht wirkt rückblickend ziemlich kühn. Der Luftangriff hatte den Tätigkeitsradius von Albatross noch weiter verkleinert, dennoch klang Gey wie ein Geschäftsmann, der sehr ordentliche Verkäufe in einer florierenden Wirtschaft anpeilt. »Hinsichtlich des Absatzes dieser fertig gestellten Bände bestehen überhaupt gar keine Schwierigkeiten«, bemerkte er. »Anfragen nach den Albatross-Bänden gehen laufend ein, und es ist bereits entsprechend vorgearbeitet, so daß jeweils nach Fertigstellung einzelner Bände sofort Versendungen einsetzen können«. Im Juli

1944 hatte er schließlich 11.000 versandfertige Bücher bereit. Mehr als die Hälfte davon verkaufte er bis Ende September.[31]

Und dann wurde Albatross ebenso plötzlich der Weiterbetrieb befohlen, wie man ihn zuvor aufgrund des totalen Krieges untersagt hatte. Am 25. August waren die Deutschen aus Paris abgezogen. Am folgenden Tag befahl der Präsident der Schrifttumskammer »dem Albatross Verlag die Fortführung im totalen Krieg«. Das hieß zunächst nicht viel. Gey betrieb Albatross weiter gemäß Anordnung. Fast auf den Tag genau ein Jahr, nachdem der Luftangriff drei Viertel seiner Bestände vernichtet hatte, verzeichnete er steigende Absätze. Von Anfang Oktober bis Mitte Dezember 1944 verkaufte er Bücher im Wert von 13.000 Reichsmark innerhalb des Reichs und erzielte damit einen Jahresumsatz von 21.000 Reichsmark. Nach dem Einfrieren der Verkäufe in der ersten Jahreshälfte hatte er in der zweiten »die reichliche Hälfte« der inzwischen fertiggestellten 29.000 Bücher abgesetzt. Albatross' Lagerbestände schwanden mit jedem weiteren Verkauf rasch dahin und waren womöglich bald bis zum allerletzten Band aufgebraucht.[32]

Das Jahr 1944 schloss Gey mit einem Plus von 519,44 Reichsmark ab – ein geringfügiger Zugewinn gegenüber den 1943 erzielten 59.952 Reichsmark. In seinem Abschlussbericht an das Amt des Reichskommissars nannte er das Betriebsergebnis »außerordentlich bescheiden«, war aber dennoch zufrieden, »da es darauf ankommt, in erster Linie die Firma und das Vermögen zu erhalten«.[33] Alles Weitere – all die künftigen Gefechte um Urheberrechte und Tantiemen und Schadenswiedergutmachungen, auch die Anläufe, Albatross wieder in die Höhe zu bekommen – war Sache anderer in einer anderen Zeit und an anderem Ort, in einem Frieden, den sich einstweilen noch niemand so richtig vorstellen konnte.

KAPITEL 21

Verbrannte Erde

»Ich war mir ganz sicher gewesen, dass Krieg in mir nie wieder irgendein Hochgefühl wecken würde«, schrieb der US-Journalist Ernie Pyle. »Doch ich hatte nicht mit der Befreiung von Paris gerechnet«. Gerüchte von einer bevorstehenden Landung der Alliierten kursierten seit Anfang August, und die Stadt war seither völlig aufgekratzt. Wolfgang Krause-Brandstetter, ab

Januar unter dem Luftwaffengeneral Friedrich-Carl Hanesse in der französischen Hauptstadt stationiert, bereitete sich auf die Evakuierung vor. Am 15. August fuhr er nach Reims im Nordosten mit dem Auftrag, Unterkünfte für den Stab Generalmajors von Buttlar zu besorgen. Noch am selben Tag verfrachteten die NS-Besatzer 2600 politische Häftlinge in Züge nach Buchenwald, und tags darauf erschoss die Gestapo 35 französische Widerstandskämpfer im Bois de Boulogne. In den folgenden Tagen traten große Teile der Stadt – unter anderem Verkehrsbetriebe, Polizei und Post – in den Ausstand, wodurch am 18. August das öffentliche Leben zum Erliegen kam. Kämpfer der Résistance erhoben sich gegen die Deutschen. In kleinen Gruppen nahmen sie vereinzelte Gebäude in der Stadt ein, sabotierten deutsche Wachtposten und Nachrichtenverbindungen. Die Anführer der Bewegung handelten mit General Dietrich von Choltitz, dem Militärgouverneur von Paris, eine Aufteilung der Stadt in Zonen aus, die für jede Seite sicher waren. Deutsche Panzer und Soldaten verließen die Stadt. Am 24. August führte General Philippe Leclerc die 2. Panzerdivision in die Stadt und befreite das westliche Paris, während amerikanische Einheiten von Osten her vordrangen. Am folgenden Tag überreichte von Choltitz die Kapitulation, und General Charles de Gaulle konnte sich vom Hôtel de Ville aus in einer Siegesansprache an die französische Nation wenden.[1]

Die eigentlichen Feierlichkeiten begannen am 26. August, als der aus dem Londoner Exil zurückgekehrte General de Gaulle über die Champs-Élysées schritt und Frankreich erneut für die Franzosen beanspruchte. Würdevoll und aufrecht in seiner Uniform, mit einer undurchdringlichen, ernsten Miene auf seinem langen Gesicht, ging er gemessenen Schrittes und bildete einen strengen Kontrapunkt zu den jubelnden Massen. Zehn und zwölf Reihen dicht standen die Menschen auf den Bürgersteigen und rannten in Trauben über die Straßen. Manche schrien in frenetischem Stakkato »Vive la France!«, andere tanzten und sangen die Marseillaise, wieder andere hielten riesige Spruchbänder mit der Aufschrift »Vive les Alliés« in Blockbuchstaben hoch.

Die Place de la Concorde quoll über vor einer »beinahe hysterischen« Menge, wie Pyle berichtete. »Während unser Jeep vorsichtig durch die Menge kroch, liefen die Leute zu Tausenden auf, und uns blieb nur noch ein schmaler Korridor«, erinnerte er sich. »Männer, Frauen und Kinder gerieten völlig außer sich, als wir an ihnen vorbeikamen. Sie packten uns und küssten uns und schüttelten unsere Hände und klopften uns auf die Schultern und Rücken und schrien ihre Freude hinaus«. All die Ereignisse und Gefühle aufzunehmen war unmöglich. »Ich fühlte mich überwältigt von der Größe des Augenblicks und nicht in der Lage, auch nur daran zu rühren«. Einzelne Szenen stachen hervor und prägten sich ihm ein: »eine wunderliche alte Frau, die so klein war, dass sie nicht zum Küssen an die Männer in den Militärfahrzeugen heranreichte und am nächsten Tag mit einer Stehleiter erschien«; ein französischer Kommandant »mit Schutzbrille und Zigarre im Mund auf seinem Panzer, und ein anderer Soldat, der auf einem Laster nur zum eigenen Vergnügen Flöte spielte«; verängstigte Haushunde oben auf Panzern und Lastwagen. »Und mittendrin ein Mann und eine wunderschöne Frau auf einem Tandem, beide in hellblauen kurzen Hosen wie in Ferien, die für sie unverkennbar begannen«. Für viele brachte die Befreiung fröhliche Wiederbegegnungen mit sich. Ernest Hemingway rauschte mit vier Wagen der British Broadcast Company in die Rue de l'Odéon, um einen seiner liebsten Orte in Paris aufzusuchen: Sylvia Beachs Shakespeare and Company. Beach hatte ihren Laden 1941 geschlossen und sechs Monate in deutscher Haft verbracht. Nun rannte sie die Treppen hinunter und direkt in Hemingway hinein. »Er hob mich hoch, schwang mich herum und küßte mich, während die Leute auf der Straße und in den Fenstern uns zujubelten«. Unnötig melodramatisch kletterten beide mit einigen Soldaten auf das Dach, um das Haus zu »befreien«, während die letzten Nachzügler der Wehrmacht aus dem 14. Arrondissement abzogen.[2] Unzählige Berichte von diesem festlichen Tag überschlugen sich vor Begeisterung. Ralph Morse, Fotograf für die Zeitschrift *Life*, sprach von einem Tag wie keinem anderen für alle, die dabei waren und in den Straßen mitfeierten. »Was in der Erinnerung besonders hervorsticht«, erinnert er sich, »ist diese intuitive Gewissheit, die in der Luft lag. Alle wussten, dass es vorbei war. Und damit meine ich nicht nur den Kampf um Paris. Ich meine den ganzen Krieg ... Als die Deutschen Paris aufgaben, spürten wir alle, dass es nur noch eine Frage der Zeit war, eine Frage von wenig Zeit, bis uns Berlin gehörte«.[3]

Auch Krause-Brandstetter wusste das, und weil er es wusste, suchten ihn seine Waffenkameraden vergeblich auf der Flucht nach Reims, wo sie sich alle sammeln wollten. Stattdessen verkroch er sich in der Rue Condé Nummer 9, nur einen Häuserblock von Shakespeare and Company entfernt. In der Wohnung seines Freundes Comte Gérard de Brion wog er die Möglichkeiten ab, die ihm noch blieben, während Paris im Freudentaumel lag.[4]

Krause-Brandstetters Verbleib war aufseiten der Deutschen eine dringliche Frage. Nach seinem Einsatz beim Aufbau des Deutschen Tauchnitz im Auftrag des Auswärtigen Amts und des Propagandaministeriums hatte man ihn bei der Abwehr, dem Geheimdienst der Wehrmacht, ausgebildet. Zwei Wochen nach der Befreiung von Paris fingen britische Agenten einen Funkspruch ab, aus dem hervorging, dass die Heeresleitung nach ihm suchte. »Oberstleutnant Krause-Brandstetter für dringenden Sonderauftrag benötigt«. Im Lauf des Tages kam die Antwort: »Oberstleutnant Brandstetter in Paris seit 19.8. abgängig«. Zu diesem Zeitpunkt wussten die alliierten Dienste bereits, dass Krause-Brandstetter die deutsche Kapitulation in Paris genutzt und sich in Zivilkleidung britischen Offizieren der Air Intelligence Section in der T-Force gestellt hatte – einer britisch-amerikanischen Spezialeinheit, die deutsche Wissenschaftler und Techniker mit wichtigen Fachkenntnissen verhaftete, um sie auszuforschen. Weniger als eine Woche später hatte man ihn nach England ausgeflogen und im Camp 7 Beaconsfield, auch als »No 1. D.C«. bekannt, interniert.[5]

Am 29. Januar 1945 erschien Holroyd-Reece im Londoner Hauptquartier des Combined Services Detailed Interrogation Centre, dem Verhörzentrum des britischen War Office, das auf dem Gelände der Kensington Palace Gardens drei Schlossbauten einnahm. Bis heute schweigen sich die British National Archives weitgehend aus über sein Kommen und Gehen in den letzten Kriegsjahren und hinterlassen so eine rätselhafte Lücke. Klar ist immerhin, dass mit Krause-Brandstetters Entscheidung, überzulaufen und sich britischen Verhören zu stellen, auch Holroyd-Reece wieder die Bildfläche betrat.

Vermutlich lockte ihn die Aussicht, von einer Quelle, deren Loyalität er über so viele Jahre sorgsam kultiviert hatte, Nachrichten über Albatross und Tauchnitz zu erhalten. Und so schaute er vorbei in »The London Cage«, wie der Spitzname für das Gelände wegen seiner Stacheldrahteinfassung lautete, und sagte Brandstetter, er »wolle nur mal nach ihm sehen«.[6]

Tatsächlich war es Krause-Brandstetter, auf welchen Wegen auch immer, gelungen, eine Postkarte an Holroyd-Reece aus dem Lager zu schmuggeln, und dieser hatte daraufhin Kontakt mit den britischen Diensten aufgenommen. Beide müssen das Wiedersehen gespannt und mit einiger Neugier erwartet haben. Doch es ist schwer zu sagen, wer bei dieser ersten Begegnung nach Jahren dem anderen den Schneid abkaufte. Krause-Brandstetter betrachtete Holroyd-Reece als einen Verbündeten, der ihm Zigaretten besorgen und vielleicht Arbeit beim britischen Propagandafunk für Deutschland vermitteln konnte. Holroyd-Reece wiederum hatte von britischen Ermittlern den Auftrag, »in Erfahrung zu bringen, ob [Krause-Brandstetter] für die Division ›Brandenburger‹ gearbeitet hat ... und ob er in seiner Zeit in Paris geheimdienstlich tätig gewesen ist«. Fast zwei Stunden sprach Holroyd-Reece mit seinem Schützling – oder eigentlich war es Krause-Brandstetter, der auf ihn einredete. »Der Gefangene sprach ohne Unterlass und wirr durcheinander«, schrieb Holroyd-Reece in seinem Bericht an die britischen Dienste, »auch weil er überrascht und wahrscheinlich sehr erfreut war, den Autor zu sehen«. Die Ermittler hörten mit, und so ist das merkwürdige Wiedersehen in ihren Abschriften erhalten.[7]

Naheliegendes Thema der Unterhaltung war Albatross-Tauchnitz. Holroyd-Reece sagte, er habe über »verschlungene diplomatische Kanäle« das eine oder andere aus Paris erfahren. Krause-Brandstetter füllte die Lücken. Er behauptete, dass er »das Pariser Büro von Albatross vor deutschen Zugriffen bewahrt« und sich für Albatross eingesetzt habe, sodass »das Betriebsvermögen in Paris von den Deutschen nicht angerührt wurde«. Er teilte Holroyd-Reece mit, »der Leipziger Ableger von Albatross existiert noch auf dem Papier, ist aber faktisch zerlegt worden«. Den Deutschen Tauchnitz stellte er als »großen Erfolg, mit 3.700.000 verkauften Bänden von 1941 bis 1944« dar. Seine entscheidende Aussage war aber vielleicht, das Propagandaministerium habe im Gegenzug für die Herausgabe der deutschen Tauchnitz-Reihe »bei der ›englischen Reihe‹ ein Auge zugedrückt«. Diese sei »von Tauchnitz und Albatross weiter verlegt und in neutralen Ländern sowie im besetzten Frankreich unter dem Ladentisch weiter verkauft« worden. Die »englischen Klassiker« hätten pro Jahr 200.000 bis 300.000 Reichsmark eingebracht, erinnerte er sich, Tauchnitz im Jahr 1943 einen Gewinn von 400.000 Reichsmark erzielt. Somit habe der Deutsche Tauchnitz am Ende auch für die Brandstetters eine Rendite erwirtschaftet.[8]

Aus den Abschriften entsteht ein Charakterporträt von Holroyd-Reece, das es so kein zweites Mal gibt. Anders als sonst wirkt er hier nicht wie der zielstrebige Geschäftsmann, der andere in Grund und Boden redet, sondern eher wie ein zurückhaltendes Gegenüber, das Fragen stellt und sich zurücklehnt, um zuzuhören – im Gegensatz zu Krause-Brandstetter, der offenbar nervös war und aus dem die Worte nur so sprudelten. Er gestand Holroyd-Reece seine Sorge, dass seine Geschäfte ihn in Schwierigkeiten bringen konnten, und gab zu, dass er in Paris Gelder eingenommen hatte, »die er nach Deutschland abführen hätte müssen«, darunter Erlöse aus Albatross- und Tauchnitz-Verkäufen in Frankreich im Gesamtwert von 2,7 Millionen Francs. Unterdessen hatte er bereits versucht, einen seiner britischen Vernehmer zu überreden, ihm bei der Überführung von Geld nach England zu helfen, mit dem er einen englisch-deutschen Verlag gründen wollte. Wie es scheint, konnte er selbst im Gefangenenlager nicht vom Geschäftemachen lassen.[9]

Die britischen Vernehmer überließen Holroyd-Reece die Regie, lauschten jedoch aufmerksam und waren gut vorbereitet. Eine Woche zuvor hatte die Abteilung B.1.b des MI-5 – zuständig für »besondere Ermittlungsaufgaben« wie die Analyse deutscher Funksprüche an Agenten oder Mittelsleute – mit weiteren Abteilungen über die beiden Männer gesprochen. Dieser Informationsaustausch blieb auch nach Freigabe der Akte Krause-Brandstetter 1999 unter Verschluss, offenbar weil er Einzelheiten enthält, die man noch Jahrzehnte später der Öffentlichkeit vorenthalten wollte. Zugänglich sind Vorbereitungsnotizen für das Gespräch, aus denen sich ergibt, dass weder Krause-Brandstetter noch Holroyd-Reece ganz sauber waren. Den Beamten fiel auf, dass Krause-Brandstetter seinem Gesprächspartner Dinge verriet, die er nach seiner Verhaftung verheimlicht hatte: etwa dass er etliche über dem besetzten Gebiet abgeschossene alliierte Kampfpiloten verhört hatte. Auch verschwieg er den Engländern weiterhin militärische Informationen. Überraschender fanden sie »Herrn Reece' Ermutigung des Gefangenen Brandstetter, militärisches Wissen den Vernehmungsbeamten gegenüber zurückzuhalten«. Was war eigentlich schlimmer, gaben ihre Anmerkungen zu verstehen: Ein Offizier der Abwehr, der sich bei seinen Häschern einschmeicheln will, oder ein eingebürgerter ehemaliger Deutscher, der es gutheißt, wenn sein deutscher Freund den Alliierten möglicherweise wichtige militärische Informationen vorenthält?[10]

Schon die Frage, auf wessen Seite Krause-Brandstetter eigentlich stand, fanden die Vernehmer schwer zu beantworten. »Der Gefangene ist hochintelligent, spricht perfekt Englisch und Französisch, ist mit England, den USA und Frankreich eng vertraut«, stellte ihr Bericht vom 29. August 1944 fest. »Sagt, er sei nie wirklich ein Anhänger der Nazipartei gewesen, und dass er sich vor mehreren Monaten entschlossen habe, in Paris zu bleiben; dass es ihm darum gegangen sei, sich von den Nazis zu lösen und seine Geschäftstätigkeit unmittelbar nach dem Krieg wieder aufzunehmen«. Ein weiterer Bericht attestiert, Krause-Brandstetter habe sich gestellt, »um die Alliierten in Propagandahinsichten zu unterstützen, mit denen er nach eigenem Bekunden gut vertraut sei«. Die Beamten nahmen diese Willensbekundung für bare Münze und stuften Krause-Brandstetter als »schwachen Charakter« ein, der erkannte, dass »für sein eigenes Wohlergehen hier besser gesorgt wäre als in Deutschland«. Dennoch gewährten sie ihm die eingangs gestellte Bitte, von den andern deutschen Häftlingen getrennt verwahrt zu werden, und hielten ihn für einen Informanten, der wahrscheinlich »erheblich mehr weiß, als er uns bisher offenbart hat«. Krause-Brandstetter behauptete auch, Verbindungen zur Résistance zu haben. Im Inventar seiner persönlichen Habe ist ein Schild mit dem Namen »Soldat Rolf Brandstetter« angeführt, das vielleicht nach Bedarf seinen Rang herunterspielen und seine Identität verschleiern sollte. Insgesamt konnte er die Engländer nicht überzeugen, dass es ihm ernst war mit dem Seitenwechsel. Am 21. Oktober wurde er in ein Lager für mutmaßlich überzeugte Nazis überstellt. Die wenig vorteilhafte Einschätzung lautete: »Er macht den Eindruck, äußerst berechnend in einer kalten, scharfsinnigen Art und Weise zu sein, außerdem sehr streng und nationalistisch«.[11]

Über Monate nahmen britische Beamte Krause-Brandstetters Aussagen auseinander, um herauszufinden, wann er zur Abwehr gegangen war. Als sich der Inlandsgeheimdienst MI-5 mit dem für die Verhöre von Kriegsgefangenen zuständigen MI-19 austauschte, erkannten die Engländer, dass Krause-Brandstetter über sehr viel umfangreichere geheimdienstliche Kenntnisse verfügte, als er zugegeben hatte. Eine Quelle war in dieser Hinsicht besonders aufschlussreich: der Doppelagent Ronny Seth, ein von den Briten für einen Auftrag in Litauen ausgebildetes Mitglied der nachrichtendienstlichen Spezialeinheit SOE (Special Operations Executive), der von den Deutschen gefangen, auf ihre Seite gezogen und später von den Briten zurückgewonnen wurde. Seth berichtete, er habe im Januar 1944 im Claridge's mit einem Deutschen mit dem Decknamen »Braun« zu Abend gegessen. Dieser habe versuchte, ihn betrunken zu machen, um ihn zum Reden zu bringen. Doch nach einer Flasche Rotwein, zwei Flaschen Champagner und zwei Cognacs war es dann »Braun«, der seine Deckung aufgab. »Er sagte, sein wirklicher Name sei Brandstetter von Tauchnitz Books, und er hoffe, selbst als Agent in England Fuß zu fassen«. Aus einem späteren Bericht geht hervor, dass Krause-Brandstetter nicht einfach nur als Seths Dolmetscher gedient hatte, wie er den britischen Vernehmern gesagt hatte, sondern Seth über Wochen Fertigkeiten »der Informationsbeschaffung für Armee, Marine und Luftwaffe wie die Erkennung von Panzern, Flugzeugen, Schiffen und Truppenbewegungen sowie das Erstellen von Nachrichten« beibrachte.[12]

In den Wochen nach Holroyd-Reece' Besuch bei Krause-Brandstetter forderten Ermittler Informationen über das aus ihrer Sicht schwer einzuschätzende Verhältnis zwischen den beiden Männern ein. Krause-Brandstetter erwähnte in seiner Darstellung die Verbindung zwischen Albatross und Tauchnitz, Holroyd-Reece als persönlichen Mentor und die »enge persönliche Freundschaft« zu ihm, außerdem, dass Holroyd-Reece ihm geholfen habe, im Ausland zu studieren und in den Dreißigerjahren Auslandserfahrungen zu sammeln. Erst »im Zuge der Besetzung Frankreichs 1940«, schrieb er, »ging Herr Reece zurück nach England, und wir verloren einander aus den Augen«. Da er hoffte, in der britischen Propaganda Verwendung zu finden, betonte Krause-Brandstetter auch Holroyd-Reece' Verbindungen zu diesem Milieu und erwähnte namentlich nicht nur Selfton Delmer, zuständig für Rundfunkpropaganda in Deutschland, sondern auch den britischen Propagandaminister Brendon Bracken, den er als »einen persönlichen Freund« von Holroyd-Reece bezeichnete.[13]

Während nun Krause-Brandstetter die Nähe zu seinem ehemaligen Mentor hervorhob, war Holroyd-Reece in seiner Stellungnahme peinlich um Distanz bemüht. »Der Gefangene wollte deutlich machen, dass er zweifelte, ob den britischen Behörden überhaupt klar sei, wie wenig sie es bei ihm mit einem ›gewöhnlichen Gefangenen‹ zu tun hätten«, schrieb er. Krause-Brandstetter mache sich wichtiger, als er sei, etwa wenn er sich den Vernehmern gegenüber als »bedeutenden Verleger« bezeichnet habe – »er bezieht sich dabei auf die Verlage Albatross und Tauchnitz Editions, die er aufgrund von Verträgen aus Kriegszeiten als sein Eigentum beansprucht«. Holroyd-Reece ließ kein gutes Haar an Krause-Brandstetter. »Der allgemeine Eindruck vom Charakter und Wesen des Gefangenen ist erbärmlich. Er erzählte endlose Geschichten mit aufgesetzter falscher Bescheidenheit, um die Bedeutung seiner Tätigkeiten während des Krieges aufzublähen: seine Reisen nach Rom und Paris, seine Geschäfte, die Mühsal, Freunde von der Vergeblichkeit der nationalsozialistischen Sache zu überzeugen, und so weiter«.[14] Holroyd-Reece stand auf der Siegerseite des Stacheldrahtzauns. Dennoch werfen diese beiden Berichte ebenso viele Fragen über Holroyd-Reece auf wie über Krause-Brandstetter. Es war merkwürdig und auch gesetzwidrig, dass die beiden Männer im ersten Jahr des Krieges angeblich Kontakt gepflegt hatten, denn der englische Communicating with the Enemy Act verbot dergleichen ausdrücklich. Und entweder war Krause-Brandstetter ein Wichtigtuer, oder Holroyd-Reece war tatsächlich viel enger in britische Propagandakreise eingebunden, als er zugeben wollte.

Dem MI-5 war Krause-Brandstetter weiterhin nicht geheuer. Sein Oberstleutnant V. H. Seymer nannte ihn »ungeeignet für irgendeinen Einsatz im

Sinne der alliierten Kriegführung« und zweifelte an seinen Motiven. »Ob er nun vorhatte, sich in diese Organisation [das Political Intelligence Department] einzuschleusen oder nicht, und ob man ihn zu diesem Zweck auf unsere Seite der Front geschickt hat oder nicht«, schrieb Seymer Anfang März, »für mich ist er ein eiskalter Nazi und taugt zu nichts als strenger Verwahrung«. D. I. Wilson von der Abteilung B.1.b. im MI-5 fand zwar, dass Seymer die Täuschungsabsicht von Krause-Brandstetter übertrieb. Doch auch er war einverstanden, dass dieser »nicht dem Fall eines Nazigegners entspricht. Nach meiner Ansicht sind seine Beweggründe rein eigennütziger und finanzieller Art«. Dass Krause-Brandstetter noch weitere Gründe hatte, als Überläufer die Flucht nach vorn anzutreten, wurde erst Monate später klar. Mit Kriegsende trafen neue Informationen ein, und Mitte August 1945 erfuhren britische Geheimdienste, dass er als »englischer Experte« Netzwerke der Résistance infiltriert hatte, die abgeschossene alliierte Piloten auf von Deutschen besetztem Gebiet retteten. Mehrere überlebende Kampfpiloten hatten ihn anhand eines Fotos als ihren Vernehmer erkannt. Sie erinnerten sich, dass er »angeblich in Pasadena, Kalifornien, geboren und aufgewachsen war« und beim dortigen Werk des Flugzeugherstellers Lockheed gearbeitet hatte. Im Rahmen dieser deutschen Spionageabwehr wurden insgesamt mehr als 150 britische und amerikanische Piloten nach Buchenwald transportiert anstatt in Kriegsgefangenenlager, und zwei von ihnen starben dort. Mitte November 1945 gelangte Agent D. H. Barnes von einer Einheit des MI-5, die die Hintergründe von Überläufern erforschte, zu dem Schluss, dass Krause-Brandstetter »eine wichtige Rolle« beim Verhör von Piloten gespielt habe und »als Kriegsverbrecher behandelt werden sollte«. Anfang Dezember stellte das französische Amt für Kriegsgefangene der Achsenmächte ein formelles Auslieferungsersuchen an den MI-19. Womöglich erwies sich England für Krause-Brandstetter als Sackgasse, und er fiel von hier aus in die Hände der Franzosen, die an ihren früheren Besatzern Vergeltung üben wollten.[15]

Bei der Untersuchung von Überläufern und Deserteuren ging es meist um Menschen, die in irgendeiner Weise aus dem Rahmen fielen, etwa Engländer, die unter Umständen mit dem Feind kollaboriert hatten, als Lockvögel in bestimmten Milieus des Feindes Informationen sammeln sollten oder ganz allgemein subversiver Tätigkeiten verdächtigt wurden. Ermittler Barnes hatte sich die Unterlagen zu Krause-Brandstetter angesehen und Holroyd-Reece' Stellungnahme einem Kollegen wiederum mit der Bitte um Weiterleitung an einen anderen Agenten geschickt, »der mit dem Fall Holroyd-Reece befasst ist«. Offensichtlich fragte sich Barnes, ob er es mit einem oder mit zwei Überläufern zu tun hatte. Krause-Brandstetter war vielleicht gerade noch unschuldig genug, um nicht schuldig zu sein, aber aus Sicht von Barnes war vielleicht auch Holroyd-Reece gerade schuldig genug, um keine ganz reine Weste zu haben. Noch ein Detail verdient Beachtung. Während die meisten Agenten einen Decknamen wählten, der ihrem eigenen ähnlich war, hatte sich Krause-Brandstetter als »englischer Experte« für den Vornamen des Mannes entschieden, den er am besten kannte: John.[16]

Am 30. April 1945 beging Hitler Selbstmord. Zufällig war das auch Holroyd-Reece' 48. Geburtstag. Er saß in seinem Büro am New Square Nr. 13, Lincoln's Inn und dachte nach. Aldous Huxley kam ihm in den Sinn. Während des Krieges hatte er mit dem Rücken zur Wand gestanden, und es war ihm kaum noch Spielraum zur Verteidigung von Albatross' Interessen geblieben. Doch nun bekam er angesichts der neuen Möglichkeiten wieder Herzklopfen: Der Krieg war zu Ende, er konnte seiner instinktiven Neigung entsprechend aufs Ganze gehen. Die Zeit war gekommen, seinen Traum von einem internationalen Albatross-Konglomerat zu verwirklichen. Holroyd-Reece wollte Albatross nun nicht mehr nur auf Englisch, sondern gleich in einer Reihe weiterer Sprachen wiederaufleben lassen, unter anderem als deutsche, französisch, spanische und italienische Reihe sowie als Anthologie von Albatross-Titeln in vielen Übersetzungen. Diesmal plante er, sich mit jeweils einem Verlag in einem nationalen Markt zu verbünden, um den Absatz anzukurbeln und das heikle Problem der nationalen Loyalitäten zu umgehen. Zu seinem Geburtstag wünschte Holroyd-Reece sich Huxley. Er brauchte Huxley als eines der wenigen international bekannten Zugpferde unter den Autoren. Sein Name sollte dafür sorgen, dass der Albatross wieder abheben, dass er ranker und schlanker und lebendiger denn je über dem Nachkriegseuropa seine Kreise ziehen konnte.[17]

Auf dem Weg zur Umsetzung dieses Traums galt es eine gewaltige Hürde zu nehmen: Holroyd-Reece musste britische Verlage dahin bringen, über den Horizont ihrer nationalen Interessen hinaus und im Interesse ihrer Autoren zu denken. Mit diesem Ansinnen wandte er sich an Huxleys Verleger Harold Raymond von Chatto and Windus. Raymond zu überzeugen war alles andere als einfach, denn gerade er hatte von Anfang an und an vorderster Front gegen Albatross Stimmung gemacht. Immer noch schimpfte er über Huxleys früheren Agenten, denn dieser habe »selbstherrlich und irrwitzig Huxleys kontinentaleuropäische Rechte so früh veräußert, dass er den Verkauf von jeweils Hunderten Exemplaren der englischen Ausgabe einbüßte«. Auch hatte sich Raymond bereits mit den britischen Verlagen Jonathan Cape und Heinemann verbündet, um in Konkurrenz zu Albatross die Star Editions aufzubauen. »Eine solche Firma würde in jedem Fall dafür sorgen, dass der englische Verlag die Situation in der Hand behält«, erklärte er mit unverhohlener Abneigung gegen Albatross, »ohne dass eine ausländische Firma ihn auf einem seiner wichtigsten Märkte unterbieten kann«. Hinzu kam, dass Huxley kurz zuvor Raymond die Verwaltung seiner Auslandsrechte angetragen hatte.[18] Also war Raymond so etwas wie eine Ein-Mann-Miliz für Huxleys Rechte – und genau der Typ von Verleger und Agent, den Holroyd-Reece auf seine Seite ziehen musste, wenn aus der Albatross International Series mehr werden sollte als eine Kopfgeburt.

Mit einem ausgeklügelten Brief, der auf dem schmalen Grat zwischen Draufgängertum und vagen Andeutungen balancierte, machte Holroyd-Reece am Ende des Krieges dort weiter, wo er an dessen Beginn aufgehört hatte: Er tüftelte an Verkaufsargumenten für sein nächstes großes Ding. Albatross bot Autoren etwas, erklärte er, womit kein anderer britischer Verlag aufwarten konnte: wirkliche und eingehende Kenntnis kontinentaleuropäischer Märkte. Nicht zuletzt dank Albatross hätten angloamerikanische Bücher dort vor dem Krieg an Beliebtheit gewonnen, und die Buchhändler auf dem Kontinent hätten auch die Qualität von Albatross zu schätzen gelernt. Albatross allein, schrieb Holroyd-Reece in dem Versuch, der britischen Konkurrenz den Wind aus den Segeln zu nehmen, sei »geistig und politisch unabhängig genug«, kontinentaleuropäischen Buchhändlern den von ihnen gewünschten »unbezahlbaren Schutz« vor allzu einseitigen britischen Interessenabwägungen zu gewähren. Denn Albatross sei »stets ›unpolitisch‹ gewesen und hat sich nie in eine ›Anti‹-Haltung begeben oder für irgendeinen ›Ismus‹ gestritten«, wie er erklärte. Alles in allem habe sich Albatross gerade dadurch für die gute Sache eingesetzt: »Auch die Tatsache, dass wir in vielen Ländern mit der (wenn auch widerstrebend gewährten) Erlaubnis der jeweiligen Behörden Bücher und Autoren verkauft haben, die ebendort in Übersetzungen verboten waren, hat unseren guten Ruf bestärkt und manchmal fast schon ins Legendäre gesteigert. In unseren Aufzeichnungen finden sich ›Blanko-Bestellungen‹ für nicht näher bestimmte Titel in großen Mengen, mit der einzigen Vorgabe, dass irgendein Buch desselben Autors auf dem jeweiligen Markt verboten sein musste«.[19]

Folgte man Holroyd-Reece' Sichtweise, so bot er Huxley nicht weniger als die Welt: Neuerscheinungen überall auf dem europäischen Kontinent in allen wichtigen Sprachen, und alle für eine einzige Unterschrift. Er erklärte sich im Voraus mit jeder Tantiemenforderung Raymonds einverstanden und legte sogar noch ein erstaunliches Angebot nach: nie da gewesene 50 Prozent des Gewinns aus dem Verkauf jedes Exemplars, sobald die Tantiemen für den Titel den ausgezahlten Vorschuss überstiegen. »Die Marke Albatross bietet eine Leistung«, schloss Holroyd-Reece, »mit der keine wie auch immer geartete Kooperation englischer Verlage mithalten kann«.[20]

Raymond ließ sich von diesem Feuerwerk nicht blenden – und Holroyd-Reece abblitzen. War nicht Albatross im Besitz der kontinentaleuropäischen Rechte für alle oder nur einige von Huxleys Werken?, fragte er. Und wie viel hatten Huxleys Bücher bei Albatross tatsächlich eingebracht? In Erwartung einer Antwort verwarf er Holroyd-Reece' Angebot insgeheim als »großkotzigen Plan« und erarbeitete eine Gegenstrategie. Holroyd-Reece trachtete danach, sein Netz internationaler Verbindungen auszuweiten. Nun gut. Aber Raymond wollte es genauer wissen. Die meisten Albatross-Verträge stammten doch aus den Dreißigerjahren und waren mit dem Albatross Verlag in Deutschland geschlossen. War nicht die Zugehörigkeit zu Deutschland ein wunder Punkt, fragte er seinen Anwalt, an dem man ansetzen konnte, um den Albatross Titel für Titel und dann aber endgültig vom Himmel zu holen?[21]

In den letzten Kriegsmonaten stand Kurt Enoch in New York vor nicht weniger drängenden Problemen. »Kurt, in einem halben Jahr bist du pleite«, prophezeite ihm Ballantine, sein Partner bei Penguin Incorporated. Beide hatten in den letzten Jahren des Krieges dank Ballantines Verbindungen zum Militär den eben flügge gewordenen Penguin mit Papierkontingenten und Erlösen am Leben erhalten. Dann kündigte Ballantine ohne Vorwarnung an, abspringen und seinen eigenen Verlag gründen zu wollen: Bantam Books. Enoch war davon »vollkommen überrascht«, auch weil er nichts von einer konfliktreichen Besprechung zwischen Allen Lane und Ballantine Ende 1944 wusste, die in Letzterem den Entschluss gefestigt hatte, seinen eigenen Weg zu gehen. Alle drei wollten eigentlich das Gleiche: Taschenbücher an mehr Leser verkaufen. Doch Ballantine zielte auf breitenwirksame Titel, die sich von selbst verkauften, und Enoch hatte eher »sorgfältiger ausgewählte Erzähl- und Sachliteratur« im Sinn. Diese Meinungsverschiedenheit veranlasste Ballantine, das Weite zu suchen, und Enoch, der hierin mehr mit Lane übereinstimmte, bei Penguin zu bleiben. Vorerst stand Enoch mit einem kleinen Rest der Belegschaft und dem Nachhall von Ballantines düsterer Abschiedsbotschaft da. »Wieder einmal war ich ganz auf mich allein gestellt«, resümierte er.[22]

Bei Lane zu bleiben, brachte jedoch seine eigenen Schwierigkeiten mit sich. Enoch wollte den amerikanischen Penguin am liebsten allein führen, doch Lane verfügte über Einflussmöglichkeiten und nutzte sie weidlich. Sein erster »Mann vor Ort«, den er vorübergehend nach Manhattan entsandte, um Ballantines Aufgaben zu übernehmen, war eine Frau: seine enge und vertraute Mitarbeiterin Eunice Frost, auch »Frostie« genannt. Sie packte im Sommer 1945 ihre Aufgabe mit einer Zielstrebigkeit an, die Enochs eigener um nichts nachstand. Dennoch waren die beiden anscheinend wie Feuer und Wasser. Zwar behauptete Enoch später, »es war nicht schwer, ein konstruktives Arbeitsverhältnis und auch eine harmonische persönliche Beziehung zu ihr aufzubauen«, doch Frostie hatte im Gegenzug nur wenig Freundliches über ihn zu sagen. Sie nannte Enoch »den griesgrämigsten und deprimierendsten Kollegen, den man sich vorstellen kann«, und meinte – gedankenlos, angesichts seiner mehrfachen Flucht vor den Schergen der Nazis –, die Arbeit mit ihm sei »wie ein Leben mit der Gestapo«. »Da ist etwas an seinem ›Pardon me‹ und an seinen jämmerlichen bleichen Stielaugen, das das Schlimmste aus mir herausholt«, berichtete sie Lane.[23]

Im Spätsommer entsandte Lane Ersatz für Frostie: Victor Weybright war auf einer Farm im US-Staat Maryland aufgewachsen, und Lane kannte ihn, seit er im Krieg an der amerikanischen Botschaft in London amerikanisch-britische Überlassungsverträge bearbeitet hatte. Weybrights erste Begegnung mit Enoch – Lane hatte nicht daran gedacht, diesem seine Ankunft anzukündigen – verlief alles andere als glücklich. »Enoch hatte nicht nur keine Ahnung, wer ich war, sondern war auch entschlossen, nicht mit mir zu reden«, erinnerte sich Weybright später. »Das war, was meine neue Inkarnation anbetraf, kein sehr gelungener Einstand, aber nachdem ich eine ganze Menge deutscher Bomben erduldet und alle Brücken hinter mir abgebrochen hatte, besann ich mich, dass ich auch noch ein wenig deutscher Grobheit in New York ertragen würde können«.[24]

Im September hatten sich Enoch und Weybright so weit arrangiert, dass sie zusammenarbeiteten, indem jeder für sich arbeitete und in seinem Verantwortungsbereich mit »absoluter Souveränität« entschied. Enoch wurde Geschäftsführer, Generaldirektor und Finanzchef von American Penguin, Weybright Cheflektor, Vorstand und Sekretär. Das war eine weise Vereinbarung. Lektor Marc Jaffe, der ab Ende der Vierzigerjahre elf Jahre lang für die beiden arbeitete, nannte sie später »das gegensätzlichste Gespann der Buchbranche«. Enoch kam als ausgesprochen »ernsthafter, emsiger Verleger« daher, als »distinguierter, hagerer Herr mit Pfeife im Mund«, der mit »unaufgeregter Entschlossenheit im Büro umher wieselte«. Weybright dagegen glänzte als »leidenschaftlicher Selbstdarsteller« und »liebte es exaltiert«.

Wie Jaffe schreibt, »schuf er sich diese Rolle aus seiner Schläue und seinem erlesenen literarischen Geschmack. Dahinter stand der Drang, in der Welt voranzukommen und seinem Dasein als Farmersohn aus Maryland zu entwachsen«. Weybright schmiss Cocktailpartys, bei denen es hoch herging, kultivierte einen vagen britischen Akzent und flocht altertümelnde Wendungen in seine Korrespondenz ein – beispielsweise »von meiner Warte aus betrachtet« anstatt »meiner Ansicht nach«. Sein Schwiegersohn Truman »Mac« Talley nannte ihn »wohlbeleibt« und »Portliebhaber« und jemanden, der »stets die höchsten Ansprüche an sich selber stellte«.[25] Mit anderen Worten: Weybright war die amerikanische Ausgabe von Holroyd-Reece.

Unter solchen Umständen machte Enoch bis zum Frieden dort weiter, wo er in Europa aufgehört hatte: Er vertrieb mit einem neuen Partner englischsprachige Taschenbücher in der Welt. Allerdings bedeutete das Ende des Krieges für Enoch etwas ganz anderes als für die Amerikaner, zu denen er ein Gefühl der Zugehörigkeit entwickelte. »Der nunmehr sichere Sieg unserer Seite vertrieb die Ängste und quälenden Sorgen über den fortlaufenden Krieg, die mich bis dahin andauernd in Beschlag genommen hatten«, schrieb er Jahre später. »Obwohl Deutschland einmal meine Heimat gewesen war, konnte ich über seine Erniedrigung und Zerstörung nichts als Genugtuung empfinden ... Ich war nicht mehr in der Lage zu unterscheiden zwischen dem, was aus seinem Volk mit dem Einsetzen der Begeisterung für das Naziregime geworden war, und dem, was dieses Volk gewesen war, bevor es sich den Mythen der Nazis ergeben hatte. Der Krebs war viel zu sehr gewuchert und das Böse übermächtig«. Er anerkannte gleichwohl, dass seine Haltung »mehr gefühlsbestimmt als vernünftig« war und es in Deutschland viele Menschen gegeben haben musste, die »im Stillen litten oder sich auflehnten«. »Noch aber war ich außerstande, diesen Gedanken zuzulassen oder Mitgefühl für solche Opfer zu empfinden. Wie konnte man je wissen, wer und wo sie waren? Ich war noch nicht bereit, zu vergessen oder zu vergeben – und werde es vielleicht nie sein«.[26]

An einem der allerletzten Kriegstage in Hamburg erspähte der fünfzehnjährige Thomas Wegner auf der Vortreppe des Hauses, in dem seine Familie lebte, eine elende Gestalt: »Ein Penner stand vor mir, ein Obdachloser, dreckig, sowas von fertig, mit einer Nickelbrille«, erinnerte er sich viele Jahre später. Diese geisterhafte Erscheinung war niemand anderer als sein Onkel Christian. Der junge Thomas hatte diesen zuvor nie anders als fein herausgeputzt in schnittigem Anzug, mit modischer Intellektuellenbrille, sommers in gestärktem Hemd oder in seiner dekorierten Offiziersuniform erlebt. Nun erschien sein Onkel wie aus dem Nichts bei ihm und seinen Eltern in ihrer vornehmen Straße wenige Häuserblocks von der Alster entfernt mit ihren Jugendstilvillen, die von den alliierten Bombenangriffen weitgehend verschont geblieben waren. Er sah aus wie ein Möbelpacker in geliehenen schwarzen Hosen, die ihm zu kurz waren, mit breiten Hosenträgern und einem blau-weiß gestreiften Hemd.[27]

Dass Wegner sich überhaupt bis zu dieser Treppe durchgeschlagen hatte, war – man kann es nicht anders sagen – ein schieres Wunder. Im Herbst 1944 hatte er vier Jahre Gefängnis gegen eine Bahnfahrt zur Ostfront getauscht, die für Hunderttausende andere Deutsche das Todesurteil bedeutete. Der zweiundfünfzigjährige Wegner hatte kaum etwas Besseres zu erwarten. Er war degradiert zum Flak-Schützen und stand als solcher nicht nur voll in der Schusslinie, sondern konnte auch sicher sein, dass er dort blieb. Dennoch hatte er Glück – oder erzwang sein Glück. Unterwegs im Zug kam er mit einem frisch gebackenen Oberleutnant namens Enders ins Gespräch, der als Truppenkommandant in den Osten verschickt wurde. Er hatte zwar einen militärischen Rang, aber nur geringe militärische Kenntnisse. Wegner dagegen war erfahren, aber seines Rangs beraubt. Nach Thomas Wegners Wiedergabe der Geschichte, die Christian seinem Vater und ihm erzählt hatte, schlossen die beiden Männer ein Zweckbündnis zu beiderseitigem Vorteil. »Sie werden mein Diener«, entschied der Oberleutnant. »Sie leiten die Batterie und ich unterschreibe die Befehle«.[28]

Christian Wegner traf gerade rechtzeitig zum Winteranfang auf der Kurischen Nehrung ein, einer dem heutigen Lettland vorgelagerten Halbinsel. »2 Grad Frost und strammer Ostwind«, schrieb er in einem seiner Feldbriefe an Annemarie. Mitte Januar 1945 näherte sich die sowjetische Offensive, und Christian schilderte Annemarie erste Anstalten zu einem Rückzug, an den er selbst noch nicht glauben wollte. »Wir haben gepackt, aber da wir keine Fahrzeuge haben, ist das ziemlich illusorisch«, gab er zu. Es sei entscheidend, die Russen aufzuhalten, schrieb er, »sonst geht's ganz Deutschland schlecht ... Ich habe noch nie einen Rückzug miterlebt, finde so was ganz scheußlich, besonders die Führungslosigkeit«. Er deutete an, dass er das Kommende vielleicht nicht überleben werde. »Halt mir den Daumen, wenn aber nun was passiert, lass Dich nicht unterkriegen und bewahre mir trotz allem und meinen vielen Sünden ein liebevolles Angedenken«. Als sein Sohn Matthias diese Schilderungen später las, traute er seinen Augen kaum: »Die deutschen Truppen befinden sich überall auf dem Rückzug, doch dieser Soldat glaubt noch, die sowjetische Armee aufhalten zu können!« Christian Wegner existierte in einer Sphäre irgendwo zwischen Irrwitz und Hochmut. Doch gerade diese Kombination half ihm, die letzten Schlachten Anfang April bei Pillau (Baltijsk) unweit von Königsberg zu überleben. Er entging auch dem Schicksal der 189.112 deutschen Soldaten, die in sowjetische Arbeitslager verschleppt und erst Jahre später in die Heimat entlassen wurden.[29]

Nicht weniger erstaunlich ist die Geschichte, wie Wegner von da an seinen Weg nach Hause fand. Er drängte sich durch zu einem der letzten vier Schiffe, die über die Ostsee den Rückzug antraten. Drei der Schiffe wurden auf ihrer Flucht von Torpedos russischer Verfolger versenkt. Wegner hatte das unglaubliche Glück, auf dem vierten zu sitzen, das in westlicher Richtung entkam und bis nach Kiel gelangte. Erst als das völlig überladene Schiff dort anlegte, erfuhren die Soldaten von Hitlers Tod am letzten Apriltag. Der Krieg musste nun jeden Moment enden. Am 25. April hatten alliierte und sowjetische Truppen die Wehrmacht zurückgeschlagen und einander auf der Torgauer Elbbrücke mit Handschlag begrüßt. Die Briten hatten kurze Zeit später Kiel mit seinen Werften, Stützpunkten der Kriegsmarine und wissenschaftlichen Einrichtungen eingenommen.[30]

Wegner kam in einem günstigen Augenblick an und nutzte diese Gunst. Er schlüpfte in Zivilkleidung und schlug sich durch zum britisch besetzten

Gebiet, wo englische Soldaten ihn verhafteten. »Bring me to the division staff«, bat er einen Offizier in jenem makellosen Englisch, an dem er während seiner Arbeit für Tauchnitz und Albatross jahrelang gefeilt hatte. Als man ihn zu einem höherrangigen Offizier brachte, plauderte er über seine Zeit in England und erwähnte beiläufig Namen aus der Verlagswelt. Es ergab sich, dass man gemeinsame Bekannte hatte. Wegner erzählte dem Offizier, er sei auf dem Heimweg von der Ostfront und dort gelandet, nachdem ihn die Nazis verurteilt, ins Gefängnis geworfen und seiner militärischen Ehren beraubt hatten. Sein Blatt wendete sich schnell. Man hätte ihn ohne Weiteres als Feind verhaften können. Stattdessen bot man ihm einen Platz in einem Militärfahrzeug und setzte ihn am Stadtrand von Hamburg ab. Hungrig und erschöpft ging er den Rest des Weges zu Fuß und erschien in den wahllos zusammengesuchten Kleidern seinem Neffen, der ihn nicht erkannte. Im Keller seines Bruders wartete er die letzten Kriegstage ab.[31]

Schon in den allerersten Tagen des Friedens machte Wegner der Kulturabteilung der britischen Besatzungsbehörden in Hamburg seine Aufwartung. Unmittelbar nach Kriegsende und angesichts täglicher Enthüllungen über die Verbrechen der Nazis hatten deutsche Verleger mit neuen Hürden zu kämpfen: Entnazifizierungsverfahren, Lizenzanträge, Anträge auf Papierzuteilung an Unternehmen, die britischer Kulturpolitik und Propagandaabsicht am ehesten entsprachen. Wegner war gegenüber den meisten seiner Kollegen klar im Vorteil: Die Nazis hatten ihn wegen wehrzersetzenden Verhaltens ins Gefängnis geworfen, und das genügte den britischen Militärbehörden als Beweis dafür, dass er sich zumindest nicht vollends für ihre Sache begeistert hatte. Von einem Tag auf den anderen verwandelte sich das unauslöschliche Schandmal in Wegners Laufbahn in eine Art Carte blanche.[32]

Wegner kehrte in eine Verlagslandschaft zurück, die von Englands Politik der verbrannten Erde gegenüber jeglicher NS-freundlicher Propaganda bestimmt war. Um die Verbreitung einschlägiger Lektüre zu unterbinden, erließ die Militärverwaltung das Gesetz 191. Es verbot jegliches »Drucken, Veröffentlichen, Vertreiben, Verkaufen« von Schriften ohne ausdrückliche Genehmigung. Dennoch durften sich die Verlage in den kommenden Wochen neu aufstellen. Am 21. Juni genehmigte die Militärregierung einen neuen Berufsverband für den Buchhandel, der seine Gründungsversammlung am 10. Juli in Hamburg abhielt. Am 21. Juli nahm der Börsenverein der deutschen Buchhändler seine Tätigkeit in Wiesbaden wieder auf. Ende Juli begann die Registrierung von Buchhändlern und Bibliotheken parallel zur »Aussonderung unerwünschten Schrifttums« durch die Militärregierung. Am 9. August gründete sich der Verband norddeutscher Buchhändler mit Wegner als Präsidenten. Am 31. Oktober erhielt der Christian Wegner Verlag die Lizenznummer C 86 B, womit Wegner als einer der ersten sechs Verleger in Hamburg das Entnazifizierungsverfahren durchlaufen hatte und im Besitz einer Gewerbeberechtigung unter britischer Besatzung war.

Eine der ersten Nachkriegsveröffentlichungen des Christian Wegner Verlags waren die Kriegserinnerungen der Kabarettistin Isa Vermehren, die 1933 vom Gymnasium geflogen war, weil sie den Hitlergruß verweigert hatte. Vermehren wurde zu einer lokalen Berühmtheit des politischen Kabaretts, als sie in Werner Fincks Theater Katakombe die NS-Obersten in Matrosenliedern verhöhnte. Nachdem man Finck 1935 ins Konzentrationslager Esterwegen gesteckt hatte, trat Vermehren in Filmen auf, während des Krieges auch auf Bühnen des Roten Kreuzes für die Soldaten. *Reise durch den letzten Akt. Ravensbrück, Buchenwald, Dachau: eine Frau berichtet* (1946) erzählt von dem hohen Preis, den sie und ihre Familie für die Widerspenstigkeit bezahlten. Die Nazis warfen ihre Eltern ins KZ, nachdem ihr Bruder, ein Offizier der Abwehr, Anfang 1944 zu den Briten übergelaufen war. Mit diesem Buch machte Wegner deutlich, dass er einen kritischen Blick auf die jüngste nationalsozialistische Vergangenheit zu richten bereit war und sich zu den Leitlinien der britischen Besatzung bekannte.[33]

In Hamburg, London und New York wandten sich die drei ehemaligen Albatross-Gründer wieder dem Buch in Friedenszeiten zu. Jeder ging von da an seiner eigenen Wege. In einer Verlagswelt, die mit der alten fast nichts gemein hatte, fanden sie kaum noch einen gemeinsamen Nenner.

KAPITEL 22

Auferstanden aus Ruinen

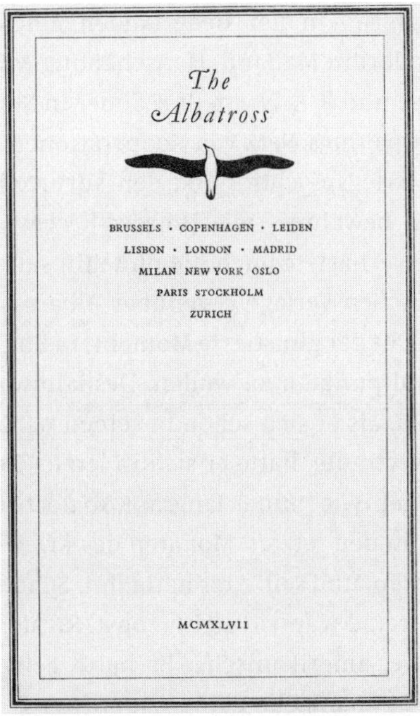
The Albatross

BRUSSELS · COPENHAGEN · LEIDEN
LISBON · LONDON · MADRID
MILAN NEW YORK OSLO
PARIS STOCKHOLM
ZURICH

MCMXLVII

Aus einem Albatross-Werbeprospekt von 1947 musste man den Eindruck gewinnen, dass der Verlag überall wohlgelitten war. »Der Albatross hatte das Glück, vielerorts und in den verschiedensten Gefilden willige Nachahmer zu finden«, hieß es darin einleitend. »Und doch ist es für uns eine weit größere Auszeichnung, dass wir nun den Beistand der bedeutendsten Verlage in zahlreichen Ländern des europäischen Kontinents gewonnen haben«. Holroyd-Reece' Vision entfaltete sich als eine Idee, deren Zeit gekommen war: ein Albatross mit mehr internationalen Verbindungen denn je, um einen Kontinent im Würgegriff des Nationalismus von seiner Geißel zu befreien. In diesem neuen, anderen Europa ging Albatross Kooperationen mit je einem Verlag auf jedem Markt ein, sodass nun eine ganze Reihe von Verlagsmarken das Albatross-Signet übernahmen: die Librairie Marcel Didier in Brüssel und Paris, Steen Hasselbalchs Forlag in Kopenhagen, A. W. Sijthoff's Uitgeversmaatschappij N.V. in den Niederlanden, Ediciones Albatros in Madrid, Arnoldo Mondadori in Mailand, H. Aschehoug & Co. in Oslo, Portugalia Editora in Lissabon und P. A. Norstedt & Söner in Stockholm.[1]

Selbst ein weit gespanntes Netz von Kooperationen konnte Albatross jedoch nicht vor »der Kriegspsychose und den Vorurteilen gegenüber deutschen Unternehmen« bewahren, wie Holroyd-Reece vorhergesehen hatte. Dieselbe Gefühlslage verhärtete auch die ohnehin seit Langem bestehende Animosität der englischen Verlage gegenüber Albatross und Tauchnitz. Es war mit Sicherheit nicht der günstigste Moment, in England mit Verbindungen nach Deutschland punkten zu wollen. Deshalb war für Holroyd-Reece der Krieg kaum vorbei, als er sich schon in seinen nächsten stürzte. Wie er Harold Raymond anvertraute, hatte er sich in letzter Zeit überarbeitet und tauchte aus seinem Tief »wie immer langsam, so doch stetig an die Oberfläche«. Seine Frau war in den letzten Monaten des Krieges an Krebs erkrankt und Ende Juni gestorben, und sein Arzt hatte ihm Schonung verordnet – ein Zustand, der ihm so fremd war wie nichts sonst. Rivalen kreisten über ihm: schwedische, britische, amerikanische. Er hatte gewaltige, vielleicht nie wiedergutzumachende finanzielle Einbußen erlitten.[2]

Das Ende des Krieges ermöglichte es ihm, die in der Zeit erstarrten Geschäfte eilends vorzuspulen wie eine Filmrolle. Es hatte aber auch zur Folge, dass man ihm nun sehr genau auf die Finger sah. Solange die Kämpfe andauerten, hatte er keinen Zugang zu Verkaufsunterlagen und keine Möglichkeit gefunden, Tantiemen rechtmäßig zu überweisen – oder jedenfalls hatte er das behauptet. Er war auch nicht ohne Weiteres in der Lage gewesen, vergriffene Bücher nachzudrucken, wenn man die Druckplatten als

Feindvermögen beschlagnahmt oder sie zu Munition für Wehrmachtskanonen eingeschmolzen hatte. Doch jetzt, in Friedenszeiten, konnte er mit derartigen Ausflüchten niemandem mehr kommen. Kunden wollten ihre Tantiemen. Sie wollten ihre Rechte. Der Moment für den Kassensturz war gekommen.

Ein Artikel im *Observer* ließ schon Mitte September 1944, einen Monat nach dem Abzug der Deutschen aus Paris, Aufbruchstimmung unter den britischen Verlegern erkennen: Sie wollten ihre eigenen Bücher auf dem Kontinent zu vertreiben beginnen, noch bevor Albatross und Tauchnitz sich neu aufstellen konnten. Der anonyme Artikel zitierte Stanley Unwin, eine tragende Säule des englischen Verlagswesens, mit dem eindringlichen Hinweis, »eine machtvolle Seite der Aggression der Deutschen war der Buchhandel. Überall folgte er den Fahnen, und die Frontbücherei kam gleich hinter den Panzern«. Die Engländer, wollte er damit sagen, sollten das eine oder andere von ihren Gegnern lernen. Der Artikel übersetzte das in die Schlussfolgerung: »Von nun an müssen wir mit Unterstützung des British Council, des Book Council und der Speerspitze unserer Verlage die Verbreitung englischer Bücher in Europa viel besser organisieren als zuvor. Warum sollten wir Herrn Tauchnitz das Feld so weitgehend überlassen?«[3]

In Friedenszeiten nicht anders als im Krieg stand die Frage, über der Holroyd-Reece seit mehr als einem Jahrzehnt grübelte, erneut zur Beantwortung an. Buchhandel und Regierungspropaganda in England sahen die Leser des kriegsverheerten Europa als eine unendliche Vogelschar mit aufgesperrten Schnäbeln und unstillbarem Hunger nach der Geistesnahrung, die England ihnen zukommen lassen könnte. Deutschland bot sich in dieser Hinsicht zuallererst als Ziel an. »Die öffentliche Meinung bildet sich in Deutschland gerade neu«, schrieb der britische Militärgouverneur im Oktober 1945 in Berlin, »und das Verlangen nach Aufklärung über England, über seine politischen Institutionen, seine Kultur, Lebensweise usw. könnte nicht größer sein«. Er forderte das British Council auf, in die Bresche zu springen. »Es gibt zurzeit keinerlei Möglichkeiten, englische Bücher, Schallplatten oder anderes Material nach Deutschland zu bringen«, klagte er. Und die Versuche der Deutschen, den Mangel mit »englischen Abenden« hier und da selbst zu füllen, fand er »so niederschmetternd unzulänglich und entstellend, dass sie beinahe den Eindruck von kulturellen Sabotageakten erwecken«. Die Deutschen brauchten bessere und mehr englische Kultur als die paar Krumen, die sie hingeworfen bekamen, und zwar schnell. »Was sie bislang von uns erhalten«, schloss er, »ist viel schlimmer als Kieselsteine und ähnelt zugleich mehr einem durch und durch labbrigen Doughnut«.[4]

Unterdessen hatte das British Council bereits eine Lösung für das Problem des »labbrigen Doughnut« erarbeitet: das Book Export Scheme (BES), durch das englische Bücher ihren Weg in Länder ohne englisches Pfund und mit schwachen Währungen finden sollten. Das BES wurde schon im ersten Kriegsjahr aufgelegt. Im Rahmen dieses Projekts bezahlte das British Council englische Verlage für Bücher, die auf einem bestimmten Auslandsmarkt verkauft wurden. Die Erlöse in den jeweiligen lokalen Währungen flossen vor Ort in Aufbauprojekte, die den Zielen des Foreign Office und des Ministry of Information entsprachen. Alle Beteiligten hatten etwas davon: Ausländische Leser bekamen ihre Bücher, englische Verlage steigerten ihre Absätze im Ausland, die britische Regierung erschloss sich eine Möglichkeit, für die englische Kultur zu werben und international das Wohlwollen ihr gegenüber zu fördern.[5]

Wenn es nun irgendeinen Verleger gab, der in der Lage war, kontinentaleuropäische Märkte in Friedenszeiten mit britischem Gedankenfutter zu versorgen, meinte Holroyd-Reece, dann war das er selbst. Er kannte die einzelnen nationalen Märkte angefangen von den politischen Rahmenbedingungen bis hin zu dem entscheidenden Klein-Klein der Produktionskapazitäten, Verkaufsstellen, Vertriebsstrukturen und Devisenbeschränkungen. Der Albatross war, was diese Dinge anging, ein alter Hase. »Wie Sie wahrscheinlich wissen, verbreitete vor dem Krieg hauptsächlich die Albatross Modern Continental Library die beste englischsprachige Literatur auf dem europäischen Kontinent«, tönte Korvettenkapitän Maury Meiklejohn, eine neue Führungskraft in Holroyd-Reece' immer umfangreicherer Albatross-Konstellation, als er den Verlag im Oktober 1946 für das BES anmeldete. Seine Firma sei ideal aufgestellt, um diese Aufgabe durchzuführen, hatte sie doch bereits »vor dem Krieg einen beträchtlichen Markt« aufgebaut, und zwar in eben den Ländern mit schwachen Währungen, die nun vom BES bedient werden sollten: Jugoslawien, Bulgarien, Rumänien, Griechenland, Ungarn und Polen. Albatross druckte in Italien und den Niederlanden gerade vergriffene Bücher nach, und in nur sechs Wochen sollte die neue Reihe mit monatlich zehn Titeln aus der Vorkriegszeit und fünf Neuerscheinungen auf den Markt kommen, bis 1500 der einst 6000 Titel (Albatross und Tauchnitz zusammengenommen) wieder im Umlauf waren. Tantiemen und Gewinne würden zurück nach England fließen. Zugleich bezog Albatross das Papier von seinen Auslandspartnern und konnte so die Kultur Englands in der Welt verbreiten, ohne sich an den beschränkten heimischen Papiervorräten bedienen zu müssen.[6]

Doch während das British Council die Bücher von Albatross vor dem Krieg als gut genug für die Außendarstellung britischer Kultur erachtete – und man sogar besonders dankbar war für die Präsenz des Verlags in Hitlerdeutschland, wo kaum ein anderer britischer Verlag einen Fuß in die Tür bekam –, stellten sich nach dem Krieg neue Fragen: War Albatross nicht zu sehr deutsch belastet, um weiter als glaubwürdiger Kulturbotschafter Englands in Europa aufzutreten? Der offizielle Ausschuss des BES beriet darüber erstmals am 19. Dezember 1946. Er vereinte eine gewichtige Riege von Fachleuten des Board of Trade, des Außenministeriums, der Propagandabehörde Central Office of Information und des britischen Buchhandels. Seit zwei Monaten wurde da schon vernehmlich über Albatross gegrummelt. Harry Paroissien äußerte als Vertreter von Penguin Books gemischte Gefühle. Für Albatross sprach, dass der Verlag den Kontinent bereits bediente und demnächst monatlich fünfzehn Titel in den Handel bringen würde. Nachteilig beurteilte Paroissien in einer wenig überraschenden Parteinahme, dass »die Bücher in dieser Form ein weniger preiswertes Angebot als die Penguin Library sind«. Um aber den Eindruck von Befangenheit zu zerstreuen, verwies er auf die Reihe Pan Books von Collins und empfahl auch sie als »durchaus verbreitenswert«, weil jedes Exemplar nur ungefähr ein Viertel dessen kostete, was man für einen Band von Albatross bezahlte, und sich deshalb »gegen die Konkurrenz des amerikanischen Taschenbuchs besser behaupten« werde. Wenn England eine Führungsrolle in Europa anstrebte, wo die meisten Leser nur wenig Geld zur Verfügung hatten, so Paroissien, dann entschied mitunter allein der Preis über Erfolg oder Misserfolg eines Verlags. Paroissien vertagte jedoch sein Votum und wartete ab, was die anderen Mitglieder des Beirats zu sagen hatten.[7]

Die Debatte erfasste schnell auch das Central Office of Information. Mitte Oktober erörterte Ellis Charles Raymond Hadfield, dort Leiter der Abteilung für Publikationen und nebenbei Autor der Bücher *English Rivers and Canals* (1945) sowie *The Pilot Guide to Political London* (1945), mit der ihm eigenen Gründlichkeit die Frage, ob Albatross in das Book Export Scheme passte oder nicht. Wie Hadfield aus einem Bericht Stanley Unwins an Lord George Lloyd, den ehemaligen Gouverneur von Bombay und seit 1937 Leiter des Britisch Council, erfuhr, liefen englische Literaturagenten und die British Publishers Association seit geraumer Zeit Sturm gegen die Verträge des »neuen Albatross«. Zur Last fiel diesem auch sein kulturelles Gepäck. »Es scheint zweifelsfrei festzustehen, dass Herr Holroyd Rees [sic], die Seele des ganzen Unternehmens, deutscher Herkunft ist«, berichtete Hadfield, »und mir kam zu Ohren, dass der Verlag vor dem Krieg eine deutsche Firma mit Angestellten aus Deutschland war. In der Vorstellung der Menschen auf dem Kontinent verbindet er sich deshalb mit Deutschland«. Seine Sorge war nun, »dass bei vielen Kontinentaleuropäern der Eindruck entstehen wird, England begünstige deutsche Unternehmen«. Bei allen Meriten der Vergangenheit fand Hadfield »die Hintergründe von Albatross zu fragwürdig, als dass seine Publikationen über das BES staatlich begünstigt werden dürfen«. Er ordnete eine Untersuchung von Albatross durch das Finanzamt und von Holroyd-Reece persönlich durch den MI-5 an.[8]

Am 27. Januar 1947 wurde das Book Export Scheme vom Central Office of Information übernommen und in British Book Exports (BBE) umbenannt. Wenn die Mitglieder des Beirats sich dafür aussprachen, war man bereit, Albatross wegen seiner Bindung an Deutschland von der Förderung auszuschließen. Der Vertreter des Department of Overseas Trade (des Handelsministeriums) machte diesbezüglich »Einwände aus Gründen der Kultur sowie des Exporthandels« geltend. Ein Beamter des Finanzamts hatte zudem beunruhigende Auskünfte vom Außenministerium erhalten: »dass dieser Verlag zumindest in Frankreich während des Krieges als Kollaborateur der Deutschen bekannt war, einige Buchhandlungen seine Bücher nach öffentlichen Protesten aus dem Angebot entfernen mussten und wir es unter diesen Umständen ebenfalls für unklug halten, ihn in das Programm aufzunehmen«. N. G. Thompson vom Central Office of Information sorgte sich zudem, dass Albatross weiterhin fragwürdige Geschäfte tätigte. Nach Gründung der Madrider Ediciones Albatros im Mai 1946 verstand sich der Verlag allzu gut mit der faschistischen spanischen Regierung. Gerüchten zufolge erhielt er Papier für die Hälfte des Preises, den andere Verlage bezahlten, weil er die Regierung im Gegenzug mit Schweizer Franken versorgte. Aus Thomsons Sicht bewegten sich derartige Praktiken zu nahe am moralischen Abgrund.[9]

Hadfield wiederum fühlte sich nicht wohl dabei, Albatross aufgrund der politischen Hintergründe ganz außen vor zu lassen. Er erinnerte Thompson daran, dass »es nur zwei Kriterien gibt, anhand derer wir Albatross ausschließen hätten können: (a) weil Albatross in Wirklichkeit kein britisches Unternehmen ist ... [und] (b) weil das BBE keine im Ausland gedruckten Bücher vertreibt«. Er wies auch darauf hin, dass diese Kriterien umso schwieriger aufrechtzuerhalten waren, je mehr britische Verleger das Modell von Albatross nachahmten. So berichtete die Deutschlandabteilung im britischen Außenministerium mit Stand Januar 1947 von einem »Vorhaben, in Deutschland und Österreich Penguin Books auf Englisch zu drucken und in Umlauf zu bringen«. Und wie Hadfield wusste, folgte nicht nur Penguin, sondern eine ganze Traube englischer Verlage dem Beispiel von Albatross: »Guild Books und Star Books (Kooperationen britischer Verlage), Pan Books (britisch) und Penguin produzieren oder planen ähnliche Buchreihen für den Kontinent, und einige davon sollen dort auch hergestellt werden«.[10]

Hadfield erfasste im Wesentlichen, dass Albatross zu einem Opfer des eigenen Erfolgs wurde. In den Dreißigerjahren hatte der Verlag mit Tauchnitz an der Seite nahezu im Alleingang englischsprachige Taschenbücher auf dem Kontinent verkauft. Nur Penguin war allmählich in seine Märkte vorgedrungen, wie Albatross zuvor Tauchnitz zugesetzt hatte. Kaum war der Krieg vorbei, wollten nun alle englischen Verlage mit Unterstützung ihrer Regierung einen Teil vom Kuchen abhaben. Hadfield stand vor einem

Dilemma: Niemand im Beirat des BBE wollte Albatross dabeihaben. Schloss man Albatross jedoch aus, so mussten seine Mitglieder in der Öffentlichkeit wie eine Riege trotziger Schuljungen dastehen. »Mir persönlich wäre es lieber, Albatross-Bücher nicht über das BBE in Umlauf zu bringen«, gab er zu. »Aber nach sorgfältiger Abwägung scheint mir, dass wir kaum überzeugende Argumente für eine Zensur nur aufgrund von Vorurteilen haben«. Der ebenfalls im Central Office of Information tätige Herausgeber C. R. N. Routh pflichtete ihm bei: »So weit ich sehe, gibt es längst keine hinreichende Grundlage für die Behauptung, Albatross sei kein britischer Verlag, und auch keine sonstigen Gründe, sämtliche Geschäftstätigkeiten von Albatross auszuschließen (abgesehen von der Abneigung der anderen Verleger)«. Er versicherte Hadfield seine Unterstützung. Am 19. September 1947 bestätigte dieser, »wir werden nun Albatross-Bücher nach dem B.B.E.-Programm ankaufen«. Allein von einem österreichischen Grossisten erwartete Albatross eine Erstbestellung von 20.000 Exemplaren[11] – ein Sieg in einem Moment, als Holroyd-Reece ihn dringend brauchte.

Aus heutiger Sicht erstaunt, wie knapp er diesen Sieg errang. Obwohl Holroyd-Reece über fast ein Jahrzehnt den Kontinent erfolgreich mit moderner angloamerikanischer Literatur überschwemmt und damit auch englischen Propagandazielen gedient hatte, war er ein Außenseiter geblieben und fand nach dem Krieg kaum Unterstützer. Der englische Buchhandel hatte seine Gründe, Albatross zu grollen. Der Verlag schuldete Tantiemen für die gesamten Kriegsjahre, die Holroyd-Reece angeblich nicht auszahlen konnte, weil er das schleppende Verfahren der Abwicklung deutschen Feindvermögens abwarten musste. Der Literaturagent David Higham fand jedoch, er hatte lange genug gewartet. »Dass alles zum Erliegen kam, ist nicht Johns Schuld«, schrieb er. »Aber kaum endeten die Kämpfe, war er wieder ganz der Alte, trug seine immergleichen Allüren zur Schau, wälzte alle möglichen Pläne und dachte nur anscheinend nicht daran, alte Schulden zu begleichen«.[12]

Britische Verleger brachten nicht nur aus persönlicher Abneigung gegenüber Holroyd-Reece die Frage nach Albatross' nationaler Zugehörigkeit auf, sondern auch in handfestem Eigeninteresse. Dementsprechend wichen ihre Auffassungen erheblich voneinander ab. Einen Monat nach Kriegsende verbreitete Higham beharrlich seine Rechtsauffassung von Albatross' Auslandsverbindungen: Der Verlag sei »in England rechtlich und moralisch verantwortlich für die Erfüllung aller Verpflichtungen von Albatross, ganz gleich, von welchem der vier Unternehmen diese eingegangen wurden«. Ausgehend von der Überzeugung, dass es nicht rechtens sein könne, einen Zweig Albatross' von den anderen getrennt zu behandeln, stellte er ein Ultimatum: Entweder erstatte Holroyd-Reece sofort alle geschuldeten Tantiemen, oder er werde die Verträge mit Albatross für nichtig erachten und die kontinentaleuropäischen Rechte auf Bücher seiner Autoren anderweitig vergeben. Huxleys Verleger Raymond folgte der entgegengesetzten Logik, um die Rechte seines Autors für das eigene Unternehmen Star Books zurückzuerlangen. Er forderte – erfolgreich – vom britischen Trading with the Enemy Department die Bestätigung, dass es sich beim Albatross Verlag um eine »feindliche« deutsche Firma handelte. Nach seiner Auffassung ergab sich aus der Tatsache, dass die Dachgesellschaft und Eigentümerin von Albatross britisch war und sich darin eindeutig von der deutschen Firma unterschied, eine Möglichkeit, bestehende Verträge mit dem deutschen Albatross zu annullieren.[13]

Aussagekräftiger als diese rechtlichen Details war das bloße Stattfinden solcher Auseinandersetzungen – dass der Beirat des BBE Albatross jede Mitwirkung daran verbieten wollte, sowie der Verlag seinen Hut in den Ring geworfen hatte, und dass die Konkurrenten Raymond und Higham sich gegenseitig über die neueste Aktenlage zu Holroyd-Reece auf dem Laufenden hielten. Albatross hatte mehr einflussreiche Menschen gegen sich aufgebracht als Freunde gewonnen. Zu oft hatte Holroyd-Reece das Blaue vom Himmel versprochen und dann sehr viel weniger geliefert. Er wurde nun aber auch dafür bestraft, dass er eine Art Ausländer war und als solcher ungeschriebene Gesetze des englischen Buchhandels verletzte. »Ich muss zugeben, dass mir Holroyd-Reece' Vorhaben als allzu germanisch aufstößt«, sagte Raymond über dessen geplante Reihe Albatross International. Er fühle sich »unwohl« bei der Vorstellung, »die englischsprachigen Kontinentalausgaben und Übersetzungsrechte für mehrere Länder« könnten gebündelt in Albatross' Hände fallen. Higham beschrieb Holroyd-Reece als eine »schräge

Gestalt« in »dunkler Kleidung und schwarzer Halsbinde«, der »einen düsteren Brodem absonderte« und »mit Sprachmarotten hantierte«, indem er nämlich bestimmten Worten in seinen Sätzen ein »un-« oder »ent-« voranstellte. Graham Watson, ein anderer Literaturagent, hatte dasselbe schnieke Internat wie Holroyd-Reece besucht und urteilte, dessen teutonische Seele triumphiere über den Angelsachsen. Wie auch der Schauspieler Peter Ustinov oder der Verleger George Weidenfeld verbreite Holroyd-Reece »eine physische Aura des Wohlbehagens, die womöglich allzu ausgiebigem Schlemmen von Gänseleber und anderen europäischen Delikatessen geschuldet ist. Keiner der drei Genannten könne für einen Angelsachsen mit typischer blässlicher Gesichtshaut und puritanischer Miene durchgehen«.[14]

Eine Anekdote aus Kriegszeiten wirft ein Schlaglicht auf die Beklemmung, die Holroyd-Reece' Gebaren bei vielen Engländern auslöste. Ende 1940 machte er den britischen Gesundheitsminister und den Multimillionär F. F. A. Pearson miteinander bekannt. Er suchte Unterstützung für den Plan, »einen umfangreichen Kredit in den Vereinigten Staaten aufzunehmen, um Vertriebene nach dem Krieg wieder anzusiedeln, wobei das Geld vom Gesundheitsministerium der Regierung Seiner Majestät für allgemeine Kriegszwecke bereitgestellt werden soll«. Das ebenfalls darauf angesprochene Außenministerium erkundigte sich naturgemäß, mit wem man es bei den beiden Herren zu tun hatte, bevor es weiter auf den Vorschlag einging, und erfuhr, dass »Herr Holroyd-Reece früher im Zusammenhang mit der Albatross Press in Paris tätig war, bei der es sich *au fond* um einen deutschen Konzern handelt«, außerdem dass »er & seine Gattin beide ziemlich verschroben sind & er einen wenig vertrauenerweckenden Eindruck macht«. Dieser negative Eindruck gründete sich am Ende nur auf wenig Konkretes, und der Autor des Profils sah sich nach einem anschaulicheren Beweisstück um. Er entschied sich für Holroyd-Reece' Abendgarderobe: »Der Eindruck des ›Halbseidenen‹, den Herr & Frau Holroyd-Reece erweckten, wurde bestätigt, wenn auch nicht verursacht, durch sein Erscheinen in einem Frack mit rotem Seidensaum & dadurch, dass er abends in einem blauen Mantel mit silbernen Quasten erschien. Ich würde allem misstrauen, bei dem er mitmischt«.[15] Holroyd-Reece hatte sich über Landesgrenzen hinweg und in vier

Sprachen als Stratege bewährt und in alle möglichen Mäntel gehüllt, um den deutschen Feind auf seinem eigenen Territorium zu bekämpfen. Dennoch hatten in all den Jahren seine größten Gegner im eigenen Land nur auf eine Gelegenheit gewartet, ihn zu Fall zu bringen.

Während Albatross faktisch vom britischen Buchhandel ausgestoßen wurde, galt es umso mehr, sich um lockende Geschäftsfelder anderswo zu bemühen. Wie alle englischen Verlage wollte Albatross zurück auf den deutschen Markt. Das Problem war nur, auf dem Weg dorthin die Hürden und Fallstricke der Viermächte-Bürokratie zu umgehen. Auffällig fehlte in Albatross' langer Liste internationaler Kooperationspartner ein deutsches Partnerunternehmen. Diese Lücke war nicht mangelndem Interesse oder Einsatz von Holroyd-Reece geschuldet. Anders als in England, wo ihm Vorurteile gegenüber allem Deutschen entgegenschlugen, war es in Deutschland die Nachkriegslogistik, die sein Vorankommen behinderte, denn seit der Potsdamer Konferenz Ende Juli 1945 war das ehemalige Deutsche Reich in eine französische, eine britische, eine amerikanische und eine sowjetische Zone aufgeteilt. Die britische Militärregierung überwachte im Nordwesten Deutschlands strikt das Verlagsgeschehen und ging dabei nach einer Liste mit Titeln vor, die von der Control Commission for Germany abgesegnet sein mussten. Alle Wege nach Deutschland führten für Holroyd-Reece deshalb zunächst über die britische Regierung. Bis Ende 1947 reiste er mindestens zweimal nach Deutschland, um mit dem Oberkommandierenden, dem Leiter der Verlagsabteilung in der Control Commission for Germany und mit Sir Cecil Weir, dem Präsidenten der Economic Sub-Section in Germany zu sprechen. Jedes Mal stellte er fest, dass sich sein Ziel knapp außer Reichweite befand. Dabei hatte Deutschland, vor dem Krieg Albatross' größter Markt, mit all seinen Lesern, die nach Geistesnahrung hungerten, eher noch größeres Potenzial als zuvor.[16]

Nun war Christian Wegner schon dort, wo Holroyd-Reece sein wollte – vor Ort im zerstörten Hamburg, in den Startlöchern für neue Geschäfte.

Zwei Jahre nach dem Krieg waren dessen Folgen noch allgegenwärtig. Täglich ging Wegner zu Fuß in ein kantiges Backsteinhaus am Speersort 1, dessen Dach bei der Operation Gomorrha eingestürzt war. Das 1938 für das nationalsozialistische *Hamburger Tagblatt* erbaute »Pressehaus« beherbergte nach dem Krieg zahlreiche Verlage. Wenn Wegner unter der Arkade im ersten Stock stand, sah er in westlicher Richtung Schutthaufen, so weit das Auge reichte. Ausgebombte Ruinen ohne ein einziges Fenster wachten über Bergen von Ziegeln und Schutt und was die erstorbenen Flammen von den Möbeln und dem früheren Leben der Menschen übrig gelassen hatten. Rundherum erinnerte alles, was noch stand, an das, was es nicht mehr gab, wie die Nikolaikirche ein paar hundert Meter weiter in der Straße. Die Kirche mit ihrem fast 135 Meter hohen neugotischen Turm – bis 1876, als die Kathedrale in Rouen fertiggestellt wurde, das höchste Gebäude der Welt – thronte über ihren weggebombten Mauern und Bleiglasfenstern, Sinnbild und Nachhall einer nur noch in Resten vorhandenen Stadt, in der Wegner sein Ziel suchte.[17]

Hier begann Wegner von vorn. Er ließ liegen, was er verloren hatte, und wagte, was er vielleicht gewinnen konnte. Unter den vier Besatzungsmächten war eine bestimmte Lektüre so gefragt wie nie: zweisprachige Wörterbücher. Zum Glück kannte Wegner diese Art Lesestoff gut, denn in seinen Anfängen bei Tauchnitz hatte er sich mit Allen and Unwin – dem Unternehmen von Stanley Unwin – zur Herausgabe eines zweibändigen Englisch- Russischen, Russisch-Englischen Wörterbuchs für den englischen Markt zusammengetan. Fünfzehn Jahre später, im britisch besetzten Norddeutschland, druckte der Christian Wegner Verlag im August 1945 eine Neuauflage des Taschenwörterbuchs Englisch-Deutsch und Deutsch-Englisch von Tauchnitz mit Unterstützung der Control Commission for Germany.[18]

Ob er formell die Rechte daran besaß, ist nicht sicher. Vielleicht war Wegner wie eh und je der Hasardeur. In jedem Fall gelang das Anknüpfen bei Tauchnitz nur in dem Maße, wie die Nachkriegsverhältnisse dies zuließen. Denn ebenso wie der Krieg Albatross in zwei Hälften gerissen hatte, teilte nun die Besatzung den deutschen Buchhandel auf mehrere Zonen auf, und im Roulettespiel am Ende des Kriegs war Leipzig mit dem Druckerei- und Verlagsimperium Brandstetter dem sowjetischen Machtbereich zugefallen. Als daher der Allen and Unwin-Verleger C. A. Furth, der bei der britischen Militärregierung stationiert war, Wegner auf die gemeinsame Produktion weiterer Tauchnitz-Wörterbücher ansprach, wusste niemand wirklich Bescheid. Furth besorgte Wegner eine Sondergenehmigung und Geld, damit er in die sowjetische Zone fahren und mit Brandstetter über die Rechte verhandeln konnte.[19]

Als Wegner dort ankam, suchten die Brandstetters dringend eine Lösung für ihr Nachkriegsdilemma. Gegen Ende des Krieges war es ihnen übel ergangen. Willy Brandstetter hatte mit dem Deutschen Tauchnitz üppige Gewinne erwirtschaftet, verbrachte aber die letzten neun Monate des Krieges wegen Wehrkraftzersetzung (wie auch Wegner) und Feindbegünstigung im Gefängnis. Die Haushälterin der Brandstetters hatte aus Groll über die Herablassung, mit der sie sich von der Familie behandelt fühlte, Willy nach dem gescheiterten Attentat auf Hitler vom 20. Juli 1944 wegen verächtlicher Äußerungen angezeigt. Ohne jede Ironie hatte er gesagt: »Es ist nur gut, daß dem Führer nichts geschehen ist, denn dieser Tod wäre viel zu leicht für ihn«.[20]

Brandstetter wurde Mitte April 1945 entlassen und stand wie so viele Deutsche in dieser Phase vor der quälenden Frage, wie es weitergehen sollte. Vorübergehend hoffte die Familie, dass die Amerikaner die Kontrolle über Sachsen behalten würden, doch im Juli 1945 zogen sie ab und übergaben Sachsen den Sowjets. Damit liefen die Brandstetters Gefahr, als Sympathisanten des Nationalsozialismus ins Visier der Militärverwaltung zu geraten. Wegner kam genau zur rechten Zeit. Am 20. Mai 1946 gründete Brandstetter eine neue Tauchnitz Edition Company mit Sitz in Wegners Hamburger Büro und mit ihm als Direktor, um diesen ehrwürdigen Namen des deutschen Buchhandels vor dem Zugriff der Sowjets in Sicherheit zu bringen. Sechs Wochen später konfiszierte die sowjetische Zonenverwaltung sämtliches Betriebsvermögen von Brandstetter. Vor dem Krieg hatte es in Leipzig 735 Unternehmen der Verlags- und Buchhandelsbranche gegeben, Ende 1948 waren es in der sowjetischen Zone nur noch 247. Einige hatte der Krieg zerstört.

Andere Unternehmer wollten nach den geisttötenden Beschränkungen der Hitlerzeit nicht noch weiter diktatorische Gängelung erdulden und flohen in den Westen. Auch Willy und Justus Brandstetter waren unter den Auswanderern, die »bei Nacht und Nebel die Ostzone verließen«. Am 1. Dezember 1947 ließen sie sich in Wiesbaden in der amerikanischen Zone nieder – und ihr Firmengeflecht Oscar Brandstetter, Jacob Hegner, Linden Verlag, W. Moeser, Bernhard Tauchnitz Nachfolger und VAG mit allem, was dazu gehörte, hinter sich. Sie kamen in den Westen mit dem Vorhaben, ihre leistungsfähigsten Druck- und Verlagsunternehmen neu aufzubauen.[21]

Inzwischen hatte sich Wegner einen weiteren wichtigen Verbündeten gesichert: Wolfgang Krause-Brandstetter. Nach eingehenden Verhören zu seinen Tätigkeiten im Krieg war er von Englands Geheimdiensten 1946 freigelassen und nach Deutschland überstellt worden. Hier wartete der Fünfunddreißigjährige mehr als ein Jahr später immer noch auf eine Verlegerlizenz. Da er in der sowjetischen Zone keine berufliche Zukunft für sich sah, ging er nach Hamburg und nutzte Wegners Büro als Firmenadresse. Am 9. Oktober 1947 bat die Book Section des Public Relations / Information Services Control in Hamburg, man möge die Bearbeitung seines Antrags beschleunigen, »da er das Angebot erhalten hat, als Partner von Herrn Wegner in das Unternehmen Tauchnitz einzutreten«. Im Oktober und November 1947 behauptete die Buchabteilung zwar, Krause-Brandstetter sei entlastet, doch das Personnel Office forderte weitere Unbedenklichkeitsbescheinigungen an. Schließlich erhielt Krause-Brandstetter eine provisorische Lizenz, und am 12. Februar 1948 ernannte ihn Wegner zum Mitgeschäftsführer. Er gewann damit auch den wahrscheinlichen Erben von Brandstetter und mit diesem die Rechte an der Tauchnitz Edition zurück. Ab dem 22. Oktober 1948 schließlich stand Krause-Brandstetter auch offiziell die Tür zu einer zweiten Karriere im Buchhandel offen. Der britische Licensing Advisor hatte nichts Belastendes gegen ihn gefunden, weil er entweder seinen Namen in den Mitgliederlisten der NSDAP überlesen hatte oder zur Einschätzung gelangt war, dass er nicht aus Begeisterung beigetreten war, sondern nur, um seine Stelle im Auswärtigen Amt zu behalten. Jedenfalls war Krause-Brandstetter nun im Besitz einer kleinen Karte mit seinem falsch geschriebenen Namen »Brandtstetter« darauf und der Verkündung: »keine Einwände«.[22]

Kaum war diese Partnerschaft besiegelt, versprühte Wegner nach allen Richtungen Zuversicht. Allen and Unwin berichtete er, dass er an Tauchnitz' Tradition als Verlag englischsprachiger Bücher anknüpfen wolle. »Die ersten Bände der neuen Tauchnitzreihe werden in den kommenden Wochen erscheinen«, schrieb er Anfang Juni 1947, und kündigte unter anderem John Galsworthys *The Forsythe Saga*, Shaws *St. Joan*, Huxleys *Brief Candles*, Hugh Walpoles *Jeremy at Crale* und sogar einen Thriller von Edgar Wallace an: *The Ringer*.[23] Auch Tauchnitz machte sich auf den Weg als Mitbewerber in der Welt englischer Bücher, wie schwerfällig und wankend auch immer die ersten Schritte sich gestalteten.

Doch zeichnete sich bereits ein großes Problem ab: Sowohl das Wegner-Brandstetter-Gespann als auch Holroyd-Reece beanspruchten die Rechte von Tauchnitz, und Holroyd-Reece gab sich im Jahr 1947 entschlossen, den deutschen Markt zurückzugewinnen. Wegner rechtfertigte seinen Anspruch gegenüber Furth und Unwin im Januar 1947 ohne Umschweife: Da Brandstetters Tauchnitz »keine Aussicht hatte, in der russischen Zone eine Verlagslizenz zu erhalten, wurde ein neues Unternehmen, die ›Tauchnitz Edition G.m.b.H.‹ im vergangenen Jahr [in Hamburg] gegründet, deren Anteile sich in meinem Besitz befinden. Diese Firma hat sämtliche Rechte auf ihre Publikationen übernommen«. Furth misstraute dem. Mit Bleistift merkte er kritisch an: »*Nicht* als genehmigt aufgeführt in der Liste von Aug. 1946«. Eine Woche später notierte er einen gewichtigeren Einwand: »Ich habe seither vernommen, dass Albatross Anspruch auf die Nachfolge von Tauchnitz erhebt, d. h. darauf, vor dem Krieg sämtliche Verlagsrechte erworben zu haben. Holroyd-Reece versucht *allem Anschein nach* zurzeit, seinen Anspruch geltend zu machen, der unmittelbar mit dem von Wegner kollidiert«. Tatsächlich wiederholte Holroyd-Reece sehr energisch seine im Krieg ausgefeilte Argumentation. Nach den Verträgen zwischen Brandstetter und Albatross von 1934, sagte er, »war es Brandstetter nicht gestattet, den Namen Tauchnitz anders als über Vermittlung von Albatross in irgendeiner Art und Weise zu verwenden«. Und diese Verträge hielten auch fest, wie er weiter behauptete, dass Tauchnitz' Rechte nicht den Brandstetters, sondern Albatross gehörten. »Der Krieg hat die bestehenden Vereinbarungen in keiner Weise aufgehoben oder annulliert«, meinte er, »sondern auf eine bestimmte, juristisch ziemlich komplizierte Art nur ihre Anwendung vorübergehend ausgesetzt«.[24] Sechzehn Jahre nachdem Holroyd-Reece und Wegner voller Optimismus gemeinsam eine Vision für englische Bücher auf dem Kontinent verwirklicht hatten, standen die beiden einander als Widersacher gegenüber. Und diesmal war es nicht der Krieg, der sie zu Gegnern machte.

Während Wegner kühne Schritte unternahm, um Tauchnitz wieder zu einer Größe im Verlagsgeschäft zu machen, und auch Holroyd-Reece Tauchnitz für sich beanspruchte, um Albatross erneut nach Deutschland zu schleusen, standen beide wie alle anderen englischen Verleger vor einer viel größeren Schwierigkeit: Deutschland nach dem Krieg wieder mit englischsprachigen Büchern zu versorgen scheiterte zunächst an den enormen Verwüstungen des Landes. Die Behörden der britischen Zone gingen mit großem Eifer daran, die Deutschen gemäß dem Potsdamer Abkommen »umzuerziehen«, was im Einzelnen bedeutete, dass »Bildung in Deutschland überwacht werden sollte, um nationalsozialistische und militaristische Doktrinen auszumerzen und die erfolgreiche Entwicklung demokratischer Denkweisen zu ermöglichen«. Begeistert widmeten sie sich den vier Schwerpunkten Entnazifizierung, Demokratisierung, Entmilitarisierung und Dezentralisierung. In diesem Zusammenhang hofften sie auch, Bücher auf Englisch könnten »England zur Geltung bringen« und das Licht der Demokratie in ein vom Nationalsozialismus mehr als ein Jahrzehnt lang verfinstertes Deutschland tragen.[25]

Noch war man sich aber nicht klar, was es hieß, den Deutschen gegenüber »England zur Geltung zu bringen«, wenn es diesen Deutschen am Allernötigsten fehlte und der Lebensmut gebrochen war. Deutschland stand in Schande vor der Welt da. Es hatte dem Krieg elf Prozent seiner Bevölkerung oder 7,5 Millionen Menschen geopfert, die Vermissten und Kriegsgefangenen nicht mitgezählt. In den meisten Ballungsgebieten war die Hälfte der Wohnsubstanz vernichtet. 20 Millionen Menschen waren obdachlos, nicht zu reden von den Millionen Vertriebenen aus dem Osten. Da die Wirtschaft noch nicht wiederaufgebaut war, erreichte die Arbeitslosigkeit enorme Ausmaße und mit dieser auch die Armut. Und wie eine Historikerin treffend sagte: »Die Folge des Zweiten Weltkriegs war eine hungrige Welt«. Während des Krieges hatte Deutschland Nahrung für seinen Bedarf aus den besetzten Gebieten requiriert. Mit Kriegsende blieb den Deutschen nur noch, unter Aufsicht der Alliierten zu hungern. In der amerikanischen Zone betrug die Essensration 1135 Kalorien pro Person und Tag, ab Januar 1946 stieg sie auf 1550 Kalorien. In der britischen Zone beschränkte sich die Tagesration auf etwas über 1000 Kalorien – entsprechend etwa zwei Scheiben Brot mit Margarine, einigen Kartoffeln, falls es sie gab, und einem Löffel Haferbrei. Frauen und Mädchen prostituierten sich für Essen. Der Schwarzmarkt für Nahrungsmittel explodierte ebenso wie die Zahl der Menschen, die mit Hungerödemen in Krankenhäuser kamen. Die Sterblichkeit stieg rapide an. Kein Wunder: In Hamburg verloren manche Menschen ein Kilo pro Tag.[26]

Welche Rolle Bücher spielen oder wie Deutsche sich den Luxus eines Buchs leisten konnten, wenn die meisten ums bloße Überleben kämpften, wusste niemand. Der britisch-jüdische Verleger Victor Gollancz erfuhr dieses Spannungsverhältnis eindringlich während seines sechswöchigen Aufenthalts in der britischen Zone im Herbst 1946. Er schrieb ausgiebig über die Ernährungs- und Gesundheitsprobleme in Deutschland nach dem Krieg und insbesondere über Unterernährung bei Kindern. In zahlreichen englischen Zeitungen erschienen seine Artikel, in denen er die Engländer aufforderte, die Lebensqualität in Deutschland verbessern zu helfen. Und doch erkannte auch er: »Es gab Momente während meines Aufenthalts in Deutschland, in denen mir schien, dass die geistige und seelische Auszehrung noch schlimmer ist als die körperliche«. Er erzählte von einem deutschen Professor, der seine wertvollen juristischen Fachbücher für ein halbes Kilo Butter verkauft hatte. Er sprach mit Lehrern, die klagten, wie schwierig es war, Kinder zu erziehen, wenn bisweilen die Hälfte der Klasse nicht erschien, weil so viele Kinder keine Schuhe hatten. »Sobald sich herumsprach, dass ich Verleger bin, bat mich ein Deutscher nach dem anderen, englische Bücher zu schicken«, schrieb er. »Dieses oder jenes Buch falls möglich, aber sonst gern auch irgendwelche Bücher gleich welcher Art«. Gollancz ermutigte alle, die Freunde in Deutschland hatten, ihnen »jegliche guten englischen Bücher« über die von ihm selbst ein Jahr zuvor gegründete Initiative »Save Europe Now« zukommen zu lassen.[27]

Gollancz wandte sich mit seiner Bitte direkt an die englische Öffentlichkeit und nicht an staatliche Stellen, weil letztere mit ihrer eigenen Knappheit an Material zu kämpfen hatten. Da in ganz Deutschland nur zwei Papierfabriken produzieren konnten, war Papier streng rationiert. Hamburgs Regionalkommissar erhielt für seinen Zuständigkeitsbereich mit drei Millionen Menschen nur 41 Pakete mit englischen Zeitungen und Zeitschriften. Selbst das offizielle Sprachrohr der Militärverwaltung, *Die Welt*, war mit einem Exemplar je 4,5 Einwohner in der britischen Zone Mangelware. Bis Ende 1947 hatte die Militärverwaltung 64 Informationszentren und Bibliotheken mit englischem Lesestoff unter dem Namen »Die Brücke« geschaffen, der die Möglichkeit kultureller Begegnung in ihren Räumen zum Ausdruck bringen sollte. Die Hamburger Brücke verzeichnete bis Februar 1948 rund 1000 Besucher am Tag, doch die meisten von ihnen waren Bildungsbürger, die schon einigermaßen fließend Englisch sprachen. Andere Teile der deutschen Bevölkerung zu erreichen gelang dagegen kaum. Abgesehen von solchen praktischen Schwierigkeiten hatte die Nazizeit auch seelische Narben hinterlassen. Viele Leser der jüngeren Generationen waren mit rückwärtsgewandten, nationalsozialistischen Idealen groß geworden und hatten eine »Furcht vor der Moderne« verinnerlicht, die sie nach dem Sturz des Regimes nicht einfach ablegten. Aus den langen Jahren der Naziherrschaft hatten viele Deutsche zudem ein Misstrauen gegenüber allem bewahrt, was sie aus Zeitungen und Radio, den Sprachrohren des NS-Staates, erfuhren.[28]

Unter diesen Umständen waren Bücher tatsächlich die beste Hoffnung der britischen Regierung auf eine bessere Zukunft, da sie in der Wahrnehmung der deutschen Leser weniger mit staatlicher Propaganda verknüpft waren als Presse und Rundfunk. Paradoxerweise wollte aber die Control Commission, der das Verlagsgeschehen unterstand, die deutschen Leser erneut einer Propaganda aussetzen – wenn auch einer ganz anderen und, wie sie meinte, der besten, die England zu bieten hatte. Sie prüfte sorgfältig, welche Verlage und welche Bücher England in geeigneter Weise »zur Geltung brachten«, um Deutschland auf eine neue Ära vorzubereiten. Ob Albatross zu den Verlagen gehören würde, die man für diese Aufgabe auswählte, blieb die längste Zeit in Schwebe. Wie N. G. Thompson vom Central Office of Information seinen Kollegen vom BBE erläuterte, bereitete allen Beteiligten das »Tauchnitz-Wegner-Albatross-Hickhack« eine Menge Ärger. »Holroyd-Reece verfolgt zwei Ziele«, schrieb er, »Albatross in Deutschland wieder groß aufzuziehen und Wegner bezüglich der Tauchnitz-Rechte an die Kandare zu nehmen«. Die Control Commission for Germany, die es in der Hand hatte, sich für einen von beiden zu entscheiden, war von Holroyd-Reece nicht eben begeistert. Ihre Beamten »liebäugelten seit langer Zeit mit Bonnier«, wie Thompson anmerkte, »und würden vermutlich ein Tauchnitz-Bonnier-Bündnis in Deutschland favorisieren«. In dieser Situation verfügte Wegner über einen klaren Vorteil: Die Control Commission for Germany, bestätigte Thompson, »unterstützt Wegner durchgängig als einen fähigen und kooperativen Verleger«. Auch er selbst bewunderte Wegner insgeheim und nannte ihn »einen scharfsinnigen Mann ... und geschickten Taktierer im Geschäftlichen und Politischen«.[29]

Am Ende wurde darüber in der Vorweihnachtszeit 1947 in London entschieden – und das unter den ungewöhnlichsten Umständen. Wegners Geschäftssinn hatte ihm einen großen Preis eingetragen: die Einladung von Unwin und anderen englischen Verlegern, als »führender Verleger auf Besuch« wieder nach London zu kommen. Doch dieser Besuch gestaltete sich nicht wie erwartet. Nach jahrelanger Abwesenheit verließ Wegner der sichere Instinkt, sich auf Londons Straßen zu bewegen. Womöglich in Gedanken verloren, trat er in einem Moment der Unachtsamkeit auf die Straße, wurde von einem der links heranrasenden Autos erfasst und schwer verletzt. Er erlitt einen Schlüsselbeinbruch und ein Schädeltrauma. Anstatt seinen Spuren von früher zu folgen und die britischen Verleger in ihren Lieblingsclubs zu umwerben, verbrachte er seine Zeit damit, sich im Krankenhaus von seinem Unfall zu erholen.[30]

Inzwischen hatte das Anliegen, für den englischen Kulturauftrag die richtigen Verlage auf dem deutschen Markt zu positionieren, eine solche Dringlichkeit angenommen, dass ein Sturm auf Wegners Krankenzimmer einsetzte. Die Deutschlandabteilung des Außenministeriums wollte sich mit Wegner verständigen, bevor Holroyd-Reece eine Chance dazu erhielt. Sie fürchtete, dieser werde Wegner unter Druck setzen, sich mit ihm zu verbünden, weil ebendas für ihn der schnellste Weg zu einer Verlagslizenz in der britischen Zone war. Doch Holroyd-Reece war den Beamten längst einen Schritt voraus. »Holroyd-Reece hat selbstredend diese Gelegenheit genutzt, mit Wegner zu reden und ihn gefügig zu machen«, schrieb Thompson. »Laut Wegner sind die beiden ›zu einer freundlichen Einigung gelangt‹«. Damit war vermutlich eine Abmachung gemeint, derzufolge Wegner einen Anteil an Tauchnitz erhielt und dafür eine wie immer geartete Verbindung mit Albatross einging. Der Literaturagent Curtis Brown bestätigte nach seinem Besuch Wegners gegenüber Thompson, es sei wohl zu spät, diesen Lauf der Dinge noch abzuwenden. Wie Thompson berichtete, »hat Albatross sich Wegner bereits so weit ›angeeignet‹, dass der Verlag sogar seine Krankenhausrechnung bezahlt«.[31]

Und so kehrte Wegner kurz nach Weihnachten 1947 mit einem geheilten Schlüsselbein und einer erneuerten Albatross-Tauchnitz-Kooperation nach Hamburg zurück. Noch zu Beginn des Jahres hatten Wegner und Holroyd-Reece einander feindlich gegenübergestanden. An seinem Ausgang machten sie erneut gemeinsame Sache. Indem die beiden wieder an einem Strang zogen, verkörperten sie selbst am besten den Albatross-Mythos, den Holroyd-Reece für die Nachkriegswelt wiederbelebte. »Nach der antiken Mythologie liegt die eigentliche Bedeutung des Albatross darin, dass er lebende Seelen über das Wasser trägt. Darum haben wir den Albatross zu unserem Markenzeichen gemacht«, sinnierte die Broschüre von 1947. »Heute ist das Bedürfnis nach freundlichem Verkehr und fruchtbarer Verständigung zwischen den Völkern der Nachkriegswelt größer denn je, und deshalb widmet sich der Albatross wie eh und je seiner Aufgabe, diesem Bedürfnis zu entsprechen«. Holroyd-Reece tat nicht so, als bliebe alles wie es war. Sein Werbeprospekt anerkannte die Schwierigkeit, früheren Ansprüchen an »Sorgfalt, Papierqualität und hochwertiger Bindung« auf einem von Mängeln geplagten Kontinent zu genügen – bekräftigte aber umso mehr den Grundsatz aus Vorkriegszeiten, anspruchsvolle Bücher »ohne schönen Schein« zu verkaufen und »einen echten Querschnitt neuer Formen und Inhalte in der modernen Literatur englischer Sprache« zu bieten.[32]

Hinter der einnehmenden Schilderung dieses Prospekts verbarg sich ein Kampf mit Widrigkeiten, über die sich Holroyd-Reece eisern ausschwieg. Seine Produktion hinkte dem Zeitplan hinterher. Er hatte für Anfang 1947 eine ehrgeizige Neuausgabe der Reihe mit fünfzehn Titeln pro Monat – fünf neue und zehn bestehende – in Auflagen von jeweils 15.000 Stück und zum Preis von umgerechnet fünf Shilling in der jeweiligen Landeswährung vorgesehen. Zwei Drittel der Bücher sollten in Italien, der Rest in den Niederlanden hergestellt werden. Bis Ende März waren jedoch nur zwölf Titel in Italien gedruckt, und die ersten fünf aus den Niederlanden kamen erst Ende Juni in den Handel. Unterdessen machten sich die Schwierigkeiten eines so grenzüberschreitenden Unternehmens in der Nachkriegszeit schmerzhaft bemerkbar: Mangel an holzfreiem Papier, Hürden bei der Sicherung von Einfuhrgenehmigungen zum Versenden der Bücher von einem Land ins andere, Einschränkungen des Devisentransfers zwischen dem englischen Mutterschiff und Albatross' ausländischen Partnern. Jede Verzögerung kostete Albatross wertvolle Zeit und hinterließ eine Lücke, die englische und amerikanische Verlage bereitwillig füllten. »Die Konkurrenz der billigen Pocket-Books, Penguins, Collins' White Circle Pocketbooks, Triangle Books, Modern Library u. a. Reihen ist sehr hart und sie enthalten oft dieselben Titel wie Albatross«, klagte ein Bericht des niederländischen Partners vom November 1947. »Albatross-Bücher sind zu teuer«.[33]

Noch gravierender wirkte sich aus, dass Holroyd-Reece anscheinend Albatross in den rosigsten Farben gemalt und Wegner die schwierige Finanzlage sowie die vielen Risiken verborgen hatte. Schon im Oktober 1947 klangen die Sitzungsprotokolle des Collins-Vorstands alarmiert. Dessen Mitglieder sprachen von einer »finsteren Lage« in Europa. Pan-Taschenbücher verkauften sich auf dem Kontinent für ein Viertel dessen, was ein Albatross-Buch kostete, und sie »refinanzierten ihr Vordringen«. Nicht so die Bücher von Albatross. Collins hatte Holroyd-Reece einen Vorschuss von 20.000 Pfund und eine Bürgschaft über weitere 15.000 gewährt. Das reichte jedoch nicht, und nun bat Holroyd-Reece um ein weiteres Darlehen in Höhe von 35.000 Pfund. Nach längerem Hin und Her »einigte man sich darauf, es ihm zuzugestehen, jedoch nur unter den folgenden Bedingungen: die Angelegenheit muss über die Bank of England abgewickelt werden; es muss ein Zeitplan zur Tilgung erstellt sein; Bilanzen müssen vorliegen; sämtliche Werte müssen auf unseren Namen laufen; wir müssen sämtliche Anteile erhalten und sicherstellen, dass wir ein Pfandrecht auf alle Lagerbestände haben; unsere hauseigenen Buchprüfer sollten einbezogen werden«. Und die schroffste, endgültigste aller Bedingungen lautete: »Hierbei handelt es sich um unser letztes Darlehen an Albatross«.[34]

Holroyd-Reece beherrschte die Kunst erfolgreichen Werbens. Einige Zeit nach dem Tod seiner zweiten Frau Jeanne im Juni 1945 heiratete er eine wunderschöne rothaarige Amerikanerin namens Eileen, deren familiäre Rücklagen gerüchteweise das Nest des Albatross auspolsterten. Und so änderte sich auch 1948 an Holroyd-Reece' Leben nicht viel. Er brütete inmitten erlesenen Pomps neue Vorhaben aus und gab sich wie gewohnt, als ruhte er in sich selbst, wie der Autor John Brophy nach einer Begegnung mit ihm Ende Juli schilderte. »Eine starke Persönlichkeit, und er hat seine Schrullen, aber ich mag ihn«, schrieb er. »Holroyd-Reece' Büro könnte als die Zimmerflucht eines Edelmanns aus dem 19. Jahrhundert mit einem Geschmack des 18. Jahrhunderts durchgehen, und wenn er mich in seine Wohnung am Old Square einlädt und bei einem Glas eisgekühlten Wermut seiner Gattin vorstellt, ist alles nur umso charmanter ... Die Ecke des Square, an der er wohnt, ist der älteste Teil des ganzen Ensembles. Er deutete auf ein paar schmale Fenster in der Backsteinfassade und sagte, dahinter habe Sir Thomas More – ›Ihr Kollege, mein lieber Brophy‹ – *Utopia* geschrieben«.[35] Holroyd-Reece, der »Edelmann aus dem 19. Jahrhundert mit einem Geschmack des 18. Jahrhunderts«, machte wenig später Bekanntschaft mit der unliebsamen Wirklichkeit des 20. Jahrhunderts. Thomas Morus hätte sein Straucheln nicht überrascht: Standhaftbleiben ist mitunter gefährlich, wenn es einem den Boden unter den Füßen wegzieht.

KAPITEL 23

Heimkehr

Mit dem Wort Heimkehr verbindet sich ein Zum-Ende-Kommen, eine Rückkehr an den Ort der Zugehörigkeit, wo sich die innere Unrast der Gefühle vielleicht endlich legt. Auf Enochs ersten Aufenthalt in Deutschland nach dem Krieg passt das Wort also nicht. »Am 17. März 1949 reiste ich mit dem Zug über die deutsche Grenze«, schrieb er. »Fast 13 Jahre zuvor hatte ich von hier aus im Flugzeug meine Flucht in die Freiheit, aber auch in eine völlig ungewisse Zukunft angetreten. Damals ahnte ich nicht, ob oder wann oder unter welchen Umständen ich je zurückkehren würde, und ich hatte mit Sicherheit keine Vorausahnung und kein Bild von dem Deutschland, das ich dann vorfinden würde«. Enoch kam nach Einbruch der Dunkelheit in Frankfurt am Main an. »Die Finsternis verbarg nicht das fehlende Dach und auch nicht die sonstige Verwüstung auf dem Bahnhof«, bemerkte er. »Das schwache Licht im Inneren, die Stille dort, wo anscheinend keine anderen Züge ein- oder abfuhren und ... die verlangsamten Bewegungen der wenigen Menschen, die unterwegs waren, verliehen dem Bahnhof eine fast gespenstische Atmosphäre«.[1]

Enoch landete in zwei Welten, wo Deutsche mit anderen Taxis fuhren als Angehörige der Besatzungskräfte. Und da er nun zumindest nach amtlicher Lesart kein Deutscher mehr war, ließ er sich von einem der für die Alliierten reservierten Taxis zum Frankfurter Hof bringen – einem ehemals mondänen Hotel, das nun »teilweise wieder aufgebaut ... mitten auf einer anscheinend plattgewalzten leeren Baustelle stand«. Erst am folgenden Morgen erkannte Enoch das wahre Ausmaß der Verwüstung, die der Krieg hinterlassen hatte: »Ganze Straßen völlig oder halb zerstörter Häuser, kaum Verkehr von zumeist klapprigen alten Autos, niedergeschlagen und ausgehungert wirkende Passanten, die ganze Stadt noch versunken in einer Betäubung, von der sie sich nicht ansatzweise erholt hatte«. Vier Jahre nach dem Krieg ging in Deutschland so gut wie nichts voran.[2]

Es waren eher praktische als persönliche Gründe, die Enoch zur Rückkehr bewogen. Er und Victor Weybright, sein Partner bei American Penguin, hatten sich in New York als schlagkräftiges Gespann bewährt. Nun suchten sie wie viele andere englische und amerikanische Verleger nach Möglichkeiten, ihren europäischen Horizont zu erweitern. Ein Foto zeigt die beiden Seite an Seite Pfeife rauchend beim Blättern in einem Buch, das Enoch hochhält. Ihr gemeinsames Ziel – die Welt der Bücher, die ihnen beiden vorschwebte –, schweißte sie zusammen. Andernfalls hätten sie ihre gegensätzlichen Naturen wohl schnell entzweit. Schon nach wenigen Monaten der gemeinsamen Arbeit für Allen Lane war es Enoch und Weybright gelungen, sich vom britischen Vorbild abzusetzen. Die Vereinigten Staaten waren kein zweites England. Buchhandlungen fanden sich vor allem im Nordosten der

USA und waren überall sonst sehr dünn gesät. Um die Leser im amerikanischen Hinterland zu erreichen, mussten Werbung und Einbände marktschreierischer daherkommen – was Lane gar nicht gefiel – und der Vertrieb anders aufgezogen werden. 1947 war das Zerwürfnis mit der Londoner Mutter so groß, dass Enoch und Weybright ihre Verbindung mit Lane lösten und ein eigenes Verlagsunternehmen gründeten: die New American Library. Am 25. Februar 1948 kamen sie mit ihrer Reihe unter dem Motto »Guter Lesestoff für Millionen« auf den Markt. Angeboten wurde dieser an 80.000 Zeitungskiosken in den Vereinigten Staaten und Kanada unter den Markennamen Signet Books für Erzählliteratur und Mentor hauptsächlich für Sachbücher. »Die Büros waren klein und dunkel, aber kaum hatte man sie betreten, spürte man die Energie, die von Kurt ausging«, erinnerte sich Marc Jaffe, Lektor der New American Library. »Ich weiß noch, wie Kurt oft in seinem grauen Flanellanzug und in dieser für ihn typischen, leicht vornüber geneigten Haltung von einem Zimmer zum nächsten eilte und von der Produktion über den Vertrieb bis zur Umschlaggestaltung überall mitmischte«. Nach einem Jahrzehnt glückloser Neuanfänge und dem schwierigen Abwägen politischer und wirtschaftlicher Gewalten hatte Enoch sein Territorium abgesteckt und wusste es zu halten.[3]

1949 fasste er ein Vorhaben ins Auge, das ihm von früher gut vertraut war: kontinentaleuropäische Regale mit englischsprachigen Büchern zu beliefern. »Die amerikanische Wirtschaft war traditionell nicht sehr exportorientiert«, erklärte er. »Ihr Heimatmarkt war riesig, der Handel mit anderen Ländern zu umständlich und mühsam«. Doch für Enoch war der Welthandel seit vielen Jahren das tägliche Brot – Buchexporte hatten Albatross-Tauchnitz für das NS-Regime wertvoll gemacht und ihm den Weg in die Emigration geebnet. »Ermutigt von meinen vorangegangenen Erfolgen mit Albatross und Tauchnitz«, schrieb er, »behielt ich das Potenzial weltweiter Geschäfte stets im Blick. Nach dem Krieg schien mir, dass die Bedingungen in vielen Ländern dem Buchhandel eine einmalige Chance boten. Das galt insbesondere für unser Produkt. Das preiswerte Taschenbuch war ein ideales Angebot, um einen unmittelbaren und großen Bedarf zu befriedigen«.[4]

Enoch befand sich damit in guter, vielleicht zu guter Gesellschaft. Englische Verlage wie Pan und Penguin waren mit Schützenhilfe ihrer Regierung bereits auf den europäischen Kontinent vorgedrungen. Die amerikanische Regierung folgte diesem Beispiel. Auch sie wollte, wie der Historiker John Hench dokumentiert hat, »die versklavten Völker nach Jahren der faschistischen Propaganda mit Hilfe von Büchern ›entgiften‹ und eine wohlwollende Haltung gegenüber den Vereinigten Staaten kultivieren«. Der amerikanische Markt für Taschenbücher war explosionsartig gewachsen und das Angebot überreich: Pocket Books wurde 1939 gegründet, Avon 1941, Dell 1943, Bantam 1945. So subventionierte die amerikanische Regierung nun ebenfalls billige Übersee-Ausgaben, um Europäern, die der jahrelangen nazideutschen Dominanz in Europa mehr als überdrüssig waren, den American Way of Life ans Herz zu legen. Zudem lieferten sich Albatross und Tauchnitz mit kontinentalen Buchreihen aus Schweden und England ein Wettrennen um die führenden Positionen auf dem Kontinent.[5]

Eine große Hilfe für Enoch war die 1949 von den Amerikanern mit anderen Alliierten gegründete Economic Cooperation Administration (ECA). Nach dem Vorbild des britischen Book Export Scheme unterstützte die ECA amerikanische Verlage dabei, ihre Titel in Ländern mit wenig kaufkräftigen Währungen abzusetzen. Europäische Importeure konnten für amerikanische Bücher in ihren jeweiligen Währungen bezahlen, und die ECA erstattete den amerikanischen Verlagen entsprechende Summen in Dollar. Sie stellte jedoch eine Bedingung: Die exportgeförderten Titel mussten »in angemessener Weise dem Kultur- und Geistesleben und den Lesegewohnheiten Amerikas Ausdruck geben und ein ausgewogenes Bild amerikanischer Institutionen vermitteln«. Eingedenk dessen beauftragte Enoch ein Gremium von Literaturexperten, 150 Titel vorzuschlagen, die sich in diesem Sinn als amerikanische Propaganda eigneten. Er wollte auf diese Weise schaffen, woran der Deutsche Tauchnitz gescheitert war: Kulturpropaganda, die man idealerweise gar nicht als solche erkannte, mit hohen Umsätzen zu verbinden.[6]

Ohne die Entscheidung über seinen Antrag abzuwarten, flog Enoch am 5. März 1949 nach Amsterdam – »gut gerüstet« mit Katalogen und Probeexemplaren, um der New American Library im Ausland den Weg zu ebnen. Sein Plan war ehrgeizig. Innerhalb weniger Wochen wollte er durch die Niederlande, Frankreich, Dänemark, Norwegen, Schweden, Österreich und Deutschland reisen. »Meine Gründe, mich selbst auf den Weg zu machen, waren meine eingehende Kenntnis der Märkte, meine langjährigen persönlichen Beziehungen zu wichtigen Beteiligten und der Vorteil, vor Ort unverzüglich entscheiden, Verträge ausarbeiten und unterschreiben zu können«. In seiner Abwesenheit erhielt die New American Library den Zuschlag für ihr Angebot, Titel im Wert von 100.000 Dollar an Partnerländer der ECA zu liefern. Nachdem Enoch sich in der Neuen Welt durchgesetzt hatte, war er bereit, sich die alte vorzunehmen.[7]

In dieser Nachkriegswelt erwies sich Albatross' größter Vorteil der Vergangenheit – die Vertrautheit mit dem Kontinent – rasch als seine größte Bürde. Anders als die New American Library und andere englische oder amerikanische Verlage, die erst vor kurzem in das Geschäft mit Taschenbüchern eingestiegen waren, trug Albatross schwer an seiner Geschichte. In der Erinnerung vieler kontinentaleuropäischer Leser blieb der Verlag mit Hitlerdeutschland verbunden, und diese Assoziation machte es Albatross offenkundig schwer, unter den neuen Verhältnissen ein zweites Mal abzuheben. Enochs eilige Reise nach Deutschland lässt aber vermuten, dass Albatross auch von den Alliierten zu Fall gebracht wurde. All die Verlage, die Albatross einst ihre Lizenzrechte verkauft hatten, beanspruchten Kontinentaleuropa nun für sich.

Im März 1949 wagte sich Enoch nach Hamburg. Es war eine ernüchternde Rückkehr. Es gab hier keine Verwandten mehr, die ihn hätten empfangen können. Alle waren entweder ausgewandert oder in NS-Konzentrationslagern in den Tod gegangen. Was frühere Bekannte oder Branchenkollegen anging, so fragte er sich: »In welchem seelischen oder körperlichen Zustand würde ich sie vorfinden? Wer gab nun bei dem, was vom einst blühenden Hamburger Buchhandel noch übrig war, den Ton an?« Er besuchte das Grab seiner Familie und die »Wahrzeichen meines früheren Lebens: Schule, Universität, meine letzte Wohnung an der Elbe«. Er fand seinen Weg zum Atlantic Hotel, einer von nur zwei Herbergen, in denen er als »Ausländer« übernachten durfte. Dieses Haus bewahrte für ihn positive Erinnerungen gleich neben sehr unangenehmen. »Oft genoss ich meinen Tee oder ein Abendessen auf den Terrassen oder im Restaurant mit Blick auf die Alster«, erinnerte er sich. »Ich verfolgte eine Regatta oder erfreute mich einfach an dem Getriebe auf dem Wasser (und genau hier verdarb mir Göring einmal kurz vor der Machtübernahme der Nazis gründlich das Vergnügen, als er sich mit einigen seiner Kumpanen lärmend an den Tisch neben mir setzte)«.[8]

Enoch wusste aus Erfahrung, dass er in jedem Land einen zuverlässigen Grossisten brauchte, um Werbung, Vertrieb und Verkauf abzuwickeln und die Bestände zu inventarisieren. In Hamburg suchte er dafür nach einem vertrauten Gesicht aus alten Zeiten. »Mir war zu Ohren gekommen, dass Kupfer den Krieg überlebt hatte und nun in Hamburg lebte. Aber ich hatte keine Ahnung, was er trieb«, erinnerte sich Enoch. »Nach meiner jahrelangen engen Zusammenarbeit mit Kupfer, nach den Gesprächen mit ihm und aufgrund seines Verhaltens in der belastenden Zeit unserer gemeinsamen Arbeit unter dem Naziregime und im Exil war ich mir vollkommen sicher, dass er nie einer von denen gewesen und ihre Ideologie ihm fremd geblieben war. Ich hoffte, ihn unverändert und auch sonst weiterhin geeignet für die Aufgabe vorzufinden, die ich ihm zugedacht hatte«.[9]

Enoch kam genau zur rechten Zeit. Tatsächlich befand sich Kupfer in Hamburg und arbeitete hier für das neue Albatross-Tauchnitz-Unternehmen. Dieses litt jedoch, wie alle deutschen Verlage, an der Papierknappheit und an fehlender Druckerschwärze, an dezimierten Lagerbeständen durch mehrfache Bombentreffer, an zerstörter Infrastruktur, die Kommunikation und Vertrieb lähmte, und an zu wenigen Druckereien, die die große Nachfrage bedienen konnten. Während Enoch fertige Bücher hatte, die man jederzeit verkaufen konnte, wurden Kupfer von der Besatzungsbürokratie immer neue Knüppel zwischen die Beine geworfen. Er versuchte seit 1946, in Leipzig eine Lizenz zu erhalten, damit Albatross in Hamburg eine »Niederlassung« eröffnen konnte. Diese Strategie wählten Verleger, um Betriebsvermögen aus dem sowjetischen Machtbereich abzuziehen. Während die Behörden der sowjetischen Zone Albatross' Antrag Mitte 1948 angesichts der Nachfrage nach englischen Büchern immerhin bereits als »dringend« einstuften, stellten sie ihn dennoch hinter den Interessen der zumeist staatlich vereinnahmten Verlage zurück. Im Juni 1948 hatte Kupfer genug und wechselte seine Taktik. Er beantragte zugleich eine Lizenz in Berlin, wo die vier Besatzungszonen unter dem russisch dominierten Magistrat für Groß-Berlin verwaltet wurden und die britischen Behörden womöglich einigen Einfluss geltend machen konnten. Die Berliner Behörden gewährten ihm jedoch keine Lizenz, solange er nicht versprechen konnte, dass Berlin der Sitz von Albatross und seinen Geschäften würde. Das aber konnte er angesichts der unvorhersehbaren Verhältnisse in dem von Zonengrenzen zerrissenen Berlin nicht tun. Derart undurchdringlich war das Dickicht der Geschäfte im gespaltenen Deutschland – und alles wurde noch schlimmer, als die Sowjets den Alliierten am 28. Juni 1948 die Nutzung von Straßen und Eisenbahnlinien zwischen Berlin und den Westzonen verwehrten.[10]

Im März 1949 war die Berlin-Blockade immer noch in Kraft, und Kupfer kam keinen Schritt weiter. Da seine Zukunft in der Schwebe hing, war er mehr als bereit, sich auf gleich welchen Vorschlag Enochs einzulassen. Deutsche durften dessen Hotel nicht betreten, und so traf Enoch Kupfer in »einer der guten alten Gaststätten«, die ihren Betrieb wieder aufgenommen hatte. »Ich war ziemlich gerührt, als ich ihn wiedersah«, schrieb Enoch, »und den größten Teil des Abends nahmen selbstverständlich Berichte von seinen persönlichen Erlebnissen und seiner Lage ein«. Auch Kupfers Privatleben war von den Zonengrenzen zerrissen. Aus geschäftlichen Gründen war er nach Hamburg gezogen, doch seine Frau und seine drei Kinder blieben in Leipzig. Sein jüngster Sohn war im Krieg umgekommen, nachdem man ihn zu »einer dieser jungen Volkssturmtruppen eingezogen hatte, die auf den wahnsinnigen Befehl Hitlers jedes Dorf und jede Kleinstadt halten sollten«. Kupfer war deprimiert, das Geld ging ihm aus, und er mühte sich nebenbei mit der Wiederbelebung seines Zweitunternehmens, der Produktion von Reiseführern ab – auch nicht gerade eine zündende Geschäftsidee in einem vom Krieg verwüsteten Deutschland praktisch ohne jeden Fremdenverkehr. Was er hatte, war jede Menge Berufserfahrung und Arbeitsräume in einem riesigen Gebäude namens »Bunker« mit burgähnlichem Turm in der Innenstadt. Enoch bot Kupfer einen Kreditrahmen an, damit er die erforderlichen Bücher ankaufen konnte, und die Leitung des neuen Unternehmens »Transatlantik« zum Beliefern deutscher Regale mit Büchern der New American Library. Auf diese Art kam Enoch nun wieder ins Geschäft mit dem Mann, der einst daran beteiligt gewesen war, ihn aus dem Albatross-Tauchnitz-Vertrieb in Paris zu drängen.[11]

Nachdem er seine Geschäfte erledigt hatte, spazierte Enoch durch die Altstadt. Er besuchte Glogau, einen ehemaligen jüdischen Verlag, um vom Schicksal seines Eigentümers zu erfahren. Er traf Ernst Rowohlt, den früheren Verleger von Sinclair Lewis und Ernest Hemingway, der mit seiner Ro-Ro-Ro-Reihe aus den Mängeln der Kriegszeiten einen Vorteil schlug: Da Druck- und Bindemaschinen und Papier rar waren, stellte er ganze Bücher auf Rotationsdruckmaschinen wie Zeitungen her. Hamburg wurde allmählich wieder lebendig. Enoch gestattete sich am Ende die eine oder andere »sentimentale Reise in die Vergangenheit« entlang der in seiner Erinnerung von Cafés, noblen Hotels und Banken gesäumten Allee an der Kleinen Alster. Um eine bestimmte Adresse machte er jedoch einen großen Bogen: »Ich hatte kein Bedürfnis, das Büro meines einstigen Unternehmens wiederzusehen, das nach Wegners Übernahme nun dessen Namen trug«. Hätte er die Schauenburgstraße 14 aufgesucht, so wäre er vielleicht erschrocken darüber, dass auch dieses Haus dem Krieg zum Opfer gefallen war. Nachdem Wegners Büro zweimal ausgebombt und verlegt worden war, mietete er sich nach dem Krieg im Pressehaus am Speersort 1 und seinen Vertrieb am Alstertor 21 ein. Diese kurze Seitenstraße führt zur Kleinen Alster, um die Enoch spazierte, doch ihn ging das alles nichts mehr an. Sein oben zitierter einziger Satz darüber in seinen Memoiren sagte ohne Ausschmückung und Umschweife alles, was er zu sagen hatte.[12]

Ganz so einfach machten die Umstände es den beiden nicht. Wegner war wie immer praktisch gesinnt, und als in der Nachkriegszeit die Restitutionen anliefen, suchte er den Kontakt zu Enoch. Er hatte dessen Unternehmen unter den Zwängen der Hitlerzeit gekauft und musste sich nach den nun geltenden Bestimmungen dafür rechtfertigen. Es fällt schwer, sich diese erste Wiederbegegnung von Angesicht zu Angesicht vorzustellen. Enoch sparte ihre Schilderung in seinen Lebenserinnerungen aus. Was immer er empfunden haben mag – er bestätigte Wegner schriftlich, »daß ich wegen des an Sie im Jahre 1936 erfolgten Verkaufs der Firma Oscar Enoch, Hamburg, keinerlei Rückerstattungsansprüche geltend machen kann und auf jegliche, mir evtl. gesetzlich zustehende Rückerstattungsansprüche verzichte, da ich für den Verkauf an Sie seinerzeit voll bezahlt worden bin.«[13]

Wegner war einerseits beruhigt, in anderer Hinsicht aber verunsichert. Enoch war ausgerechnet in dem kritischen Moment aufgetaucht, als die Mannschaft von Albatross-Tauchnitz endlich genügend Ressourcen zusammengetragen hatte, um ernsthaft an die Produktion denken zu können. So hatte Wegner es geschafft, die Brandstetters trotz deren tiefsitzendem Misstrauen gegenüber Holroyd-Reece wieder ins Boot zu holen. Mitte April 1949 wollte Wegner nun aber auch Ergebnisse sehen. »Wir müssen uns raschest entschließen, in Deutschland anzufangen«, drängte er Holroyd-Reece. »Hoffentlich haben sich die Kreditfragen für den Herstellungskredit und den Papierkredit jetzt zufriedenstellend gelöst. Davon hängt natürlich viel ab.« Wegner träumte von neuen Büchern. »Sehr neugierig bin ich natürlich auf das wichtige Buch, das Du für Albatross und mich in Aussicht hast«, schrieb er in der Hoffnung, dass es sich dabei um Huxleys neuestes Werk *Ape and Essence* handelte.[14]

Tatsächlich bedeutete Enochs Besuch in Hamburg einen schweren Rückschlag für das eben erst erneuerte Albatross-Tauchnitz-Konsortium. Unmittelbar darauf teilte Kupfer mit, wie Holroyd-Reece Wegner am 21. April wissen ließ, dass »er sich entschieden hat, sein Glück bei Enoch zu versuchen«. Kupfers Entschluss – oder Abtrünnigkeit, wie Holroyd-Reece und Wegner meinten – erzwang rasches Handeln. Wegner fand zurück in seine alte Position. Er wurde erneut Geschäftsführer des Albatross Verlags, um »das Unternehmen formell in Hamburg eintragen oder wiedereintragen zu können«. Denn eine neue Lizenz zu beantragen, würde wertvolle Zeit kosten. Unterdessen hatten die beiden noch keine Titel ausgewählt und noch nicht über den Preis der Bände entschieden. Sie hatten noch keine Druckplatten aus Italien und den Niederlanden herbeigeschafft, um mit der Produktion zu beginnen. Auch ein endgültiges Budget stand noch nicht. Holroyd-Reece bat Wegner und Krause-Brandstetter, die Kosten »im Rahmen der uns zur Verfügung stehenden Mittel oder genauer: innerhalb der uns jeden Moment zur Verfügung stehenden Mittel« zu kalkulieren, wobei das »jeden Moment« darauf hindeutete, dass die versprochene Geldspritze von 100.000 Mark und Papier im Wert von weiteren 100.000 Mark noch nicht gesichert waren. In all der Zeit lauerten Enoch und eine ganze Kohorte anderer amerikanischer Verleger nur darauf, den deutschen Markt mit bereits produzierten, verkaufsfertigen Büchern zu überfluten und Albatross-Tauchnitz untergehen zu lassen.[15]

Der neue Albatross-Tauchnitz entstand, wie Albatross zehn Jahre früher, Schritt für Schritt von einem Briefwechsel zum nächsten und unter Beilegung von mehr als nur einer Ungereimtheit. Entschiedener als seine Partner wollte Holroyd-Reece weg von der »leichteren Sorte Erzählliteratur«. Er bestand darauf, dass sich ihre Marke von der neuen Gattung amerikanischer Taschenbücher klar abheben musste. »Was die modernen Bücher angeht, wollen wir das Niveau nicht nur halten, sondern die Latte so hoch wie möglich legen«. Davon ließ er sich nicht abbringen. »Naturgemäß verbinde ich mit dem Namen Albatross ein gewisses Maß an verlegerischer Eitelkeit«, gab er Wegner gegenüber zu. Vor allem aber wollte er, dass seine Bücher rasch den Weg in deutsche Buchläden fanden. »Bitte denk daran, dass es angesichts der amerikanischen Konkurrenz notwendig ist, so viele Titel wie möglich herauszubringen«, schrieb er. Er hatte auch die Sorge, dass der geplante Preis von 3,50 Mark zu niedrig war. »Ich würde lieber geringere Mengen verkaufen und dem Markt ein erstklassiges Produkt zu einem vernünftigen Preis bieten, als in einem Bereich zu publizieren ... bei dem ich von vornherein weiß, dass wir damit kein Geld verdienen können. Bedenke, dass ich älter bin als früher, und ich bin nicht bereit, das Geschäft in Deutschland wieder aufzubauen, wenn es keine gute finanzielle Grundlage hat«.[16]

Währenddessen sahen Wegner und Krause-Brandstetter zu, wie britische und amerikanische Taschenbücher über die Grenzen kamen. Holroyd-Reece versuchte weiter, ihnen ihre Zweifel an höheren Preisen auszureden. »Die Angst wegen der Preiserhöhung wegen der Konkurrenz von Pan und anderen billigen Büchern kann ich nicht teilen«, bekannte er. »Unsere Erfahrung zeigt, dass die besten Sortimenter in Europa das Albatross-Tauchnitz-Produkt nicht als billige Bücher betrachten, sondern als die bessere Auswahl aus dem amerikanisch-englischen Schrifttum, und noch dazu preiswert«. Holroyd-Reece behauptete, die Zukunft im Blick zu haben, doch die Grundsätze, an die er sich hielt, stammten aus vergangenen Zeiten: »dass man dem Buchhändler sagt: ›Unterstütze die Serie, an der Du und wir verdienen, und geht das Umsatz-Niveau herauf, dann werden unsere Preise billiger.‹ Ich habe auch etwas Angst, mich auf die best-verkäuflichen Autoren zu beschränken. Unsere Tradition ist, dass der Albatross-Tauchnitz Autor von heute der Klassiker von morgen ist«.[17]

Tatsächlich hatten Albatross und Tauchnitz Tradition – und auch mitgeholfen, aus dem einen oder anderen Nachwuchstalent der Dreißigerjahre einen Klassiker zu machen. Doch die wirtschaftlichen Verhältnisse in Deutschland sprachen vehement gegen derart hoch gehängte Ideale und Preise. Wegner und Krause-Brandstetter fürchteten, dass dem neuen Unternehmen bei allzu eng verstandener Traditionstreue gleich zu Beginn die Luft ausgehen werde. Am 27. April 1949 schlug Wegner vor, vorübergehend dem von der Konkurrenz eingeschlagenen Weg zu folgen: Albatross konnte zunächst die in Italien und den Niederlanden hergestellten Titel importieren und in der Zwischenzeit das Tauchnitz-Repertoire in Deutschland aufbauen. Einen Monat später wartete er immer noch auf Antwort. »In der Tauchnitz-Albatross-Angelegenheit habe ich noch nichts wieder von Dir gehört«, schrieb er Holroyd-Reece erneut am 30. Mai. »Die Lage fängt an kritisch zu werden, wenn wir nicht bald mit einem gewissen Produktionsprogramm herauskommen«. Ohne Nachricht von Holroyd-Reece wurde Krause-Brandstetter offenbar unwohl zumute. Hinterrücks besprach er sich Mitte Mai mit Raymond Pagan, dem Leiter der Publikationsabteilung in der amerikanischen Zone, um auszuloten, ob die Brandstetters eventuell Wegner und Holroyd-Reece die Tauchnitz-Rechte für ihren Familienbetrieb in Wiesbaden abluchsen konnten.[18]

Unterdessen behauptete Holroyd-Reece, er habe Wegners Anliegen in angemessener Zeit Mitte Mai aus Paris beantwortet, doch anscheinend sei der Brief verloren gegangen. Am 5. Juni versicherte er Wegner, dass alles nach Plan lief. Das Geld war da – 100.000 Mark. »Das Geld wird *in toto* darauf verwendet, sagen wir, 50.000 Exemplare zu importieren«, schrieb er. »Nehmen wir an, wir haben 100 Titel. Wenn du 50.000 importierst, bedeutet das im Durchschnitt nur 500 pro Titel, und das ist natürlich viel zu wenig. Und dann denk daran, dass wir in den nächsten drei Monaten mehr als 30 neue Titel verfügbar haben und zu dem Punkt gelangen müssen, an dem Anschlussbestellungen eintreffen«.[19]

Der Brief klang verheißungsvoll, aber für Krause-Brandstetter reichte das längst nicht, und obendrein kam es zu spät. In der Zwischenzeit befolgte er einen Rat, den Pagan ihm mit auf den Weg gegeben hatte: »nichts unversucht lassen, um den Namen Tauchnitz vor den Augen der Öffentlichkeit aufscheinen zu lassen«. Einer dieser Versuche bestand darin, in Vertretung der Tauchnitz-Interessen eine Geschäftsreise nach England und Schweden zu unternehmen. Als Holroyd-Reece davon erfuhr, ging er sofort auf die Barrikaden und verlangte in einem Brief am 8. Juni, dass Krause-Brandstetter seine Reise absagte. »Ich brauche Ihnen sicherlich nicht die ganze Geschichte von neuem zu erklären«, erklärte Holroyd-Reece' Anwalt Wegner in einer Darlegung, die schnell zu einer Aufstellung sämtlicher Geburtswehen von Albatross geriet: »Die Agenten haben den Standpunkt vertreten, dass alle früheren Verträge mit Albatross und Tauchnitz infolge des Krieges erloschen sind. Es hat einen jahrelangen Kampf gekostet, sie davon abzubringen«. Immer noch drohte ein Verlag mit einer Klage. Andere stellten Albatross vor die Alternative, ihre Titel innerhalb von sechs Monaten nachzudrucken oder die Rechte daran zu verlieren. »Auch hier sind große Schwierigkeiten zu überwinden. Wie sieht es um Gottes Willen nun aus, wenn Abgesandte einer Firma Tauchnitz Edition G.m.b.H. in Deutschland hier erscheinen und auf eigene Faust Verhandlungen mit den Agenten unter Berufung auf die früheren Tauchnitzrechte führt. Das muss ja eine heillose Verwirrung ergeben, denn Tauchnitzrechte können nicht von zwei verschiedenen Firmen in Anspruch genommen werden, nämlich Albatross Ltd. und Tauchnitz Edition G.m.b.H«. Er nötigte Wegner, auf Krause-Brandstetter einzuwirken, damit dieser sich auf die unmittelbar anstehenden Aufgaben konzentriere.[20]

Dieser Brief zeigt, dass Holroyd-Reece nach wie vor mit dem Finger am Abzug regierte und schießwütig wurde, sobald sich ihm jemand widersetzte. Doch sosehr er sich auch mühte, so ersichtlich schoss er immer öfter ins Blaue. Er reagierte zunehmend, statt zu agieren.

Schon zu diesem Zeitpunkt hatte der neue Albatross, in Rilkes Worten, »den Tod in sich wie die Frucht den Kern«. Am 15. Juni 1949 sandte Wegner ein Warnsignal an Holroyd-Reece: »Die billigen amerikanischen Ausgaben beginnen den deutschen Buchhandel zu überschwemmen«, schrieb er. »Das Resultat ist ein sehr starkes Zurückgehen der Bestellungen auf die Tauchnitz Edition, die allgemein als zu teuer angesehen wird«. Um irgendeine »Aussicht auf Erfolg« zu haben, verlangte er, den Preis von 3,50 auf 2,50 Mark zu senken. »Wenn das nicht möglich ist, hat es meines Erachtens keinen Sinn, sich von dem deutschen Geschäft irgend etwas zu versprechen«. Wegner fürchtete auch, dass Holroyd-Reece sich verkalkuliert hatte – nicht aus Fahrlässigkeit, sondern weil die Kostenstruktur im Buchhandel inzwischen ganz anders aussah als zuvor. Eine Aufstellung von Albatross Limited über die »gezahlten Vorschüsse auf unpublizierte Titel« vom 31. Mai 1949 zeigt, dass Wegners Unbehagen nur zu berechtigt war. Die Liste enthielt Hunderte Titel auf Englisch, Französisch, Deutsch, Portugiesisch und Spanisch. Sie dokumentierte ausgezahlte Vorschüsse in Höhe von 7000 Pfund für Bücher, aus denen nie etwas geworden war – eine grobe Leichtfertigkeit in einer Phase, in der das Geld so knapp war. »Wir müßten uns also zusammensetzen und Deine Kalkulation hier genauestens durchrechnen«, drängte Wegner, »um zu sehen, ob unter den gegenwärtigen Herstellungsverhältnissen eine Möglichkeit besteht, Albatross-Bücher nach Deutschland zu importieren. Du siehst, Dein Kommen ist dringend erforderlich, denn ohne Klärung dieser Grundfragen ist der Abschluß eines Übereinkommens zwecklos«.[21]

Obwohl Holroyd-Reece das, was er den »furchtbaren Zeitfaktor« nannte, durchaus erkannte, war seine Zeit anders verplant. Den Mai hatte er in London verbracht. Anschließend war er in Florenz, um vorübergehend ein Büro für seine neue italienische Firma Edizione Continentale einzurichten, die Produktion und Vertrieb von Albatross unterstützen sollte. Den Juni verbrachte er erneut in London, und erst danach kam er nach Deutschland. Mit leeren Händen und zu spät. Holroyd-Reece war es seit Langem gewohnt, Firmen umzustrukturieren, wenn ihnen das Geld ausging. Trotz Wegners Drängen hatte er mit dieser Absicht seine Aufmerksamkeit mehr auf Italien als auf Deutschland gerichtet.[22]

In diesem Sommer kam es in Hamburg zu einem letzten Aufflackern hektischen Treibens rund um Albatross-Tauchnitz. Am 28. Juni 1949 beendete Kupfer seine Tätigkeit als Geschäftsführer des Albatross Verlags mit einem Brief an das Amtsgericht Leipzig, in dem er mitteilte, dass Albatross Leipzig eine Niederlassung in Hamburg an der Adresse des Christian Wegner Verlags eröffne. Zwei Wochen später ermächtigte Holroyd-Reece per Unterschrift bei einem Londoner Notar seinen Anwalt, ihn und die Luxemburger Publishing Holding Company »in allen Angelegenheiten zu vertreten betreffend die Firma The Albatross Verlag GmbH«. Aus dem Protokoll eines Vorstandstreffens beim schottischen Verlag Collins in Glasgow am 1. September geht hervor, dass Albatross umstrukturiert und Collins als langjährigem Gläubiger mehr Mitbestimmung in der strategischen Ausrichtung und in Geldangelegenheiten zugestanden wurde. Dass Holroyd-Reece anderen so weitreichende Entscheidungsbefugnis über seine Geschäfte einräumte, wies darauf hin, dass sein Verlag ziemlich ausgeblutet war. Das Protokoll eines weiteren Vorstandstreffens in Glasgow vom 24. und 25. Oktober 1949 enthält nur noch die rätselhafte Bemerkung: »Albatross: ... Holroyd-Reece ist nach Italien zurückgekehrt, und es gab keine verfügbare Information über den Stand von Produktion und Verkauf. Sein Leben war mit 50.000 Pfund versichert«.[23]

In einem Artikel in *Publishers Weekly* von Ende 1946 hatte Holroyd-Reece mit der ihm eigenen Vollmundigkeit noch andere Verlage davor gewarnt, auf Albatross' Märkten zu wildern. Er habe sein Unternehmen Albatross genannt, hieß es darin, weil er »einen Namen wollte, der in vielen Sprachen dasselbe vermittelt« und weil »nach der Überlieferung jeden, der den Albatross abschießen will, furchtbares Unheil überkommt«. Doch so, wie sich der Nachkriegsmarkt entwickelte, war es der Albatross, den das Unheil einholte. Im Juli 1949 prognostizierte der niederländische Partner Sijthoff schlechte Verkaufszahlen nicht zuletzt aufgrund der neuen Buchreihe, die Enoch im Ausland mit aufgebaut hatte: »Wegen der Marshall-Hilfe werden jetzt billige amerikanische Büchlein in großen Mengen importiert, und dahinter steht eine gigantische Werbekampagne in ganz Westeuropa. Die Reihen ›Signet‹ und ›Mentor‹ bieten wirklich gute Titel ... Die Einfuhr dieser Bücher bedeutet eine harte Konkurrenz für alle anderen englischsprachigen Reihen«. Und so konnte Albatross nicht genug von seinen üppigen Beständen verkaufen, um seine noch üppigeren Schulden zu bedienen. Anfang der Fünfzigerjahre schuldete Albatross dem britischen Großhändler W. H. Smith mehr als 3000 Pfund und Sijthoff fast 7000, und das war nur ein Bruchteil der Verbindlichkeiten in anderen Ländern. Im März 1950 verkaufte Holroyd-Reece seine Anteile an Albatross für 275 Millionen Lire (150.000 Pfund) an Mondadori, »hauptsächlich, weil mir das die Möglichkeit gab, alle vollständig und auf einen Schlag auszuzahlen«, wie er Sijthoff erklärte. Als jedoch der Käufer den Vertrag verletzte, folgte daraus nur ein weiterer Umbau von Albatross. Die Mailänder Firma I. Krachmalnicoff in Mailand übernahm die Generalvertretung für Vertrieb und Verkauf der verbliebenen Albatross-Bestände. Die Mitteilungen dieses Unternehmens sprühten mit fröhlich vorgetragenen Umbauplänen vor fehlgeleiteter Zuversicht. »Der Verkauf ist vollkommen eingebrochen«, teilte unterdessen Albatross niederländischer Partner mit. »Das englisch lesende Publikum hat sich den billigen britischen und amerikanischen Reihen zugewandt«. Der französische Ableger von Albatross ging Ende 1950 in Konkurs.[24]

Nicht allein Albatross trug sein Ende in sich: Sämtlichen Verlagen, die sich auf englischsprachige Kontinentalausgaben spezialisiert hatten, erging es ebenso: den Zephyr Editions von Bonnier, den Ljus Editions ebenfalls aus Schweden, den Star Editions von Harold Raymond und noch einigen anderen, außerdem einer neuen Firma Tauchnitz in Mailand, an der Krause-

Brandstetter beteiligt war. Wie Albatross unternahm dieser Tauchnitz einen fieberhaften Versuch, seinem großen Namen wieder den früheren Glanz zu verleihen. Sogar Huxleys Verleger Raymond, der sich immer wieder gegen die kontinentaleuropäischen Ausgaben ausgesprochen hatte, ließ seine Autoren dort unterschreiben. Doch seine Gründe dafür bestätigten Sijthoffs Vorhersagen für die kontinentaleuropäischen Editionen: »Es sieht so aus, als hätten entweder der Krieg oder die englischen und amerikanischen broschierten Billigausgaben ihnen den Garaus gemacht«, schrieb Raymond im Januar 1951 an die British Society of Authors. »Denn sowohl Zephryr als auch Albatross sind anscheinend in Schwierigkeiten, und aus meiner eigenen Erfahrung mit den Star Editions kenne ich das Problem nur zu gut«. Auf den Vertragsentwurf von Tauchnitz ließ er sich wider besseres Wissen ein – und auch nur, weil der Vorschuss mit 75 Pfund ungewöhnlich hoch und ein unverhoffter Geldsegen war. Er machte deutlich, dass er dem neuen Tauchnitz keine größeren Überlebenschancen gab als Albatross oder seinen eigenen Star Editions. »Das Geld wird bei Vertragsunterzeichnung fällig, also greifen wir zu, solange es noch etwas abzugreifen gibt«.[25]

Das sollte nicht mehr lange sein, obwohl Krachmalnicoff sich das ganze Jahr 1951 über redliche Mühe gab, die Verkäufe anzukurbeln. Im Oktober 1951 nutzte Holroyd-Reece für manche Briefe noch das Papier der Albatross Ltd. in 13 Lincoln's Inn. Manchmal strich er die »Albatross Ltd«. im Briefkopf durch, dann wieder ließ er den Namen Albatross weiterleben. Im Dezember 1952 erwähnte Richard Aldington gegenüber Holroyd-Reece eine Biografie von T. E. Lawrence – dem *Lawrence of Arabia*. Er wollte sie bei Albatross herausbringen. Das Buch enthüllte, dass Lawrence der uneheliche Sohn eines englischen Adeligen war, und es drohten Verleumdungsklagen, falls Holroyd-Reece nicht reiche Verwandte des Betreffenden von den Meriten des Buchs überzeugen konnte. »Mit den jüngeren Frauen habe ich kein Händchen, aber in der Generation meiner Mutter rechne ich mir noch Chancen aus«, schrieb Holroyd-Reece an Aldington im Sinn einer Einschätzung seiner Möglichkeiten, eine der schon älteren Töchter des Adeligen um den Finger zu wickeln. »Und nicht zu vergessen: Besonders in unserem Land gelten mein Erscheinen und Betragen als dermaßen verschroben, dass etwas, das man einem Anwalt im schwarzen Mantel niemals abnehmen würde, aus meinem Mund des öfteren durchaus glaubwürdig wirkt«. Doch es half alles nichts: Der Glücksritter und seine magischen Überredungskünste prallten am Ende an den Realitäten eines veränderten Marktes ab. Nach mehreren gescheiterten Versuchen, Albatross zu verkaufen, gab Collins 1955 dem Verlag den Todesstoß.[26]

In dieser einen Hinsicht könnte man sagen, dass der Albatross endete, wie er begann. In dessen hoffnungsvolleren Jugendjahren, einst vor langer Zeit im Januar 1934, hatte Holroyd-Reece dem Schriftsteller Osbert Sitwell etwas über sein ständiges Unterwegssein anvertraut: »Ich fühle mich so ziemlich wie mein eigener Vogel, der Albatross«, schrieb er nicht ohne Selbstironie, »der aus Gewohnheit die meiste Zeit in der Luft verbringt, ohne je auf festem Boden aufzusetzen«.[27]

SCHLUSS

Sehnsüchte

Noch heute sieht der Eingang zur Rue Chanoinesse Nr. 12 ziemlich genau so aus wie auf der Zeichnung, die Gunter Böhmer Holroyd-Reece 1938 für dessen alljährlichen Weihnachtskartendruck schenkte. Böhmer verlieh dem

Haus deutlich mehr Charakter, als es an einem Märztag des Jahres 2009 erkennen ließ, da ich auf der Suche nach Holroyd-Reece' französischem *pied-à-terre* von Notre-Dame her kommend zum ersten Mal in diese Straße einbog. Die Adresse ist eine der feinsten der Stadt, das Haus selbst wirkt heute unaufdringlich und eher bieder. Böhmer beseelte es mit ungleich mächtigerer, expressionistischer Gefühlswallung. Seine Darstellung vibriert geradezu vor innerer Regung, als wollte das Haus sich von seinen Grundmauern losrütteln und vom Boden abheben. Hier pulsierte das Leben, scheint uns die Zeichnung zu sagen. Wie um uns als Betrachter hereinzulocken, steht seine Tür einen Spalt breit offen.

Zu jeder Tür führen viele Wege. Menschen verschiedenster Couleur und mit ganz gegensätzlichen Absichten haben ihren Weg zur Rue Chanoinesse Nr. 12 und von hier weg gefunden. Englische und amerikanische Autoren, Verleger und Agenten wurden als Teil des höfischen Zeremoniells in der Verlagsbranche in dieses Refugium eingeladen und umworben, was in manchen Fällen zu einem Vertragsabschluss führte. Ende der Dreißigerjahre überwachten französische Agenten diese Tür und vermerkten das stete Kommen und Gehen von Ausländern – ein Deutscher nach dem anderen! In der Besatzungszeit nutzte Krause-Brandstetter die Adresse, um Bücher von Albatross und Tauchnitz in Frankreich zu verkaufen. Deutsche Verwalter von Feindvermögen kamen, um zu ergründen, was Holroyd-Reece' französische Niederlassung dem Deutschen Reich genommen hatte und ob hier noch etwas zu holen sei. Nach dem Krieg kehrte Holroyd-Reece zurück, um einzufordern, was ihm gehörte – bis ihm die Schulden über den Kopf wuchsen, sein Firmensitz gepfändet wurde und ihm am Ende, wie mir selbst in diesem März vor mehr als zehn Jahren, nichts blieb, als von draußen hineinzuspähen.[1]

Noch andere haben mehr im Vorbeigehen diese Tür aufgesucht, um sich ein Bild von dem zu machen, was dahinter vorgegangen sein mochte – unter ihnen eine Frau, die Holroyd-Reece im März 1949 in Florenz kennengelernt hatte und die in die Rue Chanoinesse kam, weil sie ihn nicht vergessen konnte. Jahre zuvor war Katherine Strelsky aus den Vereinigten Staaten nach Italien gezogen, um ein neues Leben zu beginnen, nachdem ihr zwanzig Jahre älterer Gatte, ein russischer Einwanderer und Wissenschaftler an der damaligen Frauenuniversität Vassar College im Staat New York, einen tödlichen Herzinfarkt erlitten hatte. Holroyd-Reece stellte Strelsky in einem seiner zahlreichen Unternehmen an: einem Mädchenpensionat in einer umgebauten italienischen Villa. Wie Holroyd-Reece wusste Strelsky, die an einem Buch über Dostojewskis *Der Idiot* schrieb, was es hieß, eine Kultur in eine andere zu übersetzen. Sie war auf der Stelle hingerissen von ihrem neuen Arbeitgeber. »[Wir] sprachen über französische Gedichte und Browning und die Bibel und über Ihr wunderschönes fuchsfarbenes Hemd, das keine Flecken verträgt«, schrieb sie ihm über den Tag ihrer ersten Begegnung, »und als Sie am Ende gingen, nahmen Sie meine Hand und sagten mit einem Blick, der mir später in Momenten tiefster Verzagtheit Mut machte, Sie wünschten mir Erfolg und lauter gute Dinge, und ich kam mir vor wie gesegnet ... Ich war in Florenz, ich sollte fortan in einer Burg wohnen und einer Arbeit nachgehen, die sich wie eine Freude und leicht zu bewältigende Aufgabe anließ, inmitten von Freunden und Kollegen. Und ich war Ihnen begegnet«.[2]

Strelsky landete unsanft und abrupt. Sie war nicht die erste und nicht die letzte, die Holroyd-Reece' Beteuerungen zu viel Glauben schenkte. Als die beiden sich kennenlernten, war er zum dritten Mal verheiratet und verschleuderte dem Hörensagen nach das Erbe seiner Frau mit schlechten Geldanlagen, zu denen eingedenk des Zeitpunkts wohl auch schon Albatross gehörte. Während sich die deutsche Albatross-Tauchnitz-Partnerschaft im Mai und Juni 1949 auflöste, gründete er für Albatross noch ein italienisches Büro und stahl sich zwischendurch für leidenschaftliche Tête-à-têtes davon. Strelskys auf der Schreibmaschine getippte Schilderungen kommen seinem Wesen näher als alle anderen, die ich gefunden habe. Die beiden begegneten einander in einem Moment, als seine Geschäfte über ihm zusammenbrachen. Seine Liebesversprechen waren alles andere als beständig. In einem Atemzug beteuerte er glühend ihre unzerstörbare Verbindung, im nächsten die harte Wirklichkeit, an der sie abprallte. »Ich sehe meine Hand vor den Augen nicht«, gestand er. »Ich kann dich nicht bitten, mit mir zu leben. (Zittern.) Alles scheint ausweglos«. Dennoch nährte er ihre Hoffnung:

»Eines Tages werde ich kommen und sagen. ›Ist ja alles schön und gut, was du da machst, aber jetzt kommst du mit mir.‹«[3]

Eineinviertel Jahre später beendete er von einem Moment auf den anderen ihre Beziehung. Strelsky war tief getroffen. Sie tippte ausführliche Passagen ihrer Gespräche ab, wie um sich selbst zu vergewissern, dass sie sich in seiner Liebe nicht getäuscht hatte. Später fügte sie mit blauem Stift Sätze ein, die ihr erst nach und nach wieder einfielen. Als ich so viele Jahre danach ihre umfangreichen Aufzeichnungen las, war ich peinlich berührt davon, dem Liebesgeflüster der beiden und all ihren intimen Empfindungen zu lauschen, die sich nirgendwo anders äußern hatten können als zwischen ihnen selbst und auf diesen Blättern. War er wirklich nur herz- und skrupellos? – so fragte ich mich. Oder war er doch aufrichtig, nur eben in der Art eines Schauspielers, der vollkommen von dem überzeugt ist, was er sagt, während er es sagt? Sein Umgang mit Strelsky erweckt vor allem diesen Eindruck: In der Liebe wie im Geschäftlichen pflegte Holroyd-Reece eine bestens eingespielte Amoral. Das unmittelbar greifbare Vergnügen oder ein Gewinn lockten ihn mehr als Ziele, die sich in einer gewissen zeitlichen oder räumlichen Entfernung befanden. Annemarie Wegner erkannte das und verurteilte ihn deshalb als einen »Halunken«. Der Einblick in Holroyd-Reece' Liebesleben offenbart zum Teil auch, wie er sich seine Geschäftemacherei mit dem NS-Regime schönredete, um Albatross voranzubringen. Seine Wahrheit war unlösbar verbunden mit seinen Belangen. Er sagte, was ihm nutzte, und überzeugte sich selbst davon, indem er andere überzeugte. Der Privatmann und die öffentliche Person waren in seinem Fall vielleicht nicht so klar voneinander zu trennen.[4]

Noch vier Jahre nachdem Holroyd-Reece die Beziehung 1951 beendet hatte, kämpfte Strelsky mit den Folgen ihres emotionalen Aufruhrs. Sie sammelte Quellenmaterial in Massen, als wollte sie seine Biografie schreiben. Sie erstellte eine Liste seiner vielen Wohnorte. Sie fertigte Kopien seiner Artikel für den *Christian Science Monitor* aus den frühen Zwanzigerjahren an. Sie sammelte Erlebnisberichte aus den Schlachten des Ersten Weltkriegs – Schlachten, an denen seine Einheit beteiligt war. Sie zeichnete akribisch Schlachtpläne auf Pauspapier, als wollte sie seinen Fußstapfen durch den

Krieg folgen. Sie las seine Militärakte und schrieb auch an das britische Militär, um herauszufinden, ob er tatsächlich in der Dorset Yeomanry gedient hatte. 1953 erfuhr sie, dass er in den Rekrutenlisten des Regiments nirgendwo aufzufinden sei. Sie besuchte sein Haus in der Rue Chanoinesse und sah von draußen einem Mann zu, der die schwere Tür aufschob und hineinging. Sie erhaschte einen Blick auf einen kleinen gepflasterten Innenhof mit einem großen Baum in einer Ecke und dem wuchtigen Steinbogen über der Innentür an der gegenüberliegenden Seite, bis ihr die Concierge einen feindseligen Blick zuwarf und unerbittlich die Tür verriegelte.[5]

In der Forschung kommt es wie im Leben sehr auf die Türhüter an. Wie Strelsky auf ihre Art habe ich hier alles versammelt, was ich über John Holroyd-Reece und seine Welt in Erfahrung bringen konnte, und mich durch alles verfügbare Quellenmaterial gewühlt. Dennoch bleiben so viele Fragen offen. Er war unglaublich gerissen darin, Geld für seine Unternehmen aufzutreiben, und zugleich gibt es kaum Hinweise, dass Albatross unter seiner Führung jemals Gewinne ausschüttete. Dasselbe galt für eine französische Firma, Éditions arts et métiers graphiques, in die er hohe Summen investierte, und obwohl sie eine ganze Reihe reicher jüdischer Geldgeber wie Henri und Philippe Rothschild aufbieten konnte. Dienten diese Machenschaften womöglich nur dazu, Geld jüdischer Familien nach England in Sicherheit zu bringen, wie ein Wirtschaftswissenschaftler aus meinem Freundeskreis einmal vermutete? Oder war etwas dran am Misstrauen des MI-5, und beschaffte Holroyd-Reece tatsächlich Nachrichten für die Deutschen?[6]

Wägt man alle Indizien ab, so erscheint es zumindest plausibel, dass Holroyd-Reece in irgendeiner Form den britischen Nachrichtendiensten zuarbeitete, wie er selbst den Franzosen gegenüber behauptet hat. Er beherrschte wenigstens vier Sprachen. Seine ständigen Reisen über Landesgrenzen in Verlagsangelegenheiten legitimierten ihn, sich in Italien und Deutschland und somit in den Epizentren des Faschismus aufzuhalten, gerade als dieser die beiden Völker mit Hass und wahnwitzigen Verheißungen aufpeitschte. Auch dass Wolfgang Krause-Brandstetter 1945 protestierte, er sei »kein gewöhnlicher Kriegsgefangener«, geht mir nicht aus dem Sinn. Falls Holroyd-Reece für britische Geheimdienste arbeitete, wäre es durchaus denkbar und keineswegs ein Einzelfall in der Geschichte, dass er seinen jüngeren Mitarbeiter gezielt als Informanten aufbaute und dieser ihm von seinen verantwortlichen Posten zuerst in der deutschen Informationsstelle des Auswärtigen Amtes und später in der Abwehr aus Informationen zuspielte.[7] Ebenso denkbar ist in diesem Zusammenhang, dass Holroyd-Reece auf seinen Reisen nach Deutschland nationalsozialistischen Kontakten Geheimnisse von geringem Wert verriet, um im Gegenzug weiter Propaganda in Form angloamerikanischer Bücher für deutsche Leser verbreiten zu dürfen. In Gedanken spiele ich mit der Möglichkeit, dass vielleicht sowohl Holroyd-Reece als auch Krause-Brandstetter Überläufer waren und in einem kleinen Bezirk ihres Lebens für dieselbe Sache arbeiteten.

Verfolgt man die endlosen Verwicklungen in Albatross' Strippen- und Tauziehen mit den NS-Behörden, so stellt sich am Ende die Frage, wie weit Holroyd-Reece sich mit diesem Regime eingelassen hat. Wie andere Bücher unterm Nationalsozialismus kann man auch die von Albatross nicht pauschal als subversiv bezeichnen, nur weil sie in englischer Sprache gedruckt und mit der angloamerikanischen Kultur verbunden waren. Goebbels verlangte »leichte Unterhaltung« als eine andere Art von Propaganda im Krieg. Er gewährte »Wirklichkeitsflucht« und legitimierte Eskapismus, damit deutsche Soldaten und Zivilisten sich von den Erfordernissen des totalen Krieges ein wenig erholen und ihre Kräfte eben dafür sammeln konnten. »Möglicherweise wirkte die leichte, politikferne Lektüre unterm Strich viel stärker systemstabilisierend als es allein politische Kampfschriften getan hätten«, vermutet der Historiker Christian Adam in seiner Untersuchung der Lesegewohnheiten in Nazideutschland. Auch was der 1938 ausgewanderte Jurist und Journalist Sebastian Haffner über diese Spielart der Kollaboration zu sagen hatte, ist hier sinnfällig: »Jeder, der unter Goebbels arbeitet, auch wenn er sich noch so sehr als Antinazi fühlte, spielte irgendein kleines Instrument in Goebbels' Orchester, in dem auch die Idylle, auch der altmodische Snobismus, alles, was zur sogenannten Normalität gehörte und dem Dritten Reich nicht direkt zuwiderlief, mitspielen musste, so wie im Orchester eben auch die Piccoloflöte gebraucht wird«.[8]

Die Frage nach der Kollaboration müssen wir auch bei den anderen Führungsfiguren von Albatross stellen. In den Jahren nach dem Zweiten Weltkrieg wurde das Verhalten derjenigen, die in Hitlerdeutschland kulturpolitische Entscheidungen fällten oder dort Bücher schrieben und veröffentlichten, von einem zunehmend kritischen Standpunkt aus beurteilt, den am deutlichsten Thomas Mann formulierte: »Bücher, die von 1933 bis 1945 in Deutschland überhaupt gedruckt werden konnten«, schrieb er zur Frage »Warum ich nicht nach Deutschland zurückkehre«, seien »weniger als wertlos ... Ein Geruch von Blut und Schande haftet ihnen an: sie sollten alle eingestampft werden«. Albatross verfolgte ohne Zweifel ein ehrenwertes Ziel, das auch die britische Regierung Mitte der Dreißigerjahre mittrug: weiterhin englischsprachige Bücher in die Hände deutscher Leser zu legen. Rückblickend führt aber kein Weg an der Einsicht vorbei, dass auch das Führungspersonal von Albatross mit unterschiedlichen Graden freier Entscheidung und Notwendigkeit seine Instrumente in Goebbels Orchester' stimmte, insbesondere indem es sich auf Selbstzensur und verlegerische Kompromisse einließ, um die eigenen wirtschaftlichen und propagandistischen Ziele nicht zu gefährden. Enoch verkaufte Bücher von Albatross und Tauchnitz, wovon die deutsche Wirtschaft noch in der zweiten Hälfte der Dreißigerjahre profitierte, als ihn das Regime aus dem Geschäft »arisierte«. Holroyd-Reece verhandelte bis einen Monat vor Ausbruch des Krieges mit Beamten der Reichsschrifttumskammer. Wegner kaufte Enochs Unternehmen im Zuge ebenjener »Arisierungen« im Deutschen Reich und klärte später als Wehrmachtsoffizier den Verwalter des feindlichen Albatross-Vermögens über die internationalen Verbindungen der Firma auf. Krause-Brandstetter nutzte seine Verbindungen zum Auswärtigen Amt, um durchzusetzen, dass Albatross-Bücher unter der Besatzung Frankreichs trotz eines anfänglichen Verbots verkauft werden durften, weil es sich »um eine besondere Art deutscher Propaganda« handle, die eine vermeintliche Weltoffenheit des Regimes zur Schau stellte.

Mit der Verstrickung in solche Widersprüche spielt Albatross auch in der umfassenderen Diskussion über nationalsozialistische Kulturpolitik und Zensur eine Rolle – wenngleich als heute längst vergessener Fackelträger angloamerikanischer Kultur eher am Rande. Jan-Pieter Barbian hat ausführlich über das »Scheitern der staatlichen Literaturpolitik« in Hitlerdeutschland geschrieben und es daran festgemacht, dass »deren Propaganda in einen immer größeren Gegensatz zur Alltagswirklichkeit der Schriftsteller, Verleger, Buchhändler, Bibliothekare und Leser geriet«. Seine wegbereitende Forschung zeigt aus mehreren Blickwinkeln, dass die Literaturpolitik der Nazis keineswegs dem verbreiteten Klischee von der durchorganisierten, straffen, wirkungsvollen Zensurmaschine entsprach, sondern »abgesehen von den destruktiven Maßnahmen gegenüber Büchern und Menschen – allem Aktionismus zum Trotz weder ein schlüssiges Konzept noch ein einheitlich verfolgtes Ziel erkennbar waren«.[9]

Die Geschichte von Albatross bestätigt solche Befunde und bereichert zugleich unser Verständnis dieser Dynamik, weil sie sich in so vielen Grenzbereichen bewegte. In Deutschland existierten der Verlag und seine Chefs in einer Nische, die ein Historiker in anderem Zusammenhang eine »Grauzone innerhalb eines sehr breiten Spektrums von lautstarker Opposition und willfähriger Kollaboration« genannt hat.[10] Indem Albatross' Infrastruktur, Märkte und Geschäfte weit über Deutschland hinausreichten, überwanden sie von vornherein Grenzen zwischen den Völkern und vermittelten zwischen deren gegensätzlichen Interessen. Und gerade weil Albatross gewissermaßen eine Vogelperspektive auf das länderübergreifende Verlags- und Zensurgeschehen um die Zeit des Zweiten Weltkriegs eröffnet, gewinnen wir aus seiner Geschichte noch andere Einsichten: dass die Nachfrage nach angloamerikanischer Literatur überall im nationalsozialistisch besetzten Europa und besonders in Hitlerdeutschland selbst anhaltend groß war; dass die Zensur angloamerikanischer Bücher eher willkürlich und mit Rücksicht auf Außenhandel und interne Machtkämpfe, nicht nach einheitlichen ideologischen Kriterien erfolgte; dass die NS-Kulturelite nicht nur die angloamerikanische Literatur wegen ihrer Beliebtheit bei Lesern auf dem Kontinent beneidete, sondern Albatross auch nutzte, um im Krieg angelehnt an dessen Buchreihe und in diskreter Abstimmung mit Propaganda- und Außenministerium eine deutschsprachige Reihe aufzulegen. Albatross in seinen historischen Zusammenhang zu stellen veranschaulicht etwas, was die Propagandabehörden des Nazistaates nur untereinander zuzugeben wagten: dass die Deutschen auch den Krieg der Bücher verloren.

Es bleibt noch eine weitere bemerkenswerte Tatsache: Je mehr die Nazis gegen die angloamerikanische Kultur wetterten und doch zugleich Albatross tolerierten, umso mehr wurde Albatross zu einer der letzten Stimmen dieser Kultur im deutsch besetzten Europa. Vielleicht werden wir eines Tages anhand noch anderer Dokumente besser verstehen, was Albatross' farbenfroh broschierte Bücher Lesern bedeuteten, die sie in schweren Zeiten zur Hand nahmen. Annemarie Wegner vermittelt uns eine Ahnung davon in einem Brief von Anfang März 1943 an ihren Gatten. Der Krieg zermürbte sie. Wie alle Zivilisten litt sie unter Versorgungsmängeln. Sie gab Berichte über Bekannte weiter, die im Krieg verletzt oder gestorben waren. Ihr Hausmädchen wurde demnächst zur Fabrikarbeit eingezogen. Und sie war erleichtert über die Bücher, die Christian ihr geschickt hatte. »Mit Büchern bin ich nun auf mindestens ein Jahr voll versorgt«, schrieb sie, wie man von Nahrungsmitteln oder anderen lebenswichtigen Vorräten schreiben würde. »Habe herzlichen Dank. Augenblicklich lese ich wieder mit großer Freude Katherine Mansfield. Sie schreibt doch sehr fein, ich liebe sie sehr«. Zwar äußert Annemarie darin nichts über ihre Lektüre, was man als einen Akt des Widerstands auffassen könnte, doch sie erweckt auch nicht den Eindruck bloßer Wirklichkeitsflucht. Ich entnehme ihren Worten eine Erinnerung an andere Zeiten und bilde mir ein, dass darin ihr Festhalten an der Hoffnung auf eine andere, eine weniger beengte künftige Welt, zum Ausdruck kommt.[11]

Solche und andere Spekulationen leben in mir weiter; Sackgassen dieser Art sind unvermeidlich. Ich habe versucht, die Kinder von Erich Kupfer und Walter Gey ausfindig zu machen und vom Familienbetrieb Brandstetter in Wiesbaden Auskunft über Krause-Brandstetter zu erhalten, doch nichts davon führte zum Erfolg. Leider blieben auch die Frauen bei Albatross weitgehend unauffindbar. Ich weiß, dass sie entscheidenden Anteil am Erfolg hatten: Annemarie Wegner als Büroleiterin in der Rue Boulard; Jeanne Holroyd-Reece, die darauf achtete, dass ihr Mann die Konten doppelt prüfte und sich mit Konflikten auseinandersetzte, die stets unter der Oberfläche gärten; Sonia Hambourg Bassarab, die als Lektorin Manuskripte bearbeitete, Änderungswünsche der Autoren geduldig übernahm und nach dem Krieg die Trümmer zusammensuchte.

Einige wenige Spuren fanden sich von denjenigen, die Albatross' Geschicke in kleinerem oder größerem Maß mitbestimmten. Nach einer Quelle, die mit den Angehörigen des Albatross-Verwalters Osbert Walter Gey bekannt war, blieb dieser nach dem Krieg in Liebertwolkwitz südlich von Leipzig. 1949 wurde er »aus nichtigen Gründen« bei den Sowjets denunziert und floh mit Frau und Kindern nach Westdeutschland. Erich Kupfer ließ sich in Hamburg nieder. Als Chef der Transatlantik-Buchhandels-Gesellschaft und Importeur der New American Library nach Deutschland unterhielt er eine jahrzehntelange Geschäftsbeziehung mit Enoch. Zu dessen siebzigstem Geburtstag veröffentlichte Kupfer eine Würdigung im *Börsenblatt des deutschen Buchhandels*. »Immer wenn ich mit einem Hamburger Kollegen der älteren Generation auf ihn [Kurt Enoch] zu sprechen komme, leuchten spontan ein Paar Augen auf und die Erinnerung an ihn ist hellwach. ›Wie geht es unserem alten Freund aus Amerika?‹« Kupfer wies mit Nachdruck auf Enochs Verluste hin. »Der Erfolg liegt in seiner Natur, in seinem Wägen und Wirken ... Es ist entschieden ein Kennzeichen seines Wesens, dass die Pogrome ihn nicht erschütterten, sondern ›allen Gewalten zum Trotz‹ ihn zu neuen Taten in anderen Ländern auf den Plan riefen«.[12]

Krause-Brandstetter widmete sich nach dem Zusammenbruch von Albatross wieder Tauchnitz und knüpfte mit der Herausgabe englischer Bücher an seine Anfänge im Verlagswesen an. Im Juli 1950 löste er seinen Vertrag mit Wegner und verkaufte die Tauchnitz-Rechte an den gebürtigen Schweizer Dr. Erhard Aeschlimannn, der bei Hoepli Editore in Mailand die antiquarische Abteilung leitete. Die Tauchnitz-Forscher Ann Bowden und William B. Todd betrachten diesen Vertrag als Beweis dafür, dass »allein Brandstetter zuvor die Rechte auf alle Tauchnitz-Erstausgaben gehörten und die von Holroyd-Reece zwischen 1934 und 1950 auf überhebliche Art geltend gemachten Ansprüche keinerlei Grundlage hatten«. Krause-Brandstetter arbeitete bei Aeschlimann und daneben am Aufbau seines Familienbetriebs in Wiesbaden, der sich auf zweisprachige Wörterbücher spezialisierte. Er starb am 7. Dezember 1963 im Alter von nur zweiundfünfzig Jahren. »In Wolfgang Brandstetter verliert die Oscar Brandstetter KG nicht nur einen vorbildlichen Betriebsführer«, heißt es in seinem Nachruf. »Er war darüber hinaus allen ein Freund und guter Kamerad. Das Unternehmen wird in seinem Sinne unverändert weitergeführt«. Der Oscar Brandstetter Verlag druckt bis heute wissenschaftliche und technische Fachwörterbücher in mehreren Sprachen.[13]

Die drei Albatross-Gründer folgten sehr unterschiedlichen Wegen durch die Verlagslandschaft der Nachkriegsjahre. Kurt Enoch erarbeitete sich einen Ruf als Wegbereiter des Taschenbuchs und war erfolgreich in einer Größenordnung, an die Wegner oder Holroyd-Reece nicht annähernd heranreichten. Allein im Jahr 1957 verkaufte die New American Library 40 Millionen Bücher eines Sortiments, das von Mickey Spillane bis William Faulkner, von Tennessee Williams bis Thomas Mann, von Margaret Mead bis Platon reichte. Bis 1960 war Enoch Vorstandsvorsitzender. Danach verkauften er und Weybright das Unternehmen an die Times Mirror Company, wo er in den Vorstand eintrat und später als stellvertretender Vorstandsvorsitzender eine neue Buchsparte aufbaute. Enoch gab diesen Posten 1968 auf, arbeitete danach jedoch weiter in seinem Büro an der Fifth Avenue als unabhängiger Verlagsberater. Am 2. Dezember 1957 beantragte er Wiedergutmachung aus Deutschland auf Basis eines Gesetzes von 1953 über Entschädigungen für Opfer der nationalsozialistischen Verfolgung. Als Ausgleich für den Verlust seines Einkommens zwischen 1936 und 1941 erhielt er 45.370 ehemalige Reichsmark beziehungsweise 9074 Mark. Eingedenk der Millionen ermordeter Juden, unter ihnen einige seiner Angehörigen, spendete er Millionenbeträge an jüdische Organisationen und Initiativen, etwa an ein großes Krankenhaus und eine medizinische Fakultät in Israel und an die Einstein Medical School in New York.[14]

Wie zuvor in Europa konnte Enoch auch in den Vereinigten Staaten störrisch sein. Als Gemeindebeamte eine Straße zu nahe an seinem Ferienhaus im Staat New York planten, wollte er den Straßenverlauf ändern lassen. Als das scheiterte, verkaufte er das Haus und kaufte ein anderes. Er reiste um die Welt und scheute auch im hohen Alter die Gefahr nicht. Mit Mitte Siebzig war er vom Fliegen noch so begeistert wie als kleiner Junge, und einmal nahm er den achtzehnjährigen Sohn seines Cousins auf den Flug seines Lebens mit: Unter Aufsicht eines erfahrenen Piloten »riss er die Schnauze der Maschine nach oben, so dass sie an Geschwindigkeit verlor und in der Luft hängen blieb und senkrecht auf den Boden zu raste, bis er sie Sekunden später aus ihrem Sturzflug wieder auftauchen ließ«. Eine Bildererzählung in dem Buch zu seinem siebzigsten Geburtstag zeigt ihn als Wanderer durch die Welten: gehüllt in einen japanischen Kimono, vor den Türmen auf dem Roten Platz in Moskau (als Teil der ersten Delegation amerikanischer Verleger in der Sowjetunion 1962) und auf einem Elefanten reitend auf Ceylon.[15]

»Mir ist bewusst, dass ich dankbar sein muss, und ich bin dankbar dafür, dass ich heute hier in guter Gesundheit und vereint mit meiner Familie und guten Freunden hier sein darf«, sagte Enoch an seinem achtzigsten Geburtstag. »Aber ich gestehe, dass es mir in meinen späten Jahren nicht leichtfällt einzusehen, dass das Beste vielleicht *nicht* erst kommt und dass das Sinnieren über die Vergangenheit an die Stelle des Schauens in die Zukunft tritt«. Er erinnerte an schwere vergangene Zeiten: »Ich habe wertvolle Zeit durch Kriege und politische Verwerfungen verloren. Ich war dadurch gezwungen, in meiner Berufslaufbahn dreimal von vorn anzufangen und die Zeit zwischen Jugend und Erwachsensein zu überspringen«. Doch er betonte auch, man könne »ein ausgleichendes Gutes für die ›schlechten‹ Dinge im Leben finden« – und vor allem, dass seine Vergangenheit die Gegenwart »kostbarer« machte. Enoch starb auf Reisen in Puerto Rico im Alter von sechsundachtzig Jahren. Bei seinem Begräbnis erwiesen ihm etliche Größen der Buchbranche die letzte Ehre. Peter Mayer, Geschäftsführer von Penguin Ltd., der auch bei seinem letzten Geburtstag dabei gewesen war, gab eine Anekdote über Enochs eisernen Willen zum Besten: »Als die Torte mit den Kerzen auf den Tisch kam (und meine Mutter hatte 86 Kerzen hineingesteckt), schaffte es Kurt nicht, sie alle auf einmal auszupusten. Daraufhin bat er, sie noch einmal anzuzünden. Und *dann* löschte er sie alle mit einem einzigen, tiefen Atemholen. Das war Kurt. Er gab nie auf«. In seinem Kondolenzbuch fand sich auf der Innenseite des Einbands der berühmte Spruch von Horaz: »Carpe diem – pflücke und genieße jeden Tag«.[16]

Wie Enoch hörte auch Christian Wegner nie auf, nach vorn zu schauen. Was ein Freund einst über sein Verhalten bei den Exerzierübungen gesagt hatte – es war »fast immer Christian Wegner, der die Tête übernahm« –, stimmte auch für seinen Werdegang nach dem Krieg. Sein Einfallsreichtum und seine Schlauheit beim Verfolgen der eigenen Interessen kamen ihm nach dem Krieg in Hamburg, wo es an allem fehlte, gut zupass. Er verschaffte sich Papier, obwohl es streng rationiert war, und Zugang zu Druckereien, obwohl nur ganz wenige die Zerstörungen des Krieges überstanden hatten. Ein Kollege erinnerte sich später, wie Wegner eines Abends eine Lesung gerettet hatte, indem er mit einem Sack Kohlen in seinem Wagen herbeieilte, um den eiskalten Raum zu heizen. Als einer der ganz wenigen besaß er damals schon eine Zulassung für ein privates Auto und bewährte sich wie eh und je als der materielle Versorger. Getreu seinem Lebensmotto veröffentlichte er mitten in der wirtschaftlichen Ungewissheit des Jahres 1948 den ersten von vierzehn Bänden einer kommentierten Goethe-Werkausgabe. Seine Kollegen priesen ihn später dafür, dass er hochfliegende Träume hatte, als die Begleitumstände nicht eben zum Träumen einluden. Echte Verkaufsschlager gab es wenige im Köcher des Wegner Verlags – eine Ausnahme war der Roman *Moulin Rouge* von Pierre La Mure. Aber auch der Großhandel warf einiges ab und gewährte Wegner eine Freiheit, nach der so viele Verleger sich sehnen: die Bücher herauszubringen, die ihm gefielen. Als er in den ersten Jahren nach dem Krieg das Gedächtnisspiel »Ich packe meinen Koffer« mit Freunden auf Sylt spielte, kam unter den Gegenständen auf der Liste immer einer vor: »ein gutes Buch des Christian Wegner Verlags«.[17]

Als Erneuerer betätigte sich Wegner auch im wiedergegründeten Börsenverein Deutscher Verleger- und Buchhändlerverbände. 1950 wurde er Vorsitzender von dessen Verlegerausschuss und tat sich in dieser Funktion so sehr hervor, dass ihn das amerikanische Außenministerium 1950 gemeinsam mit nur wenigen anderen deutschen Verlegern zu einem ausgedehnten Besuch in die Vereinigten Staaten einlud – wo er in New York auch Enoch wiedersah. In den folgenden zwei Jahrzehnten organisierte Wegner mehr als dreißig deutsche Buchausstellungen in aller Welt. Er wurde Mitglied in der deutschen Sektion des internationalen PEN-Zentrums. Er beförderte die Rückkehr von Thomas Mann in seine Heimatstadt Lübeck. Als regelmäßiger Besucher von Theateraufführungen, Konzerten und Opern übernahm er Ämter in der Hamburger Kulturdeputation sowie in den Beiräten des Thalia Theaters und der Hamburger öffentlichen Bibliotheken. Dieses Engagement offenbarte eine der besten Seiten von Wegners Schaffensdrang und Talenten. »Wenn ich an meinen Vater zurückdenke«, schrieb sein Sohn Matthias, »denke ich an seine quicklebendige Lebensfreude, an sein unglaubliches Organisationstalent und an seine ... große Fürsorge für mich und andere«.[18]

Als Wegner Ende Oktober 1950 aus den USA nach Deutschland zurückkehrte, erwartete ihn eine Forderung der Jewish Trust Corporation. Er sollte Enoch Wiedergutmachung für die beiden Unternehmen zahlen, die er ihm 1936 abgekauft hatte. Wegner entgegnete, dass Enochs Buchhalter die Bedingungen des Verkaufs festgelegt hatte. Enoch selbst habe zudem »ausdrücklich erklärt, dass er sich durch den seinerzeitigen Verkauf der Firma nicht geschädigt fühle und deshalb keinen Anspruch auf Wiedergutmachung zu erheben gewillt sei«. Tatsächlich schickte Enoch einen Brief, in dem er Wegners Argumentation stützte, und die gemeinsame Geschichte der beiden hätte damit ein harmonisches Ende finden können. Doch 1951 tat sich Wegner mit dem emigrierten deutschen Verleger Gottfried Bermann-Fischer zur Gründung einer deutschen Taschenbuchreihe zusammen. Diese Fischer Bücherei ähnelte nach Enochs Meinung zu sehr dem Format der New American Library. Am 14. März 1952 verklagte er die Fischer Bücherei wegen Plagiats seiner Buchgestaltung. Die deutschen Gerichte entschieden am Ende gegen Enoch, der eine Bankbürgschaft über 150.000 Mark nicht geben konnte oder wollte. Der *Spiegel* fällte sein eigenes Urteil, indem er Fotos der beiden Reihenumschläge nebeneinanderstellte und titelte: »Kaum zu unterscheiden«.[19]

Zu Wegners siebzigsten Geburtstag im Jahr 1963 gaben die Mitarbeiter ihm zu Ehren ein Buch heraus. »Mögen Sie, der Sie die schweren Jahre des Grauens miterlebt haben«, schrieb einer von ihnen, »noch lange mitwirken können am Aufbau dessen, was ein Verleger in einer freien Welt an Gutem wirken kann«. Doch Wegner blieb kaum noch Zeit dafür. Im selben Jahr wurde bei ihm ein Krebsleiden diagnostiziert. Er starb am 14. Januar 1965. Ein Kollege kaufte sein Grossohaus, der Christian Wegner Verlag schloss 1970.[20]

Was den am schwersten zu fassenden der drei Albatross-Gründer angeht: John Holroyd-Reece verschwand nach dem Krieg von der Bildfläche. »Aus Mailand erfuhr ich, dass er dort eine Tanzschule leitete«, schrieb der Literaturagent Graham Watson. »Dann gingen Gerüchte um, er habe sich eine Burg in Kent gekauft. Später berichtete ein kurzer Zeitungsartikel von einer Auseinandersetzung mit der Polizei, als er ohne Genehmigung in einem Kleinflugzeug auf einem abgelegenen englischen Rollfeld landete. Und noch ein paar Jahre später kam die Nachricht von seinem Tod. Ich fand immer, irgendein Autor sollte A. J. A. Symons und seinem großartigen Buch *Quest for Corvo* nacheifern, das eine neue Gattung von Enthüllungsbiografie begründet hat. *Quest for Holroyd-Reece* könnte ein wenig Licht in die dunklen Ecken im Leben dieses geheimnisvollen Mannes bringen«.[21]

Watson war ziemlich nahe dran. Als Albatross 1949 und 1950 seinem Ende entgegenhumpelte, beteiligte sich Holroyd-Reece tatsächlich an der Leitung eines Mädchenpensionats im Torre di Bellosguardo, einer Villa außerhalb von Florenz, und hatte hier auch seine Affäre mit Katherine Strelsky. Auch an den Gerüchten um die Burg in Kent war etwas Wahres. Holroyd-Reece wohnte nach dem Krieg in »the Keep«, einem Turm mitsamt Mauerresten einer mittelalterlichen Burg auf dem Gut von Chilham Castle in Kent. Chilham Castle hatte einst Sir Edmund Davis gehört, dem ersten und größten Geldgeber von Albatross, der kurz vor Kriegsbeginn gestorben war. Im Krieg brachte das Militär im Keep Soldaten unter. Anschließend wohnte Holroyd-Reece hier. Er hatte eine mittelalterliche Heimstatt im Zentrum von Paris hinter sich gelassen, um eine andere auf dem englischen Land in der Nähe von Canterbury zu beziehen. Sie stammte aus dem Jahr 1170 und war von fünf Meter hohen Mauern umgeben, was Holroyd-Reece' Vorliebe für Mittelalterliches sehr entsprach. Vom Dach des Turms aus genoss man einen wunderschönen Blick über das umliegende Land, und

Holroyd-Reece konnte sich vielleicht einbilden, Herr über alles zu sein, so weit sein Auge reichte.[22]

In den Fünfzigerjahren heiratete er die jüdische Dichterin Gitta Deutsch, eine Emigrantin aus Österreich. Jahre zuvor hatte er sie als Schreibkraft in seinem Büro angestellt. Es war seine fünfte Ehe. Deutschs Tochter Lady Elisabeth Schiemann – zum Zeitpunkt der Hochzeit ein junges Mädchen – hielt Holroyd-Reece zunächst »für den verschrobensten Menschen, dem ihre Mutter je begegnet war«, aber auch für einen »faszinierenden Charakter«. Sie hat ihn als »stattlichen«, an die zwei Meter großen Mann mit sanfter Stimme in Erinnerung, der »wie eine Figur aus Mr. Pickwick aussah«. Immer noch verfügte er über seine Plauderkünste und seinen einnehmenden Charme. Er spielte gern den »Grand seigneur«, erzählte wundersame Geschichten mit oft weit hergeholten Wendungen und strich sich dabei über die lange Narbe an der Seite seines Gesichts. »Ich weiß nicht, inwieweit er sich in seine eigene Fantasierolle hineingesteigert hat«, überlegte sie viele Jahre später. Was Benimmregeln anging, erlebte sie ihn als Kleingeist. Als sie und ihre Mutter einmal mit ihm in einem Aufzug fuhren und ein Mann eintrat, ohne seinen Hut abzunehmen, wie es sich gehörte, zog Holroyd-Reece dem Fremden den Hut vom Kopf. Ein anderes Mal benahm sich seine Stieftochter bei Tisch daneben, und er drohte, ihr seine Suppe überzukippen. Sie wollte nicht hören, und er machte seine Drohung wahr.[23]

Schiemann erinnert sich an seine enorme Willenskraft. Er rauchte jahrelang hundert Zigaretten am Tag und hörte irgendwann einfach damit auf. Ein Leben lang pflegte er seinen exquisiten Geschmack ebenso wie seinen Hang zur Großtuerei. Bis zum Ende, sagte sie, »gab er sehr überzeugend den englischen Edelmann«. Besucher betraten das Gelände des Keep durch ein schmiedeeisernes Tor mit Holroyd-Reece' königlich ineinander verschlungenen Initialen. Ganz nach seiner Art erfand er ein Wappen, da er keines erben konnte – und es prangte von da an auf seinen prachtvollen Grußkarten, die er Freunden und Bekannten jedes Jahr zu Weihnachten schickte.[24]

Ende der Fünfzigerjahre forderte Holroyd-Reece Wiedergutmachung von Deutschland für Schäden, die Albatross im Krieg erlitten hatte. Sein Antrag wurde abgelehnt. Nicht zufällig fand sich sein Name nirgendwo in den

Unterlagen des Albatross Verlags in Deutschland. Er selbst hatte dafür gesorgt, um zu verhindern, dass bei der Gründung von Albatross die britische Beteiligung ruchbar wurde. Die Bonner Behörden argumentierten, dass Schadenersatz nach den rechtlichen Bestimmungen nur von der Stadt gezahlt werden konnte, in der ein Unternehmen zuletzt seine offizielle deutsche Niederlassung hatte. Da Leipzig inzwischen Teil der sowjetischen Besatzungszone war, blieben Holroyd-Reece keine Rechtsmittel mehr. Obwohl er nach dem Absturz von Albatross weniger in Erscheinung trat, war er nach wie vor voller Tatendrang – Schiemann nannte es »seine verrückten Einfälle«. In den Fünfzigern beteiligte er sich an einem Vorhaben, in Italien Milch zu vertreiben. Er vermittelte weiter Verträge im Literaturbetrieb, und diese alte Gewohnheit ging unter anderem bei seinem Versuch, Richard Aldingtons Buch über Lawrence von Arabien bei Collins unterzubringen, krachend schief. Wie Schiemann über seine letzten Jahre sagte, »verdiente er viel Geld und verlor am Ende viel Geld«.[25]

Am 7. März 1969 starb er plötzlich an einem Herzinfarkt. Eine schlichte elfenbeinfarbene Karte verkündete seine Beisetzung im Kirchhof der Church of Saint Mary in Chilham. Die Orgel spielte Johann Sebastian Bachs Kantaten »Wer nur den lieben Gott lässt walten« und »Alle Menschen müssen sterben«. Der Grafiker Hans Schmoller, 1937 aus Deutschland geflohen und Setzer bei Penguin in London, wunderte sich zwei Wochen nach Holroyd-Reece' Tod, warum er der Londoner *Times* keine Zeile wert gewesen war. »Überraschenderweise ist der Tod von John Holroyd-Reece am 7. März in ihren Spalten nirgendwo vermerkt worden«, schrieb er. »Obwohl er zuletzt zurückgezogen lebte, hat er zum Verlagsgeschehen in den Zwanziger- und Dreißigerjahren Außergewöhnliches beigetragen«. Unter Holroyd-Reece' Leistungen führte Schmoller die Albatross Library an, »deren akribisch lektorierte, mit größter Umsicht ausgewählte, erlesen gestaltete und gedruckte Taschenbücher – mit ihrem ganz neuen Farbschema für die verschiedenen Sparten – den Weg für Sir Allen Lanes Penguins bereitet haben«.[26]

Holroyd-Reece hatte womöglich zu Lebzeiten alle Aufmerksamkeit verbraucht, sodass bei seinem Tod nichts mehr übrig war. In manchen – persönlichen wie finanziellen – Belangen hatte er sich kaum noch bis zum

Ende hin gerettet. Da er für seine Frau nicht entsprechend vorgesorgt hatte und hohe Schulden bei Lloyd's hinterließ, versteigerte sie über den Sommer 1969 hinweg jeden Freitag seine wunderschönen Sammlungen.[27] Nur die Bronzebüste, die er einmal von sich selbst hatte anfertigen lassen, wacht noch heute, von Efeu umrankt, im Garten seiner Stieftochter Lady Schiemann.

Abschließen muss ich dieses Buch über Albatross mit einem Eingeständnis: Als ich zum ersten Mal die Gegend um die ehemaligen Verlagsbüros in der Rue Boulard, an der Place Vendôme und in der Rue Chanoinesse erkundete, wollte ich es aus einer ganz anderen Perspektive schreiben: der von Sonia Hambourg, einer jungen englischen Lektorin, die am Somerville College, einem der ersten für Frauen in Oxford, Geschichte studiert hatte und dann nach Paris gekommen war. Was ich über sie erfuhr, war vielversprechend. Als Tochter des berühmten russisch-jüdischen Pianisten Marc Hambourg war sie in einem Umfeld aufgewachsen, das ihr eine sorgfältige Bildung und vielversprechende gesellschaftliche Verbindungen sicherte. Sie gehörte zur ersten Generation englischer Frauen, die ganz offiziell zur Kultivierung ihres Geistes und nicht nur ihrer Familien ermutigt wurden – die ihre Hand nach einem »Zimmer für sich allein« ausstreckten, wie es Virginia Woolf in ihrem Essay von 1928 studierten Frauen nahelegte. Je mehr ich über den Klüngel prahlerischer, oft selbstsüchtiger Männer an der Spitze des Verlags Albatross herausfand, umso mehr fragte ich mich, wie Hambourg sie beschreiben würde, wenn ich bei ihr zum Tee vorbeischauen könnte. Mit welchen Strategien hatte sie sich gegen unvorhersehbare Launen und Kritik gewappnet, die sie und andere oft aus heiterem Himmel trafen? Sie muss eine kühne Ader gehabt haben, um so lange bei Albatross durchzustehen. 1935 heiratete sie den rumänischen Künstler Mircea Bassarab, der im Krieg auf ungeklärte Weise verschwand, vielleicht weil er wie Hambourg für die Résistance tätig war. Sie harrte, obwohl zur Hälfte jüdisch, die ganze Zeit des Krieges in Paris aus; wie Sylvia Beach wollte sie ihre Freunde nicht im

Stich lassen. Nach dem Krieg begann sie erneut bei Tauchnitz und blieb dabei bis 1951, als sie, erschöpft vom Geschäft mit Büchern, ihrem Leben eine überraschende Wendung gab. 1953 schloss sie sich einem russisch-orthodoxen Frauenorden an, wurde zur rechten Hand seiner Gründerin und schließlich selbst Äbtissin. Sie starb am 20. November 1980.[28]

2009 lieh ich mir in Paris ein Auto und ging mit Unterstützung der Künstlerin Virginie L'Homme Fontaine, mit der ich seit fast vier Jahrzehnten eng befreundet bin, auf Spurensuche nach Sonia Hambourg. Eineinhalb Stunden von Paris entfernt verließen wir die Autobahn und folgten kurvenreichen Landstraßen in eine unvermittelt hügelige Landschaft. Im Dorf Bussy-en-Othe fuhren wir schmale, von niedrigen Steinwällen gesäumte Straßen entlang zum Monastère de la Protection de la Mère de Dieu. Eine hagere, ehrwürdige Schwester Elisabeth empfing uns sehr zuvorkommend in perfektem Englisch mit britischem Tonfall in einem kleinen, von zurechtgestutzten Bäumen gesäumten Innenhof. Unter Mutter Maria, wie sich Hambourg seit ihrem Eintritt ins Kloster genannt hatte, war sie Novizin gewesen. Wir sprachen einige Zeit über Hambourg. Sehr fromm sei sie gewesen, sagte Schwester Elisabeth, aber auch eine strenge Lehrmeisterin in der Druckwerkstatt des Klosters. Im fortgeschrittenen Alter habe sie ihre Liebe zu Büchern in das Kloster eingebracht und russisch-orthodoxe Liturgien für den Gebrauch im Ausland ins Englische übersetzt. Bauern aus der Umgebung erzählten, dass Mutter Maria einst Nachrichten für die Résistance überbracht habe. Davon abgesehen wusste Schwester Elisabeth kaum etwas über ihr früheres Leben. Alle Nonnen vernichteten ihre weltliche Habe, bevor sie das Gelübde ablegten. Dann fiel ihr beiläufig ein: »Übrigens lebt ihre Schwester noch. Ich habe ihre Nummer irgendwo. Soll ich sie anrufen?« Ich spürte meine Stimme zittern, als ich sagte: »Oh ja!« Doch wir kamen zu spät. Wir fanden zu ihr in ihren letzten Tagen, als sie nichts mehr sagen konnte.

Mehr als alles andere ist es ein Gefühl der Demut und Bewunderung, das ich aus meinem langen Verweilen in der Welt von Albatross mitnehme. Die Ereignisse, von denen ich hier erzähle, fanden innerhalb relativ weniger Jahre und in einer Epoche statt, die uns zunehmend fern liegt. Da nun die allerletzten Zeugen dieser Zeit sterben, geht uns mit jedem Tag ein unwiederbringlicher Schlüssel zu dieser Vergangenheit verloren. Sonia Hambourg Bessarab hat wie die anderen Frauen, die den Verlag Albatross mitgestaltet haben, keine Stimme, weil die Geschichte uns hier wie auch sonst zu wenige Stimmen von Frauen überliefert hat. Auch was die größeren Fragen der Moral angeht, lässt mich der Albatross-Epos eher ratlos zurück. Sein Verlauf offenbart uns keine Helden in der Tradition der »großen Männer«. Er zeigt uns seine Protagonisten aber auch nicht als bloße Opfer von Institutionen oder Ereignissen, die sich ihrer Einflussnahme entzogen. Wir können zurückblicken und erzählen, was wem wann widerfahren ist. Wir können nachvollziehen, wie die Gründer und Leiter von Albatross mit verschiedenen Situationen umgingen. Schwieriger aufzuschlüsseln ist die Unvorhersehbarkeit ihrer – manchmal glücklichen, manchmal fatalen – Entscheidungen, schwerer zu verstehen auch ihr unbeirrbarer Glaube, tägliche kleine Manöver könnten sie selbst, ihre Familien und vermittels der Albatross Modern Continental Library auch die demokratischen Ideale Europas vor Unheil bewahren, während dieses Europa unerbittlich von der totalitären Herrschaft erstickt wurde.

An meine Recherche, an das Schreiben dieses Buchs und meine vielen Abschweifungen und Umwege dabei zurückzudenken, erinnert mich an einen Brief von Alberto Giacometti an Henri Matisse aus dem Jahr 1947. Darin beschreibt der Bildhauer dem Maler, wie es ist, mit Ton zu arbeiten. Giacometti bekennt, es sei ihm »unmöglich, eine Figur in ihrer Gesamtheit zu erfassen (wir standen zu nahe an den Modellen, und wenn wir von einem Detail ausgingen, etwa einer Ferse oder der Nase, gab es keine Hoffnung mehr, je zu einer Ganzheit durchzudringen)«. Diesen Gedanken spinnt er weiter: »Man könnte sein ganzes Leben verbringen, ohne je zu einem Ergebnis zu kommen. Die Gestalt löst sich auf, sie erscheint nur noch als ein Herumschwirren von Körnern in einer tiefen dunklen Leere«.[29]

In der Schwebe zwischen Detail und Ganzem arbeitet auch die Autorin, formt Gestalten aus Wörtern, erstellt etwas aus nichts – wie Giacometti und anders als Bildhauer, die im Negativraum arbeiten, von einem Steinblock Überschüssiges Stück für Stück entfernen, bis ein Ganzes freigelegt ist. »Details begeistern mich, kleine Details wie ein Auge in einem Gesicht oder das

Moos an einem Baum«, sagte Giacometti einem Journalisten Jahre später, »aber doch auch nicht mehr als die Gesamtheit, denn wie sollten wir überhaupt das Einzelne vom Ganzen unterscheiden? Details bilden das Ganze ... Sie verleihen Gestalten ihre Schönheit«. In der Schwebe zwischen Detail und Ganzem, schreibt die Autorin, verleiht nach Kräften »Gestalten ihre Schönheit« und, so hofft sie, auch Wahrhaftigkeit. Doch je mehr ich schreibe, umso mehr geht mir die Weisheit in den Worten des Bildhauers auf: »Je mehr ich mich annähere, umso mehr wächst und umso weiter entfernt sich alles«.[30]

Anhang

Anmerkungen

EINFÜHRUNG

1 Dr. Willy Hoffman, Gutachten vom 30.6.1941, 20206, Akt 1681, SAL. Hoffman war als Verwalter des französischen Unternehmens Les Éditions Pégase bestellt, das dem Betreiber von Albatross gehörte und durch und durch mit den Finanzen des Verlags verflochten war. Da der Albatross Verlag aber seit 1936 seinen Hauptsitz in Leipzig hatte, war auch der Oberfinanzpräsident dieser Stadt in die vom Berliner Reichskommissar für die Behandlung feindlichen Vermögens während des Krieges durchgeführte Untersuchung eingebunden.

2 Dr. Kaiser, Aktenvermerk vom 6.11.1940, A140/1006, ANF.

3 Propaganda-Staffel an den Chef der Militärverwaltung in Frankreich, Paris, 9.10.1940, A140/889; Bruno Conrad an den Chef der Militärverwaltung in Frankreich, Abteilung Schrifttum, 26.10.1940, A140/1006, beide ANF.

4 Le Préfet de Police an Monsieur le Président du Conseil, Ministre de la Défense National et de la Guerre, 14.10.1939, CHA Fonds Moscou, Akt 42834, SHD.

5 Dr. Willy Hoffman, Gutachten vom 30.6.1941, 20206, Akt 1681, SAL.

6 Wyndham Lewis an Stuart Gilbert, 19.6.1934, zitiert in McCleery, »Tauchnitz and Albatross«, S. 303.

7 Kritik an klischeehaften Vorstellungen von Zensur im NS-Staat schon bei Schäfer, *Das gespaltene Bewusstsein.* Zur Notwendigkeit, Zensur unterm Faschismus mit den politischen und wirtschaftlichen Realitäten abzugleichen, die ihre Leitlinien bestimmten, siehe Barbian, »Literary Policy«, S. 157, Steinweis, *Art, Ideology and Economics,* S. 1–7, Bonsaver, *Censorship and Literature,* S. 2–4 und Adam, *Lesen unter Hitler,* S. 24f. Zwei neuere Werke zur Zensur in umfassenderem weltpolitischem Kontext sind Robert Darnton, *Die Zensoren,* und Moore (Hrsg.), *Censorship and the Limits of the Literary.*

8 Geoffrey Faber, Leitartikel in *Publishers Weekly,* von Faber in seinem Brief an den Finanzminister vom 18. 7. 1940 erwähnt und zitiert in Holman, *Print for Victory,* S. 3.

9 Eindrückliche Beispiele für diese ideologisierte Sprache der Reichsbank Leipzig: 20133, Akt 1363, SAL.

10 »Tauchnitz Marks 100th Year«, S. 2317; Walter Gey an den Reichskommissar für die Behandlung feindlichen Vermögens, 20.6.1941, R87/1192, BAL; anonyme Aktennotiz, 24.6.1941, AJ/40/701, ANF.

11 Es gibt bedeutende Nationalgeschichten des Verlagswesens und der Zensur, doch erst die neuere Forschung interessiert sich vorrangig für länderübergreifende Dynamiken in der Geschichte des Buchdrucks. Beispiele dafür: Shep, »Books Without Borders«, S. 29–32, Renders, »Hitler's European Publishing Ambitions«, S. 232–33, Adriaan van der Weel und Peter Verhaar, »Book Trade Archives to Book Trade Networks«, *Bibliologia* 1 (2006), S. 151–66.

12 Die Geschichte von Penguin wurde bereits ausführlich erzählt. Daher gehe ich hier nur am Rand darauf ein. Vgl. Lewis, *Penguin Special,* S. 75–79, 91f; McCleery, »The Paperback Evolution«, S. 11ff.

13 Ältere historische Aufsätze über Albatross sind: Pressler, »The Tauchnitz Edition« und »Tauchnitz und Albatross«, Schmoller, »The Paperback Revolution«, McCleery, »Tauchnitz and Albatross« und »The Paperback Evolution«, sowie Troy, »A Modern Press for Modern Times« und »Books, Swords, and Readers«.

14 Vgl. Ayçoberry, *La Société allemande sous le IIIe Reich, 1933–1945.* Zur Frage, warum wir einzelne Akteure verstehen müssen, wenn wir buchgeschichtliche Entwicklungen insgesamt verstehen wollen, siehe Spiers, *Serious About Series* und McCleery, »The Return of the Publisher to Book History«.

15 W. G. Sebald, *Austerlitz,* S. 39.

KAPITEL 1: GEGENSPIELER

1 Dr. Hans Otto, »Rundschreiben«, 4.11.1931, 21056, Akt 17, SAL.

2 Nowell-Smith, *International Copyright Law,* S. 43–44; Pressler, »The Tauchnitz Edition«, S. 66; Todd and Bowden, *Tauchnitz International Editions in English,* S. 3–46, 609.

3 D. H. Lawrence an Arthur McLeod, 17.9.1912, in: Lawrence, *The Cambridge Edition, of the Letters and Works of D. H. Lawrence,* Bd. 1, 1902–13, hrsg. v. James T. Boulton, Cambridge University Press, Cambridge 1979, S. 456; Sinclair Lewis an den Verlag Tauchnitz anlässlich des hundertsten Jahrestages, zitiert in Holroyd-Reece, *The Harvest,* S. 68.

4 Holroyd-Reece, *The Harvest,* S. 31; Todd, »Firma Tauchnitz«, S. 8; zitiert in *Kleiner Führer,* S. 21; Bruno Conrad, »5000 Bände Tauchnitz Edition«, *Börsenblatt für den deutschen Buchhandel,* 14.7.1931, S. 665.

5 Pressler, »Tauchnitz und Albatross«, A2.

6 Hans Otto, Rundschreiben an Minckwitz und Forcade, 4.11.1931, 21056, Akt 17, SAL.

7 Dr. Otto an Dr. A. Lee Gobert und Dr. Pinckernelle, 4.11.1931, Gobert an Otto, 7.11.1931, alle: 21056, Akt 17, SAL; Hamburger Handelsregister, Albatross Verlag, S. 231–7, Nr. 8499, SAH. Albatross wurde in Hamburg am 6. November 1931 formell gegründet, aber erst am 12. November registriert.

8 Todd und Bowden, *Tauchnitz International Editions*, S. 610.

9 Hans Otto, »Rundschreiben, Eilt!«, o. D. [wahrscheinlich 15.1.1931], 21056, Akt 15, SAL; Dr. Otto, Rundschreiben, 11.12.1931, 21056, Akt 17, SAL.

10 Matthias Wegner, E-Mail an die Autorin, 8.11.2009.

11 Brown, *Contacts*, S. 209; Hans Otto an Dr. Bruno Hauff, 4.9.1930, Freiherr von Tauchnitz an Otto, 22.9.1930, beide 21056, Akt 20, SAL; Otto an Walter Jäh, circa 10.2.1932, 21056, Akt 17, SAL.

12 Saucke, »Christian Wegner zum 60. Geburtstag«, S. 449; Markus Wegner im Gespräch mit der Autorin, 7.5.2012, Hamburg; Markus Wegner, »Max Christian Wegner als Flieger im Ersten Weltkrieg«, o. D., MEW.

13 Max Christian Wegner, Abschlusszeugnisse von Johanneum und Universität; Ernst Wegner, »Dem Bücheronkel: Mit einem Bild der jüngeren Söhne. Ernst Wegner zum Gedächtnis« (Privatdruck, Weihnachten 1921), S. 15, beide MEW; Saucke, »Christian Wegner zum 60. Geburtstag«, S. 449.

14 Hans Otto, »Rundschreiben«, 18.9.1930, Otto an Max Christian Wegner, 25.9. 1930, beide 21056, Akt 20, SAL.

15 Hans Otto an Professor Schöffler, 8.9.1930, Otto, »Rundschreiben«, 18.9.1930, beide 21056, Akt 20, SAL; Markus Wegner im Gespräch mit der Autorin, 7.5.2012.

16 Matthias Wegner, »Offener Brief an einen Enkel«, o. D., MW.

17 Brown, *Contacts*, S. 209f; Pressler, »Tauchnitz und Albatross«, A4.

18 »The Albatross«, *Börsenblatt für den deutschen Buchhandel*, 3.12.1931, S. 7037.

19 Ebenda.; Hans Otto an Dr. Franz Sester, 10.12.1931, 21056, Akt 17, SAL.

20 John Holroyd-Reece an den Bernhard Tauchnitz Verlag, 9.11.1931, Hans Otto an den Vorstand, »Streng Vertraulich!«, 10.11.1931, John Holroyd-Reece an Otto, 14.11.1931, 18. November 1931, 21.11.1931, alle 21056, Akt 17, SAL.

21 Hans Otto, »Rundschreiben«, 11.12.1931, 21056, Akt 17, SAL.

22 Hans Otto, »Rundschreiben«, 14.10.1930, 21056, Akt 20, SAL.

23 Fiona Brewster im Gespräch mit der Autorin, 3.5.2013, Le Breuil-Rouillac, Frankreich; vgl. Herbert S. Gorman, »Bizarre Career of a Mad French Painter: Vincent van Gogh«, *New York Times*, 22.4.1923, BR5; John Holroyd-Reece, »The Rise of Modern Czech Art«, *Christian Science Monitor*, 8.6.1925, S. 10; John Holroyd-Reece, »Glassware of R. Lalique«, *Christian Science Monitor*, 25.7.1931, S. 9; Barker, *Stanley Morison*, S. 215; »Holroyd-Reece, John«, in: *Who Was Who*, 1961–1970, St. Martin's, New York 1972, S. 546.

24 »Harcourt, Brace Gain Pegasus Press Rights«, *New York Times*, 3.6.1928, S. 21; Wolfram Göbel, *Der Kurt Wolff Verlag*, 1913–1930, Buchhändler-Vereinigung, Frankfurt am Main 1977, S. 907–10; Kurt Wolff, *Briefwechsel eines Verlegers, 1911–1963*, hrsg. v. Bernhard Zeller und Ellen Otten, Verlag Heinrich Scheffler, Frankfurt 1966, S. xliv–xlv.

25 Radclyffe Hall, *Your John: The Love Letters of Radclyffe Hall*, hrsg. v. Joanne Glasgow, New York University Press, New York 1997, 143f; Watson, »More Sketches from Memory«, 2559.

26 Hans Otto, »Rundschreiben«, 17.3.1934, 21056, Akt 16, SAL.

27 Enoch, *Memoirs*, S. 42.

28 Lowe, *Inferno*, S. 6–12.

29 Enoch, *Memoirs*, S. 49f; Jaeger, »Kurt Enoch«, A289, A292; Enoch, *Memoirs*, S. 53f.

30 Graham, »Kurt Enoch: Paperback Pioneer«, S. 44; Enoch, *Memoirs*, S. 12ff.

31 Enoch, *Memoirs*, S. 24, 32f.

32 Lowe, *Inferno*, S. 16f; Enoch, *Memoirs*, S. 46.

33 Enoch, *Memoirs*, S. 48f; Ruth Gruenthal im Gespräch mit der Autorin, 10.8.2009, Westport, Connecticut.

34 Tooze, *Wages of Destruction*, S. 318.

35 Karl Wiegand, zitiert in: Nagorski, *Hitlerland*, S. 71; Kershaw, *Hitler: 1889–1936*, S. 422ff; Nagorski, *Hitlerland*, S. 71.

36 Tooze, *Wages of Destruction*, S. 17ff; Enoch, *Memoirs*, S. 57.

37 Ebi, »Devisenrecht und Außenhandel«, S. 183ff; Radio von Radiis, *Deutsche Aussenhandelspolitik*, S. 10; Ebi, *Export um jeden Preis*, S. 19ff; Tooze, *Wages of Destruction*, S. 20.

38 C. Kearton [Curtis Brown Ltd.] an The Hogarth Press, o. D. [kurz vor dem 28.8.1931], Hogarth Press 219, UR; Wilhelm Lucke, Aktennotiz, 19.3.1938, 20133, Akt 1363, SAL; John Holroyd-Reece an Hans Mardersteig, 27.9.1931, Archivio storico Arnoldo Mondadori editore, Arnoldo Mondadori, Akt John Holroyd-Reece, FM.

39 Ruth Gruenthal im Gespräch mit der Autorin, 10.8.2009; Lowe, *Inferno*, 19ff; Enoch, *Memoirs*, S. 59.

40 Enoch, *Memoirs*, S. 60. Enoch wurde Albatross' einziger Kunde. Er kaufte dessen Bücher und verkaufte sie wiederum an Groß- und Buchhändler für einen Provisionsanteil am Erlös.

41 Mühlberger, *Hitler's Voice*, 31f; Evans, *The Third Reich in Power*, S. 14; Kershaw, *Hitler: 1889–1936*, S. 447; Lowe, *Inferno*, S.22f.

KAPITEL 2: DER GEHEIMNISVOLLE ENGLÄNDER

1 [Kurt] Gundermann, »Leseland: Handbuch für Reisende«, *Die literarische Welt*, Jg. 7, Nr. 49 (4.12.1931), Vordereinband.

2 *Die literarische Welt*, Jg. 7, Nr. 49 (4.12.1931), S. 16; Dr. Hans Otto, Rundschreiben, 11.12.1931, 21056, Akt 17, SAL.

3 William A. Bradley an Sinclair Lewis, 4.10.1933, William A. Bradley Literary Agency, Sinclair Lewis, Akt 37.5, HRC; Dr. Franz Sester an Hans Otto, 14.12. und 19.12.1931, 21056, Akt 17, SAL.

4 Hans Otto, Rundschreiben, 11.12.1931, 21056, Akt 17, SAL.

5 Hans Otto an Dr. Franz Sester, 10.12.1931, 21056, Akt 17, SAL; »In eigener Sache!«, *Börsenblatt für den deutschen Buchhandel*, 12.12.1931, S. 7329.

6 »In eigener Sache!«, *Börsenblatt*, 29.12.1931, S. 7495.

7 Rainer Hering, »Academics and Radical Nationalism: The Pan-German League in Hamburg and the German Reich« und Jones, »Introduction«, beide in: Jones, *The German Right in the Weimar Republic*, S. 122ff, 1–9; die eindringlichsten Stimmen in diesem Konzert waren: der Stahlhelm, ein paramilitärischer Veteranenverband mit einer halben Million Mitgliedern, der militärischen Drill als ein Mittel zur Festigung der nationalen Gemeinschaft hochhielt; der Alldeutsche Verband mit 50.000 Mitgliedern, darunter viele aus dem Bildungsbürgertum, der das Deutsche Reich ausdehnen und zugleich das Einsickern fremder Gedanken und Rassen unterbinden wollte; sowie die Deutschnationale Volkspartei (DNVP), die bis zum Aufstieg der NSDAP wichtigste konservativ-nationale politische Kraft, die in den Zwanzigerjahren selbst zunehmend antisemitische und »völkische« Rhetorik verbreitete, um ihren Rückhalt in der Bevölkerung zu sichern. Vgl. Jackisch, *The Pan-German League;* Eley and Palmowski (Hrsg.), *Citizenship and National Identity;* Weitz, *Weimar Germany.*

8 Brian Crimm, »Weimar's ›Burning Question‹: Situational Anti-Semitism and the German Combat Leagues, 1918–1933«, in: Jones, *The German Right in the Weimar Republic*, S. 194ff; Hering, »Academics and Radical Nationalism«, ebenda, S. 114.

9 »Wer Englisch liest, kauft Tauchnitz!«, *Der Querschnitt*, Jg. 12, Nr. 2 (Februar 1932), S. 149; Hans Otto, »Rundschreiben«, 4.11.1931, Dr. Franz Sester an Otto, 13.12. 1931, beide 21056, Akt 17, SAL.

10 Hans Otto an Walter Jäh, ca. 10.2.1932, Jäh an Otto, 16.2.1932, 21056, beide Akte 17, SAL.

11 Hans Otto an Herr Dr. Kärcher u.a., 13.2.1932, Otto an den Tauchnitz-Vorstand, 18.2.1932, beide 21056, Akt 17, SAL.

12 Hans Otto an Herr Braune, 18.3.1932, Otto, »Feststellung über die Nationalität des Herrn Johann Hermann Riess«, o. D., beide 21056, Akt 16, SAL.

13 Hans Otto, »Rundschreiben«, 18.3.1932, Otto an Dr. Karl Silex, 24.3.1932, Otto an Minckwitz, 11.4.1932, alle: 21056, Akt 16, SAL.

14 Hans Otto an die Deutsche Botschaft in Paris, o. D. [wahrscheinlich April 1932],

21056, Akt 16, SAL; John Holroyd-Reece Citizenship Announcement, *London Gazette* (8.8.1919), S. 10107; Divorce-Petition, in *Times Law Reports*, hg. v. J. Ferguson Walker, Bd. 41, 7.11.1924, G.E. Wright, London 1924, S. 24; Otto an den Vorstand von Tauchnitz, 28.1.1932, 21056, Akt 17, SAL.

15 Pressler, »Tauchnitz und Albatross«, A7; Watson, »More Sketches from Memory«, S. 2559. Hans Schmoller nannte Holroyd-Reece auch »brillant und unheilbar ehrgeizig«, in: Hans Schmoller, *Two Titans: Mardersteig and Tschichold, a Study in Contrasts,* The Typophiles, New York 1990, S. 44; Metropolitan Police, 6.5.1919, HO 144/1411/275893, NAK. His Vormund war Percy Ingham, Leiter der London School of Dalcroze Eurhythmics.

16 K. A. Woodward, Brief vom 19.6.1916, G. F. Fisher, Repton Headmaster, Brief vom 13.6.1916, Percy Broadbent Ingham, Brief vom 1.4.1919, alle HO 144/1411/275893, NAK.

17 Anonyme handschriftliche Notiz, o. D., John Holroyd-Reece an Mr. Scott, 1.5.1919, beide HO 144/1411/275893, Akt 21, NAK.

18 Fiona Brewster, Familienalbum, FVB.

19 Hans Otto an die Deutsche Botschaft in Paris, o. D. [wahrscheinlich April 1932], 21056, Akt 16, SAL.

20 Hr. Frentzel an Hans Otto, 7.4.1932, 21056, Akt 16, SAL.

21 Michael S. Howard, *Jonathan Cape: Publisher,* Jonathan Cape, London 1971, S. 104ff; John Holroyd-Reece an Richard Aldington, 18.11.1932, Richard Aldington Papers, Collection 68, Box 1, Folder 1, SIUC.

22 Vgl. Ford und Balmès, *Published in Paris.*

23 »The Modern Continental Library«, o. D. 20206, Akt 1681, SAL; Dr. Franz Sester an Hans Otto, 19.12.1931, 21056, Akt 17, SAL.

24 Van der Weel, »The Rise of the English Book«, S. 280f; A. P. R. Howatt mit H. G. Widdowson, A *History of English Language Teaching,* Oxford University Press, Oxford 2004, S. 232–41.

25 Enoch, *Memoirs,* S. 60f; »Tauchnitz Has a Rival«, 1643f.

26 Kingsford, *The Publishers Association,* S. 119; Abel Chevalley, *Le Roman anglais de notre temps,* H. Milford, London 1921; Bernhard Fehr, *Die englische Literatur des 19. und 20. Jahrhunderts,* Akademische Verlagsgesellschaft, Berlin 1921 und *Die englische Literatur der Gegenwart und die Kulturfragen unserer Zeit,* Bernhard Tauchnitz, Leipzig 1933; *Kleiner Führer.*

27 Fritz Schlawe, *Literarische Zeitschriften: 1910–1933,* J. B. Metzlersche Verlagsbuchhandlung, Stuttgart 1973, S. 20, 59; Schlösser, *Die englische Literatur in Deutschland,* S. 2f, 166f. Schlössers Zahlen beinhalten Erst- und Neuauflagen sowie Nachdrucke.

28 Fouché, »L'édition française depuis 1945«, S. 216; Fitch, *Sylvia Beach and the Lost Generation*, S. 401f; Beach, *Shakespeare and Company*, S. 51, Beach, Notizbuch 1935–1941, Sylvia Beach Papers C0108, Box 68, PUA; Fitch, *Sylvia Beach and the Lost Generation*, 401f.

29 »Tauchnitz Has a Rival«, S. 1643f.

30 John Holroyd-Reece an Arnoldo Mondadori, 30.3.1932, Archivio storico Arnoldo Mondadori editore, Arnoldo Mondadori, Holroyd-Reece-Akt, FM; »The Modern Continental Library«, o. D., 20206, Akt 1681, SAL; Rundle, »Translation in Fascist Italy«, S. 16f. Tatsächlich »sondierte« Holroyd-Reece gründlich den italienischen Markt, insbesondere durch seine Partnerschaft mit Mondadori, den Rundle »einen der wagemutigsten Verleger von Übersetzungen« im Italien der Dreißigerjahre nennt (20). Holroyd-Reece erklärte sich bereit, Romane zu sichten und das Beste vom Besten Mondadori zur Übersetzung ins Italienische zu empfehlen (John Holroyd-Reece an William A. Bradley, »Memorandum: Albatross Activities in France«, 14.9.1937, William A. Bradley Agency, Series II: Publisher Correspondence, Akt 129.9 Albatross, HRC.

31 John Holroyd-Reece an Laurence Pollinger, 11.3.1932, D. H. Lawrence Collection, Series IV: Curtis Brown, Ltd., Folder 37.1, HRC; Brief von C. Kearton [Curtis Brown Ltd.] an Joseph Hergesheimer, 16.6.1931, Alfred A. Knopf Inc. Records, 1873–1996, Series IVA: Author Files, Joseph Hergesheimer, Folder 715.6. HRC. Brown und Albatross arbeiteten so eng zusammen, dass Browns französischer Agent im Januar 1933 in das Albatross-Büro in der Rue Boulard einzog und bis zum Ausbruch des Krieges auch Albatross' Umzüge mitmachte. Vgl. Curtis Brown, Ltd., Change of Address Card, William A. Bradley Literary Agency Records, Curtis Brown Correspondence, File 223.5, Margareta Scialtiel, HRC.

32 Taylor, *Projection of Britain*, S. 127f.

33 Taylor, *British Propaganda*, S. 6ff; Taylor, *Projection of Britain*, S. 129ff; Norton zitiert in Taylor, *Projection of Britain*, S. 138; Taylor, *Projection of Britain*, S. 143ff, 151.

34 Taylor, *Projection of Britain*, S. 144, 153.

35 Ebenda, S. 141f.; John Holroyd-Reece an Hans Mardersteig, 27.9.1931, Archivio storico Arnoldo Mondadori editore, Arnoldo Mondadari, Holroyd-Reece-Akt, FM.

36 Fiona Brewster im Gespräch mit der Autorin, 3.5.2013, Le Breuil-Rouillac, Frankreich; Alan Marshall, »Marius Audin, Stanley Morison et la publication des Livrets typographiques et de la Bibliographie des De Tournes«, *Bulletin du bibliophile*, Jg. 2 (November 1994), auch Musée de l'Imprimerie Lyon, http://www.imprimerie.lyon.fr/imprimerie/sections/fr/documentation/fonds/audin/?aindex=2#not43; Stanley Morison an Jan van Krimpen, 20.2.1931, zitiert in Barker, *Stanley Morison*, S. 319.

37 Taylor, *Projection of England*, S. 164f. Taylor nennt folgende Budgets für das British Council: Januar 1935, £ 5.000; 1936–37, £ 15.000; 1937–38, £ 30.000; 1938–39 bis £ 110.000.

38 Vertrag zwischen Les éditions Pégase, Paris (The Pegasus Press) und dem Albatross Verlag, Hamburg, 15.11.1931, 20206, Akt 1681, SAL. Als Besicherung hielten die Éditions Pégase einen Bestand an Albatross-Büchern in Paris zurück. Sie forderten auch hohe Gebühren für ihre Leistungen: den Gegenwert von 6000 RM pro Monat bzw. 25 Prozent der Verkäufe zzgl. eines möglichen Aufschlags von 10 Prozent. Um eine reibungslose Zusammenarbeit zu begünstigen, war Wegner theoretisch zugleich Angestellter von Pégase und Geschäftsführer des Albatross Verlags in Deutschland.

39 Pressler, »Tauchnitz und Albatross«, A4; zu Holroyd-Reece' Stellenwert in der Publishing Holding Company, siehe Dr. Willy Hoffman, Gutachten, 30.6.1941, 20206, Akt 1681, SAL; Les éditions du Pégase [Liste der Anteilseigner], o. D. [eingegangen 21.2.1941], R87/1192, BAL; Oskar Möhring an den Militärbefehlshaber in Frankreich, Verwaltungsstab Abteilung Wi. I/3, 7.8.1942, AJ 40/701, ANF. Aus der Liste der Pégase-Anteilseigner geht hervor, dass Holroyd-Reece vom gesamten Aktienwert in Höhe von 700.000 Francs selbst 445.000 Francs besaß. Möhring als Verwalter von Pégase in Kriegszeiten fand heraus, dass Holroyd-Reece von den insgesamt 374 Anteilen zu 1000 Francs und den 3260 Anteilen zu 100 Francs 1848 Aktien gehörten, dem zweitgrößten Anleger nur 620.

40 Stanley Morison an Jan van Krimpen, 20.2.1931, zitiert in Barker, *Stanley Morison,* S. 319.

KAPITEL 3: EUROPA IM STURM EROBERN

1 »The Albatross Modern Continental Library«, *Börsenblatt für der deutschen Buchhandel*, 1.3.1932, o. S.

2 Isabelle Olivero, *L'Invention de la collection: de la diffusion de la littérature et des saviors à la formation du citoyen au XIX siècle,* Éditions de L'Imec, Paris 1999, S. 224. Die von Albert Boni and Horace Liveright 1917 in New York gegründete Modern Library und die Phoenix Library von Chatto and Windus im England der 1920er-Jahre sind zwei Beispiele für Reihen gebundener Bücher, mit denen Albatross im direkten Wettbewerb gestanden hätte. Vgl. Pierre Bourdieu, *Die Regeln der Kunst*, S. 187, zu begrenzenden Faktoren des literarischen Feldes.

3 »The Modern Continental Library«, o. D. 20206, Akt 1681, SAL; Beach, *Shakespeare and Company,* S. 28; Max Meyerfeld, »Enter D. H. Lawrence«, *Das literarische Echo,* Jg. 25 (1923), S. 581–84, Zitat S. 581; James Joyce an Harriet Shaw Weaver, 14.8.1927, zitiert in Richard Ellmann, (Hrsg.), *Selected Letters of James Joyce,* Viking, New York

1978, S. 327 (Wegner wird die Entdeckung des Buchs von Joyce zugeschrieben, das Curt Otto tatsächlich schon 1928 freigegeben hatte. Allerdings nahm Wegner allein 1930 bei Tauchnitz 21 neue Autoren ins Programm, also ein Vielfaches der bis dahin durchschnittlich vier Autoren pro Jahr. Schlösser, *Die englische Literatur in Deutschland,* S. 34; Charles Prentice an Richard Aldington, 7.7.1931, Richard Aldington Papers 68, Box 6, Folder 3, SIUC.

4 Sylvia Beach, *Shakespeare and Company*, S. 28; Fouché, »L'édition littéraire, 1914–1950«, S. 209; Beach, Notizbuch, 1932, o. S., C0108 Sylvia Beach Papers, Box 25, PUA. Preise für deutsche Bücher im Segment der Dichtung und Erzählliteratur betrugen durchschnittlich 2,56 Reichsmark 1933 und 2,71 im Jahr 1935; vgl. Horst Kliemann, »Die Welt des Buchhandels«, S. 176. »Die neuen Bücher aus dem Insel Verlag«, in: *Das Inselschiff,* Weihnachten 1933. Dieser Katalog führt gebundene Bücher aus dem Jahr 1932 an: Huxleys *Brave New World* für 6 RM, Woolfs *To the Lighthouse* für 7 RM, Lawrence' *Sons and Lovers* sowie *The Rainbow* für 8 bzw. 6 RM. »Nun hören Sie den Rat ...«, *Die literarische Welt,* Jg. 49 (25.11.1932), S. 1.

5 »Tauchnitz Has a Rival«, S. 1645.

6 Fiona Brewster im Gespräch mit der Autorin, 13.12.2013, Le Breuil-Rouillac, Frankreich; Lady Elisabeth Schiemann (Stieftochter von Holroyd-Reece), Telefoninterview, 22.9.2013.

7 »Tauchnitz Has a Rival«, S. 1645.

8 Max Christian Wegner an Annemarie Wegner, 11.3.1932, MW.

9 Max Christian Wegner an Annemarie Wegner, 11.3.1932, MW; Matthias Wegner im Gespräch mit der Autorin, 9.10.2009, Hamburg.

10 Max Christian Wegner an Annemarie Wegner, 13.7.1932, MW.

11 Paul Léon an James Joyce, 14.7.1932 und 28.9.1932, Joyce an Léon, 25.9.1932, alle: James Joyce–Paul Léon Papers, 1930–40, NLI; Max Christian Wegner an Annemarie Wegner, 19.10.1932, MW; die Odyssey Press gab nur zwei Titel heraus: *Ulysses* und *Lady Chatterley's Lover* von D. H. Lawrence. Siehe auch McCleery, »The Reputation of the 1932 Odyssey Press Edition of Ulysses«, und Luca Crispi, »Ulysses in the Marketplace: 1932«, *Joyce Studies Annual* (2012), S. 29–65. Odyssey Press-Ausgaben kosteten 5,6 RM (zwei Bände in Broschur) und 9 RM (einbändige leinengebundene Dünndruckausgabe).

12 Max Christian Wegner an Annemarie Wegner, 19.10.1932, Max Christian Wegner an Annemarie Wegner, 22.5.1932, beide in MW. Über die jeweiligen Stärken und Schwächen von Holroyd-Reece und Wegner siehe McCleery, »Tauchnitz and Albatross«.

13 John Holroyd-Reece an Arnoldo Mondadori, 30.3.1932, Holroyd-Reece, Depesche an Mondadori, 6.5.1932, Mondadori, Depesche an Holroyd-Reece, 28.5.1932,

alle: Archivio storico Arnoldo Mondadori editore, Arnoldo Mondadori, Holroyd-Reece File. FM.

14 Barbian, *Literaturpolitik im Dritten Reich,* S. 40.

15 »L'Albatross Continental Library concurrente della Tauchnitz«, *Avvisatore settimanale* (5.6.1932, S. 699.

16 »Goede en goedkoope Engelsche boeken«, *Het Vaderland,* 17.3.1932, S. 9.

17 »The Albatross Modern Continental Library«, *Allgemeen Handelsblad,* 12.4.1932, S. 5; Fritz Bieber, »Albatross«, *Die literarische Welt,* Jg. 8, Nr. 17 (22.4.1932), S. 6.

18 Rudolf Imelman, »Albatroß«, *Frankfurter Zeitung,* 18.9.1932, S. 6.

19 K.B., »Das englische Buch auf dem Kontinent«, *Die literarische Welt,* Jg. 8, Nr. 36–37 (2.9.1932), S. 9.

20 »Rule Britannia!« *Die literarische Welt,* Jg. 8, Nr. 49 (25.11.1932), S. 15f; Wilhelm Lucke, Bericht vom 19.3.1938, 20133, Akt 1363, SAL.

21 John Holroyd-Reece an Laurence Pollinger, 11.1.1933, Pollinger an Max Christian Wegner, 26.1.1933, beide D. H. Lawrence Collection, Series IV: Curtis Brown, Ltd., Folder 37.4, HRC.

KAPITEL 4: EIN HAUS VON IRRSINNIGEN

1 Enoch, *Memoirs,* S. 63f.

2 Evans, *Third Reich in Power,* S. 158; Barbian, *The Politics of Literature,* S. 13; Adam, *Lesen unter Hitler,* S. 28; Lowe, *Inferno,* S. 24.

3 »Albatross Modern Continental Library«, *Börsenblatt für den deutschen Buchhandel,* 1.3.1933, S. 154.

4 Kershaw, *Hitler, 1889–1936,* S. 545–63; Lowe, *Inferno,* S. 24; Barbian, *Literaturpolitik im NS-Staat,* S. 81ff; Adam, Lesen unter Hitler, S. 19.

5 Max Christian Wegner an Annemarie Wegner, 1.4.1933, MW.

6 Barkai, *From Boycott to Annihilation,* S. 25–31; Bajohr, *»Aryanisation« in Hamburg,* S. 58–69; Akt »EN«, SWA; Enoch, *Memoirs,* S. 70; Charles Enoch im Gespräch mit der Autorin, 11.7. 2011, Washington, D. C.; Charles Enoch, E-Mail an die Autorin, 10.10.2014.

7 Enoch, *Memoirs,* S. 66.

8 Max Christian Wegner an Annemarie Wegner, 31.3. und 4.4.1933, MW.

9 Max Christian Wegner an Annemarie Wegner, 31.3.1933, MW.

10 Max Christian Wegner an Annemarie Wegner, 4.4.1933, MW.

11 Rosamund Lehmann, *The Swan in the Evening: Fragments of an Inner Life,* Open Road Media, New York 2015, S. 59.

12 »Topics of the Times«, *New York Times,* 20.12.1933, S. 20, zitiert in Mark Schorer, *Sinclair Lewis,* McGraw Hill, New York 1961, S. 592.

13 Dorothy Thompson, *I Saw Hitler!*, Farrar and Rinehart, New York 1932, S. 13f; »Hitler Power Seen in Middle Class«, *New York Times*, 12.5.1933, S. 12.

14 Ann Watkins an A. C. Peters, 28.7.1931, YCAL MSS 268 Sinclair Lewis, Box 50, File 642, BL; »New Lewis Novel Published Today: ›Ann Vickers‹«, *New York Times*, 25.1.1933, S. 11.

15 Sinclair Lewis, *Ann Vickers*, Doubleday Doran, New York 1933; Tagebucheintrag Dorothy Thompson, 5.1.1933, zitiert in Vincent Sheean, *Dorothy and Red*, Houghton Mifflin, Boston 1963, S. 225.

16 Anne Springer, *The American Novel in Germany*, Cram/de Gruyter, Hamburg 1960. Ein deutscher Buchklub nahm Main Street schon 1922 ins Programm. Der Transmare Verlag von Kurt Wolff verlegte *Babbitt* in einer für Übersetzungen ungewöhnlich hohen Auflage von 20.000 Exemplaren. Ernst Rowohlt brachte zwischen 1928 und 1931 die Bücher *Elmer Gantry, Mantrap, The Man Who Knew Coolidge* und *Dodsworth* in Auflagen von jeweils 11.000 Exemplaren heraus. William A. Bradley an Sinclair Lewis, 20.9.1932, William A. Bradley Literary Agency, Sinclair Lewis, 37.4, HRC; Daniel Longwell an Lewis, 27.12.1932, YCAL MSS 268 Sinclair Lewis, Box 46, File 484, Doubleday & Doran, BL; »Book Notes«, *New York Times*, 14.2.1933, S. 13; Bradley an Lewis, 19.8.1933, William A. Bradley Literary Agency Collection, Sinclair Lewis File 37.5, HRC.

17 Dorothy Thompson an Sinclair Lewis, 15.3.1933, zitiert in Sanders, *Dorothy Thompson*, S. 187.

18 Barbian, *Literaturpolitik im NS-Staat*, S. 29.

19 Ebenda, S. 31–37; Dahm, *Das jüdische Buch*, S. 27–28; Lowe, *Inferno*, S. 24.

20 Dorothy Thompson an Sinclair Lewis, 13.3.1933, zitiert in Sanders, *Dorothy Thompson*, 185.

21 *Völkischer Beobachter*, 14.4.1933; Barbian, *Literaturpolitik im NS-Staat*, S. 39ff; Dahm, *Das jüdische Buch*, S. 18.

22 Frederick T. Birchall, »Nazi Book-Burning Fails to Stir Berlin«, *New York Times*, 11.3.1933, S. 1; *Völkischer Beobachter*, 12.5.1933.

23 Birchall, ebenda.

24 Goebbels' Rede zur Buchkantate, *Börsenblatt für den deutschen Buchhandel*, 16.5.1933, S. 353–56, zitiert in Barbian, *Literaturpolitik im NS-Staat*, S. 44; Dahm, *Das jüdische Buch*, S. 28f. Das Börsenblatt war zu diesem Zeitpunkt schon regimetreu, also voreingenommen zugunsten von Goebbels. Vgl. Wolfgang Hermann, »Prinzipielles zur Säuberung der öffentlichen Büchereien«, *Börsenblatt für den deutschen Buchhandel*, 16.5.1933, S. 356, zitiert in Dahm, *Das jüdische Buch*, S. 18; Liste der Autoren im *Börsenblatt für den deutschen Buchhandel*, 13.5.1933, 1, zitiert in Barbian, *The Politics of Literature*, S. 25. Die Autoren auf der Liste waren: Leon

Feuchtwanger, Ernst Glaeser, Arthur Holitscher, Alfred Kerr, Egon Erwin Kisch, Emil Ludwig, Heinrich Mann, Ernst Ottwalt, Theodor Plivier, Erich Maria Remarque, Kurt Tucholsky und Arnold Zweig.

25 Sheean, *Dorothy and Red,* S. 263; »Nazis Pile Books for Bonfires Today«, *New York Times,* 10.5.1933, S. 1; Sinclair Lewis, »Let America Honor Books Nazis Burn«, *Jewish Telegraphic Agency,* 14.5.1933.

26 Sinclair Lewis an Ernst Rowohlt, 2.11.1933, YCAL MSS 268 Sinclair Lewis, Box 48, Folder 598, BL.

27 Ernst Rowohlt an Lewis, 19.10.1933, YCAL MSS 268 Sinclair Lewis, Box 48, Folder 598, BL. Rowohlt legte seinem Schreiben den Artikel »Literarische Emigrantenzeitschriften« aus dem *Börsenblatt für den deutschen Buchhandel* vom 10.10.1933 bei.

28 Sinclair Lewis an Ernst Rowohlt, 2.11.1933, YCAL MSS 268 Sinclair Lewis, Box 48, Folder 598, BL; Lewis an William A. Bradley, 4.11.1933, William A. Bradley Literary Agency, Sinclair Lewis, Folder 37.5, HRC.

29 Max Christian Wegner an William A. Bradley, 6.10.1933, William A. Bradley Literary Agency, File 129.9 The Albatross, Bradley an Sinclair Lewis, 14.11.1933, Lewis an Bradley, 21.12.1933, William A. Bradley Literary Agency, Sinclair Lewis File 37.5, all HRC.

30 Albatross-Tantiemenaufstellung vom 21.9.1933, 23.3.1934, 30.7.1934, 27.9.1934, 31.12.1934, 16.5.1935, 30.8.1935, alle: William A. Bradley Literary Agency, Sinclair Lewis Files 37.5–37.6, HRC.

31 Enoch, *Memoirs,* S. 65ff, 70f.

32 Belke und Zeller (Hg,), *In den Katakomben,* S. 66; Barbian, *The Politics of Literature,* S. 26f.

33 Barbian, *Literaturpolitik im NS-Staat,* S. 100–105; Dahm, *Das jüdische Buch,* S. 29; Steinweis, *Art, Ideology and Economics*, S. 32–39.

34 Enoch, *Memoirs,* S. 62; John Holroyd-Reece an C. D. Medley, o. D. [wahrscheinlich September 1943], David Lloyd Agency für Pearl Buck (C0060), Box 28, File 21, PUA; Wilhelm Lucke, Aktennotiz, 19.3.1938, 20133, Akt 1363, SAL.

KAPITEL 5: MADE IN BRITAIN?

1 Ezra Pound an Olga Rudge, 24.9.1933, Olga Rudge Papers, YCAL MSS 54, Box 114, Folder 358, BL; Werbung für *The Albatross Book of Living Verse* im *Albatross Almanac 1935*, Hamburg 1934, S. 172; Max Christian Wegner an Pound, 8.11.1932, Box 23, Folder 997, W. Keller an Pound, 5.3.1931, Box 51, Folder 2315, Pound an T. C. Wilson, 30.10.1933 und 3.12.1933, Box 23, Folder 997, alle: Ezra Pound Papers, Series I–IV, YCAL MSS 43, BL.

2 Ezra Pound an John Holroyd-Reece, 13.1. 1934, zitiert in Holroyd-Reece an Pound,

4.3.1934, Ezra Pound Papers, Series I–IV, YCAL MSS 43 Box 23, Folder 997, BL; Pound an Ford Madox Ford, 11.10.1933, in: *Pound/Ford: The Story of a Literary Friendship*, New Directions, New York 1971, S. 129. Pounds Klagen über verlegerische Entscheidungen auch in seiner Korrespondenz mit dem ehemaligen Tauchnitz-Direktor Curt Otto aus dem Jahr 1924: Curt Otto an Pound, 11.12.1924, Ezra Pound Papers, YCAL MSS 43, Box 51, Folder 2315 Bernhard Tauchnitz, BL.

3 John Holroyd-Reece an Ezra Pound, 18.9.1933, Holroyd-Reece an Pound, 27.12. 1933, beide: Ezra Pound Papers, Series I–IV, YCAL MSS 43 Box 23 Folder 997, BL.

4 John Holroyd-Reece an Ezra Pound, 18.9.1933, Holroyd-Reece an Pound, 27.12. 1933, beide: Ezra Pound Papers, Series I–IV, YCAL MSS 43 Box 23 Folder 997, BL.

5 Alma Louise Olsen, »Scandinavia Considers Some New Regimes«, *New York Times*, 6.8.1933, BR8; »Books of the Year: Poetry in 1933«, *The Observer*, 31.12.1933, S. 4.

6 »The Albatross: An English Tauchnitz«, *The Times*, 1.3.1932, S. 10; Henryk Fleischer, »Why Tauchnitz?«, *The Observer*, 23.7.1933, S. 23.

7 »British Books Abroad«, *Publisher and Bookseller*, 13.5.1932, S. 953f.

8 Kingsford, *The Publishers Association*, S. 48, 119f; Thomas Lauffer, Buchhändler in Budapest, an Messrs. Chatto & Windus, 25.1.1932, Buchhandlung Karl Buchholz, Berlin, an Messrs. Chatto & Windus, 26.1.1932, beide CW 48/11, RHGA.

9 »Continental Editions. Views of the Publishers' Association«, *The Author*, Jg. 43, Nr. 3 (Frühjahr 1933), S. 80ff; Harold Raymond an Laurence Pollinger, 17.11. 1931, AUC 27/8 Curtis Brown, UR.

10 Harold Raymond an K. B. Potter, 1.3.1932, CW 48/11, RHGA.

11 Paul Léon an Ralph Pinker, 8.12.1933 und 3.1.1934, James Joyce Collection, Gen MSS 112, Box 2, Folders 72–73, BL. Léon hatte Albatross ein Vorkaufsrecht gewährt, entfachte aber einen Bieterkrieg in der Hoffnung, dass ein anderer englischer Verlag Albatross überbieten werde.

12 Sinclair Lewis an William A. Bradley, 27.6.1934, William A. Bradley Literary Agency, Series I: Author Correspondence, Sinclair Lewis, File 37.5, HRC; Jonathan Cape an Ralph Pinker, 13.12.1933, Pinker Files as agent for James Joyce, the Henry W. and Albert A. Berg Collection of English and American Literature, New York Public Library, Astor, Lenox and Tilden Foundations, New York.

13 »The Albatross« Printed Statement, o. D. (1945 oder 1946), von Herberth Herlitschka an Isabel Wilder übersandt, 14.5.1946, YCAL MSS 108 Thornton Wilder, Box 13, File 302 Albatross, BL; Sinclair Lewis to William A. Bradley, 2.8.1933, William A. Bradley Collection, Lewis File, 37.5, HRC.

14 »The Albatross: British Authors on the Continent«, *The Observer*, 31.12.1933, S. 12.

15 Aus den Unterlagen geht hervor, dass Holroyd-Reece diesen Plan schon im März 1932 gefasst hatte. Siehe CW 100/16, RHGA.

16 »The Albatross: British Authors on the Continent«, S. 12.

17 Arthur Chichester, »Letters to the Editor: Continental Editions«, *The Author*, Nr. 44 (Autumn 1933), S. 21f.

18 John Holroyd-Reece an Ezra Pound, 11.1.1934, Ezra Pound Papers, Series I–IV, YCAL MSS 43, Box 23, Folder 997, BL.

19 »The Albatross Crime Club«, Werbung im *Börsenblatt*, 29.3.1933, 21056, File 21, SAL.

20 Sturge, »Flight from the Programme«, S. 58; Neil Clark, *Stranger Than Fiction: The Life of Edgar Wallace*, History Press, London 2014, S. 27; Schlösser, *Die englische Literatur in Deutschland*, S. 174ff; Sturge, »Flight from the Programme«, S. 58.

21 Sturge, »Flight from the Programme«, S. 77f.

KAPITEL 6: SCHEREN IM KOPF

1 Dahm, *Das jüdische Buch*, S. 26; Maria Huxley an Roy Fenton, 1.7.1933, zitiert in Huxley, *Letters*, S. 371; Huxley an Naomi Mitchison, 13.8.1933, zitiert in Huxley, *Letters*, 372f.

2 *The Albatross Almanac 1933*, Albatross, Hamburg 1932. Dieser Band erschien 1932 als Werbung für Albatross-Autoren in der Vorweihnachtszeit und blieb während des gesamten Jahres 1933 im Angebot.

3 Bahr, »Nazi Cultural Politics«, S. 14ff.

4 Barbian, *Literaturpolitik im NS-Staat*, S. 81ff, 250ff; Adam, *Lesen unter Hitler*, S. 15–28; Cuomo, *National Socialist Cultural Policy*; Leonidas Hill, »The Nazi Attack on ›Un-German‹ Literature: 1933–1945«, in: Rose, *The Holocaust and the Book*, S. 12; Dahm, *Das jüdische Buch*, S. 6; Bahr, »Nazi Cultural Politics«, S. 13. Bahr zufolge zeigte sich die polykratische Regierungsweise der NS-Bürokratie insbesondere in der Kulturpolitik. Der Ausruck »autoritäre Anarchie« als Kennzeichnung der verschiedenen, um Hitlers Aufmerksamkeit rivalisierenden Machtzentren im NS-Staat wird dem österreichischen Journalisten Walter Petwaidic zugeschrieben. Siehe Martin Kitchen, *Nazi Germany at War*, Longmans, London 1995, S. 4. Vgl. auch Kapitel 9 in diesem Buch zur Einordnung dieses Begriffs in den historischen Debatten über Hitlers Macht.

5 Barbian, *Literaturpolitik im NS-Staat*, S. 409f; Adam, *Lesen unter Hitler*, S. 33ff; Sturge, »Flight from the Programme«, S. 53–59; siehe auch Barbian, »Die doppelte Indizierung«.

6 Rundschreiben in R55/684, BAL, Barbian, *Literaturpolitik im NS-Staat*, S. 46f.

7 Herberth Herlitschka an Messrs. J. B. Pinker and Sons, 10.1.1934, Aldous Huxley Papers M0107, Box 1, Folder 8, SU; Sturge, »Flight from the Programme«, S. 55.

8 Hall, *Der Paul Zsolnay Verlag*, S. 262 und besonders die sehr guten Fallbeispiele

von deutschen Verlagen, die einen Preis für die Veröffentlichung angloamerikanischer Bücher auf Deutsch bezahlten, auf den Seiten 254–80; Barbian, *Literaturpolitik im NS-Staat,* S. 408.

9 Sturge, »Flight from the Programme«, S. 61; Hall, *Der Paul Zsolnay Verlag,* S. 205.

10 Herberth Herlitschka an Messrs. J. B. Pinker and Sons, 10.1.1934, Aldous Huxley Papers M0107, Box 1, Folder 8, SU; siehe auch Lewis, *Penguin Special,* S. 78, wo auf die Bemerkung des englischen Verlegers Stanley Unwin verwiesen wird, britische Autoren »empörten sich über die Forderung, auf einem Formular per Unterschrift zu erklären, dass sie von angemessen arischer Abstammung seien«.

11 Robert Graves an J. B. Pinker, 4.3.1934, J. B. Pinker and Sons, Robert Graves File, the Henry W. and Albert A. Berg Collection of English and American Literature, The New York Public Library, Astor, Lenox and Tilden Foundations, New York; Herberth Herlitschka an J. B. Pinker and Sons, 14.5.1934, Katherine Mansfield Papers Additions, NL.

12 Aldous Huxley an Robert Nichols, 9.19.1933, in: Huxley, *Letters,* S. 374.

13 Herberth Herlitschka an J. B. Pinker and Sons, 2.8.1934, Aldous Huxley Papers M0107, Box 1, Folder 6, SU.

14 Huxley, *Beyond the Mexique Bay,* Vintage, New York 1960, S. 146. Alle Zitate aus diesem Nachdruck des Originals von 1934.

15 Ebenda, S. 85, 87.

16 Ebenda, S. 149f.

17 McCleery, »Tauchnitz and Albatross«, S. 307f. Alle genannten waren Tauchnitz-Bände, die nach 1934, also nach Übernahme der Programmgestaltung durch Albatross erschienen.

18 Huxley, *Beyond the Mexique Bay,* Albatross Verlag, Hamburg 1935, S. 10.

19 Schlösser, *Die englische Literatur in Deutschland,* S. 33f.

20 Linthout, *Das Buch in der nationalsozialistischen Politik,* vor allem S. 345–84.

21 Diese Debatte ist allgemein unter dem Titel »Primat des Politischen« wider das »Primat der Ökonomie« bekannt. Sie geht nach allgemeiner Ansicht auf den britischen marxistischen Historiker Timothy Mason zurück, der behauptete, dass politische Akteure im NS-Staat gegenüber der deutschen Industrie- und Wirtschaftselite ihre Prioritäten durchsetzten. Siehe Mason, *Nazism, Fascism and the Working Class,* sowie für das »Primat der Ökonomie« Tooze, *Wages of Destruction.* Eine vergleichende Gewichtung beider Seiten findet sich bei Ian Kershaw, »Politics and Economics in the Nazi State«, in: derselbe, *The Nazi Dictatorship,* S. 40–58. »The Albatross« Druckschrift o. D., aber 1945 oder 1946, von Herberth Herlitschka an Isabel Wilder übersandt, 14.5.1946, YCAL MSS 108 Thornton Wilder, Box 13, File 302 Albatross, BL.

22 Ebi, *Export um jeden Preis*, S. 24; Tooze, *Wages of Destruction*, S. 20–27, 50f; Radio von Radiis, *Deutsche Außenhandelspolitik*, S. 13.

23 Tooze, *Wages of Destruction*, s. 27, 69ff; Ebi, *Export um jeden Preis*, S. 24; Radio von Radiis, *Deutsche Außenhandelspolitik*, S. 13; Tooze, *Wages of Destruction*, S. 69.

24 Darnton, *Die Zensoren*, Einleitung; Kater, *Different Drummers*, S. 49; Nicholas, *The Rape of Europa*, S. 23ff. Siehe auch Ebi, »Devisenrecht und Außenhandel«, S. 185f, mit einer Erklärung, warum Exporteure wie Albatross einen entscheidenden finanziellen Vorteil gegenüber den meisten anderen deutschen Unternehmen hatten. Im Wesentlichen gestand das Regime um die Jahreshälfte 1934 deutschen Importeuren nur noch ein Zehntel ihres Devisenbedarfs des Jahres 1931 zu, um den Abfluss von Devisen so weit wie möglich einzudämmen. Das beschränkte drastisch ihre Möglichkeiten, Rohstoffe zu kaufen und Waren herzustellen. Umso erstaunlicher die Bereitwilligkeit, mit der die Reichsstellen Albatross' monatliche Überweisungen ins Ausland genehmigten.

25 Über das Schicksal der literarischen Moderne in Deutschland, siehe Sturge, »Flight from the Programme«, S. 59.

KAPITEL 7: GLEICHSCHALTUNG

1 Kershaw, *Hitler*, 1889–1936, S. 631–56; Evans, *The Third Reich in Power*, S. 31f.

2 Adolf Hitler, Reichstagsrede vom 13. Juli 1934, zitiert in Kershaw, *Hitler, 1889–1936*, S. 653; »Points in Hitler's Speech«. *New York Times*, 15.7.1934, S. 14.

3 Woolf, *The Diary of Virginia Woolf*, Bd. 4, S. 223.

4 Richard Aldington an Charles Prentice, 4.9.1934, Ralph Pinker Collection of Richard Aldington Papers: Collection 72, File 20, SIUC; Aldous Huxley an Julian Huxley, 22.7.1934, Aldous Huxley to Mr. Sagar, 12.9.1934, beide in: Huxley, *Letters*, S. 383.

5 Richard Aldington an Charles Prentice, 4.9.1934, Ralph Pinker Collection of Richard Aldington Papers: Collection 72, File 20, SIUC; John Holroyd-Reece, »Note for the Information of British Albatross and Tauchnitz Authors«, Januar 1940, David Lloyd Agency for Pearl Buck (C0060), Box 28, Folder 19, PUA.

6 »Tauchnitz Changes Hands: Bought by a Leipzig Firm. A Grateful Public«, *The Observer*, 7.10.1934; Pressler, »Tauchnitz und Albatross«, A5.

7 Wilhelm Lucke, Aktennotiz, 19.3.1938; Reichsbankoberinspektor [wahrscheinlich Heppner, Unterschrift unlesbar], Albatross-und-Tauchnitz Verlag bezw. Oscar Brandstetter u. Dr. Enoch, Paris, 16.11.1931, beide 20133, Akt 1363, SAL. Die Reichsschrifttumskammer unterstützte auch weiterhin die Partnerschaft von Albatross und Tauchnitz, weil sie es Tauchnitz ermöglichte, im Ausland die Tantiemen auszuzahlen und so seinen guten Ruf zu bewahren; vgl. Dr. Hans

Schöne an die Reichsstelle für Devisenbewirtschaftung, 2.4.1937, 20206, Akt 1681, SAL.

8 John Holroyd-Reece an C. D. Medley, o. D. [wahrscheinlich September 1943], David Lloyd Agency for Pearl Buck (C0060), Box 28, Folder 21, PUA.

9 Interne Notiz des Vorstands der Dresdner Bank, 21.8.1932, 21018, Akt 257, SAL.

10 Pressler, »Tauchnitz und Albatross«, A6; Interne Notiz des Vorstands der Dresdner Bank, 14.7.1933, 21018, Akt 257, SAL; Holroyd-Reece an Medley, o. D. [wahrscheinlich September 1943], David Lloyd Agency for Pearl Buck (C0060), Box 28, Folder 21, PUA. Nach den Angaben der Bank erwarben die vier Männer Tauchnitz-Anteile im Wert von 200.000 RM für 150.000 RM, die Gesamtkosten beliefen sich einschließlich Betriebsvermögen und Bücher auf 400.000 RM; siehe Bericht der Dresdner Bank vom 10.12.1934, 21018, Akt 257, Deutsche Bank, Kontoauszug Tauchnitz-Bilanz, 31.12.1934, 21017, Akt Brandstetter 286, beide SAL.

11 [Justus Brandstetter], »Die Entwicklung des Verhältnisses der Firmen Tauchnitz-Albatross«, 16.4.1940, R87-1192, BAL; Holroyd-Reece an Medley, o. D. [wahrscheinlich September 1943], David Lloyd Agency for Pearl Buck (C0060), Box 28, Folder 21, PUA; Gestionsvertrag, 21.9.1934, 21056 Bernhard Tauchnitz Verlag, Akt 4, SAL.

12 Brief an den Herausgeber, *The Observer*, 28.10.1934, S. 13. Diese Formulierung entspricht fast wortwörtlich Holroyd-Reece' Wortwahl hinsichtlich des Wertes englischer Literatur im Ausland. Auch sprachen die Brandstetters nur holpriges Englisch.

13 Wolfgang Krause-Brandstetter, CSDIC Report, PW Paper 31: »Printing and Publishing in Germany«, RG 165 Records of the War Department General and Special Staffs, Captured Personnel and Material Branch, Reports Relating to POW Interrogations, 1943–1945, CSDIC SIR to CSDIC POW Papers, Box 642, NACP; »Betriebsbesichtigung«, *Börsenblatt für den deutschen Buchhandel*, 4.2.1934, S. 139.

14 Der neue 1. Vorsteher des Börsenvereins der deutschen Buchhändler, Wilhelm Baur, war zwar noch jung, wurde aber von Hitlers Vertrauten Max Amann, dem Chef des Franz-Eher-Verlags unterstützt. Von da an gab der Börsenverein noch das *Börsenblatt* heraus, aktualisierte die Bibliografie deutscher Publikationen, führte das Adressbuch für den deutschen Buchhandel und pflegte Beziehungen zu Berufsvertretungen im Ausland. Siehe Barbian, *Literaturpolitik im Dritten Reich*, S. 46ff; Dahm, *Das jüdische Buch*, S. 60; Barbian, *Literaturpolitik im NS-Staat*, S. 116.

15 Beide Firmen nutzten die Mitgliedsnummer 15478, wie sich aus Briefköpfen von Tauchnitz and Albatross von 1936 ergibt. Siehe Albatross an Kurt Enoch, 31.7.1936, und Tauchnitz an Kurt Enoch, 31.7.1936, Serie 314-15, Akt F464, SAH.

16 Enoch, *Memoirs*, S. 65,

17 »Woche des deutschen Buches: Reichsminister Dr. Goebbels zur Eröffnung der Buchwoche«, *Börsenblatt*, 8. 11.1934, S. 973.

18 Continenta Handelsregistereintrag, Serie D34U31239, 264514B, AVP; Les Éditions Albatros Handelsregistereintrag, Serie D33U31237, 264016B, AVP; Pressler, »Tauchnitz und Albatross«, A4; Memorandum and Articles of Association, Albatross Ltd., 22.1.1935, Albatross Verlag, Akt 1: General, HRC.

19 Karl Krameyer, Rede für Herrn Kaden, 2.1.1935, 20133 Reichsbankhauptstelle, Akt 918, SAL.

KAPITEL 8: RETTE SICH WER KANN

1 »Todesanzeige: Oscar Enoch in Hamburg«, *Börsenblatt für den deutschen Buchhandel*, August 1934, S. 652; Enoch, *Memoirs*, S. 56.

2 Jeanne Holroyd-Reece an Kurt Enoch, 26.12.1934, CE.

3 Hr. Köhn, Hamburgisches Staatsamt, Verwaltungsabteilung, an die Reichspressekammer, 28.3.1935, Serie 131-6, Akt 106, SAH; Bajohr, *»Arisierung« in Hamburg*, S. 74.

4 Enoch, *Memoirs*, S. 72f. Bestimmte jüdische Kriegsveteranen durften anfangs auch nach Inkrafttreten des Gesetzes zum Schutz des Berufsbeamtentums am 7.4.1933 weiter im Staatsdienst arbeiten. Zur Reichsfluchtsteuer siehe Barkai, *From Boycott to Annihilation*, S. 99f, Evans, *The Third Reich in Power*, S. 389. Die Steuer hatte Brüning 1931 eingeführt, um die Kapitalflucht einzudämmen. Das NS-Regime nutzte sie zu seinen eigenen Zwecken. Ursprünglich wurden Vermögen über 200.000 RM mit 25 Prozent besteuert, nach dem Mai 1934 Vermögen ab 50.000 RM. Die Reichsbank verschaffte sich eine Einnahmequelle auch dadurch, dass sie den Wechselkurs künstlich niedrig hielt und bis Anfang 1935 nur die Hälfte des eigentlichen Marktwertes für die Reichsmark bezahlte. Zum Zeitpunkt von Enochs geplanter Auswanderung zahlte sie nur noch 30 Prozent des Wertes, wodurch Enoch bei seiner Auswanderung weit mehr als die 25 Prozent auf seine Vermögenswerte bezahlt hätte, wenn es keine Sondervereinbarung gegeben hätte.

5 Enoch, *Memoirs*, 67; Dr. Hans Schöne an die Reichsschrifttumskammer (mit Weiterleitung an die Devisenbehörde), 17.1.1936, Serie 314-15, Akt F464, SAH (Reichsbeamte drängten von da an darauf, dass die Auslandsüberweisungen von Albatross-Tauchnitz gesenkt wurden, um den Gewinn für das Reich zu erhöhen); Schöne an die Reichsstelle für Devisenbewirtschaftung, 2.4.1937, 20206, Akt 1681, SAL; Karl Krameyer an die Allgemeine Deutsche Creditanstalt, 29.3. 1935, 21006, Akt 1052 Bernhard Tauchnitz Nachfolger, Brandstetter & Co, SAL; Ebi, *Export um jeden Preis*, S. 25.

6 Evans, *The Third Reich in Power*, S. 382–91; Barkai, *From Boycott to Annihilation*, S. 54–63 (zu Schachts Position), S. 69–77 (zur »Arisierung«). Die Zahlen der Volkszählung enthalten nur diejenigen, die ihr Judentum als Religionsangehörigkeit deklarierten – nicht all jene, die das Reich später nach seiner eigenen Rassendefinition als Juden bezeichnete. Dahm, *Das jüdische Buch*, S. 48; Barbian, *The Politics of Literature*, S. 173f; »Hauptmann Görings Judenprogramm«, *Jüdische Rundschau*, 31.5.1932, zitiert in Dahm, *Das jüdische Buch*, S. 33; siehe auch Bajohr, *»Arisierung« in Hamburg*, Helmut Genschel, *Die Verdrängung der Juden aus der Wirtschaft im Dritten Reich*, Musterschmidt, Göttingen 1966; Uwe Dietrich Adam, *Judenpolitik im Dritten Reich*, Droste, Düsseldorf 2003.

7 Dahm, *Das jüdische Buch*, S. 65; Bajohr, *»Arisierung« in Hamburg*, S. 74; Herr Eiffe (Vertretung Hamburgs in Berlin) an den Präsidenten der Reichskulturkammer, 6.4.1935, Serie 131-6, Akt 106, SAH.

8 Dahm, *Das jüdische Buch*, S. 48f. Die Schrifttumskammer versandte die erste Runde ihrer Briefe an jüdische Verleger im Frühherbst 1935 und erklärte darin, diese würden denmächst von der Mitgliedschaft in der Kammer ausgeschlossen. Das zweite Schreiben in der Zeit von Oktober bis Dezember enthielt die Aufforderung, ihr Unternehmen aufzulösen oder an einen »Arier« zu veräußern.

9 Bajohr, *»Arisierung« in Hamburg*, S. 106; Herr Klaun an die Vertretung Hamburgs in Berlin, 4.5.1935, Serie 131-6, Akt 106, SAH.

10 Bajohr, *»Arisierung« in Hamburg*, S. 107; Dahm, *Das jüdische Buch*, S. 68–69.

11 Albatross Verlag an den Herrn Präsidenten des Landesfinanzamts Hamburg (Devisenstelle), 8.5.1935, 20133, Akt 1363 Albatross, SAL; Martin, »›European Literature‹ in the Nazi New Order«, S. 503; Max Christian Wegner an William A. Bradley, 13.5.1935, William A. Bradley Agency, File 129.9 The Albatross, HRC. Ab Mai 1935 zahlten Autoren von Albatross und Tauchnitz nicht mehr zehn, sondern nur drei Prozent Steuern. Diese Ermäßigung wurde britischen und amerikanischen Autoren, die bei anderen deutschen Verlagen publizierten, nicht gewährt, und war vermutlich eine Abwandlung des Buchausgleichsverfahrens, nach dem das Regime deutschen Verlagen im Reich Beträge zukommen ließ und im Gegenzug forderte, dass sie im Ausland ihre Preise senkten, um die Exporte anzukurbeln.

12 Graham, »Kurt Enoch«, S. 45; J. B. [Justus Brandstetter], »Die Entwicklung des Verhältnisses der Firmen Tauchnitz-Albatross«, 16.4.1940, R87-1192, BAL. Albatross sollte 20.000 RM beitragen, Enoch 10.000 RM und die Brandstetters einen nicht näher genannten Betrag.

13 Albatross Verlag an den Herrn Präsidenten des Landesfinanzamts Hamburg (Devisenstelle), 21.12.1935, 20133 Reichsbankhauptstelle Leipzig 1363, SAL. Weil

Enoch mit seinem Vertrieb mehr verdiente als mit seinem Verlag, gehörte er der Reichspressekammer an. Die Schrifttumskammer wurde in seinen Widerspruch hineingezogen, weil Enoch für die Albatross-Tauchnitz-Exporte von so entscheidender Bedeutung war. Siehe Bajohr, *»Arisierung« in Hamburg*, S. 109. Vgl. in Bermann Fischer, *Bedroht – Bewahrt*, S. 112f., die Beschreibung einer anderen Auswanderungsvereinbarung, die Enoch zum Vorbild für seine eigene gedient haben könnte.

14 Enoch, *Memoirs*, S. 73ff. Enoch nennt Schöne einen Buchhalter. Tatsächlich war dieser auch für ihn und Albatross als Anwalt tätig. Zu Hövel und Bischoff siehe Barbian, *The Politics of Literature*, S. 64, 88; siehe auch Hövel, *Grundfragen deutscher Wirtschaftspolitik* (1935).

15 Enoch, *Memoirs*, S. 64, 73.

16 Dr. Hans Schöne an die Reichsschrifttumskammer (weitergeleitet an die Devisenbehörde), 17.1.1936, Serie 314-15, Akt F464, SAH.

17 Hanns Johst, Präsident der Reichsschrifttumskammer, an die Reichsstelle für Devisenbewirtschaftung, 16.5.1936, Serie 314-15, Akt F464, SAH. Johst stellte nicht infrage, dass Albatross ordentliche Summen für das Reich erwirtschaftete, sah in diesen aber eher »Verrechnungsdevisen«, die das Regime aufgrund von Vereinbarungen mit bestimmten Staaten für Güter in bestimmten Märkten ausgeben musste, als »harte Währung«, die man einsetzen konnte, wann und wie man es für richtig hielt. Dass Johst Enochs Antrag stattgab, ist insofern bemerkenswert, als er am 1. Oktober 1935 den liberaleren Hans Blunck auch deshalb ersetzte, weil er bereit war, den Ausschluss von Juden aus der Kammer durchzusetzen. Dem Regime und seinen Zielen ausgesprochen hörig, wurde er unter seinem Beschützer Heinrich Himmler zum SS-Oberführer ernannt und gehörte auch zu dessen persönlichem Stab. Siehe Cuomo, »Hanns Johst und die Reichsschrifttumskammer«, S. 110ff.

18 Enoch, *Memoirs*, S. 75f.

19 Ebenda, S. 71. Siehe z. B. Max Christian Wegner an die Reichsschrifttumskammer, 6.4.1936, Captured German and Related Documents on Microform, A3339 RKK Z011, NACP.

20 »Publication of British Books in Germany by Albatross Library«, *Index to the Correspondence of the Foreign Office*, Band für 1935, Kraus Reprints, Nendeln 1969.

21 Enoch, *Memoirs*, S. 68.

22 Herr Utermöhle an die Devisenstelle Hamburg, 19.6.1936, Der Präsident des Landesfinanzamts Hamburg (Devisenstelle) an die Reichsbankhauptstelle Hamburg, 7.7.1936, Zollfahndungsstelle an den Herrn L.F.A. Präsidenten Devisenstelle Hamburg, 9.7.1936, Reichsbankhauptstelle Altona (Elbe) an den Herrn Präsi-

denten des Landesfinanzamts Hamburg (Devisenstelle), 11.7.1936, Kurt Enoch an den Präsidenten des Landesfinanzamts Hamburg (Devisenstelle), 18.7.1936, Präsident des Landesfinanzamts Hamburg an Dr. Kurt Enoch, 6.8.1936, Albatross Verlag, Abschrift unserer Rechnung vom 31. Juli 1936, Bernhard Tauchnitz Nachfolger Brandstetter & Co, Abschrift unserer Rechnung vom 31. Juli 1936, Enoch an den Präsidenten des Landesfinanzamts Hamburg (Devisenstelle), 8.8.1936, alle; Serie 314-15, Akt F464, SAH.

23 Kurt Enoch an die Reichsschrifttumskammer, 8.8.1936, 21765 *Börsenverein der deutschen Buchhändler zu Leipzig*, Akt 11142, Continenta, SAL.

24 Graham, »Kurt Enoch«, S. 49.

25 Berman Fischer, *Bedroht – Bewahrt*, S. 122.

26 Enoch, *Memoirs*, S. 76.

KAPITEL 9: HÜTCHENSPIELE

1 Kershaw, *Hitler, 1936–1945*, S. 918, Fn. 228; nach Kershaw bezifferte die 1933 geschaffene Reichsvertretung der deutschen Juden 1933 die Zahl der aus Deutschland emigrierenden Juden mit 37.000 im Jahr 1933, 23.000 1934, 21.000 1935 und 25.000 1936.

2 Evans, *The Third Reich in Power*, S. 392–97.

3 Matthias Wegner, »Offener Brief an einen Enkel«, unveröffentlichtes Manuskript, MW.

4 Matthias Wegner im Gespräch mit der Autorin, 6.5.2012, Hamburg; Wolfgang Krause-Brandstetter, CSDIC Report, PW Paper 31: »Printing and Publishing in Germany«. RG 165 Records of the War Department General and Special Staffs, Captured Personnel and Material Branch, Reports Relating to POW Interrogations, 1943–1945, CSDIC SIR to CSDIC POW Papers, Box 642, NACP. Die darin enthaltene Beurteilung könnte man als die eines Menschen einstufen, der ungern andere anschwärzt. Allerdings zögerte Krause-Brandstetter nicht, einige andere aus dem Führungspersonal seines Familienbetriebs als ausgesprochene Anhänger des Nationalsozialismus zu bezeichnen; Hans Otto, »Rundschreiben, 11.12. 1931, 21056, Akt 17, SAL; Matthias Wegner, »Offener Brief an einen Enkel«, unveröffentlichtes Manuskript, MW.

5 Memorandum and Articles of Association, Albatross Ltd., 22.1.1935, Albatross Verlag Records, 1: General, HRC.

6 Dr. Hans Schöne an die Reichsstelle für Devisenbewirtschaftung, 20.3.1936, Serien 314-15, File F464, SAH; Schacht an Hitler, 13.2.1936, zitiert in Dahm, *Das jüdische Buch*, S. 70; Barbian, *The Politics of Literature*, S. 173f.

7 Dr. Hans Schöne an die Reichsstelle für Devisenbewirtschaftung, 20.3.1936, Se-

rien 314-15, F464, SAH. Durch neue Konkurrenz sah sich Albatross in Preiskämpfe hineingezogen, die das Unternehmen die jährlichen Honorare von Brandstetter für die Leitung des Verlags in Höhe von 80.000 bis 100.000 Reichsmark kosteten.

8 Importeuren »unnötiger Luxusgüter« wurden keine Devisen zugeteilt, solchen »einigermaßen notwendiger Güter« höchstens Devisen im Gegenwert von 10.000 Reichsmark jährlich. Siehe Ebi, *Export um jeden Preis,* S. 22. Siehe Max Christian Wegner an William A. Bradley, 14.2.1934, William A. Bradley Agency, File 129.9 The Albatross, HRC; »The Albatross«, öffentliche Verlautbarung o. D., wahrscheinlich 1945 oder 1946, von Herberth Herlitschka an Isabel Wilder übersandt, 14.5.1946, YCAL MSS 108 Thornton Wilder, Box 13, File 302 Albatross, BL.

9 Albatross Verlag, Abschrift unserer Rechnung vom 31.7.1936, Bernhard Tauchnitz Nachfolger Brandstetter & Co, Abschrift unserer Rechnung vom 31. Juli 1936, Serien 314-15, F464, SAH; Christian Wegner Verlag. Ankündigung im *Börsenblatt für den deutschen Buchhandel*, 2.9.1936, S. 3876. Wegner importierte allerdings weiterhin die von Collins in Edinburgh produzierte Serie Albatross Crime and Mystery Club.

10 Max Christian Wegner an die Reichsschrifttumskammer, 22.4.1936, Captured German and Related Documents on Microform, A3339 RKK Z110, NACP; der Präsident der Reichsschrifttumskammer an die Reichsstelle für Devisenbewirtschaftung, 16.5.1936, Serien 314-15, F464, SAH; Präsident der Reichsschrifttumskammer, August 1936, zitiert in: Aktennotiz. 19.6.1937, 20133, 1363, SAL.

11 Dr. Hans Schöne an die Reichsschrifttumskammer (mit Weiterleitung an die Devisenbehörde), 17.1.1936, Serien 314-15, File F464, SAH.

12 Hamburger Handelsregister, Albatross Verlag, 231-7, Number 8499, SAH.

13 Dagmar Nick, Handwriting Analysis of John Holroyd-Reece, Frühjahr 1956, LES.

14 Noakes, »Hitler and the Nazi State«, 74f; Caplan, *Government Without Administration*, S. 137. Diese Debatte über den NS-Verwaltungsapparat ist Teil einer umfassenderen Auseinandersetzung über Macht im Dritten Reich. Hitler durchkreuzte aktiv den Versuch des Innenministers Wilhelm Frick, eine funktionsfähige, zentralisierte Verwaltung aufzubauen, weil er seine eigene Macht dadurch geschwächt sah. Die »Intentionalisten« in dieser Debatte vertreten die Ansicht, dass Hitler ein starker Diktator gewesen und seine Absichten prägend für den NS-Staat gewesen seien, die »Strukturalisten« sehen Hitler als schwächeren Diktator, dessen eigener Widerstand gegen eine funktionierende Bürokratie Chaos und Rivalitäten nach sich zog und so tatsächlich bestimmte Ziele der Nationalsozialisten am Ende sabotierte. Einen kurzen Überblick bietet Kershaw in »Hit-

ler: ›Master in the Third Reich‹ or ›Weak Dictator‹‹?«, in: Kershaw, *The Nazi Dictatorship,* S. 59–79.

15 Reichsbankhauptstelle Leipzig an den Herrn Präsidenten des Landesfinanzamts Leipzig-Devisenstelle, 19.12.1936, 20133, Akt 1363, SAL.

16 Ebi, *Export um jeden Preis,* S. 22.

17 Reichsbankhauptstelle Hamburg an den Präsidenten des Landesfinanzamts Hamburg (Devisenstelle), 3.9.1936, Anmerkung des Präsidenten des Landesfinanzamts Hamburg, 12.9.1936, beide Serien 314-15, Akt F464, SAH. Anscheinend befürworteten die Beamten dieses Arrangement, damit Enoch Tantiemen und andere Kosten von Albatross aus den Erlösen des Auslandsverkaufs bestreiten konnte und die Devisenauslagen von Deutschland aus geringer ausfielen.

18 Gerhard Brüder and Wilhelm Lucke, Bericht, 4.1.1937, 20133, Akt 1363, SAL. Die Bemerkungen über Enoch stammen aus einem etwas älteren Bericht, den anscheinend dieselben Ermittler verfasst hatten: Schreiben der Reichsbankhauptstelle Leipzig vom 19. Dezember 1936 an den Herrn Präsidenten des Landesfinanzamts Leipzig, 20133, File 1363, SAL.

19 Öffentliche Auskunfts- und Beratungsstelle für Auswanderer in Hamburg, Bescheinigung, 9.7.1936, Serien 314-15, File F464, SAH.

20 Gerhard Brüder und Wilhelm Lucke, Bericht, 4.1.1937, Reichsbankhauptstelle Leipzig, 20133, Akt 1363, SAL. Kupfer hatte nur die vorgeschriebenen Abläufe eingehalten und entsprechende Genehmigungen von der Devisenstelle Hamburg für eine Reisegenehmigung und 500 Reichsmark Spesen eingeholt.

21 Enoch, *Memoirs,* S. 77.

22 Ebenda, S. 77, 84ff.

23 Ebenda, S. 77.

24 Ebenda, S. 84.

KAPITEL 10: ARGWOHN

1 Holroyd-Reece [zugeschrieben], *The Harvest; Centenary Catalogue of the Tauchnitz Edition.*

2 Gerhard Brüder und Wilhelm Lucke, Bericht, 4.1.1937, Dr. Hans Schöne an die Reichsstelle für Devisenbewirtschaftung, 1.2.1937, Reichsoberinspektor [Name unlesbar], Aktennotiz, 10.2.1937, alle: 20133, Akt 1363, SAL. Enoch empfand die Unterbrechung der Buchlieferungen naturgemäß als Ungerechtigkeit. Im Wesentlichen zahlte er den Preis dafür, dass Albatross in Deutschland im Geschäft bleiben konnte. Dokumente aus Leipzig lassen vermuten, dass deutsche Behörden es auf Enoch abgesehen hatten, weil er Jude war und sie fälschlich ihn und nicht Holroyd-Reece bis 1938 für die eigentliche treibende Kraft hinter Albatross hielten.

3 Inspektor Mundt (Devisenstelle Leipzig), Aktennotiz, 19.6.1937, Walter Beyer und Wilhelm Lucke, Bericht, 3.7.1937, beide 20133, Akt 1363, SAL.

4 Inspektor Mundt (Devisenstelle Leipzig), Aktennotiz, 19.6.1937, Albatross und Tauchnitz-Absatz in Exemplaren Ausland, o. D. [etwa Mai bis Juni 1937], Inspektor Mundt (Devisenstelle Leipzig), »Agenturspesen«, 3.9.1937, alle: 20133, Akt 1363, SAL.

5 Diplomkaufmann Lucke, Bericht, 31.10.1937, 20133, Akt 1363, SAL. Hövels ökonomisches Manifest *Grundfragen deutscher Wirtschaftspolitik* (1935) war durchdrungen von der Logik, dass Exporte jeglicher Art die deutsche Wirtschaft aus ihrer Misere retten konnten; siehe Diplomkaufmann Lucke, Notiz betr. Albatross Leipzig, 31.10.1937, Diplomkaufmann Lucke, »Ergebnis bei der Firma The Albatross Verlag ..«. 27.10.1937, beide 20133, Akt 1363, SAL.

6 Wilhelm Lucke, Bericht, 19.3.1938, 20133, Akt 1363, SAL.

7 Jetta S. Wolff, *Historic Paris*, John Lane, London 1921, S. 91. Siehe auch das Foto der Rue Chanoinesse Nr. 12 unter »Rue Chanoinesse. 4th«, Virtual Tourist, http://members.virtualtourist.com/m/p/m/1e43ab; »John Holroyd-Reece, Managing Director: Publishing Holding Company«, Holroyd-Reece File, Katherine Strelsky Papers, 2010-M4, SL.

8 Enoch, *Memoirs*, S. 61, 80; Ruth Gruenthal im Gespräch mit der Autorin, 13.8.2013, Westport, Connecticut.

9 Wolfgang Ollendorff an OKVR Dr. Rinke, 14.1.1941, AJ/40/701, ANF; Les Éditions de la Nouvelle Revue Critique, Serie D33U31341, 274478B, AVP.

10 Aktenvermerk, 23.4.1938, CHA Fonds Moscou dossier 42834, SHD.

11 Endrèbe, »Le Roman policier«, S. 263f; Aktennotizen vom 10.12. und 21.12.1937, CHA Fonds Moscou dossier 42834, SHD. Boyle Somerville, der erste Offizier an der Spitze der Naval Section of the British Secret Service, empfahl grundsätzlich, dass kein Agent »ohne ›Deckung‹ in geheimer Mission unterwegs sein sollte, d. h. ohne eine fiktive Bemäntelung seiner eigentlichen Tätigkeit, eine offene und legitime Beschäftigung«. Zitiert in Jeffery, *The Secret History of MI6*, S. 63.

12 John Holroyd-Reece an William A. Bradley, »Memorandum: Albatross Activities in France«, 14.9.1937, William A. Bradley Agency, Series II: Publisher Correspondence, File 129.9 Albatross, HRC.

13 Bericht über den April 1938, vom Amt des Préfet de Police an Monsieur le Président du Conseil, Ministre de la Défense Nationale, 14.5.1938, CHA Fonds Moscou dossier 42834, SHD; Taylor, *Projection of Britain*, S. 13f, 150f. Von 1916 bis 1919 hatte Tyrrell an hoher Stelle für das Political Intelligence Department des britischen Außenministeriums gearbeitet, was der Préfecture de Police wahrscheinlich nicht bekannt war. Das ist auch die Zeit, in der Holroyd-Reece gerüchteweise als britischer Geheimagent tätig war.

14 Appendix 1. PW's Career up to 1943, o. D., und M.I. 19 Internal Memo, 24.2.1945, beide: KV2/160 (PF Series): Wolfgang Krause-Brandstetter: Based in Paris, NAK.

15 Krause-Brandstetter an Major Steed, 8.2.1945, KV2/160 (PF Series): Wolfgang Krause-Brandstetter: Based in Paris, NAK. Krause-Brandstetter studierte von 1933 bis 1935 drei Semester am Caius College der Universität.

16 Appendix 1. PW's Career up to 1943, KV2/160 (PF Series): Wolfgang Krause-Brandstetter: Based in Paris, NAK.

17 Beurteilungsnotiz über den Oberleutnant (Kr.O.) und Adjutanten Wolfgang Krause-Brandstetter, 30.9.1942, Pers 6/243270, BAF.

18 Wolfgang Krause-Brandstetter, »Cambridge – wie es heute ist: Erziehungsstätten für Englands kommende Generation«, *Leipziger Neueste Nachrichten*, Mai 1935.

19 Dr. Schultze-Schlutius (Reichsstelle für Devisenbewirtschaftung) an den Herrn Präsidenten der Reichspressekammer –Propagandaministerium – z. Hd. von Herrn Dr. Hövel, 4.11.1937, Dr. Schultze-Schlutius an den Herrn Oberfinanzpräsidenten Leipzig, 7.12.1937, beide 20133, Akt 1363, SAL.

20 Dr. Hipp, Aktenvermerk, 26.11.1937, Dr. Hipp, Aktenvermerk, 26.11.1937, Die Inhaber der Firma Oscar Brandstetter an den Oberfinanzpräsidenten Leipzig (Devisenstelle), 26.11.1937, alle: 20133, Akt 1363, SAL.

21 »Honderd Jaar Tauchnitz Edition«, *Het Vaderland*, 8.6.1937, S. 9; Die Inhaber der Firma Oscar Brandstetter an den Oberfinanzpräsidenten Leipzig (Devisenstelle), 26.11.1937, 20133, Akt 1363, SAL.

22 Tooze, *Wages of Destruction*, S. 214; Evans, *The Third Reich in Power*, S. 357–61; Noakes und Pridham, *Nazism*, Bd. 2, S. 291; Overy verwendet den Begriff »economic dictator«, Wirtschaftsdiktator, in *War and Economy in the Third Reich*, S. 202.

23 Tooze, *Wages of Destruction*, S. 207–13; Walter Bayrhoffer, Annual Report for 1938, zitiert in Aly, *Hitlers Volksstaat*, S. 61; Overy, *War and Economy in the Third Reich*, S. 183, 203. Siehe auch die Überblicksdarstellung des Interessenskonflikts zwischen Konsumgütern und Waffen in Noakes und Pridham, *Nazism*, Bd. 2, S. 277–300: Aufgrund der Rüstungsprioritäten erlitten deutsche Zivilisten empfindliche Mängel, und Unternehmen scheiterten oft an mangelnden Rohstoffen, die sie für ihre Produktion ihrer Güter brauchten.

24 Albatross Verlag an die Devisenstelle des Landesfinanzamts Leipzig, 12.5.1937, Dr. Schöne an die Reichsstelle für Devisenbewirtschaftung, 18.9.1937, beide 20133, Akt 1363, SAL. Als die Regierung von Ministerpräsident Léon Blum stürzte und am 22. Juni 1937 von Camille Chautemps abgelöst wurde, war dies eine Gelegenheit für Schacht, ein Handelsabkommen zwischen Deutschland und Frankreich in die Wege zu leiten. Siehe Carine Germond und Henning Türk (Hrsg.), *A History of Franco-German Relations in Europe: From Hereditary Enemies*

to Partners, Palgrave Macmillan, London 2008, S. 130–32. Albatross erinnerte die Behörden daran, dass nach diesen Vereinbarungen das Deutsche Reich zwei Drittel seines Handelsüberschusses von Frankreich entweder als Devisen oder als frei konvertierbare Reichsmark zurückerhielt und ein Drittel als »Verrechnungswährung«, mit der französische Güter eingekauft werden konnten.

25 Holroyd-Reece [zugeschrieben], *The Harvest,* S. 11–14; Fiona Brewster im Gespräch mit der Autorin, Le Breuil-Rouillac, 13.12.2013. Die Bände druckten Lob und Anerkennung berühmter Autoren für Tauchnitz aus vielen Jahrzehnten wieder ab, u. a. von Benjamin Disraeli, Robert Browning, William Makepeace Thackeray, H. G. Wells und Sir Hugh Walpole. Den Nationalsozialisten galt Disraeli als jüdischer Politiker trotz seines Übertritts zur anglikanischen Kirche. H. G. Wells wurde vom Regime 1935 verboten.

KAPITEL 11: LIEBER LESER

1 Leider wurden die ausgefüllten »Dear Reader«-Karten wahrscheinlich im Krieg zerstört. Der Albatross-Sammler Alastair Jollans hat bei seinen umfangreichen Recherchen nach Büchern und Ephemera bisher nur unausgefüllte Vordrucke gefunden.

2 »Die Verbreitung der Tauchnitz Edition«, *Börsenblatt für den deutschen Buchhandel,* 28.12.1937, S. 1019. Frankreich stand bei den Verkäufen weit abgeschlagen an zweiter Stelle. Bei Tauchnitz entfielen 9,75 Prozent, bei Albatross 13,82 Prozent auf das französische Geschäft. Jenseits dieser beiden Märkte klafften die Verkaufszahlen der beiden Verlage auseinander. Australien, die Schweiz und Italien teilten sich bei Tauchnitz mit durchschnittlich 6,3 Prozent Anteil am Absatz den dritten Platz. Bei Albatross ergab sich dem zeitgemäßeren Programm entsprechend mit 9,52 Prozent in den Niederlanden, 6,44 Prozent in der Schweiz und 5,98 Prozent in Italien eine etwas andere Verteilung.

3 Holman, *Print for Victory,* S. 227; Kliemann, »Die Welt des Buchhandels«, S. 151.

4 Thomas Mann: Brief an Hermann Hesse vom 16. Februar 1936. In: Hermann Hesse / Thomas Mann: *Briefwechsel.* Frankfurt am Main 1968, S. 64 f, hier S. 65; Will Vesper, »Mitteilungen«, *Die neue Literatur* Jg. 12 (Dezember 1933), S. 726; Johst, »Zum Geleit«, o. S.

5 Bischoff, »Staat und Buch«, S. 183, 185, 196.

6 Barbian, *Literaturpolitik im NS-Staat,* S. 253ff; Adam, *Lesen unter Hitler,* S. 28f; Dahm, *Das jüdische Buch,* S. 66–86; Barbian, *Literaturpolitik im NS-Staat,* S. 218–33.

7 Adam, *Lesen unter Hitler,* 33ff; Ludwig Warmuth, *Reichsschrifttumskammer Taschenbuch für den deutschen Buchhandel,* Otto Elsner, Berlin 1938, S. 61, zitiert in Sturge, »Flight from the Programme«, S. 62; Barbian, *Literaturpolitik im NS-Staat,* S. 255.

8 Kliemann, »Die Welt des Buchhandels«. S. 158; *Der Buchhändler im neuen Reich,* Februar 1937. S. 41, zitiert in Schäfer, *Das gespaltene Bewußtsein,* S. 12.

9 Barbian, *Literaturpolitik im NS-Staat,* S. 281ff.

10 Langenbucher [zugeschrieben], »Vorwort«, o. S.; Sturge, »Flight from the Programme«, S. 51, 61.

11 Parteiamtliche Prüfungskommission zum Schutze des NS-Schrifttums an die Reichsschrifttumskammer, 23.7.1937 und 30.7.1937, Geheime Staatspolizei Elbing an den Präsidenten der Reichsschrifttumskammer, 8.3.1938, beide in: Captured German and Related Records on Microform, A3339-RKK-Z020, NACP.

12 Reichsschrifttumskammer an die Parteiamtliche Prüfungskommission zum Schutze des NS-Schrifttums, 13.7.1938, A3339-RKK-Z020, Captured German and Related Records on Microform, NACP; »Sinclair Lewis« , Eintrag bei »Verbannte Bücher: Online Veröffentlichung der Liste der von den Nationalsozialisten verbotenen Schriften«, http://www.berlin.de/rubrik/hauptstadt/verbannte_buecher/suche.php?page=9&s_jahr=1932&orderby=ort&order=desc.

13 Schriftleitung des *Stürmers* an die Reichsschrifttumskammer, 25.11.1937, A3339-RKK-Z016, Captured German and Related Records on Microform, NACP.

14 Schriftleitung des *Stürmers* an die Reichsschrifttumskammer, 25.11.1937, Erich Kupfer an die Reichsschrifttumskammer, 7.12.1937, Reichsschrifttumskammer an die Schriftleitung des *Stürmers*, 2.12.1937, Reichsschrifttumskammer an die Schriftleitung des *Stürmers*, 12.12.1937, alle: Captured German and Related Records on Microform, A3339-RKK-Z016, NACP; »Louis Golding«, Eintrag bei »Verbannte Bücher: Online Veröffentlichung der Liste der von den Nationalsozialistischen verbotenen Schriften«, http://www.berlin.de/rubrik/hauptstadt/verbannte_buecher/suche.php?page=9&s_jahr=1932&orderby=ort&order=desc.

15 Bericht vom 4. November 1937, *Deutschland-Berichte der Sozialdemokratischen Partei Deutschlands,* 1934–1940, 7 Bde., hrsg. v. Klaus Behnken, Salzhausen, Frankfurt am Main 1980, S. 1640, zitiert in: Adam, *Lesen unter Hitler,* S. 231. Die vierzehntäglich in Prag und später in Paris erschienenen Berichte versammelten Nachrichten aus verdeckten Quellen in Deutschland und galten als zuverlässige Informationsquelle für ausländische Journalisten und Regierungen. *Westermanns Monatshefte*, zitiert in: Schäfer, *Das gespaltene Bewusstsein,* S. 13. »Wirklichkeitsnähe – unliterarisch?«, *Das schwarze Korps,* 9.6.1938, zitiert in: Benecke, *Eine Buchhandlung in Berlin,* S. 105; Sturge, »Flight from the Programme«, S. 53; Benecke, *Eine Buchhandlung in Berlin,* S. 101.

16 Hans Franke, »Unerwünschte Einfuhr«, *Die neue Literatur* (Oktober 1937), S. 501ff, Will Vesper, »Übersetzungen«, *Die neue Literatur,* Jg. 39, Nr. 8 (1938), S. 403f, beide zitiert in Barbian, »Die doppelte Indizierung«, S. 20.

17 Sturge, »Flight from the Programme«, S. 56; Schäfer, *Das gespaltene Bewußtsein,* S. 14; Ullrich (Hrsg.), *Neu Amerika*, S. 9.

18 Schäfer, *Das gespaltene Bewußtsein,* S. 13.

19 »Jahreslagebericht 1938: Presse und Schrifttum«, in: Boberach, *Meldungen aus dem Reich*, Bd. 2, S.155f.

20 Schöne an die Reichsstelle für Devisenbewirtschaftung, Anlage 2, 18.9.1937, 20133, Akt 1363, SAL; Hambourg an Mrs. Bradley, 25.10.1937, William A. Bradley Literary Agency, File 129.9 The Albatross, HRC.

21 William A. Bradley an Albatross, William A. Bradley Literary Agency, File 129.9 The Albatross, HRC; Vesper, »Übersetzungen«, *Die neue Literatur,* Jg. 39, Nr. 8 (1938), S. 403f, zitiert in Barbian, »Die doppelte Indizierung«, S. 20; Adam, *Lesen unter Hitler,* S. 238, 324; siehe insbesondere Annemarie Wallrath-Janssen, *Der Verlag H. Goverts im Dritten Reich,* Saur, München 2007. Goverts verkaufte 1938–39 so viele Exemplare, dass der Verlag in der Folge trotz Rationierung über erhebliche Papierkontingente verfügte. Diese wurden prozentual auf Basis ihres Papierverbrauchs im Jahr vor Kriegsbeginn zugeteilt.

22 Da hier nicht verkaufte Exemplare, sondern Umsätze angeführt sind, rechne ich mit einer Reichsmark, mithin den Betrag, den Albatross als Erlös pro Buch abzüglich Herstellungskosten ansetzte. Diese Zahl passt auch zu Holroyd-Reece' Aussage, dass Albatross und Tauchnitz etwa ein Drittel der Bücher im Deutschen Reich verkaufte. Die Verkäufe außerhalb des Reichs ermittelten Leipziger Finanzbeamte, indem sie für die Zeit ab 1938 einen ungefähren Jahresabsatz von 500.000 Bänden in Anschlag brachten; siehe Wilhelm Lucke, Aktennotiz über die Angelegenheit Albatross-Tauchnitz, 19.3.1938, 20133, Akt 1363, SAL.

23 »Mitteilungen«, *Die neue Literatur* (7.7.1936), S. 429; siehe z.B. *Englische Studien,* Jg. 72 (1937–38), S. 439, und Jg. 73 (1938–39), S. 318, 439.

24 Muska Nagel, »Ernte aus England: Zu neuen Albatross- und Tauchnitzbüchern«, *Die Literatur,* Jg. 40 (Oktober 1937), S. 273.

25 Hans Effelberger, »Zum Gedächtnis von David Herbert Lawrence«, *Die Neueren Sprachen,* Jg. 47 (1939), S. 118ff; D. H. Lawrence, *Apocalypse,* Albatross, Hamburg 1932.

26 Trommler, »Targeting the Reader, Entering History«, S. 121ff.

27 Barbian, *Literaturpolitik im NS-Staat,* S. 5, 254; Schäfer, »The Young Generation's Non-National Socialist Literature During the Third Reich«, S. 46.

28 D. W. Sawdon an den British Council Secretary General, 5. 12. 1938, BW 32/2, NAK.

29 Reich Literary Chamber an die Schriftleitung des *Stürmers,* 2.12.1937, Captured German and Related Records on Microform, A3339-RKK-Z016, NACP.

KAPITEL 12: TANZ AUF DEM VULKAN

1 Jeffrey B. Berlin, »March 14, 1938: ›Es gibt Kein Oesterreich mehr‹; Unpublished Correspondence Between Franz Werfel, Alma Mahler Werfel and Ben Huebsch«, *Deutsche Vierteljahrsschrift für Literaturwissenschaft und Geistesgeschichte,* Jg. 62, Nr. 4 (1988), S. 741–63; Jeffrey B. Berlin, »›Wie unwichtig sind ja überhaupt jetzt alle unsere Bücher und das, was wir machen!‹: The Unpublished Correspondence Between Stefan Zweig and Felix Braun During the Anschluß Year 1938«, *Germanisch-Romanische Monatsschrift,* Jg. 41 (1991), S. 322–48; Enoch, *Memoirs,* S. 93; Virginia Woolf, Tagebucheintrag vom 26.3.1938, *The Diary of Virginia Woolf,* Bd. 5, S. 132.

2 Walter Gey and Erich Kupfer, Bericht über offene Albatross-Fragen, o. D. [nach der Paris- und Amsterdam-Reise vom 27.10.1941 bis 8.11.1941], R87/1192, BAL.

3 Wolfgang Krause-Brandstetter, CSDIC Report, PW Paper 31: »Printing and Publishing in Germany«, RG 165 Records of the War Department General and Special Staffs, Captured Personnel and Material Branch, Reports Relating to POW Interrogations, 1943–1945, CSDIC SIR to CSDIC POW Papers, Box 642, NACP.

4 Reichsbankinspektor Dietrich, Aktennotiz, 16.2.1938, 20133, Akt 1363, SAL.

5 Reichsbankinspektor Dietrich, Aktennotiz, 1.3.1938, 20133, Akt 1363, SAL; Wilhelm Lucke, Bericht, 25.5.1938, 20133, Akt 1363, SAL.

6 Walter Gey und Erich Kupfer, Bericht über offene Albatross-Fragen, o. D., R87/1192, BAL. Die Darstellung von Gey and Kupfer widerspricht der in Lewis' Penguin Special, wo dieser behauptet, dass »Holroyd-Reece sich unter Tränen von seinem Partner verabschiedete«, S. 141. Holroyd-Reece erweckte möglicherweise den Eindruck, dass er von dem Bruch mit Enoch betroffen war, doch andere Beschreibungen bestätigen das nicht.

7 Enoch, *Memoirs,* S. 80.

8 Ebenda, S. 81ff.

9 Aktennotiz, 13.1.1939, 20206, Akt 1892, SAL. Da Deutschland gegenüber so vielen Auslandsmärkten verschuldet war, erlösten Verkäufe deutscher Produkte dort oft Handelsgutschriften. Diese nötigten Deutschland, Güter auf den jeweiligen Märkten zu beziehen, anstatt sich mit harter Währung womit auch immer und wo auch immer einzudecken. In diesem Kontext bedeutet diese Aktennotiz, dass Deutschland einen höheren Anteil an Devisen einstreichen konnte, wenn es den Vertrieb von Albatross-Tauchnitz beim französischen Büro beließ, anstatt ihn zu einer deutschen Firma zu verlagern. Auf diese Weise fielen für Deutschland etwa 70 Prozent der von Albatross und Tauchnitz im Ausland erlösten Devisen im Gegenwert von 100.000 Reichsmark ab.

10 Ebenda.

11 Enoch, *Memoirs,* S. 81.

12 The Albatross Verlag [Erich Kupfer] an das Reichswirtschaftsministerium Hauptabteilung V–Devisenbewirtschaftung [Gerichtsassessor Dr. Wrück], 3.1.1939, 20206, Akt 1892, SAL.

13 Berlin-Korrespondentin, »Nazi Attacks on Jews: Orgy of Hitler Youth: Synagogues Burnt«, *The Times* (London), 11.11.1938, S. 14; Sigrid Schultz, »Mobs Wreck Jewish Stores in Berlin«, *Chicago Daily Tribune*, 10.11.1938, S. 1.

14 Benecke, *Eine Buchhandlung in Berlin*, S. 132.

15 Berlin-Korrespondentin, »Nazi Attacks on Jews«, S. 14; Sigrid Schultz, »Homes Burned; Stores Looted; Terror Reigns: Mobs Run Wild in German Streets«, *Chicago Daily Tribune*, 11.11.1938, S. 1.

16 Kurt Enoch, Wiedergutmachungsantrag, 2.12.1957, Anlage 1, 27.11.1957, Wiedergutmachungsakte 221195/45317 SAH; Enoch, *Memoirs*, S. 88f. Wann genau Rosa Enoch in Frankreich anlangte, ist nicht klar. Enoch zufolge geschah das »Ende 1938«. Sie war demnach »der Katastrophe der ›Kristallnacht‹ nur knapp entkommen. Den Unterlagen in ihrer Wiedergutmachungsakte zufolge könnte sie Deutschland aber auch erst Ende November verlassen haben. Bleibt die eher unwahrscheinliche Erklärung, dass ihr die deutschen Behörden eventuell ein Visum zur Ausreise nach Paris unter der Bedingung gewährten, dass sie ihr Eigentum zurückließ. Sie könnte dann von Frankreich aus ihre Wohnung verkauft und die Fluchtsteuer und Judenvermögensabgabe bezahlt haben. Göring nutzte die »Reichskristallnacht« als Vorwand für das Erheben dieser Abgabe von deutschen Juden. Wer von ihnen Vermögen über 5000 Reichsmark auf Basis der Steuererklärung von 1938 besaß, musste auf dieses Vermögen eine Steuer von 20 Prozent zahlen. Die meisten Juden zahlten in vier Raten, zu denen später eine fünfte kam, doch von Enochs Mutter verlangten die Behörden eine Einmalzahlung in voller Höhe.

17 The Albatross Verlag [Erich Kupfer] an das Reichswirtschaftsministerium Hauptabteilung V–Devisenbewirtschaftung [Gerichtsassessor Dr. Wrück], 3.1.1939, 20206, Akt 1892, SAL.

18 Ebenda.

19 Ebenda.

20 Vermerk, 13.1.1939, 20206/1892, SAL; Wilhelm Lücke, Zum Antrag der Firma Bernh. Tauchnitz Nachf. v. 25.7.44, 11.8.1944, 20206/1892, SAL.

21 Enoch, *Memoirs*, S. 93; Enoch, Citizenship Application, o. D., RGA.

22 Nachrichtendienstlicher Bericht der Préfecture de Police an Monsieur le Président du Conseil, Ministre de la Défense National et de la Guerre, November 1938, und Renseignement, 8.10.1938, beide CHA Fonds Moscou dossier 42834, SHD.

23 Am 31. December 1937 steckte Holroyd-Reece in eine bestehende Firma 500.000 Francs. Unternehmenszweck waren »Maklertätigkeiten aller Art, Auftragsarbei-

ten auf allen Gebieten sowie insbesondere dem der Versicherungen jeglicher Art ... in Frankreich und im Ausland«: »Confidential: a/s de la Sté Sedouy, Reece & Cie«, 17.3.1939, Le Ministre du Travail à Monsieur le Président du Conseil, Ministre de la Défense Nationale et de la Guerre, 8.5.1939, beide CHA Fonds Moscou dossier 42834, SHD.

24 Handschriftlicher Aktenvermerk, 20.6.1939, CHA Fonds Moscou dossier 42834, SHD.

25 J.B. [Justus Brandstetter], »Die Entwicklung des Verhältnisses der Firmen Tauchnitz-Albatross«, 16.4.1940, R87-1192, BAL; Dr. Georg Schärtl an Herrn Wirtschaftsprüfer Walter Gey, 25.10.1940, R87/1192, BAL. Schärtl datiert den neuen Vertrag auf den 21. April 1939.

26 The Albatross Verlag [Erich Kupfer] an den Oberfinanzpräsidenten Leipzig, 3.6. 1939, 20206, Akt 1681, SAL.

27 Ebenda.

28 Max Christian Wegner an Annemarie Wegner, 31.3.1933, MW.

29 Erich Kupfer an den Oberfinanzpräsidenten Leipzig, 3.6.1939, 20206, Akt 1681, SAL.

30 Oberfinanzpräsident Leipzig, Genehmigungsbescheid, 15.6.1939, 20206, Akt 1681, SAL; Wilhelm Lucke, »Zum Antrag der Firma Bernh. Tauchnitz Nachf. v. 26.7.11 [sic: eigentlich 26.7.44], 11.8.1944, 20206, File 1892, SAL.

31 Holroyd-Reece an Sir Stanley Unwin, 31.7.1939, AUC74/10, UR; K. H. Bischoff an Karl Thulke, 14.12.1939, Captured German and Related Records on Microform, A3339-RKK-Z007, NACP.

32 »Books: Exit Tauchnitz«, *Time*, 20.7.1942, S. 86; Peter Davison, *George Orwell: A Literary Life*, St. Martin's, New York 1996, S. 113. Vollständiger Tagebucheintrag auf Davisons Internetseite, »Orwell Diaries, 1938–1942, Orwell Prize«, http://orwelldiaries.wordpress.com/2009/08/04/4839-2/.

KAPITEL 13: HALTET EURE SÄRGE BEREIT

1 Enoch, *Memoirs*, S. 94f.

2 Ebenda, S. 95.

3 Eintrag in Albatross Verlag, *Tägliches Verzeichnis der Neuerscheinungen*, Bearbeitet von der Deutschen Bücherei, 17.8.1939 (Deutsche Bücherei Leipzig), S. 1001; John Steinbeck, *The Long Valley*, Albatross, Leipzig 1939, darin die Anmerkung: »One story, namely ›The raid‹, included in the original edition, is omitted here with the consent of the author«.

4 Erich Maria Remarque, *Im Westen nichts Neues*, Propyläen, Berlin 1929, S. 222.

5 Renseignements, 29.9.1939, Le Président du Conseil beim Ministre de la Défense Nationale et de la Guerre [gez. Dentz] an Messr. Le ministre de l'intérieur direction générale de la Sûreté Nationale, 23.8.1939, SR [Service Renseignement], Ak-

tenvermerk, 28.9.1939, Paul Paillole, Renseignements, 29.9.1939, alle: CHA Fonds Moscou Akt 42834, SHD.

6 Jucker, *Curfew in Paris,* S. 9; Bericht des Préfet de Police an Monsieur le Président du Conseil, Ministre de la Défense Nationale et de la Guerre, 14 October 1939,CHA Fonds Moscou dossier 42834, SHD.

7 Réquisitoire, 28.10.1939, Requête, 5.12.1939, beide 1258W/0001, AVP; Holroyd-Reece, Note for the Information of British Albatross and Tauchnitz Authors, January 1940, David Lloyd Agency for Pearl Buck (C0060), Box 28, Folder 19, PUA.

8 Renseignements, 10.4.1940, CHA Fonds Moscou, Akt 42834, SHD.

9 »Modern Baron Tauchnitz«, *Daily Telegraph*, 16.11.1939. Holroyd-Reece' Einschätzung, dass Deutschland »etwa die Hälfte des kontinentalen Marktes für englische Bücher« ausmache, übertrifft die 1937 in *Publishers Weekly* angeführte. Grund dafür war die deutsche Annexion von Österreich und dem Sudentenland in der Zwischenzeit.

10 Fiona Brewster im Gespräch mit der Autorin, 3.5.2013, Le Breuil-Rouillac, Frankreich; Holroyd-Reece, Note for the Information of British Albatross and Tauchnitz Authors, January 1940, David Lloyd Agency Pearl Buck Files (C0060), Box 28, Folder 19, PUA.

11 Enoch, *Memoirs,* S. 96.

12 »The Situation of the German and Austrian Refugees«, RG 59 General Records of the Department of State, Lot File No. 52 D 408, Records Relating to the Intergovernmental Committee on Refugees, NACP; Enoch, *Memoirs*, S. 96.

13 Ebenda. Enoch, *Memoirs,* S. 96f.

14 Enoch, *Memoirs*, S. 96ff.

15 Ebenda, S. 99f; »The Situation of the German and Austrian Refugees«, RG 59 General Records of the Department of State, Lot File No. 52 D 408, Records Relating to the Intergovernmental Committee on Refugees, NACP

16 Didier Georgakakis, »Le Commissariat général à l'information et la ›drôle de guerre‹«, *Mélanges de l'École française de Rome* 108, Nr. 1 (1996), S. 39–54; siehe auch die Suchfunktion zum Informationsministerium auf http://www.archivesnationales.culture.gouv.fr/chan/chan/pdf/F41.pdf; Le Chef du Service du Propagande en Pays Ennemis an Monsieur le Commissaire Général à l'Information, 16.9.1939, Personnes Émigrées qui sont utilisées par le Commissariat ou peuvent l'être éventuellement, 20.9.1939, beide: F41/981, Akt D.V. Nr. A 21 Émigrés allemands-autrichiens-tcheques, ANF ; Enoch, *Memoirs*, S. 100.

17 Enoch, *Memoirs,* S. 102f.

18 Ebenda, S. 104f.

19 Enoch, Lebenslauf für das Informationsministerium, F41/981, Akt D.V. Nr. A 21

Émigrés allemands-autrichiens-tchèques, ANF. Einem amerikanischen Journalisten erzählte Enoch später, er sei vorübergehend für das französische Informationsministerium in Propagandaangelegenheiten tätig gewesen, siehe Sidney Fields, »Only Human: Proves American Dream«, *Chicago Daily News*, 1964, o. S., aus: Kurt Enoch Scrapbook, CE.

20 Dr. Blasberg, Feldgericht [über Hauptmann Christian Wegner], 26.11.1943, MW; Major Cranz, Vorschlag zur Beförderung eines Offiziers, 17.2.1940, Pers 6/195111, BAF.

21 Dr. Blasberg, Feldgericht [über Hauptmann Christian Wegner], 26.11.1943, MW.

22 Jackson, *The Fall of France*, S. 30f.

23 Max Christian Wegner an Annemarie Wegner, 12.5.1940, 19.5.1940, 21.5.1940, MW.

24 Max Christian Wegner an Annemarie Wegner, 25.5.1940, 12.5.1940, 25. 5. 1940, MW.

25 Max Christian Wegner an Annemarie Wegner, 30.5.1940, MW.

KAPITEL 14: FEINDESBEUTE

1 Tauchnitz-Albatross General List of all volumes published up to April 1940 inclusive, o. D., AJ.

2 Urkundungsbeamte der Geschäftsstelle bei dem Amtsgericht Leipzig, Abt. V/118, Beglaubigte Abschrift aus der Sonder-Ausgabe des Deutschen Reichsanzeiger und Preußischen Staatsanzeiger Nr. 204, 3.9.1939, 8.9.1939, Registerakten 824/28583 Abt. B, AGL; »Zur Entwicklung im deutschen Schrifttum seit Kriegsbeginn«, 13.11.1939, in: Boberach, *Meldungen aus dem Reich*, Bd. 3, S. 582f; Barbian, *Literaturpolitik im NS-Staat*, S. 271; Stieg, *Public Libraries*, S. 245f.

3 Eintrag zum Albatross Verlag, *Tägliches Verzeichnis der Neuerscheinungen*, Bearbeitet von der Deutschen Bücherei, 25.9.1939 (Deutsche Bücherei Leipzig), S. 1151.

4 Lindner, *Das Reichskommissariat*, S. 32ff. Siehe auch Imlay und Horn, *The Politics of Industrial Collaboration*.

5 Erich Kupfer an Herrn Regierungspräsidenten Leipzig, 6.11.1939, 20206, Akt 1681, SAL; Industrie- und Handelskammer Leipzig an das Amtsgericht Leipzig, Abteilung V, 1.12.1939, Registerakten 824/28583 Abt. B, AGL.

6 Erich Kupfer, Memorandum zur Erklärung der späten Fertigstellung des Abschlusses Albatross und Tauchnitz, 29.8.1940, R87/1192, BAL.

7 Etwa in einer Mitteilung an einen Lektor, die folgendes Postskriptum enthielt: »Please excuse our retard discount by cause of war, but we could not make it up at an earlier date, as our former Editorial Department of Paris had always done this for us«. Dass das französiche »retard« Verspätung, »retard« im Englischen aber »geistig Behinderter« bedeutet, war Kupfer offensichtlich entgangen.

8 Erich Kupfer an Maxwell Perkins, Charles Scribner's Sons, C0101, Series Hemingway I, Box 6, File 41, PUA; Wilhelm Lucke, Aktennotiz über die Angelegenheit Albatross-Tauchnitz, 19.3.1938, 20133, Akt 1363, SAL; Kupfer, Memorandum zur Erklärung der späten Fertigstellung des Abschlusses Albatross und Tauchnitz, 29.8.1940, R87/1192, BAL.

9 Neue Albatross-Titel erschienen über den gesamten Herbst bis Dezember 1939 alle zwei Wochen. Unklar ist, ob die Behörden danach die Produktion unterbanden oder die Brandstetters keine weiteren Druckaufträge mehr erhielten. *The Way to Be Alive* von William Saroyan (Volume 518) erlangte die zwiespältige Auszeichnung, im Krieg von den Deutschen als letzter Titel publiziert worden zu sein; Karl Thulke an K. Bischoff, 5.12.1939; K. Bischoff an Karl Thulke, 14.12.1939, beide: Captured German and Related Records on Microform, A3339-RKK-Z007, NACP.

10 Das Wirtschaftsministerium gelangte zur Einschätzung, dass Albatross keine Devisen mehr einbrachte, dennoch aber weiter »Verrechnungsdevisen« vereinnahmte, mit denen Deutschland Rohstoffe auf nationalen Märkten einkaufen konnte, auf denen es verschuldet war. Von Januar bis Juli 1939 verkaufte Albatross Bücher im Wert von 157.466,56 Reichsmark. Von Januar bis Juli 1940 sanken die Einkünfte um 52,2 Prozent auf 75.292,46 Reichsmark. Tauchnitz erlöste im ersten Halbjahr 1939 145.846,23 Reichsmark, im Vergleichszeitraum 1940 24,9 Prozent weniger oder 109.574,69 Reichsmark. Nach anderer Rechnung verkaufte Albatross 1939 Bücher für 22.500 Reichsmark pro Monat und etwa halb so viele im gleichen Zeitraum des Jahres 1940. Genauere Angaben als die von der Albatross-Geschäftsführung gemachten zu errechnen, ist schwierig. Albatross setzte einen ungefähren Gewinn von einer Reichsmark je Buch an, bei älteren Titeln einen geringeren Betrag. Ich übernehme hier das von Albatross und dem NS-Apparat im Zuge von Enochs Abwanderungsvereinbarung benutzte Schema zur Wertermittlung.

11 Documents concerning Albatross Volume *Grey Wolf*, Captured German and Related Documents on Microform, A3339-RKK-Z011, NACP; Nicholas, *The Rape of Europa*, S. 3–25.

12 *Vertrauliche Mitteilung für die Fachschaft Verlag*, 10.6.1940, n. p.

13 Walter Gey an den Reichskommissar, 17.7.1941, R87/1193, BAL. Auf der Grundlage von Kupfers Zahlen von Ende 1939 befanden sich vor dem Krieg 280.000 Bände in Pariser Lagern. Als Kupfer im Oktober 1940 die Bücher inventarisierte, schätzte er, dass Holroyd-Reece in der Zwischenzeit 150.000 verkauft hatte.

14 George Orwell an Leonard Moore, 8.12.1939, zitiert in Davison, *George Orwell: A Life in Letters*, Harvill and Secker, London 2010, S. 172.

15 British Secret Service an den französischen Service Sécret , 8.2.1940, CHA Fonds Moscou dossier 42834, SHD.

16 John Holroyd-Reece, Note for the Information of British Albatross and Tauchnitz Authors, Januar 1940, David Lloyd Agency Files of Pearl S. Buck (C0060), Series II: Foreign Translations and Publication Rights of Pearl S. Buck, Box 28, File 19, PUA.

17 John Holroyd-Reece an Pearl Buck, 30.4.1940, David Lloyd Agency files of Pearl Buck (C0060), Series II: Foreign Translations and Publication Rights of Pearl S. Buck, Box 28, File 19, PUA.

18 Das Reichsjustizministerium prüfte Entscheidungen zum feindlichen Vermögen unter der Zuständigkeit von Reichskommissar Ernst. Siehe Lindner, *Das Reichskommissariat*, S. 29–35. Eine Verordnung vom 15. Januar 1940 legte den Umgang mit Feindvermögen fest. Siehe auch Imlay und Horn, *The Politics of Industrial Collaboration.*

19 Lindner, *Das Reichskommissariat*, S. 32ff.

20 Zu Ernst, siehe SGD Brigadier James Greenshields and SGD Colonel Charles A. Reid, Final Report on Target P. 109 on US Group CC and Control Commission for Germany (British Element), Summary of Dr. Krohn with footnote on Dr. Ernst, S. 64f, »a remarkable [sic] able and active man«, 11.7.1945, B129/76, BAK; Reichskommissar für die Behandlung feindlichen Vermögens, Aktenvermerk, 30.3. 1940, R87/1192, BAL. Mit der Zeit wurden die Brandstetters zum größten deutschen Gläubiger von Albatross.

21 Reichsschrifttumskammer, Gruppe Buchhandel, an Reichskommissar Ernst, 2.2.1940, R87/1192, BAL.

22 Erich Kupfer an Reichskommissar Ernst, 27.3.1940, Oscar »Willy« Brandstetter an den Albatross Verlag, 9.4.1940, beide: R87/1192, BAL.

23 Reichskommissar Ernst, Aktenvermerk, 17.4.1940, R87/1192, BAL.

24 Justus Brandstetter, »Die Entwicklung des Verhältnisses«, 16.4.1940, R87/1192, BAL.

25 Reichskommissar Ernst an Herrn Leutnant Christian Wegner, 19.4.1940, Erich Kupfer an Herrn Reichskommissar Ernst, 30.5.1940, Reichskommissar Ernst, Aktenvermerk, 4.6.1940, all R87/1192, BAL. Foto siehe »Reichskammer für Wirtschaftstreuhänder« Informationsbogen, 11.5.1943, PK D0045, BAL.

KAPITEL 15: EINMARSCH UND FLUCHT

1 Jackson, *The Fall of France*, S. 131ff.

2 Max Christian Wegner an Annemarie Wegner, 9.6.1940, MW.

3 Max Christian Wegner an Annemarie Wegner, 9.6. und 14.6.1940, beide: MW.

4 Ebenda.

5 Enoch, *Memoirs*, S. 106f.
6 Ebenda, S. 107f.
7 Jucker, *Curfew in Paris*, S. 37ff.
8 Beach, *Shakespeare and Company*, S. 236.
9 Margaret Enoch an Kurt Enoch, o. D., zitiert in Enoch, *Memoirs*, S. 118f.
10 Jucker, *Curfew in Paris*, S. 50; de Polnay, *The Germans Came to Paris*, S. 36f; Jucker, *Curfew in Paris*, S. 46.
11 Beach, *Shakespeare and Company*, S. 236f; Jucker, *Curfew in Paris*, S. 51f; de Polnay, *The Germans Came to Paris*, S. 50; Jackson, *The Fall of France*, S. 2.
12 Max Christian Wegner an Annemarie Wegner, 17.6.1940, MW.
13 Ebenda.
14 Beach, *Shakespeare and Company*, S. 237; Beach, Schwarzes Notizheft 1940, Sylvia Beach Papers C0108, Box 72, PUA; »Simone de Beauvoir«, Leihausweis, Shakespeare and Company, Sylvia Beach Collection: III Bookshop, Box 103, PUA.
15 Max Christian Wegner an Annemarie Wegner, 24.6.1940, MW.
16 Ebenda; Matthias Wegner, »Offener Brief an einen Enkel«, MW.
17 Enoch, *Memoirs*, 108f.
18 Ebenda, S. 112f.
19 Ebenda; Ruth Gruenthal, in der Manuskriptfassung dieses Kapitels korrigierte Zitate aus dem Gespräch mit der Autorin vom August 2013 Westport, Connecticut.
20 Enoch, *Memoirs*, S. 123f; »One of Ford's Finest Research Men Retires«, Engineering Center News, April 1959, Enoch Scrapbook, CE; Enoch, *Memoirs*, S. 126.
21 Enoch, *Memoirs*, S. 125f; Ruth Gruenthal, Gespräch mit der Autorin, August 2013, Westport, Connecticut.
22 Enoch, *Memoirs*, S. 128ff.
23 Ebenda, S. 130ff; Ruth Gruenthal, in der Manuskriptfassung dieses Kapitels korrigierte Zitate aus dem Gespräch mit der Autorin vom August 2013 Westport, Connecticut.
24 Enoch, *Memoirs*, S. 134ff; Ruth Gruenthal, in der Manuskriptfassung dieses Kapitels korrigierte Zitate aus dem Gespräch mit der Autorin vom August 2013 Westport, Connecticut.
25 Enoch, *Memoirs*, S. 138ff; Sidney Fields, »Only Human: Proves American Dream«, *Chicago Daily News*, o. D. [wahrscheinlich 1964], Scrapbook, CE.
26 Enoch, *Memoirs*, S. 140f.
27 Ebenda; »Authors Who Fled from Nazis Arrive«, *New York Times*, 14.10.1940, S. 16; Enoch, *Memoirs*, S. 142.
28 Enoch, *Memoirs*, S. 142f.

KAPITEL 16: UNTER BESATZUNG

1 Erich Kupfer, Bericht, 19.11.1940, R 87/1192, BAL. Holroyd-Reece hatte den französischen Behörden eingeredet, Albatross halte »ungesicherte Ansprüche« gegenüber Tauchnitz. Vermutlich meinte er damit die Bücher in Leipziger Lagern, auf die er keinen Zugriff hatte.

2 Ebenda.

3 Ebenda; Fouché, *L'Édition française sous l'Occupation*, S. 63–67.

4 Kupfer, Bericht, 19.11.1940, R 87/1192, BAL.

5 Spotts, *The Shameful Peace*, S. 40f.

6 Ebenda; siehe auch Eckard Michels, *Das deutsche Institut in Paris 1940–1944: Ein Beitrag zu den deutsch-französischen Kulturbeziehungen und zur auswärtigen Kulturpolitik des Dritten Reichs*, Steiner, Stuttgart 1993.

7 Appendix 1. PW's Career up to 1943, KV2/160 The Security Service Personal (PF Series): Wolfgang Krause-Brandstetter: Based in Paris, NAK (von März bis Juni 1939 diente Krause-Brandstetter im Rang eines Feldwebels, doch von August bis Dezember war er am Polenfeldzug beteiligt, wofür er eine Beförderung zum Leutnant erhielt); Wolfgang Krause-Brandstetter, Party Membership Form, RG242 Foreign Records Seized, Collection BDC Microfilm NSDAP Ortsgruppenkartei, A3340-MFOK-CO15 Captured German and Related Records on Microform, NACP; Oscar William Brandstetter an Herrn Klatten, 17.8.1940, Bestand, PA.

8 Fouché, *L'Édition française sous l'Occupation*, S. 63–67; Top Secret report of conversation between John Holroyd-Reece and Wolfgang Krause-Brandstetter, o. D., KV2/160 (PF Series): Wolfgang Krause-Brandstetter: Based in Paris, NAK. Über Rivalitäten zwischen Vertretern der Militärverwaltung siehe Alan Mitchell, *Nazi Paris*, S. 28f, 73f, und Spotts, *The Shameful Peace*, S. 52f.

9 Mitchell, *Nazi Paris*, S. 27–31, 74–75; Spotts, *The Shameful Peace*, S. 36–40.

10 Mitchell, *Nazi Paris*, S. xi, 4f, 27–34.

11 Fouché, *L'Édition française sous l'Occupation*, S. 17; Oskar Möhring an Militärbefehlshaber in Frankreich, Verwaltungsstab, Abt. Wi. I/3, 15.9.1942, AJ 40/701, ANF.

12 Fouché, *L'Édition française sous l'Occupation*, S. 15f; Gruppe Schrifttum Tätigkeitsbericht: 23. bis 29. August 1940, AJ40/1005 ANF.

13 Die Liste Bernhard war eine rein deutsche Angelegenheit. Als Leiter der Gruppe Schrifttum der Propaganda-Staffel für Paris und Umland hatte Kaiser mit Berliner Propagandabehörden eine Broschüre mit 143 politisch anstößigen Titeln zusammengestellt. Das französische Syndicat des Éditeurs half bei der Erstellung der Liste Otto: siehe Gez. Nieggemeyer Feldpolizeikommissar, »Beschlagnahme

von Büchern und Druckschriften im besetzten Gebiet Frankreichs«, 31.8.1940, AJ40/889, ANF; Mitchell, *Nazi Paris*, S. 30; Spotts, *The Shameful Peace*, S. 56f.

14 Fouché, *L'Édition française sous l'Occupation*, S. 58–76, 110–111; Sonderführer K. [Kaiser] and Staffelführer, Propaganda Staffel Paris, an den Chef des Militärverwaltungsbezirks Paris, 9.10.1940, AJ40/889, ANF, auch zitiert in Fouché, *L'Édition française sous l'Occupation*, S. 67.

15 John Holroyd-Reece' Worte stammen aus einem Artikel in *The Bookseller* vom 14. April 1940, zitiert in: Bruno Conrad an den Chef der Militärverwaltung in Frankreich, Abt. Schrifttum, 26.10.1940, AJ40/1006, ANF.

16 Wolfgang Krause-Brandstetter, Erklärung, 26.10.1940, AJ40/1006, ANF; Bruno Conrad an den Chef der Militärverwaltung in Frankreich, Abt. Schrifttum, 26.10.1940, AJ40/1006, ANF. Seltsamerweise fiel Conrad nicht auf, dass Albatross auch im *Adreßbuch des deutschen Buchhandels* gelistet war und daher als ein deutsches Unternehmen gelten konnte.

17 Bruno Conrad an den Chef der Militärverwaltung in Frankreich, Abt. Schrifttum, 26.10.1940, AJ40/1006, ANF.

18 Friedhelm Kaiser, Feldnotizen, 6.11.1940, AJ40/1006, ANF.

19 Dr. Lenz an den Reichskommissar, 24.10.1940, AJ40/1006, ANF.

20 In seiner Pariser Zeit hatte Enoch über einen Sohn der jüdischen Familie Warburg, mit dem er sich in Hamburg angefreundet hatte, weiteres Geld von der Amsterdamer Warburg Bank geliehen; siehe Enoch, *Memoirs*, S. 81. Einiges deutet darauf hin, dass Continenta-Amsterdam nicht in erster Linie zur Abwicklung des niederländischen Vertriebs gegründet würde, den Enoch ohne Weiteres wie auch auf anderen Märkten von Paris aus bestreiten hätte können, sondern zum einfacheren Transfer von Krediten oder Rückzahlungen zwischen der Warburg Bank in Amsterdam und Enoch in Paris. Continenta-Amsterdam zahlte besonders niedrige Preise für die von Continenta-Paris zum Verkauf in den Niederlanden erworbenen Albatross- und Tauchnitz-Bücher. Diese Preise wurden durch Zahlungen von Continenta-Paris an Continenta-Amsterdam »ausgeglichen«. Siehe Dr. jur. Otto Lenz an den Herrn Reichswirtschaftsminister, 3.1.1940, 20133, Akt 1363, SAL; Walter Gey und Erich Kupfer, Bericht über offene Albatross-Fragen, o. D., 27.10. bis 8.11.1941, R87/1192, BAL.

21 Friedhelm Kaiser, Feldnotizen, 6.11.1940, AJ40/1006, ANF.

22 Ebenda.

KAPITEL 17: DIE ZÜGEL DER KULTUR

1 Richard McDougall, *The Very Rich Hours of Adrienne Monnier*, Scribner, New York 1976, S. 151.

2 Hans Hertel, »Armstrong, Bogart, Churchill, Penguin: The Danish Turn to Anglo-American Cultural Values from the 1920s to the 1950s«, in: Jørgen Sevaldsen (Hrsg.), *Britain and Denmark: Political, Economic and Cultural Relations in the Nineteenth and Twentieth Centuries,* Museum Tusculanum Press, Kopenhagen 2003, S. 448; Gunnar Lestikow, »Denmark Under the Nazi Heel«, *Foreign Affairs Journal* (Januar 1943), abrufbar unter http://www.foreignaffairs.com/articles/70240/gunnar-leistikow/denmark-under-the-nazi-heel; Alan Mitchell, *Nazi Paris, S.* 14–19.

3 Martin, »›European Literature‹ in the Nazi New Order«, S. 488ff; siehe auch Barbian, »Kulturwerte im Zeitkampf«. Der Historiker Joseph Nye hat den Begriff der »soft power« oder »weichen Macht« geprägt und mit seinen Büchern *Bound to Lead: The Changing Nature of American Power,* Basic, New York 1990 sowie *Soft Power: The Means to Success in World Politics,* Public Affairs, New York 2004 allgemein verbreitet.

4 Erich Kupfer, Bericht, 19.11.1940, R 87/1192, BAL; Exécution des commandes d'ouvrages Tauchnitz-Albatross à Leipzig, 17.12.1940, Deutsche Informationsstelle II, R 66813, PA.

5 Erich Kupfer, Bericht, 19.11.1940, R 87/1192, BAL; Wolfgang Krause-Brandstetter an Werner Klatten, 6.12.1940, Deutsche Informationsstelle II, R 66813, PA.

6 »Das Schrifttum in Jahre 1938«, 1939, in Boberach, *Meldungen aus dem Reich,* Bd. 2, S. 156; »Das Schrifttum im ersten Vierteljahr 1939«, ebenda, S. 290.

7 Karl Erich Bischoff, Vorschlag betreffend die Errichtung einer Übersetzungsagentur, 1.2.1940, R56/V/115, BAL.

8 H. Roskam, »Der niederländischen Buchhandel und das deutsche Buch in den Niederlanden«, 9.5.1940, Kult-D IV, R 66810, PA.

9 Karl Buchheim and Isabel F. Pantenberg, *Eine sächsische Lebensgeschichte: Erinnerungen, 1889–1972,* R. Oldenbourg, München 1996, S. 187; Le Coupole Menu, 1943, Collection Hachette: Messageries Hachette C17 B4 (S2): 41–44, IMEC.

10 Entwurf einer Rede von Herrn Klatten (Leiter der Deutschen Informationsstelle II) vor den Kulturreferenten, 11.7.1941, Deutsche Informationsstelle IV, R 67066, PA. Siehe auch Renders, »Hitler's European Publishing Ambitions«, S. 503.

11 Wolfgang Krause-Brandstetter an Werner Klatten, 6.12.1940, Deutsche Informationsstelle II, R 66813, PA.

12 Walter Gey an den Reichskommissar, Betrifft: The Albatross Verlag, 20.6.1941, R87/1192, BAL.

13 Gruppe Schrifttum der Propaganda-Staffel Paris, Tätigkeitsbericht: 27.4. bis 3.5. 1941, AJ40/1005, ANF; Bruno Conrad [Leiter des Departement Étranger Hachette], Monatsbericht für DEH, Juni 1941, Collection Hachette, Messageries Hachette, C17 B4 (S2); Le Directeur des Messageries [Hachette], Librairie Étrangère, an

Wolfgang Krause-Brandstetter, 25.6.1941, Collection Hachette, Messageries Hachette, C26 B2 (S2), both IMEC.

14 Pierre Audiat, zitiert in Fouché, *L'Édition française sous l'Occupation*, S. 190; Mitchell, *Nazi Paris*, S. 80; Gruppe Schrifttum der Propaganda-Staffel Paris, Tätigkeitsbericht: 28.11.1941, AJ40/1005, ANF.

15 Beim Aufbau des Deutschen Tauchnitz folgte das Regime dem bekannten Schema, ein kosmopolitisches Vorbild zu übernehmen und dessen liberalen Geist für deutsche Zwecke zu pervertieren. Martin zeigt in »›European Literature‹ in the Nazi New Order« beispielhaft, wie das Propagandaministerium die Tradition des Einladens ausländischer Schriftsteller zum »Gedankenaustausch« übernahm und als Vorwand nutzte, um völkisch gesinnte Autoren verschiedener Länder zu versammeln und nationalistische Tendenzen zu festigen. Im Fall des Deutschen Tauchnitz entging den Beamten die so entscheidende wie unfreiwillige Ironie: dass dieser Tauchnitz als ein Wolf im Schafspelz erscheinen musste und ein Albatross-Tauchnitz-Erscheinungsbild allein nicht ausreichte, um die Abkehr der Reihe vom ursprünglichen, kosmopolitischen Geist von Albatross zu verbergen.

KAPITEL 18: FENSTER ZUR WELT

1 Charles Dickens, Jr., *Dickens's Dictionary of London*, Charles Dickens, London 1882, S. 215; Holroyd-Reece an A. P. Watt & Co., 2.7.1940, David Lloyd Agency for Pearl Buck (C0060), Box 28, File 19, PUA.

2 Ernie Pyle, *Ernie Pyle in England*, Macbride, New York 1945, S. 31ff; Holman, *Print for Victory*, S. 30.

3 Dr. Pinner an M.M. [wahrscheinlich Maurice Meiklejohn], 7.5.1947, Frieda Lawrence Collection, Series IV: Miscellaneous, Box 8, Folder 7, HRC; John Holroyd-Reece an Pearl Buck, 30.4.1940, David Lloyd Agency Files of Pearl Buck (C0060), Box 28, File 19, PUA.

4 E. H. Carr an den Secretary to the Treasury, 14.12.1939, TNA T 160/1340, The British Council, 2.6.1942, TNA BT 96/121 Foreign Office, Government Sub-Committee for the Supply of Books, Minutes of 13 June 1942, TNA BT 96/121, alle; zitiert in: Holman, *Print for Victory*, S. 20, 124, 125.

5 John Holroyd-Reece an Messrs. A.P. Watt & Son, 2.7.1940, David Lloyd Agency for Pearl Buck (C0060), Box 28, Folder 19, PUA; Walter Gey an Reichskommissar Ernst, 10.8.1940, R87/1192, BAL.

6 Walter Gey an das Oberlandesgericht Dresden, 6.3.1941, Gey an den Reichskommissar, 20.9.1941, Gey, Bericht an den Reichskommissar, 7.1.1942, alle: R87/1192, BAL

7 Walter Gey, Anlagen zur Bilanz, 31.12.1940, Gey an den Reichskommissar, 20.6. und 17.7.1941, alle: R87/1192, BAL.

8 Sylvia Beach, Orders & Books out of Stock, Sylvia Beach Papers C0108, Box 72, PUA.

9 Wolfgang Krause-Brandstetter an Werner Klatten, 20.12.1941, Deutsche Informationsstelle II, R 66812, PA; Pont of Punch, *The British Character*, »Introduction« von E. M. Delafield, Albatross, Leipzig 1939, S. 18.

10 Werner Klatten an Wolfgang Krause-Brandstetter, 30.12.1941, Deutsche Informationsstelle II, R 66812, PA.

11 Dr. Gaupp, Aktenvermerk, 30.8.1941, R87/1192, BAL.

12 »The Albatross Books Re-Appear in Denmark too«, *Berlingske Tidende*, 2.3.1949, n.p., Englische Übersetzung eines Artikels in der dänischen Zeitung, LES; E. M. Delafield, »Introduction«, in: Pont of Punch, *The British Character, S.* 7; Goebbels, *Tagebücher*, Teil I, Bd. 9, S. 307 (12.05.1941); »The Albatross Books Re-Appear...«,wie oben; »The Love of Keeping Calm«, in: Pont of Punch, *The British Character,* S. 45.

13 Charles Morgan, »France is an Idea Necessary to Civilization«, in: Morgan, *Reflections in a Mirror*, Second Series, Macmillan, New York 1947, S. 100, 111f; Victor de Pange, *Charles Morgan,* Éditions universitaires, Paris 1962, S. 24ff.

14 John Holroyd-Reece an A.P. Watt and Co., 2.7.1940, David Lloyd Agency for Pearl Buck (C0060), Box 28, File 19, PUA; Walter Gey an den Reichskommissar, 16.8. 1941, R87/1192, BAL. Gey erhielt den Auftrag zu klären, ob die Brandstetters Albatross übernehmen durften. Die Einzelheiten sind kompliziert, doch im Wesentlichen konnte der Reichskommissar eine Übernahme durch Brandstetter als Kriegserfordernis anordnen, wenn Albatross über ein gewisses Maß hinaus verschuldet war, das heißt wenn die Übernahme als letzter Ausweg erschien, um Albatross vor sich selbst zu »retten«. Stufte Gey die Schulden von Albatross dagegen als verhältnismäßig ein, entsprach der Kommissar dem Willen der Brandstetters voraussichtlich nicht. Zu einer Entscheidung gelangte die Frage nie, weil die Finanzen von Albatross so kompliziert und auf mehrere nationale Märkte verteilt waren.

15 Goebbels, *Tagebücher*, Teil II, Bd. 2, S. 607, zitiert in: Barbian, *Literaturpolitik im NS-Staat,* S. 16; Goebbels, *Tagebücher*, Teil I, Bd. 7, S. 201 (Sammeln antiquarischer Bücher, 18.11.1939), Teil I, Bd. 7, S. 299 (Drucken von weniger Zeitungen, 6.2.1940), Teil I, Bd. 9, S. 159 (Einstellen entbehrlicher Zeitschriften, 26.2.1941); R. Erckmann, »Grundsätzliches zur Papierfrage«, *Der Buchhändler im neuen Reich,* Jg. 7, S. 171–75, zitiert in: Barbian, *Literaturpolitik im NS-Staat,* S. 278. Vgl. Kater, *Different Drummers*, S. 47, zu Goebbels' Ruf nach »leichter Musik« im deutschen Rundfunk, darunter auch Jazz, den er aus ideologischen Gründen eigentlich ablehnte, um Hörern die Realitätsflucht im Alltag zu erleichtern.

16 Benecke, *Eine Buchhandlung in Berlin*, S. 109; »Zur Lage im Schrifttum«, Februar 1942, in: Boberach, *Meldungen aus dem Reich, Jg.* 9, S. 3317f; Max Christian Wegner an Annemarie Wegner, 6.8.1940, MW.

17 »Mangel im Gebiet des Schrifttums«, 22.8.1940, in: Boberach, *Meldungen aus dem Reich*, Nr. 5, S. 1492; »Zur Lage im Buchhandel«, 19.9.1940, ebenda, S. 1585; »Zur Lage im Schrifttum«. Januar 1941, ebenda, Nr. 6, S. 1926; »Meldungen zur Lage im Schrifttum«, Februar 1942, ibid., Nr. 9, S. 3317; Max Christian Wegner an Annemarie Wegner, 29.12.1940, MW; »Zur Lage im Sortimentsbuchhandel«, in: Boberach, *Meldungen aus dem Reich*, Nr. 8, S. 2951.

18 Kliemann, »Die Welt des Buchhandels«, S. 162, 166f; »Meldungen zur Lage im Schrifttum«, Februar 1942, in: Boberach, *Meldungen aus dem Reich*, Nr. 9, S. 3317f.

19 »Zur Lage im Schrifttum Januar 1941«, in: Boberach, *Meldungen aus dem Reich*, Nr. 6, S. 1926f; Stieg, *Public Libraries*, S. 249f.

20 Adam, *Lesen unter Hitler*, S. 320. Adam zufolge erhöhte sich die Buchproduktion 1941 auf 341 Millionen Bücher, 100 Millionen mehr als im Jahr davor, wobei Erzählliteratur weitaus zahlreicher war als politische Titel (Erzählliteratur: 100 Mio., Kinder- und Jugendbücher: 44 Mio., politische Literatur: 59 Mio.). »Zur Lage im Schrifttum September 1940«, in: Boberach, *Meldungen aus dem Reich*, Nr. 5, S. 1576, »Zur Lage im Schrifttum November 1940,« Nr. 5, S. 1752f, »Zur Lage im Schrifttum Januar 1941,« Nr. 6, S. 1927.

21 »[Anweisung] Nr. 119, Betr. Ausfuhr des englischen Übersetzungsschrifttums«, *Vertrauliche Mitteilungen für die Fachschaft Verlag*, Nr. 116–162 (1.10. 1941), S. 2. Adam Tooze hält fest, dass der Bedarf des Reichs an Devisen umso mehr abnahm, als Deutschland weitere Gebiete eroberte, aus diesen Gebieten Kriegsbeute beziehen und Westeuropa ein zentralisiertes Devisenverrechnungssystem aufzwingen konnte: *Wages of Destruction*, 386f. [Anweisung] Nr. 187, »Betr. Behandlung des nordamerikanischen und britischen Übersetzungsschrifttums«, *Vertrauliche Mitteilungen für die Fachschaft Verlag*, Nr. 187–195 (5. Januar 1942), S. 1; [Anweisung] Nr. 202, »Betr. unmittelbare Fühlungnahme mit den ausländischen Vertretungen fremder Staaten«, und [Anweisung] Nr. 203, »Betr. Hinweise auf das Reichsministerium für Volksaufklärung und Propaganda bei Vertragsabschlüssen mit ausländischen Autoren und Verlagen«,*Vertrauliche Mitteilungen für die Fachschaft Verlag*, Nr. 196–236 (10.3.1942), S. 1f.

22 Walter Gey, Bericht zur Bilanz per 31. Dezember 1931, 4.7.1942, R87/1193, BAL; Dr. Gaupp [Amt des Reichskommissars], Aktenvermerk, 30. August 1941, R87/1192, BAL; SGD Brigadier James Greenshields and SGD Colonel Charles A. Reid, Final Report on Target P. 109 on US Group CC and Control Commission for Germany (British Element), Summary of Dr. Krohn with footnote on Dr. Ernst,

64-65, 11.7.1945, B129/76, BAK; dieser Bericht begründet Ernsts Verrentung als Reichskommissar wie folgt: »Es heißt, dass [Ernst] nie Parteimitglied war und seinen Posten aufgegeben hat, weil dieser ihn in politische Schwierigkeiten brachte und weil die Privatwirtschaft ihm bessere Bedingungen und Bezahlung bot«. Dr. Hövel, Schnellbrief, 27.4.1942, Devisenstelle Leipzig, 1681, SAL.

23 List of Albatross Books, o. D. [Anhang zum Schreiben Oskar Möhrings an den Militärbefehlshaber Frankreich, Verwaltungsstab, Abteilung Wi. I/3, 7.8.1942], AJ/40/701, ANF.

24 Oskar Möhring an den Militärbefehlshaber Frankreich, Verwaltungsstab, Abteilung Wi. I/3, 7.8.1942, AJ/40/701, ANF. In diesem Brief erwähnt Möhring, dass er soeben bei der Propaganda-Abteilung um Erlaubnis zum Verkauf der Bücher an einen Herrn Neilsen von Messageries du livre angesucht habe, der den gesamten Bestand zu einer Preisermäßigung von 55 Prozent gegenüber dem regulären Preis von 30 Francs pro Buch kaufen wolle.

25 Gruppe Schrifttum Tätigkeitsbericht, 20. bis 25.7.1941, AJ/40/1005, ANF.

26 Gruppe Schrifttum Lagebericht, 31.5.1941, AJ/40/1005, ANF; Gruppe Schrifttum Tätigkeitsbericht, 21. bis 28. 6.1941, AJ/40/1005, ANF; »Bericht über die Lage der Unterhaltungsliteratur«, Gruppe Schrifttum Bericht, 20. bis 25.7.1941, AJ/40/1005, ANF; Fouché, *L'Édition française sous l'Occupation, S.* 27ff. Das Verbot angloamerikanischer Bücher mit Ausnahme von Klassikern wurde in der dritten Fassung der Zensurliste vom 8. Juli 1942 bekräftigt.

27 Gruppe Schrifttum in der Propaganda-Staffel Paris, Arbeits- und Lagebericht, 29.3.1942, AJ40/1005, ANF; Referatsleiter der Kulturpolitischen Abteilung des Auswärtigen Amtes und Ministerialrat Kurt Metzner, »Vortrag zur Kulturreferentenbesprechung am Mittwoch den 12. August 1942«, Deutsche Informationsstelle IV, R 67066, PA.

28 Werner Klatten an Metzner, 28.4.1942, Bestand, PA; Metzner, Vortrag zur Kulturreferentenbesprechung, 12.8.1942, D IV R 67066, PA; Erläuterung des Jahresabschlusses von Tauchnitz für die Commerz-Bank, Leipzig, 31.12.1942, 21016, File 336, SAL; zu Lesestoff für Soldaten siehe Manning, *When Books Went to War*. Bücher des Deutschen Tauchnitz sollten auf die Soldaten der Wehrmacht möglichst eine ähnlich mutmachende Wirkung haben wie Molly Guptil Manning zufolge englische Bücher auf Soldaten der Alliierten Streitkräfte, wenngleich Frontkämpfer nicht die wichtigste Zielgruppe von Tauchnitz waren.

29 Spotts, *The Shameful Peace,* S. 67; »Enquête dans les librairies des 20 Arrondissements de Paris«, 8.9.1941, AJ40/1006, ANF; Todd und Bowden, *Tauchnitz International Editions in English,* S. 747.

30 Oskar Möhring an den Verwaltungsstab Abteilung Wi I/3, 15.9.1942, AJ/40/701, ANF.

31 W. M. Schulz, Aktenvermerk, 15.3.1943, 21765 Börsenverein Bestand, F101, SAL; Ankündigung, *Bibliographie de la France*, Nr. 46–47 (19. bis 26.11.1943), o. S.; Monatsübersicht der Gruppe Schrifttum der Propaganda-Abteilung Frankreich, Paris, 21.2.1944, AJ/40/1005, ANF.

32 Metzner, »Vortrag zur Kulturreferentenbesprechung am Mittwoch den 12. August 1942«, Deutsche Informationsstelle IV, R 67066, PA; A.P. Watt and Sons to David Lloyd, 10.11.1942, David Lloyd Agency for Pearl Buck (C0060), Box 28, File 23, PUA.

33 Sturge, »Flight from the Programme«, S. 80. Sturge erwähnt hier ein Argument von Helga Geyer-Ryan in »Trivialliteratur und Literaturpolitik im Dritten Reich«, *Sprachen im technischen Zeitalter*, S. 67 (1978), S. 267–77.

KAPITEL 19: RIVALEN

1 »Exit Tauchnitz«, *Time*, 20.7.1942; »A Library Closed«, *New York Times*, 23.6.1942, S. 18.

2 Albert Bonnier an »Gentlemen«, April 1942, David Lloyd Agency for Pearl Buck (C0060), Box 28, Folder 23. PUA.

3 Buck unterschrieb bei Bonnier für *The Dragon Seed*, Bromfield for *Wild Is the River*. 1938 hatte das NS-Regime Bucks Tauchnitz-Ausgaben verboten, für die zumeist Albatross die Rechte besaß, 1940 folgten die Albtross-Titel von Bromfield. Mithin bot Bonnier beiden Autoren eine Möglichkeit zur Veröffentlichung auf dem Kontinent, die es sonst nirgendwo gab. Vgl. Laurence Pollinger Ltd., Files Concerning D. H. Lawrence's *Lady Chatterley's Lover*, 1931–1979, Series 3, Box 3, Folder 8, PUA. *Lady Chatterley's Lover* war im Nu vergriffen und erreichte noch im ersten Jahr eine zweite Auflage.

4 C. D. Medley an A. S. Watt, 24.8.1943, David Lloyd Agency for Pearl Buck (C0060), Box 28, folder 21, PUA.

5 John Holroyd-Reece an C. D. Medley, o. D. [wahrscheinlich September 1943], David Lloyd Agency for Pearl Buck (C0060), Box 28, Folder 12, PUA.

6 Ebenda. Eingedenk der Gerüchte, dass Holroyd-Reece im Ersten Weltkrieg für britische Geheimdienste gearbeitet hatte, sowie seiner eigenen Behauptung, er habe diese Tätigkeit noch bis in den Zweiten Weltkrieg fortgesetzt, fällt zumindest auf, dass das größte britische Kriegsgefangenenlager Grizedale Hall für deutsche und italienische Offiziere in der Nähe von Windermere lag. In dieser Gegend urlaubte Holroyd-Reece allem Anschein nach sonst nicht, und auch wegen seiner sprachlichen Kenntnisse musste er für Verhöre von Neuankömmlingen bestens geeignet erscheinen.

7 Young, zitiert in Lewis, *Penguin Special*, S. 87; zum Widerstand des britischen Verlagswesens siehe Lewis, *Penguin Special, S.* 88f; Allen Lane zitiert in Silverman, *The Time of Their Lives*, S. 385.

8 John Holroyd-Reece an Allen Lane, Confidential Memorandum, o. D., aber wahrscheinlich März 1934, JL25/1, Correspondence with Albatross Ltd., RHGA.

9 Cape and Orwell zitiert in Schmoller, »The Paperback Revolution«, S. 299f. Am 28. Februar 1938 bekannten sich Holroyd-Reece und Lane bei einem Abendessen des Double Crown Club vor den versammelten Verlegern, Druckern, Sammlern und Künstlern dieser bibliophilen Gesellschaft zum Taschenbuch. Einige Jahre später ließ Holroyd-Reece diese Bemerkung fallen, zitiert in Lewis, *Penguin Special*, S. 141: Sylvia Beach, 1937 Purchase Log, Sylvia Beach Papers C0108, Box 68, PUA. Siehe auch Davis, *The Paperbacking of America*, S. 28.

10 Richard Walsh an David Lloyd, 24.5.1943, David Lloyd Agency for Pearl Buck (C0060), Box 28, folder 23, PUA; Edward Young zitiert in Lewis, *Penguin Special*, S. 87.

11 Enoch, *Memoirs*, S. 148ff.

12 Enoch, Eidesstattliche Versicherung, 3.3.1958, State of New York, Restitution File, SAH; Ruth Gruenthal im Gespräch mit der Autorin, August 2009, Westport, Connecticut; Enoch, *Memoirs*, S. 143.

13 Enoch, *Memoirs*, S. 144f.

14 Ebenda, S. 148f; Sidney Fields, »Only Human: Proves American Dream«, *Chicago Daily News*, o. D., [wahrscheinlich 1964], Scrapbook, CE.

15 Enoch, *Memoirs*, S. 156, 152f. Enoch besaß zu diesem Zeitpunkt nur eine befristete Aufenthaltsgenehmigung. Da die Quote für Deutsche 1940 schon erreicht war, kam eine unbefristete zunächst nicht infrage. Ruth Gruenthal im Gespräch mit der Autorin, August 2013, Westport, Connecticut.

16 Kurt Enoch, Application for Citizenship, o. D. RGA.

KAPITEL 20: KRIEGSGERICHT

1 »30 January 1943: The Tenth Anniversary of the Takeover of Power; Guidelines from the Reich Propaganda Leader«, German Propaganda Archive, Calvin College, http://www.calvin.edu/academic/cas/gpa/30jan1943.htm; Kershaw, *Hitler, 1936–1945*, S. 547ff; Evans, *The Third Reich at War*, S. 413–20.

2 Joseph Goebbels, »30.1.43 – Sportpalast, Berlin – Kundgebung zum 10. Jahrestag der Machtübernahme«, in: derselbe, *Reden, 1933–1945*, Droste, Düsseldorf 1971, Bd. 2, S. 160f.

3 »Fear-Haunted Anniversary«, *New York Times*, 1.2.1943, S. 14; Lowe, *Inferno*, S. 61f.

4 Joseph Goebbels, »18.2.43 – Berlin, Sportpalast – Kundgebung des Gaues Berlin der NSDAP«, in: derselbe, *Reden, 1933–1945*, Droste, Düsseldorf 1971, Bd. 2, S. 172–208, Zitat S. 208.

5 Max Christian Wegner an Annemarie Wegner, 2.11. 1943, MW; Fiona Brewster im Gespräch mit der Autorin, 3.5.2013, Le Breuil-Rouillac, Frankreich; Michel

Ollendorff im Gespräch mit der Autorin, 12.12.2013, Vincennes, Frankreich. Beide waren getroffen von Wegners Reaktion und sagten, es sei das erste Mal gewesen, dass sie einen Mann weinen gesehen hätten. Matthias Wegner im Gespräch mit der Autorin, Mai 2012, Hamburg; Thomas Wegner im Gespräch mit der Autorin, 5.5.2013, Köln.

6 Dr. Blasberg, Feldgericht [über Hauptmann Christian Wegner], 26.11.1943, MW; »Kriegsbeurteilung zum 1. Juni 1943 ... über den Hauptmann ... Christian Wegner«. 1.6.1943, Pers6/195111, BAF (eingeflochten in den Bericht ist die offizielle Formel »Er steht auf dem Boden des nationalsozialistischen Staates und versteht es, dessen Gedankengut zu vermitteln«, die sich Wort für Wort auch in den Zeugnissen von Krause-Brandstetter findet); Max Christian Wegner an Annemarie Wegner, 17.11.1943, MW.

7 Max Christian Wegner an Annemarie Wegner, 2.11.1943, MW.

8 Dr. Blasberg, Feldgericht, 26.11.1943, MW.

9 Ebenda.

10 Ebenda.

11 Sir Arthur »Bomber« Harris, 24.7.1943, zitiert in Lowe, *Inferno*, S. 62f.

12 Lowe, *Inferno*, S. 89ff, 110, 176–77; Overy, *The Bombing War*.

13 Lowe, *Inferno*, S. 100, 115, 184, 293f; wie Lowes Zahlen deutlich machen, waren die Verluste enorm: 40.385 Wohnhäuser oder 61 Prozent des Wohnungsbestandes, 109.471 Privathäuser, 3785 Fabriken, 7190 kleine Gewerbebetriebe, 83 Banken, 379 Bürohäuser, 112 NS-Parteibüros, 7 Warenhäuser, 13 öffentliche Einrichtungen, 22 Verkehrsgebäude, 76 Amtsgebäude, 80 Militäreinrichtungen und 12 Brücken wurden zerstört; Hans Nossack, *Der Untergang*, S. 22, 29, 46f, 49.

14 Annemarie Wegner an Max Christian Wegner, 9.8.1943, MW; Matthias Wegner, E-Mail an die Autorin, 18.5.2016; Lowe, *Inferno*, S. 168.

15 Matthias Wegner im Gespräch mit der Autorin, Oktober 2009, Hamburg.

16 Dr. Blasberg, Feldgericht, 26.11.1943, MW.

17 Max Christian Wegner an Herrn Platz, 23.11.1943, MW. Matthias Wegner zufolge wurde Annemarie 1936 als Gesellschafterin eingetragen, nachdem sie 100.000 Reichsmark zur Verfügung stellte, um Enochs Firma zu kaufen.

18 Max Christian Wegner an Annemarie Wegner, 3. und 15.12.1943 und 1.1.1944, MW.

19 Max Christian Wegner an Annemarie Wegner, 7.2.1944, MW.

20 Matthias Wegner, »Offener Brief an einen Enkel«, MW.

21 Wilhelm Baur, »Zur Lage im Buchhandel«, *Börsenblatt für der deutschen Buchhandel*, Nr. 110, S. 82 (17.4.1943), S. 1; »Liste der stillzulegenden Verlage«, T580 961, Captured German and Related Records in Microform, NACP.

22 Walter Gey an das Finanzamt für Körperschaften Leipzig, 29.5.1942, 1681, SAL; Dr. Gaupp i. V. des Reichskommissars für die Behandlung feindlichen Vermögens an das Wehrbezirkskommando Leipzig III, 10.3.1942, R87/1193, BAL. Kupfer erhielt einen Einberufungsbefehl für den 30.9.1941, doch der Reichskommissar erwirkte für ihn einen dreimonatigen Aufschub mit der Begründung, Albatross leiste wichtige Arbeit für das Reich. Wolfgang Krause-Brandstetters Vorgesetzter Werner Klatten bekundete im Januar 1942 Interesse an Albatross. Es gibt Hinweise, dass Klatten überlegte, Prestige und Format von Albatross für eine Gedichte- oder Literaturreihe als Propaganda für Hitlers Neuordnung Europas zu nutzen. Ebenso möglich ist, dass Krause-Brandstetter selbst zu Kupfers Gunsten intervenierte; vgl. Gruppe Informationsstelle IV an Herrn Geutebrück, Mitteilung für Herrn Geutebrück, 13.8.1942, 66816, PA. Brandstetters versuchte Übernahme der Albatross-Anteile scheiterte, als der Feindvermögensverwalter Willy Hoffman dem Reichskommissar Ende August aus Paris 1941 berichtete, dass die Schulden des Albatross Verlags gegenüber den Editions Pégase weitgehend gestrichen werden konnten. Vereinfacht gesagt hielt Hoffman das »Darlehen« von Pégase aus dem Jahr 1931 in Höhe von 200.000 RM für verborgenes Gründungskapital, weil Holroyd-Reece Eigentümer von Pégase und zugleich Direktor der Publishing Holding Company war, der Albatross gehörte. Das waren gute Nachrichten für die Bilanz von Albatross. Da der Verlag nun aber nicht mehr in akuter Finanznot war, konnte der Reichskommissar auch seine Übernahme durch Brandstetter nicht genehmigen. Weitere Einzelheiten hierzu in Akte 1681 des Oberfinanzpräsidenten Leipzig, SAL, und R87/1193, BAL.

23 Erich Kupfer an Walter Gey, 6. und 24.11.1942; Bernhard Tauchnitz Nachfolger, Brandstetter & Co an The Albatross Verlag, 14.10.1942, beide: R87/1193, BAL.

24 Walter Gey an den Reichskommissar, 7.7.1943, R87/1193, BAL.

25 S. J. McCune, Captain AUS NOI Section, »Secret NOI Report on the Leipzig Air Raid«, 29.3.1944, RG 165 Records of the War Department General and Special Staffs, Box 653, NACP; General Report, n.d. [nach dem Dezember 1943] und Confidential, Air Raid Damage in Germany, o. D. [nach dem April 1944], beide: RG 165 Records of the War Department General and Special Staffs, Box 658, NACP.

26 Semi-Monthly Report, Publications Branch, Office of Military Government for German (US) Information Services Division, 20.1.1949, RG 260 Records of United States Occupation Headquarters, World War II, Box 1212, NACP; Confidential, Air Raid Damage in Germany, [nach dem April 1944], RG 165 Records of the War Department General and Special Staffs, Box 658, NACP.

27 Walter Gey an den Reichskommissar, 13.12.1943, R87/1193, BAL.

28 Walter Gey an Herrn Oberbürgermeister der Reichsmessestadt Leipzig Amt für Kriegssachschäden als Feststellungsbehörde, 29.6.1944, R87/1193, BAL.
29 Walter Gey an den Reichskommissar, 2.2.1944, R87/1193, BAL.
30 Walter Gey an den Reichskommissar, 23.3.1944, R87/1193, BAL.
31 Ebenda; Walter Gey, Bericht an den Reichskommissar, 6.10.1944, R87/1193, BAL.
32 Walter Gey an den Reichskommissar, 6.10.1944, 12.12.1944 und 8.1.1945, alle: R87/1194, BAL.
33 Walter Gey an den Reichskommissar, Bericht zur Bilanz per 31. Dezember 1944, 5.2.1945, R87/1194, BAL.

KAPITEL 21: VERBRANNTE ERDE

1 Ernie Pyle, *Brave Men,* University of Nebraska Press, Lincoln 2001, S. 482; Report, 29.9.1944, KV2/160 (PF Series): Wolfgang Krause-Brandstetter: Based in Paris, NAK. Nach einem bestätigten Bericht der Alliierten diente Krause-Brandstetter unter Hanesse in der Einheit Leitstelle I Luft und trieb dort geheimdienstliche Arbeit, während er nach außen hin dem Stab von Hanesse angehörte; siehe CSDIC (U.K.) Report, S.I.R. 1162, Organisation and Activities of German Abwehr (France and Elsewhere), Appendix I: Abwehr Personnel, 5.11.1944, RG 165 Records of War Department General and Special Staffs, Captured Personnel and Material Branch Reports relating to POW Interrogations, 1943–1945, CSDIC UK SIR to CSDIC UK SIR, Box 662, NACP; wahrscheinlich Generalmajor Edgar von Buttlar, der seit dem 7. August dem militärischen Oberkommando in Frankreich angehörte. Matthew Cobb, *Eleven Days in August: The Liberation of Paris in 1944,* Simon and Schuster, London 2014, S. 253–99.
2 Pyle, *Brave Men,* S. 483ff; Beach, *Shakespeare and Company,* S. 242.
3 Ben Cosgrove, »LIFE at the Liberation of Paris, 1944: A Photographer's Story«, 5.8.2013, http://time.com/3877710/the-liberation-of-paris-a-photographers-story/.
4 Précis of conversation between John Holroyd-Reece, Esq., and P/W Oberleutnant Wolfgang Brandstetter, German Air Force, 2.2.1945, KV2/160 (PF Series): Wolfgang Krause-Brandstetter: Based in Paris, NAK.
5 Obltn. Krause-Brandsta [sic], I Luft Paris, B.1. Folder B, Transmissions 114854 and 115245, 6.9.1944, KV2/160 (PF Series): Wolfgang Krause-Brandstetter: Based in Paris, NAK; Transcript of Conversation between Oberlt. Brandstetter and Mr. John Holroyd-Reece, 29.1.1945, KV2/160 (PF Series): Wolfgang Krause-Brandstetter: Based in Paris, NAK.
6 Krause-Brandstetter an Major Steed, 8.2.1945. KV2/160 (PF Series): Wolfgang Krause-Brandstetter: Based in Paris, NAK.
7 John Holroyd-Reece an O.P. London District Cage, Top Secret Memorandum,

o. D., KV2/160 (PF Series): Wolfgang Krause-Brandstetter: Based in Paris, NAK. Die Division »Brandenburger« entsandte Einheiten mit fließenden Fremdsprachenkenntnissen über Feindeslinien. Sie gaben sich als Angehörige des jeweiligen Landes aus und sicherten so Brücken und andere kriegswichtige Einrichtungen vor dem eigentlichen Beginn des deutschen Angriffs. Manche ihrer Einheiten waren aber auch über alle Maßen gewalttätig. In Polen waren sie an Massakern in Kattowitz beteiligt.

8 Précis of conversation between John Holroyd-Reece, Esq., and P/W Oberleutnant Wolfgang Brandstetter, German Air Force, 2.2.1945, KV2/160 (PF Series): Wolfgang Krause-Brandstetter: Based in Paris, NAK. Seine Zahlenangaben für die »englische Reihe« beziehen sich womöglich nur auf Tauchnitz, die von Gey auf Albatross.

9 John Holroyd-Reece an O.P. London District Cage, Top Secret Memorandum, o. D., KV2/160 (PF Series): Wolfgang Krause-Brandstetter: Based in Paris, NAK. Neben anderen Geldanlagen gestand Krause-Brandstetter, er habe Anteile an den Éditions Cluny gekauft, als einer der beiden Eigentümer, Fernand Hazan, von den NS-Behörden aus dem Unternehmen gedrängt wurde, und sie dessen Kompagnon Jacques de Brion anschließend mit großem Gewinn weiterverkauft. Krause-Brandstetter behauptete, Brion habe Verbindungen zur französischen Widerstandsbewegung unterhalten und er selbst habe am Ende des Krieges Franzosen um Beistand gebeten, die er während der Besatzung »vor Todesurteilen gerettet« haben wollte.

10 »Appendix I: MI5 Organization«, in: Guy Liddell, *The Guy Liddell Diaries: MI5's Director of Counter-Espionage in World War II*, hg.v. Nigel West, Bd. 1, 1939–42, Routledge, New York 2005, S. 312.; »Minutes Between B.1.B. and Sections re: Holroyd-Reece and Brandstetter«, 22.1.1945, C.S.D.I.C., Précis of conversation between Holroyd-Reece and Brandstetter, recorded at London District Cage on 29 January 1945, written up 2 February 1945, beide: KV2/160 (PF Series): Wolfgang Krause-Brandstetter: Based in Paris, NAK. Ebenso denkbar ist, dass Holroyd-Reece Krause-Brandstetter nur zustimmte, um ihn zum Weiterreden anzuregen.

11 Krause-Brandstetter behauptete, er habe Verbindungen zu dem in der Résistance tätigen Dominikanerpriester Raymond Bruckberger unterhalten. Zwar stuften die Ermittler diese Behauptung als »ziemlich fantasievoll« ein, doch immerhin hatte Krause-Brandstetter einen falschen Personalausweis bei sich, zu dem ihm angeblich Pater Bruckberger verholften hatte. Wenn SD und Sicherheitspolizei deutsche Agenten in Paris mit derartigen Ausweisen versahen, nutzten sie dafür eine der Präfekturen von Paris. Krause-Brandstetters Ausweis war von der Präfektur Yonne ausgestellt, was seiner Darstellung eine gewisse

Glaubwürdigkeit verlieh: »Secret« Report, Headquarters «T« Force, Twelfth Army Group, Wolfgang Brandstetter, 29.8.1944; CSDIC Report, Sir 886, Report on In formation from ... Oblt. Brandstetter ...; »List of Belongings Sent over with Ober Lt. Krause-Brandstetter«, o. D.; Captain M. Hilton, Interrogation Report on PW sent to No. 7, o. D., 5.11.1944. Alle vier: KV2/160 (PF Series): Wolfgang Krause-Brandstetter: Based in Paris, NAK.

12 Extract from Statement made by »Seth« [des Verhörs vom 13..9.1944], Extract made on 23 September 1944, Extract [aus dem zweiten Verhörprotokoll von »Seth« mit Datum 27.4.1945] made on 23 October 1945, alle: KV2/160 (PF Series): Wolfgang Krause-Brandstetter: Based in Paris, NAK.

13 Krause-Brandstetter an Major Steed, 8.2.1945, KV2/160 (PF Series): Wolfgang Krause-Brandstetter: Based in Paris, NAK.

14 Holroyd-Reece an O.P. London District Cage, Top Secret Memorandum, o. D., KV2/160 (PF Series): Wolfgang Krause-Brandstetter: Based in Paris, NAK

15 Lt. Colonel V. H. Seymer an P.I.D. Foreign Office, 24.1.1945, Lt. Colonel V. H. Seymer [S.L.B.3] an B.1.B, Notes on Brandstetter, 1.3.1945, D.I. Wilson an S.L.B.3 [wahrscheinlich an V. H. Seymer], 4.3.1945, Appendix B: Personalities of SD Counter-Evasion Service (Paris), Summer of 1944., o. D. [wahrscheinlich 17.8. 1945], Major John F. White an Brigadier General G. Bryan Conrad, Memo: Betrayal of American Evaders: SD Counter-Evasion Service (Paris), Summer of 1944, 17.8.1945, Major C. P. Hope, Paris M.I.5 Liaison Section to M.I.5–S.L.B.3 (Major Patterson), 6.12.1945, all KV2/160 (PF Series): Wolfgang Krause-Brandstetter: Based in Paris, NAK.

16 J. Barnes, SLB3 (Renegades Investigation Unit) an W. Morgan, 8.3.1945, KV2/160 (PF Series): Wolfgang Krause-Brandstetter: Based in Paris, NAK; Ich danke Professor John Hill vom Immaculata College für Information aus dem Verhörbericht über Miodraz Yevremovich (Deckname »Draga«), o. D., S. 18, KV2/3412, NAK, aus dem sich ergibt, dass Krause-Brandstetter den Namen »John Brandstetter« verwendete.

17 John Holroyd-Reece an Harold Raymond, 30.4.1945, CW 100/16, RHGA.

18 Harold Raymond an J. D. Medley, 22.5.1945, CW 100/16, RHGA. Laut Raymond zahlte Albatross nur 7,5 Prozent Tantiemen auf ein preiswerteres Buch. Demgegenüber fielen bei gebundenen, hochpreisigeren Ausgaben 25 Prozent für die Autoren ab. Raymond zahlte lieber 25 Prozent Tantiemen auf eine teurere gebundene Ausgabe, weil der höhere Preis dennoch einen höheren Gewinn für den Verlag abwarf. Huxleys früherer Agent Pinker ging während des Krieges in Konkurs, woran das Nichteintreffen der Albatross-Tantiemen aus Deutschland womöglich eine Mitschuld hatte.

19 John Holroyd-Reece an Raymond, 30.4. 1945, CW 100/16, RHGA.

20 Ebenda.

21 Harold Raymond an John Holroyd-Reece, 4.5.1945; Raymond an C. D. Medley, 22.5.1945, beide: CW100/16, RHGA.

22 Enoch, *Memoirs*, S. 160ff.

23 Ebenda, S. 168; Frost zitiert in Lewis, *Penguin Special*, S. 215.

24 Weybright, *The Making of a Publisher*, S. 165.

25 Weybright, *The Making of a Publisher*, S. 17; Marc Jaffe, Telefongespräch mit der Autorin, 29.5. 2014; Talley zitiert in Silverman, *The Time of Their Lives*, S. 429.

26 Enoch, *Memoirs*, S. 163.

27 Thomas Wegner im Gespräch mit der Autorin, 5. Mai 2013, Köln; Matthias Wegner, »Offener Brief an einen Enkel«, o. D. MW.

28 Zahlen über deutsche Gefallene im Krieg sind bis heute umstritten. Nach Percy Schramm, der das Kriegstagebuch für das Oberkommando der Wehrmacht führte, betrugen die Verluste an der Ostfront vom 1. September 1939 bis 31. Januar 1945 etwa eine Million Tote, dazu kamen eine Million Vermisste oder Kriegsgefangene. Siehe Percy Schramm, *Kriegstagebuch des Oberkommandos der Wehrmacht: 1940–1945*, 8 Bde., Bernard und Graefe, Frankfurt 1961, Bd. 6, S. 1508ff; Thomas Wegner im Gespräch mit der Autorin, 5.5.2013, Köln; Markus Wegner, E-Mail an die Autorin, 19.8.2015. Laut Markus Wegner, Christian Wegners Sohn aus dritter Ehe, entkam Enders mit Wegner auf einem der letzten Schiffe aus Pillau. Wegner unterstützte ihn zum Dank finanziell, als er nach seiner Rückkehr wieder an die Universität ging, um Jura zu studieren.

29 Max Christian Wegner an Annemarie Wegner, 14.1. und 21.1.1945, zitiert in Matthias Wegner, »Offener Brief an einen Enkel«, MW; Howard D. Grier, *Hitler, Dönitz, and the Baltic Sea: The Third Reich's Last Hope, 1944–1945*, Naval Institute Press, Annapolis 2007, S. 81–88.

30 Matthias Wegner, »Offener Brief an einen Enkel«, MW; Appendix H: A Diary of T-Force Operations in Kiel, May 1945, Abschrift von TNA FO/1031/49, http://arcre.com/archive/wwii/targetforce/tforceh.

31 Matthias Wegner, »Offener Brief an einen Enkel«, MW; Matthias Wegner im Gespräch mit der Autorin, Oktober 2009; Hansgeorg Maier, »Verlegerprofil: Max Christian Wegner«, *Welt und Wort*, Jg. 3 (März 1951), o. S.

32 Matthias Wegner im Gespräch mit der Autorin, Oktober 2009; Markus Wegner im Gespräch mit der Autorin, Mai 2012, Hamburg.

33 Gesine Froese (Hg.), *Als der Krieg zu Ende war: Ein Lesebuch vom Neubeginn in Hamburg und Schleswig-Holstein*, Norddeutscher Verleger- und Buchhändler-Verband, Hamburg 1985, S. 160; *Handbuch der Lizenzen Deutscher Verlage*, de Gruyter, Berlin 1947,

S. 106; Ankündigungsausschnitt, Neue Hamburger Presse, 7. November 1945, n. p.; Isa Vermehren, *Reise durch den letzten Akt: Ein Bericht (10.2.44 bis 29.6.45)*, Christian Wegner, Hamburg 1946.

KAPITEL 22: AUFERSTANDEN AUS RUINEN

1 The Albatross, MCMXLVII, Werbebroschüre, 1947, C Rep. 120, File 760, LAB.

2 Précis of conversation between John Holroyd-Reece, Esq., and P/W Oberleutnant Wolfgang Brandstetter, German Air Force, 2.2.1945, KV2/160 (PF Series): Wolfgang Krause-Brandstetter: Based in Paris, NAK; Holroyd-Reece an Harold Raymond, 30.4.1945, CW 100/16, RHGA; Death Announcement for Jeanne Holroyd-Reece, *Times* (London), 2.7.1945, S. 1; sie starb am 28. Juni 1945.

3 »Comment: Books into Europe«, *The Observer*, 17.9.1944, S. 4.

4 Military Governor, British Troops, Berlin, B.A.O. R. Personal and Confidential to Michael Grant, British Council Deputy Director, European Division. 31.10. 1945, BW32/3, NAK.

5 Hench, *Books as Weapons, S.* 206; Holman, *Print for Victory, S.* 162–67.

6 Maury Meiklejohn an Mr. Paroissien, 12.10.1946, INF 12/457, NAK.

7 Protokoll der ersten Besprechung des Official Committee zur Steuerung des BES, Central Office of Information, INF 12/186, NAK. Zu den Vertretern des Buchhandels gehörten Stanley Unwin, inzwischen geadelt zu Sir Stanley für seine Leistungen im Dienst der Regierung Seiner Majestät, Harry Paroissien von Penguin Books, F. E. K. Foat vom Grossisten W. H. Smith und der Literaturagent Curtis Brown, Albatross' »Pate« in längst vergangenen Zeiten; Mr. Paroissien an Miss Aitken, 11.10.1946, INF 12/457, NAK.

8 Zu Lord Lloyd siehe J. M. Mitchell, *International Cultural Relations*, S. 44; Mr. Hadfield an Mr. Routh, 6.11.1946, INF 12/457, NAK.

9 Memo by Finance Officer referencing comment made by Mr. E. Mercier [Department of Overseas Trade], 20 .12.1946, INF 12/457, NAK; M. R. Bruce [Finanzamt] an Mr. Hadfield [Central Office of Information], 20.3.1947; anonymer Bericht: Albatross in Spain, o. D., Mr. Thompson an Mr. Hadfield, 2.4.1947, beide: INF 12/457, NAK

10 Mr. Hadfield an Mr. Thompson, 31.3. 1947, INF 12/457, Foreign Office German Section CO 901/208, PMD Section SITREP for January 1947, Mr. Hadfield an Mr. Lees [Finanzamt], 28.2.1947, INF 12/457, all: NAK.

11 R. G. Davies und Mr. Hadfield, The Albatross Ltd., 24.7.1947; Mr. Hadfield an Miss Bruce [Finanzamt], 19.9.1947; Übereinkunft zwischen Albatross Ltd., London, und Rudolf Lechner und Sohn, Wien, 16.1.1948, alle: INF 12/457, NAK.

12 Higham, *Literary Gent*, S. 191f.

13 David Higham an John Holroyd-Reece, 5.6.1945, J. C. Medley an Harold Raymond, 23.5.1945, Holroyd-Reece an Raymond, 27.6.1945, alle: CW 100/16, RHGA. Raymond gegenüber bestand Holroyd-Reece darauf, er sei vertraglich im Besitz aller Rechte »an Huxleys älteren, gegenwärtigen und künftigen Schriften«, und der Schutz dieser Rechte ergebe sich daraus, dass es »rechtlich unbezweifelbar feststeht, dass sich die Albatross-Gruppe zu 100 Prozent in britischem Besitz befindet«. Siehe auch B. G. C. Wright an Mr. Price, 10.8.1945, CW 100/16, RHGA. In diesem Brief distanzierte sich das British Trading with the Enemy Department von Holroyd-Reece' Auffassung und gab zu verstehen, dass Verträge mit dem »feindlichen« deutschen Ableger von Albatross rechtlich nicht bindend seien.

14 Harold Raymond an Aldous Huxley, 3.7.1945, CW/Huxley 1945 File, RHGA; Higham, Literary Gent, 191–92; Watson, »More Sketches from Memory«, S. 2559.

15 J. V. Browne, Handwritten File Note, 9.12.1940, Foreign Office 371: Political/America/United States 1940, A 5075, NAK.

16 Eva A. Mayring, »Control Commission for Germany (British Element)«, in: Benz (Hg.), *Deutschland unter alliierter Besatzung, S.* 239–43; Maury Meiklejohn an Mr. R. G. Davies, 6.6.1947, N.G. Thompson an Mr. Hadfield und Mr. Routh, 10.12.1947, beide: INF 12/457, NAK.

17 Kartografische Dokumentation der schrittweisen Zerstörung Hamburgs durch die Bombenangriffe, darunter auch des Stadtteils rund um die Speersort, in der sich Wegners Büro befand, in Lowe, *Inferno, S.* 164f, 204f, 242f.

18 Max Christian Wegner an Stanley Unwin, 25.1. 1930, AUC 27/8 Curtis Brown Ltd., UR.

19 Todd und Bowden, *Tauchnitz International Editions*, S. 891ff; C. A. Furth an Max Christian Wegner, 14.1.1947, AUC, MC Wegner of Christian Wegner Verlag, UR.

20 Bericht vom 27.9.1944, ZC 06483 A 1-3, BAL.

21 Werner Jäckh, *Festschrift zum 125jährigen Bestehen der Firma Bernhard Tauchnitz Verlag, 1837–1962,* Buchdruckerei Johannes Illig, Göppingen 1962; Todd und Bowden, *Tauchnitz International Editions*, S. 891; Leipziger Handelsregister, Eintrag 15, HRA 1220 Oscar Brandstetter Leipzig, SAL; Harry Bergholz, »Survey of Book- and Music Publishing in Post-War Germany«, *Modern Language Journal* (December 1950), S. 616–25; VAG an den Börsenverein, 4.5.1948, Börsenverein Akt 9494 VAG; Friedrich Vieweg und Sohn an Firma Oscar Brandstetter, 26.2.1948, 21056, Akt 8, SAL.

22 »Zum Tode von Wolfgang Brandstetter«, *Börsenblatt für den deutschen Buchhandel*, 17.12.1963, S. 2327; Book Section, PRISC Regional Staff, Hamburg, Information Control Memo to German Personnel Office of the PRISC Regional Staff, 9.10.1947, Personalakte Wolfgang Brandstetter, Bestand VBS 243, Aktensignatur:

2703002610, RK Certificate, BAL; Todd und Bowden, *Tauchnitz International Editions*, S. 891; Jones, »Eradicating Nazism from the British Zone«, S. 149f.

23 Max Christian Wegner an C. A. Furth, 4.6.1947, Allen Unwin Collection, MC Wegner of Christian Wegner Verlag, UR.

24 Max Christian Wegner an C. A. Furth, 19.1.1947, Anonymer handschriftlicher Kommentar im Brief von Chatto and Windus an Wegner, 29.1.1947, beide: AUC, MC Wegner of Christian Wegner Verlag File, UR; John Holroyd-Reece an C. D. Medley, o. D. [wahrscheinlich September 1943], David Lloyd Agency for Pearl Buck (C0060), Box 28, Folder 12, PUA; Holroyd-Reece an Harold Raymond, 27.6. 1945, CW 100/16, RHGA. Siehe Todd und Bowden, *Tauchnitz International Editions*, S. 879ff, 891 zur gegenteiligen Auffassung, dass die Brandstetters im Verlauf dieser unterschiedlichen Kooperationen alle ihre Rechte an Tauchnitz behielten.

25 Potsdamer Abkommen, Teil III, Absatz 7, zitiert in Welch, »Priming the Pump of German Democracy«, S. 222.

26 Lowe, *Savage Continent*, S. 34–50; Collingham, *The Taste of War*, S. 467f.

27 Gollancz, *In Darkest Germany*, S. 227ff.

28 Gollancz, *In Darkest Germany*, S. 227ff.; Gienow-Hecht, »Art Is Democracy«, S. 31f; Clemens, *Britische Kulturpolitik in Deutschland*, S. 67, 204–9; Welch, »Priming the Pump of German Democracy«, S. 231.

29 N. G. Thompson an Mr. Hadfield und Mr. Routh, 10.12.1947, INF 12/457, NAK.

30 F. O. German Section CO 901/208 PMD section SITREP for January 1947, NAK; Markus Wegner im Gespräch mit der Autorin, 7.5.2012, Hamburg.

31 N. G. Thompson an Mr. Hadfield und Mr. Routh, 10.12.1947, INF 12/457, NAK.

32 The Albatross, MCMXLVII, Werbebroschüre, 1947, C Rep. 120, File 760, LAB.

33 Maury Meiklejohn an Mr. Paroissien [Book Export Scheme], 12.10.1946, INF 12/457, NAK; zu in Italien gedruckten Titeln siehe die Protokolle der Vorstandssitzungen vom 18. bis 20.11.1946, Collins Archive, 1/1/5, GUL; zur niederländischen Produktion siehe S. G. van Looy an Wolfgang Ollendorff, 5.6.1947, SYT D 27 Correspondentie met Londen m.b.t. The Albatross Modern Continental Library, 1946–49, Akt 2: January–June 1947, Archief van A.W. Sijthoff's Uitgeversmaatschappij N.V., UL, darin auch Einzelheiten zu den Produktionsschwierigkeiten nach dem Krieg. Report, »Visit London, 1 November 1947«, SYT D 24 Verslagen van besprekingen m.b.t. The Albatross Modern Continental Library, 1946–1951, Akt 6, Archief van A.W. Sijthoff's Uitgeversmaatschappij N.V., UL.

34 Protokoll der Vorstandssitzung vom 18. bis 20.11. 1946, Collins Archive, 1/1/5, GUL; Protokoll der Vorstandssitzung vom 28. und 29.10.1947, Collins Archive 1/1/5, GUL. Als R. G. Davies vom Central Office of Information Holroyd-Reece' Verbindungen nachging, fand er unter anderem heraus, dass Collins Albatross

am 18.4.1947 20.000 £ geliehen hatte – und darin »Anlass für allerhand Mutmaßungen«. Mr. Davies und Mr. Hadfield, »The Albatross Ltd«, 24.7.1947, INF 12/457, NAK.

35 John Brophy, Eintrag vom 28. Juli 1941, *The Mind's Eye: A Twelve-Month Journal*, Arthur Barker, London 1949, S. 167f.

KAPITEL 23: HEIMKEHR

1 Enoch, *Memoirs*, S. 200.

2 Ebenda, S. 200f.

3 Ebenda, S. 160, 173–177; Silverman, *The Time of Their Lives*, S. 423f. Übergangsweise erschienen Bücher der New American Library unter einer gemeinsamen Verlagsmarke mit Penguin.

4 Enoch, *Memoirs*, S. 195f.

5 Hench, *Books as Weapons*, S. xiii; siehe Schreuders, *Paperbacks U. S. A.* zu Pocket (S. 18–30), Avon (S. 31–36), Dell (S. 57–62) und Bantam (S. 63–87); Manning, *When Books Went to War*, S. 59–74, 152ff. Siehe auch die ausführliche Darstellung der von amerikanischen Behörden und Verlagen geschaffenen Infrastruktur zur Versorgung amerikanischer Soldaten mit Büchern und nach dem Krieg auch der kontinentaleuropäischen Leser.

6 Hench, *Books as Weapons*, S. 253ff; die ECA-Kriterien nennt Enoch in *Memoirs*, S. 196f; siehe zum Einsatz moderner Literatur als demokratischer Nachkriegspropaganda durch amerikanische Behörden auch Barnhisel, »Cold Warriors of the Book«, »Perspectives USA«, und *Cold War Modernists*.

7 Enoch, *Memoirs*, S. 197. Enoch widerspricht sich in seiner Autobiografie selbst, was die Daten seiner Reise nach Europa angeht: Einmal nennt er als Zeitpunkt der Abreise den 5. April 1949 (S. 197), dann behauptet er, am 17. März 1949 erstmals mit dem Zug nach Deutschland gefahren zu sein (S. 200). Ich vermute, dass er am 5. März nach Europa aufbrach.

8 Ebenda, S. 202f.

9 Ebenda, S. 202.

10 Erich Kupfer, Beurteilung, o. D., Magistrat von Groß-Berlin Abt. Für Volksbildung, Verlage Buchh Leihb C Rep 120 Grieben Verlag, File 946, LAB; Albatross Beurteilung, o. D., Magistrat von Groß-Berlin Abt. Für Volksbildung, Verlage Buchh Leihb, C Rep 120, File 760, LAB.

11 Enoch, *Memoirs*, S. 203ff. Vor dem Krieg war Kupfer auch an der »Arisierung« des Grieben Verlags beteiligt, der auf Reiseführer spezialisiert war und dem jüdischen Verleger Viktor Goldschmidt gehörte. Dahm, *Das jüdische Buch*, S. 92–97, beschreibt, wie die Schrifttumskammer Albatross als ausländischen Verlag

1938 am Kauf von Grieben hinderte und stattdessen Kupfer für den Kauf als Strohmann von Albatross auftrat. Dahm interpretiert das schlüssig als ein söldnerisches »Arisierungs«-Geschäft, das Goldschmidt um einen großen Teil seiner Rücklagen brachte. Andererseits zeigen Dokumente in den Akten des Albatross Verlags im Harry Ransom Center, dass Holroyd-Reece Goldschmidt bei der Auswanderung helfen wollte. Er bat Kupfer, das Unternehmen in Deutschland für so wenig Geld wie möglich zu erwerben, und stellte diese Summe bereit, um Goldschmidt anschließend in England einen möglichst großen Betrag auszahlen und seinen Lebensunterhalt dort finanzieren zu können. Nach dem Krieg wollte Kupfer den Grieben Verlag direkt in sein Eigentum übernehmen, ohne Mitwirkung von Holroyd-Reece. Da der Verlag schon bald an Wert verlor, sorgte sich Holroyd-Reece, ob er Goldschmidt sein Geld entsprechend zurückerstatten würde können: John Holroyd-Reece an Max Christian Wegner und Wolfgang Krause-Brandstetter, 25. April 1949, Albatross Verlag Records, 2: Correspondence, File: Tauchnitz Edition Company 1949, HRC.

12 Enoch, *Memoirs*, S. 206; Christian Wegner Verlag an die Geschäftsstelle des Börsenvereins, 4.7.1944, 21765, Akt F 2421, Christian Wegner Verlag, SAL.

13 Kurt Enoch an Max Christian Wegner, 13.9.1951, Series 213-13, Z 8326, SAH.

14 Max Christian Wegner an John Holroyd-Reece, 16.4.1949, Albatross Verlag Records, 2: Correspondence, File: Tauchnitz Edition Company 1949, HRC.

15 John Holroyd-Reece an Wolfgang Krause-Brandstetter und Max Christian Wegner, 21.4.1949, Albatross Verlag Records, 2: Correspondence, File: Tauchnitz Edition Company 1949, HRC.

16 Ebenda.

17 John Holroyd-Reece an Wolfgang Krause-Brandstetter und Max Christian Wegner, 25.4.1949, Albatross Verlag Records, 2: Correspondence, File: Tauchnitz Edition Company 1949, HRC.

18 Max Christian Wegner an John Holroyd-Reece 27.4. und 30.5.1949, Albatross Verlag Records, 2: Correspondence, File: Tauchnitz Edition Company 1949, HRC; Raymond Pagan (Leiter der Publications Branch for the American Zone) an Wolfgang Krause-Brandstetter, 13.5.1949, RG 260 Records of United States Occupation Headquarters World War II, Office of Military Govt. for Germany (OMGUS), Records of Office of Military Govt., Hesse, The Informational Services Division: General Recommendations of the Publications Branch: 1946–49, Box 1212, NACP.

19 John Holroyd-Reece an Max Christian Wegner, 5.6.1949, Albatross Verlag Records, 2: Correspondence, File: Tauchnitz Edition Company 1949, HRC.

20 Raymond Pagan an Wolfgang Krause-Brandstetter, 13.5.1949, RG 260 Records of United States Occupation Headquarters World War II, Office of Military Govt.

for Germany (OMGUS), Records of Office of Military Govt., Hesse, The Informational Services Division: General Recommendations of the Publications Branch: 1946–49, Box 1212, NACP; Dr. Pinner an Max Christian Wegner, 8.6.1949, Albatross Verlag, HRC.

21 Rainer Maria Rilke, *Die Aufzeichnungen des Malte Laurids Brigge,* Kap. 8; Max Christian Wegner an John Holroyd-Reece, 15.6.1949, Albatross Verlag Records, 2: Correspondence, File: Tauchnitz Edition Company 1949, Albatross Limited, Advances Paid on Non-Published Titles–31st May 1949, beide: Albatross Verlag Records, 3: Lists, 1948–1950, File: Publication Dates/Owed and Paid Advances, HRC; see also McCleery, »Tauchnitz and Albatross«, S. 314f.

22 John Holroyd-Reece an Wolfgang Krause-Brandstetter und Max Christian Wegner, 21.4.1949, Albatross Verlag Records, 2: Correspondence, File: Tauchnitz Edition Company 1949, HRC.

23 Erich Kupfer an das Amtsgericht Leipzig, 28.6.1949, Registerakten 824/28583 Abt. B, AGL; Vollmacht, 13.7.1949, Albatross Verlag, AGL; Notes for Collins Managing Directors Meeting, 1.9.1949, Notes for Collins Directors Managing Meeting, 24. u. 25.10.1949, File, beide GUL; siehe auch McCleery, »Tauchnitz and Albatross«, S. 314.

24 »Albatross International Reprints Ready for Expansion«, *Publishers Weekly,* 14.12. 1946, S. 3216–17; S. G. van Looy an Wolfgang Ollendorff, 13. u. 19.7.1949, beide SYT D 28 Correspondentie met Parijs m.b.t. The Albatross Modern Continental Library 1946–49, UL; McCleery, »Tauchnitz and Albatross«, S. 314; S. G. van Looy to John Holroyd-Reece, 3.4.1950, John Holroyd-Reece an S. G. van Looy, 15.2. 1951, Albatross an Sijthoff, 14.3.1951, S. G. van Looy an John Holroyd-Reece, 6.9. 1951, alle: SYT D 26 Correspondentie m.b.t. The Albatross Modern Continental Library, File 3: 1951, UL; McCleery, »Tauchnitz and Albatross«, S. 314f.

25 Harold Raymond an Denys Kilham Roberts, 23. 1. 1951, Hogarth Press 441, UR.

26 John Holroyd-Reece an Miss Ruth Mandl, 2.10.1951, Katherine Strelsky Papers, John Holroyd-Reece File, SL; Richard Aldington an Holroyd-Reece, 18.12.1952, Holroyd-Reece an Alister Kershaw, 21.12.1952, beide: Richard Aldington Collection, 1913–1963, HRC; McCleery, »Tauchnitz and Albatross«, S. 314f. Wie und warum Aldington *Lawrence of Arabia* am Ende bei Collins und nicht bei Albatross herausbrachte, erzählt Fred D. Crawford in *Richard Aldington and Lawrence of Arabia: A Cautionary Tale,* Southern Illinois University Press, Carbondale 1998.

27 John Holroyd-Reece an Osbert Sitwell, 19.1.1934, Osbert Sitwell Papers, Box 40.1, Recipient File E-L, HRC.

SCHLUSS

1 Fiona Brewster im Gespräch mit der Autorin, 13.12.2013, Le-Breuil-Rouillac, Frankreich.

2 Katharine Strelsky, unveröffentlichte Notizen, 21.3. »zwei Jahre später«, [wahrscheinlich 1951, da die beiden einander 1949 kennenlernten], Katharine Strelsky Papers MC 815, John Holroyd-Reece File, SL.

3 Fiona Brewster im Gespräch mit der Autorin, 13.12.2013, Le-Breuil-Rouillac, Frankreich; Katharine Strelsky, unveröffentlichte Notizen, 21.3. »zwei Jahre später«, [wahrscheinlich 1951], Katharine Strelsky Papers MC 815, John Holroyd-Reece File, SL.

4 Annemarie Wegner an Max Christian Wegner, 7.4.1943, MW.

5 Alle diese Quellen zu John Holroyd-Reece finden sich in den Katharine Strelsky Papers MC 815, John Holroyd-Reece File; Capt & Adj. R.A. of the 294th (Queen's Own Dorset Yeomanry) [Unterschrift unlesbar] an Mrs. Katharine Strelsky, 15.9. 1953. Siehe auch Katherine Strelsky, »The Sign« [»circa 1953?« mit Bleistift auf dem Titelblatt vermerkt], eine kaum verhohlene autobiografische Erzählung, Katherine Strelsky Papers, loser Akt ohne Sigel; alle: SL.

6 Arts et métiers graphiques: Liste des actionnaires, AJ/40/722, Akt B1446, ANF.

7 Ben MacIntyre, Mitherausgeber der Londoner *Times*, beschreibt Verhältnisse dieser Art in seinem Buch über Geheimagenten.

8 Adam, *Lesen unter Hitler*, S. 321; Haffner, *Von Bismarck zu Hitler*, S. 270.

9 Barbian, *Literaturpolitik*, S. 486f.

10 Bonsaver, *Censorship and Literature in Fascist Italy*, S. 3.

11 Annemarie Wegner an Max Christian Wegner, 4.3.1943, MW.

12 Erich Kupfer, »Dr. Kurt Enoch wird siebzig«, Personal- und Firmennachrichten, *Börsenblatt für den deutschen Buchhandel*, 19.11.1965, S. 2506. Laut dem Verleger Klaus Saur, der die deutsche Verlagsgeschichte des 20. Jahrhunderts akribisch erforscht hat, ging Kupfers Firma Grieben 1954 in Konkurs. Was übrig blieb, fiel an den Münchner Thiemig-Verlag.

13 Todd und Bowden, *Tauchnitz International Editions*, S. 892, 895; »Wolfgang Krause-Brandstetter«, *Börsenblatt für den deutschen Buchhandel*, 1963, S. 2327

14 »Obituary Notes: Kurt Enoch«, *Publishers Weekly*, 26.2.1982; Herbert Mitgang, »Kurt Enoch, 86; Pioneer in Paperback Publishing«, *New York Times*, 17.2.1982, S. B6; Enoch, Publishing Consultant Announcement, 29.1.1968, CE; Ruth Gruenthal, E-Mail an die Autorin, 16.4.2013. Am 18.9.1953 beschloss die Bundesrepublik das »Bundesergänzungsgesetz zur Entschädigung für Opfer der nationalsozialistischen Verfolgung«: Dr. Dietzold, 2.9.1959, Wiedergutmachungsakt, Serie 351-11, Akt 45317, SAH.

15 Ruth Gruenthal im Gespräch mit der Autorin, August 2009, Westport, Connecticut; Charles Enoch im Gespräch mit der Autorin, 11.7.2011, Washington, D.C.; »Kurt Enoch on the Occasion of His 70th Birthday« [Geburtstagsfestschrift], 1965, CE.

16 Kurt Enoch, »Kurt Enoch's Remarks to his Guests at the Dinner Given on his 80th Birthday«. 22.11.1975, Kurt Enoch, 1895–1982 [Gedenkprogramm bei seiner Beisetzung], 1982, beide: CE.

17 Saucke, »Christian Wegner zum 60. Geburtstag«, S. 449; Trunz und Honeit (Hg.), *Gratulatio,* S. 9; Markus Wegner, »Christian Wegner«, Deutscher Wikipedia-Artikel, https://de.wikipedia.org/wiki/Christian_Wegner (aufgerufen im April 2021); Matthias Wegner, E-Mail an die Autorin, 11.7.2014; Markus Wegner, Interview, 7.5.2012, Hamburg.

18 Hansgeorg Maier, »Verlegerprofile: Max Christian Wegner«, *Welt und Wort,* Jg. 3 (März 1951), S. 99; »Max Christian Wegner«, *Who's Who in Germany,* 3rd ed. (Intercontinental Book and Publishing Company, R. Oldenbourg Verlag, München 1964, S. 1834; Markus Wegner, »Christian Wegner«, Deutscher Wikipedia-Artikel, https://de.wikipedia.org/wiki/Christian_Wegner (aufgerufen im April 2021); Matthias Wegner, E-Mail an die Autorin, 11.7.2014.

19 Jewish Trust Corporation an Wegner, 18.10.1950, Wegner an das Wiedergutmachungsamt beim Landgericht Hamburg, 2.8.1951, beide: Serie 213-13 Z 8326, SAH; »Kaum zu unterscheiden«. *Der Spiegel*, 18/1952: 29.04, S. 30.

20 Trunz und Honeit (Hrsg.), *Gratulatio,* S. 12.

21 Watson, *Book Society,* S. 97.

22 Lady Elisabeth Schiemann, Telefongespräch am 22.9.2013. Zum Alter des Gutes siehe »Chilham Castle«, »Castles and Fortifications of England and Wales«, http://www.ecastles.co.uk/chilham.html (aufgerufen im April 2021); zum Turm siehe http://www.chilham-castle.co.uk/the-history-of-chilham-castle/pre-1607-ancient-castle/.

23 Lady Elisabeth Schiemann, Telefongespräch am 22.9.2013.

24 Ebenda; Weihnachtskarten von Holroyd-Reece, Katharine Strelsky Papers MC 815, John Holroyd-Reece File, SL.

25 Details zu Holroyd-Reece' Antrag siehe B368/1013, Akte Cardew-Smith und Ross, BAK; Lady Elisabeth Schiemann, Telefongespräch am 22. September 2013; Hinweise zur Milchverteilung von Fiona Brewster im Gespräch mit der Autorin, 13.12.2013, Le Breuil-Roulliac, Frankreich; über Holroyd-Reece' Anteil an den Missgeschicken, die das Erscheinen des Buchs verzögerten, siehe Fred D. Crawford, *Richard Aldington and Lawrence of Arabia: A Cautionary Tale,* Southern Illinois University Press, Carbondale 1998; Lady Elisabeth Schiemann, Telefongespräch, 22.9.2013.

26 H. P. Schmoller, »Mr. John Holroyd-Reece«, *The Times* (London), 22.3.1969, S. 10.

27 Sotheby's Auction Announcements, *The Times* (London), 10.6.1969, S. 10; 17.6. 1969, S. 15; 24.6.1969, S. 15; 1.7.1969, S. 13; 8.7.1969, S. 17; 15.7.1969, S. 15; 22.7. 1969, S. 15.

28 Zu Sonia Hambourg Basserab und ihren Verbindungen mit dem französischen Widerstand siehe Jennifer Lash, *On Pilgrimage: A Time to Seek,* Bloomsbury, London 1998, S. 53; Kallistos Ware, »Obituaries: Mother Mary«, Sobornost: *The Journal of the Fellowship of St. Alban and St. Sergins,* Jg. 3, Nr. 1 (1981); Pauline Adams, Somerville for Women: An Oxford College, 1879–1993, Oxford University Press, Oxford 1996, S. 353.

29 Brief von Alberto Giacometti an Pierre Matisse, Ende 1947, zitiert in Angel Gonzalez, *Alberto Giacometti: Works / Writings / Interviews,* Poligrafa, Barcelona 2007, S. 132.

30 André Parinaud, »Entretien avec Alberto Giacometti: Pourquoi je suis sculpteur«, Arts, (Paris), 13.–19.6.1962, S. 1, 5, Zitat ebenda, S. 150.

Literatur

ARCHIVE

ÖFFENTLICHE ARCHIVE

AGL	Amtsgericht Leipzig
ANF	Archives Nationales de France
AVP	Archives de la Ville de Paris
BAF	Bundesarchiv/Militärarchiv Freiburg
BAK	Bundesarchiv Koblenz
BAL	Bundesarchiv Berlin-Lichterfelde
BL	Beinecke Rare Book and Manuscript Library, Yale University, New Haven, CT
FM	Fondazione Mondadori e Alberto Mondadori, Milano, Archivio storico Arnoldo Mondadori editore, Arnoldo Mondadori, File John Holroyd-Reece
GUL	Glasgow University Library, Glasgow, Scotland
IMEC	Institut Mémoires de l'édition contemporaine, Sainte-Germain la Blanche Herbe
HRC	Harry Ransom Center, The University of Texas at Austin
LAB	Landesarchiv Berlin
NACP	National Archives, College Park, Maryland
NAK	National Archives, Kew, England
NL	Newberry Library, Chicago, Illinois
NLI	Department of Manuscripts, National Library of Ireland, Courtesy of the National Library of Ireland, Dublin
PA	Politisches Archiv, Berlin
PUA	Manuscripts Division, Department of Rare Books and Special Collections, Princeton University Library, Princeton, NJ
RHGA	Random House Group Archives, permission granted by The Random House Group Ltd., University of Reading, Special Collections, Reading, England
SAH	Freie und Hansestadt Hamburg, Kulturbehörde, Staatsarchiv Hamburg
SAL	Sächsisches Staatsarchiv Leipzig

SHD	Service historique de la Défense, Vincennes, France (© Service historique de la Défense, CHA Fonds Moscou dossier 42834)
SIUC	Special Collections Research Center of Southern Illinois University, Carbondale
SL	Schlesinger Library, Radcliffe Institute, Harvard University, Cambridge, MA
SU	Stanford University, Courtesy of the Department of Special Collections, Stanford University, Palo Alto, CA
SWA	Stiftung Warburg Archive, Blankenese
UL	University of Leiden, Special Collections, Leiden, The Netherlands
UR	University of Reading, Special Collections, Reading, England

PRIVATE ARCHIVE

AJ	Alastair Jollans, London
CE	Charles Enoch, Alexandria, Virginia
FVB	Fiona Vendredi Brewster, Le Breuil-Rouillac, Frankreich
LES	Lady Elisabeth Schiemann, Kent, England
MEW	Markus Ernst Wegner, Hamburg
MW	Matthias Wegner, Hamburg
RGA	Ruth Gruenthal, New York

GEDRUCKTE QUELLEN UND LITERATUR

Adam, Christian: *Lesen unter Hitler: Autoren, Bestseller, Leser im Dritten Reich*. Berlin: Galiani 2010.

Aigner, Dietrich: *Die Indizierung »schädlichen und unerwünschten Schrifttums« im Dritten Reich*. Frankfurt am Main: Buchhändler-Vereinigung 1971.

Ders.: *Das Ringen um England: Das deutsch-britische Verhältnis, die öffentliche Meinung, 1933–1939. Tragödie zweier Völker*. München: Bechtle 1969.

Aly, Götz: *Hitlers Volksstaat: Raub, Rassenkrieg und nationaler Sozialismus*. Frankfurt am Main: S. Fischer 2005.

Andrew, Christopher: *The Defense of the Realm: The Authorized History of MI5*. London: Penguin 2009.

Arns, Karl: *Index der anglo-jüdischen Literatur*. Bochum-Langendreer: Pöppinghaus 1938.

Ders.: *Index der anglo-jüdischen Literatur: Amerika und Nachträge zu England*. Bochum-Langendreer: Pöppinghaus 1939.

Ayçoberry, Pierre: *La Société allemande sous le IIIe Reich, 1933–1945*. Paris: Seuil 1998 (engl. Ausgabe: *The Social History of the Third Reich*. New York: New Press 1999).

Bahr, Erhard: »Nazi Cultural Politics: Intentionalism vs. Functionalism«. In: *National*

Socialist Cultural Policy, hrsg. v. Glenn Cuomo, New York: St. Martin's 1995, S. 5–22.

Bajohr, Frank: *»Arisierung« in Hamburg: Die Verdrängung der jüdischen Unternehmer 1933–1945*. Hamburg: Christians 1998.

Barbian, Jan-Pieter: »Die doppelte Indizierung: Verbote US-amerikanischer Literatur zwischen 1933 und 1941«. In: *Verfemt und Verboten: Vorgeschichte und Folgen der Bücherverbrennungen 1933*, hrsg. v. Julius H. Schoeps und Werner Tress, Hildesheim: Olms 2010, S. 260–90.

Ders.: »›Kulturwerte im Zeitkampf‹: Die Kulturabkommen des ›Dritten Reiches‹ als Instrumente nationalsozialistischer Außenpolitik«. In: *Archiv für Kulturgeschichte* 74, No. 2 (1992), S. 415–59.

Ders.: »Literary Policy in the Third Reich«. In: *National Socialist Cultural Policy*, hrsg. v. Glenn Cuomo, New York: St. Martin's Press 1995, S. 155–96.

Ders.: *Literaturpolitik im Dritten Reich: Institutionen, Kompetenzen, Betätigungsfelder*. Frankfurt am Main: Historische Kommission des Börsenvereins 1993.

Ders.: *Literaturpolitik im NS-Staat: Von der »Gleichschaltung« bis zum Ruin*. Frankfurt am Main: S. Fischer 2010.

Barkai, Avraham: *From Boycott to Annihilation: The Economic Struggle of German Jews, 1933–1943*. Hanover, N. H.: University Press of New England 1989.

Barker, Nicholas: *Stanley Morison*. Cambridge: Harvard University Press 1972.

Barnhisel, Greg: *Cold War Modernists: Art, Literature, and American Cultural Diplomacy*. New York: Columbia University Press 2015.

Ders.: »Cold Warriors of the Book: American Book Programs in the 1950s«. In: *Book History* 13 (2010), S. 185–217.

Ders.: »Perspectives USA and the Cultural Cold War: Modernism in Service of the State«. In: *modernism/modernity* 14, No. 4 (2007), S. 729–754.

Beach, Sylvia: Shakespeare and Company. New York: Harcourt, Brace and Company 1959 (dt. Ausgabe: *Shakespeare and Company: Ein Buchladen in Paris*. Aus dem Amerikanischen von Lilly v. Sauter. Frankfurt am Main: Suhrkamp 1982).

Belke, Ingrid und Bernhard Zeller (Hrsg.): *In den Katakomben: Jüdische Verlage in Deutschland, 1933 bis 1938*. Marbach am Necker: Deutsche Schillergesellschaft 1983.

Benecke, Hans: *Eine Buchhandlung in Berlin: Erinnerung an eine schwere Zeit*. Frankfurt am Main: S. Fischer 1995.

Benz, Wolfgang (Hrsg.): *Deutschland unter alliierter Besatzung, 1945–1949/55: Ein Handbuch*. Berlin: Akademie Verlag 1999.

Bermann-Fischer, Gottfried: *Bedroht – Bewahrt: Der Weg eines Verlegers*. Frankfurt am Main: S. Fischer 1967.

Bischoff, Karl Heinrich: »Staat und Buch«. In: *Die Welt des Buches: Eine Kunde vom Buch*, hrsg. v. Hellmuth Langenbucher, Ebenhausen bei München: Wilhelm Langewiesche-Brandt 1938, S. 179–94.

Boberach, Heinz (Hrsg.): *Meldungen aus dem Reich, 1938–1945: Die geheimen Lageberichte des Sicherheitsdienstes der SS.* 17 Bde. Hersching: Pawlak 1984.

Bonn, Thomas: *Heavy Traffic and High Culture: New American Library as Literary Gatekeeper in the Paperback Revolution.* Carbondale: Southern Illinois University Press 1989.

Bonsaver, Guido: *Censorship and Literature in Fascist Italy.* Toronto: University of Toronto Press 2007.

Bourdieu, Pierre: *Die Regeln der Kunst. Genese und Struktur des Literarischen Feldes.* Aus dem Französischen von Bernd Schwibs und Achim Russer. Frankfurt am Main: Suhrkamp Taschenbuch 2001.

Brown, Curtis: *Contacts: A Memoir.* New York: Harper and Brothers 1935.

Browning, Christopher: »Unterstaatssekretär Martin Luther and the Ribbentrop Foreign Office«. In: *Journal of Contemporary History* 12, No. 2 (April 1977), S. 313–44.

Bühler, Edelgard, und Hans-Eugen Bühler: *Der Frontbuchhandel, 1939–1945: Organisationen, Kompetenzen, Verlage, Bücher.* Frankfurt am Main: Buchhändler-Vereinigung 2002.

Bussemer, Thymian: *Propaganda und Populärkultur: Konstruierte Erlebniswelten im Nationalsozialismus.* Wiesbaden: Deutscher Universitäts-Verlag 2000.

Caplan, Jane: *Government Without Administration: State and Civil Service in Weimar and Nazi Germany.* New York: Oxford University Press 1988.

Centenary Catalogue of the Tauchnitz Edition, 1837–1937. Leipzig: Bernhard Tauchnitz 1937.

Clark, Sir Fife: *The Central Office of Information.* London: Allen and Unwin 1970.

Clemens, Gabriele: *Britische Kulturpolitik in Deutschland, 1945–1949: Literatur, Film, Musik und Theater.* Stuttgart: Franz Steiner 1997.

Collingham, Lizzie: *The Taste of War: World War II and the Battle for Food.* London: Allen Lane 2011.

Cuomo, Glenn: »Hans Johst und die Reichsschrifttumskammer: Ihr Einfluss auf die Situation des Schriftstellers im Dritten Reich«. In: *Leid der Worte: Panorama des literarischen Nationalsozialismus*, hrsg. v. Jörg Thunecke. Bonn: Bouvier 1987, S. 108–32.

Cuomo, Glenn (Hrsg.): *National Socialist Cultural Policy.* New York: St. Martin's 1995.

Dahm, Volker: »Anfänge und Ideologie der Reichskulturkammer: Die ›Berufsgemeinschaft‹ als Instrument kulturpolitischer Steuerung und sozialer Reglementierung«. In: *Vierteljahrshefte für Zeitgeschichte* 34:1 (Januar 1986), S. 53–84.

Ders.: *Das jüdische Buch im Dritten Reich.* München: Beck 1993.

Darnton, Robert: *Censors at Work: How States Shaped Literature.* New York: Norton, 2014 (dt. Ausgabe: *Die Zensoren: Wie staatliche Kontrolle die Literatur beeinflusst hat. Vom vorrevolutionären Frankreich bis zur DDR.* Aus dem Englischen von Enrico Heinemann. München: Siedler 2016).

Davis, Kenneth C.: *The Paperbacking of America: Two-Bit Culture.* Boston: Houghton Mifflin 1984.

Decleva, Enrico: *Arnoldo Mondadori.* Turin: UTET 1993.

Donaldson, Lady Frances Lonsdale: *The British Council: The First Fifty Years.* London: Jonathan Cape 1984.

Duara, Prasenjit: »Transnationalism and the Challenge to National Histories«. In: *Rethinking American History in a Global Age*, hrsg. v. Thomas Bender. Berkeley: University of California Press 2002, S. 25–46.

Ebi, Michael: »Devisenrecht und Außenhandel«. In: *Wirtschaftskontrolle und Recht in der Nationalsozialistischen Diktatur*, hrsg. v. Dieter Gosewinkel. Frankfurt am Main: Vittorio Klostermann 2005, S. 181–98.

Ders.: *Export um jeden Preis: Die deutsche Exportförderung von 1932–1938.* Stuttgart: Steiner 2004.

Eley, Geoffrey, und Jan Palmowski (Hrsg.): *Citizenship and National Identity in Twentieth-Century Germany.* Stanford: Stanford University Press 2007.

Endrèbe, Maurice-Bernard: »Le Roman policier«. In: *Le Livre Concurrencé, 1900–1950. Histoire de l'Édition Française*, Vol. 4, hrsg. v. Henri-Jean Martin, Roger Chartier und Jean-Pierre Vivet. Paris: Promodis 1983, S. 257–65.

Enoch, Kurt: *Memoirs of Kurt Enoch: Written for His Family.* New York: Privatdruck Margaret M. Enoch 1984.

Ders.: »The Paperbound Book: Twentieth-Century Publishing Phenomenon«. In: *Library Quarterly*, Juli 1954.

Espagne, Michel und Michael Werner: *Qu'est-ce qu'une littérature nationale? Approches pour une théorie interculturelle du champ littéraire.* Paris: Maison des Sciences de l'Homme 1994.

Evans, Richard: *The Coming of the Third Reich.* New York: Penguin, 2004 (dt. Ausgabe: *Das Dritte Reich: Aufstieg.* Aus dem Englischen von Holger Fliessbach und Udo Rennert. München: Deutsche Verlags-Anstalt 2004).

Ders.: *The Third Reich in Power, 1933–1939.* New York: Penguin, 2005 (dt. Ausgabe: *Das Dritte Reich: Diktatur.* Aus dem Englischen von Udo Rennert. München: Deutsche Verlags-Anstalt 2006).

Ders.: *The Third Reich at War.* New York: Penguin, 2008 (dt. Ausgabe: *Das Dritte Reich: Krieg.* Aus dem Englischen von Udo Rennert und Martin Pfeiffer. München: Deutsche Verlags-Anstalt 2009).

Fischer, Ernst und Stephan Füssel (Hrsg.): *Geschichte des deutschen Buchhandels im 19. und 20. Jahrhundert.* Band 2: *Die Weimarer Republik: 1919–1933.* München: Klaus Saur 2007.

Fischer, Ernst, Reinhard Wittmann und Jan-Pieter Barbian (Hrsg.): *Geschichte des deutschen Buchhandels im 19. und 20. Jahrhundert.* Band 3: *Drittes Reich.* Berlin: De Gruyter 2015.

Fitch, Noel Riley: *Sylvia Beach and the Lost Generation: A History of Literary Paris in the 1920s and 1930s.* New York: Norton 1983.

Ford, Hugh und Anne-Dominique Balmès: *Published in Paris: l'édition américaine et anglaise à Paris, 1920–1939.* Paris: Institut Mémoires de l'édition contemporaine 1996.

Fouché, Pascal: *L'Édition française sous l'Occupation, 1940–1944.* Paris: Bibliothèque de Littérature française contemporaine de l'Université Paris VII 1987.

Ders.: »L'Édition littéraire, 1914–1950«. In: *Le Livre Concurrencé, 1900–1950. Histoire de l'Édition Française,* Vol. 4, hrsg. v. Henri-Jean Martin, Roger Chartier und Jean-Pierre Vivet. Paris: Promodis 1983. S. 189–241.

Gienow-Hecht, Jessica C. E.: »Art Is Democracy and Democracy Is Art: Culture, Propaganda and the *Neue Zeitung* in Germany, 1944–1947«. In: *Diplomatic History* 23 (1999), S. 21–43.

Glass, Charles: *Americans in Paris: Life and Death Under Nazi Occupation.* New York: Penguin 2010.

Joseph Goebbels: *Goebbels-Reden.* 2 Bde. Hrsg. v. Helmut Heiber. Düsseldorf: Droste 1971.

Ders.: *Die Tagebücher von Joseph Goebbels.* Hrsg. v. Elke Fröhlich im Auftrag des Instituts für Zeitgeschichte. Teil I: Aufzeichnungen 1923–1941, Bde. 1–9; Teil II: Diktate 1941–1945, Bde. 1–15. München: Saur 1987.

Gollancz, Victor: *In Darkest Germany.* Hinsdale, Ill.: Regnery 1947.

Graham, Gordon: »Kurt Enoch: Paperback Pioneer«. In: *Immigrant Publishers: The Impact of Expatriate Publishers in Britain and American in the Twentieth Century,* hrsg. v. Richard Abel und Gordon Graham. New Brunswick, N.J.: Transaction 2009, S. 41–51.

Haffner, Sebastian: *Von Bismarck zu Hitler: Ein Rückblick.* München: Kindler 1987

Hall, Murray: *Der Paul Zsolnay Verlag: Von der Gründung bis zur Rückkehr aus dem Exil.* Tübingen: Max Niemeyer 1994.

Heller, Gerhard: *Un Allemand à Paris: 1940–1944.* Paris: Seuil 1981.

Hench, John: *Books as Weapons: Propaganda, Publishing and the Battle for Global Markets in the Era of World War II.* Ithaca: Cornell University Press 2010.

Higham, David: *Literary Gent.* New York: Coward, McCann and Geoghegan 1978.

Hofmeyr, Isabel: »Introduction«. In: *The Portable Bunyan: A Transnational History of »The Pilgrim's Progress«.* Princeton: Princeton University Press 2004.

Holman, Valerie: *Print for Victory: Book Publishing in England, 1939–1945.* London: British Library 2008.

Holroyd-Reece, John [zugeschr.]: *The Harvest: Being the Record of One Hundred Years of Publishing, 1837–1937.* Leipzig: Bernhard Tauchnitz Nachfolger Brandstetter 1937.

Hövel, Paul: *Grundfragen deutscher Wirtschaftspolitik.* Berlin: Springer 1935.

Ders.: *Wesen und Aufbau der Schrifttumsarbeit in Deutschland.* Essen: Essener Verlagsanstalt 1942.

Huxley, Aldous: *Letters of Aldous Huxley.* Hrsg. v. Grover Smith, New York: Harper and Row 1969.

Imlay, Talbot, und Martin Horn: *The Politics of Industrial Collaboration in World War II: Ford, France, Vichy, and Nazi Germany.* Cambridge: Cambridge University Press 2014.

Jackisch, Barry A.: *The Pan-German League and Radical Nationalist Politics in Interwar Germany, 1918–1939.* Burlington, Vt.: Ashgate 2012.

Jackson, Julian: *The Fall of France: The Nazi Invasion of 1940.* Oxford: Oxford University Press 2003.

Jaeger, Roland: »Kurt Enoch (1895–1982) und der Gebrüder Enoch Verlag (1913–1936)«. In: *Aus dem Antiquariat* 5 (2000): A288–99.

Jeffery, Keith: *The Secret History of MI6: 1909–1949.* New York: Penguin 2010.

Johst, Hanns: »Zum Geleit«. In: *Die Welt des Buches: Eine Kunde vom Buch*, hrsg. v. Hellmuth Langenbucher. Ebenhausen bei München: Wilhelm Langewiesche-Brandt 1938, o. S.

Jones, Jill: »Eradicating Nazism from the British Zone: Early Policy and Practice«. In: *German History* 8 (1990), S. 145–62.

Jones, Larry Eugene (Hrsg.): *The German Right in the Weimar Republic: Studies in the History of German Conservatism, Nationalism, and Anti-Semitism.* New York: Berghahn 2014.

Jucker, Ninetta: *Curfew in Paris: A Record of the German Occupation.* London: Hogarth 1960.

Kater, Michael: *Different Drummers: Jazz in the Culture of Nazi Germany.* Oxford: Oxford University Press 2003.

Kershaw, Ian: *Hitler, 1889–1936: Hubris.* New York: Norton, 1998 (dt. Ausgabe: *Hitler, 1889–1936.* Aus dem Englischen von Jürgen Peter Krause und Jörg W. Rademacher. München: Deutsche Verlags-Anstalt 1998).

Ders.: *Hitler, 1936–1945: Nemesis.* New York: Norton, 2000 (dt. Ausgabe: *Hitler, 1936–1945.* Aus dem Englischen von Klaus Kochmann. München: Deutsche Verlags-Anstalt 2000).

Ders.: *The End: the Defiance and Destruction of Hitler's Germany.* New York: Penguin, 2011 (dt. Ausgabe: *Das Ende. Kampf bis in den Untergang. NS-Deutschland 1944/45.* Aus dem Englischen von Klaus Binder, Bernd Leineweber und Martin Pfeiffer. München: Deutsche Verlags-Anstalt 2011).

Ders.: *The Nazi Dictatorship: Problems and Perspectives of Interpretation*. London, Edward Arnold, 1985 (dt. Ausgabe: *Der NS-Staat. Geschichtsinterpretationen und Kontroversen im Überblick*. Aus dem Englischen von Jürgen Peter Krause. Reinbek: Rowohlt 1988).
Kingsford, R. J. L.: The Publishers Association, 1896–1946. Cambridge: Cambridge University Press 1970.
Kleiner Führer durch die gute englische und amerikanische Literatur der neuesten Zeit. Leipzig: Bernhard Tauchnitz Verlag 1933.
Kliemann, Horst: »Die Welt des Buchhandels: Werbung, Handel und Leserschaft«: In: *Die Welt des Buches: Eine Kunde vom Buch*, hrsg. v. Hellmuth Langenbucher. Ebenhausen bei München: Wilhelm Langewiesche-Brandt 1938, S. 135–78.
Langenbucher, Hellmuth [zugeschr.]: »Vorwort«. In: *Die Welt des Buches: Eine Kunde vom Buch*, hrsg. v. Hellmuth Langenbucher. Ebenhausen bei München: Wilhelm Langewiesche-Brandt 1938, o. S.
Lewis, Jeremy: *Penguin Special: The Life and Times of Allen Lane*. London: Penguin 2006.
Lindner, Stephan H.: *Das Reichskommissariat für die Behandlung feindlichen Vermögens im Zweiten Weltkrieg*. Stuttgart: Steiner 1991.
Linthout, Ine van: *Das Buch in der nationalsozialistischen Politik*. Berlin: De Gruyter 2011.
Lowe, Keith: *Inferno: The Fiery Destruction of Hamburg, 1943*. New York: Simon and Schuster 2007.
Ders.: *Savage Continent: Europe in the Aftermath of World War II*. London: St. Martin's 2012.
Lubrich, Oliver (Hrsg.): *Reisen ins Reich, 1933–1945: Ausländische Autoren berichten aus Deutschland*. Frankfurt am Main: Die Andere Bibliothek bei Eichborn 2004.
Manning, Molly Guptill: *When Books Went to War*. Boston: Houghton Mifflin Harcourt 2014.
Martin, Benjamin George: »›European Literature‹ in the Nazi New Order: The Cultural Politics of the European Writers' Union, 1941–1943«. In: *Journal of Contemporary History* 48, No. 3 (2013), S. 486–508.
Mason, Timothy: *Nazism, Fascism and the Working Class*. Cambridge: Cambridge University Press 1995.
Mazower, Mark: *Hitler's Empire: How the Nazis Ruled Europe*. New York: Penguin 2008.
McCleery, Alistair: »The Paperback Evolution: Tauchnitz, Albatross, and Penguin«. In: *Judging a Book by Its Cover: Fans, Publishers, Designers, and the Marketing of Fiction*, hrsg. v. Nicole Matthews and Nickianne Moody. Aldershot, UK: Ashgate 2007, S. 3–18.
Ders.: »The Reputation of the 1932 Odyssey Press Edition of *Ulysses*«. In: *Publications of the Bibliographical Society of America* 100 (März 2006), S. 89–103.

Ders.: »The Return of the Publisher to Book History: The Case of Allen Lane«. In: *Book History* 5 (2002), S. 161–85.

Ders.: »Tauchnitz and Albatross: A ›Community of Interests‹ in English-Language Paperback Publishing, 1934–1951«. In: *Library* 7, No. 3 (September 2006), S. 297–316.

Michels, Eckard: *Das Deutsche Institut in Paris, 1940–1944: Ein Beitrag zu den deutsch-französischen Kulturbeziehungen und zur auswärtigen Kulturpolitik des Dritten Reiches*. Stuttgart: Steiner 1993.

Mitchell, Alan: *Nazi Paris: The History of an Occupation*. New York: Berghahn 2008.

Mitchell, J. M.: *International Cultural Relations*. Boston: Allen and Unwin 1986.

Mollier, Jean-Yves: *Une Autre Histoire de l'édition française*. Paris: La Fabrique éditions 2015.

Moore, Nicole (Hrsg.): *Censorship and the Limits of the Literary: A Global View*. London: Bloomsbury 2015.

Mühlberger, Detlef: *Hitler's Voice: The Völkischer Beobachter, 1920–1933; Organization and Development of the Nazi Party*. Oxford: Peter Lang 2004.

Nagorski, Andrew: *Hitlerland: American Eyewitnesses to the Nazi Rise to Power*. New York: Simon and Schuster 2012.

Nicholas, Lynn H.: *The Rape of Europa: The Fate of Europe's Treasures in the Third Reich and the Second World War*. New York: Vintage 1995.

Noakes, Jeremy: *Government, Party, and People in Nazi Germany*. Exeter, UK: University of Exeter Press 1980.

Ders.: »Hitler and the Nazi State: Leadership, Hierarchy, and Power«. In: *The Short Oxford History of Germany: Nazi Germany*, hrsg. v. Jane Caplan. Oxford: Oxford University Press 2008, S. 73–98.

Noakes, Jeremy, und G. Pridham (Hrsg.): *Nazism: A History in Documents and Eyewitness Accounts, 1919–1945*. 2 Bde. New York: Schocken 1990.

Nowell-Smith, Simon: *International Copyright Law and the Publisher in the Reign of Queen Victoria*. Oxford: Clarendon 1968.

Overy, Richard: *The Bombing War: Europe, 1939–1945*. London: Allen Lane 2013.

Ders.: *War and Economy in the Third Reich*. Oxford: Oxford University Press 1994.

de Polnay, Peter: *The Germans Came to Paris*. New York: Duell, Sloane, and Pearce 1943.

Poulain, Martine: *Livres pillés, lectures surveillées: les bibliothèques françaises sous l'Occupation*. Paris: Gallimard 2008.

Pressler, Karl H.: »The Tauchnitz Edition: Beginning and End of a Famous Series«. In: *Publishing History* 6 (1979), S. 63–78.

Ders.: »Tauchnitz und Albatross: Zur Geschichte des Taschenbuchs«. In: *Aus dem Antiquariat* 8 (29. Januar 1985), A1–A10.

Pyle, Ernie: *Brave Men*. Lincoln: University of Nebraska Press 2001.

Ders.: *Ernie Pyle in England.* New York: Macbride 1945.

Radio von Radiis, Guido: *Die Deutsche Außenhandelspolitik unter dem Einfluß der Devisenbewirtschaftung von 1931 bis 1938.* Wien: Carl Gerolds Sohn 1939.

Renders, Hans: »Hitler's European Publishing Ambitions: A Plea for an International Perspective«. In: *Quaerendo* 42 (2012), S. 231–40.

Riding, Alan: *And the Show Went On: Cultural Life in Nazi-Occupied Paris.* New York: Knopf 2010.

Rose, Jonathan (Hrsg.): *The Holocaust and the Book: Destruction and Preservation.* Amherst: University of Massachusetts Press 2001.

Rundle, Christopher: *Publishing Translations in Fascist Italy.* Bern: Peter Lang 2010.

Ders.: »Translation in Fascist Italy: ›The Invasion of Translations‹«. In: *Translation Under Fascism*, hrsg. v. Christopher Rundle und Kate Sturge. Houndmills, UK: Palgrave Macmillan 2010, S. 15–50.

Sanders, Marion: *Dorothy Thompson: A Legend in Her Time.* Boston: Houghton Mifflin 1973.

Saucke, Kurt: »Christian Wegner zum 60. Geburtstag«. In: *Börsenblatt für den Deutschen Buchhandel* 9, No. 72 (8. September 1953), S. 449.

Schäfer, Hans-Dieter: »Culture as Simulation: The Third Reich and Postmodernity«. In: *Flight of Fantasy: New Perspectives on Inner Emigration in German Literature, 1933–1945*, hrsg. v. Neil H. Donahue and Doris Kirchner. New York: Berghahn 2003, S. 82–112.

Ders.: *Das gespaltene Bewußtsein: Über deutsche Kultur und Lebenswirklichkeit 1933–1945.* München: Carl Hanser 1982.

Ders.: »The Young Generation's Non-National Socialist Literature During the Third Reich«. In: *Flight of Fantasy: New Perspectives on Inner Emigration in German Literature, 1933–1945*, hrsg. v. Neil H. Donahue and Doris Kirchner. New York: Berghahn 2003, S. 46–81.

Schlösser, Anselm: *Die englische Literatur in Deutschland von 1895 bis 1934.* Jena: Verlag Walter Biedermann 1937.

Schmoller, Hans: »The Paperback Revolution«. In: *Essays in the History of Publishing in Celebration of the 250th Anniversary of the House of Longman, 1724–1974*, hrsg. v. Asa Briggs. London: Longmans 1974, S. 283–318.

Schoeps, Julius, und Werner Treß (Hrsg.): *Verfemt und Verboten: Vorgeschichte und Folgen der Bücherverbrennungen 1933.* Hildesheim: Olms 2010.

Schreuders, Piet: *Paperbacks, U.S.A.: A Graphic History, 1939–1959.* San Diego, CA.: Blue Dolphin 1981.

Sebald, W. G.: *Austerlitz.* Frankfurt am Main: S. Fischer 2003.

Shep, Sydney: »Books Without Borders: The Transnational Turn in Book History«.

In: *Books Without Borders*, Vol. 1, hrsg. v. Robert Fraser and Mary Hammond. Houndmills, Basingstoke, UK: Palgrave Macmillan 2008, S. 13–37.

Silverman, Al: *The Time of Their Lives: The Golden Age of Great American Book Publishers, Their Editors, and Authors*. New York: Truman Talley 2008.

Spiers, John: *Serious About Series: American »Cheap« Libraries, British »Railway« Libraries and Some Literary Series of the 1890s*. London: Institute of English Studies, University of London, with the Senate House Library 2007.

Ders. (Hrsg.): *The Culture of the Publisher's Series*. Vol. 1: *Authors, Publishing and the Shaping of Taste*. Houndmills, Basingstoke, UK: Palgrave Macmillan 2011.

Ders.: *The Culture of the Publisher's Series*. Vol. 2: *Nationalisms and the National Canon*. Houndmills, Basingstoke, UK: Palgrave Macmillan 2011.

Spotts, Frederic: *The Shameful Peace: How French Artists and Intellectuals Survived the Nazi Occupation*. New Haven: Yale University Press 2008.

Steinweis, Alan E.: *Art, Ideology and Economics in Nazi Germany: The Reich Chambers of Music, Theater and the Visual Arts*. Chapel Hill: University of North Carolina Press 1993.

Stieg, Margaret: *Public Libraries in Nazi Germany*. Tuscaloosa: University of Alabama Press 1992.

Sturge, Kate: »Flight from the Programme of National Socialism? Translation in Nazi Germany«. In: *Translation Under Fascism*, hrsg. v. Christopher Rundle and Kate Sturge. Houndmills, Basingstoke, UK: Palgrave Macmillan 2010, S. 51–83.

»Tauchnitz Has a Rival: The Appearance of a Well-Organized Competitor in the Continental Market Is of International Interest«. In: *Publishers Weekly* (April 1932), S. 1643–46.

»Tauchnitz Marks 100th Year«. In: *Publishers Weekly* (5. Juni 1937), S. 2314–18.

Taylor, Philip M.: *British Propaganda in the Twentieth Century: Selling Democracy*. Edinburgh: Edinburgh University Press 1999.

Ders.: *The Projection of Britain: British Overseas Publicity and Propaganda, 1919–1939*. Cambridge: Cambridge University Press 2007.

Todd, William: »Firma Tauchnitz: A Further Investigation«. In: *Publishing History* 2 (1977), S. 7–24.

Todd, William, und Ann Bowden: *Tauchnitz International Editions in English, 1841–1955: A Bibliographical History*. Newcastle, Del: Oak Knoll Press; London: British Library 2003.

Tooze, Adam: *Wages of Destruction: The Making and Breaking of the Nazi Economy*. London: Allen Lane 2006.

Trommler, Frank: »Targeting the Reader, Entering History: A New Epitaph for the Inner Immigration«. In: *Flight of Fantasy: New Perspectives on Inner Emigration in*

German Literature, 1933–1945, hrsg. v. Neil H. Donahue and Doris Kirchner. New York: Berghahn, 2003, S. 113–30.

Troy, Michele K.: »Books, Swords, and Readers: The Albatross Press and the Third Reich«. In: *Moveable Type, Mobile Nations: Interactions in Transnational Book History*, hrsg. v. Simon Frost and Robert W. Jensen-Rix. Copenhagen: Museum Tusculanum Press 2010, S. 55–72.

Diess.: »A Modern Press for Modern Times: Behind the Scenes at the Albatross Press«. In: *The Culture of the Publisher's Series*. Vol. 2: *Authors, Publishers, and the Shaping of Taste*, hrsg. v. John Spiers. London: Palgrave Macmillan 2011, S. 202–18.

Trunz, Erich, and Maria Honeit (Hrsg.): *Gratulatio: Festschrift für Christian Wegner zum 70. Geburtstag am 9. September 1963*. Hamburg: Christian Wegner Verlag 1963.

Ullrich, Kurt (Hrsg.): *Neu Amerika: Zwanzig Erzähler der Gegenwart*. Berlin: S. Fischer 1937.

Van der Weel, Adriaan: »The Rise of the English Book in the Netherlands, 1840–1900«. In: *Quaerendo* 30, No. 1 (2000), S. 277–87.

Watson, Graham: *Book Society*. New York: Atheneum 1980.

Ders.: »More Sketches from Memory«. In: *Bookseller* (22. Oktober 1977), S. 2558–60.

Weitz, Eric: *Weimar Germany: Promise and Tragedy*. Princeton: Princeton University Press 2007.

Welch, David: »Priming the Pump of German Democracy: British ›Re-Education‹ Policy in Germany after the Second World War«. In: *Reconstruction in Post-War Germany: British Occupation Policy and the Western Zones, 1945–1955*, hrsg. v. Ian Turner. Oxford: Berg 1989, S. 215–38.

Weybright, Victor: *The Making of a Publisher: A Life in the Twentieth-Century Book Revolution*. London: Weidenfeld and Nicholson 1968.

Wolff, Kurt: *Briefwechsel eines Verlegers, 1911–1963*. Hrsg. v. Bernhard Zeller und Ellen Otten. Frankfurt am Main: Verlag Heinrich Scheffler 1966.

Woolf, Virginia: *The Diary of Virginia Woolf*. Hrsg. v. Anne Olivier Bell. Vol. 4: *1931–1935*. Vol. 5: *1936–1941*. New York: Harcourt Brace Jovanovich 1982.

Bildverzeichnis

EINFÜHRUNG

Die Tür zur Rue Chanoinesse Nr. 12, Foto: Michele Troy

Einband des *Albatross Book of Short Stories*, mit freundlicher Genehmigung der Collection of Alastair Jollans

KAPITEL 1

Einband der Tauchnitz-Ausgabe von *A Portrait of the Artist as a Young Man*, mit freundlicher Genehmigung der Collection of Alastair Jollans

Max Christian Wegner 1933 in Paris, mit freundlicher Genehmigung von Dr. Matthias Wegner

John Holroyd-Reece Ende der 1920er-Jahre, mit freundlicher Genehmigung von Lady Elizabeth Schiemann

Kurt Enoch in den 1920er-Jahren, mit freundlicher Genehmigung von Charles Enoch

KAPITEL 2

Titelblatt der *Literarischen Welt* vom Dezember 1931

KAPITEL 3

Albatross-Anzeige im *Börsenblatt für den deutschen Buchhandel*, Februar 1932

KAPITEL 4

Titelverzeichnis der Albatross Modern Continental Library, *Börsenblatt für den deutschen Buchhandel*, 1. 3. 1933, mit freundlicher Genehmigung der Sächsischen Staatsarchive, Staatsarchiv-Leipzig, Bernhard Tauchnitz Verlag 21056, Akt 21

KAPITEL 5

Einband des *Albatross Book of Living Verse*, mit freundlicher Genehmigung der Collection of Alastair Jollans

KAPITEL 6
Einband des *Albatross Almanac* von 1933, mit freundlicher Genehmigung der Collection of Alastair Jollans

KAPITEL 7
Albatross-Tauchnitz-Prospekt von 1935, mit freundlicher Genehmigung der Collection of Alastair Jollans

KAPITEL 8
Kurt Enochs Firmensitz in Hamburg, mit freundlicher Genehmigung der Yale University Library

KAPITEL 9
Einband des *Albatross Almanac* von 1936, mit freundlicher Genehmigung der Collection of Alastair Jollans

KAPITEL 10
John Holroyd-Reece (links) bei der Arbeit mit seinen Kollegen Wolfgang Ollendorff und eventuell Sonia Hambourg im Pariser Albatross-Büro, mit freundlicher Genehmigung von Michel Ollendorff

Wolfgang Krause-Brandstetter, ca. 1939, mit freundlicher Genehmigung von John S. Hill

KAPITEL 11
Ein Exemplar der »Dear Reader«-Karten, die jedem Albatross-Band beigelegt wurden, Sammlung von Michele Troy

KAPITEL 12
Eine Seite aus John Holroyd-Reece' Weihnachtskarte von 1938, illustriert in seinem Auftrag von Gunter Böhmer, mit freundlicher Genehmigung der Collection of Alastair Jollans

KAPITEL 13
Einband von John Steinbecks *The Long Valley*, mit freundlicher Genehmigung der Collection of Alastair Jollans

KAPITEL 14
Gesamtverzeichnis lieferbarer Titel von Albatross-Tauchnitz, mit freundlicher Genehmigung der Collection of Alastair Jollans

KAPITEL 15
Kurt Enoch mit Tochter Mirjam, Mutter Rosa und Gattin Marga in Frankreich, Ende der 1930er-Jahre, mit freundlicher Genehmigung von Charles Enoch

KAPITEL 16
Blick über die Seine von der Dachterrasse des Pariser Albatross-Büros in der Rue Chanoinesse Nr. 12, mit freundlicher Genehmigung des Fiona Brewster Archive

KAPITEL 17
Einer der wenigen ins Französische übersetzten Titel des Deutschen Tauchnitz, die deutscher Literatur in Frankreich zu größerer Beliebtheit verhelfen sollten, mit freundlicher Genehmigung von Elisabeth Coutrot

KAPITEL 18
Einband von Pont of Punch, *The British Character*, mit freundlicher Genehmigung der Collection of Alastair Jollans

KAPITEL 19
Kurt Enoch in den Anfängen seiner Arbeit für Penguin, Anfang der 1940er-Jahre, mit freundlicher Genehmigung von Charles Enoch

KAPITEL 20
Max Christian Wegner 1944, mit freundlicher Genehmigung von Markus E. Wegner

KAPITEL 21
John Holroyd-Reece kurz nach Kriegsende, mit freundlicher Genehmigung der Schlesinger Library, Radcliffe Institute, Harvard University

KAPITEL 22
Albatross-Prospekt von 1947, mit freundlicher Genehmigung des Landesarchivs Berlin, C Rep.120 Nr. 760

KAPITEL 23
Victor Weybright (links) und Kurt Enoch, mit freundlicher Genehmigung von Charles Enoch

SCHLUSS
Skizze des Hauses Rue Chanoinesse Nr. 12 von Gunter Böhmer im Auftrag John Holroyd-Reece, mit freundlicher Genehmigung des Fiona Brewster Archive

Dank

Den alles entscheidenden Moment, nach dem Wissenschaftler sich sehnen, kennen wir am ehesten aus Fernsehkrimis: Da rennt jemand – sagen wir, eine Frau – in ein Kellerarchiv, wühlt sich hektisch durch eine Schachtel nach der anderen, Akt für Akt. Die Spannung steigt, mit einer Hand bändigt die Ermittlerin ihre Haare und wirft mit der anderen ein paar Notizen hin. Endlich hellt sich ihr Gesicht auf. Da ist die Lösung, zum Greifen nah. Die Musik klettert in schrille Höhen, als die Suchende nach dem einen Akt greift, der die Antworten enthält, nach denen sie so lange schon vergeblich sucht. Doch bis es endlich soweit ist, kann bei polizeilichen Ermittlungen wie auch in der Wissenschaft eine ganze Menge schieflaufen: In den letzten bangen Minuten eines Recherchetages kommt der falsche Akt, weil ein Archivar die »7« der Forscherin für eine »1« gehalten hat (sie vergaß den in Deutschland üblichen Querstrich); eine bestimmte Schachtel findet niemand, obwohl sie nicht ausgeliehen ist; unmittelbar nach der Ankunft in Berlin die plötzliche Einsicht, dass sie besser in Leipzig suchen sollte, weil die NS-Bürokratie sich in alltäglichen Belangen weitgehend auf Regionalbehörden stützte; die vielen Tage, die ihr zwischen den Fingern zerrinnen, bis sie einmal mehr mit leeren Händen, ohne Antwort auf ihre brennenden Fragen, die Heimreise antreten muss.

Umso dankbarer bin ich all den Archivaren für ihren Beistand während meiner Forschungsreise zu den zwei Dutzend Einrichtungen, auf deren Beständen dieses Buch gründet – unter ihnen Carola Wagner am Bundesarchiv in Berlin-Lichterfelde, Lucia van der Linda am Politischen Archiv des Auswärtigen Amtes in Berlin und Barbara Koschlig am Staatsarchiv Hamburg. Mein besonderer Dank geht an Monique Leblois-Pechon von den Archives nationales in Paris, die einen schon für den Weitertransport zurückgehaltenen Akt für mich geöffnet hat, an Carola Staniek, Leiterin der Sammlung Archivalien und Dokumente zur Buchgeschichte in der Deutschen Nationalbibliothek, für ihre Beantwortung meiner unablässigen und abwegigen Fragen zum Buchhandel, und an Thekla Kluttig vom Staatsarchiv Leipzig, die mich zu einer aufregenden Aktenjagd hinter den Kulissen mitgenommen und Zeit verschafft hat, als ich schon dachte, mir bliebe keine mehr – und nicht zu vergessen einen Mitarbeiter in den Archives nationales, von dem ich nur weiß, dass er mit Vornamen Thierry hieß und der für mich an meinem allerletzten Tag in Paris die rätselhaft unauffindbare, alles entscheidende Schachtel Nummer 1006 aufgespürt hat. Ohne die Geduld und Hartnäckigkeit von Menschen wie ihnen gäbe es dieses Buch nicht.

Mittel für dieses Projekt kamen von verschiedensten Seiten. Ich danke dem Harry Ransom Center der University of Texas, Austin, für ein Mellon-Forschungsstipendium 2005; dem Bibliographic Institute of America für Fördermittel zur Arbeit in Bibliotheken in und um New York 2006; dem Deutschen Akademischen Austauschdienst für die Finanzierung meiner Recherche in deutschen Archiven; und vor allem der University of Hartford, deren Provost's Office mir Freisemester und Reisemittelzuschüsse gewährt hat, sowie dem Faculty Senate für seine Coffin Grants und Sommerstipendien. Mein Dekan David Goldenberg am Hillyer College hat mich in die Kunst der Geldwäsche eingewiesen – hilfreich beim Schreiben über Holroyd-Reece' trickreiche Geldgeschäfte – und war auch sonst unermüdlich, wenn es darum ging, Finanzierungen aufzutreiben und meine Arbeit zu unterstützen. Dank seines Einsatzes haben das Jay Camp Fellowship und der Gareau Fund weitere Reisekosten abgedeckt und Forschungsauszeiten ermöglicht.

Forscher brauchen so einiges, um ein Buch zu schreiben, insbesondere eins, das derart ausführliche Recherchen im Ausland erfordert: Zugang zu den Quellen; einen Ort, an dem sich ihr müder Kopf ausruhen kann; und, wozu einiges Glück vonnöten ist, Gelegenheit zum Austausch mit leutseligen, aufgeschlossenen Menschen über herzhaftem Essen nach langen Tagen in Gesellschaft alter Akten (die einen zwar in höchste Verzückung bringen können, aber das gepflegte Gespräch nicht beherrschen). Ich hatte das enorme Glück, dass mir all das zuteilwurde. Jean-Dominique Fabrega hat für mich Holroyd-Reece' dreißig Seiten lange Weihnachtskarte von 1938 eingescannt, die ich auf seinem Blog »Histoires d'histoire« fand; Yvette Vibert zeigte mir Dokumente ihres Vaters aus seinen Tagen bei den Éditions Pégase; Geneviève Latour erzählte mir von den Zeiten der deutschen Besatzung in Paris und stellte mich Denys Ghiel, der Tochter des französischen Albatross-Geschäftsführers Jean-Louis Bricaire vor. Wie Denys selbst lud mich auch Michel Ollendorf, Sohn des Holroyd-Reece-Vertrauten Wolfgang Ollendorff, in sein Haus ein und zeigte mir die Fotoalben seiner Familie. Der Lektor Marc Jaffe berichtete von seinen frühen Tagen mit Kurt Enoch und Victor Veybright bei der New American Library; Heike Schrammer und Gabrielle Hammersbach boten mir in Berlin einen

Ort zum Wohnen an, ebenso wie Reinhart Feldmann und Hilde Koller in Leipzig. Michael Schwab kundschaftete für mich die British National Archives aus, noch bevor ich selbst hinfahren konnte, und Sebastian Pannwitz ging Spuren nach, die zur Deutschen Sammlung des Moskauer Nationalarchivs führten. Mein Onkel Dick Troy kämpfte sich mit mir durch Tabellen der NS-Bürokratie und half mir zu verstehen, was dahinterstand. Helen Rozwadowski und Daniel Hornstein gewährten mir Zuflucht zum Schreiben in New London, Connecticut, ebenso Eric Martinson in Wellfleet, Massachusetts. Dorothea Hauser, Historikerin und Leiterin des Warburg-Archivs in Hamburg, bot mir umstandslos ihr Gästezimmer in Berlin und ihre erfrischend originellen Gedanken zu meiner Forschung an. Joachim Gerdes half mir mit seinem geschliffenen Italienisch, mich im Archiv der Mondadori Fondazione in Mailand zurechtzufinden, obwohl wir uns zwanzig Jahre davor zum letzten Mal in Deutschland gesehen hatten. Er und seine Frau Mariarosario und ihr Sohn Dario schenkten mir außerdem in Genua ein zweites Zuhause. Mein besonderer Dank geht an den Albatross- und Tauchnitz-Sammler Alastair Jollans für alles, was er mir von seinem umfangreichen Wissen über die Buchreihen anvertraut hat, und für zahlreiche Bilder aus seiner Sammlung sowie an Hauke Voss für seine Freundschaft, seine Begleitung auf Fahrradausflügen zu Hamburger Örtlichkeiten mit Albatross-Bezug und das stets für mich reservierte Zimmer in der »Pension Voss«.

Kein Buch dieses thematischen Umfangs baut auf Luft. Ich bin dankbar für die Netze, die geistreiche Wissenschaftler vor mir geknüpft haben, und dafür, dass sie mit ihrer akribischen und wegbereitenden Forschung eine tragfähige Grundlage auch für meine eigene Arbeit geschaffen haben. Die History Reading Group der University of Hartford – bestehend aus Katherine Owens, Avi Patt, Michael Robinson und Bryan Synche – hat mich auf den Gedanken gebracht, mich von der traditionellen akademischen Historiografie zu lösen, und Erin Striff war mir während etlicher Samstage eine anregende Schreibpartnerin. Marie Françoise-Cachin hat mich in Paris freundlicherweise mit Wissenschaftlern aus aller Welt bekannt gemacht. Pascal Fouché schenkte mir seine Zeit, um über das französische Verlagsgeschehen in der Besatzungszeit zu sprechen. Alan Steinweis begleitete meine Recherche nicht nur durch seine eigene Arbeit am Schnittpunkt von Wirtschaft und Kultur im Dritten Reich, sondern half mir auch mit Vorschlägen für meine Suche und unterstützte meine Stipendienanträge, obwohl wir uns zu diesem Zeitpunkt noch nie persönlich begegnet waren. In Jan-Pieter Barbian begegnete ich nicht nur einem ausgewiesenen Kenner der Materie und Autor vieler Bücher über die Literaturpolitik des NS-Staates, sondern auch einem freigiebigen Geist. Dr. Barbian reagierte auf meine »Kaltakquise« per E-Mail mit Anregungen für meine Recherche, unterhielt sich mit mir im Schatten der New York Public Library über die Literaturpolitik der Nazis, verfasste Empfehlungsschreiben und war in all diesen Dingen ein wichtiger Gesprächspartner. Während wir alle anscheinend immer beschäftigter sind, erwiesen mir diese Kollegen ihre Großzügigkeit, und ich weiß ihr Vorbild wirklich zu schätzen.

Immer wieder staunte ich über die vorbehaltlose Offenheit fremder Menschen, die mir bei meinem Erscheinen Fragen nach ihren Familienangehörigen beantworteten und von Jahrzehnte zurückliegenden Ereignissen erzählten. Holroyd-Reece' Stieftochter Lady Elisabeth Schiemann sprach ausgiebig mit mir und ging in einem jener Momente höchster Spannung die Kisten auf ihrem Dachboden durch, um mir Material zu senden, das in das Manuskript eingegangen ist. Max Wegner machte sich auf zum Kölner Hauptbahnhof, um mir seine Erinnerungen an seinen Onkel, den Albatross-Mitbegründer Max Christian Wegner, anzuvertrauen. Charles Enoch nahm sich trotz seiner fordernden Arbeit beim Internationalen Währungsfonds Zeit, um vom Vetter seines Vaters, dem Albatross-Grossisten Kurt Enoch zu erzählen, und Bilder für mein Buch einzuscannen.

Auch neue Freundschaften haben sich unterwegs ergeben. Ruth und Peter Gruenthal, Kurt Enochs Tochter und Schwiegersohn, hießen mich in ihrem Haus zu Jausen und Schmausen und sogar zu Ruths wunderschönem neunzigsten Geburtstagsfest willkommen, und Ruth hat mir außerdem mit einer Menge nötiger Korrekturen geholfen. Aus der Wohnung von Markus Wegner, Max Christians Sohn aus dritter Ehe, nehme ich Erinnerungen an Waldbeeren mit Sahne und an das Schmökern in sepiagetönten Fotoalben mit. Markus, ein echter Historiker und Jurist, hat mein Buch auch durch seine Texte über die Militärlaufbahn seines Vaters und seine Erkenntnisse über dessen Haftzeit bereichert. Matthias Wegner, Wegners Sohn aus zweiter Ehe, bescherte mir unwissentlich den Aha-Moment des ganzen Krimis, indem er einen Schrank in seinem Flur öffnete und ein paar prall gefüllte Aktenordner von den aufgeräumten Regalen nahm. Bevor ich so recht wusste, wie mir geschah, lief ich schon mit Taschen voller Briefe seiner Eltern aus den Dreißiger- und Vierzigerjahren durch Hamburg. Für das Vertrauen, das er mir entgegengebracht hat, und für die stundenlangen Gespräche bei Earl Grey in seiner Bibliothek oder Hefeweizen in Tiefenthal bin ich ihm zutiefst dankbar. Holroyd-Reece' Tochter Fiona Brewster tauchte erst gegen Ende meiner Recherchen auf, spielte dann aber eine lebhafte und kundige Rolle darin. Sie vermittelte mir in Anekdoten und Fotografien ein Bild ihres Vaters und nahm mich mitsamt Kindern und Ehemann umwerfend gastfreundlich in ihrem idyllischen Winkel Frankreichs auf. Auf diese Weise ist sie beinahe schon zu einem Teil meiner Verwandtschaft geworden. Und davon abgesehen, ist sie der einzige Mensch auf der Welt, der mich »Darling« nennt.

Dankbar bin ich Chris Rogers, dem ehemaligen Cheflektor und Fachlektor für Geschichte der Yale University Press, der mich dazu angehalten hat, meine Erzählung aus luftiger Höhe zu betrachten – und Aaron Sachs als Mitherausgeber der Yale-Reihe »New Directions in Narrative History« für seinen Rat, sie vom Boden der Tatsachen aus aufzubauen. Besonders Dr. Sachs hat mir mit seiner Begeisterung für das Projekt und seiner konstruktiven Kritik geholfen, das Buch in seine endgültige Form zu bringen. Ebenfalls bei Yale haben mich Erica Hanson und Clare Jones durch die Abklärung von Rechten geleitet, und die Lektorin Susan Laity hat mit erstaunlicher Geduld und Sorgfalt für Details dieses Buch mit jeder ihrer Nachfragen verbessert. Bevin Rainwater an der University of Hartford half mir beim Erstellen druckfertiger Bilder. Meine Schwester Christine und mein Bruder David Troy stellten sich als Testleser zur Verfügung und kommentierten verschiedene Fassungen des Textes. Mein guter Freund Rand Richards Cooper, Schriftsteller und Lektor, verdient besondere Hervorhebung (und eine Goldmedaille für Geduld) für seine Bereitschaft, in die Rolle des Buchchirurgen zu schlüpfen, als ich gezwungen war, große Teile meines ursprünglichen Manuskripts zu amputieren. Jede derartige Operation ist schmerzhaft, aber ich hätte niemand anderem zugetraut, sie mit so viel Humor, Eleganz und Präzision durchzuführen.

Ich danke meinen im April 2016 in Maine verstorbenen Schwiegereltern Lucille und Bob Robinson, die an mich glaubten, und insbesondere Bob, einem Veteranen des Army Corps of Engineers im Zweiten Weltkrieg, der mir ganz nach Art der Robinsons stets das Gefühl gab, mehr geschafft zu haben, als ich tatsächlich geschafft hatte. Zu meinem Starensemble überlebenswichtiger Denkerinnen und Freunde zähle ich außerdem: Ruth Hofstatter für ihr Geleit in einer finsteren Zeit; meine Kolleginnen Mary Fister und Marcia Seabury für ihre Zuversicht und einen gelegentlichen Tanz auf dem Flur des Fachbereichs; Molly Cooper wegen ihres Wissens um die Macht eines guten Talismans und Emilee Bozic wegen ihrer Armbänder für emotionale Notlagen; Karin Peterson dafür, dass ich laut und lang mit ihr lachen konnte; Catherine Blinder für ihre Realitätsprüfungen auf dem Küchenhocker und anregenden Zusammenkünfte; Meg Staley für ihre Verrücktheit und Klugheit; Hebe Guardiola-Díaz dafür, dass sie meinen Blick stets nach vorne richtete; meiner Schwester Christine Troy für ihre beherzten Seemanns-Tiraden gegen Leute, die mir Schwierigkeiten bereiteten; Virginie L'Homme Fontaine, eine meiner ältesten und engsten Freundinnen, für ihre Bereitschaft, sich mit mir ins Abenteuer zu stürzen;

und meiner Tante, die Malerin Susann Minton, die noch viele Jahre nach ihrem Tod in meinem Herzen weiterlebte und mich an das Glück unseres Daseins auch in Wirrnissen sowie an die große Aufgabe und das Geschenk erinnerte, in schöpferischer Arbeit etwas Lebendiges hervorzubringen.

Und dann sind da noch diejenigen Menschen, denen ich gar nicht genug danken kann. Ganz oben auf dieser Liste stehen meine Eltern Virginia und Bart Troy. Wieder und immer wieder haben sie mir das größte Geschenk von allen gemacht: ihre Zeit. Sie kamen aus Illinois angeflogen, um für meine drei Kinder Super-Oma und Super-Opa zu spielen, und bei der Erinnerung daran, wie sich alle drei zum Vorlesen oder Spielen in ein Bett mit meinen Eltern zwängen, muss ich noch heute jedes Mal lächeln. Sie kamen aus einer Welt der Ordnung und haben sich mit unserem Chaos abgefunden und sogar das Abendessen hinter einer quer durch die Küche gespannten Wäscheleine gekocht, als der Trockner kaputtging. Ich habe sie beide ganz fest in mein Herz geschlossen und bin ihnen unendlich dankbar auch dafür, dass sie mir beigebracht haben, meiner Neugier zu folgen, wohin auch immer sie mich führt, weil darin die beste Aussicht auf ein glückliches Leben liegt.

Meine Kinder Tess, Isabella und Theo sind mit diesem Buch aufgewachsen – mal im Hintergrund, mal im Vordergrund. An schlechten wie an guten Tagen haben sie mich mit Umarmungen und Liedern und Botschaften auf Karten verwöhnt. Tag für Tag haben sie meine Welt aus den Angeln gehoben und mir eine Einsicht beschert, die über das hinausgeht, was man aus irgendeinem Forschungsprojekt lernen kann: dass es »gleich neben dem ewigen Warum«, wie E. M. Forster einmal sagte, »ein ewiges Ja gibt«. Ich staune jeden Tag, was für großartige Menschen aus ihnen werden.

Und schließlich war mir Michael Robinson ein Partner bei diesem Buch wie im Leben. Er war derjenige, der meine erste Begeisterung für das Thema aufgriff. Er war da, um noch vorläufigere Entwürfe von Kapiteln zu lesen, als man irgendjemandem zumuten könnte. Er half mir, den Erzählstrang herauszulösen, an dem sich die Geschichte aufziehen ließ. Auch jetzt ist er da, um das Ergebnis zu feiern, und dafür bin ich zutiefst dankbar.

An irgendeinem Punkt, als ich mit dem Spannungsbogen der Erzählung rang, machte mir ein Schriftsteller aus unserem Freundeskreis Mut: »Eines Tages«, sagte er, »wirst du erleben, wie du das allerletzte Wort schreibst«. Und. Hier. Ist. Es.

Postskriptum zur deutschen Ausgabe

Die Zeit ist vorangeschritten, wie sie es immer tut, seitdem Yale University Press mein Buch im Jahr 2017 veröffentlichte. Damals sehnte ich mich nach einer deutschen Übersetzung. Wer, dachte ich mir, wäre ein geeigneteres Publikum für das Buch, das so tief in der deutschen Geschichte verwurzelt ist, als das deutschsprachige? Dass mein Wunsch in Erfüllung gegangen ist, habe ich dem Leiter des Europa Verlags, Christian Strasser, zu verdanken. Über sein großes Vertrauen und seine Bereitwilligkeit, mein Werk zu beflügeln, staune ich bis heute: Er bringt das Buch tatsächlich nach Hause. Gemeinsam mit seiner Equipe – namentlich Desirée Schön, Barbara Stang und Rainer Wieland – hat er diese deutsche Ausgabe mit beeindruckender Professionalität und Kreativität zuwege gebracht.

Für die klare Sicht auf das deutsche Manuskript bin ich ganz besonders Matthias Wegner dankbar; sein feines Auge für Details und sein strategisches Denken haben diese deutsche Ausgabe bereichert. Meinen Übersetzer, Herwig Engelmann, bewundere ich für das, was ich nur als seinen »Wortmut« beschreiben kann – dass er es verstand, stets die richtigen Worte zu finden. Seine fabelhafte Übersetzung bereitet mir eine große, andauernde Freude.

In unserer, immer noch von der Pandemie geprägten Welt schätze ich umso mehr die Art und Weise, in der das Buch seit 2017 über sich selbst hinausgewachsen ist, um mich mit so vielen wunderbaren Menschen zu verbinden. Für ihre herzliche Freundschaft ebenso wie für spontane Unterkunft danke ich: in Hamburg Alex, Marc, Sven, Kai und Isabelle Westen; Antonia, Bernd, Tjorve und Rikka Elend; in Köln Xenia Burgdorf, Gregor und Paul Schaefer; in Berlin Christina, Allen, Natalie und Ingrid Hicks; Helga Beck und Nick, Milo und Nora Krehnke; Dorothea Hauser und Michael Mönninger. Carola Credé und Konrad Eyfurth haben meine Familie während eines Jahres in Berlin symbolisch adoptiert und ihr Berlin zu unserem gemacht – den Titel Freunde fürs Leben haben sie mehr als verdient.

Zu diesem Thema noch eine kleine Anekdote: Im Oktober 2017 lernten sich Matthias Wegner und Ruth Gruenthal – der Sohn des einen Albatross-Verlegers und die Tochter des anderen – zum ersten Mal kennen. Wäre der Zweite Weltkrieg nicht gewesen, hätten sie sich bestimmt schon vor Jahrzehnten als Jugendliche kennengelernt. Stattdessen ist Matthias in den Ruinen der deutschen Nachkriegszeit aufgewachsen, während Ruth als Siebzehnjährige über die Pyrenäen nach New York geflohen ist. So war das Zusammentreffen in Hamburg eine große Überraschung. Atemlos habe ich ihnen gelauscht, wie sie einander wie vertraute Freunde ihre Lebenswege eröffneten. Hier, bei diesem ersten Austausch, wurde der Keim gelegt für mehrere weitere Treffen: Charles und Siobhan Enoch kamen dazu ebenso wie Catharina Aanderud; durch Markus und Matthias Wegner lernte ich Christian Strasser kennen; meine Familie traf sich mit Fiona Brewster in Frankreich; Ruth in New York City und Matthias in Hamburg per Skype, miteinander lachend. Der Kreis verbreitete und verstärkte sich. Insofern hat das vorliegende Buch mein Leben verändert. Diese deutsche Ausgabe stelle ich mir als ein Familienprojekt vor: Ohne diese selbst gebastelte, selbst gewählte Familie würde es niemals existieren.

Register